U0925380

国家“十一五”出版规划重点图书

衣俊卿 主编

传统重估与思想移位

国外马克思主义研究论丛

●俞吾金 著

黑龍江大學出版社
HEILONGJIANG UNIVERSITY PRESS

图书在版编目（CIP）数据

传统重估与思想移位 / 俞吾金著. -- 哈尔滨 :
黑龙江大学出版社 ,2007.12（2021.9 重印）
（国外马克思主义研究论丛 / 衣俊卿主编）
ISBN 978-7-81129-000-4

Ⅰ. 传… Ⅱ. 俞… Ⅲ. 西方马克思主义—研究 Ⅳ.
B089.1

中国版本图书馆 CIP 数据核字（2007）第 201760 号

传统重估与思想移位
CHUANTONG CHONGGU YU SIXIANG YIWEI
俞吾金　著

责任编辑　管小其
出版发行　黑龙江大学出版社
地　　址　哈尔滨市南岗区学府三道街 36 号
印　　刷　三河市春园印刷有限公司
开　　本　787 毫米 ×1092 毫米　1/16
印　　张　30.75
字　　数　450 千
版　　次　2007 年 12 月第 1 版
印　　次　2022 年 1 月第 2 次印刷
书　　号　ISBN 978-7-81129-000-4
定　　价　68.00 元

目　录

第三编　西方马克思主义与西方哲学思潮

第四编　对马克思主义理论的新探索

总 序

1848年《共产党宣言》正式发表,标志着马克思主义的诞生,人类社会历史进程因此而改变。回顾马克思主义一百多年的历史,有两条大致清晰的线索:一是马克思主义从理论变为现实,推动社会主义在实践中获得巨大发展,同时也极大地影响了资本主义的发展;二是马克思主义作为一种学说,一直受到世界思想界的关注和重视。一百多年来,人类社会经历了两次世界大战的浩劫,经历了资本主义和社会主义跌宕起伏的发展历程,经历了科学技术日新月异的进步。无论世界经历了怎样的变化,无论面临着什么样的理论挑战和实践修正,马克思主义始终是世界思想界难以回避的强大"磁场"。回顾20世纪的历史,不难看出,对于马克思主义全方位的研究,已经成为贯穿整个世纪的现象,并由此形成众多的新马克思主义流派。

从20世纪20年代到60年代,面临着无产阶级暴力革命观的受挫、当代资本主义的社会结构变化,特别是发达工业社会全方位的文化危机,一批有影响的西方马克思主义流派应运而生:以卢卡奇、柯尔施、葛兰西、布洛赫为代表的早期西方马克思主义,以霍克海默、阿多诺、马尔库塞、弗洛姆、哈贝马斯等为代表的法兰克福学派,列斐伏尔的日常生活批判理论,萨特的存在主义马克思主义,赖希等人的弗洛伊德主义马克思主义,德拉·沃尔佩和科莱蒂的实证主义马克思主义,阿尔都塞的结构主义马克思主义,等等。差不多与此同时,在20世纪五六十年代,以社会主义的改革实验为背景,涌现出许多重要的东欧新马克思主义流派:以彼得洛维奇、马尔科维奇、弗兰尼茨基等人为代表的南斯拉夫实践派，以赫勒、费赫尔、马尔库什等人为代表的匈牙利布达佩斯学派，以沙夫、科拉科夫斯基等人为代表的波兰意识形态批判流派，以科西克和斯维塔克等人为代表的捷克人本主义流派等。

马克思的批判的和实践的学说具有任何其他理论都难以比拟的开放性和历史穿透力。20 世纪七八十年代，随着西方马克思主义众多代表人物进入迟暮之年，特别是随着卢卡奇、布洛赫、霍克海默、阿多诺、马尔库塞、弗洛姆、萨特等著名西方马克思主义代表人物相继谢世，人们原本以为西方马克思主义作为一种理论批判运动即将成为“告一段落”的历史。然而，历史的进程给我们提供了世界马克思主义研究的一种新图景：不仅经典西方马克思主义和东欧新马克思主义中的一些代表人物，如哈贝马斯、施密特、沙夫、科拉科夫斯基、赫勒、马尔科维奇、弗兰尼茨基、斯托扬诺维奇等人一直活跃到世纪之交，而且在信息化和全球化的背景中，一些新兴的马克思主义流派从更加多维的视角批判现存社会，出现了分析的马克思主义、生态学马克思主义、女权主义马克思主义、发展理论的马克思主义、文化的马克思主义、后马克思主义、解放神学的马克思主义等许多新马克思主义流派，形成了世界马克思主义研究更为多样化的格局。

20 世纪末，东欧剧变、苏联解体等重大历史变化又一次对马克思主义的命运提出了挑战。一些偏激的人士，如弗朗西斯·福山，基于这些变化，断言社会主义和马克思主义的终结，他认为，西方国家实行的自由民主制度也许是“人类意识形态发展的终点”和“人类最后一种统治形式”，并因此成为“历史的终结”。然而，历史进程又一次坚定地展开着自身的逻辑，马克思在西方世界的影响力并没有因为苏东剧变而减弱，反而有增无减。从 1995 年到 2004 年，在巴黎举行了四届“国际马克思大会”，在纽约、伦敦、图宾根、加利福尼亚等地，也相继召开关于马克思主义的国际学术会议，参加会议的人数从数百人到数千人不等。1999 年和 2005 年，英国广播公司（BBC）在国际互联网上评选“千年最伟大的思想家”和“全世界有史以来最伟大的哲学家”，马克思都名列榜首。世纪之交，不仅 20 世纪 70 年代以来兴起的多样化的新马克思主义流派依旧活跃，而且，德里达、杰姆逊等一些重要的思想家也纷纷“走近马克思”，从不同方面阐释马克思学说的当代价值。德里达在《马克思的幽灵》中作出的“不能没有马克思”和我们“都是马克思和马克思主义的继承人”的断言从一个侧面反映了马克思学说特有的影响力。

我一直以为,马克思的实践哲学真正体现了哲学的开放性和批判性本质,他的学说从根本上超越了传统哲学的基本理念,而是以对人之生存的本质性的、批判的文化精神的自觉为根基的。马克思学说的内容十分丰富,马克思一生关注的焦点问题也不断变化。然而,无论是其关于经济和政治的分析,还是关于哲学的思考;无论是其关于暴力革命、政党策略、欧洲革命、东方社会特征的分析,还是关于现实经济运行机制的揭示;无论是其关于唯物史观原理的阐释,还是关于从抽象到具体等方法论的探讨,在深层次上都服从于一个最根本的理论关切:推翻和扬弃“使人成为受屈辱、被奴役、被遗弃和被蔑视的东西的一切关系”,实现人的自由、全面发展和“自由人的联合体”。马克思把体现哲学本性的这种文化批判精神奠基在人的实践内在地具有的不断超越、不断扬弃异化的批判本性之上。这正是马克思学说的巨大生命力的根源所在。正因为如此,马克思为包括海德格尔、萨特、德里达等在内的许多当代思想家所敬重,他的学说的价值绝不会为我们的时代所穷尽。

显而易见,20世纪以来,在人类实践的各种转折和变化中,众多的理论流派一次又一次地“回到马克思”,这正源自马克思学说的这种实践本性和批判精神。我们看到,无论这些国外马克思主义流派在主题、问题域、范式等方面存在多大差异,无论它们在重新阐释和张扬马克思的思想时存在多少误读和偏差,它们都有一个共同的特点:像马克思一样,这些新马克思主义流派首要关切的不是理性的逻辑,而是人类的命运;它们继承和发扬了马克思学说基于实践之超越本性的历史性和实践性的文化批判精神,在20世纪的特殊历史条件下针对发达资本主义社会的社会变化和文化境遇,探寻新的革命变革的思路,以深刻的方式切入20世纪人类生存的焦点问题,开拓出马克思主义社会批判的新视野。

正因为如此,对国外马克思主义的研究,有着特殊的实践意义和指向。中国的国外马克思主义研究,特别是西方马克思主义研究,从表面看,涉及许多重要的理论问题和研究方法论问题,也涉及在多维视野中对于这些理论观点的评价问题，但是，从更深层次来看，中国学术界对于西方马克思主义和其他国外马克思主义流派的关注热情更多地是这些理论的现实“所指”。我们是以折射的方式来理解和把握发达工业社会的发展状况和所面临的问题。实际上，在某种意义上，西方马克思主义的社会批判理论或文化批判理论是对发达工业社会的文化危机的直接的理论反思。因此，当代许多中国学者，包括专业人士往往是通过这些新马克思主义流派来深刻理解20世纪发达工业社会条件下人类所面临的重大的理论问题和现实问题的，他们对于发达工业社会的许多重大问题，例如，大众文化、技术理性、意识形态、物化和异化、国家和领导权、性格结构、消费社会、文化逻辑、交往机制、生活世界、现代性和后现代性、信息化、全球化等的认识都不同程度地积淀了国外马克思主义以及各种左翼激进思潮的理论资源。

在这种意义上，对于置身于全球化背景中的中国而言，全面了解和深入研究各种国外马克思主义流派，就不仅具有一般的理论意义，而且具有重大的现实意义。马克思恩格斯在《共产党宣言》中曾指出，资本主义工业化运动结束了各个孤立的、彼此分离的民族历史，而开辟了“世界历史进程”。工业化与现代性的不断扩展、信息化和全球化进程的强有力推进，使世界任何地方的本土问题总是在不同程度上同全球问题和世界问题紧密交织在一起。因此，在中国特色、中国风格、中国气派的马克思主义哲学研究的视野中，中国问题和世界问题一定是同一个问题不可分割的两个方面。具体说来，在全球化背景中，封闭地探讨中国问题、孤立地描述世界问题、绝对地用世界问题来剪裁中国问题、绝对地强调中国问题的独特性等做法都是十分有害的。中国的马克思主义哲学研究毫无疑问必须把“中国问题”作为我们的落脚点和聚焦点，但是，决不能孤立地就中国问题而研究中国问题，必须学会从中国的视野去透视世界问题，进而从世界的眼光和全球化的视角去审视中国问题。

在这种意义上，我们无论如何不应该与国外马克思主义流派这些20世纪重要的思想理论资源擦肩而过。毫无疑问，在面对国外马克思主义的众多理论流派时，忽视它们的局限性、失误和理论错误，肯定是错误的理论倾向；然而，不去认真研究国外马克思主义流派所提供的重要启示，同样是不能容许的褊狭和封闭。令我们十分高兴的是，中共中央政治局在2005

年11月25日举行的第26次集体学习，以“世界马克思主义研究与中国马克思主义理论研究和建设工程”为题，专门了解了20世纪国外马克思主义研究的情况，其中对西方马克思主义研究的情况给予了特别的关注，因为，“在西方国家中，西方马克思主义是影响最大的马克思主义当代流派”。胡锦涛同志明确指出，要瞄准当今世界的学术前沿，着力用马克思主义指导哲学社会科学，提高学术创新能力，努力形成贯穿马克思主义立场观点方法、体现中国特色社会主义事业发展要求、吸收当代人类文明有益成果的哲学社会科学的学科体系和学术体系，不断增强马克思主义的吸引力和感召力。

中国学术界对国外马克思主义，特别是西方马克思主义的研究，已经有二十多年的历史了，陆续推出了一系列翻译成果和理论研究成果。随着马克思主义理论学科的单独设立，特别是国外马克思主义研究学科的建立，国外马克思主义研究正在成为学术界越来越引人瞩目的学术领域和理论热点。站在新世纪的起点上，回顾过去二十多年中国学术界关于国外马克思主义研究的理论进展，具有承上启下的意义。因此，在为政治局第26次集体学习就世界马克思主义研究的状况作了讲解之后，我一直考虑以某种方式来推进这种回顾和总结。我们在这里提供给读者的这套国外马克思主义研究论丛，是几位中青年学者过去十几年研究国外马克思主义的心得。在一定意义上这些成果可以比较全面地展示中国学术界国外马克思主义研究的状况。当然，我们清楚地意识到，目前中国的国外马克思主义研究还处于起步阶段，在研究范式、理论评价、推陈出新等方面还存在许多薄弱环节，存在很多局限性，甚至存在某些理论失误。正因如此，适时地对中国的国外马克思主义研究作出清醒的、全面的回顾和总结具有特别的意义，将有助于这一领域研究的深化。我们有理由期待，在同国外各种马克思主义流派的对话中，我们可以收获更多的理论成果和思想精华。

衣俊卿

2007年11月15日

序 言

在我国,国外马克思主义思潮的研究滥觞于20世纪70年代末、80年代初的“西方马克思主义热”。近年来,随着改革开放的深入发展,除了西方马克思主义以外,俄罗斯和东欧的新马克思主义,越南、古巴、朝鲜等社会主义国家的马克思主义,非洲、拉丁美洲和南美洲的马克思主义也渐渐地进入研究者们的眼帘。我们发现,国外马克思主义研究正在成为一门显学。

国外马克思主义的研究之所以引起学术界的高度重视,有多方面的原因:一是因为我国是以马克思主义作为指导思想的,当然需要以开放的心态去了解、研究国外马克思主义的各种思潮,包括它们的代表人物、代表性著作和原创性的理论以及最新的发展态势,并以它们作为参照系来反思我们自己在马克思主义研究方面的得失,以便在实践中丰富和发展马克思主义。二是因为自马克思和恩格斯逝世以来,不但国际共产主义运动,而且整个国际社会都发生了一系列重大的变化,其中很多变化超出了马克思和恩格斯当时的预料,这就需要研究者们从新的时代和现实生活出发,对马克思主义作出新的探索和阐释,而这些尝试性的探索和阐释本身就构成了国外马克思主义发展的新的轨迹。我国是发展中国家,发达国家在现代化道路上获得的经验、经历的挫折,通过国外马克思主义者们的论著高度集中地展示出来,成为我国探索现代化道路的重要借鉴,也引起了我国的马克思主义研究者们越来越浓厚的兴趣。三是马克思主义作为对资本主义的诊断和批判、对社会主义的预期和实践,始终保持着顽强的生命力,始终是当代形形色色的社会政治思潮的源头活水之一。换言之,流逝的时间不仅没有磨损马克思主义的棱角,降低它的价值,耗尽它的资源,反而使它更具有吸引力,更富于解释力,更显得光彩夺目。总之,谁都不会否认,马克思仍然是我们的同时代人,马克思主义仍然是这个时代的思想理论的制高点。

显然,人们对国外马克思主义的了解越是深入,就越会认识到,西方马克思主义是整个国外马克思主义中最富有理论原创性的部分。事实上,以卢卡奇为肇始人的西方马克思主义思潮本身就是在对传统的反叛和重估中诞生的。一方面,以伯恩斯坦和考茨基为代表的第二国际理论家们,通过片面地强调马克思主义的"科学性",即倡导所谓"科学的马克思主义",把马克思主义曲解为绝对的决定论,曲解为对历史规律的盲目崇拜,完全忽视了马克思主义对人民群众的社会实践活动的倚重、对无产阶级巨大的历史创造作用的肯定。事实上,抽去马克思主义的实践性,片面地强调它的科学性,也就等于放弃革命,消极地等待历史规律本身发挥作用。正如古代诗人贺拉斯所描绘的:

乡下佬等候在河边,
企望着河水流干;
而河水流啊、流啊,
永远流个不完。①

在这种情况下,西方马克思主义者如何重估传统、另辟蹊径?他们自然而然地把求助的目光转向列宁创办的第三国际,特别是转向列宁本人的思想,因为正是列宁复兴了马克思主义的"实践性",而他领导的俄国十月革命的胜利本身就是对第二国际理论家们的错误观念的证伪。可是,与此

---

① 转引自康德:《未来形而上学导论》,庞景仁译,商务印书馆1982年版,第5页。

相对照的是，在十月革命的影响下爆发的中、南欧革命却相继失败了。不用说，成功的经验要总结，失败的教训要记取。事实上，西方马克思主义早期代表人物卢卡奇、柯尔施和葛兰西的理论思考正是从这样的经验教训中起步的。然而，思想的更替比人们预期的情况要复杂得多。问题的另一方面是，列宁缔造的世界上第一个社会主义国家刚诞生不久，目光敏锐的卢森堡就写下了《论俄国革命》的手稿（首次出版于 1922 年），就党的建设、党内民主、阶级关系、政权性质、国家关系等一系列重大理论问题对俄国革命党提出了批评。尽管这些见解不乏粗糙之处，甚至也有错误的地方，但其中有些批评确实切中了俄国革命党的要害，并在俄国社会以后的发展中得到了印证。无疑，卢森堡的见解对卢卡奇产生了深刻的影响。众所周知，卢卡奇早期的代表作《历史与阶级意识》是由八篇论文组成的，其中《罗莎・卢森堡的马克思主义》（1921）和《对罗莎・卢森堡的“俄国革命”的批判性考察》（1922）两篇论文都直截了当地探讨了卢森堡的思想，至于间接讨论的地方在书中就更多了。实际上，卢森堡关于俄国革命的批评性见解的影响是十分巨大的。柯尔施于 1923 年出版其代表作《马克思主义和哲学》后，遭到了许多批评，1930 年他发表了著名的《反批评》，其中也包含着对苏联的政治社会生活的深刻的反省和批评。

总之，在对马克思主义传统的重估中，西方马克思主义者们既要批判第二国际的理论家们对马克思主义的曲解，又要警惕第三国际，尤其是苏联社会主义发展中出现的种种问题；既要总结俄国十月革命的伟大成就，又要反省中、南欧革命失败的经验教训；既要面对历史，又要向新发生的重大事件和新鲜经验敞开思绪。事实上，西方马克思主义的整个思潮也正是伴随着一系列重大的社会历史事件的发生而发展起来的。除了上面我们已经提到过的那些重大的社会历史事件外，上个世纪的两次世界大战，1929—1933 年的经济危机，马克思的《1844 年经济学哲学手稿》和《伦敦经济学手稿》分别于 1932 年和 1939—1941 年问世，中国和东欧一系列社会主义国家的建立，1956 年举行的苏共二十大和匈牙利事变，1963 年的古巴导弹危机和延续多年的中苏论战，1968 年苏军占领捷克和 1979 年入侵阿富汗，1968 年法国的五月风暴，20 世纪后半叶中女性主义、生态主义、东方主义、晚期资本主义、后现代主义等思潮的兴起，1989 年的政治风波和随之而来的苏联、东欧的解体,直到21世纪初的“9·11”事件,所有这些都为西方马克思主义者们永不枯竭的原创性思维提供了现实基础和理论动力,也使他们的思想主题随着历史的发展而发生了重大的移位。

如果说,西方马克思主义的早期代表们关注的主要问题是历史运动、阶级斗争、市民社会、实践活动,意识形态领导权、社会批判理论、社会革命及性格分析等,那么,20世纪五六十年代以降,西方马克思主义者们的思想则发生了重大的移位。频频出现的主题令人耳目一新,如全球化、现代性,种族冲突、生活政治、消费社会、景观社会,新帝国主义、符号经济学,资本与跨国公司,交往行动理论、技术拜物教、生态社会主义、女性主义、后现代主义、市场社会主义、国际恐怖主义,等等。

其实,西方马克思主义在发展进程中的思想移位正是其本质特征之一。我们知道,以卢卡奇、柯尔施和葛兰西为代表的早期西方马克思主义者常常被研究者们称为“黑格尔主义的马克思主义者”,因为他们的思想都有一个共同的特征,即深受黑格尔思维方式的影响。黑格尔哲学作为“同一哲学”(philosophy of identity),其思维方式的本质特征是“思维与存在的同质性”(the homogeneity of thinking and being),这里的“同质性”的含义是:思维即存在,存在即思维。正是在思维与存在同质性的基础上,黑格尔提出了“思维与存在的同一性”(the identity of thinking and being)的学说,即思维可以转化为存在,存在也可以转化为思维。黑格尔思维方式的根本缺陷在其“同质性”理论中暴露无遗:一方面,存在中具备的东西在思维中也必定会具备;另一方面,思维中蕴含的观念性的东西完全能够在存在中化为现实性的东西。总之,思维与存在的关系是一而二、二而一的。正是这种思维方式严重地阻碍了西方马克思主义的早期代表们真正从现实世界出发去提出问题和思索问题。

于是,一个重大的理论问题被提出来了,即究竟如何理解马克思哲学与黑格尔哲学之间的关系?在思维方式上,这个问题进一步被转化为:究竟把“思维与存在的同一性”奠基于黑格尔的“思维与存在的同质性”之上,还是奠基于马克思的“思维与存在的异质性”(the heterogeneity of thinking and being)之上。敏锐地发现并提出这个问题的是意大利的新实证主义的马克思主义者科莱蒂。科莱蒂通过向康德哲学的回归而深刻地认识到黑格尔思维方式的荒谬性，在其代表作《马克思主义与哲学》（1969）中，他这样写道："这是一个真正的、基本的两难问题：或者是思维和存在的同一性，或者是思维和存在的异质性，这个选择把独断主义与批判的唯物主义区分开来了。"①在这里，科莱蒂把马克思主义的思维方式作为"批判的唯物主义"与黑格尔的思维方式——"独断主义"尖锐地对立起来了。在他看来，马克思的批判的唯物主义正是以承认思维与存在的异质性为前提的。所谓"异质性"，意指思维与存在（现实生活）完全是不同质的东西；思维是服从逻辑规则的，而存在是不受逻辑规则制约的；思维中蕴含的东西并不一定能够转化为存在的东西。正是对这种异质性的充分肯定促使马克思脱离了黑格尔的思辨唯心主义哲学的藩篱，积极地参与现实斗争，并通过对市民社会的解剖，揭示了资本主义社会生活的全部奥秘。

科莱蒂的深刻之处是看到了马克思哲学与黑格尔哲学之间的根本性的对立，但他在表达上的不妥在于把"思维与存在的同一性"与"思维与存在的同质性"这两个不同的术语混淆起来了。其实，马克思也肯定了思维与存在的同一性。显而易见，要是这种同一性也不存在的话，那么人们根本就无法认识存在（现实生活），所以，问题的焦点不在于思维与存在之间是否具有同一性，显然，这种同一性是肯定存在的。问题的真正焦点在于：应该把"思维与存在的同一性"奠基于"思维与存在的同质性"之上，还是奠基于"思维与存在的异质性"之上？显然，假如把"思维与存在的同一性"奠基于"思维与存在的同质性"之上，人们就会满足于抽象的理论文本，以为自己只要熟读了文本也就等于了解了存在（现实生活），从而走向独断主义，亦即教条主义的死胡同；假如把"思维与存在的同一性"奠基于"思维与存在的异质性"之上，就会记住歌德关于"理论是灰色的，而生命之树是常青的"教诲，积极地关注并参与现实生活。毋庸讳言，当代中国的马克思主义者们对"解放思想，实事求是，一切从实际出发，理论联系实际"这一正确的思想路线的选择，也是以肯定"思维与存在的异质性"为前提的。事实上，当代中国社会自改革开放以来所取得的举世瞩目的成就表明，不从黑格尔式的独断主义的思维方式中解放出来，不批判本本主义，不

① Lucio Colletti, *Marxism and Hegel*, New Left Books, 1973, p. 97.

面向现实生活，这样的成就是不可能取得的。

我们发现，正是通过对“思维与存在的异质性”的充分肯定，西方马克思主义者的思想主题发生了重大的移位。他们不再满足于到马克思的文本中去找问题答案，而是在马克思主义理论的引导下，使自己的思想向丰富多彩的现实生活敞开。现实生活中的任何一个重大的事件、任何一个倾向性的问题都会引起他们的反思。有趣的是，这种思想的移位不但没有导致马克思主义研究的衰退，反而因为吸纳了新鲜的生活经验而使马克思主义的研究出现了新的复兴。国外马克思主义，尤其是西方马克思主义的发展历程深刻地启示我们，只有面向社会实践，不断地从现实生活中概括并提炼出重大的理论问题，才可能真正地推进并丰富马克思主义的思想，促使我国的现代化事业沿着健康的轨道向前发展。

第一编

西方马克思主义通论

在国外马克思主义思潮中，西方马克思主义是一个相对独立的理论系统。不少西方学者把卢卡奇的《历史与阶级意识》称做西方马克思主义的"圣经"。确实，卢卡奇在这部重要著作中提出的问题，为以后西方马克思主义各种流派的形成和发展提供了重要的思想资源。正如我们在本书的《前言》中所指出的那样，尽管西方马克思主义者们也不断地从现实生活，尤其是从西方资本主义的最新发展态势和新建立的社会主义国家所面临的诸多问题和挫折中吸取自己的灵感，但卢卡奇的这部著作始终是他们进行理论思考的引导性著作之一。这种理论上的自觉传承和发展的脉络，使西方马克思主义的发展体现为一种流动的整体性，也使西方马克思主义者们的理论探索显示出某种"家族相似"的表征。尽管在整个西方马克思主义思潮的发展中，各种对立的学派的观点常常处于激烈的冲突中，但在这里体现出来的正是理论整体的内在的张力和生命的活力。

在重新理解马克思的途中

从20世纪二三十年代以来，随着马克思的手稿、遗著和笔记的陆续出版，随着卢森堡的《论俄国革命》(1922)一书的问世，随着人们对前苏联出现的一系列重大政治事件的深入反思，随着西方资本主义国家出现的生态运动、女权运动、种族斗争等一系列新形式的社会运动的发展，无论是马克思哲学的传统的阐释模式，还是正统的阐释者们对马克思和黑格尔关系的传统的理解方式，都面临着严峻的挑战。西方学者，尤其是作为西方马克思主义思潮的重要代表人物的卢卡奇、德拉·沃尔佩、科莱蒂和阿尔都塞的深入思考，为我们走出传统阐释路线的阴影、重新理解马克思哲学提供了重要的启示。

一、卢卡奇的理论贡献

我们首先注意到的是作为西方马克思主义肇始人的卢卡奇。作为一个"黑格尔主义的马克思主义者"，尽管卢卡奇对马克思哲学中的黑格尔来源作了过高的评价，也没有能够在一些重大的理论问题上把马克思思想与黑格尔思想严格地区分开来，但卢卡奇文本中的某些思想酵素仍然能够激励我们去重新探索马克思哲学的实质。

首先，在其早期代表作《历史与阶级意识》中，卢卡奇明确地提出，马克思主义是一种社会理论。正是从这一见解出发，他肯定了历史唯物主义理论的重要性。在收入该书的《历史唯物主义的功能变化》一文中，他写道："在这场为了意识，为了社会领导权的斗争中，最重要的武器就是历史唯物主义。"①在卢卡奇看来，历史唯物主义乃是资本主义社会的自我认识，它的最重要的任务是对资本主义社会制度作出准确的判断，以揭露其发展的必然的历史趋势，从而使无产阶级能够看清形势，并根据自己的阶级地位正确地去行动："这样，历史唯物主义的首要功能就肯定不会是纯粹的科学认识，而是行动。"②而第二国际理论家，如考茨基之流的一个普遍性的理论错误，就是把历史唯物主义阐释成一种对资本主义社会的"纯粹的科学认识"，而不同时把它理解为无产阶级行动的指南。事实上，马克思哲学，即历史唯物主义之所以在正统的阐释者们那里变质为学院化的高头讲章，正因为他们把理论和实践分离开来了。他们没有意识到，历史唯物主义既是马克思关于资本主义社会发展规律的科学认识，也是无产阶级的自觉的阶级意识。这就启示我们，即使是在社会主义社会里，历史唯物主义也不单是在课堂上被讲解、被传授的知识，更重要的是，它应该成为现实生活的指南，而它本身也应该在与现实生活的互动中不断丰富自己的内涵。

其次，在流亡前苏联时写下的《青年黑格尔》(1948)这部名作中，卢卡奇说，黑格尔"是试图认真地把握英国工业革命的唯一的德国思想家，也是在古典经济学的问题和哲学及辩证法之间建立联系的唯一的人"③。卢卡奇深入地分析了青年黑格尔在《伦理体系》、《耶拿实在哲学》和《精神现象学》中对劳动、异化问题的论述，强调："劳动的辩证法使黑格尔认识到，人类只能通过劳动走上发展的道路，实现人的人性化和自然的社会化。"④这

① 卢卡奇:《历史与阶级意识》，杜章智等译，商务印书馆1995年版，第311页。

② 卢卡奇:《历史与阶级意识》，杜章智等译，商务印书馆1995年版，第307页。

③ G. Lukács, *The Young Hegel Studies in the Relations between Dialectics and Economics*, Cambridge, Massachusetts Institute of Technology Vniversity Press, 1976, p. xxvi.

④ G. Lukács, *The Young Hegel Studies in the Relations between Dialectics and Economics*, Cambridge, Massachusetts Institute of Technology Vniversity Press, 1976, p. 327.

就启示我们：一方面，青年黑格尔的思想，尤其是《精神现象学》对马克思的影响是巨大的。由于正统的阐释者们重视的只是成熟时期的黑格尔和成熟时期的马克思之间的理论关系，所以，无论是青年黑格尔，还是青年马克思的思想都逸出了他们的理论视野。另一方面，在黑格尔和马克思那里，辩证法的最根本的含义不是体现在抽象的、与人相分离的自然上，而是体现在人改造自然的最基本的社会活动——劳动和异化劳动上。当然，在黑格尔的思辨唯心主义哲学体系中，劳动不过是一种抽象的精神劳动，但在马克思的语境中，劳动乃是一种既改变人与自然之间的关系，又改变人与人之间关系的现实活动。

再次，在深入钻研马克思的《1857—1858 年经济学手稿》的基础上撰写出来的《社会存在本体论》(1971)这部晚年巨著中，虽然卢卡奇主张“自然存在”是“社会存在”的一般前提，从而重新返回到他早期并不赞成的自然辩证法的立场上，但是平心而论，这部著作的重心始终落在社会存在问题上。卢卡奇写道：“我们的考察首先要确定社会存在的本质和特征。然而，仅仅为了能够更明智地论述这样一个问题，就不应该忽视一般的存在问题，确切些说，不应该忽视这三大社会存在类型(无机自然、有机自然、社会)之间的联系和差别。如果没有把握这种联系及其动力，也就不能阐述真正的社会存在本体论问题，更不用说按照这种存在的性质相应地解决这类问题了。”[①]这段话表明，晚年卢卡奇的基本立场仍未脱离“自然存在本体论”的窠臼，但从他这部著作的书名可以看出，他关注的重点始终落在“社会存在本体论”上。事实上，在这部著作的第二部分中，卢卡奇列出的最重要的问题，如劳动、再生产、意识形态、异化等，都关涉到社会存在问题。尽管晚年卢卡奇在理论上的某些失误引发了他的学生对他的批评，但无论如何，他把马克思哲学理解为“社会存在本体论”的做法打开了重新理解马克思的一条重要的思想路径。在今天，从本体论视角出发来探讨马克思哲学已经成为一种时尚。显然，这种情况在很大程度上滥觞于卢卡奇晚年的这部重要的哲学著作。总之，卢卡奇对马克思主义发展的理论贡献是不可磨灭的。

---

① G. Lukács, *Zur Ontologie des gesellschaftlichen Seins*, *I. Halbband*, Hermann Luchterhand Verlag, 1984, S. 8.

二、德拉·沃尔佩和科莱蒂的理论贡献

在西方马克思主义者的阵营中,意大利的“新实证主义的马克思主义”者德拉·沃尔佩和科莱蒂的思想长期以来没有引起研究者们的充分重视。其实,在重新理解马克思的路途上,他们的理论观点起着十分重要的作用。正如阿尔都塞所说的:“我认为,意大利的德拉·沃尔佩和科莱蒂的著作就非常重要,因为在我们时代,只有这两位学者有意识地把马克思与黑格尔的不可调和的理论区别,以及把马克思主义哲学的特殊性,作为他们探讨的中心问题。”①1950 年,德拉·沃尔佩出版了《逻辑是一门实证科学》一书,把马克思的哲学传统追溯到休谟、伽利略和亚里士多德,从而把马克思与黑格尔之间的哲学联系边缘化了。他认为,马克思与黑格尔之间的虚假的哲学联系是卢卡奇、柯尔施、葛兰西等人通过左翼黑格尔派的媒介建立起来的,而马克思实际上断然拒绝了黑格尔的思辨唯心主义学说。作为德拉·沃尔佩的学生,科莱蒂和他的老师一样确信,在马克思哲学与黑格尔哲学之间存在着根本性的区别。正是在阐明这种区别的过程中,他们对马克思哲学的实质作出了精辟的论述。

第一,肯定了马克思与卢梭在政治理论上的重要继承关系。在《卢梭与马克思》(1957)一书中,德拉·沃尔佩把重新理解马克思与卢梭之间在政治理论上的联系视为重新理解马克思哲学的一个重要的开端。他认为,马克思和恩格斯都受惠于卢梭,但他们自己似乎并没有意识到这一点。他写道:“在我看来,有充分证据表明,科学社会主义的创立者们对自己在历史上受惠于卢梭这一点的认识是混乱的。”②他甚至把马克思的《黑格尔法哲学批判》称之为“一部完全充满了典型的卢梭人民主权思想的著作”③。在他看来,马克思在《哥达纲领批判》和列宁在《国家与革命》中关于资产阶级法权,尤其是“平等权利”的论述,卢梭在 1755 年出版的《论人类不平等的起源和基础》一书中早已论述到了。他引证了卢梭下面的论述:“我认为在人类中有两种不平等:一种,我把它叫做自然或生理上的不平等,因

① L. Althusser, *For Marx*, New Left Books, 1977, p. 37 – 38.

② Galvano Della Volpe, *Rousseau and Marx*, Lawrence and Wishart, 1978, p. 149.

③ Galvano Della Volpe, *Rousseau and Marx*, Lawrence and Wishart, 1978, p. 144.

为它是基于自然，由年龄、健康、体力以及智慧或心灵的性质的不同而产生的；另一种可以称为精神上或政治上的不平等，因为它是起因于一种协议，由于人们的同意而设定的，或者至少是它的存在为大家所认可的。第二种不平等包括某一些人由于损害别人而得以享受的各种特权，譬如，比别人更富足、更显赫、更有权势，或者甚至叫别人服从他们。”①显然，马克思在《哥达纲领批判》中讨论的，正是卢梭上面谈到的第一种不平等。事实上，卢梭作为平民思想家，也像马克思一样，希望未来社会能达到一种充分认可每个人才能和贡献不平等基础上的平等。德拉·沃尔佩认为，马克思继承了卢梭的思想遗产，扬弃了其资产阶级人道主义关于抽象的人和人性的说教，但马克思却未能对卢梭的贡献作出合理的评价，相反把卢梭看做一个二流的社会批评家。

事实上，正是在卢梭和马克思的启发下，德拉·沃尔佩提出了现代自由和民主具有“两个灵魂”的著名见解：“现代自由和民主的两个方面或两个灵魂是：一个是公民的（政治的）自由[civil(political) liberty]，它是由国会的或政治的民主所建立的，在理论上是由洛克、孟德斯鸠、康德、洪堡和康斯坦特提出的；另一个是平等的（社会的）自由[egalitarian(social) liberty]，它是由社会主义民主所创立的，在理论上首先是由卢梭提出的，后来，马克思、恩格斯和列宁或多或少地作了论述。”②从上面的论述可以看出，德拉·沃尔佩所谓现代文明的“两个灵魂”，也就是指现代社会的“两种自由”：公民的自由或政治的自由，也就是资产阶级的自由，它是资产阶级通过革命而争得的；而平等的自由或社会的自由，也就是社会主义社会所倡导的自由，那是绝大多数人享受的自由。德拉·沃尔佩认为，第二种自由是以第一种自由为基础的。显而易见，德拉·沃尔佩启示我们，应该用更宏大的视野来重新探索马克思与前人的思想遗产之间的关系。马克思不仅继承了德国古典哲学的思想遗产，也继承了像卢梭这样的社会政治思想家的重要思想遗产。

第二，论述了马克思辩证法与黑格尔辩证法之间的根本区别。德拉·沃尔佩不仅提出了“两种自由”的观念，也提出了“两种辩证法”的观念：一

---

① Galvano Della Volpe, *Rousseau and Marx*, Lawrence and Wishart, 1978, p.139.

② Galvano Della Volpe, *Rousseau and Marx*, Lawrence and Wishart, 1978, p.109.

种是黑格尔所坚持的“先天的辩证法”(a priori dialectic),通常也可以称做“思辨的辩证法”;另一种是马克思所主张的“科学的辩证法”(scientific dialectic),通常也可以称做“分析的辩证法”。他认为,“先天的辩证法”的传统一直可以追溯到古希腊哲学家柏拉图,其特点是从先天的理念、目的出发来阐释各种经验现象,这种辩证法在黑格尔那里达到了顶峰。与此不同,“科学的辩证法”的传统则可以追溯到意大利科学家伽利略,伽利略方法的本质特征是诉诸经验、诉诸事实、诉诸实验,这正是现代实验科学的唯物主义的逻辑和方法。德拉·沃尔佩强调,马克思既继承了伽利略的科学实验的方法论传统,也融入了他自己关于社会历史的经验知识,从而以前所未有的彻底性批判了黑格尔辩证法的先天的倾向。德拉·沃尔佩认为,在马克思批判黑格尔“先天的辩证法”的著作中,最重要的是《黑格尔法哲学批判》。正如他的学生科莱蒂所评论的:“对于德拉·沃尔佩来说,马克思早年的《黑格尔法哲学批判》是一个中心的出发点。”[①]为什么德拉·沃尔佩特别重视马克思的这部早期著作呢?在他看来,正是通过这部著作,马克思深入地批判了黑格尔的“先天的辩证法”,建立了自己的“科学的辩证法”,从而为其以后思想的发展奠定了基础。

德拉·沃尔佩写道:“之所以说《黑格尔法哲学批判》是最重要的文本,是因为它以批判黑格尔逻辑学(通过批判黑格尔的伦理—法哲学)的方式,包含着新的哲学方法的最一般的前提。凭借这一批判,马克思揭示了先验唯心主义的以及一般思辨的辩证法的‘神秘性’。这些神秘性就是黑格尔哲学的基本逻辑矛盾或实质性的(不仅仅是形式上的)同义反复,这些矛盾和重复来自黑格尔辩证法的概念结构的一般的(先天的)特征。与此同时,马克思建立了与之相对立的革命的‘科学的辩证法’。”[②]尽管德拉·沃尔佩把马克思的《黑格尔法哲学批判》称做“最重要的文本”的说法是有片面性的,因为马克思在与恩格斯合著的《神圣家族》、《德意志意识形态》等著作中也对黑格尔哲学,包括他的辩证法思想的神秘性作过透彻的批判。与这些著作比较起来,《黑格尔法哲学批判》中的思想应该是更

① Gareth Stedman Jones, *Western Marxism: A Critical Reader*, New Left Books; Atlantic Highlands; Humanities Press, 1977, p. 322.

② Galvano Della Volpe, *Rousseau and Marx*, Lawrence and Wishart, 1978, p. 162.

不成熟的，至多只能说它是马克思批判黑格尔辩证法的神秘性的开端。当然，一方面，德拉·沃尔佩重视的是马克思一个人撰写的著作，他之所以在《卢梭与马克思》一书中还提到了《1844 年经济学哲学手稿》和《哲学的贫困》，因为它们都是马克思的著作；另一方面，把《黑格尔法哲学批判》理解为马克思开始清算黑格尔唯心主义辩证法思想的开端是有意义的。德拉·沃尔佩认为，黑格尔的“先天的辩证法”的要害是先把现实归结为理念，再把理念理解为真正的现实和活动的主体，而真正外在于人的观念的现实反倒成了宾词，成了逻辑范畴的工具。在《黑格尔法哲学批判》中，马克思曾经写道：“对现代国家制度的真正哲学的批判，不仅揭露这些制度中存在着的矛盾，而且解释这些矛盾，了解这些矛盾的形成过程和这些矛盾的必然性。这种批判从这些矛盾的本来意义上来把握矛盾。但是，这种理解不在于到处去重新辨认逻辑概念的规定，像黑格尔所想象的那样，而在于把握特有对象的特有逻辑。”[①]德拉·沃尔佩认定，这段话是马克思的“科学的辩证法”的最初表述。它从一开始就与黑格尔的“先天的辩证法”截然相反，不是使思维起源于逻辑范畴，而是明确地主张要“把握特殊对象的特殊逻辑”。

科莱蒂在《马克思主义和黑格尔》(1969)一书中从不同的视角出发批判了黑格尔的辩证法。他把黑格尔的辩证法称之为“物质辩证法”(dialectic of matter)，并强调他是历史上第一个物质辩证法家，其后出现的、关于物质世界辩证法的理论都不过是他的辩证法的机械的抄本。那么，“物质辩证法”的基本含义是什么呢？科莱蒂写道：“物质辩证法的要义如下：有限的是无限的，实在的是合乎理性的。换言之，规定者或实在的对象，这个唯一的‘这一个’不再存在；存在的是理性、理念、对立面的逻辑的包涵物，是与那一个不可分离的这一个。另一方面，存在一旦被归结为思想，思想倒过来就成了存在物，即获得存在并在一个实在的对象中具体化的对立面的逻辑统一体。”[②]这段话中包含着以下三层意思：第一，物质辩证法取消了个别有限事物的独立存在，使有限事物成了内在于无限的、从属性的东西；第二，思想和观念是唯一客观实在的东西；第三，思想和观念所固有的

---

① 《马克思恩格斯全集》第 3 卷，人民出版社 2002 年版，第 114 页。

② Lucio Colletti, *Marxism and Hegel*, New Left Books, 1973, p. 20.

逻辑矛盾投射出来,成了世界万物固有的内在矛盾。在批判黑格尔的物质辩证法的基础上,科莱蒂进一步指出,恩格斯、普列汉诺夫和列宁的辩证唯物主义实际上就是黑格尔的物质辩证法:"'唯物辩证法'在其严格的意义上,就是黑格尔自己的物质辩证法。"[①]他把黑格尔《逻辑学》中的论述与恩格斯在《反杜林论》和列宁在《哲学笔记》中的论述加以比较,确信以恩格斯、列宁为代表的辩证唯物主义几乎原封不动地搬用了黑格尔的物质辩证法。他还认为,虽然卢卡奇所开创的西方马克思主义在某些方面与恩格斯、普列汉诺夫和列宁有分歧,但卢卡奇也无批判地接受了黑格尔的物质辩证法:"如果这一分析是正确的,那么,辩证唯物主义与西方马克思主义之间的差异就会显露出新的含义:它与其说是唯物主义模式的马克思主义和作为'实践哲学'的马克思主义之间的差别,毋宁说是同一个黑格尔传统的两个对立的和掺和了大量异物的分支之间的差别。"[②]与德拉·沃尔佩不同,科莱蒂没有提出的与黑格尔的物质辩证法相对立其他的辩证法模式,但他强调,马克思主义者只有克服对黑格尔的迷恋,重新回到在康德哲学中已经显露出来的唯物主义的立场上去,才能坚持正确的哲学观点。

第三,强调了思维与存在的异质性。科莱蒂认为,沿着黑格尔的物质辩证法继续向前追溯,就会发现,黑格尔哲学的真正基础是思维与存在的同一性:一方面,实在的过程被归结为单纯的逻辑范畴的演化过程;观念和逻辑的东西倒过来又成了实在的主体和基质。所以,他认为,回到真正的唯物主义立场上来的第一步就是中止思维对存在的吞并,承认思维与存在的异质性,从而从根本上切断把实在归结为观念,倒过来又把观念视为实在主体的唯心主义倾向。他这样写道:"这是一个真正的、基本的两难问题:或者是思维与存在的同一性,或者是思维与存在的异质性(either the identity, or the heterogeneity, of thought and being),这个选择把独断主义与批判的唯物主义区分开来了。"[③]按照科莱蒂的看法,思维与存在异质性的基本含义是:实在是一个独立发展的过程,它存在于思维之外、观念之外、逻辑之外。实在的过程不能被归结为逻辑的过程,反之,逻辑上可能的东

---

① Lucio Colletti, *Marxism and Hegel*, New Left Books, 1973, p. 103.

② Lucio Colletti, *Marxism and Hegel*, New Left Books, 1973, p. 194 – 195.

③ Lucio Colletti, *Marxism and Hegel*, New Left Books, 1973, p. 97.

西并不意味着在实在中已经存在或必定会存在。在科莱蒂看来，正是从思维与存在的异质性的观念出发，马克思最终摆脱了黑格尔思辨哲学的影响，开始从事对资本主义社会现实的研究，并分析了“异化”这一重要的社会现象。事实上，异化现象的存在本身就是对思维与存在的异质性的一种确证。人们按照理性创造出来的世界倒过来成了压抑他们自己的异己的存在物，这本身就表明，实在居于理性和思维之外，是与理性、思维完全不同质的另一种东西。

必须指出，科莱蒂把“思维与存在的异质性”与“思维与存在的同一性”对立起来，在理论上并不是明晰的。其实，与“异质性”概念相对立的应该是“同质性(homogeneity)”。所谓“同质性”，也就是把思维与存在看做性质完全相同的东西。思维就是存在，存在就是思维。所谓“同一性”是指：思维可以认识存在，把握存在，向存在转化。因此，应该加以反对的不是“思维与存在的同一性”，而是“思维与存在的同质性”。说得明白一些，我们反对的是“以思维与存在的同质性为基础的思维与存在的同一性”，赞成的是“以思维与存在的异质性为基础的思维与存在的同一性”。不管如何，科莱蒂主张从黑格尔回溯到康德的批判的唯物主义的立场，把思维与存在的异质性理解为批判的唯物主义立场的根本要求，有着异乎寻常的重要性。①

第四，提出了“社会生产关系”理论。科莱蒂认为，要彻底地摈弃黑格尔的思辨唯心主义，深入地把握马克思哲学的真精神，就要把整个问题域从逻辑和思维的层面上拖下来，转移到现实生活中，尤其是转移到马克思的历史唯物主义所关注的核心问题——“社会生产关系”(social relations of production)——的探讨上。他写道：“马克思第一次成功地把整个先前的哲学问题域转变为关于‘社会生产关系’概念及分析这一概念的新的问题域。”②从上面的论述可以看出，“新实证主义的马克思主义”者德拉·沃尔佩和科莱蒂思想的深刻之处在于，他们试图通过向康德哲学的返回，阐明马克思哲学所从属的真正的传统，从而对马克思哲学的实质作出了新的阐释。

---

① 参阅俞吾金：《对哲学基本问题的再认识》，载《北京大学学报》1997年第2期。

② Lucio Colletti, *Marxism and Hegel*, New Left Books, 1973, p. 248.

三、阿尔都塞的理论贡献

法国“结构主义的马克思主义”者阿尔都塞在对马克思哲学的重新探索中,提出了一系列富有启发意义的新观点。

第一,肯定了马克思哲学与黑格尔哲学之间的对立。《孟德斯鸠、卢梭、马克思:政治学和历史》这部著作的第三部分的标题就是“马克思与黑格尔的关系”。在阿尔都塞看来,阐明这种关系始终是保卫马克思思想纯洁性的一个前提。他认为,从科学史上看,存在着三块“科学的大陆”:一是古希腊人开启的“数学的大陆”,在此基础上形成了柏拉图哲学;二是由伽利略开启的“物理学的大陆”,在此基础上形成了笛卡儿哲学;三是由马克思开启的“历史的大陆”,在此基础上形成了马克思主义哲学或辩证唯物主义。阿尔都塞强调:“马克思对历史科学的奠基是当代历史中最重大的理论事件。”①人们也许会问,在西方哲学史上,黑格尔是把理性历史化的重要哲学家,为什么阿尔都塞不说是黑格尔开启了“历史的大陆”?道理很简单,因为在他看来,黑格尔哲学,尤其是他的神秘的辩证法思想,是不可能使他真正洞见历史的本质的,相反,只有马克思,从其历史唯物主义立场和合理的辩证法思想出发,才能成为“历史的大陆”的当之无愧的开启者。正是基于这样的考虑,阿尔都塞写道:“在马克思的著作中,我们发现了下述实质性的东西:一个非黑格尔的历史观念。一个非黑格尔的社会结构观念(一个占支配地位的结构整体)。一个非黑格尔的辩证法观念。因此,如果这些就是很好的理由的话,它们对于哲学来说已经产生了决定性的结果:这种结果首先体现为对古典哲学范畴的基本体系的拒斥。”②与德拉·沃尔佩和科莱蒂一样,阿尔都塞也认为,在马克思与黑格尔乃至整个德国古典哲学之间,存在着问题域的根本性的转变。

第二,论述了“意识形态”(ideology)与“科学”(science)之间的对立关系。什么是“意识形态”呢?阿尔都塞告诉我们:“一个社会或一个时代的意识形态无非是该社会或该时代的自我意识,即在自我意识的意象中包含、寻求并自发地找到其形式的直接素材,而这种自我意识又透过其自身

---

① L. Althusser, *Montesquieu*, *Rousseau*, *Marx*: *Politics and History*, verso edition, 1982, p. 166.

② L. Althusser, *Montesquieu*, *Rousseau*, *Marx*: *Politics and History*, verso edition, 1982, p. 173.

的神话体现着世界的总体。"[①]所谓"神话",也就是通过幻想的、颠倒的关系反映着现实世界。意识形态具有普遍性(每个人都无法回避它)、实践性(拥有现实的力量)、强制性(人们无法对它进行选择)和虚假性(以幻想的关系表现现实的关系)等特点。那么,这里的"科学"又是指什么呢?阿尔都塞认为:"谁如果要达到科学,就要有一个条件,即要抛弃意识形态以为能接触到实在的那个领域,即要抛弃自己的意识形态总问题(它的基本概念的有机的前提及它的大部分概念),从而'改弦更辙',在一个全新的科学的总问题中确立新的理论活动。"[②]简言之,在"科学"与"意识形态"之间,存在着总问题上的根本性区别。"科学"奠基于对未遭到意识形态扭曲的现实世界的正确认识。因此,要达到"科学"的总问题,就要深入地反思并先行地超越意识形态的总问题。在阿尔都塞看来,这种超越体现出质的飞跃,而马克思的科学理论正是在与意识形态决裂的前提下形成的。

第三,揭示了"总问题"(problematic)与"认识论断裂"(epistemological break)之间的内在联系。阿尔都塞认为,总问题是一个整体性的概念,它不是着眼于一位思想家著作中的某一个问题,而是着眼于其整个问题体系。阿尔都塞强调:"总问题并不是作为总体的思想的抽象,而是一个思想以及这一思想所可能包括的各种思想的特定的具体的结构。"[③]比如,在费尔巴哈的著作中,人本主义和异化不仅是其宗教批判中的总问题,也是贯通于其政治、历史、伦理思想中的总问题。判定一个思想家的某部著作的性质,归根到底取决于我们对他的思想中的总问题的把握,因为总问题是各种组成因素的前提。只有从它出发,各种组成因素才变得可以理解。此外,总问题作为思想的内在结构,并不是一目了然的。在通常的情况下,一个思想家总是在总问题的框架内进行思考,而从不怀疑、反思总问题本身,因为总问题通常深藏于无意识的层面上,在意识层面上是接触不到它的。正如阿尔都塞所说:"一般说来,总问题并不是一目了然的,它隐藏在思想的深处,在思想的深处起作用,往往需要不顾思想的否认和反抗,才能把总

① L. Althusser, *For Marx*, New Left Books, 1977, p. 144.
② L. Althusser, *For Marx*, New Left Books, 1977, p. 192 – 193.
③ L. Althusser, *For Marx*, New Left Books, 1977, p. 68.

问题从思想深处挖掘出来。”①

那么,“认识论断裂”又是怎么一回事呢?阿尔都塞告诉我们:“任何科学的理论实践总是同它史前的、意识形态的理论实践划清界限:这种区分的表现形式是理论上和历史上的‘质的中断’,用巴歇拉尔的话来说就是‘认识论断裂’。”②显而易见,阿尔都塞引入“认识论断裂”这个术语,目的是要说明“意识形态”与“科学”之间的界限及认识进展过程中的非连续性。那么,“认识论断裂”的标志又是什么呢?阿尔都塞指出:“认识论断裂标志着由前科学的总问题转变到科学的总问题。”③也就是说,在分析一个理论家的思路历程时,重要的不是阐明其思想发展的连续性,而是判别其有否出现认识论的断裂,即有否出现总问题的根本转变。如有,就要进一步判定“断裂”的确切位置。无疑地,“总问题”和“认识论断裂”这两个术语为我们重新反思马克思哲学与黑格尔哲学之间的关系提供了重要的启发。

第四,提出了马克思思想发展的“四阶段论”。阿尔都塞引入“认识论断裂”这一术语,对马克思思想发展历程作出了新的说明:“在马克思的著作中,确实有一个‘认识论断裂’;按照马克思本人的说法,这一断裂的位置就在他生前没有发表过的、用于批判他过去的哲学(意识形态)信仰的那部著作《德意志意识形态》。总共只有几段话的《关于费尔巴哈的提纲》是这个断裂的前岸;在这里,新的理论信仰以必定是不平衡的和暧昧的概念与公式的形式,开始从旧信仰和旧术语中显露出来。”④正是通过认识论断裂,马克思的思想可以被划分为两大阶段,即“意识形态”阶段(1845 年断裂前)和“科学”阶段(1845 年断裂后)。在前一个阶段中,马克思的思想还未突破意识形态的氛围,其思想还是不成熟的、前科学的;在后一阶段中,马克思抛弃了意识形态的总问题,退回到真正的现实中,形成了自己科学理论的新的总问题。具体地说来,马克思的整个思想过程可以划分为以下四个阶段。

---

① L. Althusser, *For Marx*, New Left Books, 1977, p. 69.
② L. Althusser, *For Marx*, New Left Books, 1977, p. 167 – 168.
③ L. Althusser, *For Marx*, New Left Books, 1977, p. 32 – 33.
④ L. Althusser, *For Marx*, New Left Books, 1977, p. 33.

第一个阶段:青年时期著作(1840—1844)。在这一阶段中,马克思首先采纳了康德、费希特的总问题“理性和自由”。接着,他又接受了费尔巴哈的总问题“人本主义和异化”。有趣的是,阿尔都塞坚持,马克思从来就不是黑格尔派,他在思想上始终与黑格尔保持着距离。他起先是康德和费希特派,后来又是费尔巴哈派。

第二个阶段:断裂时期著作(1845)。即《关于费尔巴哈的提纲》和《德意志意识形态》。在这两部论著中,首次出现了马克思的新的总问题,但它还不是严格的、规范的,而是以批判的方式表达出来的。《关于费尔巴哈的提纲》可以比喻为思想的闪电,其中还有好多谜没有解开。在《德意志意识形态》中,新术语和旧概念混合在一起,增加了阅读上和理解上的困难。但在马克思的思想发展史上,这两部论著的重要性是无与伦比的。

第三个阶段:成长时期著作(1845—1857)。这是马克思撰写《资本论》初稿前的那个阶段,其中包括《哲学的贫困》(1847)、《共产党宣言》(1848)等著作。事实上,马克思必须进行长期的、深入的理论思考,才能确立起一套适合于新的总问题的概念和术语。

第四个阶段:成熟时期著作(1857—1883)。这个阶段的主要代表作是《资本论》和《哥达纲领批判》(1875)。在这个阶段中,马克思与德国哲学意识形态完全分离,新的总问题由假设转变为科学,马克思系统地表达了自己的科学理论。

尽管阿尔都塞提出的“四阶段论”还有不少可商榷之处,尤其是他认为马克思始终未受黑格尔影响的见解也与马克思本人的一些表述相冲突,但他把“认识论断裂”的观念引入到对马克思思想发展进程的理解和阐释中,这对我们深入地把握马克思思想发展的脉络是有积极意义的。

第五,开创了从阅读《资本论》着手去把握马克思思想的新思路。众所周知,《资本论》是马克思花了大半生的精力研究政治经济学的结晶,也是马克思最重要的理论著作。阿尔都塞认为,《资本论》既是政治经济学著作,也是哲学著作。他甚至认为:“如果没有马克思哲学的帮助,那是不可能读懂《资本论》的。”[①]那么,究竟如何借助马克思哲学来正确地阅读

① L. Althusser, *Reading Capital*, New Left Books, 1970, p. 75.

《资本论》呢？阿尔都塞认为，只注意马克思行文的字面含义和表层意思的“直接的阅读”(immediate reading)是不够的。为此，他提出了一种新的阅读方法——“根据症候阅读”(symptomatic reading)。他写道：“我建议，我们不应该用直接阅读的方法来对待马克思的文本，而必须采取根据症候阅读的方法来对付它们，以便在话语的表面的连续性中辨认出缺失、空白和严格性上的疏忽。在马克思的话语中，这些东西并没有说出来，它们是沉默的，但它们在他的话语本身中浮升出来。”①按照阿尔都塞的观点，这里说的“缺失”、“空白”和“严格性上的疏忽”等等，就是“症候”的具体表现形式。他主张通过对这些症候的觉察来揭示隐藏在文本深处的总问题。他认为，在“直接的阅读”中呈现出来的只是“第一文本”(the first text)，即文本的表层结构和字面上的意思。尽管这种阅读方法也是必要的，但停留在这种阅读方法中又是不够的。因而，必须通过“根据症候阅读”来捕捉隐藏在深处的“第二文本”(the second text)。通过这样的文本，总问题才有可能浮现出来。

在阿尔都塞看来，一个给定的总问题总是具有一个与之相应的视界。在这个确定的视界中，只有某些问题是可见的，另一些问题则是不可见的。因此，当读者阅读某个文本时，如果他本人赖以进行思考的总问题与被阅读的文本所蕴含的总问题是一致的，那就能见到这个文本向他显现出来的全部问题；如果是不一致的，就只能见到他自己的总问题允许他看到的问题，而对被阅读的文本所蕴含的总问题和问题体系就可能失察。因此，阿尔都塞强调：“要看见那些不可见的东西，要看见那些失察的东西，要在充斥着的话语中辨认出缺乏的东西，在充满文字的文本中发现空白的地方，我们需要某种完全不同于直接注视的方式；我们需要的是一种新的注视，即有根据的注视，它是由‘视界的变化’对正在起作用的视野的思考而产生出来的，马克思把它描绘为‘总问题的转换’(transformation of the problematic)。”②这就启示我们，在阅读文本的过程中，读者首先要运用“根据症候阅读”的方法，追随并把握蕴含在文本深处的总问题，从而超越自己固有的总问题，转换到文本所蕴含的新的总问题中。只有这样做才可能真正发现那些在自己的总问题

---

① L. Althusser, *Reading Capital*, New Left Books, 1970, p. 143.

② L. Althusser, *Reading Capital*, New Left Books, 1970, p. 27.

中必定处于失察状态的新问题。

阿尔都塞举了下面的例子来说明,马克思本人是如何运用“根据症候阅读”的方法来解读英国古典经济学的。众所周知,在古典经济学的文本中,劳动价值乃是一个基本的问题。古典经济学家们普遍认为,劳动的价值相当于维持和再生产劳动所必需的商品的价值。但马克思却看到了这一普遍性的结论中所包含的“空白”。实际上,这个结论可以改写为:劳动(　)的价值相当于维持和再生产劳动(　)所必需的商品的价值。因为“劳动”作为过程是无法被再生产出来的,“劳动”本身也是无法作为商品的,唯有“劳动力”才能成为商品。这样一来,上述结论就进一步改写为:劳动(力)的价值相当于维持和再生产劳动(力)所必需的商品的价值。正因为马克思读出了英国古典经济学文本中的“空白”,所以他创立了“劳动力价值”的新理论,从而超越了英国古典经济学的总问题和视界。阿尔都塞写道:“马克思能够看到斯密的注视所回避的东西,因为他已经拥有一个新的视界,这一新的视界是从新的回答中产生出来的,是无意识地从旧的总问题那里产生出来的。”[①]毋庸讳言,阿尔都塞运用结构主义方法重新阅读《资本论》,确实读出了新意。总之,阿尔都塞对马克思哲学的独特的探索路径,尤其是他对马克思哲学与黑格尔哲学关系的独特的理解方式,对我们重新理解并阐释马克思哲学的实质提供了许多宝贵的启示。

在当代哲学家中,能对我们重新理解马克思哲学提供启发性的思想酵素的,当然不止卢卡奇、德拉·沃尔佩、科莱蒂和阿尔都塞。在这里我们还没有涉及到法兰克福学派,尤其是哈贝马斯重建历史唯物主义的努力,也没有涉及到葛兰西对马克思哲学所作的实践哲学维度的诠释,更没有涉及到后现代主义学者,尤其是鲍德里亚对马克思经济哲学思想的批评性重建。然而,不能否认,正是上述学者的思索,为我们重新理解并阐释马克思哲学的实质提供了极为重要的思想资源。

---

① L. Althusser, *Reading Capital*, New Left Books, 1970, p. 28.

从意识形态的科学性到科学技术的意识形态性

意识形态与科学技术之间的关系问题,无论是对意识形态概念的发展史来说,还是对科学技术的发展史来说,都是无法回避的。然而,在哈贝马斯的重要著作《作为"意识形态"的技术与科学》于 1968 年问世以来,这一问题仍未真正进入人们的眼帘,甚至在相当程度上还被人们的传统的偏见遮蔽着。事实上,正是这一问题成为人们判断意识形态概念史和科技史的研究是否真正具有当代视野的分界线。

一、特拉西:意识形态是"观念的科学"

众所周知,"意识形态"(idéologie)这一概念是由法国启蒙学者特拉西于 1796 年最早提出来的。他把意识形态称之为"观念的科学"(a science of ideals)或简称为"观念学",并在《意识形态原理》(1801—1815)一书中详尽地阐发了自己的观点。正如麦克齐(I. MacKenzie)所指出的:"对于特拉西来说,意识形态的目的是'给出我们理智能力的一个完全的知识,再从这一知识中推演出其他所有知识分支的第一原则'。"[1]也就是说，特拉西试图通过其意识形态理论，以科学的方式重建整个知识体系。

在法国启蒙时期和法国大革命时期，特拉西创制出"意识形态"这一新的概念，并把它作为"观念的科学"与传统的思想观念对立起来。这样做，至少从主观意图上来说是有积极意义的，因为他试图反对的正是以烦琐论证为特征的经院哲学和神学的残余思想观念。在他之前，已有不少的思想家作出了开创性的努力，如法国哲学家笛卡儿提出了"普遍怀疑"的口号和"我思故我在"的第一真理，英国哲学家弗兰西斯·培根在柏拉图"洞穴比喻"的启发下提出了著名的"四偶像"（洞穴偶像、种族偶像、市场偶像和剧场偶像）学说，以法国哲学家狄德罗为代表的"百科全书派"学者对"偏见"的声讨和对"理性法庭"的吁求，其宗旨都是批判经院哲学和中世纪神学，倡导新的科学和科学方法。显而易见，特拉西的意识形态理论，作为"观念的科学"也是顺应这一伟大的启蒙运动的潮流的。他也和同时代的其他启蒙学者一样，主张在可靠的感觉经验和理性知识的基础上，重建各种知识，把它们整合成"观念的科学"。这就启示我们，特拉西在创制"意识形态"这一新概念的时候，肯定并坚持的正是这一新概念的"科学性"，而在他看来，科学性也就是思想观念对现实生活的真实的反映。

毋庸讳言，在特拉西的"意识形态"或"观念的科学"中，也包含着相应的政治见解，即以自由、民主的政治理想为核心的共和主义，而这种政治见解与拿破仑的政治理念，特别是他恢复帝制的梦想构成了尖锐的对立。正是从这种对立的政治见解出发，拿破仑批评特拉西的意识形态理论是一种耽于幻想的、空洞的理论，并把与特拉西的"观念的科学"认同的那些人称之为"意识形态家"或"空想家"（idéologue）。令人意想不到的是，拿破仑对特拉西的意识形态理论的批判，在欧洲思想发展史上产生了重大的影响。尽管特拉西和他的追随者们竭力把意识形态阐释为"观念的科学"，但拿破仑对特拉西的批评却使下面的观点——意识形态是一种虚假的观念、意识形态家是一些空想家——成了欧洲家喻户晓的常识。

在这个意义上可以说，历史给特拉西开了一个颠覆性的玩笑，即特拉

---

① S. Malesevic and I. MacKenzie edited, *Ideology After Post-structuralism*, Pluto Press, 2002, p. 1.

西作为“科学的观念”确立起来的意识形态，从一开始就被人们理解为相反的东西——非科学的、虚假的观念。事实上，黑格尔、马克思和恩格斯都是站在与拿破仑相近的立场上来理解并阐释“意识形态”理论的，即把它作为一种非科学的、应予否定的理论加以批判，这在马克思和恩格斯合著的《德意志意识形态》(1845—1846)一书中得到了经典性的表现。

二、阿尔都塞：意识形态与科学的对立

如前所述，在马克思和恩格斯的理论语境中，意识形态乃是一种颠倒的、虚假的意识。事实上，马克思提出的著名的“照相机之喻”就是对意识形态这一根本特征的形象的说明。马克思写道：“意识在任何时候都只能是被意识到了的存在，而人们的存在就是他们的现实生活过程。如果在全部意识形态中，人们和他们的关系就像在照相机中一样是倒立呈像的，那末这种现象也是从人们生活的历史过程中产生的，正如物体在视网膜上的倒影是直接从人们生活的生理过程中产生的一样。”[①]正是从这样的见解出发，马克思把颠倒地反映着外部世界的“意识形态”与正确地反映着外部世界的“科学”尖锐地对立起来。

几乎在所有的马克思主义哲学的教科书中，我们都能读到下面这样的结论：意识形态包括哲学、宗教、道德、艺术等具体的意识形式，科学不但不属于意识形态的领域，而且它与意识形态是根本对立、水火不相容的。换言之，意识形态不但不可能像特拉西所设想的那样，成为“观念的科学”，相反，它根本不具有科学性，它甚至是与科学完全对立的。法国结构主义的马克思主义者阿尔都塞正是从这样的理论语境出发去思索意识形态和科学之间的关系的。在《保卫马克思》(1965)等一系列著作中，他把科学与意识形态尖锐地对立起来。

在这里，需要深入地加以追问的是：阿尔都塞究竟如何理解意识形态概念的含义？他写道：“一个社会或一个时代的意识形态无非是该社会或该时代的自我意识，即在自我意识的意象中包含、寻求并自发地找到其形式的直接素材，而这种自我意识又透过其自身的神话体现着世界的总

---

① 《马克思恩格斯选集》第1卷，人民出版社1995年版，第72页。

体。"[①]阿尔都塞之所以把意识形态阐释为总体性的"神话",其目的正是为了说明意识形态的虚假性和不可靠性。那么,阿尔都塞又是如何理解"科学"(science)这一概念的呢?他告诉我们:"马克思的立场和他对意识形态的全部批判都意味着,科学(即对现实的认识)就其含义而言是同意识形态的决裂,科学建立在另一个基地之上,科学是以新问题为出发点而形成起来的,科学就现实提出的问题不同于意识形态的问题,或者也可以说,科学以不同于意识形态的方式确定自己的对象。"[②]在阿尔都塞看来,科学与意识形态有着根本不同的问题域。既然意识形态是以颠倒的、虚假的方式反映外部世界的,那么它所蕴含的整个问题域就是不可靠的、耽于幻想的。假如完全沿着它所设定的问题域进行思考,人们的思想就会被引上错误的轨道。与此相反,科学则是对外部世界的真实反映,因而科学本身所蕴含的问题域为人们认识和解决现实问题提供了正确的思想引导。

必须指出,阿尔都塞这里使用的"科学"概念主要是指马克思的学说,而特拉西使用的"科学"概念则具有更为宽泛的含义,它泛指整个自然科学和人文社会科学,而不专指某一种科学理论。不管如何,在阿尔都塞那里,意识形态缺乏科学性的特征进一步被两极化为它与科学之间的外在的、尖锐的对立。阿尔都塞甚至认为:"任何科学的理论实践总是同它的史前的、意识形态的理论实践划清界限:这种区分的表现形式是理论上和历史上的'质的中断',用巴歇拉尔的话来说就是'认识论断裂'。"[③]在这里,"认识论断裂"这一用语非常贴切地阐明了科学与意识形态之间的紧张关系。

在阿尔都塞那里,我们发现,特拉西视意识形态为"科学的观念"的初衷不但完全被否定了,而且其结论像钟摆一样荡向另一个极端,即意识形态不但不具有科学性,相反,它与科学是完全对立的。在它们之间,存在着一种不可逾越的"断裂"关系。

---

① L. Althusser, *For Marx*, Vevso edition, 1977, p.144.
② L. Althusser, *For Marx*, Vevso edition, 1977, p.78.
③ L. Althusser, *For Marx*, Vevso edition, 1977, p.167 – 168.

三、哈贝马斯:技术与科学本身就是意识形态

如果说,在阿尔都塞的视野中,作为自然科学的“科学”和“技术”与意识形态之间的关系还没有得到深入的反省,那么,在《保卫马克思》出版三年后,哈贝马斯开始在《作为“意识形态”的技术与科学》一书中全面地探索了这个当代社会越来越无法回避的问题。与阿尔都塞的理论背景不同,哈贝马斯是沿着马克斯·韦伯的“合理性”概念、马尔库塞的“技术理性”=“意识形态”的思路来探索技术、科学同意识形态之间的关系的。他写道:“马尔库塞对韦伯的批判得出的结论是:‘技术理性的概念,也许本身就是意识形态。不仅技术理性的应用,而且技术本身就是(对自然和人的)统治,就是方法的、科学的、筹划好了的和正在筹划着的统治。统治的既定目的和利益,不是“后来追加的”和从技术之外强加上的,它们早已包含在技术设备的结构中。技术始终是一种历史和社会的设计;一个社会和这个社会的占统治地位的兴趣企图借助人和物所要做的事情,都要用技术加以设计。统治的这种目的是“物质的”,因此它属于技术理性的形式本身。’”①假如说,马尔库塞还是试探性地提出技术理性、统治的合法性与意识形态的关系,那么,在哈贝马斯那里,技术与科学就是意识形态的观点则得到了十分明确的论述。

哈贝马斯还进一步论述了这种以技术理性或合理性为根本特征的新意识形态与传统的意识形态之间的重大差别:“一方面,技术统治的意识同以往的一切意识形态相比较,‘意识形态性较少’,因为它没有那种看不见的迷惑人的力量,而那种迷惑人的力量使人得到的利益只能是假的。另一方面,当今的那种占主导地位的,并把科学变成偶像,因而变得更加脆弱的隐形意识形态,比之旧式的意识形态更加难以抗拒,范围更为广泛,因为它在掩盖实践问题的同时,不仅为既定阶级的局部统治利益作辩解,并且站在另一个阶级一边,压制局部的解放的需求,而且损害人类要求解放的利益本身。”②按照哈贝马斯的观点,在当代社会中,一旦技术与科学成了意

---

① 哈贝马斯:《作为“意识形态”的技术与科学》,李黎等译,学林出版社1999年版,第39~40页。

② 哈贝马斯:《作为“意识形态”的技术与科学》,李黎等译,学林出版社1999年版,第69页。

识形态，与传统的意识形态比较起来，它就具有更多的中立性和隐形性，从而也就更容易迷惑人。哈贝马斯还一针见血地指出："技术统治意识的意识形态核心，是实践和技术的差别的消失。"[①]众所周知，康德把理性区分为理论理性与实践理性，而技术、科学只与理论理性有关，当技术和科学作为意识形态涵盖当代社会意识的主要内容时，必定会导致对实践理性及与之相应的整个人文价值领域的忽视。

四、技术与科学作为意识形态的理论启示

从特拉西于18世纪末提出意识形态概念，并把它理解为"观念的科学"，到拿破仑、黑格尔、马克思、阿尔都塞等人排除它的科学性，并把它与科学尖锐地对立起来，再到哈贝马斯把当代技术与科学理解为意识形态，意识形态概念的发展史仿佛完成了一个"圆圈"，即从肯定意识形态的科学性，发展到对它的科学性的否定，再发展到把科学性本身也理解为意识形态。当然，在特拉西那里，科学性是以肯定的方式出现的，但在哈贝马斯那里，科学性却是以否定的方式出现的。不用说，科学性含义的重大变化本身就蕴含着重要的理论启示。

首先，它启示我们，在海德格尔的《技术之追问》(1950)、马尔库塞的《单向度的人》(1964)和哈贝马斯的《作为"意识形态"的技术与科学》(1968)问世以来，人们必须对技术与科学的历史作用重新作出反省了。也就是说，他们再也不能像过去那样，满足于对技术的所谓"双刃剑作用"的谈论了，从根本上看，现代技术与科学是一种否定性的力量，作为意识形态，它已经蜕变为一种统治的合法性。必须通过对人文主义精神的弘扬来遏制现代技术的意识形态作用的蔓延。

其次，它启示我们，以技术与科学作为自己的灵魂和核心原则的现代意识形态从根本上改变了自己的内涵、特征和起作用的方式。从内涵上看，由于把理论形态的技术与科学接纳到自身之中，现代意识形态不再像传统的意识形态那样，是虚假的意识，而在相当程度上成了真实的意识。从特征上看，现代意识形态总是通过蕴含在技术与科学中的合理性来宣传

① 哈贝马斯：《作为"意识形态"的技术与科学》，李黎等译，学林出版社1999年版，第71页。

自己,不再像传统的意识形态那样,诉诸于神秘主义和奇迹。从起作用的方式来看,现代意识形态是通过技术与科学的有效性,以隐蔽的、潜移默化的方式发挥自己的作用的,这与传统的意识形态起作用的方式也存在着重大的差别。

最后,它启示我们,历史唯物主义的当代叙述形式也应该随之而发生相应的变化。因为按照哈贝马斯的观点,现代技术是以双重身份的方式出现的:一方面,现代技术的实践形态构成了第一生产力,而生产力属于基础的部分;另一方面,现代技术的理论形态又成了现代意识形态的核心内容,而意识形态属于上层建筑的领域。由于现代技术把经济基础和上层建筑贯通起来了,所以以往关于历史唯物主义的简单表述,即"经济基础决定上层建筑",必须在其当代的叙述方式中发生相应的变化①。

总之,从特拉西对意识形态的科学性的肯定,到哈贝马斯对现代技术与科学的意识形态性的肯定,构成了一条值得我们深入地加以反思的思想发展路线。

---

① 参阅俞吾金:《从科学技术的双重功能看历史唯物主义叙述方法的改变》,载《中国社会科学》2004年第1期。

西方马克思主义发展中的语言学转向

众所周知,在现代西方哲学的发展中出现了著名的“语言学转向”(the linguistic turn),这一转向是由大陆哲学家和英美哲学家共同促成的,表明人类思想史的发展达到了新的深度。有趣的是,这一转向也出现在西方马克思主义的发展史中,它主要是通过本雅明(Benjamin, Walter, 1892—1940)、詹姆逊(Jameson, Fredric, 1934—)、哈贝马斯(Habermas, Jürgen, 1929—)、柯亨(Cohen, G. A., 1941—)等人的思考和著述来完成的。下面,我们就对这一贯通于西方马克思主义发展史中的“语言学转向”作一个简要的考察。

一、本雅明:三种不同的语言

作为法兰克福学派的思想家,本雅明敏锐地意识到了语言问题在当代哲学文化思考中的重要性。在《论语言本身和人的语言》(1916)这篇早期文献中,他对语言问题作出了新的思考:“在这种或那种意义上,语言总是内在于人类思想表达的所有领域。然而,语言的存在不仅仅与所有领域的人类思想表达是共存的,而且与整个大千世界也是共存的。在有生命或无生命的自然界,没有任何事实或者事物不以某种方式参与着语言,因为任何一种事物在本质上就是传达其思想内容。"[①]也就是说,本雅明并不赞成这样的做法,即把语言仅仅归结为人的语言,这从他的论文的标题《论语言本身和人的语言》中也可以看出来,因为他试图把"语言本身"和"人的语言"分离开来。实际上,本雅明提出了"三种语言"的理论。

第一种语言是"上帝的语言"。上帝的语言也就是上帝的思想存在,它通过《圣经》表达出来,尤其通过上帝对人和万物的创造与命名及对人的启示而表达出来。本雅明写道:"上帝的思想存在是语言,创造发生于语言之中。创造发生于词语之中,而且上帝的语言存在就是词语。"[②]上帝的语言的特征在于,它是直接的、内在的、原创性的和无条件的,它体现了语言之为语言的纯真的精神。

第二种语言是"人类的语言",这种语言是人类的始祖在伊甸园中偷尝禁果,从而堕落时产生出来的:"堕落标志着人类词语的诞生……语言精神真正的堕落存在于那个事实中。词语就是外在地传达一些事物,就像明显是对上帝直接的、创造性的词语——明显是通过间接的词语——的拙劣模仿,就像是处于人与词语之间的语言快乐的亚当精神的衰败。"[③]相对于上帝的语言来说,人类的语言是间接的、外在的、模仿的和有限的。人类的语言靠词语来言说,因此人类通过命名所有的事物来传达自己的思想。然而,这种命名并不是没有基础的,而是以上帝创造万物为前提的。区别在于,上帝创造万物时,他的词语和万物是内在地相契合的,而人类在命名万物时,注重的却是外在的契合,所以难免会造成语言精神本身的堕落。与此同时,在人类堕落的过程中形成的人类的语言也是多元的,甚至是混乱的,正如本雅明所说:"人的堕落在使语言间接化的过程中,为语言的多重性奠定了基础,此后,语言混乱就会只是咫尺之遥。"[④]巴比伦塔建造的失败也印证了不同语言之间存在着的沟通上的困难。

第三种语言是"事物的语言"。上帝在创造万物时,也用不同的词语

---

① 陈永国、马海良编:《本雅明文选》,中国社会科学出版社 1999 年版,第 263 页。
② 陈永国、马海良编:《本雅明文选》,中国社会科学出版社 1999 年版,第 271 页。
③ 陈永国、马海良编:《本雅明文选》,中国社会科学出版社 1999 年版,第 274 页。
④ 陈永国、马海良编:《本雅明文选》,中国社会科学出版社 1999 年版,第 275 页。

指称不同的事物,从而赋予事物以语言,在这个意义上,事物的语言存在也就是事物的语言。然而,在本雅明看来,“语言自身在诸事物自身中并未完全表达。这一命题有双重含义,比喻的和字面的含义:事物的语言是不完美的,它们是无声的。事物被语言的纯形式规则——即声音——所否定”[①]。由此可见,事物的语言的特征是自然的、直接的、无声的、消极的。事物的语言与人类的语言之间的差异在于,人类的语言具有声音和言说的重要特征。然而,人类滥用名称于事物的做法在相当程度上曲解了事物的语言,“因为上帝在其创造性的词语中点化它们成形,以它们专有的名称称呼它们。然而,在人的语言中,它们被滥加名称。在人类语言与事物的语言的关系中,存在着可以被粗略描述为‘滥加名称’的事物——即所有感伤和(从该事物的角度而言)所有刻意哑言的最深刻的语言学原因”[②]。这充分表明,人类的语言并没有沿着原来上帝创造万物时的意图来译介事物的语言。

综上所述,本雅明对三种不同的语言的区分,尤其是把人类的语言理解为其堕落时的伴生物,其真正的意图并不是按照《圣经》的叙事方式来重述语言问题,而是蕴含着他对现代社会和现代性的深刻的批判。这种批判没有停留在对一些琐细的思想现象的抨击上,而是深入到了思想得以表达的语言的层面上。毋庸讳言,本雅明在这方面的思考拉开了西方马克思主义发展史上语言学转向的帷幕。然而,这一转向的最强音却是在 20 世纪 80 年代才爆发出来的。

二、詹姆逊:语言的牢笼

在《语言的牢笼》(1972)中,詹姆逊对在索绪尔语言理论的影响下发展起来的俄国形式主义和法国结构主义进行了系统的、批判性的考察。

詹姆逊清醒地认识到了运用语言学分析方法的紧迫性与重要性。他指出:“强调意义抑或强调语言?诉诸逻辑学还是诉诸语言学?这两项关键性的重大抉择构成了当今英国哲学和欧陆哲学之间的巨大的差异,也构成了分析语言学派或普通语言和几乎就在我们眼皮底下发展起来的结构

---

① 陈永国、马海良编:《本雅明文选》,中国社会科学出版社 1999 年版,第 269 页。
② 陈永国、马海良编:《本雅明文选》,中国社会科学出版社 1999 年版,第 276 页。

主义之间的悬殊区别。”①由于英美哲学忽视了欧陆哲学在语言学方向上的新的思考，因而也就失去了考察和分析问题的新的视角和方法，而在詹姆逊看来，这个新视角和新方法具有十分重要的意义。他这样写道：“以语言为模式！按语言学的逻辑把一切从头再思考一遍！奇怪的倒是过去竟不曾有人想到这样做过，因为在构成意识和社会生活的所有因素中，语言显然在本体意义上享有某种无与伦比的优先地位，尽管其性质尚待确定。”②显而易见，语言和语言学上的分析方法之所以具有本体论意义上的优先性，是因为任何思想、理论、学说都是通过语言表达出来的，如果对语言本身的性质不甚了了，表达出来的观念怎么可能是清晰的呢？正是基于这样的考虑，詹姆逊对索绪尔、俄国形式主义和法国结构主义的学说在语言学方面的贡献作了高度的评价和批评性的思考。

首先，他努力汲取索绪尔语言理论中的合理的因素。他肯定索绪尔的语言学理论不光是对传统语言学的某些教条的突破，而且也是思想上的一种大解放：“索绪尔的创新就在于他坚持认为语言是一个有系统的整体，任何时刻都是完整的，不过其内部在片刻之前发生过什么变化。这就是说索绪尔提出的时间模式是一个一系列完整的系统顺时相继出现的模式，也就是说在索绪尔看来，语言永远是此时此刻的存在，每一时刻都蕴涵着产生意义的一切可能。”③在詹姆逊看来，这种视语言为系统或整体的见解正是索绪尔的新语言学理论的前提，它所蕴含的思想资源为俄国的形式主义和法国的结构主义的发展留下了广阔的理论空间。

当然，索绪尔的理论贡献并不限于这一前提性的层面，他还提出了语言和言语、能指和所指、历时与共时等新观念，尤其是历时与共时的关系在索绪尔的语言理论中发挥着基础和核心的作用。詹姆逊甚至指出：“把共时和历时加以区分这一举动是索绪尔的理论首先能够成立的唯一基础。毫无疑问，这一区分是不顾历史的，也是不符合辩证法的，因为它的基点是

① 詹姆逊：《语言的牢笼：结构主义及俄国形式主义述评》，钱佼汝译，百花洲文艺出版社1995年版，第1页。

② 詹姆逊：《语言的牢笼：结构主义及俄国形式主义述评》，钱佼汝译，百花洲文艺出版社1995年版，序言第2页。

③ 詹姆逊：《语言的牢笼：结构主义及俄国形式主义述评》，钱佼汝译，百花洲文艺出版社1995年版，第4页。

一种纯粹的对立，是一对永远不可能以任何形式调和在一起的绝对的对立面。然而，我们一旦承认它是一个新起点，一旦进入到共时系统本身之后，我们就会发现那里的情况大不相同。”[①]在詹姆逊看来，从语言的共时性结构出发来考察语言，这是索绪尔的伟大创新之所在，但是，他不赞成索绪尔把共时性和历时性简单地分割开来并对立起来，“尽管索绪尔的理论中暗含的历时模式，突变的理论，能够对历史变化作出复杂的和有启发性的生动解释，但最终还是不能解决把历时和共时在同一个系统中重新结合起来这一根本问题”[②]。从马克思主义的思想背景出发，詹姆逊坚持主张把共时性和历时性辩证地统一起来。

其次，他努力汲取俄国形式主义文学理论中的合理因素。在詹姆逊看来，俄国形式主义者继承了索绪尔的思路，但他们主要不是在语言学而是在文学的范围内推进了这一套思路，因此，他们把“文学性”作为其关注的核心课题。詹姆逊认为，什克洛夫斯基的观点构成了俄国形式主义的出发点，他“把艺术定为陌生化（ostranenie），即使事物变得陌生，使感知重新变得敏锐。这个著名的定义是一条心理法则，但伦理含义深远”[③]。人们在生活中已经习以为常的、通常以无意识的方式在从事着的活动，在艺术作品中被陌生化，并被表现出来时，它们会重新唤起人们对这些活动的自觉的意识，从而给人们的心灵带来巨大的震撼。显然，俄国形式主义者把艺术理解为陌生化的观点具有重要的理论意义，至少什克洛夫斯基本人是这么看的。詹姆逊写道：“陌生化起到了把文学（即纯文学系统）与任何其他的语言使用形式区别开来的作用。因此，它首先是使文学理论得以建立起来的先决条件。”[④]

毋庸讳言，陌生化概念的提出蕴含着俄国形式主义者对文学本质的深入的反思，但一方面，他们没有严格地限定陌生化这个概念的内涵和它所

---

① 詹姆逊：《语言的牢笼：结构主义及俄国形式主义述评》，钱佼汝译，百花洲文艺出版社1995年版，第18页。

② 詹姆逊：《语言的牢笼：结构主义及俄国形式主义述评》，钱佼汝译，百花洲文艺出版社1995年版，第17页。

③ 詹姆逊：《语言的牢笼：结构主义及俄国形式主义述评》，钱佼汝译，百花洲文艺出版社1995年版，第41页。

④ 詹姆逊：《语言的牢笼：结构主义及俄国形式主义述评》，钱佼汝译，百花洲文艺出版社1995年版，第42页。

适用的范围,以至"陌生化既可应用于感知过程本身,也可应用于表现这种感知的艺术方式。即使假定艺术的本质就是陌生化,什克洛夫斯基在其著述中也从未清楚地说明被陌生化的究竟是内容还是形式"[①]。另一方面,他们没有深入地思考内容和形式之间的辩证关系,"从形式主义的观点看,所有这些显而易见的内容,不论是从神学的还是从政治角度表达的,不过是文本自身那些独特的结构问题在文本的创作中不断得到解决时产生的一种视觉幻象"[②]。按照这样的观点,文学艺术的形式就成了一切,内容却变得无足轻重了。这种极端性的观点显然是荒谬的。所以,俄国的形式主义理论虽然在文学和语言学的研究中产生过重大的影响,但在詹姆逊看来,它仍然没有达到马克思主义式的辩证的思考方式。

再次,他努力汲取法国结构主义语言理论中的合理因素。他不赞成美国学术界对结构主义所采取的那种意识形态式的冷漠:"我个人认为,对结构主义的真正的批评需要我们钻进去对它进行深入透彻的研究,以便从另一头钻出来的时候,得出一种全然不同的、在理论上较为令人满意的哲学观点。"[③]

詹姆逊认为,与俄国的形式主义一样,法国的结构主义也滥觞于索绪尔的语言学理论,然而,它们在方法上存在着差别:"形式主义者最终关心的是如何以整个文学系统(语言)为背景来区别看待每一部艺术作品(言语),而结构主义则将作为语言的部分表现形式的个别单位重新融入语言,以描述整个符号系统的结构为己任。"[④]结构主义把马克思所说的整个上层建筑,尤其是意识形态和作为意识形态的载体的语言作为自己研究的对象,"作为一种方法,结构主义也许是人们为了建立一种(类似语言的)模式理论所作的最早的不懈和自觉的尝试之一,其前提是一切自觉的思维活动都是在特定的模式的范围之内进行的,并且从这一意义上来说,是由该

---

① 詹姆逊:《语言的牢笼:结构主义及俄国形式主义述评》,钱佼汝译,百花洲文艺出版社1995年版,第63页。

② 詹姆逊:《语言的牢笼:结构主义及俄国形式主义述评》,钱佼汝译,百花洲文艺出版社1995年版,第74页。

③ 詹姆逊:《语言的牢笼:结构主义及俄国形式主义述评》,钱佼汝译,百花洲文艺出版社1995年版,序言第3页。

④ 詹姆逊:《语言的牢笼:结构主义及俄国形式主义述评》,钱佼汝译,百花洲文艺出版社1995年版,第83页。

模式决定的"[①]。结构主义的基本假定是,整个符号系统和它所意谓的对象是同构的或者完全一致的,但对这个基本假定可能存在的问题却缺乏深入的反思。

在法国结构主义者中间,阿尔都塞的作用是无与伦比的,正如詹姆逊所指出的:"在建立新的结构主义模式论方面,阿尔都塞的作用比任何人都重要。"[②]因为他对马克思提出的基础结构与上层建筑这对矛盾进行了新的思索,从而为思想史的研究,特别是不同历史阶段的思想结构之间的关系的研究打开了全新的思路。

然而,结构主义的局限性在于,一方面,它试图形成一种反人本主义的学说,从而引起了当代学者的普遍的反感;另一方面,它和俄国的形式主义一样把形式与内容分离开来,正如詹姆逊所批评的:"最好把结构主义理解为一种哲学上的形式主义,是现代哲学中无所不在的那种脱离具体内容,脱离各种能指理论的普遍趋势的极点。"[③]

从詹姆逊的上述论述可以看出,他既对索绪尔的语言学理论、俄国的形式主义和法国的结构主义保持着清醒的批判意识,又对这些思潮的合理方面作出了充分的评价。这种对欧陆语言学思潮的积极回应正表明,涌动在西方马克思主义阵营中的语言学转向变得越来越明显了。

三、哈贝马斯:普遍语用学

在《交往与社会进化》(1976)一书中,哈贝马斯通过对当时的语言学研究的积极回应和深入思考,提出了建立普遍语用学的新设想,该书的第一章"什么是普遍语用学"充分体现出哈贝马斯在这方面的独创性思考。

哈贝马斯认为:"普遍语用学的任务是确定并重建关于可能理解(verstaendigung)的普遍条件(在其他场合,也被称之为'交往的一般假设前提'),而我更喜欢用'交往行为的一般假设前提'这个说法,因为我把达到

---

① 詹姆逊:《语言的牢笼:结构主义及俄国形式主义述评》,钱佼汝译,百花洲文艺出版社1995年版,第83页。

② 詹姆逊:《语言的牢笼:结构主义及俄国形式主义述评》,钱佼汝译,百花洲文艺出版社1995年版,第111~112页。

③ 詹姆逊:《语言的牢笼:结构主义及俄国形式主义述评》,钱佼汝译,百花洲文艺出版社1995年版,第163页。

理解为目的的行为看做是最根本的东西。"①众所周知,哈贝马斯把交往看做是一种符号化的相互作用,如果说交往以理解为前提的话,那么理解又以语言这种符号为媒介,所以,对交往行为理论的深入探索必定会触及到语言学这块基础性的领地。

为了便于读者理解起见,哈贝马斯区分了语言学和语用学这两个不同的研究领域。在他看来,这一区分是实质性的,"一旦存在于句子的语言学分析与话语的语用学分析间的区别依稀难辨,普遍语用学的对象领域就将面临崩溃危险"②。他告诉我们,语言学有四个分支领域:一是语法学,二是语音学,三是句法学,四是语义学。语用学可以划分为以下两个领域:一是经验语用学,研究某一种具体语言中的言语行为;二是普遍语用学,研究一般话语中的句子的规则,而普遍语用学主要是由以下三个方面构成的:"三项基本的语用学功能(借助于语句显示世界中的某种东西、表达言说者的意向、建立合法的人际关系)乃是话语在特定关联域中可能具有的全部特殊功能的基础。这些一般性功能的实现要依据真实性、真诚性和正确性等有效性条件来衡量。因此,每一个言语行为都可以从相应的分析角度加以研讨。"③基于这样的考虑,哈贝马斯把人们的交往模式分为三种:一是认识型的,在言语行为上突出的是断言性,强调的是陈述内容的真实性;二是相互作用型的,在言语行为上突出的是调整性,强调的是人际关系的适宜性和正确性;三是表达型的,突出的是言语行为的表白性,强调的是言说者意向的真诚性。这样一来,通过普遍语用学概念的提出,哈贝马斯在整个大语言学的研究中开辟出一个崭新的方向。正如托马斯·默伽塞所评论的:"从这种语用学观点出发,可以得出这样的结论,言语必然(尽管常常是隐含地)被提出、认可、乃至于兑现'有效性要求'的任务所缠绕。"④

四、柯亨:建立分析的马克思主义

在《卡尔·马克思的历史理论:一个辩护》(1978)一书中,柯亨引入了

---

① 哈贝马斯:《交往与社会进化》,张博树译,重庆出版社 1989 年版,第 1 页。
② 哈贝马斯:《交往与社会进化》,张博树译,重庆出版社 1989 年版,第 27~28 页。
③ 哈贝马斯:《交往与社会进化》,张博树译,重庆出版社 1989 年版,第 33 页。
④ 哈贝马斯:《交往与社会进化》,张博树译,重庆出版社 1989 年版,英译本序,第 13 页。

当代语言分析哲学的方法来研究马克思主义,从而不但对马克思主义的一系列基本理论作出了新的说明,也在总体上实现了西方马克思主义发展史上的语言学转向,因为在以柯亨为代表的分析的马克思主义中,语言分析、概念分析已经成为研究马克思主义的根本性的方法。下面,我们简要地考察一下柯亨语言分析的三个著名的观点。

一是区分社会现象的"质料性"(自然存在方面的特性)和"社会性"(社会存在方面的特性)。柯亨举例说:"假定我主持一个委员会,那么,在进行一个被任命的社会过程后,我就成了主席,然而,我之所以成为主席,不是根据我的生物学特征。人们能够说,我之所以适宜于担任'主席'是从社会的角度看问题的结果。但是这并不意味着我的有机体不是主席,它当然是。问题在于,我们需要从社会的观点出发来辨明生产资料的资本状态或一个人的奴隶状态。这并不意味着这一生产资料不是资本或这一个人不是奴隶。每一个视角揭示出物的一个特殊的性质,但是物具有所有这些性质。"①这段论述表明,作为委员会主席的人,既具有质料性(有机体),又具有社会性(主席职位体现的是社会关系)。在柯亨看来,马克思的历史理论的一个核心的观念就是要我们在观察社会现象时,不停留在现象的质料性上,而是要注重现象的社会性。比如,商品拜物教尽管要以商品的质料性作为承担者,但它并不源自这种质料性,而是源自商品的社会性。

二是澄清生产力、生产关系和经济结构这三个概念之间的逻辑关系。人们常常认为生产力是经济结构的组成部分,柯亨写道:"马克思这里说的经济结构(或'现实的基础')是由生产关系构成的。马克思没有说任何其他的因素参与了经济结构的构成。毋庸讳言,我们能够引申出这样的结论,单单生产关系就足以构成经济结构。这意味着,生产力并不是经济结构的一部分。"②柯亨还进一步区分了马克思所使用的"人"的概念和"生产力"的概念。由于马克思说过"人本身是首要的生产力",这句话常常引起人们的误解,以至于人们直接地把人当做生产力或生产力中的根本性要

---

① G. A. Cohen, *Karl Marx's Theory of History: A Defence*, Princeton University Press, 1978, p. 91.

② G. A. Cohen, *Karl Marx's Theory of History: A Defence*, Princeton University Press, 1978, p. 28.

素。柯亨强调,只有当人进入生产劳动的状态时他才是生产力,而当他处于非生产劳动状态时,他并不是生产力。因此,对马克思的上述表述应当准确地理解为:“人的劳动力是首要的生产力。”[①]

三是提出了“功能解释”的新观念。在解释马克思关于生产力与生产关系、经济基础与上层建筑的关系时,为了表明这种关系是辩证的,人们总是习惯于把它们解释为“相互作用”或“相互决定”关系。久而久之,这两者之中哪者是实体性的,哪者是功能性的,就显得不清楚了。为了恢复马克思历史理论的真实面目,柯亨指出:“马克思的核心解释是功能解释,它的粗略的意思是:被解释的东西的特征是由它对解释它的东西的作用决定的。这样解释马克思主义的一个理由是:如果解释关系的方向像已经确定的那样,那么对这种关系的本性的最好的说明就是:它是一种功能性的解释。”[②]也就是说,在生产力与生产关系的关系中,生产力永远是实体性的因素,生产关系则永远是功能性的因素;而在经济基础与上层建筑的关系中,经济基础永远是实体性的因素,而上层建筑则永远是功能性的因素。这种功能解释的观念维护了马克思历史理论的唯物主义本质。

综上所述,在西方马克思主义的发展历史上,从本雅明对语言问题的重视到柯亨创立分析的马克思主义的学派,清晰地显示出一条语言学转向的弧线。当然,如果我们能对卢卡奇、霍克海默、阿多诺、阿尔都塞等人的思想进行深入的研究的话,我们还能以更具体的方式描绘出这条弧线。此外,必须指出,西方马克思主义发展史上的语言学转向并不仅仅是对现代西方哲学中的语言学转向的简单的模仿,而是一种创造性的推进,这尤其表现在哈贝马斯的普遍语用学理论和以柯亨为代表的分析的马克思主义学派中。总之,我们应该从新的视角出发来研究西方马克思主义了。

---

① G. A. Cohen, *Karl Marx's Theory of History: A Defence*, Princeton University Press, 1978, p.44.

② G. A. Cohen, *Karl Marx's Theory of History: A Defence*, Princeton University Press, 1978, p.278.

本体论视野中的国外马克思主义哲学

从上个世纪90年代以来，在胡塞尔、海德格尔、哈特曼、奎恩、卢卡奇、萨特、古尔德等人的本体论思想的影响下，国外马克思主义者的哲学研究也开始从认识论、方法论的维度转向本体论的维度。尽管马克思从未使用过“Ontologie”（本体论）这个德语名词，但在其早期著作中却使用过“ontologisch”（本体论的）这个德语形容词，但他并没有从理论上对本体论问题进行过专门的论述。[①] 然而，奎恩的“本体论承诺”的思想启发我们，任何一个理论体系都不可避免地会有自己的“本体论承诺”。在这个意义上可以说，马克思主义哲学也完全可以从本体论角度加以探讨。

一、三种流行的本体论见解

在对马克思主义哲学的本体论诠释中，国外马克思主义者主要存在着以下三种见解：

第一种见解把马克思主义哲学理解为“物质本体论”（ontology of mat-

① 参阅俞吾金：《重新理解马克思》，北京师范大学出版社2005年版，第197～216页。

ter)。显然,这是一种沿着传统的唯物主义路线,在恩格斯、列宁和苏联的马克思主义哲学教科书影响下形成的、占支配地位的理论见解。

按照这种物质本体论,哲学的使命乃是考察与人的活动相分离的自然界或物质世界本身。事实上,恩格斯坚持的正是这样的哲学立场。他在阐明社会与自然的共同点以后,笔锋一转,写道:“但是,社会发展史却有一点是与自然发展史根本不同的。在自然界中(如果我们把人对自然界的反作用撇开不谈)全是没有意识的、盲目的动力。这些动力彼此发生作用,而一般规律就表现在这些动力的相互作用中。……相反,在社会历史领域内进行活动的,是具有意识的、经过思虑或凭激情行动的、追求某种目的的人;任何事情的发生都不是没有自觉的意图,没有预期的目的的。”[①]乍看起来,恩格斯对社会与自然的差异的论述是合乎常识的,但全部问题在于,在现代社会中,“把人对自然界的反作用撇开不谈”究竟是否可能?从马克思的论述可以看出,这是不可能的。他这样写道:“在人类历史中即在人类社会的形成过程中生成的自然界,是人的现实的自然界;因此,通过工业——尽管以异化的形式——形成的自然界,是真正的、人本学的自然界。”[②]在《德意志意识形态》一书中,马克思在批评费尔巴哈对自然所采取的直观的态度时指出:“费尔巴哈特别谈到自然科学的直观,提到一些只有物理学家和化学家的眼睛才能识破的秘密,但是如果没有工业和商业,哪里会有自然科学呢?甚至这个‘纯粹的’自然科学也只是由于商业和工业,由于人们的感性活动才达到自己的目的和获得自己的材料的。……此外,先于人类历史而存在的那个自然界,不是费尔巴哈生活其中的自然界;这是除去在澳洲新出现的一些珊瑚岛以外今天在任何地方都不再存在的、因而对于费尔巴哈来说也是不存在的自然界。”[③]在马克思看来,社会不过是人和自然界的本质上的统一,因而不可能撇开人对自然界的反作用,把自然界与人分离开来,抽象地对自然界进行直观。马克思甚至告诉我们:“被抽象地理解的,自为的,被确定为与人分隔开来的自然界,对人说来也

① 《马克思恩格斯选集》第4卷,人民出版社1995年版,第247页。
② 《马克思恩格斯全集》第3卷,人民出版社2002年版,第307页。
③ 《马克思恩格斯选集》第1卷,人民出版社1995年版,第77页。

是无。”[①]尽管马克思反复说明不能离开人的目的活动抽象地考察自然界或物质世界本身，但恩格斯关于与人的反作用分离的自然界或物质世界的本体论理论在马克思主义的传播史上仍然产生了决定性的影响。众所周知，恩格斯把自己的辩证法称为“自然辩证法”，也试图像斯宾诺莎和18世纪的唯物主义者一样，从自然界或物质世界本身来说明自然界或物质世界。不用说，恩格斯反对沃尔夫式的神学目的论对自然或物质世界的干预是正确的，但他这样做的时候，却把洗澡水和小孩一起倒掉了，即把人的目的性活动对自然的干预和影响也否定了。

正是在恩格斯的影响下，列宁为“物质”概念下了这样的定义：“物质是标志客观实在的哲学范畴，这种客观实在是人通过感觉感知的，它不依赖于我们的感觉而存在，为我们的感觉所复写、摄影、反映。”[②]基于这样的理解，列宁总是沿着恩格斯关于“哲学基本问题”的思路，提出如下的问题：物质第一性，还是精神第一性？尽管列宁也赋予实践活动，即人的目的活动以相当的重要性，但他主要是在认识论的范围内肯定实践活动的重要性。在《哲学笔记》中，列宁写道：“理论观念（认识）和实践的统一——要注意这点——这个统一正是在认识论中。”[③]也就是说，尽管列宁十分看重实践在认识论中的作用，但在本体论上，他始终坚持的是物质本体论的立场。

在恩格斯和列宁的影响下，苏联的马克思主义哲学教科书也坚持这种物质本体论，热衷于脱离人的实践活动，抽象地谈论如下的问题：世界统一于物质，物质是运动的，时间和空间是运动着的物质的存在形式，而物质运动是有规律的。显然，这种物质本体论并没有超越旧唯物主义的基本立场和观点，从而也不可能真正地认同马克思的实践唯物主义理论。

第二种见解把马克思主义哲学理解为“实践本体论”（ontology of praxis）。这是在马克思本人的文本的影响下，从葛兰西实践哲学的背景中形成起来的一种新见解。

按照这种见解，实践不光是马克思主义认识论、方法论意义上的基础

---

① 《马克思恩格斯全集》第3卷，人民出版社2002年版，第335页。

② 《列宁选集》第2卷，人民出版社1995年版，第89页。

③ 列宁：《哲学笔记》，人民出版社1956年版，第236页。

性概念,而且首先应该是马克思主义本体论意义上的基础性概念。实践活动,尤其是生产劳动,构成马克思主义哲学的出发点和核心。也就是说,应该从实践出发去看待并解释人、自然、文化、观念、范畴、国家等一切其他的现象。正如马克思在论述自己创立的历史唯物主义的本质特征时所指出的:“这种历史观和唯心主义历史观不同,它不是在每个时代中寻找某种范畴,而是始终站在现实历史的基础上,不是从观念出发来解释实践,而是从物质实践出发来解释观念的形成。”①毋庸讳言,与物质本体论比较起来,这种实践本体论触及到了马克思的实践唯物主义的本质特征。然而,它仍然没有把这一本质特征完整地反映出来。因为本体论是关于存在的学问,而存在与存在物之间的差别正在于:存在物是可见的、可触摸的、可感觉的,而存在则是不可见的、不可触摸的、不可感觉的。马克思在《资本论》第一版序中曾经指出:“分析经济形式,既不能用显微镜,也不能用化学试剂。二者都必须用抽象力来代替。”②显然,马克思在这里说的“抽象力”指的正是理性思维,而理性思维乃是人的感觉和知觉所无法取代的。这就启示我们,实践本体论涉及到的还只是马克思本体论中的一个层面,即可感觉的实践活动的层面,而完全没有涉及到另一个更重要的、超感觉的层面,即理性思维的层面。正是在这一层面上,我们在现象世界中考察的事物的本质才会显露出来。在这个意义上可以说,我们既要重视实践本体论的层面,又要超越这一层面。事实上,只有同时深入到这一超感觉的层面上,马克思本体论思想的全幅内容才会展现出来。

第三种见解把马克思主义哲学理解为“社会存在本体论”(ontology of social being),这是在卢卡奇晚期著作《社会存在本体论》的影响下形成起来的新见解。

显而易见,这里说的“社会存在”是相对于“自然存在”而言的。在卢卡奇那里,与人的目的活动相分离的“自然存在本体论”始终是“社会存在本体论”的基础。也就是说,社会存在本体论并不具有始源性的意义,它不过是自然存在本体论的派生物。其实,卢卡奇之所以以这样的方式理解社会存在本体论,是因为他晚年重新返回到恩格斯的物质本体论(这一本体

---

① 《马克思恩格斯选集》第1卷,人民出版社1995年版,第92页。

② 《资本论》第1卷,人民出版社1975年版,第8页。

论的另一种表达方式就是“自然存在本体论”)的立场上,因而把与人的目的活动相分离的自然存在本体论理解为社会存在本体论的基础。不用说,这一理解方式大大地弱化了马克思社会存在本体论的基础性意义。其实,“社会存在”与“存在”概念一样是不可感觉的,只有通过理性的思维才能加以把握。在马克思看来,人是社会存在物,所以当人把“存在”作为自己的思考对象时,“存在”实际上也就是“社会存在”。即使是“自然存在”也不意味着与人、社会无关,它实际上是“人化的自然存在”或“社会化的自然存在”。一般说来,当代中国的马克思主义者都不同意晚年卢卡奇的看法。他们认为,马克思主义哲学作为“社会存在本体论”应该是始源性的,并不存在可以与社会存在相分离的自然存在,更不存在可以作为社会存在基础的、与人的目的活动相分离的自然存在。事实上,人们根本不可能直接地去认识自然,而必须通过人的目的活动或实践活动的媒介去认识自然。

毋庸讳言,晚年卢卡奇把马克思主义哲学理解为社会存在本体论是理论上的重要贡献,因为他启示我们,必须重视对马克思本体论的另一个层面——超感觉的本质性层面的研究,并为这一研究打开了一条新的思路。然而,由于他晚年重新返回到恩格斯的物质本体论的立场上,也就在相当程度上削弱了实践概念在马克思主义哲学中的地位和作用;同时,也不可能再把“实践”和“社会存在”综合起来,理解为马克思主义本体论中的两个不同的层面。此外,晚年卢卡奇在自己的研究中,也没有进一步明确地揭示出“社会存在”概念在马克思主义哲学中的具体含义。综上所述,在当代中国马克思主义哲学的研究中,上述三种本体论见解是最具代表性的。然而,尽管它们各有自己的特点,但并未对马克思主义的本体论理论作出合理的、令人信服的说明。

二、对马克思本体论的新的理解

本文试图提出不同于上述三种见解的新观点。然而,为了使这一新观点得到更为严格的表述,必须先行澄清以下三个理论前提。

首先,我们要问:人们在自己的研究活动中涉及到的真正对象究竟是什么?乍看起来,这个问题提得十分可笑。难道人们竟然糊涂到还没有弄清楚确切的研究对象是什么,就开始轻率地从事自己的研究活动了吗?但只要我们深入地思索一下,这样的提问方式并不是没有理由的。事实上,大量的研究活动表明,在它们开始之前,研究者对自己所要研究的"真正的对象"缺乏明晰的意识。在对马克思主义哲学的研究中,我们遭遇到的也是同样的现象。人们通常认为,他们研究的真正的对象是"马克思主义哲学"。我们在前面介绍本体论研究中的不同见解时,之所以沿用了"马克思主义哲学"这一概念,目的正是为了显露上述见解所蕴含的那种自然主义的、无批判的思想倾向。但当我们试图在这里以严格的方式阐述本体论理论时,真正的研究对象为何物的问题必定会先行地引起我们的批判性的反思。

显然,把"马克思主义哲学"作为自己的研究对象,乃是对对象的一个十分模糊的规定。众所周知,任何人只要愿意,都可以把自己称为"马克思主义者"或把自己信奉的哲学思想称做"马克思主义哲学"。然而,这种自我认同并不具有实质性的意义。正如恩格斯在 1890 年 8 月 5 日致康·施米特的信中所提到的,马克思曾就 70 年代末法国所谓的"马克思主义者"说过这样的话:"我只知道我自己不是马克思主义者。"①马克思的这一富有调侃意义的说法本身就蕴含着如下的意思,即"马克思主义"或"马克思主义者"都不具有严格的理论意义。同样地,"马克思主义哲学"也是一个含义模糊的概念。因此,我们主张,在确定我们的研究对象时,首先应该从"马克思主义哲学"这一含混的概念退回到含义比较明确的概念——"马克思主义的创始人马克思和恩格斯的哲学"上去。然而,由于马克思与恩格斯在哲学思想上存在着明显的差异②,所以,我们还得从"马克思主义的创始人马克思和恩格斯的哲学"这一概念进一步退回到"马克思哲学"这一更为狭小的概念上去。然而,我们必须看到,"马克思哲学"这一概念仍然是不明确的,因为它可以进一步被细分为"青年时期马克思哲学"和"成熟时期马克思哲学",而这两种哲学之间存在着重要的区别。

综上所述,我们认为,如果我们希望自己的研究成果在学术上是严格的,在意义上是明晰的,那么,我们就不应该泛泛地谈论所谓"马克思主义哲学",而

---

① 《马克思恩格斯全集》第 4 卷,人民出版社 1995 年版,第 691 页。

② 参阅俞吾金:《重新理解马克思》,北京师范大学出版社 2005 年版,第 88 ~ 98 页。

应该把“成熟时期马克思哲学”作为自己真正的研究对象。

其次，我们要问：人们应该如何把握成熟时期马克思进行哲学研究的特殊思路？无数事实表明，人们对这个问题同样缺乏应有的思考。人们或者习惯于从传统哲学的思路出发去探索马克思哲学，或者自觉或不自觉地接受了传统哲学教科书中对马克思思想的三分法，即哲学、政治经济学和科学社会主义。由于这个三分法的影响是如此之大，以至于人们在探索马克思的哲学思想时，总是把其哲学思想与政治经济学思想分离开来。这种根深蒂固的分离倾向表明，人们根本没有理解马克思哲学的特殊思路，因而也不可能对其哲学思想作出合理的说明。

其实，每一个不存偏见的人都会发现，马克思哲学，尤其是成熟时期马克思哲学有着自己特殊的思路，这就是经济哲学的思路。也就是说，在马克思的理论思考中，哲学与经济学的研究视角是不可分离地联系在一起的。比如，传统哲学热衷于谈论抽象的物质，而马克思则从经济哲学的视野出发，关注物质的具体样态——物，而物在现代资本主义社会中则表现为商品、货币和资本，并论述了“商品拜物教”的起源和本质，目的是揭示出现代资本主义社会中物与物之间关系背后的人与人之间的真实关系。又如，传统哲学满足于泛泛地谈论实践概念，而马克思从经济哲学的视角出发，一开始关注的就是作为实践基本形式的生产劳动。在《德意志意识形态》中，马克思这样写道：“这种活动、这种连续不断的感性劳动和创造、这种生产，正是整个现存的感性世界的基础，它哪怕只中断一年，费尔巴哈就会看到，不仅在自然界将发生巨大的变化，而且整个人类世界以及他自己的直观能力，甚至他本身的存在也会很快就没有了。”①从这里可以发现，马克思不像传统哲学一样，从存在出发来谈论经济问题，而是从经济问题出发来谈论存在问题的。再如，传统哲学谈论关系，马克思则谈论经济活动中的社会生产关系，并把这一关系理解为其他一切关系的基础。在《1857—1858 年经济学手稿》中，马克思指出：“在一切社会形式中都有一种一定的生产决定其他一切生产的地位和影响，因而它的关系也决定其他一切关系的地位和影响。这是一种普照的光，它掩盖了一切其他色彩，改

① 《马克思恩格斯选集》第 1 卷，人民出版社 1995 年版，第 77 页。

变着它们的特点。这是一种特殊的以太,它决定着它里面显露出来的一切存在的比重。”①在这里,马克思把人们在生产中结成的一定的生产关系理解为解读一切哲学上所谈论的存在问题的前提。从上面的分析可以看出,马克思哲学,尤其是成熟时期马克思哲学始终是沿着经济哲学的思路展开的。只有充分地了解这一点,才能从本体论上准确地理解并阐发成熟时期马克思的哲学思想。

最后,我们要问:人们应该选择何种本体论理论来研究并叙述成熟时期马克思哲学呢?众所周知,自古至今,存在着各种不同类型的本体论理论,如宇宙起源本体论、物质本体论、理性本体论、情感本体论、生存论的本体论等等。我们认为,成熟时期马克思哲学本质上是一种生存论的本体论,因为马克思一生关注的是整个人类,尤其是现代资本主义社会中生活在最底层的无产阶级的生存、发展和自由的问题。在《德意志意识形态》中,马克思指出:“全部人类历史的第一个前提无疑是有生命的个人的存在。”②因而人生存在这个世界上乃是我们探讨一切其他哲学问题的出发点,这正是马克思哲学不同于传统的烦琐哲学的一个根本性的标志。在这个意义上可以说,只有当我们准确地选择“生存论的本体论”这种特殊的本体论类型时,才可能对成熟时期马克思哲学作出合理的说明。

在澄明上述三个前提的基础上,本文提出的新见解是:成熟时期马克思哲学乃是“一种实践—社会生产关系本体论”(an ontology of relations of production)。这一本体论具有两个不同的层面:从现象或经验的层面看,成熟时期马克思哲学乃是一种实践本体论,实践构成马克思探索其他一切哲学问题的出发点和核心。正如马克思所反复强调的:“全部社会生活在本质上是实践的。凡是把理论引向神秘主义的神秘东西,都能在人的实践中以及对这个实践的理解中得到合理的解决。”③实际上,正是实践这一理论基础的确立,使成熟时期马克思哲学与一切传统哲学区分开来。但值得注意的是,马克思的哲学探索并没有停留在实践的层面上。他从经济哲学研究的视角出发,深入地探索了作为实践的基本形式的生产劳动,并进而

① 《马克思恩格斯选集》第2卷,人民出版社1995年版,第24页。
② 《马克思恩格斯选集》第1卷,人民出版社1995年版,第67页。
③ 《马克思恩格斯选集》第1卷,人民出版社1995年版,第56页。

指出，生产劳动只有在一定的社会生产关系中才能得以实现。马克思写道："为了进行生产，人们相互之间便发生一定的联系和关系；只有在这些社会联系和社会关系的范围内，才会有他们对自然界的影响，才会有生产。"[①]因此，在更深刻的超感觉的意义上，成熟时期马克思的本体论又是"社会生产关系本体论"。如果说，实践、生产劳动属于现象领域，是可感觉的，那么，社会生产关系则属于本质领域，是超感觉的，只有人的理性思维才能加以把握。完全可以说，把成熟时期马克思哲学理解为"实践—社会生产关系本体论"，完整地再现了马克思本体论的理论形象。

首先，"实践—社会生产关系"这一用语有它理论上的合理性。不但作为实践基本形式的生产劳动总是在一定的社会生产关系中展开的，而且任何形式的实践活动都直接地或间接地受制于一定的社会生产关系。当然，社会生产关系也不是一成不变的，在人类的实践活动的推动下，它也会发生缓慢的量的变化或某些特殊历史时刻的激烈的质的变化。后一种变化形式通常是在重大的历史事件中发生的。但是，在通常的情况下，每一代人都是在既定的、无法选择的社会生产关系的背景下从事思维活动和实践活动的。也就是说，只有深入地把握社会生产关系，才能对实践的动因、结果和界限作出令人信服的说明。

其次，"实践—社会生产关系本体论"充分体现出人的认识从现象（可感觉的实践领域）向本质（超感觉的形而上学领域）深入的过程，从而同时显示出马克思认识论的完整的理论架构。这也间接地表明，无论是把成熟时期马克思哲学理解为"实践本体论"或"社会存在本体论"，都未充分展示出马克思认识论的全幅内容。

再次，"实践—社会生产关系本体论"也蕴含着马克思的完整的方法论理论，那就是他自己曾在《1857—1858 年经济学手稿》的"导言"中详尽地加以说明的"从抽象到具体"的辩证方法。显然，在马克思看来，如果人们仅仅注重经验的方法，仅仅停留在"实践"的层面上去考察人类社会，那么他们至多只能做到对各种感觉经验的直观、归纳和描述，却无法达到对人类社会超感觉的本质领域的整体把握。

---

① 《马克思恩格斯选集》第 1 卷，人民出版社 1995 年版，第 344 页。

三、实践—社会生产关系本体论的当代意义

把成熟时期马克思哲学理解为“实践—社会生产关系本体论”究竟有何意义呢？

其一，“实践—社会生产关系本体论”这一新的提法超越了传统的“物质本体论”，正确地展示出实践概念在马克思哲学中的地位、作用和局限性。一方面，我们应该看到，实践概念在马克思哲学中拥有极为重要的地位和作用。它不光具有生存论的本体论方面的意义，而且也具有认识论和方法论方面的意义。何况，马克思正是借用这个概念与传统哲学划清界限的。另一方面，我们又必须意识到，实践概念的作用又是有限度的，因为它只与感觉经验或现象世界有关，它无法取代马克思在超感觉的本质领域里的思考。事实上，仅仅停留在实践的层面上去理解马克思哲学，就很难阐明马克思哲学与实证主义、实用主义的根本差别。只有在肯定实践概念重要性的前提下，进一步把对实践问题的探索引申到社会生产关系的这一本质性的领域中，马克思哲学的独特性和其特殊的理论贡献才会向我们显示出来。

其二，“实践—社会生产关系本体论”这一新的提法既超越了卢卡奇的“社会存在本体论”，又超越了科莱蒂的“社会生产关系”理论。正如我们在前面已经指出过的那样，就卢卡奇而言，他只是把马克思哲学理解为社会存在本体论，未进一步揭示出社会存在的核心内容——社会生产关系。就科莱蒂而言，尽管他把社会生产关系理论的提出理解为马克思的伟大的贡献，但他的实证主义倾向又使他拒绝谈论本体论，从而无法彰显马克思哲学革命的真正意义之所在。科莱蒂指出：“在任何根本的意义上，马克思主义至少不是一种认识论，在马克思的著作中，反映论几乎完全是不重要的，重要的是把认识论作为一个出发点，以便富有独创性地并撇开整个思辨传统去理解像‘社会生产关系’这样的概念是如何从古典哲学的发展和转变中产生出来的。”[①]这段论述表明，尽管科莱蒂意识到了“社会生产关系”概念的重要性，但他只是从认识论，而没有从本体论的高度上来理

① Lucio Colletti, *Marxism and Hegel*, New Lef Books, 1973, p. 199.

解这一概念。

再次,“实践—社会生产关系本体论”这一新的提法使我们对马克思哲学的本质获得了新的、全面的理解。一方面,实践概念构成马克思哲学的出发点,但马克思哲学又不能归结为单纯的实践哲学或实践本体论,因为它不是现象主义,也不是实证主义,更不是实用主义,它还有更重要的涉及到本质领域方面的内容。另一方面,从对“社会存在”的思考到对其核心内容——“社会生产关系”的揭示乃是马克思在本质领域内和理论思维上的重大贡献,但马克思哲学也不能被归结为形而上学理论或先验主义理论。在这个意义上也可以说,只有通过实践概念的引入,才能彰显马克思对现实生活的关切,才能把马克思哲学与传统的学院化的烦琐哲学严格地区分开来。

总之,马克思的本体论理论贯通现象、本质两大领域,因而唯有把它称之为“实践—社会生产关系本体论”,才能充分地展示出这一本体论理论的全幅内容。

第二编

西方马克思主义片论

在对西方马克思主义的探索中，既要关注其整体的流动性及内在的种种张力和动力，也要关注不同的西方马克思主义者各自所具有的特点。正是这些特点构成了西方马克思主义的思想星丛，其中每一颗星都闪烁着不可磨灭的光芒。尽管星体有大有小，星光有明有暗，但它们都以特殊的方式证明了自己的存在权利，以特殊的问题充实着马克思主义的内涵，也以特殊的思路显示着自己的魅力。本篇通过对不同人物、不同思想片断的透视，试图展示出西方马克思主义在内涵上的无限的丰富性。

卢森堡政治哲学理论述要

随着我们对整个西方马克思主义思潮研究的深入，就会发现，西方马克思主义的真正的肇始人应该是出生于波兰的思想家和革命家罗莎·卢森堡（1871—1919）。得出这样的结论并不是意气用事。首先，卢卡奇的思想深受卢森堡的影响，仅在《历史与阶级意识》收入的八篇论文中，就有《作为马克思主义者的罗莎·卢森堡》、《对罗莎·卢森堡〈论俄国革命〉的批评意见》、《关于组织问题的方法论》三篇论文直接涉及到对卢森堡的政治哲学思想的探讨和评价。可见，卢森堡的思想资源对于卢卡奇来说何等重要。其次，卢森堡的《俄国社会民主党的组织问题》（1904）和《论俄国革命》（1922）[①]两篇长文，不但在社会民主党的建设问题上，而且也在其他一系列重大的政治理论问题上，提出了与列宁不同的见解。再次，卢森堡的另一篇长文《社会改良还是革命?》（1898—1899）则彻底清算了第二国际

① 这是一篇未完成的手稿，是卢森堡在狱中写下的。她逝世后，保尔·列维于1922年第一次以《俄国革命·批评的评价》为书名出版了。1963年，西德法兰克福（美因河畔）出版了新版本，把卢森堡当时写在稿纸边缘的注和散页上的札记都插入了正文中。1974年，东德出版的《卢森堡全集》第4卷收入了这篇手稿，把书名确定为《论俄国革命》，并把法兰克福版插入正文的注和札记再度从正文中剔出，作为脚注处理。

领袖伯恩斯坦的机会主义思想。随后,她又与以考茨基为代表的机会主义路线展开了激烈的斗争,从而形成了自己独特的思想路向和独立的政治哲学理论。基于上述三方面的理由,我们完全可以把卢森堡视为西方马克思主义的真正的肇始人和开拓者。

我们在研究中发现,卢森堡的政治哲学理论具有如下两个基本特征:一是坚信历史规律的客观性。在《卡尔·马克思》一文中,卢森堡写道:"如果说今天的工人运动不顾敌人的种种镇压行动仍旧战无不胜地抖动它的鬃毛,那末,这首先是因为它冷静地认识到客观历史发展的规律性,认识到这样的事实:'资本主义的生产由于自然过程的必然性,造成了对自身的否定',也就是造成了对剥夺者的剥夺——社会主义革命。它通过这种认识看到了最终胜利的绝对保证,他从这种认识不仅汲取了激情,而且也汲取了耐心、行动的力量和坚持的勇气。"①正是出于对马克思揭示的资本主义经济发展的历史规律的确信,卢森堡在参加革命的过程中不论遇到什么样的挫折,即便多次入狱,也从来没有丧失过对革命的信心。二是充满理想主义的情怀。在1899年5月1日致利奥·约基希斯的信中,卢森堡写道:"在波兰运动和德国运动中,我现在是一个理想主义者,将来仍然要做一个理想主义者。"②毋庸讳言,做一个理想主义者并不是容易的,因为在任何时候他(她)必须坚持自己的理想和原则。事实上,正因为卢森堡始终不渝地坚持了自己的理想,所以,她的思想,特别是政治哲学思想始终保持在原则性的高度上。这正是她与卢卡奇有重大差别的地方。上面两个基本特征交织在一起,形成了卢森堡政治哲学理论的独特的路向。下面,我们就卢森堡政治哲学中涉及的四个主要问题进行论述。

一、自发与自觉

众所周知,卢森堡是欧洲社会民主党运动的积极参与者和领导者。1894年3月,她和约吉希斯等人一起创建了波兰王国社会民主党。1898年4月迁居德国后,她开始参加德国社会民主党的工作。同时,她也十分

---

① 《卢森堡文献》上卷,人民出版社1984年版,第481页。

② 罗莎·卢森堡:《论俄国革命·书信集》,殷叙彝等译,贵州人民出版社2001年版,第176页。

关注英国、法国、俄国、比利时等国的社会民主党的工作。而各国的社会民主党实际上都面对着同一个问题，即如何处理好群众运动的自发性和社会民主党引导的自觉性之间的关系。在卢森堡看来，肯定社会民主党在领导群众运动中的自觉性和首创精神是正确的，但这种自觉性和首创精神并不是党的领导人"设想"或"发明"出来的，而是奠基于群众运动的自发性之上，并对其进行积极引导的结果。

在《俄国社会民主党的组织问题》一文中，卢森堡写道："到目前为止，我们在俄国运动的变化中看到了什么呢？俄国运动近几十年来的最重要最有成效的策略上的变化不是由运动的某些领导人'发明'的，更不用说是由领导机构'发明'的，而它们每次都是已经爆发起来的运动本身的自发产物。"[①]比如，1896年彼得堡爆发的工人大罢工，1901年彼得堡爆发的学生运动以及后来的罗斯托夫的群众罢工、露天集会和公开演说等等，都是以自发的方式展开的，完全超出了社会民主党的预见。"在所有这些事件中，'运动'总是先行。社会民主党组织的首创性和自觉领导的作用是微乎其微的。"[②]那么，按照这样的论述，卢森堡是否主张群众运动的自发性决定一切、社会民主党的自觉领导是没有意义的呢？并非如此。

以德国社会民主党为例，卢森堡指出，它的一系列斗争策略也不是党的领导人"发明"出来的，"而是在试验性的、常常是自发的阶级斗争中发生的一系列连续不断的巨大创造行动所产生的结果。这里的情况也是不觉悟的人先于觉悟的人，客观历史进程的逻辑先于历史进程的体现者的主观逻辑"[③]。卢森堡甚至认为，社会民主党在这里的自觉的指导行为带有保守的性质，因为它只能因势利导地把每一次自发斗争的内涵开发到尽头。

在《再论群众和领袖》一文(1911)中，卢森堡提到当时的"摩洛哥危机"。事情是这样的：1911年5月法国军队开进了摩洛哥首都非斯城，7月1日，德国也把两艘战舰开往摩洛哥的阿加迪尔港，从而引发了"摩洛哥危机"。后来，由于英国的干预，德国和法国最后达成了妥协。显然，这一危

① 《国际共运史研究资料(卢森堡专辑)》，人民出版社1981年版，第46页。
② 《国际共运史研究资料(卢森堡专辑)》，人民出版社1981年版，第47页。
③ 《国际共运史研究资料(卢森堡专辑)》，人民出版社1981年版，第47页。

机是由法国和德国的殖民主义政策引起的。在法国和西班牙,社会民主党的抗议活动在7月的第一周已经达到了高潮。7月15日,德国斯图加特的社会民主党分部也召开了抗议大会,一致通过了卡·李卜克内西起草的反对德国帝国主义的摩洛哥政策的决议。然而,德国社会民主党执行委员会却长时期保持沉默,直到8月8日才通过党的报刊号召群众起来反对德国帝国主义的摩洛哥政策,8月下旬才开始组织集会。

不用说,德国社会民主党执行委员会对"摩洛哥危机"的态度,也反映出自发的群众运动与社会民主党的自觉领导之间的关系。一方面,卢森堡批评社会民主党的执行委员会没有自觉地理解并引导群众运动。她写道:"我们不是在那时立即全力以赴地开始鼓动,而是落在后面,在事件的热潮中慢慢腾腾,至少晚了一个月至一个半月。我们在这一重要时刻的政治战斗准备还有很多不足之处。为什么?回答是:党的执行委员会令人遗憾地缺乏首创精神。"[①]另一方面,卢森堡也不主张把责任全部推到执行委员会的身上,即使执行委员会表现得缺乏决心和毅力,但各地的分部完全可以像斯图加特分部那样自觉地行动起来,为什么要等待执行委员会下达指令才行动呢?这表明,德国社会民主党的分部,甚至基层党组织,也缺乏参与并指导自发的群众运动的自觉性。事实上,"世界上没有一个党执行委员会能代替蕴藏在党的群众之中的、党的固有的行动能力"[②]。

总之,卢森堡高度地评价了自发的群众运动,尤其是工人阶级的群众运动的政治意义和历史意义,她既反对社会民主党按照自己主观的"预想"或"发明"来指导群众运动,也反对在自发的群众运动起来后党的领导仍然处于沉默或犹豫的状态中,不能对群众运动作出自觉的、有效的指导。在她看来,一个党,只有在既通晓马克思所揭示的历史运动规律,又保持在为最终目标奋斗的理想的高度上,才可能真正地对群众的自发运动作出自觉的领导。正如卢卡奇所评论的:"正是同一个卢森堡比许多人都早而且清楚地认识到群众革命行动的自发本性(此外,在这一点上她只强调以前论述过的那种意见的另一方面,即这些行动必然从经济过程的必然性产生出来),同样,她也比其他许多人较早地弄清了党在革命中的作用,这些都

① 《国际共运史研究资料(卢森堡专辑)》,人民出版社1981年版,第95~96页。

② 《国际共运史研究资料(卢森堡专辑)》,人民出版社1981年版,第100页。

不是偶然的。”①

二、集中与民主

如果说，自发和自觉这两个观念关系到群众运动和社会民主党的关系问题，那么，集中与民主这两个观念则关系到社会民主党内部领导机构和群众的关系问题。毋庸讳言，这个问题也是卢森堡政治哲学理论中关涉到的一个基本问题。

众所周知，在俄国社会民主工党召开的第二次代表大会（1903）上，列宁同马尔托夫等人在党章问题上发生了激烈的争论，社会民主工党分裂为布尔什维克和孟什维克。1904 年 2—5 月，列宁撰写并出版了《进一步，退两步（我们党内的危机）》一书，系统地阐发了党的组织原则。卢森堡读了列宁的著作后，立即撰写了《俄国社会民主党的组织问题》一文，于 1904 年 7 月 10 日刊登在俄国社会民主工党的机关报《火星报》第 69 号上。7 月 13 日，德国社会民主党的理论刊物《新时代》杂志转载了这篇文章。正是在这篇文章中，卢森堡对列宁关于党的组织理论提出了异议，其焦点集中在如何看待社会民主党内部的民主与集中的关系上。

卢森堡在谈到列宁的《进一步，退两步》这部著作时，写道：“这本书详尽而透彻地表达的观点正是无情的集中主义。它的基本原则是：一方面把态度明确的和活跃的革命家的有组织的部队同它周围的虽然还没有组织起来但是积极革命的环境完全区别开来，另一方面是实行严格的纪律和中央机关对党的地方组织生活的各个方面实行直接的、决定性的和固定的干预。只要指出一点就够了，例如中央委员会按照这个观点有权组织党的各个地方委员会，也有权确定从日内瓦列日，从托木斯克到伊尔库茨克的俄国的每个地方组织的人员组成，给它们提供准备好了的规章制度，通过一纸命令就可以完全解散它们并重新加以建立，最后还运用这种方式间接影响党的最高机关即党代表大会的组成。可见，中央委员会成了党的真正积极的核心，而其他一切组织只不过是它的执行工具而已。”②

在卢森堡看来，党的组织建设，尤其是集中的问题，对于俄国社会民主

---

① 卢卡奇：《历史与阶级意识》，杜章智等译，商务印书馆 1995 年版，第 93 ~ 94 页。
② 《国际共运史研究资料（卢森堡专辑）》，人民出版社 1981 年版，第 41 页。

党来说,确实是一个紧迫而又困难的问题,因为俄国是一个资本主义发展相对落后的国家,因而缺乏资产阶级民主的一切形式上的条件,而俄国领土的广袤又使党的集中的、统一的行动变得十分困难。在这样的情况下,把俄国社会民主党的分散的地方组织整合起来,使之成为全国范围内进行群众统一政治行动所需要的组织,完全是可以理解的。然而,卢森堡认为,问题出在列宁把党内要求"集中"的呼声转变成一种"极端集中主义"或"无情的集中主义",而这种集中主义导致的必然结果是:一方面,使党的一切组织及其活动,甚至在最微小的细节上,都盲目服从中央机关,这个中央机关单独地为大家思考问题、制定计划和决定事情;另一方面,把党的有组织的核心同它周围的革命环境严格地隔离开来,从而等于把布朗基密谋集团的组织原则机械地搬到社会民主党的工人群众运动中来。

卢森堡强调:"社会民主党的集中制无非是工人阶级中有觉悟的和正在进行斗争的先锋队(与它的各个集团和各个成员相对而言)的意志的强制性综合,这也可以说是无产阶级领导阶层的'自我集中制',是无产阶级在自己的党组织内部的大多数人的统治。"①显然,在卢森堡看来,在当时的俄国,建立这种"自我集中制"的条件还没有成熟。这种条件就是:拥有一个人数众多的、在政治斗争中受过训练的无产阶级阶层;他们有用直接施加影响(对公开的党代表大会和在党的报刊中等等)的办法来表现自己的活动能力的可能性。事实上,明眼人一看就清楚,卢森堡这里所说的"自我集中制"和"党组织内部的大多数人的统治",一方面是以欧洲社会民主党内通行的集中与民主的理想关系作为参照系的;另一方面,在民主与集中的关系上,她更强调的是民主,即党内民主的重要性。在她看来,列宁所倡导的"无情的集中主义"必定会损害党内民主的开展。

在《论俄国革命》一文中,尽管卢森堡对列宁领导的俄国革命作出了高度的评价,但她仍然坚持了对列宁的组织理论的批评。她指责列宁当时采取的政策取消了健康的公共生活和工人群众政治积极性的一个最重要的民主保证,即取消了出版、结社和集会的自由。苏维埃政府的一切反对者都被取消了这方面的自由和权利。在手稿页边的注中,她写道:"只给政

---

① 《国际共运史研究资料(卢森堡专辑)》,人民出版社 1981 年版,第 44 页。

府的拥护者以自由,只给一个党的党员(哪怕党员的数目很多)以自由,这不是自由。自由始终是持不同思想者的自由。这不是由于对‘正义’的狂热,而是因为政治自由的一切教育的、有益的、净化的作用都同这一本质相联系,如果‘自由’成了特权,它就不起作用了。”[①]在这里,卢森堡的评论不仅涉及到党内的自由和民主的问题,同时也涉及到党外的自由和民主的问题。诚然,卢森堡也看到了,在俄国革命的过程中,流氓无产阶级的捣乱作用和无政府主义的状态是非常严重的,因而列宁采取的无产阶级专政的措施也是必要的,但她认为,不应该把这些措施理解为对群众监督和公共政治生活的取消。她强调说:“自由受到了限制,国家的公共生活就是枯燥的,贫乏的,公式化的,没有成效的,这正是因为它通过取消民主而堵塞了一切精神财富和进步的生动活泼的泉源。”[②]

显而易见,卢森堡对列宁的批评是以当时欧洲社会民主党所处的比较自由、民主、宽松的理想化的政治条件作为出发点的,而她的批评又是在狱中写下的,这使她对俄国革命的实际情况缺乏全面的、深入的了解,因而必定会使她的某些批评具有片面性。其实,在俄国革命这一特殊的历史过程中,情况要复杂得多,许多问题无法进行长久的思考就得立即作出非此即彼的决定。正如卢卡奇所说的:“罗莎·卢森堡关于批评必要性、关于舆论监督等所说的一切,每一个布尔什维克,尤其是列宁,都会同意——正如罗莎·卢森堡本人强调指出的。唯一的问题是这一切如何实现,如何使‘自由’(以及与它有联系的一切)具有革命的、而不是反革命的职能?”[③]然而,当我们着眼于更长久的历史,特别是考察苏联建国后的发展史的话,又不得不佩服卢森堡当时的批评所具有的惊人的预见性。卢森堡从其理想主义的政治哲学的理论出发,向我们揭示了一个重要的真理,即一个在革命的过程中不能正确地处理好集中与民主关系的政党,在建设时期同样会处理不好这一关系。也就是说,俄国社会民主工党在革命进程中出现的党内政治生活过度集中的现象决不是偶然的、暂时的,它是以后建设时期全部政治悲剧的一个序曲。

---

① 《国际共运史研究资料(卢森堡专辑)》,人民出版社 1981 年版,第 87 页注②。

② 《国际共运史研究资料(卢森堡专辑)》,人民出版社 1981 年版,第 88 页。

③ 卢卡奇:《历史与阶级意识》,杜章智等译,商务印书馆 1995 年版,第 380 ~ 381 页。

三、运动与最终目的

在欧洲各国的社会民主党所领导的群众运动中，究竟是“运动”本身，如争取工资和福利待遇的改变、抗议政府出台的某个政策或某条法律、反对政府出兵侵略他国等等是最终目的，还是坚持社会主义革命才是最终目的？毫无疑问，这是马克思主义政治哲学面临的根本性问题之一。我们发现，卢森堡的政治哲学理论也始终把运动与最终目的之间的关系作为自己探索的理论焦点之一。

凡是熟悉国际共运史的人都知道，1896—1897 年间，爱德华·伯恩斯坦在《新时代》杂志上以“社会主义问题”为标题，发表了一组论文，尤其是他的《社会主义的前提和社会民主党的任务》(1899)一书更系统地阐述了这方面的思想。卢森堡一针见血地批评道：“这全部理论归结起来实际上无非是劝大家放弃社会民主党的最终目的即社会主义革命，而反过来把社会改良从阶级斗争的一个手段变成阶级斗争的目的。伯恩斯坦自己最中肯地、最精确地表述了他的见解，他写道：‘最终目的无论是什么对我说来都是微不足道的，运动就是一切’。”①伯恩斯坦为什么会得出这样的机会主义结论来呢？

卢森堡认为，伯恩斯坦的全部错误思想都源于他对马克思的资本主义理论的背叛。按照马克思的理论，由于资本主义内在的私人占有与社会化生产之间的矛盾，资本主义必然会陷入危机和崩溃。资本主义发展的这一必然趋势乃是社会主义革命得以可能的前提。然而，伯恩斯坦对这个前提产生了怀疑。他看到当时资本主义发展中出现的某些复苏的现象，也看到工人阶级政治和经济地位的上升，便得出了资本主义不可能崩溃的结论。按照这一新的结论，社会民主党的任务就不再是通过社会主义革命去掌握国家政治权力，而是通过工会的作用，逐步改善工人阶级的状况，扩大社会监督，贯彻合作社的原则来推进社会主义等等。正如卢森堡所批评的：“就这样，伯恩斯坦完全合乎逻辑地从头走到尾。开始，他为了运动而放弃了最终目的，但是没有社会主义最终目的的社会民主运动实际上是不会有

---

① 《卢森堡文献》上卷，人民出版社 1984 年版，第 71 页。

的,那么他的结局就必然是连运动本身也一起抛弃掉。”①

由此看来,伯恩斯坦倡导的社会改良主义,最终只可能导致对社会主义革命这一社会民主党的最终目的的取消。卢森堡认为,伯恩斯坦的改良主义归根到底是小资产阶级的思想倾向在社会民主党内的反映:“伯恩斯坦从理论上表述的党内机会主义思潮不是别的,正是让那些参加党的小资产阶级分子居于上风,按他们的精神来改造党的实际工作和党的目的的一种不自觉的意图。社会改良和革命的问题,最终目的和运动的问题,从另一个方面看,就是工人运动的小资产阶级性质还是无产阶级性质的问题。”②事实上,在当时的德国,小资产阶级正是安于现状的阶级,这一阶级的成员害怕革命,只希望通过改良的途径逐步改变自己的政治生活环境。在这个意义上可以说,伯恩斯坦实际上正是小资产阶级在德国社会民主党内的代言人。卢森堡也分析了伯恩斯坦机会主义的认识根源。当伯恩斯坦在其著作和论文中兜售他的改良主义理论时,总是援引英国社会民主党的情况作为他的论据。在《英国眼镜》(1899 年 5 月)一文中,卢森堡指出:“伯恩斯坦以英国情况作为他的理论根据,他透过‘英国眼镜’来观察世界,这种说法在党内已成为老生常谈了。”③卢森堡回顾了英国工人运动的历史,指出了英国工联主义与资产阶级之间曾经有过的妥协;并分析了 19 世纪 80 年代以来,随着俄国、德国、美国等资本主义国家的发展,英国资本主义正处于迅速衰退的过程中,从而英国工会与资产阶级的关系再度变得紧张起来。叙述了这些情况后,卢森堡总结道:“为了有助于社会主义事业,不是德国工会应当效法英国工会,而是相反,英国工会应当效法德国工会。可见,英国眼镜之所以对德国不合适,并不是因为英国的情况比德国先进,而是因为从阶级斗争的观点来看它比德国落后。”④这就启示我们,正因为伯恩斯坦借用了“英国眼镜”,所以他的全部理论认识都陷入了误区。

作为一个彻底的理论家和思想家,卢森堡的批判并没有停留在伯恩斯

---

① 《卢森堡文献》上卷,人民出版社 1984 年版,第 140 页。
② 《卢森堡文献》上卷,人民出版社 1984 年版,第 72 页。
③ 《卢森堡文献》上卷,人民出版社 1984 年版,第 172 页。
④ 《卢森堡文献》上卷,人民出版社 1984 年版,第 181 页。

坦那里,她进一步指出了一切机会主义思想路线的共性:“机会主义政策的根本标志,就是它总是要合乎逻辑地发展到为了工人阶级眼前的利益,而且是想象出来的利益而牺牲运动的最终目的,牺牲工人阶级解放的利益。”①无疑地,正是通过与伯恩斯坦及其他机会主义者的论战,卢森堡把一个根本性的观点,即社会主义革命是社会民主党的最终目的的观点深深地镌刻在工人阶级的心中,而她对社会民主党的最终目的的始终不渝的坚持充分证明,她是一个非常出色的理想主义者。

四、战争与革命

对于欧洲各国的社会民主党来说,帝国主义战争与社会主义革命之间的关系乃是它们面对的最根本的关系,而这一关系也始终是卢森堡的政治哲学理论关切的中心。1914 年 7 月,第一次世界大战爆发后,第二国际的领袖们及其麾下的绝大部分社会民主党(包括当时最强大和最有影响的德国社会民主党)采取了以大国沙文主义为特征的机会主义立场,投票赞成军事拨款,完全背叛了社会主义的事业。列宁在《战争与俄国社会民主党》一文中指出:“机会主义者撕碎了斯图加特、哥本哈根和巴塞尔代表大会的决议,这些决议责成各国社会党人在任何条件下都要反对沙文主义,责成社会党人要以加紧宣传国内战争和社会革命来回答资产阶级和各国政府挑起的任何战争。”②面对这样的局势,列宁迅速地制定了“变帝国主义战争为国内革命”的重要策略,他写道:“变当前的帝国主义战争为国内战争,是唯一正确的无产阶级口号,这个口号是公社的经验所启示的,是巴塞尔决议(1912)所规定的,也是在分析高度发达的资产阶级国家之间的帝国主义战争的各种条件后得出的。”③在列宁看来,既然战争已经成为事实,那么不管把它转变成国内革命会遇到多大的困难,都应该坚定不移地做好这方面的准备工作。

那么,卢森堡又是如何看待这场帝国主义战争与可能引起的国内革命之间的关系的呢?1915 年 4 月,卢森堡等第二国际的左翼激进派以“尤尼

① 《卢森堡文献》上卷,人民出版社 1984 年版,第 154 页。
② 《列宁选集》第 2 卷,人民出版社 1995 年版,第 407 页。
③ 《列宁选集》第 2 卷,人民出版社 1995 年版,第 409 页。

乌斯"(拉丁文的意思是"年轻人")的署名起草了《社会民主党的危机》这本小册子。这本小册子于1916年初出版后,列宁于同年7月发表了《论尤尼乌斯的小册子》一文,既肯定了以卢森堡为代表的小册子的作者们对德国社会民主党的投降主义的思想倾向的揭露,又批评他们在这本小册子中没有提到"机会主义"、"考茨基主义"和"社会沙文主义"这些实质性的概念,因而断定:"对于熟悉1914—1916年在国外用俄文刊印的社会民主党著作的俄国读者来说,尤尼乌斯的小册子根本没有提供任何新东西。"①这就表明,尽管卢森堡在第一次世界大战爆发后,与第二国际和德国社会民主党的投降主义路线展开了坚决的斗争,但她对第二国际背叛社会主义革命的性质的认识还不是十分清楚的,也没有像列宁那样迅速制定出"变帝国主义战争为国内革命"的新策略,直到卢森堡在狱中撰写《论俄国革命》的手稿时,她才对战争与革命的关系进行了全面的、深刻的反思。

首先,卢森堡肯定,在当时各国的社会民主党中,列宁的党是把帝国主义之间的战争转化为国内革命的唯一正确的党。她写道:"列宁的党是俄国唯一在那最初时期就理解革命的真正利益的党,它是革命的向前推进的因素,因此在这一意义上说它是唯一真正实行社会主义政策的党。"②卢森堡发现,在革命开始时,布尔什维克还是到处受到迫害的少数派,但它之所以能够在很短的时间内处于革命的领导者的位置上,并把城市无产阶级、农民、军队、社会民主党的左翼、民主派中的革命分子等团结在自己的旗帜下,就是因为它制定了把战争转化为国内革命的正确策略。因此,卢森堡指出:"列宁的党是唯一理解一个真正革命党的使命和职责的党,它通过提出全部权力归无产阶级和农民的口号保证了革命向前的进程。"③正是在这个意义上,卢森堡认为,列宁领导的十月武装起义不仅挽救了俄国的革命,也挽救了国际社会主义的荣誉。

其次,卢森堡尖锐地披露了德国社会民主党的背叛行为:"德国社会民主党在战争爆发时迫不及待地从马克思主义堆放废物的屋子里找出一副思想盾牌,把德帝国主义的掠夺进军打扮起来,他们宣称这次进军是我们

---

① 《列宁选集》第2卷,人民出版社1995年版,第690页。

② 《国际共运史研究资料(卢森堡专辑)》,人民出版社1981年版,第66页。

③ 《国际共运史研究资料(卢森堡专辑)》,人民出版社1981年版,第68页。

的老导师们在1848年就已经憧憬的反对俄国沙皇制度的解放者远征。”[①]也就是说,当时德国社会民主党的领袖们完全无视第一次世界大战的本质是帝国主义国家之间的不义战争,为了支持本国的资产阶级政府,他们不惜把德国进攻俄国的战争理解为“反对俄国沙皇制度的解放者远征”。为什么德国社会民主党会在世界大战爆发的这个重要时刻背叛革命呢?根据卢森堡的分析,是因为领袖们得了“议会痴呆症”。卢森堡气愤地指出:“德国社会民主党的议会痴呆症已经深入骨髓,它简单地把议会育儿室的平庸真理搬用到革命中来,认为人们必须先取得多数,才能做到某件事。也就是说,在革命中也是:我们先要成为‘多数’。但是革命的真正的辩证法却把这一鼠目寸光的议会真理颠倒过来了:不是通过多数实行革命策略,而是通过革命策略达到多数。”[②]在卢森堡看来,革命过程是瞬息万变的,它需要社会民主党从实际情况出发,制定出正确的、灵活的策略。只有正确的政策和策略才能确保革命政党的队伍在革命的过程中不断地壮大起来,而德国社会民主党的领袖们却把议会式的“多数”理解为革命的前提,这就完全把事情搞颠倒了。

最后,在《俄国的悲剧》(1918)一文中,卢森堡几乎认定,俄国革命将归于失败。她写道:“在单独一个受到顽固的帝国主义反动统治包围的、受到人类历史上最残酷的世界大战包围的国家建立无产阶级专政和实行社会主义改革,这是根本无法解决的问题。任何一个社会主义政党都必然要在这项任务上失败和垮台,不论它是具有胜利的意志和对国际社会主义的信念还是以自动弃权的态度来指导它的政策。”[③]为什么卢森堡会把俄国革命理解为一场悲剧呢?一方面,她看到了帝国主义势力的强大,它们已经团结起来,试图扼杀世界上第一个社会主义国家;另一方面,她把列宁与德国帝国主义签订的布列斯特条约理解为布尔什维克陷入绝境的一个标志:“社会主义革命依赖德国的刺刀,无产阶级专政处在德国帝国主义的庇护下,这也许是我们可能经历的最骇人听闻的事了。而且这是纯粹的空想。且不说布尔什维克在本国的道德声誉可能被毁掉,他们也会丧失国内

---

① 《国际共运史研究资料(卢森堡专辑)》,人民出版社1981年版,第79页。
② 《国际共运史研究资料(卢森堡专辑)》,人民出版社1981年版,第68页。
③ 《国际共运史研究资料(卢森堡专辑)》,人民出版社1981年版,第107页。

政策上的任何运动自由和任何独立性,并在最短的时间内从舞台上完全消失。"[①]那么,谁应该对俄国革命的危局负责呢?卢森堡认为,应该由国际无产阶级来负责,尤其是由德国社会民主党来负责。这个党在和平时期以全世界无产阶级的领导者自居,在本国至少也有一千万群众支持,"然而四年以来,它像卖身投靠的中世纪雇佣军一样,听从统治阶级的命令,一天二十四次地把社会主义钉在十字架上"[②]。既然俄国革命已经处在这样危急的状态下,那么还有什么办法能够挽狂澜于既倒,扶大厦之将倾呢?卢森堡在《俄国的悲剧》一文的结尾处写道:"席卷俄国的悲剧只有一个解决办法:在德国帝国主义的后方举行起义,作为以国际革命结束民族残杀的信号。在这决定命运的时刻拯救俄国革命的荣誉,这同拯救德国无产阶级和国际社会主义的荣誉是一回事。"[③]从这段话中,可以看出卢森堡作为无产阶级革命家的伟大胸怀。不幸的是,1919 年初,这位伟大的思想家和革命家就被反动统治阶级夺去了宝贵的生命。毋庸讳言,卢森堡的被害乃是国际共产主义运动遭受的最惨重的损失之一。

综上所述,卢森堡的一生,是革命的一生、独立思考的一生,尤其是她对俄国革命的批评,时间越久就越表明她的见解,尤其是政治哲学方面的见解是何等正确、何等深刻。尽管她作为一个革命家和政治思想家也犯过这样那样的错误,但正如列宁所说的:"她始终是一只鹰,不仅永远值得全世界的共产党人怀念,而且她的生平和她的全部著作……对教育全世界好几代共产党人来说都将是极其有益的。"[④]深入研究卢森堡的政治哲学理论,坚持党内民主的重要性,乃是社会主义政党维护自己的执政地位的根本性的措施之一。

---

① 《国际共运史研究资料(卢森堡专辑)》,人民出版社 1981 年版,第 106 页。
② 《国际共运史研究资料(卢森堡专辑)》,人民出版社 1981 年版,第 108 页。
③ 《国际共运史研究资料(卢森堡专辑)》,人民出版社 1981 年版,第 108 页。
④ 《列宁选集》第 4 卷,人民出版社 1995 年版,第 643 ~ 644 页。

晚年卢卡奇思想探索

卢卡奇的一生是理论探索的一生。不少人重视他青年时期的作品,尤其是《历史与阶级意识》一书,而完全忽视他晚年时期的作品。不能否认,晚年卢卡奇的哲学重新返回到恩格斯的"自然辩证法"和列宁的"反映论",这使他的思考在某些方面似乎显得比以前简单化了。与此同时,他的文风也开始变得冗长、重复、拖沓了,甚至变得喋喋不休,令人生厌。然而,在另一些方面,如对非理性主义思潮渊源的追溯、对日常生活理论的反思和对社会存在本体论的探索上,晚年卢卡奇的思想仍然体现出高度的创造性。事实上,他提出的这些重大的理论问题,不仅对他的学生们,乃至对整个布达佩斯学派产生了不可低估的影响,也为当代西方马克思主义的发展提供了宝贵的思想资源。下面,我们主要考察他晚年的三部重要的理论著作——《理性的毁灭》、《审美特征》和《社会存在本体论》中的思想轨迹。

一、《理性的毁灭》(1954)

如果说,《存在主义还是马克思主义?》一书侧重于对现代德国哲学中的显学——现象学和存在主义的非理性主义倾向的分析的话,那么,《理性的毁灭》一书则以更恢弘的眼光追寻非理性主义在德国哲学中的起源、演化及其在现代德国哲学中的种种表现。正如卢卡奇在该书“序言”中所指出的:“我们的任务是揭露一切导致‘国家社会主义世界观’的理智方面的准备工作,不管它们(表面上)距离希特勒主义可能有多么远,也不管它们(主观上)抱有这样的意图可能是多么少。”①这就告诉我们,《理性的毁灭》一书的主旨是揭示希特勒的国家社会主义所蕴含的非理性主义在理论上,尤其是哲学上的起因,以便对人类及其精神文化的发展起一种警示作用。

在卢卡奇看来,这方面的工作无疑具有开创性的意义,因为它很难借助于前人的著作来进行。K. 洛维特的新著《从黑格尔到尼采》(1939)虽然学识渊博,为深入研究德国哲学的发展史开了头,但他把尼采作为自己的历史叙述的终点,说明他既忽视了现实生活中正在发生的重大事件,也看不到德国哲学演化中的一些根本性的倾向,而这些倾向将对德国人的精神世界和现实生活产生严重的影响。正是在这个意义上,卢卡奇不无感慨地写道:“在这里,我们再次遭遇到一片晦暗,在这一晦暗中,所有的猫看起来都是灰色的。马克思主义的历史学家将会发现,当他们试图把握此类主题时,他们从这样的前期研究中得不到任何帮助。”②

《理性的毁灭》一书取材宏富,篇幅浩大(英译本达 865 页)。它表明,卢卡奇不仅详尽地占有了德国哲学发展史的材料,而且经过艰苦深入的研究,原创性地勾勒出德国非理性主义的演化史,从而从一个角度揭露并摧毁了希特勒主义的理论基础。卢卡奇的论述主要是沿着非理性主义诞生和发展的历史线索来展开的。本书论述到的主要问题如下。

1. 何谓“非理性主义”

“非理性主义”(irrationalism)这个术语是一个名词,它源自形容词“非理性的”(irrational)。卢卡奇认为,在德国古典哲学家中,费希特在晚年的《知识学》(1804)一书中使用过“非理性的”这一术语。虽然后来的个别法西斯主义分子千方百计地试图把费希特的名字放进他们的理论先辈的名单中,但晚年费希特的思想除了对现代德国哲学家拉斯克(Lask)产生过某种程度的影响外,并没有对德国哲学的发展进程形成实质性的内驱力。甚

① G. Lukács, *The Destruction of Reason*, Merlin Press, 1980, p.5.

② G. Lukács, *The Destruction of Reason*, Merlin Press, 1980, p.16.

至谢林也只是把“非理性的”理解为“非绝对的(non - absoluteness)”同义词,并在贬义上使用过这一术语。至于黑格尔,则仅仅是在数学的意义上使用过“非理性的”这一术语。

在论述“非理性的”这一术语时,卢卡奇似乎把它作为一个自明的概念进行叙述,并没有对它的含义作出明确的分析,并很快地跳到了“非理性主义”的概念上。他这样写道:“‘非理性主义’这一口号作为一种哲学思潮或一个哲学流派等等的标记,是比较新的。据我所知,它首先出现在库诺·费舍(Kuno Fischer)的《费希特》一书中。在《哲学史》一书中,文德尔班(Windelband)也在题为‘非理性主义的形而上学’部分论述到谢林和叔本华。在拉斯克那里,这个术语甚至占据着更为重要的地位。尽管人们对这一广义的‘非理性主义’的术语一开始就有批评性的保留,但在两次世界大战之间,这个词却成了一个普遍地得到认可的术语,而它所指称的这一哲学思潮的历史,正是我们这本书所要探索的主题。”①有趣的是,卢卡奇在这里也只是叙述了“非理性主义”这一术语出现的情况,也没有对它的含义作出明确的说明。在他的洋洋洒洒的论述中,我们能够捕捉到的不过是他对“非理性主义”的基本特征的描述。

非理性主义的第一个特征是:崇尚不可知主义的认识论,崇尚直观。卢卡奇写道:“无论是哲学上的唯物主义还是客观的唯心主义,都对客观现实的可知觉性提出过要求,而一个不可知主义的认识论(an agnosticist epistemology)却拒绝对客观现实的可知觉性做出任何断言,并且承认只有非理性主义的直观(irrationalist intuition)才能通向这个领域。”②也就是说,非理性主义强调:理性是无法认识客观现实的,换言之,客观现实是不可知的,唯有通过非理性的直观才能对它加以把握,而这种直观并不是人人皆有的,它只为少数人所拥有。在这个意义上,非理性主义又可以称之为“认识论的贵族主义”(epistemological aristocratism)③。正如卢卡奇所批评的,按照这种见解,“哲学知识就成了上帝挑选出来的、贵族式的拯救者们的

① G. Lukács, *The Destruction of Reason*, Merlin Press, 1980, p. 95 - 96.

② G. Lukács, *The Destruction of Reason*, Merlin Press, 1980, p. 174.

③ G. Lukács, *The Destruction of Reason*, Merlin Press, 1980, p. 147.

特权"①。

非理性主义的第二个特征是：混淆认识论和心理学的界限，把认识问题等同于主观心理问题。在谈到黑格尔对雅可比的"直接知识"(immediate knowledge)所蕴含的主观唯心主义倾向的批评时，卢卡奇指出："现代非理性主义的最重要的特征之一是混淆认识论和心理学的界限。"②认识问题一旦被还原为主观心理，特别是非理性的心理因素的作用，理性和客观性在认识中的作用也就完全被取消了。

非理性主义的第三个特征是：随着现代社会中的阶级斗争形势的改变不断地变换着自己的形式。卢卡奇认为，现代的非理性主义萌发于资产阶级反对封建主义和专制君主制的斗争中，成形于资产阶级抵抗无产阶级的反动的自卫斗争中。为此，卢卡奇强调："本书通篇所要显示的是，这些阶级斗争的各个阶段的重大变化如何具体地规定着非理性主义发展的内容和形式、问题和答案，甚至它的整个外在形相的。"③在这里，卢卡奇实际上揭示了哲学思潮的演化与现实生活之间的密切的关系。

非理性主义的第四个特征是：为了论证自己的合法性，具有强烈的寻根意识。非理性主义的支持者力图把哲学史归结为非理性主义与理性主义斗争的历史，并且千方百计地把哲学史上的一些伟大的学者曲解为非理性主义者。正如卢卡奇所说的："现代非理性主义的各种思潮开始把从赫拉克利特和亚里士多德到笛卡儿、维柯和黑格尔的整个哲学史都推入到'生机主义者'或存在主义者的浓重的黑暗中。"④明白了非理性主义的这一重要的特征，我们在阅读它的代表人物的著作时就获得了某种解毒剂。从上述论述中，我们大致可以把握卢卡奇所批评的非理性主义的主要内涵。

2. 非理性主义的早期表现形式

卢卡奇认为，非理性主义的最初的表现形式是谢林的"理智直观"(intellectual intuition)。为什么这样说呢？在这里，我们有必要简要地回顾一

---

① G. Lukács, *The Destruction of Reason*, Merlin Press, 1980, p. 149.
② G. Lukács, *The Destruction of Reason*, Merlin Press, 1980, p. 120.
③ G. Lukács, *The Destruction of Reason*, Merlin Press, 1980, p. 106.
④ G. Lukács, *The Destruction of Reason*, Merlin Press, 1980, p. 105.

下历史。众所周知,“理智直观”的说法最早见于康德的著作中。在《纯粹理性批判》一书中,康德反复强调,对于普通人来说,直观只能是感性的,因而无法把握超验的理智存在物,即自在之物,唯有上帝才能进行理智直观,因而把握整个超验的世界。费希特否定了康德的不可知的自在之物,强调自我可以通过辩证的运动设定非我,力图把康德的具有二元论特征的认识论改造为贝克莱式的主观唯心主义的认识论。青年时期的谢林受到费希特的带有主观唯心主义倾向的辩证法思想的熏陶,但又受到意大利学者布鲁诺和荷兰学者斯宾诺莎的影响,从而在自然哲学的研究中形成了与费希特不同的客观唯心主义的新路向。这一新路向正是通过青年谢林对康德的理智直观的改造而显现出来的。作为这一改造的结果,一方面,谢林把理智直观从上帝那里取回来,交到了哲学家手里,从而扬弃了康德的自在之物的不可知性,肯定了哲学家可以通过理智的直观去把握超验的理智存在物的世界;另一方面,谢林的理智直观又表现出明显的非理性的、神秘主义的特征,试图不通过严密的论证,而只凭借思维的某种跳跃直接把握超验的对象。

为此,卢卡奇批评道:“正如我们已经看到的,当青年谢林沿着自然辩证法方向在一些个别性的问题上勇敢地进行冒险的时候,在方法论上却以理智直观的方式在辩证法的门口停住了,从而为现代非理性主义奠定了最初的形式。”①卢卡奇还进一步探讨了谢林的理智直观的两重性:“他的直观是双重的,因为我们发现:一方面,它是对直接给予的客观实在中显现出来的各种矛盾的辩证的超越,是一条通向知觉自在之物本质的道路,因而是通过纯粹知性的范畴,即通过启蒙运动的形而上学思维和康德、费希特的纯粹知性范畴,对那些显现出来的矛盾的认识论意义上的超越。另一方面,面对着那些与超越单纯的感性思维以达到合理性和严格的辩证法不可分离地联系在一起的、无限多的透视点和逻辑上的无穷的困难,他的直观又蕴含着一种对非理性主义的退却。”②

按照卢卡奇的看法,谢林的理智直观所蕴含的最初的非理性主义倾向正是在德国哲学试图离弃辩证法的过程中表现出来的。他不无遗憾地写

---

① G. Lukács, *The Destruction of Reason*, Merlin Press, 1980, p. 170 – 171.

② G. Lukács, *The Destruction of Reason*, Merlin Press, 1980, p. 143.

道："我们这里有一个非常典型的例子，它表明非理性主义如何从对这个时代明确地提出的辩证法问题的哲学上的逃避而产生出来的。"①谢林向非理性主义的退却是在不知不觉中发生的，但他以神秘主义的方式倡导的理智直观却对后来的叔本华、尼采、狄尔泰、胡塞尔等哲学家产生了重大的影响。卢卡奇还指出："这种在辩证法的真正的领域的入口处产生的、偏离辩证法的非理性主义的结果，在谢林那里还有另一个对非理性主义的发展产生持久意义的主题——认识论的贵族主义。"②正如我们在前面已经指出过的，根据这种认识论的贵族主义，只有少数哲学家才拥有通过理智的直观去把握超验世界的特权。与青年时期的谢林比较起来，晚年谢林的非理性主义倾向表现得更为明显，因为他试图在哲学上为天启宗教作出辩护。然而，无论如何，谢林在非理性主义的方向上走得并不远，"他属于非理性主义的最初阶段，即半封建的复辟时期的理性主义"③。

在谢林之后，非理性主义在叔本华的哲学中得到了充分的表现。乍看起来，从谢林到叔本华似乎是一种回溯，因为叔本华的代表作《作为意志和表象的世界》问世于1819年，早在晚年谢林思想登场之前就出现了，但从非理性主义发展的内在理路来看，叔本华的非理性主义却代表了更高的发展阶段。为什么会出现这样的情况呢？卢卡奇告诉我们："因为在叔本华那里，非理性主义的纯粹资产阶级的形式，不仅在德国哲学内，而且也在国际的范围内，第一次出现了。我们可以在谢林那里描绘出对其非理性主义的晚期形态具有重要意义的一整套观念。然而，就他的体系类型而言，他对帝国主义时期的非理性主义的历史影响决不是根本性的。他晚期思想的影响在1848年后就消失了；唯有爱德华·冯·哈特曼（Eduard von Hartmann）和他的学派改头换面地贯彻了谢林所开创的那部分思想。"④

叔本华的非理性主义倾向主要表现在以下各个方面：第一，把康德的认识论改造为贝克莱式的、主观唯心主义的认识论。卢卡奇指出："这里的问题表明，叔本华试图'净化'康德向唯物主义的摇摆性，把康德的认识论

---

① G. Lukács, *The Destruction of Reason*, Merlin Press, 1980, p.145.
② G. Lukács, *The Destruction of Reason*, Merlin Press, 1980, p.147.
③ G. Lukács, *The Destruction of Reason*, Merlin Press, 1980, p.173.
④ G. Lukács, *The Destruction of Reason*, Merlin Press, 1980, p.192.

归结为贝克莱的认识论,这不仅标志着一种彻底的主观唯心主义的奠基,而且还包含着一种努力,即从康德哲学中清除掉一切辩证的因素,代之以直观基础上的非理性主义和非理性主义的神秘主义。"①尽管叔本华与费希特有着类似的主观唯心主义的倾向,但他却对整个德国古典哲学的辩证法采取排斥的态度。第二,把理智的直观看做是一切认识活动的普遍原则。卢卡奇写道:"正如我们已经知道的,谢林的理智的直观是他把握与知觉的现象有明显的差异的自在之物的唯一的方式,而叔本华则把它作为支配着每一种类型的知识的普遍的原则。"②第三,认识论的贵族主义特征表现得更为严重。在卢卡奇看来,"叔本华不仅接受了谢林认识论的贵族主义的特征,而且以彻底的方式扩展了它"③。特别是在关于艺术问题的论述中,叔本华强调,只有少数天才才能达到对艺术作品的自由的观照。也正是在这个意义上,卢卡奇把叔本华的思想称之为"严密的非理性主义"(rigorous irrationalism)④。

与叔本华同时代的另一位非理性主义的哲学家是丹麦的克尔凯郭尔,他的思想直到两次世界大战之间才开始流行。从理论渊源上看,他的非理性既传承了德国浪漫派的思想资源,又受益于晚年谢林在柏林大学的演讲。按照卢卡奇的看法:"克尔凯郭尔在非理性主义发展史上所充当的角色在于,他把建立一种主观主义的虚假辩证法的倾向推到了极端,以致在帝国主义时期他的思想再度盛行时,几乎不可能对他已经说过的东西做新的补充。"⑤

克尔凯郭尔对非理性主义思潮的推进主要表现在以下两个方面。第一,他坚决反对黑格尔的辩证法,提出了他自己的所谓"质的辩证法"(qualitative dialectic)。这种质的辩证法强调,事物的新质并不像黑格尔所说的那样,是在量变的基础上产生的,而是一种莫可名状的、突如其来的跳跃。正如卢卡奇所评论的:"他强调质的飞跃是'莫名其妙的突然性',即它具有非理性的特征。由于这种飞跃与质的转化割裂开来,它的非理性主

---

① G. Lukács, *The Destruction of Reason*, Merlin Press, 1980, p. 217.

② G. Lukács, *The Destruction of Reason*, Merlin Press, 1980, p. 224.

③ G. Lukács, *The Destruction of Reason*, Merlin Press, 1980, p. 231.

④ G. Lukács, *The Destruction of Reason*, Merlin Press, 1980, p. 231.

⑤ G. Lukács, *The Destruction of Reason*, Merlin Press, 1980, p. 250.

义的特征的出现也就具有某种必然性。”[①]就其实质而言，克尔凯郭尔的这种质的辩证法不但不是辩证法的新形式，而且是对辩证法的否定。尽管如此，卢卡奇认为，克尔凯郭尔的这种主观主义的虚假的辩证法在推进非理性主义思潮的发展中仍然起着不可低估的作用。正如卢卡奇所说的：“这是克尔凯郭尔超越谢林和叔本华的最本质的步骤，也是对非理性主义后来的发展史产生重大影响的一步。”[②]第二，克尔凯郭尔十分重视抽掉了社会历史背景的孤独的个人的行动，特别是个人在生活的某些时刻所作出的非此即彼的选择。在卢卡奇看来，“这种准行动(quasi-activity)的观念是克尔凯郭尔在非理性主义发展史中超越叔本华的决定性的步骤”[③]。克尔凯郭尔这方面的学说在后来的存在主义思潮中获得了长足的发展。

综上所述，从谢林到克尔凯郭尔的道路构成了现代非理性主义发展的早期阶段。卢卡奇认为，在这个阶段中，非理性主义还能对同时代的唯心主义辩证法提出一些合理的批评意见，但在以后的发展中，非理性主义越来越丧失这方面的功能，沦为现实生活中的消极因素的辩护士。

3. 帝国主义时期非理性主义的主要表现形式

按照卢卡奇的看法，从19世纪末以来，欧洲资本主义国家进入了帝国主义的发展阶段。尼采是这个阶段的非理性主义的奠基人，而以狄尔泰为肇始人的生命哲学和受他影响的新黑格尔主义则体现为这个阶段的非理性主义的主要思潮。

首先，卢卡奇分析了尼采的非理性主义思想的起因和特征。他指出：“尼采是从叔本华的理智结构中汲取其方法论的联贯性的原则的，他只是加以修改和扩充，使之适应这个时代和对手而已。”[④]尼采抛弃了叔本华关于表象和意志的二元论，用权力意志的神话取代了生存意志的神话。在卢卡奇看来，“决定尼采在现代非理性主义发展史上的特殊地位的部分原因是他出现的时代的历史状况，部分原因是他个人的不寻常的天赋”[⑤]。就前一个原因来说，虽然尼采在帝国主义时期到来之前就结束了自己的活

① G. Lukács, *The Destruction of Reason*, Merlin Press, 1980, p.252.
② G. Lukács, *The Destruction of Reason*, Merlin Press, 1980, p.252－253.
③ G. Lukács, *The Destruction of Reason*, Merlin Press, 1980, p.291.
④ G. Lukács, *The Destruction of Reason*, Merlin Press, 1980, p.320.
⑤ G. Lukács, *The Destruction of Reason*, Merlin Press, 1980, p.314.

动,但他毕竟亲眼目睹了德国帝国的建立和巴黎公社的失败,这使他的哲学有可能以预言的方式揭示出帝国主义时期的普遍心态和情绪。就后一个原因来说,尼采作为文化心理学家、美学家、语言学家和道德学家,以其独特的天赋、敏感和洞察力,以优美的、有吸引力的、诗化的文体,激起了知识分子绝望的、有时又有反叛情绪的性灵世界的波澜。

尼采的非理性主义的第一个特征是肯定生命、本能,把理性和理性主义理解为对生命的全盘否定。卢卡奇甚至认为:"尼采的非理性主义的生机论是对反动的、反民主的、反社会主义的帝国主义行动的公开号召。"① 而在法国哲学家柏格森的生机论中却没有这样的因素,因为柏格森的非理性主义的主要矛头是指向自然科学知识的客观性的,而尼采的非理性主义则具有一种明确的政治上的意向。尼采的非理性主义的第二个特征是试图建立利己主义的伦理学。这种伦理学主张不顾一切地维护自己的私利,并从自我的赤裸裸的利益出发,以实用主义的方式,全盘否定传统道德,重估一切价值。卢卡奇敏锐地揭露了这种伦理学形成的社会历史根源:"尼采的伦理学和启蒙时期的法国道德学家等的联系在于,他们都在'资本主义的'个人的利己主义中觉察到社会生活的中心问题。"②就其实质而言,尼采的伦理学体现了一种强烈的非道德主义的倾向,而这种非道德主义正是他的非理性主义的必然结果。尼采的非理性主义的第三个特征是宗教上的无神论。乍看起来,无神论似乎应该是与理性主义一致的,但在尼采那里,这种无神论却具有特殊的含义。他强调"上帝死了",只是为了建立一种利己主义的伦理学。在谈到尼采的无神论思想时,卢卡奇这样写道:"尼采把宗教上的无神论带到了远远地超出叔本华的阶段,他在这种发展中占有一个特殊的地位。"③尼采的非理性主义的第四个特征是他的"永恒轮回"(eternal recurrence)的学说。卢卡奇认为,这种学说构成了尼采哲学的核心,它把假科学和放荡不羁的想象混合在一起,使尼采的许多解释者大伤脑筋。事实上,"当他赞美永恒轮回的哲学价值的时候,他主要赞美的

---

① G. Lukács, *The Destruction of Reason*, Merlin Press, 1980, p. 27.
② G. Lukács, *The Destruction of Reason*, Merlin Press, 1980, p. 345.
③ G. Lukács, *The Destruction of Reason*, Merlin Press, 1980, p. 359 - 360.

正是永恒轮回所蕴含的虚无主义的、相对主义的和毫无前途的特征"①。在卢卡奇看来，尼采的影响是巨大的，他为整个帝国主义时期的非理性主义的发展奠定了基调。

其次，卢卡奇探讨了帝国主义时期以狄尔泰为肇始人的生命哲学的非理性主义学说。卢卡奇指出："在德国的整个帝国主义时期，生机论或生命哲学(Vitalism or Lebensphilosophie)是居于支配地位的意识形态。但是为了正确地评价它的影响的广度和深度，我们必须记住，生命哲学不像新康德主义或现象学那样，是一个学派或一个可以明确定义的主题，而毋宁是一种渗透进或影响到几乎所有学派的普遍的倾向。"②

按照卢卡奇的分析，生命哲学的基本特征如下：第一，"生命哲学的本质在于把不可知论转变为神秘主义，把主观唯心主义转变为神话的虚假的客观性"③，因而它在帝国主义时期拥有广泛的影响。第二，"生命哲学的相对主义有效地颠覆了人们对历史进步的信仰，因而也颠覆了人们对德国彻底地民主化的可能和价值的信仰"④。生命哲学把生命的主观感受理解为判断历史进步与否的标尺，这实际上否定了历史发展的客观的规律；与此同时，它还主张存在着两极相反的原始现象，即活生生的东西与僵死的东西的对立，并从哲学上把民主制度曲解为机械的和僵化的东西，这就为帝国主义时期的集权化倾向提供了重要的思想基础。第三，"体验着的生命(experienced life)在生命哲学的认识论中的中心地位必然会培植起一种贵族式的感情。一种体验的哲学只能是直观的，而且有直观能力的人只能是有意识地被选拔出来的贵族的成员……生命哲学原则上是一种贵族的认识论"⑤。也就是说，按照生命哲学的逻辑，只有少数天才式的人物才能通过体验和直观去发现真理，而芸芸众生至多不过是这些天才人物的追随者和盲从者。

在分析生命哲学的基本特征和功能的基础上，卢卡奇进一步剖析了作为帝国主义时期的生命哲学创始人的狄尔泰的非理性主义观点。卢卡奇

---

① G. Lukács, *The Destruction of Reason*, Merlin Press, 1980, p.392.
② G. Lukács, *The Destruction of Reason*, Merlin Press, 1980, p.403.
③ G. Lukács, *The Destruction of Reason*, Merlin Press, 1980, p.414.
④ G. Lukács, *The Destruction of Reason*, Merlin Press, 1980, p.415.
⑤ G. Lukács, *The Destruction of Reason*, Merlin Press, 1980, p.415 -416.

认为:“在帝国主义的生命哲学中,威廉·狄尔泰是紧接着尼采的、最重要的、最有影响的先驱者。”[①]狄尔泰从认识论上为生命哲学进行论证,其出发点是:对世界的体验是认识的最终基础。正如卢卡奇所指出的:“这样一来,非理性主义就占据了狄尔泰哲学的核心。”[②]然而,狄尔泰毕竟还不是战后意义上的非理性主义者,他虽然在精神科学的研究中强调体验、直观这些非理性因素的重要性,但非理性主义又是他从总体上努力加以克服的对象,因为他不相信在理性与生命、科学与直观之间存在着不可克服的对立。狄尔泰开创的生命哲学的观念在受尼采强烈影响的席美尔那里获得了更为宽广的意义。

随着第一次世界大战的爆发,生命哲学的内涵发生了决定性的改变。现在,“德意志精神”被作为活的东西与作为“僵死的东西”的西方民主国家对立起来;崇尚直观的非理性主义不仅在精神科学的范围内,而且在自然科学的范围内也被武断地宣布为真理。卢卡奇指出:“由于斯宾格勒以最激进的方式表达了这一转变,所以他的著作(即《西方的没落》——引者)产生了强有力的、持久的影响。它是这个阶段的代表作,同时也是法西斯主义的哲学的真正的、直接的前奏曲。”[③]斯宾格勒以生命、血液、体验和直观来表述自己的生命哲学的思想,虽然他降低了战前的、学院化的生命哲学的理论含量,但却把生命哲学的基本思想通俗化了,使之成为法西斯主义易于接受的理论武器。

卢卡奇认为,在第一次世界大战后,马克思·舍勒在生命哲学和非理性主义的发展中也发挥了重要的作用。他不仅是狄尔泰哲学的崇拜者,也是胡塞尔现象学的崇拜者。乍看起来,胡塞尔作为现象学的创始人,其目的是使哲学上升为严格意义的科学,因而其基本倾向应该是理性主义的,但众所周知,胡塞尔现象学方法的核心是“本质直观”,正是这种直观构筑起现象学通向非理性主义的道路,而在构筑这条道路的过程中,舍勒起着举足轻重的作用。正如卢卡奇所指出的:“胡塞尔方法的直观特征使舍勒十分接近生命哲学……我们甚至可以这样说,正是舍勒,运用现象学的直

---

① G. Lukács, *The Destruction of Reason*, Merlin Press, 1980, p.417.

② G. Lukács, *The Destruction of Reason*, Merlin Press, 1980, p.426.

③ G. Lukács, *The Destruction of Reason*, Merlin Press, 1980, p.461.

观精神,把现象学带到生命哲学的非理性主义的主潮中去了。"[1]换言之,到了舍勒的身上,现象学的非理性主义的倾向才第一次公开地表现出来。在卢卡奇看来,现象学的非理性主义并不是被舍勒附加上去或制造出来的,而是本来就内在于现象学的。除了"本质直观"的观念外,胡塞尔的另一些重要的观念也蕴含着非理性主义的倾向。比如,卢卡奇认为,胡塞尔在其现象学还原方法中主张把现实"存入括号中"(setting in parentheses)就是"主观唯心主义的非理性主义的任意性"。[2] 再如,卢卡奇强调,胡塞尔虽然十分重视形式逻辑的作用,然而,"形式逻辑在方法论中的重要地位并没有排除非理性主义"[3]。相反,非理性主义的产生与形式逻辑在把握世界时的局限性是分不开的。舍勒的作用不过是使隐藏在现象学内部的非理性主义公开化了。

如果说,对现实不满的情绪,在舍勒那里还有所缓和的话,那么,到海德格尔那里则公开地爆发出来了。卢卡奇写道:"由于海德格尔,现象学一时占据了德国知识分子世界观兴趣的中心。但是,现在它已经变成了帝国主义时期个人主义痛苦挣扎的意识形态。"[4]海德格尔存在主义的"生存"(Existenz)概念取代了生命哲学的"生命"(Leben)概念。存在主义不仅否认了生命哲学所讴歌的"活的东西",而且处处体现出孤独、悲观和绝望的情绪,但存在主义并没有突破生命哲学的总的框架,它不过是给非理性主义披上了一件悲观主义的外衣。在卢卡奇看来,海德格尔对客观性的要求比舍勒更明显,但实际上,他的本体论的主观主义和神秘主义的特征比舍勒更突出。"正因为这样,海德格尔的本体论越是展示它的真正的本质,就越显出非理性主义的倾向。"[5]与海德格尔同时代的雅斯贝尔斯的生存哲学也继承了生命哲学的非理性主义的路线。卢卡奇认为,虽然雅斯贝尔斯纯粹出于私人的原因,没有像海德格尔那样作为法西斯分子公开出场,并在战后力图把自己打扮成一个低调的反法西斯主义者,但这种差别丝毫改变不了基本事实,"就他们的哲学的实质而言,他们两个人都为法西斯的非

① G. Lukács, *The Destruction of Reason*, Merlin Press, 1980, p.476-477.
② G. Lukács, *The Destruction of Reason*, Merlin Press, 1980, p.483.
③ G. Lukács, *The Destruction of Reason*, Merlin Press, 1980, p.480.
④ G. Lukács, *The Destruction of Reason*, Merlin Press, 1980, p.489.
⑤ G. Lukács, *The Destruction of Reason*, Merlin Press, 1980, p.505.

理性主义铺平了道路”①。

生命哲学在其演化的道路上，最后蜕变为以克拉格斯(Klages)、荣格尔(Juenger)、鲍姆莱尔(Baeumler)、玻姆(Boehm)、克利克(Krieck)、罗森贝格(Rosenberg)等人为代表的法西斯主义。卢卡奇评论道:“在向法西斯主义的转变中，生命哲学产生出几个好战的思想家，他们的作品以社会和政治的术语来说明生与死的对立，这些作品对理性的毁灭具有社会的特征。”②

最后，卢卡奇分析了德国新黑格尔主义的非理性主义倾向。德国新黑格尔主义的复兴是以晚年狄尔泰的著作《青年黑格尔》(1905)为起始点的。在卢卡奇看来，狄尔泰从生命哲学的立场出发曲解了青年黑格尔的思想，“他使黑格尔直接接近帝国主义时期的非理性主义的‘生命哲学’，而这一哲学的最重要的创始人正是狄尔泰本人。可以确定的是，他把‘生命哲学’塞进了青年黑格尔的思想中，断定青年黑格尔有一个‘神秘的泛神论’时期。狄尔泰认为，在这个时期，黑格尔代表了生命哲学:‘他以生命的概念规定了全部实在的特征’”③。在某种意义上，狄尔泰对青年黑格尔的解释奠定了第一次世界大战后新黑格尔主义复兴的基本倾向。新黑格尔主义的代表人物克洛纳在《从康德到黑格尔》(1921—1924)一书中，甚至连青年黑格尔和晚年黑格尔的区分也不作，就笼统地把黑格尔称之为非理性主义者。他这样写道:“黑格尔无疑是一位哲学史上所知道的最伟大的非理性主义者。在他以前，还没有哪位思想家能够像他那样如此强烈地使概念非理性化，像他那样通过概念如此深刻地阐明了非理性主义……黑格尔是非理性主义者，因为他使思维中的非理性物发挥了效力，因为他使思维本身非理性化了……他是非理性主义者，因为他是辩证法家，因为辩证法本来就是按照理性的方式产生出来的作为一种方法的非理性主义，——因为辩证的思维就是理性—非理性的思维。”④卢卡奇引证了克洛纳的这段论述，认为这是新黑格尔主义向非理性主义的生命哲学转变的一

① G. Lukács, *The Destruction of Reason*, Merlin Press, 1980, p.522.

② G. Lukács, *The Destruction of Reason*, Merlin Press, 1980, p.527.

③ G. Lukács, *The Destruction of Reason*, Merlin Press, 1980, p.554.

④ 张世英主编:《新黑格尔主义论著选辑》上卷，商务印书馆1997年版，第574页。

个明证，因为新黑格尔主义者不但把黑格尔的主要观念非理性主义化了，甚至也把他的辩证法非理性主义化了。在卢卡奇看来，这个被复兴了的黑格尔已不再是原来意义上的真正的黑格尔了。

上面是卢卡奇对现代德国哲学从尼采和以狄尔泰为肇始人的生命哲学向法西斯主义演化的轨迹所作的一个简略的考察。正如卢卡奇所申明的，他并不想把尼采、狄尔泰写成法西斯主义的自觉的先驱者，事实上，这样写也是不符合历史发展的真情的。对于卢卡奇来说，重要的不是对哲学家的主观意图作心理分析，重要的是考察哲学思想发展的客观辩证法。值得注意的是，卢卡奇对德国帝国主义时期的非理性主义思潮的分析并没有局限在哲学的领域里，他也分析了非理性主义是如何在斐迪南·托尼斯（Ferdinand Toennies）、马克斯·韦伯（Max Weber）、阿尔弗莱特·韦伯（Alfred Weber）、卡尔·施密特（Carl Schmitt）等社会学家的著作中表现出来的，分析了哥比诺（Gobineau）、张伯伦（H. S. Chamberlain）的种族主义和龚普洛维茨（Gumplowicz）等人的社会达尔文主义所蕴含的非理性主义是如何对法西斯主义世界观的形成发生决定性的影响的。总之，卢卡奇对德国帝国主义时期的非理性主义的描绘是全方位的，也是发人深省的。

4. 二战后非理性主义发展的新态势

在《理性的毁灭》的“后记”——“论战后的非理性主义”中，卢卡奇以敏锐的眼光分析了“战后非理性主义”（post-war irrationalism）发展的新态势。

首先，卢卡奇指出，“实用主义”（pragmatism）已经成了非理性主义的新的表现形式。早在第一次世界大战以前，实用主义已经在讲英语的国家，尤其是美国产生了重要的影响。卢卡奇在《理性的毁灭》的“序言”中曾经这样写道：“在实用主义的拥戴者中，我在这里只简要地讨论其最杰出的代表——威廉·詹姆士。就其哲学本质而言，实用主义在结论上虽然走得并不远，但其非理性主义远比克罗奇的思想要彻底。詹姆士为性质完全不同的公众提供了非理性主义作为世界观的代用品。”①如果说克罗奇的非理性主义主要表现在他对黑格尔的辩证法的拒斥的话，那么詹姆士的实

---

① G. Lukács, *The Destruction of Reason*, Merlin Press, 1980, p. 20.

用主义则直截了当地把有用的东西理解为真理,从而使非理性主义直接对公众产生了巨大的影响。在二战后,实用主义的非理性主义的本质以更显明的方式表现出来。在美、英等国的努力下,反法西斯主义的联盟很快地瓦解了,代之而起的则是反对共产主义的"十字军东征"。事实上,在卢卡奇看来,实用主义的信徒们以某种方式继承了法西斯主义反对共产主义的非理性主义路线。

其次,卢卡奇认为,以维特根斯坦为代表的语义哲学也是战后非理性主义的变种之一。维特根斯坦在《逻辑哲学论》中强调,语言分析涉及到的只是科学的问题,但还完全没有触及生活问题。生活本身是神秘的,它只能被显示出来,而不能被说出来。在卢卡奇看来,维特根斯坦的这一见解表明,生活问题是无法从理性的角度加以说明的,"因此,在这种'严格科学的'、直接的辩护中,非理性主义从每一个毛孔中流露出来"[①]。乍看起来,以维特根斯坦为代表的语义哲学十分重视理性和语言分析的哲学,实际上,这一哲学真正重视的仍然是生活世界的非理性的、神秘主义的特征。

最后,卢卡奇强调,存在主义思潮在战后的复兴也是非理性主义复活的一个重要的标志。一方面,海德格尔不但竭力为自己在20世纪30年代中与纳粹的关系进行开脱,不但对纳粹在第二次世界大战中的一系列暴行保持沉默,而且继续坚持这样的观点,即理性是思想的最顽固的敌手;另一方面,在存在主义的先驱——克尔凯郭尔的影响下,存在主义思潮的另一位重要的代表人物雅斯贝尔斯也处处表达出对理性的软弱无能的绝望,从而对战后非理性主义的蔓延起了推波助澜的作用。

在卢卡奇看来,只有马克思主义才是理性和理性主义传统的积极的捍卫者。事实上,也只有维护理性的尊严,整个人类社会才能沿着健康的轨道向前发展。《理性的毁灭》这部重要的著作体现出作为马克思主义者的卢卡奇对现实问题的关注和思索,也充分反映出他在理论上的独创性,然而,从学理上看,这部著作又有着浓厚的意识形态的气息,缺乏深入细致的理论分析。

---

① G. Lukács, *The Destruction of Reason*, Merlin Press, 1980, p. 784.

二、《审美特征》(1963)

众所周知,文艺和美学理论是卢卡奇一生探索的重要主题之一。晚年卢卡奇更是倾注了大量的心血来研究这一主题,计划在马克思主义的反映论的基础上,建立一个庞大的美学体系。这一计划中的体系的第一部分是《审美特征》,第二部分是《艺术作品和审美态度》,第三部分是《作为社会历史现象的艺术》。由于卢卡奇后来转向对社会存在本体论的研究,他只完成了整个计划的第一部分,即《审美特性》,第二部分和第三部分均未完成①。

《审美特性》也是大部头的著作,全书除导言外,正文十六章,总共约1 700页。在某种意义上,这是一部哲学著作。这不仅因为,卢卡奇坚持这样的见解,即"美学始终是一个哲学的学科(eine philosophische Disziplin)"②,因而始终从哲学出发去理解并阐述审美问题;而且还因为,在他计划建立的庞大的美学体系中,《审美特征》作为第一部分,其使命就是为卢卡奇试图建立的新美学理论奠定基础。为此,他在该书的导言中这样写道:"放在我们面前的这部著作,在其质和量上具有决定性意义的部分,是对现实审美反映的特殊本质的探索。按照本书的意图,这一探索是以哲学的方式来进行的…… "③因此,我们在评述这部著作时,主要的着眼点也是卢卡奇引入美学研究中的基本的哲学观点,换言之,我们所探索的也就是体现在他的美学理论中的基础性的哲学观念。

卢卡奇还强调,为了在美学研究中准确地提出问题并解答问题,他决定以辩证唯物主义所蕴含的丰富的辩证法思想作为自己的出发点。为此,他区分了两种不同的方法:一种是"定义的方法"(die Methode der Defini-

---

① 晚年卢卡奇在一次关于自己生平的谈话中,与记者有如下的一段对话:

记者:在这个时期,您除了《美学》还撰写什么?

卢卡奇:我为《本体论》的写作做准备。实际上,《美学》是《本体论》的准备阶段,因为在那部著作中,

审美已被看做存在,尤其是社会存在的一个环节。

参阅 Istvan Eorsi, *Record of a Life: An Autobiographical Sketch*, Verso Books, 1983, p. 135.

② G. Lukács, *Die Eigenart des Ästhetischen* 2, Aufbau – Verl, 1987, S. 6.

③ G. Lukács, *Die Eigenart des Ästhetischen* 1, Aufbau – Verl, 1987, S. 17.

tion),另一种是“规定的方法”(die Methode der Bestimungen)。[①] 在卢卡奇看来,前一种方法是将某种孤立的、局部性的因素理解为全局性的和终极性的东西,必定会导致对各种现象,尤其是审美现象的本质特性的曲解,从而陷入机械论的立场;后一种方法则奠基于辩证法,意识到每一个现象都不能孤立地看待,因为每一个现象都处在无限丰富的、具体的联系中。与定义不同,规定既有确定性的一面,又有不确定性的一面,它只是引导我们逐步接近事物真理的阶梯。

在《审美特性》一书中,卢卡奇主要论述了下面这些问题。

1. 日常生活是一切审美活动和科学思维的基础

卢卡奇认为,无论是传统的认识论研究,还是美学研究,都忽略了日常生活这一根本性的基础和出发点。这种忽略的代价是:人们或者满足于主观唯心主义的呓语,或者停留在抽象的、无谓的争论中。美学研究要告别这种窘迫的情形,就必须把日常生活作为全部研究的起点。在《审美特性》的导言中,卢卡奇开宗明义地写道:“弄清楚审美态度在人的全部活动及人对外部世界的各种反应中所处的地位,弄清楚由此而产生的审美想象、范畴建构(它们的结构形式等等)与对客观现实的其他反映方式之间的关系,是绝对必要的。通过对这些关系的公正的考察,大致可以得出如下的印象:人们在日常生活(Alltagsleben)中的态度是始源性的,虽然日常生活这一领域对于了解更高的和更复杂的反映方式来说是十分重要的,但它并没有受到详尽的探索。……人们的日常态度(Alltagsverhalten)既是每个人活动的起点,同时也是其终点。换言之,如果把日常生活看做一条大河,那么从这条大河中分出了科学和艺术这两条支流,它们是对现实的更高的感受形式和再现形式,它们相互区别并构成了相应的特殊的目标,从而在源于社会生活的需要中达到了它们的纯粹的形式——特性(Eigenart),通过对人们生活的作用和影响,它们又重新注入日常生活的大河。”[②]在卢卡奇看来,不管人们实际上是否意识到这一点,日常生活总是人们从事一切其他活动,如科学研究活动、审美活动等的起点;同时,人们在从事其他活动时产生的结果也会反过来影响他们的日常生活,从而使日

① G. Lukács, *Die Eigenart des Ästhetischen* 1, Aufbau - Verl, 1987, S. 23 - 24.

② G. Lukács, *Die Eigenart des Ästhetischen I*, Aufbau - Verl, 1987, S. 7 - 8.

常生活发生变化。然而,日常生活是不可能被其他活动所取代的,它总是处于基础的层面上,制约着人们对一切其他活动的兴趣、进程、结果和发生影响的范围。

卢卡奇认为,日常生活主要是由日常劳动、日常语言、日常思维和传统习俗等诸多因素组成的。如果说,日常劳动是人们的生存活动,日常语言和日常思维是人们交流思想的工具的话,那么,传统习俗也是日常生活的一个不可或缺的组成部分。没有传统习俗,日常生活就无法顺利地进行,人们的思维也无法迅速地对外部世界作出反应。在卢卡奇看来,日常生活的最本质的特征是"直接性"(Unmittelbarkeit)。所谓"直接性",也就是在日常生活中自然而然地表现出来的倾向。卢卡奇写道:"这里提到的日常生活和日常思维的直接性的特性最清楚不过地表现在这一领域的自发的唯物主义的方式中。"[①]正是这种自发的唯物主义的方式构成了日常思维的本质特征:"这种自发性的优点和弱点可以从另一个角度清楚地说明日常思维的特性。其优点在于,没有任何一种唯心主义的、唯我论的世界观能够阻止这种日常生活和日常思维中的自发性的作用。当人们在十字路口躲避汽车或等待汽车通过时,没有一个异想天开的贝克莱信徒会有这样的感觉,即这种感觉只与他自己的表象有关,而与关于独立现实的意识无关。这种'存在就是被感知'的观念会在直接行动着的人的日常生活中消失得干干净净。这种自发的唯物主义的弱点在于,它是相当软弱的,可以说根本不具有世界观意义上的融贯性。"[②]在这里,卢卡奇既肯定了日常生活和日常思维的自发性和丰富性,又批判了其朴素性和肤浅性。一方面,他阐明了日常生活、日常思维与科学思维、审美活动之间的密切联系;另一方面,他也揭示了它们之间存在的重大差别。就后一方面而言,日常思维流于琐碎和浅薄,它既不能以科学的方式准确地反映客观现实,也不能以审美的方式艺术地反映外部世界。

综上所述,审美活动和科学思维都以日常生活作为自己的基础,一旦撇开这个基础,也就成了无源之水、无本之木。反之,审美活动和科学思维都从不同的角度出发,改造和提升了日常生活和日常思维,从而丰富了人

---

① G. Lukács, *Die Eigenart des Ästhetischen I*, Aufbau – Verl, 1987, S. 39.

② G. Lukács, *Die Eigenart des Ästhetischen I*, Aufbau – Verl, 1987, S. 40.

类的精神生活。

2. **审美活动的本质及其特性**

什么是审美活动的本质？在卢卡奇之前，有不少美学家思考了这一问题。19 世纪德国著名的美学家维舍尔(F. T. Vischer)就把审美活动理解为主体想象力的创造活动。卢卡奇不同意这种主观唯心主义式的审美理论，他在马克思主义的辩证唯物主义学说，特别是列宁的反映论的影响下，把审美活动的本质理解为人对外部世界的一种特殊的反映形式，从而独具匠心地提出了"审美反映(aesthetische Widerspiegelung)"的新概念。这一新概念表明，审美活动决不是主体的任意的想象和创造，而是对外部世界的一种反映①。卢卡奇强调，他这里所说的"反映"既不是机械唯物主义者所主张的照相式的复制或模写，也不是主观唯心主义者所主张的、经过主观错觉曲解的外部世界的图像，而是对外部世界的一种能动的反映："辩证唯物主义把世界的物质统一性视为颠扑不破的事实，因而每一种反映都是对统一的现实的反映……真正的反映产生于人和外部世界的相互作用中，毫无疑问，不是从这种相互作用中产生出来的选择和配置必定是主观上的错觉或曲解，在许多情况下都是如此。"②在卢卡奇看来，意识对外部世界的反映形式不管如何多样，但有一点是共同的，即它们所反映的都是同一个外部世界。正是这一点，决定了不同的反映形式之间的内在的联系。然而，按照卢卡奇的看法，更重要的是要探索不同的反映形式之间存在的差别。不进行这方面的探索，也就无法把审美反映形式与其他反映形式区分开来，从而阐明审美反映的特性。那么，审美反映形式与其他的反映形式之间存在着哪些重要的差别呢？

首先，审美反映形式与日常生活中的反映形式之间存在着重大的差别。卢卡奇写道："科学反映和审美反映的纯粹性，一方面与日常生活的复杂的、混合的形式之间存在着明显的界限，同时，另一方面又不断地消除着

---

① 正如 G. 里希特海姆在《卢卡奇》一书中所说的："如果说《审美特征》仍不失为一部重要的著作，那么这并非由于它在篇幅上长得可怕，而是因为它在一种淡化了的形式中，保留了一种卢卡奇 30 年前就在一篇论 19 世纪中期德国黑格尔主义者维舍尔的文章中阐述过的观点的某些成分。对卢卡奇来说，真正要紧的问题是从他所谓的'反映'(Widerspiegelung)这个角度去解释(艺术)创造过程。"见该书中译本，中国社会科学出版社 1989 年版，第 195 页。

② G. Lukács, *Die Eigenart des Ästhetischen I*, Aufbau – Verl, 1987, S. 30.

这些界限,因为这两种不同的反映形式是从日常生活的需要中形成起来的,并且必须回答日常生活提出的各种问题,而这两种反映形式的许多成果又与日常生活的表现形式混合在一起,使这两种形式显得更概括,更有特色,更丰富,更深刻等等,从而使日常生活不断地向更高的水平发展。"① 这就告诉我们,一方面,审美反映与日常生活中的日常思维所蕴含的反映形式之间存在着根本性的差别。后一种反映形式是自发的、混杂的、肤浅的,在这种反映形式中,外部世界以凌乱的、缺乏系统性的方式呈现在主体之前;而前一种反映形式则专门从审美这一纯粹的角度出发来把握外部世界,从而使外部世界在主体的感官中呈现出特殊的色彩。另一方面,尽管审美反映在内容上是纯粹的,但在日常生活中,由于进行日常思维和审美反映的是同一个主体,所以,审美反映和日常思维所蕴含的反映形式又是不可截然两分地混合在一起的。在这个意义上,它们之间的界限不断地被消解,但又以更高的形式不断地被重建,从而不但使日常生活和日常思维变得越来越丰富多彩,也使审美反映变得越来越精致,人们在艺术上的创造也达到越来越高的水平。

其次,审美反映形式与科学反映形式之间也存在着重大的差别。卢卡奇认为,无论是科学反映,还是艺术的或审美的反映。它们都是由于日常生活的需要并在日常生活的推动下产生并发展起来的。然而,它们之间又存在着重大的差别。不但它们反映外部世界的方式不同,而且它们反作用于外部世界的方式也是不同的。在这里,关键性的差别涉及到卢卡奇所引入的两个新概念,即"拟人化"(Anthropomorphisieren)和"非拟人化"(Desanthropomorphisieren)。这两个概念究竟是什么意思呢?卢卡奇写道:"拟人化和非拟人化的区别正是在这里:究竟是从客观现实出发,把现实本身的内容、范畴等提升到意识中,还是从内部向外部,从人向自然的一种投射。"②正是这两个概念在审美反映和科学反映之间划出了本质性的界限。

按照卢卡奇的看法,"审美原理事实上具有一种拟人化的特性"③,也就是说,审美反映并不像科学反映一样,致力于把外部世界的客观内容准

① G. Lukács, *Die Eigenart des Ästhetischen I*, Aufbau – Verl, 1987, S. 29.
② G. Lukács, *Die Eigenart des Ästhetischen I*, Aufbau – Verl, 1987, S. 200.
③ G. Lukács, *Die Eigenart des Ästhetischen I*, Aufbau – Verl, 1987, S. 198.

确地提升到意识中,而是努力把自己的情绪、趣味和价值观念投射到外部世界中去。那么,这是不是等于说,审美反映是一种纯粹主观的行为呢?审美反映与卢卡奇前面所批判的维舍尔的观念,即把审美理解为主观想象和创造的唯心主义观点又存在着什么区别呢?卢卡奇指出:“我们已经看到,我们越是把审美反映的本质特征具体化,就越清楚地认识到,美学中的拟人化原理——也只有在美学中——决不是一种主观化——甚至也不是像在宗教中所体现出来的、社会必然性意义上的主观化——而是一种独特的客观性,这种客观性与作为审美对象和主体的人类不可分离地联系在一起。”①卢卡奇这里的论述使我们联想起康德在《判断力批判》中的见解,即审美判断作为反思判断与认识论意义上的规定的判断的差别正在于:前者体现为“主观的普遍有效性”,后者则体现为“客观的普遍有效性”。卢卡奇虽然不赞成维舍尔把审美反映理解为主体性的纯粹的创造,或许可以说,也正是在这个意义上,他不使用“审美创造”的概念,而别出心裁地提出了“审美反映”的新概念,但他还是清醒地意识到,审美作为一种“拟人化”的现象,无论如何是审美者的内部世界向外部世界的一种投射,因此,在任何审美活动中,主体方面都起着不可或缺的作用。然而,主观方面的因素又不是以任意的方式发生作用的,如果真是这样的任意性在审美反映中起作用的话,审美反映和日常思维中的反映之间就不存在什么差异了。事实上,“审美反映”中的“反映”这个词就暗示我们,审美活动不是主观上的任意的创造,而是对外部世界的一种反映。在卢卡奇看来,正是这一点决定着审美活动本身的客观性,而康德所说的“主观的普遍有效性”归根到底是以外部世界存在的客观性作为担保的。于是,通过“审美反映”和“拟人化”这两个概念,卢卡奇既强调了审美活动的客观性,又充分肯定了审美活动中必定蕴含的主观方面的、投射性的因素。

那么,科学反映的特性又是什么呢?卢卡奇在论述古代哲学的时候指出:“如果人们分析从泰勒斯到德谟克利特和伊壁鸠鲁所达到的方法论的基础,就可以得出两个基本的结论。第一,要真正科学地把握客观现实,只有通过与人格化的(personifizierenden)、拟人化的直观的方式的彻底决裂

① G. Lukács, *Die Eigenart des Ästhetischen I*, Aufbau - Verl, 1987, S. 266.

才有可能。对现实的科学的反映形式，不论是就认识的对象或主体而言，都是非拟人化的……关于非拟人化的问题还要指出的第二点是，非拟人化的实现是与哲学唯物主义意识的形成同步的。"[①]在这里，卢卡奇以十分确定的口气告诉我们，与审美反映相反，科学反映的特性乃是"非拟人化"。那么，"非拟人化"的本质特征又是什么呢？卢卡奇写道："科学对现实的把握扩展到哪里，那里就会出现与科学的目标相一致的同质化（Homogenisierung）。"这里所说的"同质化"也就是抹掉感性、差异性和多样性的外观，追求整齐划一的表现形式。这种"同质性"不但在数学中得到了典型的表现，而且也渗透在其他一切科学，包括社会科学中。也可以说，这种"同质化"正是"非拟人化"的必然结果，它与审美反映对感性、多样性和差异性的尊重正好构成鲜明的对立。

从哲学史上看，这种"非拟人化"的反映的倾向是与哲学唯物主义的兴起同步的。事实上，早在古希腊伊奥尼亚哲学家的自然哲学的思想中，"非拟人化"的倾向就已经存在了，但在柏拉图那里却出现了某种后退，即向"拟人化"倾向的退却，正如卢卡奇所指出的："这种由柏拉图开始的、世界观向拟人化的退却几乎决定了欧洲科学思维近千年之久的命运。并差不多把古代已取得的实际成绩完全遗忘了。"[②]对传统观念中的"拟人化"倾向的新的冲击始于文艺复兴时代。在这一过程中，培根等哲学家发挥了极其重要的作用。然而，与此同时，在近代哲学中，又出现了一种新的向"拟人化"退却的现象："近代的倒退倾向表现为一种认识论领域的主观唯心主义。这种倒退的意义在于——由于不可能提出一种具体的、拟人化的世界图像与科学的和非拟人化的世界图像相对立，而不阻碍科学本身的进一步发展——这种主观主义'批判地'否认了人认识客观现实的知识上的需求。科学只能在现象世界进行支配和统治，根本不能对存在者自在存在的世界、对客观现实得出任何结论。这种主观化的哲学唯心主义倒向对客观世界图像的赤裸裸的认识论禁令的立场上去了。"[③]明眼人一看就知道，卢卡奇在这里批判的实际上是康德哲学。这充分表明，科学反映的"非拟

---

① G. Lukács, *Die Eigenart des Ästhetischen I*, Aufbau – Verl, 1987, S. 134 – 135.

② G. Lukács, *Die Eigenart des Ästhetischen* 1, Aufbau – Verl, 1987, S. 143.

③ G. Lukács, *Die Eigenart des Ästhetischen I*, Aufbau – Verl, 1987, S. 153 – 154.

人化”的倾向总是与哲学唯物主义的、自发的、“非拟人化”的倾向结伴，而哲学上的唯心主义思潮又总是通过对“拟人化”的倒退与科学反映相对峙。

最后，审美反映的“拟人化”倾向与宗教的“拟人化”倾向之间也存在着重大的差别。卢卡奇写道：“从色诺芬尼到费尔巴哈的唯物主义哲学都认为，每一种宗教——从最原始的泛灵论到近代的宗教无神论都具有拟人化的特征。”但宗教意义上的“拟人化”与审美反映意义上的“拟人化”究竟存在着什么根本性的差异呢？卢卡奇认为，在古代社会，科学反映、审美反映和宗教态度都以未分化的形式混合在巫术中，在这样的状况下，都以“拟人化”作为自己的特征的审美态度与宗教态度之间还很难区分开来。然而，在人类社会的发展中，这些态度逐步分离，从而审美态度与宗教态度之间的差别也十分清楚地显现出来。卢卡奇指出：“与宗教创造的形象相对立的是，艺术创造的形象并不像宗教关于自己所作的断言一样，具有客观现实性的特征，艺术的最深刻的、客观的意图就是达到对此岸世界的拟人化的、以人为中心的映像。”①这就告诉我们，在审美的（亦即艺术的）和宗教的“拟人化”观点之间确实存在着重大的差异：一方面，宗教态度寄希望于超验的彼岸世界，而审美反映则源自现实的此岸世界；另一方面，宗教态度强调自己的创造物具有客观现实性，而审美态度则并不这样看待自己的创造物，它只是把它们理解为外部世界的映像，而非外部世界本身。总之，审美反映是感性的、多样的，它既不同于科学反映的“同质性”，也不同于宗教态度的彼岸性，这也正是审美反映和艺术得以存在的理由。

3. 艺术的起源及其历史命运

在《审美特性》一书中，卢卡奇既探讨了艺术美的问题，也探讨了自然美的问题。这部著作的整个第十五章就是讨论自然美的。在这一点上，与完全轻视自然美的黑格尔比较起来，卢卡奇的美学观显得更为全面，更为系统。然而，卢卡奇研究美学问题的重点仍然放在艺术上，因为实际上他把艺术理解为人追求自由和解放的最重要的媒介。卢卡奇对艺术问题的思考也是以他前面提出的日常生活的理论和审美反映的理论作为自己的

---

① G. Lukács, *Die Eigenart des Ästhetischen I*, Aufbau - Verl, 1987, S. 126 - 127.

出发点的。他的思考主要集中在以下两个问题上。

第一个问题是艺术的起源。卢卡奇认为,这个问题正是审美发生学所要关注的核心问题。他提出的新见解是——艺术起源于“模仿”(Mimesis或Nachahmung)。什么是“模仿”呢?他回答道:“模仿也就是把对现实的一种现象的反映移到自己的实践中。”①在他看来,每一种高等动物都具有模仿的本能,换言之,模仿是每一种高等动物生存中的一个基本的事实。那么,模仿的实质又是什么呢?他认为,其实质就是承认艺术乃是对外部世界的反映。在某种意义上可以说,卢卡奇的模仿论是从他的审美反映理论中引申出来的一个必然的结果。值得注意的是,卢卡奇强调了模仿是在“实践”中展开的,那么这里说的“实践”又是指原始人的什么活动呢?在他看来,指的就是原始人的巫术活动:“人们能够说,模仿艺术形象产生的最原始、最贴近的冲动只是来自巫术表演圈,其意图是通过模仿对世界的事件产生影响。”②原始人对自己所进行的巫术活动是十分认真的,因为他们确信这种活动与自己的全部生活息息相关,且能对现实世界发生真实的影响。在卢卡奇看来,人们的审美活动、审美态度和审美范畴也都是在巫术活动中形成和发展起来的。

第二个问题是艺术和审美中的“反拜物化”(das Entfetischisieren)的问题。卢卡奇写道:“我们在这里提出了审美反拜物化的使命。”③他在这里说的“拜物化”和“反拜物化”究竟是什么意思呢?在卢卡奇看来,“拜物化”并不是古已有之的,比如,在荷马的神的世界里就不存在着这种“拜物化”。真正的“拜物化”指的是在资本主义社会中,随着科学技术和分工的发展,异化和物化普遍地渗透到人们的日常生活和日常思维中,物的主体化和人的物化成为日益严重的现象。艺术和审美也受到了这种“拜物化”倾向的影响,从而既失去了从总体上批判资本主义社会的能力,也日益陷入媚俗化、颓废化的窘境。在卢卡奇看来,真正的艺术和审美既是对日常生活核心的揭示,又是对它的“拜物化”倾向的批判。所谓“反拜物化”,也就是使艺术和审美重新成为人追求自由和解放的媒介。卢卡奇在《审美特

---

① G. Lukács, *Die Eigenart des Ästhetischen I*, Aufbau – Verl, 1987, S. 329.
② G. Lukács, *Die Eigenart des Ästhetischen I*, Aufbau – Verl, 1987, S. 355.
③ G. Lukács, *Die Eigenart des Ästhetischen I*, Aufbau – Verl, 1987, S. 705.

性》第十章的第一节“人是内核还是外壳”(Der Mensch als Kern oder Schale)中引述歌德的诗句——“这个自然之核,难道就不在人的心中?”时写道:“人们能够对歌德诗句的意义作这样的概括,人作为内核的存在(das Kern-Sein)与对世界的反拜物化的眼光是同时建立起来的,而人作为外壳的存在(das Schale-Sein)与自身屈从于拜物化的偏见也是同时建立起来的。”[①]在这里,卢卡奇无非是借用歌德的诗告诉我们,真正的艺术和审美为了确保自己的自由的地位,换言之,艺术家和审美者为了确保自己的独立的地位,就必须与把人视为“外壳”的倾向展开不懈的斗争。这正是真正的艺术和审美的批判、治疗的作用之所在。卢卡奇还进一步强调,马克思的辩证唯物主义能够帮助我们克服当代艺术和审美中出现的种种“拜物化”的倾向。

综上所述,《审美特性》不失为卢卡奇晚年的一部重要的著作。正是在这部著作中,卢卡奇试图从马克思主义的反映论的立场出发,建立起自己的新的审美观和艺术观。应该说,卢卡奇在这方面的功绩,特别是在倡导对马克思主义的美学观念进行研究方面的功绩是不可抹杀的。然而,这部著作也像他后期的其他著作一样,存在着不足之处:一是作者对著作中出现的基本的概念的含义缺乏明确的界定,全书在叙述上也比较凌乱,存在着大量的重复;二是作者对当代艺术的积极价值缺乏认识;三是作者对审美反映的“拟人化”及科学反映的“非拟人化”各自的作用和界限没有明晰的说明。

三、《社会存在本体论》(1971)

这是卢卡奇晚年撰写的最后一部著作,也是他一生哲学思考的一个总结。全书篇幅浩大,共八章,计1 459页。这部巨著问世后,引起了不同的反响。苏联科学院哲学研究所梅斯里夫钦科主编的《当代国外马克思列宁主义哲学》认为它“在辩证唯物主义和历史唯物主义范畴的研究中占有特殊的地位”[②]。英国学者帕金森(G. H. R. Parkinson)则强调,卢卡奇的《社

---

① G. Lukács, *Die Eigenart des Ästhetischen I*, Aufbau - Verl, 1987, S. 754.

② 梅斯里夫钦科主编:《当代国外马克思列宁主义哲学》上卷,翁绍军译,社会科学文献出版社1986年版,第61页。

会存在本体论》"尽管有时用了新术语,但思想却几乎仍是旧的,因为它们绝大部分依然未跳出经典马克思主义的框子。很难看出这样一部作品能在哲学发展中为马克思主义(如其作者所希望的那样)提供生命力"①。有趣的是,卢卡奇的学生,如赫勒(A. Heller)、马库斯(G. Markus)等采取的态度是:肯定卢卡奇的早期著作《历史与阶级意识》,而对其晚年的《社会存在本体论》则取批判的,甚至否定的态度。赫勒在《卢卡奇晚期哲学》一文中,怀着复杂的心情,把这部著作看做失败之作,但同时又强调:"它不是一个完全的失败;它仍然是 20 世纪一个最重要的知识分子思想的产物。"②

对这部著作的评价堪谓见仁见智,迥然各异,但我们认为,无论如何,这部著作是晚年卢卡奇在理论上作出的一个新的探索,这从这部著作的书名就可以看出来。至少可以说,在卢卡奇以前,没有人使用过"社会存在本体论"这个术语,也没有人从这个角度出发去理解整个马克思主义哲学。而晚年卢卡奇之所以中止美学新体系的建构,放弃《伦理学》的写作,把全部精力集中到对《社会存在本体论》的写作上,这至少表明他自己强烈地意识到这部著作的重要性。这部著作的主要内容如下。

1. 存在的含义与类型

卢卡奇认为,在传统的本体论研究中,"存在的本质性的东西"完全被淡化了,甚至完全消失不见了。在当代本体论的研究中,要恢复这种东西,就必须从日常生活出发来探索存在问题:"如果不到人们的日常生活的最简单的事实中去寻找对社会存在进行本体论考察的第一出发点,这种考察根本上是不可能的。为了揭示这种最原始状态的事实,我们必须提醒人们记起一个常常被遗忘的平凡的道理,即人们只能追猎一只存在的兔子,只能采集一颗存在着的草莓等等。"③这就告诉我们,"存在的本质性的东西"也就是在日常生活中显现出来的个别事物。在卢卡奇看来,关于本体论问题的任何思考一旦失去个别事物存在这一基本的前提,必然会因主观主义

---

① G. H. R. 帕金森:《格奥尔格·卢卡奇》,翁绍军译,上海人民出版社 1999 年版,第 232 页。

② Agnes Heller, *Lukács Revalued*, Blackwell Press, 1983, p. 190.

③ G. Lukács, *Zur Ontologie des gesellschaftlichen Seins*; *Prolegomena*. 1, Luchterhand Verlag, 1984, S. 9.

而自行瓦解。

然而,人们在日常生活中感受到的一切是否都是真实的存在呢?卢卡奇的答案是否定的。他认为,即使在日常生活中,现实的存在也常常会以颠倒的方式显现出来。之所以会形成这样的情况,是由于人类生存的一个基本事实引起的,即人类永远不可能在完全正确地理解了外部世界后才行动。在这个意义上可以说,人类的行为永远是尝试性的:一方面,外部世界是无限复杂的,有时候现实的存在的显现与它的本质是不相吻合的;另一方面,人们的认识能力也存在着种种局限性。有时候会从草率的类比出发去看待并描绘存在,还有的时候,人们会把自己意识到的存在的一些环节与存在本身混淆起来。所以卢卡奇说:"人们固然必须从直接的日常生活出发,但同时又必须超越这种直接性,才能把握住真正自在的存在。"①那么,怎么做才能超越这种直接性呢?卢卡奇强调,人们必须不断地对自己在把握存在时所使用的思维方式进行批判性的考察,以达到正确地观察事物的方式。然而,思维方式并不是孤立的,它又涉及到意识形态,"我们这里说的意识形态既可以促使人们接近存在,又可以促使人们睽离存在"②。特别是在社会发生重大的危机或转折的时候,意识形态会成为一种巨大的精神力量,对人们的观察方式和思维方式产生巨大的影响,所以,"当人们从理论上研究存在的问题时,这类意识形态对于这一问题的提出和解决都会产生影响"③。

在卢卡奇看来,由于上述种种因素的影响,人们在考察存在问题时,远离真正的存在的现象是屡见不鲜的。从哲学史上看,中世纪关于"上帝存在的本体论证明"的争论就不要去说了,康德的抽象的"自在之物"、黑格尔的以主客体的同一性为基本特征的"逻辑化的历史本体论"以及当代存在主义和新实证主义哲学家关于存在问题的种种学说,都是误解乃至曲解存在问题的具体表现。比如,卡尔纳普作为新实证主义者可以说,当工程

---

① G. Lukács, *Zur Ontologie des gesellschaftlichen Seins*; *Prolegomena*. 1, Luchterhand Verlag, 1984, S.9-10.

② G. Lukács, *Zur Ontologie des gesellschaftlichen Seins*; *Prolegomena*. 1, Luchterhand Verlag, 1984, S.10.

③ G. Lukács, *Zur Ontologie des gesellschaftlichen Seins*; *Prolegomena*. 1, Luchterhand Verlag, 1984, S.10.

师们在测量一座高山时，他们在哲学上对这座高山的存在性质取何种态度，对他们的测量结果是毫无影响的。听起来这个说法是很正确的，但是，“即使是在高度发展的技术控制时代，人们也只能测量现实地存在着的山岭，即使人们把这种存在说成是纯粹经验的，因而在科学理论方面是没有意义的，但也丝毫不能从本质上改变这一事实”①。从科学史上看，古希腊哲学家毕达哥拉斯关于把数的东西当做存在的真正的实存方式的理论和以“地心说”为特征的托勒密的天文学说都曾对古代、中世纪乃至近代以来人们的思维方式产生过重大的影响。从宗教发展史上看，宗教意识形态对人们的思维方式的影响尤其巨大，它总是以颠倒的方式展现出存在的世界，使人们与存在的真理失之交臂。所以卢卡奇说：“为了能够接近真正的存在，人们必须克服巨大的社会障碍。”②那么，人们的认识如何才能通达真正的存在呢？卢卡奇认为，人们只有把对日常生活的实践的体验与对现实性的科学的把握正确地结合起来，接近真正的存在才是可能的。

从上面的论述可以看出，卢卡奇讨论存在问题，与黑格尔、海德格尔、萨特这类哲学家完全不同。他既不考察“存在”概念演化的历史，也不分析这一概念的内涵，更不说明“存在”与“存在物”之间的区别和联系。显然，他主要是从日常生活的自然语言出发来谈论存在问题的。关于“存在”他说了许多话，可是没有一句是关于存在本身的。也就是说，“存在”概念在他那里只具有指称的功能，即用它来指称自在地存在着的个别事物，如兔子、草莓、高山等。所以，卢卡奇在这里谈论的不是“存在”概念，而实际上是“存在物”的概念。毋庸讳言，在下面关于存在类型的讨论中，他真正涉及的也只是“存在物”的类型问题。

卢卡奇告诉我们，“存在”（Sein）可以划分为三大类型：一是“无机自然”（anorganische Natur），二是“有机自然”（organische Natur），三是“社会”（Gesellschaft）。那么，存在的这三大类型的关系又是如何的呢？卢卡奇写道：“三大类型的存在是同时并存的，它们也总是同时对人的存在和实践发

---

① G. Lukács, *Zur Ontologie des gesellschaftlichen Seins*; *Prolegomena*. 1, Luchterhand Verlag, 1984, S. 11.

② G. Lukács, *Zur Ontologie des gesellschaftlichen Seins*; *Prolegomena*. 1, Luchterhand Verlag, 1984, S. 12.

生影响。这里必须坚持的是，既要认识每一种存在方式的特性，又要认识这种存在方式同其他存在方式之间的具体联系、相互作用和相互关系等，从而为我们的世界观奠定正确的本体论基础。”[①]这段论述为我们理解三大存在类型之间的关系提供了一个总纲，但从内容上看，还不够具体。在具体分析它们的关系之前，还必须注意到下面这些术语，即卢卡奇也经常把“无机自然”和“有机自然”合称为“自然存在”（das Natursein），把“社会”称之为“社会存在”（das gesellschaftliche Sein）。与“自然存在”相对应的是“自然本体论”（Ontologie des Naturseins）或“一般本体论”（die allgemeine Ontologie）；而与“社会存在”相对应的则是“社会存在本体论”（Ontologie des gesellschaftlichen Seins）。下面，我们对三大存在类型之间的关系进行具体的考察。

第一，这三大类型虽然是同时并存的，但按照卢卡奇的看法，从结构上看，无机自然是有机自然的基础，无机自然和有机自然又是社会的基础。换言之，自然存在是社会存在的基础。卢卡奇写道：“生命领域的存在也是无法扬弃地以无机自然为基础的，正像社会存在以整个自然存在为基础一样。”[②]在卢卡奇看来，存在主义哲学家总是把社会存在与自然存在对立起来，把后者看做是附带性的东西，这就使他们无法正确地把握存在的总体图景。

第二，从历史学的或发生学的眼光来看，从无机自然的发展中产生出有机自然，再从有机自然的发展中产生出人类社会，这是一个不可逆的过程。所以，卢卡奇说：“根本的问题在于，要把三大存在方式的归根到底的统一、它们在这一统一体内部的结构差异以及它们在世界的巨大的不可逆过程中的先后次序理解为从本体论上进行自我思考的核心。”[③]然而，卢卡奇又强调，不应该曲解这种不可逆性，把低级的存在类型对较高级的存在类型的约束力绝对化。旧唯物主义者把适应于无机自然界的因果律无条

---

① G. Lukács, *Zur Ontologie des gesellschaftlichen Seins*; *Prolegomena*. 1, Luchterhand Verlag, 1984, S. 13.

② G. Lukács, *Zur Ontologie des gesellschaftlichen Seins*; *Prolegomena*. 1, Luchterhand Verlag, 1984, S. 129.

③ G. Lukács, *Zur Ontologie des gesellschaftlichen Seins*; *Prolegomena*. 1, Luchterhand Verlag, 1984, S. 26.

件地推广到其他存在类型中，社会达尔文主义者、弗洛伊德主义者把有机自然变化的规律无条件地运用到人类社会中，都是错误的。

第三，三大存在类型在“合类性”（Gattungsmaessigkeit）问题上的区别。卢卡奇认为，在无机世界中，不存在任何关于合类性意识的最弱小的萌芽，所以在这个存在领域里，我们只能谈论客观上可确认的（即无声的）、不变的合类性。在有机自然中，涉及到的虽然是有机体的生灭和再生产的问题，但在这个领域中起作用的仍然是无声的合类性。然而，与无机自然不同的是，有机自然的合类性是可以变化的，不过这样的变化不是有机体个体自觉地加以实现的，而是在环境变化的长期作用下缓慢地进行的。与这两种存在类型不同的是，在社会存在领域中，这种无声的合类性被克服了。卢卡奇认为，这一过程的完成具有不可估量的重要性。社会存在领域中的合类性与自然存在领域中的合类性有着本质的区别，因为这种合类性是人的合类性，是人的全部社会关系的总和。当然，人的合类性也会变化，但这种变化与有机自然的合类性的变化不同，它源于人的自觉的历史活动。按照马克思的观点，人类自古到今乃至实现共产主义社会的全部历史，不过是人的合类性的史前史，而“真正的人的合类性仅仅在于，个人要把自己发展成人格，进而把从人格向类的提升作为这种发展的特殊任务，并以此作为衡量自己人格实现的尺度。只有自觉地使自己的人格需要向类与个例的统一的目标发展，真正地和完全地克服无声性的最后残余，才能作为完美的人格而成为人类历史的积极的主体”①。

第四，就自然存在与社会存在的最根本的区别而言，前者是无目的性可言的（那种关于自然的浅薄的目的论的观念完全是人臆造出来的），而后者则是以人的实践活动的目的性为基础的。卢卡奇写道：“整个社会存在，就其基本的本体论特征而言，是建筑在人类实践的目的性设定的基础上的。”②社会存在的其他特征都与目的性息息相关。

在论述卢卡奇关于自然存在与社会存在的关系时，我们还应当注意到

---

① G. Lukács, *Zur Ontologie des gesellschaftlichen Seins*; *Prolegomena*. 1, Luchterhand Verlag, 1984, S. 72.

② G. Lukács, *Zur Ontologie des gesellschaftlichen Seins*; *Prolegomena*. 2, Luchterhand Verlag, 1984, S. 309.

他下面的三个见解：一是把社会存在称做“第二自然”（die zweite Natur）。他这样写道：“如果我们从本体论上来考察这个问题，很快就会明白，整个第二自然是人类自己完成的对第一自然的改造。对于生活在第二自然中的人来说，第二自然是作为他自己的合类性生产而与他相对应的。”①第二自然与第一自然的区别在于，第一自然不是人类创造的，第二自然才是人类创造的，但第二自然并不是人类凭空创造的，而是在第一自然的基础上创造出来的。卢卡奇之所以使用“第一自然”和“第二自然”的提法，一方面是为了说明第二自然对第一自然的依赖作用，另一方面是为了以更形象的方式来说明社会存在作为第二自然与自然存在作为第一自然之间的区别。二是对“自然辩证法”（die Dialektik in der Natur）的态度。在《历史与阶级意识》这部早期著作中，卢卡奇对恩格斯的自然辩证法取否定的态度，晚年卢卡奇从本体论上重新检视了这个问题，认为自然辩证法是不应该被否定的。他说：“这本书的基本的本体论错误是我只承认在社会中的存在才是真正的存在，由于自然辩证法被否认，马克思主义从无机自然推出有机自然，再从有机自然通过劳动范畴推出社会的那种普遍性就消失了。”②所以，晚年卢卡奇重新肯定自然辩证法，以便为其社会存在本体论提供一个一般本体论的前提。也就是说，社会存在本体论是以社会存在作为研究对象的，而一般本体论（或自然本体论、自然辩证法）则是以自然存在作为研究对象的。正是在这个意义上，卢卡奇写道：“当我们和马克思一起把我们自己的社会存在方式的历史理解为一种不可逆的过程时，所有那些被人们称之为自然辩证法的东西就显现为这种不可逆过程的前史。”③三是关于“自然限制的退却”（ein Zurueckweichen der Naturschranken）的问题。卢卡奇认为，随着人类社会的发展，随着人类对自然的改造活动的深入，自然存在就其广度和深度而言不断地被社会化，但自然存在不会消失，自然存在对社会存在的限制也不会消失。卢卡奇在谈到马克思关于人成为人的过程将导致自然限制的退却时，这样写道：“重要的是必须强调指出，这里

---

① G. Lukács, *Zur Ontologie des gesellschaftlichen Seins*; *Prolegomena*. 2, Luchterhand Verlag, 1984, S.206.

② Istvan Eorsi, *Record of a Life*: *An Autobiographical Sketch*, Verso Books, 1983, p.77.

③ G. Lukács, *Zur Ontologie des gesellschaftlichen Seins*; *Prolegomena*. 1, Luchterhand Verlag, 1984, S.214.

谈的是自然限制的退却,而不是自然限制的消失,而且从来也没有人说过人类会完全扬弃这些限制。”[①]卢卡奇通过“自然限制的退却”的概念,既肯定了社会存在的重要性,又表明了其局限性,即社会存在永远是以自然存在为基础的。

2. **社会存在的基本问题和主要特征**

这里说的社会存在的基本问题指的是社会存在与意识的关系问题。卢卡奇这样写道:“意识是社会存在这一特定存在方式的产物,它在这种存在方式中起着极为重要的作用。但是,存在的绝大部分,即我们称之为自然界的部分,它的运动、作用等等,完全不依赖于是否存在着一种能够感觉到这些规定性、联系和过程等并由此而引申出各种结论的意识。……在社会存在中,由于人的目的性活动对它的特殊对象性所起的规定作用,意识就扮演了一个十分重要的角色,但决不能由此而认为,无论是在有机界,无机界,还是社会存在中,对象性、过程等等与意识有某种存在上的依赖关系。”[②]这段重要的论述具有以下四层含义:第一,意识是社会存在的产物,但意识作为产物并不在社会存在之外,它本身就是社会存在的一个不可或缺的组成部分,并在其中发挥着极其重要的作用。第二,作为社会存在基础的自然存在,它的运动、作用等等,完全是不依赖于意识而存在的。第三,虽然人的社会活动引起了自然界的变化,甚至重大的变化,但这丝毫不能改变本体论上的一个基本事实,即自然存在是不依赖于意识而独立存在的。任何把只适用于社会存在的范畴关系运用到自然存在中去的做法都会在本体论意义上歪曲存在,并制造出关于自然存在的种种神话来。第四,尽管社会存在蕴含着意识,但是社会存在的总体变化也是不以某个人或某些人的主观意识为转移的。

众所周知,关于社会存在与意识关系问题的探讨必然会涉及到马克思关于“不是人们的意识决定着人们的存在,相反是人们的社会存在决定着人们的意识”的著名论述。卢卡奇又是怎样看待马克思的这一论述的呢?

---

① G. Lukács, *Zur Ontologie des gesellschaftlichen Seins*; *Prolegomena*. 1, Luchterhand Verlag, 1984, S. 13.

② G. Lukács, *Zur Ontologie des gesellschaftlichen Seins*; *Prolegomena*. 1, Luchterhand Verlag, 1984, S. 211 –212.

他认为,在这段论述中,马克思只是从一般的意义上提到社会存在对意识的决定作用,并没有强调意识本身也蕴含在社会存在中。所以,这段话常常引起从第二国际到斯大林时期的庸俗唯物主义者的误解,仿佛马克思本人把社会存在与意识分离开来并对立起来了。其实,正如卢卡奇所指出的:"社会存在与意识的形而上学的对立,与马克思的本体论完全是相冲突的,在马克思的本体论中,每一种社会存在都与意识的行为(即与选择的确定)不可分割地联系在一起。"①马克思强调的仅仅是作为整体的社会存在相对于意识部分而言在本体论上的优先性,因为现代生物学已经证明,意识只是物质发展到一定阶段的产物。从有机体对环境的物理的、化学的反应到人的意识的形成经历了漫长的历史发展,意识只是到社会存在的阶段上才成为可能。而即使在社会存在阶段上,人的存在的生产和再生产对于意识而言,在本体论上也具有优先的地位。在卢卡奇看来,要确立真正的社会存在本体论,不但不能像庸俗唯物主义者那样,把社会存在与意识对立起来,而且必须清醒地认识到,意识是社会存在的一个有机的组成部分。从本体论上看,社会存在可以分为两个异质的环节:存在及其他在意识中的反映,而"这种二元性正是社会存在的基本事实"②。事实上,人类正是凭借着这种二元性才从动物界脱颖而出的。卢卡奇认为,要认识这种二元性,最好的办法是考察人的实践活动:"社会存在作为人类对其环境的积极的响应,首要地和无法扬弃地以实践为基础。所以,只有从这种实践的真实的存在的性质出发,对其前提、本质和后果等等进行本体论考察,才能把握这种存在的所有现实的、相关的标志。当然,这并不意味着从理论上忽视前面已论述过的、对各种存在类型以及它们依次产生的过程进行历史的考察。恰恰相反,正是实践在社会存在中拥有的本体论意义上的核心地位,成了考察从有机自然的存在领域里对周围事物的单纯消极的适应方式到社会存在的这一过程的钥匙。"③按照卢卡奇的观点,既然人类的实践活

① G. Lukács, *Zur Ontologie des gesellschaftlichen Seins*; *Prolegomena*. 1, Luchterhand Verlag, 1984, S. 675.

② G. Lukács, *Zur Ontologie des gesellschaftlichen Seins*; *Prolegomena*. 2, Luchterhand Verlag, 1984, S. 30.

③ G. Lukács, *Zur Ontologie des gesellschaftlichen Seins*; *Prolegomena*. 1, Luchterhand Verlag, 1984, S. 37.

动是社会存在的基础和核心,而实践作为人的有意识、有目的的活动,是主观见之于客观的活动,所以通过对实践的前提、本质和后果的分析,也就能理解并把握社会存在的这种二元性。为了深入地论述社会存在的本质,卢卡奇的分析没有停留在实践概念上,他进一步强调,劳动乃是"第一实践"(die erste Praxis)。恰恰是伴随着劳动,在社会存在中出现了先前的无机自然和有机自然都不具有的新的质的范畴,即目的性:"正是马克思的劳动理论,即把劳动理解为有目的的、创造性的存在物的唯一的生存方式的理论,第一次奠定了社会存在的特性。"①人类的意识和语言正是在劳动的过程中产生和发展起来的。所以,卢卡奇指出,人不是像存在主义者所说的,是被抛掷到这个世界上来的,人是在劳动中创造出来的。劳动不仅使人从自然存在中脱颖而出,而且也造成了存在的新的类型,即社会存在。卢卡奇认为,在这方面,恩格斯关于劳动在人类诞生的过程中所起的根本作用的论述具有极为重要的理论意义。

从上面的分析可以看出,卢卡奇不仅阐明了社会存在的基本问题,即内在于社会存在的那种二元性,而且通过对实践概念,特别是劳动概念的论述,为我们扬弃这一基本问题所蕴含的对立,从而把握整个社会存在指明了方向。下面,我们再来探讨社会存在的基本特征。卢卡奇认为,社会存在具有如下三个基本的特征。

第一,目的性(Teleologie)。按照卢卡奇的看法,在自然存在中,只有纯粹的因果关系而没有任何类型的目的关系;在社会存在中才有因果性和目的性的统一,而这种统一集中体现在作为社会存在的基本事实的实践,尤其是劳动之中。卢卡奇写道:"正是劳动把目的性和因果性之间的、以二元论为基础的、统一的相互关系引入到存在之中,而在劳动产生之前,自然界只有因果过程。所以,这一由两个方面构成的复合体仅仅存在于劳动及其社会结果中,存在于社会实践中。于是,改造现实的目的性设定的模式就成了一切人类社会实践的本体论基础。"②从哲学史上看,最早对生产劳

① G. Lukács, *Zur Ontologie des gesellschaftlichen Seins*; *Prolegomena*. 2, Luchterhand Verlag, 1984, S. 25.

② G. Lukács, *Zur Ontologie des gesellschaftlichen Seins*; *Prolegomena*. 1, Luchterhand Verlag, 1984, S. 14 – 15.

动的目的性特征作出思考的是亚里士多德，但亚氏在这方面的用力并不多，因为更吸引他的是在有机物的存在方式中表现出来的令人惊奇的合目的性。康德把有机生命规定为“无目的的合目的性”，从而天才地描述了有机存在领域的本体论本质，摧毁了当时流行的肤浅的宗教目的论。然而，由于康德停留在以主体的静观为特征的认识论上，忽视了劳动的作用，忽视了劳动作为人的生存实践活动对人的认识活动的深刻影响，因而不可能从本体论上阐明目的性概念在人类实践活动中的前提性的地位和作用。黑格尔虽然高度重视目的性概念在劳动中的作用，但一方面，他把人类的劳动理解为抽象的精神劳动；另一方面，他把目的性概念扩展为一个普遍性的原则，如在自然哲学中，目的性是机械性和化学性的真理，这就把它神秘化了，模糊了它的本质及它在社会存在本体论中的特殊的意义。

卢卡奇认为，马克思的卓越贡献在于，除了人类实践和劳动外，他否认任何目的性的存在。在阐述目的性概念在劳动中的地位时，卢卡奇反复引证了马克思下面这段论述：“劳动过程结束时得到的结果，在这个过程开始时就已经在劳动者的表象中存在着，即已经观念地存在着。他不仅使自然物发生形式变化，同时他还在自然物中实现自己的目的，这个目的是他所知道的，是作为规律决定着他的活动的方式和方法的，他必须使他的意志服从这个目的。”[①]卢卡奇认为，尽管马克思把目的性概念限制在人类实践和劳动的领域里，但这一概念的重要性并没有因此而丧失，“相反，目的性的意义倒是由于我们必定会认识到下列事实而增长了：社会存在作为人们所知道的最高的存在形式，只是由于目的性的东西在其内部发生作用，才能作为独特的结构，从其赖以为生存基础的有机生命的存在阶段中产生出来，成为一种新的独立的存在类型。只有当我们认识到，社会存在的产生、它对自己的基础的超越以及获得自己的独立，都是以劳动，即不断实现自己目的论设定为基础的，我们才能合理地谈论社会存在”[②]。在卢卡奇看来，正是通过实践，尤其是劳动所蕴含的目的性设定，社会存在才成为可能。而理解这一点，就必须超越传统的、静观的认识论眼光，站到社会存在

① 《马克思恩格斯全集》第 23 卷，人民出版社 1975 年版，第 202 页。

② G. Lukács, *Zur Ontologie des gesellschaftlichen Seins*; *Prolegomena*. 2, Luchterhand Verlag, 1984, S. 17.

本体论的立场上来。

第二,历史性(Historizitaet,Geschichtlichkeit)。在《社会存在本体论》一书中,卢卡奇多次引证了马克思下面这段论述:“我们仅仅知道一门唯一的科学,即历史科学。历史可以从两方面来考察,可以把它划分为自然史和人类史。但这两方面是密切相联的,只要有人存在,自然史和人类史就彼此相互制约。”[①]在卢卡奇看来,自然史和人类史分别涵盖了自然存在和社会存在。既然存在必然展现为历史,历史性就成了一切存在的本质特征:“马克思关于历史性是每一种存在的基础,也是每一种关于存在的正确意识的基础的论述,是一个富于创新意识的命题。我们会多次重复这个命题。但只有把它与范畴(即作为每一个存在者原初的对象性的必然产物)的合乎存在性与实践、与奠基于选择性的决断(作为社会存在的必要前提)的目的性设定紧密地联系起来,才能理解它的具体内容。”[②]这就告诉我们,虽然历史性是每一种存在的本质特征,但人们关于历史性的意识却是在社会存在,特别是作为社会存在核心的实践活动,即目的性活动的基础上形成并发展起来的。在这个意义上可以说,没有目的性意识,也就不会有历史性意识。既然存在物总是处在历史的发展中,所以范畴作为存在物的观念形式,也是历史地变化着的。换言之,历史性也是一切范畴的本质特征。因此,卢卡奇指出:“一种真正的历史性不可能只有内容的变化,而处于完全不变的形式和范畴中。正是这种内容的变化必然作用于形式,首先在范畴体系内引起一定功能的改变,甚至在一定程度上造成决定性的变化:新范畴的产生与老范畴的消失。客观现实的历史性产生了范畴学说的特定的历史性。”[③]按照卢卡奇的看法,黑格尔和海德格尔都是对历史性问题有深刻认识的哲学家,但是黑格尔只承认社会存在具有历史性,不承认自然存在也具有历史性。海德格尔则由于拒斥现实的历史而把历史性降低为“向死存在”(das Sein zum Tode)的特征,这就从根本上把历史性概念的内涵贫乏化了。卢卡奇认为,只有像马克思那样,把以现实历史为基

① 《马克思恩格斯全集》第3卷,人民出版社1960年版,第20页。

② G. Lukács, *Zur Ontologie des gesellschaftlichen Seins; Prolegomena.* 1, Luchterhand Verlag, 1984, S. 242.

③ G. Lukács, *Zur Ontologie des gesellschaftlichen Seins; Prolegomena.* 1, Luchterhand Verlag, 1984, S. 322.

础的历史性理解为一切存在,尤其是社会存在的本质特征,才能从本体论上对客观现实作出正确的说明。

第三,总体性(Totalitaet)。在卢卡奇一生哲学思想的演化中,总体性是一个一以贯之的概念。在《历史与阶级意识》中,他把总体性理解为马克思辩证法的核心:"总体性的范畴,整体对部分的无所不在的优先性是马克思从黑格尔那里接受过来,而又卓越地把它转变为一个全新的科学基础的方法论的实质。"[①]青年卢卡奇之所以从方法论上提出总体性的问题,目的是为了扬弃作为资本主义社会的普遍现象的、只见局部不见全体的"物化意识"(reified consciousness)。在《社会存在本体论》中,他已不再从方法论,而是从本体论上来提出总体性问题。在论述这个问题时,他像青年时期一样回到了黑格尔那里。他强调,黑格尔最早从本体论上理解了总体性范畴的意义,这尤其表现在黑格尔在《精神现象学》中提出的关于"真实的东西是整体"(das Wahre ist Ganze)的著名的论断中。在黑格尔看来,总体性范畴展示的乃是逻辑理念的整体结构,而这一整体结构外化为现实世界。尽管黑格尔暗示出整体与部分之间的辩证关系,但由于黑格尔哲学的唯心主义的性质及它在过程化观念上的不彻底性,他的总体性范畴并不适合于新本体论。

在卢卡奇看来,马克思的重要贡献在于,他从历史唯物主义的基本见解出发,把总体性理解为存在的本质特征:"只有凭借马克思的新的本体论的方法,才可能把存在的全部过程理解为历史,而在过去,与当时的客观历史特征相适应的,只是在把握细节过程中所取得的重要成就,但却不可能形成一种总体观念,更不可能把这样的观念贯彻到底。"[②]在马克思看来,总体性范畴在内涵上是相对的。就全部存在而言,存在就是总体,自然存在和社会存在是部分;但当人们单独地把自然存在或社会存在作为考察的对象时,也可以把它们各自都理解为总体。卢卡奇指出:"由于马克思研究了社会存在,对他来说,总体性范畴在本体论上的这种中心地位比起对自

---

① G. Lukács, History and Class Consciousness: *Studies in Marxist Dialectics*, Cambridge, Massachusetts Institnte of Techaology University Press, 1971, p.27.

② G. Lukács, *Zur Ontologie des gesellschaftlichen Seins*; *Prolegomena*. 1, Luchterhand Verlag, 1984, S.228.

然的哲学研究来说，要直接得多。”[①]事实上，马克思从青年时期起就已经把社会理解为总体，把人的活动与环境理解为两个环节，并把人的本质理解为一切社会关系的总和。

卢卡奇认为，马克思的上述见解都是对社会存在本体论的伟大贡献。而卢卡奇在阐述社会存在的总体性特征时，则从自己所处的历史条件出发，更多地强调要把社会存在理解为意识与实践的总和。他写道：“意识与实践在起源和作用方面的不可分割的联系是关于社会存在的最重要、最客观的存在规定之一。哲学经常将客观现实与思维的世界图式分离开来加以把握，实际上它们是具有历史本质的最终过程中的两个不可分离的环节。”[②]也正是从这样的见解出发，卢卡奇反对盲目实践，尤其是盲目的革命实践，高度重视意识和意识形态批判的问题。

3．社会存在本体论的基本特征

在《社会存在本体论》中，卢卡奇反复强调，他所倡导的社会存在本体论既与历史上的形形色色的本体论不同，也与当代流行的存在主义的本体论不同，它具有如下的特征。

第一，派生性。在存在主义那里，社会存在本体论是基本本体论，而这种表述方式已经蕴含着对自然的本体论特征的否定。换言之，自然逸出了存在主义者的视野。卢卡奇不同意存在主义者的观点，他强调，“社会存在本体论是以一般本体论为前提的”[③]。如前所述，一般本体论也就是自然存在本体论。这就是说，社会存在本体论并不是始源性的，而是从一般本体论中派生出来的。启蒙学者在反对中世纪的、以神学目的论为特征的本体论时，试图建立一种自然与社会相统一的本体论。卢卡奇认为：“在这一构想的背后是这样一个伟大的思想：社会存在本体论只能建立在自然存在本体论的基础之上。”[④]当然，肯定社会存在本体论的派生性并不意味着否

---

① G. Lukács, *Zur Ontologie des gesellschaftlichen Seins*; *Prolegomena*. 1, Luchterhand Verlag, 1984, S.579.

② G. Lukács, *Zur Ontologie des gesellschaftlichen Seins*; *Prolegomena*. 1, Luchterhand Verlag, 1984, S.323.

③ G. Lukács, *Zur Ontologie des gesellschaftlichen Seins*; *Prolegomena*. 1, Luchterhand Verlag, 1984, S.326.

④ G. Lukács, *Zur Ontologie des gesellschaftlichen Seins*; *Prolegomena*. 1, Luchterhand Verlag, 1984, S.472.

认这两种本体论之间存在着的差异、否认自然存在与社会存在之间存在着的差异。启蒙学者的偏失就在于否认这样的差异。按照卢卡奇的观点，既要看到社会存在本体论是奠基于一般本体论之上的；又要看到，这两种本体论之间存在着重大的差异：前者探讨的是以人的实践活动为基础和核心的社会现实，后者探讨的则是自然界自身的辩证运动。正是在这个意义上，一般本体论也可以被称之为"自然辩证法"。

第二，实践性。卢卡奇认为，在社会存在本体论中，实践起着基础和核心的作用，而马克思在《关于费尔巴哈的提纲》一文中，对实践的这种作用作了最精辟的论述："马克思指出认识与实践不可分离，社会实践是每一真正有效的认识关系的存在前提，正如它不仅是一般社会存在的重要环节，而且也是促进社会存在内在的和外在的自我发展及其持续过程的重要环节。"[①]卢卡奇在《社会存在本体论》中一再引证马克思关于社会实践的一句名言——"他们没有意识到这一点，但他们这样做了"。这句名言表明，虽然人们并不是在每一个实践活动中都是自觉的，或者人们并没有认识到实践的重要性，但实践的这种核心作用始终存在着，"如果不从思维上科学地把握社会存在，而在进行这种把握时，必须以存在为依据，必须以从理论上澄清人的实践（最广义的）为出发点，那就不可能形成任何有客观依据的、可靠的本体论"[②]。也正是在这样的意义上，卢卡奇把社会存在本体论称做"社会实践本体论"（die Ontologie der gesellschaftlichen Praxis）。

第三，价值性。卢卡奇在深入探讨作为"第一实践"的劳动与价值、时间与自由的关系时，论述了社会存在本体论的价值特征，从而也论证了马克思主义哲学的革命性的理论基础。卢卡奇认为，价值（Wert）是不能从自然给定的对象中直接引申出来的，价值是一种社会关系，是社会存在的本质特征之一："每一种真正的价值都是我们称之为实践的那种社会存在基础复合体中的一个重要的环节。"[③]那么，价值又是如何在社会实践中体现出来的呢？

---

① G. Lukács, *Zur Ontologie des gesellschaftlichen Seins*; *Prolegomena*. 1, Luchterhand Verlag, 1984, S. 34.

② G. Lukács, *Zur Ontologie des gesellschaftlichen Seins*; *Prolegomena*. 1, Luchterhand Verlag, 1984, S. 27.

③ G. Lukács, *Zur Ontologie des gesellschaftlichen Seins*; *Prolegomena*. 2, Luchterhand Verlag, 1984, S. 83.

卢卡奇认为,这个问题具有广阔的探讨空间,但就目前而论,只要指出下面这一点就够了,即“价值不是高度发展的人的精神的产物,而是最简单的劳动所必不可少的存在要素”①。按照马克思的观点,在以商品生产为根本目的的社会形式中,商品的价值取决于社会必要劳动时间。也就是说,价值是通过社会必要劳动时间来度量的,而人的自由又是在与社会必要劳动时间相对峙的闲暇时间的基础上展开的。这样一来,马克思也就指出了一条通向自由王国的现实的道路。正如卢卡奇所说的:“在这里,马克思把自由王国(das Reich der Freiheit)与闲暇时间(der Musse)联系起来。他这样做的目的无非是指出,只有通过生产力的发展才有可能缩短社会必要劳动时间(der gesellschaftlich notwendigen Arbeitszeit),而社会必要劳动时间的缩短又是增加闲暇时间的基本条件。”②所以社会主义者把缩短工作日作为自己的第一个革命行动就是顺理成章的了。从这里我们很容易看出,价值、时间、自由这样的概念,并不像在传统哲学中那样,只是一些抽象的形而上学的概念,在社会存在本体论中,它们是与人的实践活动,尤其是劳动紧密联系在一起的。

第四,批判性。在《社会存在本体论》中,卢卡奇反复强调,社会存在本体论是批判的,而这种批判性主要表现在以下两个方面:一是对以逻辑、认识论和方法论为主导的思想结构的批判。卢卡奇写道:“这里必须指出的是,对逻辑的、认识论的、方法论的等等思想结构的批判具有决定性的重要意义。”③由于黑格尔把存在问题全面地逻辑化了,所以他不可能在本体论上坚持这种批判,而恩格斯对黑格尔的批判由于未触及到这一根本性的问题,所以也把这方面的理论清算延搁下来了,而“马克思早在《关于费尔巴哈的提纲》中,就已完整地提出了这种本体论批判的原则”④。二是对其他本体论学说的批判。卢卡奇认为,从对逻辑、认识论和方法论的批判进入到本体论的视野中,虽然是观念上的一种重要的跃迁,但本体论考察的

① G. Lukács, *Zur Ontologie des gesellschaftlichen Seins*; *Prolegomena*. 1, Luchterhand Verlag, 1984, S. 308.

② G. Lukács, *Zur Ontologie des gesellschaftlichen Seins*; *Prolegomena*. 2, Luchterhand Verlag, 1984, S. 153.

③ G. Lukács, *Zur Ontologie des gesellschaftlichen Seins*; *Prolegomena*. 1, Luchterhand Verlag, 1984, S. 125.

④ G. Lukács, *Zur Ontologie des gesellschaftlichen Seins*; *Prolegomena*. 1, Luchterhand Verlag, 1984, S. 37.

这种出发点还不能保证考察者一定能洞见存在的本质。只有从马克思的本体论批判出发,排除掉其他本体论学说的各种错误的观点,才能真正地回归存在本身:"马克思所作的批判乃是一种本体论的批判。这种批判的出发点是:社会存在作为人类对其周围环境的积极适应,主要地和无法扬弃地以实践为基础。"[①]也就是说,只有坚持从社会实践出发,才能回归到真正的存在并把握其本质特征。在这里,我们看到了社会存在本体论的实践性与批判性之间的密切关系。

通过上面的整体上的考察,我们发现,《社会存在本体论》一书具有重要的理论价值。首先,它开拓出本体论研究的新的方向;其次,它打开了马克思主义哲学研究的新的领域,揭示了马克思哲学革命的实质之所在;最后,它提出了一系列哲学研究的前沿性问题,如"实践"和"第一实践"、"第一自然和第二自然"、"合类性"、"意识形态"、"异化和物化"等问题,极大地丰富了20世纪哲学思考的内涵。然而,这部著作也暴露出卢卡奇哲学的理论弱点:第一,他把自然本体论作为社会存在本体论的基础,表明他的哲学思想仍未摆脱朴素实在论的影响;第二,所有基本概念的含义都缺乏严格的界定,甚至对"存在"和"存在物"这样的概念也不加以区分;第三,作者虽然重视历史性的作用,但却把历史性和历史主义混为一谈。值得庆幸的是,当我们认识到这一切的时候,也就从理论上超越了卢卡奇,从而为从事本体论问题上的新的思考奠定了基础。

---

① G. Lukács, *Zur Ontologie des gesellschaftlichen Seins*; *Prolegomena*. 1, Luchterhand Verlag, 1984, S. 37.

哥德曼的哲学思想

罗歇·哥德曼(Lucien Goldmann,1913—1970),出生于罗马尼亚的首都布加勒斯特。他在本地的大学完成了法学方面的学业,30年代流亡到维也纳、巴黎等地,继续就学。他从青年时期起就已经熟悉卢卡奇的早期著作,如《灵魂与形式》、《小说理论》、《历史与阶级意识》等。正如曼扎罗(Istvan Meszaros)所指出的:"这些著作对哥德曼的思想产生了深刻而持久的影响。"①在第二次世界大战中,他被德国占领军关进集中营,后来逃到瑞士,成了著名心理学家皮亚杰的助手,深受皮亚杰的"发生认识论"(genetic epistemology)的启发,并以其博士论文《伊曼努尔·康德》在苏伊士大学获得了第一个博士学位(这篇博士论文于1948年初版,1971年重版)。1945年,他返回巴黎,在国家科学研究中心从事研究工作。在50年代,他出版了第二篇博士论文《隐蔽的上帝》(1956年初版,1967年再版),不久当选为巴黎高级研究实验学校的负责人。1961年他应邀到比利时布鲁塞尔的一家研究所工作。他对1968年巴黎爆发的五月风暴采取同情的态

① T. B. Bottomore, *A Dictionary of Marxist Thought*, Cambridge, Harvard University Press, 1983, p. 193.

度,1970 年他在巴黎逝世。

哥德曼的思想除了受到青年卢卡奇和皮亚杰的影响外,还传承了帕斯卡尔、康德、黑格尔、马克思的哲学思想,在 60 年代还受到马尔库塞的“有机体化的(即总体化的)资本主义”(organized capitalism)学说的启发。五六十年代,当结构主义在法国成为主导性哲学思潮时,哥德曼为了表示与结构主义的差异,“把自己的方法命名为‘发生学的结构主义’(genetic structuralism),以便坚持其学说的历史维度”①。除了我们在上面提到的两篇博士论文外,哥德曼还出版了如下的著作:《人文科学和哲学》(1952 年初版,1966 年、1969 年再版)、《辩证法研究》(1958)、《小说社会学》(1964 年初版,1975 年再版)、《卢卡奇和海德格尔》(1977)、《文学社会学中的方法》(1981)等等。

哥德曼虽然不是卢卡奇亲炙的弟子,但他是第二次世界大战后青年卢卡奇思想最早的、最富有创见的阐发者之一,他也是最早在马克思的学说中寻找结构主义倾向的西方马克思主义者。无疑地,他的哲学思想对法国乃至欧洲的马克思主义者,特别是结构主义的马克思主义者产生了重大的影响,而他的富有创发性的悲剧世界观的理论也成了西方马克思主义美学思想的一道亮丽的风景线。下面,我们主要从哲学的视角上分析哥德曼的两部重要著作——《隐蔽的上帝》和《卢卡奇和海德格尔》。

一、《隐蔽的上帝》(1956)

这部著作的副标题是“对帕斯卡尔《思想录》和拉辛戏剧中的悲剧世界观的研究”,它的正标题《隐蔽的上帝》也是在讨论悲剧问题时引申出来的。这就给人一个印象,这部著作似乎主要是一部文学或美学著作。但实际上并不如此,正如作者自己在书中开宗明义地指出的:“这部著作的研究是整个哲学上的劳作的一部分。”②事实上,哥德曼也完全是从哲学的高度出发来探讨悲剧世界观的。

---

① T. B. Bottomore, *A Dictionary of Marxist Thought*, Cambridge, Harvard University Press, 1983, p. 193.

② Lucien Goldmann, *Der verborgene Gott Studie über tragische Weltanschauung in den PenséeÇ Pascals und im Theater Racines*. Suhrkamp Verlag, 1985. S. 17.

这部著作共分四个部分。第一部分“悲剧世界观”，探讨了“整体”(das Ganze)与“部分”(die Teile)之间的辩证关系；论述了悲剧的三个要素——“上帝”(Gott)、“世界”(die Welt) 和“人”(der Mensch)。第二部分“社会基础和精神基础”，探索了哲学、文学著作与作者的“世界观”(Weltanschauung)和他所从属或代表的“社会阶级”(sozial Klassen)之间的内在联系，阐述了17世纪法国的悲剧世界观与天主教中的“冉森派”(Jansenismus)之间的思想联系。第三部分“帕斯卡尔”(Pascal，1623—1662)，以帕斯卡尔的悲剧世界观为核心，追溯了他的思想发展的脉络，论述了他的认识论、道德、美学和宗教学说。第四部分“拉辛”(Racine，1639—1699)，通过对其九部戏剧作品的解析，阐述了其悲剧世界观。可以说，这部著作的第一、二部分乃是基础理论部分，哥德曼在这里系统地阐发了自己的哲学观念和悲剧思想；第三、四部分则以自己的哲学观念和悲剧思想解析了17世纪哲学和文学作品中的两个重要的个案——帕斯卡尔的《思想录》和拉辛的戏剧作品。《隐蔽的上帝》的主要哲学观念如下。

1. 关于整体和部分关系的辩证法

哥德曼把黑格尔、马克思和卢卡奇称为“伟大的辩证法思想家”，强调他们的辩证法思想的共同落脚点都是整体与部分的关系。他的这一见解明显地受到卢卡奇的《历史与阶级意识》一书的影响，但哥德曼经过自己的研究，尤其是对马克思的《1857—1858年经济学手稿》的研究，对马克思的辩证法思想有了自己的理解。

在《1857—1858年经济学手稿》中，马克思这样写道：“资产阶级社会是最发达的和最多样性的历史的生产组织。因此，那些表现它的各种关系的范畴以及对于它的结构的理解，同时也能使我们透视一切已经覆灭的社会形式的结构和生产关系。资产阶级社会借这些社会形式的残片和因素建立起来，其中一部分是还未克服的遗物，继续在这里存留着，一部分原来只是征兆的东西，发展到具有充分意义，等等。”[①]在哥德曼看来，马克思的这段论述表明，资产阶级社会是一个有机的、结构性的整体，只有了解它的整体，才能把握它的“残片和因素”。哥德曼还引证了马克思在这部《手

---

① 《马克思恩格斯选集》第2卷，人民出版社1995年版，第23页。

稿》中的另一段重要的论述:“……生产也不只是特殊的生产,而始终是一定的社会体即社会的主体在或广或窄的由各生产部门组成的总体(Totalitaet)中活动着……”也就是说,生产也可以看做是一个整体,但在资产阶级社会这个大整体中,它又下降为部分。哥德曼随之而评价道:“在引述这几行文字的内容时,本来也可以叙述一下辩证方法中一系列最重要的思想,遗憾的是,我们在这里不能这么做。”[①]哥德曼这里所说的、辩证方法中的“最重要的思想”也就是整体与部分之间的辩证关系。

哥德曼还引证了马克思在《雇佣劳动与资本》中的另一段重要的论述:“黑人就是黑人。只有在一定的关系下,他才成为奴隶。纺纱机是纺棉花的机器。只有在一定的关系下,它才成为资本。脱离了这种关系,它也就不是资本了,就像黄金本身并不是货币,砂糖并不是砂糖的价格一样。”[②]在马克思看来,黑人、纺纱机、黄金、砂糖各自都是孤立的个别的事实,只有把他(它)们放在资产阶级社会的整体关系中加以透视时,他(它)们的真正的本质才会显露出来。哥德曼为此而发挥道:“对于研究者来说,个别事实的意义既不依赖于它们直接的感性的方面——人们不应该忘记,对于历史学家来说,经验性的被给予物是某种抽象的东西——也不依赖于支配着个别事实的一般规律,而是依赖于它与它所在的社会的和宇宙的整体之间的关系。”[③]这样一来,对整体性的倚重,对于哥德曼来说,就成了辩证法的最核心的内容。

哥德曼以无比肯定的口吻写道:“我们已经说过,每一种辩证的思想(以及每一种悲剧的思想,在这一点上两者并不存在差异)的中心的、占支配地位的范畴,就是总体性:这在个人、人类共同体和世界三个领域里都是适合的,而每一种非辩证思想的本质方面就是以自觉的或虚妄的方式认可部分性和片面性。”[④]必须指出,哥德曼在这里谈论的“整体性”或“总体性”,不是感性

---

① Lucien Goldmann, *Der verborgene Gott Studie über tragische Weltanschauung in den Pensées Pascals und im Theater Racines*, Suhrkamp Verlag, 1985. S.356.

② 《马克思恩格斯选集》第1卷,人民出版社1995年版,第344页。

③ Lucien Goldmann, *Der verborgene Gott Studie über tragische Weltanschauung in den Pensées Pascals und im Theater Racines*, Suhrkamp Verlag, 1985. S.354.

④ Lucien Goldmann, *Der verborgene Gott Studie über tragische Weltanschauung in den Pensées Pascals und im Theater Racines*, Suhrkamp Verlag, 1985. S.316.

直观意义上的整体性或总体性，而是思维再造意义上的整体性或总体性。他区分了两种不同的方法：第一种方法是从经验主义角度出发的、从个别到一般的抽象的方法，即我们通过对具体事物或现象的研究，引申出普遍性的结论来。这种方法对于实证科学来说是必要的，但这种方法还未建立起整体与部分之间的辩证关系。“第二种方法是从抽象到具体，也就是从部分到整体和从整体到部分，因为对各种单一事实的抽象认识，要通过对它们与它们所从属的总体之间的关系的研究，才能变得具体化，而对各种相对整体的抽象认识，则要通过对它们的内在结构、各部分的功能和相互之间的关系的研究，才能变得具体化”①。哥德曼推崇的是第二种方法，他强调人文科学必须采用这种“从抽象到具体”的方法进行研究。这里仍然体现出马克思的《1857—1858 年经济学手稿》对他的深刻影响。

正是出于这样的考虑，哥德曼把“世界观”(Weltanschauung)的概念放到他的哲学思想和文学批评的核心的位置上。什么是世界观呢？哥德曼认为，世界观并不是直接的经验材料，相反，它是理解人的思想和作品中不可或缺的、整体性的概念系统。但是，这种概念系统又不应该被理解为纯粹形而上学的或纯粹思辨性质的东西，世界观与人们的现实生活是紧密联系在一起的，“一种世界观正是使一个群体(最通常的情况是一个社会阶级)的成员统一起来并使他们与其他群体相对抗的全部意向、感情和表象的总和”②。在他看来，凡是伟大的哲学和文学艺术作品都是世界观的体现。世界观是集体意识现象，而集体意识在思想家或诗人的意识中能达到感觉与概念上最清晰的高度。尽管具体的历史情况纷繁复杂，千变万化，但各种世界观仍然表现出其相对稳定性。之所以如此，是因为哲学和文学艺术始终表达了被移植到重大问题背景上的历史情况，而这些重大问题正体现在人与人、人与世界的关系中。由于存在着不同价值取向的世界观，所以世界观可以划分为不同的类型，对世界观进行类型学研究是十分必要的，但是，“世界观类型学(die Typologie der Weltanschauungen)几乎还处在

① Lucien Goldmann, *Der verborgene Gott Studie über tragische Weltanschauung in den Pensées Pascals und im Theater Racines*, Suhrkamp Verlag, 1985. S.355.

② Lucien Goldmann, *Der verborgene Gott Studie über tragische Weltanschauung in den Pensées Pascals und im Theater Racines*, Suhrkamp Verlag, 1985. S.21.

草创的阶段,把这门学科建立起来是哲学史和艺术史研究的主要任务,而它一旦被建立起来,将是对一切哲学人类学的重大的贡献"①。

以世界观的剖析和以整体与部分的互动关系为核心,哥德曼建立了解读一切人文科学的文本的方法。他把这一方法划分为三个阶段:第一个是"文本—世界观"(Text-Weltanschauung)分析阶段;第二个是"世界观—群体的全部精神生活和情感生活,即群体的意识和心理生活"(Weltanschauung-gesamtes, geistiges und affektives Leben der Gruppe: Bewusstsein und psychisches leben der Gruppe)分析阶段;第三个是"世界观—群体的经济的和社会的生活"(Weltanschauung-oekonomisches und soziales Leben)分析阶段。② 也就是说,在研究中先考察文本本身,并把文本理解为作者行为和生命中的一个有机的组成部分,再把作者的文本乃至他的整体行为和他所从属的群体的世界观勾连起来进行考察;接着探究这个群体的全部精神生活及其这种生活与作者的精神生活之间的内在关系;最后,分析工作再深入到作者所属的群体的经济、社会生活中,揭示出这种客观的经济、社会生活与群体和作者的精神世界之间的相互关系。在哥德曼看来,这三个阶段都是在贯彻这种辩证的研究方法中所不可缺少的,当然,以这种方式从事研究会涉及到大量的工作,是非常艰苦的,但为了准确地理解作品和社会,真正的人文科学方面的研究工作必须以这种方式来展开:"对于我们来说,辩证的方法完全是人文科学的科学方法,其任务是逐步达到现象的本质,这种本质既规定了现象的整体的结构,也规定了各个部分的意义。此外,这种本质不是别的,正是这种结构和意义的统一体。(因为每一种结构都有意义,而每一种意义都从属于结构。)"③显然,哥德曼认为,他的研究方法对整个人文科学都有普适性的意义。

2. 从理性主义到悲剧世界观再到辩证思想

正是从自己的研究方法出发,哥德曼对文艺复兴,尤其是启蒙时期以

---

① Lucien Goldmann, *Der verborgene Gott Studie über tragische Weltanschauung in den Pensées Pascals und im Theater Racines*, Suhrkamp Verlag, 1985. S.40.

② Lucien Goldmann, *Der verborgene Gott Studie über tragische Weltanschauung in den Pensées Pascals und im Theater Racines*, Suhrkamp Verlag, 1985. S.147.

③ Lucien Goldmann, *Der verborgene Gott Studie über tragische Weltanschauung in den Pensées Pascals und im Theater Racines*, Suhrkamp Verlag, 1985. S.249.

来的哲学、文学观念的发展作出了自己的解释。

哥德曼认为,理性主义是文艺复兴,尤其是启蒙运动以来的主导性观念。这种观念在继承奥古斯丁传统的时候,又改变了这一传统,把虔诚的信仰变成了缜密的理性。理性主义具有如下的特征。

第一,以有理性的个人和无限空间的概念取代了传统哲学思想中的人类共同体和整体宇宙的观念。哥德曼写道:"这种以自我为特征的理性主义在探讨人的问题的范围内只承认单一的个人,对于这些个人来说,共在的其他人只是他们思维和行为的对象;理性主义使自然世界也发生了同样的变形。在人的范围内,它已经毁坏了共同体这种表现形式,而以无数理性的、平等的、可以相互替换的个人取而代之。在自然的范围内,理性主义也毁坏了有秩序的宇宙的观念,而以无限的、无特征的空间取而代之,这些空间的各个部分完全相同,并且可以相互替换。"[①]理性主义所崇尚的这种"单一的个人",在笛卡儿和费希特的"自我"、莱布尼茨的既没有门也没有窗的单子,在经济学家的"经济人"等概念中得到了充分的体现。随着这样的个体的兴起,传统社会的、总体上的精神价值和情感价值解体了,代之而起的则是个人主义、自由主义和利己主义。同样地,在被打碎的、均质的空间中,传统观念中的总体宇宙也随之而消失了,而上帝也随之而沉默了。

第二,理性主义具有非道德、非宗教的倾向。正如哥德曼所指出的:"在理性科学的空间中,上帝不再说话,因为为了建立这样的空间,人必须抛弃一切真正的伦理规范。"[②]当然,乍看起来,理性主义者也信奉和谈论上帝,但他们心目中的上帝只是理性和秩序的象征,"只是对于人们来说,这个上帝再也没有人格上的实在性;他至多只能确保单子之间或理性与外部世界之间的和谐一致。他不再是人们的指路人,不再是人们谈话的伴侣;它变成了一种普遍的法则,这种法则确保人们有权利摆脱外界的控制,确保人们可以受到自己的理性和力量的引导,不过这种法则也使人单独地

---

① Lucien Goldmann, *Der verborgene Gott Studie über tragische Weltanschauung in den Pensées Pascals und im Theater Racines*, Suhrkamp Verlag, 1985. S. 54.

② Lucien Goldmann, *Der verborgene Gott Studie über tragische Weltanschauung in den Pensées Pascals und im Theater Racines*, Suhrkamp Verlag, 1985. S. 59.

去面对物和物化的、沉默的人的世界"①。也就是说,在理性主义泛滥之处,传统的道德和宗教都衰微了。

按照哥德曼的看法,理性确实是生活中的一个重要的因素,也是人理所当然地为之而自豪的因素,但理性并不等于整个人,理性也不能取代人的全部生活,更不能取消道德和宗教的存在。正是在这样的背景下,悲剧意识和悲剧世界观应运而生。它的作用就是在精神上恢复道德和宗教的力量,恢复人的共同体。正如哥德曼所说的:"悲剧思想的中心问题在于,在这个最终不可逆转的、取代了亚里士多德—托马斯的宇宙的理性空间中,是否还有什么途径和希望可以恢复超个人的道德价值;人是否还能重新发现上帝,或重新找到对于我们来说是同义词而又不那么意识形态化的共同体和宇宙。显而易见,这个问题只有辩证思想才能同时从科学和道德这两个方面加以解决。"②

那么,什么是悲剧呢?哥德曼写道:"人们可以给悲剧下这样一个定义,它是一个充满着令人焦虑的问题,而人们又无法找到答案的宇宙……悲剧是一种瞬间的表达,在这个瞬间中,最高的价值、古典人文主义本身、人与世界的统一遭到了威胁,人们因此而敏锐地认识到了它的重要性。"③正如我们在前面已经指出过的那样,哥德曼认为,悲剧是由上帝、人和世界这三个要素组成的,这三个因素是相互依赖的,缺一个也不行。悲剧世界观具有如下的特征。

第一,它体现出人与人、人与社会关系的危机:"如同一切其他形式的悲剧意识和悲剧创作一样,17 世纪和 18 世纪的悲剧也体现了人与人之间的关系的危机,或者说得更确切一些,体现了某些人类的群体与宇宙的或社会的世界之间关系的危机。"④理性主义则缺乏这样的危机意识,而这种扎根于人的生活的危机意识只能通过悲剧才能得到淋漓尽致的表现。

---

① Lucien Goldmann, *Der verborgene Gott Studie über tragische Weltanschauung in den Pensées Pascals und im Theater Racines*, Suhrkamp Verlag, 1985. S. 61 – 62.

② Lucien Goldmann, *Der verborgene Gott Studie über tragische Weltanschauung in den Pensées Pascals und im Theater Racines*, Suhrkamp Verlag, 1985. S. 60.

③ Lucien Goldmann, *Der verborgene Gott Studie über tragische Weltanschauung in den Pensées Pascals und im Theater Racines*, Suhrkamp Verlag, 1985. S. 69.

④ Lucien Goldmann, *Der verborgene Gott Studie über tragische Weltanschauung in den Pensées Pascals und im Theater Racines*, Suhrkamp Verlag, 1985. S. 76.

第二，悲剧中的上帝是“隐蔽的上帝”（der verborgene Gott）。正如哥德曼所说的：“上帝的声音不再直接对人发出了。这是悲剧思想的一个比较本质的特征。帕斯卡尔写道：Vere tu es Deus absconditus，亦即隐蔽的上帝。”①在哥德曼看来，上帝是悲剧得以成立的三大要素之一，上帝存在着，但他又不能显现自己。人一看到上帝，听到上帝的声音，悲剧也就被超越了。所以，“对于悲剧意识来说，上帝仅仅是一个隐蔽的实在，悲剧意识只是由于这一实在才存在的”②。那么，为什么上帝是“隐蔽的”呢？因为在理性主义的世界中，理性占据着统治地位，于是，上帝被迫退居幕后，但上帝对于悲剧来说又是不可或缺的，只能在冥冥中发生作用。这种矛盾的情况正如哥德曼所说的：“一个始终缺席，但又以当下化的方式存在着的上帝，这就是悲剧的核心。”③

第三，悲剧缺乏未来这一时间维度。哥德曼这样写道：“从内在特征来看，悲剧思想完全是非历史性的，因为它缺乏的正是历史的最重要的时间维度——未来。悲剧思想是以对未来的这种绝对的、彻底的拒斥为特征的，它只有一个时间维度——现在。”④一方面，悲剧思想发现世界的祛魅和理性化是不可避免的；另一方面，它又把未来的时间维度封闭起来了，这样一来，悲剧只是从否定的方面揭示了理性主义世界内在的矛盾，但却不能为人们指出一条真正有价值的生活道路。在哥德曼看来，正是这一点决定了悲剧意识只具有过渡性的特征：“悲剧观点是从理性主义向辩证法的过渡。”⑤

现在我们再来看辩证思想。哥德曼认为，虽然辩证思想和悲剧意识一样重视整体性、重视作为部分的个人与作为整体的世界之间的关系，但辩

---

① Lucien Goldmann, *Der verborgene Gott Studie über tragische Weltanschauung in den Pensées Pascals und im Theater Racines*, Suhrkamp Verlag, 1985. S. 60.

② Lucien Goldmann, *Der verborgene Gott Studie über tragische Weltanschauung in den Pensées Pascals und im Theater Racines*, Suhrkamp Verlag, 1985. S. 115.

③ Lucien Goldmann, *Der verborgene Gott Studie über tragische Weltanschauung in den Pensées Pascals und im Theater Racines*, Suhrkamp Verlag, 1985. S. 62.

④ Lucien Goldmann, *Der verborgene Gott Studie über tragische Weltanschauung in den Pensées Pascals und im Theater Racines*, Suhrkamp Verlag, 1985. S. 58.

⑤ Lucien Goldmann, *Der verborgene Gott Studie über tragische Weltanschauung in den Pensées Pascals und im Theater Racines*, Suhrkamp Verlag, 1985. S. 263.

证思想仍然在以下三个方面远远地超越了悲剧意识。第一,在对理性主义的态度方面,虽然悲剧作家批判理性主义忽略了道德和宗教,忽略了人的共同体,但他们实际上对理性主义的主导性观念采取认同的态度,而"辩证思想则与悲剧观念相反,虽然它承认人类的成就具有相对的价值,但它仍然拒绝笛卡儿主义的理性主义所主张的逻辑的、线性的秩序"[①]。第二,在对整体性的态度方面,悲剧意识崇尚的只是静观的态度,而辩证思想则主张,"总体性的范畴首先包含着理论和实践相结合的要求"[②]。也就是说,辩证思想不光要认识世界而且也要改造世界。哥德曼认为,马克思的辩证法思想正是这方面的典范,"在马克思那里,重建事实和价值、思想和行动之间的统一性的要求开始活跃起来,即使人们承认在研究中把它们分开来是必要的。在马克思主义的认识论文献中,尤其是在马克思的《关于费尔巴哈的提纲》和卢卡奇的《历史与阶级意识》中,这种要求显得特别有力"[③]。总之,哥德曼认为,从理性主义必然会发展到悲剧意识,而悲剧意识又会进一步过渡为辩证思想。虽然悲剧意识已经被超越了,但它在人类思想史上依然拥有自己独特的地位和作用。

3. 帕斯卡尔的《思想录》及其哲学贡献

哥德曼认为,帕斯卡尔是哲学史上一位极为重要的思想家,他的《思想录》也是近代哲学史上的一座丰碑,但他的地位和作用却没有引起应有的重视。之所以出现这样的情况,是因为当时的理性主义者和经验主义者的显赫的地位和影响遮蔽了帕斯卡尔应有的地位。其实,正如我们上面所论述的,帕斯卡尔的思想是 17 世纪的异类,是对理性主义和经验主义的超越,他的《思想录》所蕴含的悲剧意识正是从理性主义通向辩证思想的桥梁。在哥德曼看来,《思想录》的主要贡献如下。

其一,对辩证认识论的贡献。哥德曼写道:"帕斯卡尔给我们留下的重要印象是,他自觉而明确地论述了辩证认识论(dialektischer Erkenntnistheo-

---

① Lucien Goldmann, *Der verborgene Gott Studie über tragische Weltanschauung in den Pensées Pascals und im Theater Racines*, Suhrkamp Verlag, 1985. S. 329.

② Lucien Goldmann, *Der verborgene Gott Studie über tragische Weltanschauung in den Pensées Pascals und im Theater Racines*, Suhrkamp Verlag, 1985. S. 374.

③ Lucien Goldmann, *Der verborgene Gott Studie über tragische Weltanschauung in den Pensées Pascals und im Theater Racines*, Suhrkamp Verlag, 1985. S. 374 – 375.

rie)的另外两个基本的观点：a)关于个别实在的一切有根据的认识都以下面的方法为前提，即不是从特殊到普遍，而是从部分到整体，再从整体返回到部分；b)人没有能力达到绝对有根据的认识，这可以从其本体论的情况中得到解释，即人作为认识的主体本来就是整体中不可分割的一部分，而整体又规定着现象和个别存在物的意义。”①

哥德曼主要引证了《思想录》第72节中的两段话来论证帕斯卡尔对以整体性为特征的辩证法的贡献。一段话是：“如果人首先肯研究自己，那么他会看出他是多么地不可能再向前进。部分又怎么能认识全体呢？可是，也许他会希望至少能认识与他有着比例关系的那些部分了吧。但是世界的各部分又全都是这样地彼此相关系着和相联系着，以致我确信没有某一部分或者没有全体，便不可能认识另一部分。”②另一段话是：“既然一切事物都是造因与被造者，是支援者与受援者，是原手与转手，并且一切都是由一条自然的而又不可察觉的纽带——它把最遥远的东西和最不相同的东西都联系在一起——所连结起来的；所以我认为不可能只认识部分而不认识全体，同样地也不可能只认识全体而不具体地认识各个部分。”③事实上，帕斯卡尔还在《思想录》的其他地方讨论过作为部分的“脚”与作为整体的人的“生命”之间的辩证关系。

这些讨论表明，帕斯卡尔确实对部分和整体的辩证关系有着自己独特的理解，“但是，直到晚年，帕斯卡尔才认识到自己生活的意义，而在这以前的很长一段时间里，他的生活的意义都是同样的，那就是：追求总体性(die Suche nach der Totalitaet)”④。按照哥德曼的看法，他对整体性的倚重不仅表现在他的哲学观念中，也表现在他的悲剧意识中，而在他的悲剧意识中，他对“隐蔽的上帝”的肯定，正是对整体性追求的一个突出的标志：“上帝就是最完整意义上的总体性，它就是对立的两个极端以及在中间分开两个

---

① Lucien Goldmann, *Der verborgene Gott Studie über tragische Weltanschauung in den Pensées Pascals und im Theater Racines*, Suhrkamp Verlag, 1985. S. 357 – 358.

② 帕斯卡尔：《思想录》，何兆武译，商务印书馆1985年版，第34页。

③ 帕斯卡尔：《思想录》，何兆武译，商务印书馆1985年版，第34页。

④ Lucien Goldmann, *Der verborgene Gott Studie über tragische Weltanschauung in den Pensées Pascals und im Theater Racines*, Suhrkamp Verlag, 1985. S. 277.

极端的东西。”①也就是说，在悲剧的三大要素中，上帝既是人和世界的统一者，又是人和世界发生分裂的背景。总之，帕斯卡尔在哲学上追求的总体性也就是他在宗教上信仰的、隐蔽的上帝。

其二，对实践哲学的贡献。哥德曼写道：“有三种因素随着帕斯卡尔的思想进入了实践哲学（die praktische Philosophie），这些因素就是冒险（das Risiko）、失败的危险（die Gefahr des Scheiterns）和对成功的希望（die Hoffnung auf Erfolg）。这些因素对人的生活中的每一个行动来说都是本质性的，不管个人的意志或思想具有何种独立性的力量，如果不考虑这些因素，就无法理解具体现实中的人类境况。”②这就是说，帕斯卡尔不像理性主义者那样，满足于对抽象的认识问题的讨论，他更关注的是人的实践、人的境况和人的命运。所以他的思想不但启发了马克思，也启发了当代存在主义者。在哥德曼看来，帕斯卡尔特别对辩证思想作出了重要的贡献，“但是由于他的思想本质上具有静止的、悲剧性的和悖论式的特点，因而它最终又与辩证法相分离”③。

综上所述，《隐蔽的上帝》一书体现了哥德曼在卢卡奇的影响下对哲学和文学理论问题的独特的思考，他对17世纪的悲剧思想的研究，对于我们从总体上了解那个时代的状况具有重要的意义，他对帕斯卡尔辩证思想的研究也加深了我们对黑格尔和马克思的辩证法思想的认识。

二、《卢卡奇和海德格尔》（1977）

早在1945年的时候，哥德曼就已经开始研究卢卡奇的早期著作与海德格尔的早期著作之间的关系。在这个意义上可以说，这部著作乃是他数十年思考的一个结晶。必须指出的是，这部著作的副标题是“朝着一种新的哲学”。它隐含着这样一种想法，即哥德曼把卢卡奇和海德格尔的哲学理解为最有代表性的、具有共同倾向的新哲学。

---

① Lucien Goldmann, *Der verborgene Gott Studie über tragische Weltanschauung in den Pensées Pascals und im Theater Racines*, Suhrkamp Verlag, 1985. S.282.

② Lucien Goldmann, *Der verborgene Gott Studie über tragische Weltanschauung in den Pensées Pascals und im Theater Racines*, Suhrkamp Verlag, 1985. S.450.

③ Lucien Goldmann, *Der verborgene Gott Studie über tragische Weltanschauung in den Pensées Pascals und im Theater Racines*, Suhrkamp Verlag, 1985. S.294.

《卢卡奇和海德格尔》一书由三个部分组成。第一部分“卢卡奇和海德格尔导论”，是作者从 1970 年 8 月开始撰写的，论述了卢卡奇和海德格尔哲学诞生的背景以及他们的思想的异同；第二部分“在 1967—1968 学术年中的讲座”，是作者在巴黎高级实验学校所作的讲座，作者运用比较研究的方法，论述了卢卡奇和海德格尔早期著作中的一些基本概念；第三部分“存在和辩证法”，发表于 1960 年出版的《哲学研究》杂志，由于其内容和本书所要探讨的问题密切相关，所以作者也把它收入到本书之中。由于全书是由不同年代写下的不同的部分组成的，所以在结构上比较松散，有些地方的观点甚至出现了重复。但从总体上看，它仍然是哥德曼研究当代哲学的一个重要成果，它为我们深入地研究海德格尔和卢卡奇的思想联系奠定了基础。这部著作的主要见解如下。

1．两个哲学传统之间的对话

众所周知，卢卡奇哲学和海德格尔哲学代表着两个完全不同的传统。如果说，卢卡奇是马克思主义哲学传统的继承者，那么，海德格尔则是大学哲学或学院化哲学传统的继承者。按照哥德曼的看法，在 20 世纪初，西方哲学出现了重大的变化，而“这一变化沿着两个不同的方向展开：一方面是现象学的诞生，而从现象学中又产生了存在主义；另一方面，与现象学和存在主义相对待的是辩证的马克思主义(dialectical Marxism)的诞生，而与这种马克思主义相伴随的则是卢卡奇和卢卡奇学派”①。

在哥德曼看来，卢卡奇哲学与海德格尔哲学之间确实存在着明显的差别，而这些差别主要表现在以下三个方面：其一，对主体概念理解上的差别。哥德曼写道：“这些差别中的最基本的差别在于，对于海德格尔来说，这个历史的主体是个人(individual)，而追随黑格尔和马克思的权威传统的卢卡奇却把历史想象为超个人的主体(trans - individual subject)，特别是社会阶级的行动。”②哥德曼之所以把这个差别看做是最基本的差别，是因为其他的两个差别正是从这个差别的基础上产生出来的。其二，对历史的意

---

① Lucien Goldmann, *Lukács and Heidegger*: *Towards a New Philosophy*, Routledge & Kegan, 1980, S. 2.

② Lucien Goldmann, *Lukács and Heidegger*: *Towards a New Philosophy*, Routledge & Kegan, 1980, S. 8.

义理解上的差别。哥德曼指出:“对卢卡奇来说,历史是所有的人行动的结果,它是在全球性的‘矢量’作用下被构成的,因而可以被纳入进步(progress)或者反动(reaction)、知识或自由的增长或者衰败的范围内。另一方面,对于海德格尔来说,进步的概念已经失去了意义,历史只有两个维度——本真性(authenticity)和非本真性(inauthenticity)。”①如果说,卢卡奇按照马克思的理论把历史理解为不同社会阶级相互冲突的结果,那么,海德格尔则认为,只有那些伟大的个人才具有“本真性”,而普通民众的生活则代表了一种“非本真性”。其三,对历史的创造者理解上的差别。哥德曼认为:“在海德格尔那里,只有某些伟大的个人才是历史的创造者,只有他们的行为才能避免实证主义者的科学,而这一科学包含着自然科学、社会学和以非本真的方式生活着的群众的心理学的整个范围。相反,对于卢卡奇来说,既然历史是所有人行动的结果,所以,实证主义者的科学和哲学科学之间的界限,并不在对创造者的理解和对自然的、社会世界的其余部分知识的理解之间,而是在物理—化学的科学和人文科学之间,不过对于后者来说,如果它不是哲学的知识,也就不可能成为科学的知识。”②尽管卢卡奇和海德格尔都批判实证主义,但前者仍然肯定实证科学在一定范围内的作用,而后者则把自己的哲学与实证科学尖锐地对立起来。

正是因为在卢卡奇和海德格尔的哲学之间存在着一些重要的差别,再加上两位哲学家在术语上的差别,即卢卡奇的术语适应于普通的民众,而海德格尔的术语则适合于大学里的听众,所以,人们习惯于把他们的思想尖锐地对立起来。哥德曼并不赞成这种流行的见解,他独具慧眼地指出,在卢卡奇和海德格尔的思想之间存在着一些共同点,存在着某种隐秘的联系,而这种联系又与他们各自所从属的传统之间的联系息息相关。正如哥德曼所说的:“与表面现象不同,无论是马克思主义哲学,还是大学哲学,两者作为同一个全球社会的不同扇面的表现,从来就不是完全分离的。尽管

① Lucien Goldmann, *Lukács and Heidegger*: *Towards a New Philosophy*, Routledge & Kegan, 1980, S. 8.

② Lucien Goldmann, *Lukács and Heidegger*: *Towards a New Philosophy*, Routledge & Kegan, 1980, S. 9.

两者之间存在着偏见与敌意，但实际上它们是相互沟通的。”[①]正是基于这样的考虑，哥德曼力图在两个不同的传统和两位不同的哲学家之间建立对话的关系。

哥德曼认为：“卢卡奇和海德格尔之间的最基本的联结点是：对黑格尔传统的继承、对先验主体性的拒斥、把作为世界一部分的人理解为与世界不可分离地联系在一起的观念、把人在宇宙中的地位的界限理解为历史性的观念。”[②]他不厌其烦地列举了卢卡奇在《心灵与形式》、《历史与阶级意识》中的见解，与海德格尔在《存在与时间》中的相关的见解进行比较。尽管他也看到了，卢卡奇和海德格尔继承黑格尔传统的出发点是不同的，批判先验主体性和强调历史性的角度也是不同的，但他坚持认为，他们各自以不同的术语表达了新的、与传统的哲学观念存在着明显的断裂关系的、在内容上有许多共同之处的哲学理念。哥德曼还指出了卢卡奇与海德格尔在政治上的类似倾向：“众所周知，他们各自在对历史的意义所作的全球性分析的基础上，关联到一种政治上的专政，而他们所追随的两个不同的和对立的专政具有类似的结构。”[③]哥德曼在这里说的“两个不同的和对立的专政”是指卢卡奇追随的斯大林主义和海德格尔追随的纳粹主义。虽然他们的追随都以失败而告终，但有一点是共同的，即他们都看到了哲学与政治之间的内在联系。

总之，按照哥德曼的看法，在卢卡奇和海德格尔之间开展对话是必要的，因为这种对话能使我们比较清醒地意识到萌动在 20 世纪哲学中的新的哲学发展趋向。

2. **“物化”**（reification）、**“当下上手状态”**（Zuhandenheit）**与“实践”**（Praxis）

众所周知，卢卡奇的《历史与阶级意识》出版于 1923 年，而海德格尔的《存在与时间》出版于 1927 年，两本书的时间差是四年。那么，海德格尔有

---

① Lucien Goldmann, *Lukács and Heidegger*: *Towards a New Philosophy*, Routledge & Kegan, 1980, S. 2.

② Lucien Goldmann, *Lukács and Heidegger*: *Towards a New Philosophy*, Routledge & Kegan, 1980, S. 7.

③ Lucien Goldmann, *Lukács and Heidegger*: *Towards a New Philosophy*, Routledge & Kegan, 1980, S. 16.

没有对卢卡奇的观点作出回应呢？哥德曼的答复是肯定的。在《存在与时间》中，海德格尔力图把自己的哲学思想与其他三位哲学家的思想区分开来。一是舍勒的人类学思想，二是狄尔泰的生命哲学，三是卢卡奇关于意识的物化的观念。海德格尔点了舍勒和狄尔泰的名，却没有点卢卡奇的名，但哥德曼认为，“这似乎是完全确定的，在《存在与时间》中，有两个段落涉及到卢卡奇”①。

哥德曼提到的、海德格尔关于卢卡奇的物化理论的第一段论述是：“任何主体性的观念，只要它不是奠基于基础本体论，就会陷入本体论的错误中，即使其努力方向是在存在者的层面上（因而也是在科学的层面上）维护它，以反对‘心灵的实体’和‘意识的物化’。”②在海德格尔看来，卢卡奇仅仅在“存在者的层面上”（on the ontic level）批判物化，尤其是意识的物化，而这是没有用的，物化的问题必须放到“本体论的层面上（on the ontological level）”加以检讨。当然，海德格尔这里强调的“本体论”不是以主客两分为特征的传统的本体论，而是指自己所倡导的“基础本体论”（a fundamental ontology）。这种本体论强调的是“存在”（Being）和“存在者”（being）之间的差异，前者关涉到本体论，而后者关涉到实证科学。海德格尔认为，只有从基础本体论出发，才能把握物化的本质，而卢卡奇只是在存在者的层面上，即在实证科学的层面上批判物化。

哥德曼提到的、海德格尔关于卢卡奇的物化理论的第二段论述是：“物化意味着什么？它的起源是什么？为什么存在首先被理解为被给予的东西，即现成在手（Vorhanden），而不是从工具性上，即当下上手（Zuhanden）上得到理解，这两者哪个更接近存在？为什么物化继续占据支配的地位？”③海德格尔的这段论述出现在《存在与时间》的结论部分，所以哥德曼有充分的理由认为，“这段文字的地位赋予物化问题以特别的重要性，它表

① Lucien Goldmann, *Lukács and Heidegger*: *Towards a New Philosophy*, Routledge & Kegan, 1980, S.27.

② Lucien Goldmann, *Lukács and Heidegger*: *Towards a New Philosophy*, Routledge & Kegan, 1980, S.27.

③ Lucien Goldmann, *Lukács and Heidegger*: *Towards a New Philosophy*, Routledge & Kegan, 1980, S.28.

明物化是海德格尔探讨的核心问题”[1]。值得注意的是,在这段重要的论述中,海德格尔已不再局限于对卢卡奇的批评,而是从自己的哲学理论出发,指出物化也就是“现成在手”状态,在这种状态中,一切存在者,乃至作为存在者整体的世界都是现成地被给予的。只要人们停留在这种状态中,他们就不可能真正地去关切并询问存在的意义问题。毋庸讳言,在海德格尔的术语系统中,与“现成在手”状态相对待的则是“当下上手”状态,后一种状态在人们与工具打交道的过程中得到了充分的体现,而人正是在实践活动,尤其是生产劳动中才与工具打交道。

从对意识的物化的考察到当下上手状态,自然而然地引申出实践问题。一谈到实践概念,哥德曼就充分肯定了马克思在这方面作出的卓越贡献。他引证了马克思在《关于费尔巴哈的提纲》一文中写下的那段重要的论述:“从前的一切唯物主义(包括费尔巴哈的唯物主义)的主要缺点是:对对象、现实、感性,只是从客体的或者直观的形式去理解,而不是把它们当作感性的人的活动,当作实践去理解,不是从主体方面去理解。”[2]在哥德曼看来,费尔巴哈忘记了直观也是一种活动,一种知觉的活动,事实上并不存在着与主体相分离的、作为纯粹的直观对象的客体。换言之,世界不是直观的对象,而是主体自己构建起来的。在海德格尔那里,此在打交道的对象都处在当下上手的工具状态中,他说的“榔头”就是一个典型的例子。也就是说,海德格尔通过对当下上手(状态)这一概念的使用,实际上保持着与马克思、卢卡奇的思想传统之间的某种亲缘关系。正如哥德曼所指出的:“在海德格尔的立场和《关于费尔巴哈的提纲》所主张的意识总是关联到实践的观念之间,并不存在根本性的差异。”[3]当然,马克思和卢卡奇所使用的实践概念与海德格尔所使用的当下上手的概念比较起来,还是存在着一定的差别的:一方面,海德格尔关注的实践活动是个体性的,而马克思和卢卡奇关注的实践活动则是集体性的;另一方面,海德格尔认为,只有少数伟大人物的决断和实践活动才具有本真性,而人民群众的实践活动

---

① Lucien Goldmann, *Lukács and Heidegger: Towards a New Philosophy*, Routledge & Kegan, 1980, S. 28.

② 《马克思恩格斯选集》第1卷,人民出版社1995年版,第54页。

③ Lucien Goldmann, *Lukács and Heidegger: Towards a New Philosophy*, Routledge & Kegan, 1980, S. 37.

则是非本真的。与此不同,在马克思和卢卡奇看来,所有人的实践活动都参与了对历史的构建,而人民群众的实践活动则起着根本性的作用。正是在这个意义上,哥德曼指出:"在海德格尔的个体性的此在和卢卡奇的集体主体之间,我们发现了对立的透视点,而正是这种对立也使当下上手和实践概念的意义出现了差异。"①

从对卢卡奇和海德格尔著作中出现的三个重要的概念——物化、当下上手状态和实践的考察中可以发现,尽管两位思想家有着不同的思考的角度,也使用了不同的哲学术语,但他们的总的思考方向却是一致的。事实上,没有这种惊人的一致性,物化概念也就不可能成为《历史与阶级意识》和《存在与时间》的共同的、核心的概念。遗憾的是,海德格尔的许多研究者都忽视了海德格尔与卢卡奇之间的这种思想关联。

3. **总体性**(totality)、**存在**(Being)**和历史**(history)

如前所述,在卢卡奇的《历史与阶级意识》一书中,物化概念起着核心的作用,但比这个概念更为重要的却是总体性的概念。因为按照卢卡奇的看法,分工和物化必然导致个人意识的狭隘化和阶级意识的退化,唯有恢复黑格尔和马克思所倡导的总体性辩证法,人们才能超越个人的局限性,认清整个资本主义社会的本质。在卢卡奇那里,总体性表现为奠基于人的活动的社会历史整体,表现为主体、客体的统一,表现为实践活动和理论活动的统一。哥德曼认为,与卢卡奇的这一概念相一致的是海德格尔的存在概念:"海德格尔告诉我们,在卢卡奇的总体性范畴中,已经可以发现存在的范畴。存在并不是最普遍的、最空洞的范畴或概念,事实上,它不是一个概念,而是此在加以询问的一个基本的实在,其特征是时间性的、富有意义的和历史性的。"②在卢卡奇看来,只有超越物化意识,达到对资本主义社会现实的总体性把握,作为集体主体的无产阶级才能真正地认识存在的意义;而对于海德格尔来说,只有超越存在者的状态和非本真的生存状态,立足于基础本体论的立场上,存在的意义才会向此在显露出来。

---

① Lucien Goldmann, *Lukács and Heidegger: Towards a New Philosophy*, Routledge & Kegan, 1980, S. 39.

② Lucien Goldmann, *Lukács and Heidegger: Towards a New Philosophy*, Routledge & Kegan, 1980, S. 40.

在哥德曼看来,无论是卢卡奇的总体性,还是海德格尔的存在,都是与历史和历史性不可分离地联系在一起的。他写道:"卢卡奇把历史与集体主体联系起来,而并不像《存在与时间》一样,把历史限定在伟大人物的身上。在《历史与阶级意识》中,特殊的历史现象,作为形式,在一个确定的层面上表现为整个人类的共同体参与其中的普遍的实在。"①事实上,卢卡奇之所以把自己的论文集的标题确定为《历史与阶级意识》,正表明他对历史的高度重视。当然,在他那里,历史并不是一个严格的概念,他也没有像海德格尔那样,把经验意义上的历史和历史意识奠基于存在的先验的历史性之上,更没有深入地去思考历史性与时间性之间的先天的关系。哥德曼认为,海德格尔虽然强调了他的基础本体论的先验性,但他和卢卡奇一样,高度重视经验意义上的历史:"就《存在与时间》而言,历史是本质性的,而存在和本真性的意义只能在历史的计划中被发现。"②如果说,总体性和历史构成《历史与阶级意识》的主导思想,那么,存在和历史则构成了《存在与时间》的主导性观念。

虽然哥德曼并不否认卢卡奇的总体性概念与海德格尔的存在概念之间的差异——前者着眼于总体和部分之间的辩证关系,后者则强调存在与存在者、本真性与非本真性之间的差异——"尽管如此,要把这两种哲学想象为相互之间没有关联的却是困难的。就这两种哲学的关系这一主题而言,至少卢卡奇对海德格尔的影响应该在评论中被提到,而这一影响是通过拉斯克的间接关系,在一个特殊的社会背景中发生的"③。

4. **"主体—客体"**(subject - object)、**"此在"**(Dasein)**和"共在"**(Mitsein)

如前所述,在《历史与阶级意识》一书中,主体—客体关系起着十分重要的作用。一方面,总体性是由主体—客体关系建构而成的;另一方面,主体又通过对客体的认识和改造,内在地推动着总体性的发展。哥德曼准确

① Lucien Goldmann, *Lukács and Heidegger: Towards a New Philosophy*, Routledge & Kegan, 1980, S. 41.

② Lucien Goldmann, *Lukács and Heidegger: Towards a New Philosophy*, Routledge & Kegan, 1980, S. 48.

③ Lucien Goldmann, *Lukács and Heidegger: Towards a New Philosophy*, Routledge & Kegan, 1980, S. 51.

地指出："对于卢卡奇来说，问题并不是否认客体或否认主体，他否认的是把主体和客体对立起来的倾向。"[①]也就是说，卢卡奇并没有全盘否定传统哲学，尤其是近代哲学关于主体和客体问题的讨论，他否定的只有一点，即把主体与客体割裂开来并对立起来的倾向。在他看来，每一个历史现象，作为人的实践活动，总是行动和思想的统一，主体和客体的统一。"对于卢卡奇来说，这种主体和客体的统一，如同总体范畴一样，构成了马克思思想的本质。"[②]正如我们在前面早已指出过的那样，在卢卡奇那里，主体是以"集体主体"(collective subject)的方式出现的，而这一集体主体就是现实生活中的无产阶级。

在某种意义上，海德格尔的思想比卢卡奇更为激进。在他看来，主体与客体的关系乃是传统哲学，特别是近代哲学的最大的弊端，他甚至把近代哲学称为"主体形而上学"。为了从传统哲学的基本思路中走出来，他以此在的概念取代了主体—客体的提法，而此在作为"在世之在"，是与世界不可分离地一同显现出来的。在他那里，先天性的此在乃是经验生活中的个人主体的基础。当然，像此在这样的形而上学式的概念是不可能在马克思主义哲学中出现的。正如哥德曼所说的："很难想象，一本马克思主义的著作中的'人'和'主体'的概念会被'此在'所取代。"[③]为了说明此在和"他者"(others)之间的关系，海德格尔又创制了共在的概念，表明此在总是先天地与他者关联在一起，以此作为阐释经验生活中的人类共同体的哲学基础。在这里，我们可以看出他和卢卡奇思想发展的不同的路向。卢卡奇真正关注的是集体主体，他认为个人是永远无法把握资本主义社会这一巨大的整体的；相反，海德格尔虽然赋予共在以重要的意义，但他的全部哲学的出发点始终是与经验生活中的个人相对待的此在。

综上所述，在当代社会生活和哲学文化的错综复杂的背景下，卢卡奇

---

① Lucien Goldmann, *Lukács and Heidegger*: *Towards a New Philosophy*, Routledge & Kegan, 1980, S. 68.

② Lucien Goldmann, *Lukács and Heidegger*: *Towards a New Philosophy*, Routledge & Kegan, 1980, S. 69.

③ Lucien Goldmann, *Lukács and Heidegger*: *Towards a New Philosophy*, Routledge & Kegan, 1980, S. 11.

与海德格尔的思想既表现出不同的发展路向和历史诉求，又存在着一些根本性的共同点和连接点，正是这些共同点和连接点显示出哲学发展的新的动向，值得我们深长思之。

单向度的人与多向度的理性

众所周知,马尔库塞在其名著《单向度的人》(1964)中揭露了发达工业社会的现状,即人成了单向度的人,而人的思想和理性也成了单向度的思想和理性。马尔库塞号召人们对当代资本主义制度采取“大拒绝”(the great refusal)的态度。毋庸讳言,从否定方面看,马尔库塞的见解是有积极意义的,它蕴含着对资本主义的深刻的批判;但从肯定方面看,他看到的只是理性的技术性向度,却忽略了理性的公共性向度、规则性向度和超越性向度。其实,在当代发达工业社会中人和理性遭遇到的困境,应该通过对理性的四个向度的全面认识而加以克服。

一、理性的技术性向度

众所周知,在《单向度的人》这部名噪一时的研究著作中,马尔库塞试图对发达工业社会的意识形态和现代性现象作出自己的诊断。从行文中可以看出,马尔库塞的思想深受两位前辈学人——马克斯·韦伯和海德格尔的影响。如果说,韦伯关于“合理性”(rationality)问题的论述引起了马尔库塞的巨大兴趣,那么,海德格尔对“技术”(technology)问题的反省同样激起了他的强烈共鸣。事实上,《单向度的人》正体现出马尔库塞在现代性现象的反思中对上述两大问题的综合性思考。

马尔库塞提出的新概念是“技术的合理性”(technological rationality)。他告诉我们,在发达工业社会中,理性的观念已经发生巨大的蜕变:“理性观念最近已经蜕化为技术合理性的极权主义的领地。”①与此相应的是,在发达工业社会中,技术不但已经渗透到人们的日常生活中,而且已经扩展到整个社会的统治制度和意识形态的领域内,成为一种支配性的力量:“技术的合理性已经成为政治的合理性。”②在这样的情况下,一切现代性现象都被“技术的合理性”打上了烙印,从古希腊以来就以“理性的存在物”自诩的人失去了批判和否定的能力,而只满足于对现实生活采取实证主义式的服从态度。

总之,按照马尔库塞的看法,在发达工业社会中,理性只剩下了“技术的合理性”这一个向度。这个向度膨胀得如此厉害,以至于它几乎占领了整个理性的领域,唯有法兰克福学派的社会批判理论所发出的微弱的、绝望的呼声与之相抗衡。因此,马尔库塞写道:“社会批判理论并不拥有能够弥合过去和未来之间裂痕的种种观念;它既不做任何承诺,也无法指示出一条成功的道路,它始终是否定性的。它依然忠实于那些不抱希望、已经并还在献身于大拒绝(the Great Refusal)的人们。”③这里流露出来的正是马尔库塞的悲观主义情绪。尽管他把社会批判理论所蕴含的否定性的理性理解为占统治地位的“技术的合理性”之外的另一种理性的向度,但除了这一向度借以表现自己的空洞形式——“大拒绝”之外,马尔库塞并没有留下什么实质性的、富有积极意义的论述。

毋庸讳言,马尔库塞对发达工业社会的意识形态和现代性现象的论断显示出他在理论上的高度的敏感性,然而,贯通于现代性现象中的理性是否只剩下了“技术的合理性”的向度,而差不多丧失了其他一切向度了呢?正是在这个前提性的问题上,我们和马尔库塞发生了实质性的理论分歧。诚然,我们也承认,“技术的合理性”、“技术理性”或“科学技术理性”乃是

---

① H. Marcuse, *One-Dimensional Man*, Beacon Press, p. 123.

② H. Marcuse, *One-Dimensional Man*, Beacon Press, p. xvi.

③ H. Marcuse, *One-Dimensional Man*, Beacon Press, p. 257.

现代性现象中理性的一个重要向度,然而,我们认为,不可忽视的是,理性还具有另外三个重要的向度——公共性的向度、规则性的向度和超越性的向度,所以,即使在发达工业社会中,只要一个人自觉地保持着理性的上述三个向度,他就不可能蜕变为"单向度的人",而这正是现代性的自我治疗的功能之所在。下面,我们对理性的上述三个向度逐一加以论述。

二、理性的公共性向度

如果说,"理性的技术性向度"涉及到的是人与自然界之间的关系,那么,"理性的公共性向度"涉及到的则是人与共同体(community)或社会(society)之间的关系。按照德国学者汉娜·阿伦特的看法,在古希腊的城邦中,已经存在着"私人领域"(private realm)和"公共领域"(public realm)。假如说,私人领域主要涉及到家庭生活和隐私,那么,公共领域则涉及到人人都须关心的城邦的公共事务。在城邦这种共同体的形式中,理性的公共性向度起着极为重要的作用,它总是引导人们积极地去关心城邦的公共事务,甚至为之而献身,并按照一个人关切公共领域的程度来判断他的人格的完整性。正如阿伦特所说的:"如果一个人像奴隶一样,不被允许进入公共领域,或者像野蛮人那样,选择了不去建立这样一个领域的做法,那他就不是一个完整的人。"[①]由此可见,古代人对公共领域以及在公共领域中发挥作用的"理性的公共性向度"是十分重视的。

然而,随着人类历史的发展,尤其是近代以来市民社会和民族国家的形成,以传统的血缘关系和毗邻的地域关系为基础的古代共同体逐步转变为以陌生的个人为本位的现代社会,而在以现代性现象为基本特征的现代社会中,公共领域和私人领域都处于不断弱化的过程中。阿伦特认为:"自从社会兴起,家政和家政管理方面的活动被纳入到公共领域中,一种不可抗拒的倾向生长起来了,那就是吞没比较古老的政治领域和私人领域,同样也吞没了新近才建立起来的亲密关系的领域,这种倾向已经成了新的领域最明显的特征之一。"[②]比如,在古代共同体中,劳动是属于私人领域的,可是在现代社会中,劳动却成了公共领域关切的基本主题,因为现代社会

---

① H. Arendt, *The Human Condition*, The University of Chicago Press, p. 38.
② H. Arendt, *The Human Condition*, The University of Chicago Press, p. 45.

本身就是在生活过程中形成的公共组织的基础上产生和发展起来的,“社会是这样一种形式,在这种形式中,人们为了生活而不是为了其他的原因而相互依赖这一事实便获得了公共的内涵,于是,与纯粹生存相关的活动被准许出现在公共的领域中”[①]。在阿伦特看来,这样的变化既造成了私人领域的萎缩,也造成了公共领域,尤其是政治领域的全面衰退。而在现代社会中,公共领域的全面衰退,必然会引起“理性的公共性向度”的边缘化,而这正是极权主义兴起的重要原因之一。也就是说,要从根本上遏制极权主义的泛滥,就要把“理性的公共性向度”中心化,把公共领域在现代社会中的重要性充分地凸现出来。

我们知道,德国的另一位著名的思想家哈贝马斯进一步推进了阿伦特对公共领域和“理性的公共性向度”问题的思考。哈贝马斯认为:“本来意义上的公共性是一种民主原则,这倒不是因为有了公共性,每个人一般都能有平等的机会表达其个人倾向、愿望和信念——即意见;只有当这些个人意见通过公众批判而变成公众舆论(opinion publique)时,公共性才能实现。”[②]也就是说,真正意义上的公共性和公共领域应当体现出来的是民主的原则,而这一原则在政治领域里得到了最集中的表达。

然而,随着当代社会中的大众传媒和大众文化的发展,阿伦特已经指出的那种私人领域和公共领域全面萎缩的倾向表现得更严重了。在哈贝马斯看来:“大众性并不等于公共性;但是没有公共性,大众性也不能长久地维持下去。”[③]问题的关键还在于,以政治领域为核心的、真正体现民主精神的公共领域必须得到复兴。

正如我们在前面已经指出过的那样,公共领域的运作是与“理性的公共性向度”密切相关的,因此,在这个意义上,当代社会中的公共领域的复兴也有待于“理性的公共性向度”的发展。这充分表明,在现代性的总体话语框架中,通过一些批判性的思想家而被意识到的“理性的公共性向度”仍然具有发挥自己作用的巨大空间。

---

① H. Arendt, *The Human Condition*, The University of Chicago Press, p.46.

② 哈贝马斯:《公共领域的结构转型》,曹卫东译,学林出版社 1999 年版,第 252 页。

③ 哈贝马斯:《公共领域的结构转型》,曹卫东译,学林出版社 1999 年版,第 251 页。

三、理性的规则性向度

假如说,“理性的技术性向度”关注的是人如何与自然界相处,那么,“理性的规则性向度”关注的则是一个人如何与他人相处。要言之,“理性的规则性向度”关注的是:人们应该制定出什么样的规则,才能使人与人之间和谐相处。众所周知,在“理性的技术性向度”的支配下,人们的主要努力是揭示出隐藏在自然现象中的law。我们知道,law这个词有两种不同的含义:一为“规律”,一为“法律”。显然,我们这里只是在第一种含义上使用law这个词。事实上,law作为自然现象的规律,是客观存在的,人们只是通过探索把它发现出来而已。与此不同的是,law作为法律却是人们通过主观方面的努力而制定出来的,也就是说,它是人类自己的创造物。其实,law的第二种含义属于我们这里讨论的“理性的规则性向度”。

在“理性的规则性向度”的支配下,人们的主要兴趣是制定出对每个人以及人与人之间的行为具有约束力的“规则”(rule),如政治规则、经济规则、道德规则、法律规则等等,人们谈到法律规则时,涉及的正是law的第二种含义。有时候,人们也使用“规范”(norm)这个词,但其基本含义则从属于rule。

“理性的规则性向度”的重要性在古代社会中已经得到了充分的认可。不言而喻,在任何一个共同体的内部,人的行为都会受到各种制定出来的规则的约束。事实上,没有这样的约束,任何共同体都是不可能存在的。在从共同体向现代社会转型的过程中,传统的血缘关系和地域关系被打破了,“普遍物已破裂成了无限众多的个体原子,这个死亡了的精神现在成了一个平等[原则],在这个平等中,所有的原子个体一律平等,都像每个个体一样,各算是一个个人(Person)”①。在个体充分离散的现代社会中,“理性的规则性向度”的重要性进一步上升。之所以出现这样的局面,道理很简单,因为没有充分有效的规则的制定以及这些规则对每个人行为的约束,社会和社会生活都是难以想象的。

虽然近代以来的哲学家,如霍布斯、洛克、休谟、卢梭、孟德斯鸠、贡斯

---

① 黑格尔:《精神现象学》下卷,贺麟等译,商务印书馆1979年版,第33页。

当、托克维尔、康德、黑格尔、边沁、穆勒等，没有使用过“理性的规则性向度”这样的概念，但实际上，他们都充分肯定了理性所制定的规则对人的行为约束的可能性和必要性。黑格尔对法国革命中的“绝对自由”倾向的批评，正是为了呼唤规则理性的苏醒。在当代哲学家，特别是哈贝马斯那里，对“理性的规则性向度”的肯定和强调更是达到了前所未有的程度。哈贝马斯从交往理性出发，吸纳了奥斯汀的“以言行事”的学说，提出了普遍语用学的理论，强调个人之间如何进行积极而有效的沟通和商谈。

所有这些都表明，在现代性的总体语境中，“理性的规则性向度”的存在和发展是可能的。它与“理性的公共性向度”一起，在不同的层面上发挥着自己的作用。如果说，“理性的公共性向度”注重的是人与共同体或社会之间的关系，那么，“理性的规则性向度”注重的则是人与人之间的关系。比较起来，后者更具有现实性和可操作性。

四、理性的超越性向度

如果说，我们上面论述的“理性的技术性向度”、“理性的公共性向度”和“理性的规则性向度”都是理性在经验的层面上发挥作用的话，那么，我们这里所说的“理性的超越性向度”，则指理性在超越经验的、形而上学层面上的运用。换言之，“理性的超越性向度”涉及到理性在宗教信仰、哲学思考和艺术创造方面的运用。

众所周知，康德在《纯粹理性批判》的第二版序言中曾经说过：“因此，我必须扬弃知识，为信仰开拓地盘。”①显然，康德这里的“知识”是指理论理性的领域，即主要与数学和自然科学相关的领域，在我们的研究语境中，主要与“理性的技术性向度”有关。与此不同的是，“信仰”则主要与宗教和以宗教为前提的道德的领域有关。在康德看来，在以现代性为导向的现代社会中，理性光在经验的层面上发挥作用是不行的，还应在超越的层面上，尤其是宗教的层面上发生作用。

后来，尼采在《查拉图斯特拉》一书中提出了“上帝已死”的著名命题，马克斯·韦伯也曾把以现代性为导向的西方社会的发展理解为一个“祛

---

① I. Kant, *Kritik der Reinen Vernunft*(*I*), Suhrkamp Verlag, 1988, S. Bxxx – xxxi.

魅”(Entzauberung)的过程,而“祛魅”则蕴含着对传统宗教和神秘思想的消除。然而,实际情形告诉我们,宗教之“魅”在当代社会中仍然保留着,正如荣格早已断言的那样,上帝是不可能死,也是不会死的,因为“理性的超越性向度”是永远不可能从人类理性中被抹去的。我们也知道,在“理性的技术性向度”空前发展的当代,当技术已经把人连根拔起的时候,海德格尔的态度又是怎么样的呢?他的回答是:“只还有一个上帝可以救渡我们。”①

与上述哲学家的见解不同,按照谢林的看法,在“理性的超越性向度”中,艺术之追求拥有至高无上的地位:“客观世界只是精神原始的、还没有意识的诗篇;哲学的工具总论和整个大厦的拱顶石乃是艺术哲学。”②确实,艺术活动是在“理性的超越性向度”的支配下,以自己的方式,大胆地创造世界,而作为“理性的超越性向度”活动的场所之一,艺术世界在人类的整个生活中也始终是一个不可或缺的环节。

尽管黑格尔也与康德一样重视“理性的超越性向度”,但在对“超越性向度”的理解中,他更注重的不是宗教,也不是艺术,而是哲学。在《逻辑学》的第一版序言中,黑格尔在谈到科学与常识携手导致形而上学的崩溃时,曾经指出:“一个有文化的民族竟没有形而上学——就像一座庙,其他各方面都装饰得富丽堂皇,却没有至圣的神那样。”③在这里,黑格尔肯定了“理性的技术性向度”与“理性的超越性向度”之间的冲突,即科学和常识试图以自己的方式否定宗教存在的合法性,然而,“理性的超越性向度”是不可能从人性和理性中彻底地被排除掉的。在黑格尔看来,不但一个民族不能没有形而上学,而且个人实质上也是形而上学的动物,所以,他在《小逻辑》一书中进一步发挥道:“人乃是能思维的动物,天生的形而上学家。真正的问题,不是我们用不用形而上学,而是我们所用的形而上学是不是一种正当的形而上学。”④也就是说,在某些历史时期,“理性的超越性向度”和形而上学可能会因为各种原因而出现萎缩,但它们始终与人类的

---

① 孙周兴选编:《海德格尔选集》下,上海三联书店 1996 年版,第 1289 页。
② 谢林:《先验唯心论体系》,梁志学等译,商务印书馆 1976 年版,第 15 页。
③ 黑格尔:《逻辑学》,贺麟译,商务印书馆 1980 年版,第 2 页。
④ 黑格尔:《小逻辑》,贺麟译,商务印书馆 1980 年版,第 216 页。

生存和思维结伴而行，这一点却是无可怀疑的。所有这些也表明，在以现代性为导向的现代社会的发展中，“理性的超越性向度”并没有消失，它始终发挥着自己的重要作用。

综上所述，马尔库塞在《单向度的人》中批判“理性的技术性向度”及其种种表现是有意义的，然而，他仅仅停留在这个向度中去理解理性又是片面的。事实上，这种理解方式必定会引申出悲观主义的结论。其实，在以现代性为导向的现代社会的发展中，理性的另外三个向度，即“理性的公共性向度”、“理性的规则性向度”和“理性的超越性向度”并没有消失，它们通过一些批判性的思想家的阐述而在人类意识中获得了普遍的认同，从而成了制约“理性的技术性向度”无限制泛滥的重要力量。理性的这三个向度的存在也表明，现代性具有一种自我反思、自我治疗的功能，所以，我们不能轻易地对现代性做出“是”或“否”的简单的结论。

哈贝马斯现代性理论的启示

在某种意义上,人生就是缘。有时候有缘,有时候则无缘。我与当代思想大师哈贝马斯及其思想的关系就处在这种有趣的状态之中。1988 年冬季学期,哈贝马斯在法兰克福大学哲学系开设了题为"二十世纪的美学理论(Aesthetische Theorien im 20. Jahrhundert)"的讨论班。当时,我作为联合培养的博士生,刚到哲学系报到,自然成了这个讨论班的常客。这不仅因为我对哈贝马斯心仪已久,希望有更多的机会去感受大师的灵气,也因为美学是我比较感兴趣的学科之一。我猜想,一定有不少参与者怀着与我同样的心情走向教室。但有时候,慕名而来的人实在太多了,哲学系的小教室无法容纳那么多人,于是,大家不得不转移到学校的大梯形教室去。此情此景还深深地留在我的记忆中。在长达两年的留学生涯中,我差不多搜集到了哈贝马斯已出版的全部著作。当时主要读了他的《Therrie des kommunikativen Handelns》(《交往行为理论》)和《Technik und Wissenschaft als 'Ideologie'》(《作为意识形态的技术和科学》),特别是后面一本书关系到我正在撰写的博士论文(《意识形态论》),所以读得比较细致。

1990 年回国并完成博士论文后不久,我开始把一部分精力转移到对哈贝马斯的研究上。我对他关于现代性问题的探讨有着特别的兴趣，并应一家出版社之约开始翻译他的《Der philosophische Diskurs der Moderne》(《关于现代性的哲学演讲》)。这本书是由12篇讲稿组成的，我已译出它的“前言”和第一个讲稿的第一、二部分，但繁忙的行政工作终于使我不得不搁下了笔。有趣的是，我的一位博士生汪行福，他对哈贝马斯的哲学也怀有特别的兴趣。他在复旦大学哲学系攻读硕士学位时，其学位论文就是研究哈贝马斯的。他从1995年开始读博的时候起，就向我提出，他的博士学位论文打算研究哈贝马斯的现代性理论。我对他的想法非常支持，何况，《关于现代性的哲学演讲》也已有英译本，这就为他的研究工作铺平了道路。经过三年的艰苦努力，汪行福非常出色地完成了博士学位论文。在答辩时，他的论文得到了与会专家的一致好评。在我和另一位教授的推荐下，这篇论文很快地获得了上海市马克思主义学术著作出版基金的赞助，很快就要面世了。当汪行福博士希望我为他的论文写序时，我欣然同意了。

有趣的是，1999年，即在我初次见到哈贝马斯后的第十一个年头，已届七十高龄的哈贝马斯，在经过好多年的犹豫之后，终于决定访问中国。大约4月初的时候，中国社科院的一位朋友把这个消息告诉了我，我当然很高兴。事实上，我们这里也已多次邀请他来访问，但由于各种原因，均未成行。我和那位朋友大致商定了哈贝马斯在复旦大学和上海社科院讲学的日程。德国驻上海的总领事馆也给我寄来了哈贝马斯在《时代》周刊1999年第14期(3月31日)上发表的文章《注意。德国人和他们的纪念物》(Der Zeigefinger. Die Deutschen und ihr Denkmal)，这是他为纪念推倒柏林墙十周年而写的，其中包含着他在政治哲学和文化方面的新的思考。期盼已久的哈贝马斯的来访似乎已成定局。然而，好事多磨。在4月下旬，我突然得到消息，由于身体不适，哈贝马斯已在医生的劝告下放弃了这次出访的机会，并把对中国的访问无限期地推迟了。这不禁使我联想起卡夫卡笔下的土地测量员，他希望进入城堡中，但实际上他一直围绕着城堡在兜圈子。哈贝马斯也希望进入中国，但除了他的著作和思想外，他本人则始终在外面徘徊。他是否愿意再向命运索取类似的机遇呢？换言之，我们是否有缘在中国再见到他呢？我们不得而知。

在感叹命运之神奇与缘之悭吝之后，我们不得不使自己的注意力重新返回到汪行福博士的论文所探讨的哈贝马斯的现代性理论上。为什么哈贝马斯要把现代性作为一个重要的问题提出来？按照他本人在《关于现代性的哲学演讲》的“前言”中的说法，一方面是为了回应以德里达为代表的新结构主义对传统理性主义的批判，因为这一批判在公众意识中产生了越来越大的影响；另一方面，也是为了回应利奥塔在《后现代性的条件》(1979)一书中提出的“后现代性”的概念，因为这一概念也得到了越来越多的人的认同。因此，哈贝马斯写道：“我尝试着从由新结构主义的理性批判引发的挑战所构成的视角出发，渐渐地形成关于现代性问题的哲学演讲。在这一演讲中所涉及的现代性问题，从 18 世纪后期起已经被提升为一个哲学课题。关于现代性的哲学演讲常常关涉到美学问题并与之交织在一起。这一课题必须加以限定，我这里的讲座并不涉及艺术和文学中的现代主义。”[①]这段话明确地告诉我们：第一，哈贝马斯对现代性问题的关注特别受到新结构主义的影响；第二，现代性作为哲学问题始于 18 世纪后期；第三，关于现代性问题的探讨不涉及到艺术和文学中的现代主义。显然，作这样明确的限定是必要的，因为文学艺术中的现代主义是一个极为复杂的问题，它和哲学意义上的现代性概念之间不但存在着内涵上的差异，也存在着时间差。当然，它们之间也存在着不可忽视的内在联系，所以，哈贝马斯指出：“关于现代性的根据问题最初是在美学批判的领域里被意识到的。……虽然‘现代性’这一名词(它总是与一对反义的形容词‘古代的’和‘现代的’一起出现)在古代的后期已经在编年史的意义上被使用，但在欧洲新时代的语言中，形容词‘现代的(modern)’的形成是很晚的，大约在十九世纪中期才出现，而且它最初出现在美的艺术的领域里。这就可以理解，为什么像‘现代性(Moderne)’、‘现代性(Modernitaet)’和‘现代性(modernité)’这样的表述形式直到今天仍然保留着美学上的核心意义，而这方面的意义正是通过对先锋派艺术的自我领悟而产生出来的。”[②]

在哈贝马斯关于现代性的十二个演讲中，前面四个演讲是于 1983 年 3

---

① J. Habermas, *Der philosophische Diskurs der Moderne*, Suhrkamp Verlag, 1985, S. 7.

② J. Habermas, *Der philosophische Diskurs der Moderne*, Suhrkamp Verlag, 1985, S. 16 – 17.

月在巴黎的法兰西学院作的。其余部分则是在美国的康乃尔大学和波士顿学院作的。与此同时,他在法兰克福大学也开设了同样的讲座。这使他关于现代性的观点在世界范围内产生了广泛的影响。从他的第五讲的内容“神话的纠缠和启蒙:霍克海默和阿多诺”的内容来看,哈贝马斯关注现代性问题的一个深层动因是:试图通过对现代性问题的诊断,超越霍克海默和阿多诺在《启蒙辩证法》、《否定辩证法》等著作中把社会批判理论引向单纯的批判和否定的悲观主义的倾向,重振社会批判理论和德国理性主义传统的雄风。

那么,现代性问题的本质含义是什么呢?哈贝马斯的论述是从韦伯意识到的西方现代社会的发展与合理化之间的内在联系出发的:“马克斯·韦伯不仅从合理化的观点出发论述了西方文化的世俗化,更重要的是论述了现代社会的发展。这种新的社会结构是通过那些双重功能交织在一起的制度形成起来的,而那些制度又是从资本主义企业和官僚国家机器的组织核心的周围结晶出来的。韦伯把这一行为理解为目的合理的经济行为和管理行为的制度化。在这样的范围内,这种文化的和社会的合理化的日常生活被把捉住了,而那些传统的、在近代初期首先表现为职业等级差异的生活形式则已经自行解体了。但是,生活世界的现代化不仅仅是通过目的合理性的结构来确定的。杜克海姆(E. Durkheim)和米德(G. H. Mead)已经发现,合理化的生活世界是通过一种愈益趋向反思性的、并已失去了其质朴性传统的交往而产生出来的;通过行为规范和价值的普遍化,交往行为从限定的、狭隘的前后联系中摆脱出来,进入更宽泛的选择游戏的空间中;最后,通过各种社会化的模式,着眼于抽象的、自我同一性的培养并大大地促进了人的成长的个体化。正如社会理论方面的经典作者已经指出过的那样,这大致上就是现代性问题的图像。”[①]这段话表明:第一,现代性问题的核心是合理化问题。第二,现代性问题有两个侧面。一个侧面是被韦伯揭示出来的,即现代社会在文化上和社会制度上的合理化;另一个侧面是被杜尔克默和米德揭示出来的,即现代生活世界的合理化主要是在新的交往行为以及与这种行为相关的、普遍的行为规范和价值

---

① J. Habermas, *Der philosophische Diskurs der Moderne*, Suhrkamp Verlag, 1985, S. 9 – 10.

的导向下形成并发展起来的。在哈贝马斯看来,把这两个不同的侧面合起来也就构成了现代性问题的全幅内容。第三,杜尔克默和米德关于交往行为理论的见解对哈贝马斯产生了重要的影响,从这种理论中,他找到了超越韦伯关于目的合理的经济行为和管理行为的分析、扬弃霍克海默和阿多诺关于工具理性的批判、抗衡后现代主义和新结构主义对现代性的非难的重要理论武器。

在搞清楚现代性的本质含义之后,我们还要继续追问:现代性和人们通常使用的"现代化(Modernisierung)"之间又有什么关联和区别呢?哈贝马斯写道:"'现代化'这个词是在五十年代作为专门术语被引进来的;从那时候起,它标志着一个理论上的开端,即人们已接受了马克斯·韦伯的课题,但是人们是以社会科学的功能主义作手段来探讨这个课题的。现代化的概念涉及到一系列的积累起来的、彼此之间不断强化的过程:资本构成和资源转化为资金;生产力的发展和劳动生产率的提高;政治中心权力的实施和民族认同性的培养;政治参与权、优雅的生活方式和程序化的学校教育的扩展;价值和规范的世俗化等等。现代化的理论赋予韦伯的'现代性'概念以一个内涵十分丰富的抽象,它把现代性与其新时代的欧洲的起源分离开来,使之成为一种对一般社会发展过程来说在时空上都中性化的模式。此外,它以现代化过程不再作为能被把握的合理化(即对理性结构的一个历史性的客观化)的方式破坏了现代性和西方理性主义的历史连贯性之间的相互关系。"①在这段重要的论述中,哈贝马斯告诉我们:第一,现代化概念是在本世纪50年代才被提出来的,因而比起现代性来,它是一个比较晚出的概念。第二,现代化的概念也是在韦伯思想的背景下形成的,但这一概念主要是按照功能主义的思路被阐释出来的,这种阐释方法已为现代化和现代性两个概念的分离乃至对立埋下了根子。第三,现代化包括政治、经济、生活方式、学校教育等方面的有序化和世俗化。第四,通过功能主义的阐释,把现代性与西方理性主义传统对立起来了,并进而把只体现经济、技术和国家功能的现代化与失去了理性主义传统的现代性对立起来了。在哈贝马斯看来,现代化概念的出现以及它与现代性概念的对

---

① J. Habermas, *Der philosophische Diskurs der Moderne*, Suhrkamp Verlag, 1985, S. 11.

立是导致后现代主义思潮产生的一个重要的原因。

我在上面之所以不厌其烦地对哈贝马斯现代性理论的最基本的观点作了一个回顾，目的是为了论述它的意义，尤其是它对正在从事现代化事业的当代中国社会的意义。换言之，我真正关心的是，哈贝马斯的现代性理论究竟为我们提供了哪些有益的启示？

1. 哈贝马斯使我们对自己的历史处境获得了一种清醒的自我意识

中国作为一个后发的国家，其现代化的进程处在一个巨大的历史错位中。上个世纪后半叶，当中国知识分子开始认识到发展科学技术和商品经济的重要性时，西方国家已出现了一个强大的批判资本主义的社会主义思潮。歧路亡羊，中国知识分子最后选择了社会主义的道路。到了本世纪六七十年代，当中国知识分子意识到传统的、苏联模式的社会主义只能把政治、经济和社会生活导向死胡同从而提出了现代化的口号的时候，西方已出现了后现代主义思潮，并对现代化与现代性的主导价值进行批判。在当代中国，前现代的（即传统的）价值体系、现代性的价值体系和后现代主义的价值体系纷然杂陈，我们应当作何选择？哈贝马斯给我们的启示是：我们应该坚持现代性的价值体系，但又必须从前现代的价值体系，特别是从后现代主义的价值体系中吸取合理的因素，以便不断地完善现代性的价值体系，用以指导现代化的实际进程。

2. 哈贝马斯使我们意识到必须认真地反思现代性与现代化的关系

在某种意义上，现代性是现代化的理念，现代化则是现代性的现实。这两者之间常常会出现差异。比如，当代中国的现代化是以市场经济的发展为基础的。但这种中国式的市场经济又是从传统中国社会的自然经济和后来的计划经济的基础上脱胎出来并发展起来的，所以其根本特征是行政权力对经济生活的过度干预，由此而引起了现代化实际进程的畸变，并使这种进程与通过现代性表现出来的现代化的理念发生了激烈的冲突。所以，一方面，要从现代性出发，对现代化的实际进程进行批评性的检视；另一方面，又要把现代化进程中出现的新的、越出传统的现代性视野的东西吸纳进来，不断地丰富现代性的内涵。如果现代性与现代化之间不能实现动态的协调，那么前现代的、传统的价值体系和后现代主义的价值体系必然会应势而起，产生越来越大的影响。

3. 哈贝马斯对工具理性的批判也为我们重新反思现代化进程中理性的含义和作用提供了重要的思想资源

中国人的简朴生活通常是以实用理性为指导的,比如,"无事不登三宝殿"、"古为今用"、"洋为中用"等惯常的说法都体现出这种理性的无处不在。这种注重实用的理性本身已蕴含着把他人和周围的一切都视为工具的强烈的意向。随着市场经济、科学技术的发展,行政管理方式的改变和个体意识的觉醒,工具理性在社会生活和文化观念中产生越来越大的影响。西方社会发展的现实告诉我们,这种工具理性的发生是必然的,它在经济行为、管理行为和科学技术发展等方面的作用也是不可或缺的,但它对整个生活世界的渗透,必然导致哈贝马斯所说的"生活世界的殖民化",导致人的贬值和人文价值的失落。在这个意义上,工具理性批判是我们面临的一项长期的、重要的任务。

4. 哈贝马斯在对现代性的诊断中强调"把研究的焦点从认识的—工具的合理性转向交往的合理性(kognitiv-instrumentellen zur kommunikativen Rationalitaet)"①

这表明,他力图通过工具理性和交往理性的两分来丰富理性概念的内涵,并通过对交往理性地位的高扬来重建理性的尊严。虽然交往行为理论不是哈贝马斯首创的,他实际上受到马克思、雅斯贝尔斯、米德等人的重大的影响。虽然这一理论也遭到不少人的批评,甚至有人认为,这种理论在最好的情况下也不过是无法加以实现的乌托邦,但无论如何,强调人与人之间的沟通、强调沟通所遵循的行为规范和价值的重要性,是有普世性的意义的,而在中国文化的语境中,事实上我们会特别深刻地感受到这一点。众所周知,作为中国传统哲学和文化的核心概念的"道"的初始含义就是路,而路的最本质的含义就是通达。道的含义在衍化时也可解释为"说"。老子说,"道可道",这里的第二个"道"就是"说"的意思,而"说"也就是沟通的意思。但中国历代的知识分子在释道的过程中,把道仅仅解释为"规律",从而忽略了我们前面提到的道的两个基本的含义。由于这种阐释方式,中国哲学文化中的道的精神陨落了,实用性的、知性的思维方式占了主

① J. Habermas, *Theorie des kommunikativen Handelns*, Suhrkamp Verlag, 1988, S. 525.

导的地位。在当代中国社会的语境中，恢复道的初始的、基本的含义和精神，不但要重视对各种传统的、阻碍生产力发展的制度进行改革，从而疏通各方面的关系，更重要的是要疏通人与人之间的关系，重视市民社会的建设、民法的制定、新闻法的出台、道德行为规范的确立、政治制度的民主化等方面的工作。可以断言，中华民族的伟大复兴应该是与道的伟大精神的恢复不可分割地关联在一起的，而正是在这一方面，哈贝马斯的交往行为理论为我们提供了重要的启示。

阿尔都塞意识形态理论新探

在探讨西方马克思主义的意识形态理论时，阿尔都塞的理论是一个绕不过去的主题。然而，人们在研究这个主题时，着眼点往往落在《保卫马克思》(1965)和《阅读〈资本论〉》(1965)这两部著作上，忽略了他在20世纪70年代出版的论著，尤其是其长篇论文《意识形态和意识形态国家机器(研究笔记)》中的新见解。如果说，在《保卫马克思》和《阅读〈资本论〉》这两部著作中，阿尔都塞把意识形态理解为一种隐藏在人们思想深处的、有待于破解的深层语法，那么，在70年代，他对意识形态问题的探索又获得了新的进展。这些新的进展不仅引起了国际学术界的广泛的兴趣，而且也成了人们在新的时代条件下反思意识形态问题的新起点。本文认为，阿尔都塞在70年代的论著中对意识形态问题研究的新贡献主要在于以下三个方面。

一、作为国家机器的意识形态

在《意识形态和意识形态国家机器(研究笔记)》(1970)一文中，阿尔都塞提出了“意识形态国家机器”(Ideological State Apparatuses，简称为

ISAs）的新概念。这一新概念很容易使我们联想起马克思曾经使用过的“国家机器”（State Apparatuses）的概念。众所周知，马克思常常把军队、警察、法庭和监狱等机构视为“国家机器”。那么，阿尔都塞提出的“意识形态国家机器”这个新概念指称的对象究竟是什么呢？他这样写道：

我把意识形态国家机器称为一个确定数量的实在，它们以特殊的、专门化机构的形式出现在直接的观察者面前。在这里，我提供出一份关于它们情况的经验性的表格，当然，这份表格需要详尽地进行考查、检验、更正和重组。带着这种需要所蕴含着的种种保留，我们能够把下面的机构看做是意识形态国家机器（表格中的排列次序并不具有特殊的意义）：

宗教的意识形态国家机器（各种教会系统）

教育的意识形态国家机器（各种公立的、私立的学校的系统）

家庭的意识形态国家机器

法律的意识形态国家机器

政治的意识形态国家机器（政治制度，包括不同的政党）

工会的意识形态国家机器

通讯的意识形态国家机器（出版社、无线电、电视等）

文化的意识形态国家机器（文学、艺术、体育运动等）①

显然，阿尔都塞的“意识形态机器”所指称的对象与马克思的“国家机器”所指称的对象存在着重大的区别。为了使这一区别显得更容易理解，阿尔都塞把马克思所说的“国家机器”称之为“强制性的国家机器”（the repressive State apparatus）。当然，阿尔都塞也承认，加上“强制性的”这一定语，也并不会使这一区别变得更为明晰，因为在“意识形态国家机器”的运作过程中，同样也在一定范围和一定的程度上存在着“强制性的”状态，然而，比较起来，这种“强制性的”状态仍然与马克思所说的“国家机器”运作中的“强制性”状态存在着质和量上的差别。所以，经过反复考虑，阿尔都塞还是选择了“强制性的”这个形容词作为修饰马克思所说的“国家机器”

---

① L. Althusser, *Essays on Ideology*, Verso Books, 1976, p. 17.

这个名词的定语。他告诉我们，在马克思的“强制性的国家机器”和他的“意识形态国家机器”之间存在着如下的差异：

第一，“强制性的国家机器”是单数，即只有一个，因为军队、警察、法庭、监狱等机构，虽然看上去也是复数，实际上却是受政府的统一指挥的。也就是说，它有着多样性和差异性的外观，但实际上却是单一性的；与此不同的是，“意识形态国家机器”是以复数的形式呈现出来的，“即使我们假定存在着一个由复数形式的意识形态国家机器组成的统一体，这个统一体也不是直接可见的”①。

第二，“强制性的国家机器”属于“公共领域”(public domain)，它高高在上，每个人都意识到它的存在和必须服从的权威性；然而，就“意识形态国家机器”而言，它们却从属于“私人领域”(private domain)，它们以不起眼的、弥散的方式存在着。事实上，在西方国家中，教会、政党、工会、家庭、一部分学校、大部分报纸、文化事业等等，都具有私人的性质，从属于私人领域。阿尔都塞认为，就“意识形态国家机器”从属于私人领域这一新见解的形成而言，人们主要得益于葛兰西。充分地认识到这一点，也就把握了西方国家政治生活的本质特征。阿尔都塞所作的结论是：“私人机构完全能够作为意识形态国家机器很好地‘发挥作用’，对任何一种意识形态国家机器作充分合理的分析都能证明这一点。”②

第三，“强制性的国家机器”通过“暴力”(violence)发生作用，而“意识形态国家机器”则通过“观念”(ideology)发生作用。人们也许会这样说，任何一种国家机器，不管是“强制性的国家机器”，还是“意识形态国家机器”，都是既通过暴力，同时又通过意识形态发生作用的。实际上，“强制性的国家机器”不可能完全脱离“意识形态国家机器”所制造的意识形态，单独地起作用；反之，“意识形态国家机器”一旦失去了“强制性的国家机器”这一背景性的力量，它们也会丧失自己的主导性，沦为轻飘飘的东西。也就是说，在“意识形态国家机器”发生作用的过程中，始终蕴含着“强制性的国家机器”的暴力支援因素。在有些情况下，甚至某些“意识形态国家机器”本身在运作中就直接采用了暴力的方式，如教会、学校对学生或信

① L. Althusser, *Essays on Ideology*, Verso Books, 1976, p.18.

② L. Althusser, *Essays on Ideology*, Verso Books, 1976, p.18.

徒的规训、体罚、除名、挑选等等。事实上,这两种不同类型的国家机器的配合是十分默契的,在主导价值上也是基本一致的。正是在这个意义上,阿尔都塞写道:“据我所知,任何阶级如果不同时对意识形态国家机器施行霸权或通过意识形态国家机器施行霸权,它就不可能长时期地掌握国家权力。”①

然而,在阿尔都塞看来,不管这两种不同类型的国家机器在发挥作用时如何相互渗透、相互贯通,从总体上看,这种差异仍然是存在的,而“意识形态国家机器”之所以常常会引起人们的迷惑,就是因为它们在绝大多数的情况下不是通过暴力的方式,而是通过意识形态,以潜移默化的方式发挥作用的。所以,阿尔都塞总结道:“所有的国家机器都是既通过强制,又通过意识形态发生作用的,其差异在于,强制性的国家机器大量地、主导性地依靠强制发生作用,而意识形态国家机器则大量地、主导性地依靠意识形态发生作用。”②

在充分论述“意识形态国家机器”的主要特征的基础上,阿尔都塞又提出了“支配性的意识形态”(ruling ideology)和“支配性的意识形态国家机器”(dominant ideological State apparatus)的新概念。在阿尔都塞的理论语境中,所谓“支配性的意识形态”也就是掌握国家权力的统治阶级的意识形态,正是通过这种意识形态的协调,“强制性国家机器”与“意识形态国家机器”之间、不同的“意识形态国家机器”之间可能出现的各种裂痕乃至冲突才可能被化解。所谓“支配性的意识形态国家机器”也就是“支配性的意识形态”的主要载体。

阿尔都塞指出:“在我极为宽泛地考察过的前资本主义历史时期中,极为清楚的是,存在着一个支配性的意识形态国家机器——教会(the Church),它不仅集中地发挥着宗教的功能,而且也在相当程度上发挥着教育的、‘文化’的功能。”③从16世纪到18世纪的欧洲,几乎所有的意识形态方面的斗争都集中在对宗教和教会的态度上,法国大革命不光把政治权力从封建贵族手中转移到资产阶级的手中,而且也对教会这一支配性的意

① L. Althusser, *Essays on Ideology*, Verso Books, 1976, p.20.
② L. Althusser, *Essays on Ideology*, Verso Books, 1976, p.23.
③ L. Althusser, *Essays on Ideology*, Verso Books, 1976, p.25.

识形态国家机器进行了猛烈的冲击,并力图以世俗化的支配性的意识形态国家机器取而代之。

那么,这里说的世俗化的支配性的意识形态国家机器又是指什么呢?阿尔都塞的解答是这样的:“我确信,在成熟的资本主义社会形态占支配地位的社会中,有一种意识形态的国家机器,作为运用强有力的政治和意识形态方面阶级斗争的手段反对旧的支配性的意识形态国家机器的一个结果,已经被确立起来了,它就是教育的意识形态机器(the educational ideological apparatus)。”①也就是说,在当今西方社会中,学校—家庭的组合已经取代了教会—家庭的组合。说得更直截了当些,当代西方社会中支配性的意识形态国家机器就是“学校”(School),正如阿尔都塞所说:“事实上,在今天,教会作为支配性意识形态国家机器的角色,已经被学校所取代。”②

应该指出,在考察阿尔都塞“意识形态国家机器”的学说时,我们必须注意到,他这方面的学说是奠基于其“再生产”(reproduction)理论的基础之上的。按照阿尔都塞的观点,任何一个社会形态的延续都是通过再生产的方式表现出来的,而再生产有两个不同的侧面:一是“生产资料的再生产”(reproduction of the means of production);二是“劳动力的再生产”(reproduction of labor - power),而在“劳动力的再生产”中,不光包含着对劳动者的技能方面的训练,也包含着对劳动者的全部思想意识的训练,即训练他们服从支配性的意识形态,服从掌握着政治权力的统治阶级。而在这一训练和教化的过程中,“意识形态国家机器”起着根本性的作用。

总之,阿尔都塞关于“意识形态国家机器”和“支配性的意识形态国家机器”的新概念的提出、他对传统社会中的教会和当今社会中的学校的重要性的论述,为我们深入考察意识形态问题提供了极为重要的启发。

二、作为人的本质的意识形态

在《意识形态和意识形态国家机器(研究笔记)》这篇极为重要的论文中,阿尔都塞提出了一个著名的观点,即“人本质上是一种意识形态的动

① L. Althusser, *Essays on Ideology*, Verso Books, 1976, p. 26.

② L. Althusser, *Essays on Ideology*, Verso Books, 1976, p. 31.

物”(man is an ideological animal by nature)[①]。显而易见,这个表述把人与意识形态之间的本质关系提升到前所未有的高度上。不管人们承认与否,他们实际上都生活在意识形态中,或者换一种说法,人无法以非意识形态的方式来生活。那么,阿尔都塞究竟是如何来论证他自己提出的这一重要观点的呢?

在他看来,前面关于“意识形态国家机器”这样的提法也是表面性的,就其实质而言,意识形态的真正的载体永远是人。一方面,没有作为主体而行动着的个人对意识形态的认同和贯彻,也就不可能有意识形态存在,即使它存在着也落不到实处;另一方面,个人也不可能以超意识形态的方式来生活,实际上,个人也只有隶属于、居留于意识形态中,才可能作为主体来言说和行动,并为他人所理解和认可。正是在这个意义上,阿尔都塞说:“主体的范畴是一切意识形态的构成要素,但同时我立即要补充说,只有当一切意识形态具有把具体的个体‘构成为’(定义为)臣民的功能时,主体范畴才是一切意识形态的唯一构成要素。”[②]众所周知,在英语中,subject这个词具有双重的含义:作为哲学范畴,它可以解释为“主体”;作为社会学意义上的角色,它又可以解释为“臣民”。乍看起来,这两种含义是正相反对的,因为“主体”试图表明的是自己的主动性和能动性,而“臣民”所要表示的则是自己的从属性和被动性。实际上,在阿尔都塞看来,这两种含义正以辩证的方式统一在个体与意识形态的关系中。

一方面,正是意识形态使个人陷入这样的幻觉,即把自己想象为自由自在的主体,仿佛自己的行为完全是由自我决定的,任何外在的因素都无法支配自己;另一方面,也正是意识形态把个人作为“臣民”加以“质询”(interpellation)或“招呼”(hailing)。比如,当一个人在街上行走时,突然有人“招呼”他,他听到了,转过了身。正是这一转身表明他是某种意识形态的“臣民”,他认同于它,归属于它,并在这种认同与归属中与他人相互识别、相互理解。

在阿尔都塞看来,这种“主体”含义与“臣民”含义的统一,最明显不过地统一在基督教的意识形态中。基督教把上帝作为唯一的、绝对的“主

① L. Althusser, *Essays on Ideology*, Verso Books,1976, p.45.
② L. Althusser, *Essays on Ideology*, Verso Books, 1976, p.45.

体”而与他的“臣民”对置起来。比如,上帝(耶和华)在云中对摩西喊道:“摩西!”摩西回答道:“我在这里! 我是摩西,我是您的仆人,请您说话吧,我将聆听!”于是,上帝对摩西说:“我是我所是(I am that I am)。”①正是通过这样的表达方式,上帝把他自己作为“主体”与作为“臣民”的摩西和其他人区别开来并对置起来。正如“主体”需要“臣民”一样,“臣民”也需要“主体”。

当然,在阿尔都塞看来,另一种更好的解释方式是:上帝将自己变为人,因为“主体”需要把自己变为“臣民”,以便通过“臣民”的眼睛和经验,在最终审判之日,重新进入主的怀抱,也就是说,重新返回到“主体”。阿尔都塞发挥道:“让我们将这种奇妙的必然性破译为理论语言,这种必然性就是,将主体复制为臣民,并且将主体本身复制成一个臣民—主体(a subject-Subject)。”②

在著名的法国心理学家拉康的影响下,阿尔都塞把个体在意识形态中呈现出来的“主体”和“臣民”的双重角色称为“意识形态的双重镜子—结构”(duplicate mirror-structure of ideology)。正是在这一结构中,展现出以下四种关系:把“个体”作为臣民加以质询;他们归属于这个主体;臣民与主体之间的相互识别,不同的臣民之间的相互识别以及主体最终的自我识别;绝对保证一切确实都是这样的,也绝对保证臣民们在识别自己是谁的条件下变得循规守矩,于是,一切都变得正常了。阿门——“它就是这样的”③。

从上面的论述中可以看出,阿尔都塞极其深刻地揭示出意识形态和个体之间的深层的、辩证关系。个人处处把自己视为“主体”并陷入自己是无限自由的幻觉中,并试图从这样的幻觉出发去理解自己和他人、自己和世界之间的关系,然而,实际上,他们始终居留于、归属于某种意识形态,并成为它的忠实的“臣民”。在阿尔都塞看来,哲学家们常常觉得自己居留

① L. Althusser, *Essays on Ideology*, Verso Books, 1976, p.53. 这使我们很自然地联想起马克思在《资本论》中谈到不同商品之间的价值关系时所说的话:“这种反思的规定是十分奇特的。例如,这个人所以是国王,只因为其他人作为臣民同他发生关系。反过来,他们所以认为自己是臣民,是因为他是国王。”参阅《资本论》第1卷,人民出版社1975年版,第72页注(21)。

② L. Althusser, *Essays on Ideology*, Verso Books, 1976, p.54.

③ L. Althusser, *Essays on Ideology*, Verso Books, 1976, p.55.

于任何意识形态之外,能够以完全超脱的方式来谈论哲学问题,事实上,他们的谈论完全是抽象的,因为作为意识形态的动物,或者换一种说法,作为某种意识形态的“臣民”,他们是不可能以一种超意识形态的、中立的方式来思考、言谈和写作的。阿尔都塞暗示我们,唯有在确定的意识形态的语境中来探讨“主体”的性质和作用,并进而谈论其他的哲学问题,这些问题的解答才具有现实性。

把意识形态理解为“不变形式”(immutable form)究竟是什么意思呢?这里涉及到阿尔都塞在其重要论文《意识形态和意识形态国家机器(研究笔记)》中探讨的一个基本问题,即所谓“意识形态没有历史”(Ideology has no history)的问题。

众所周知,马克思在《德意志意识形态》一书中曾有过这样的论述:“我们的出发点是从事实际活动的人,而且从他们的现实生活的过程中还可以描绘出这一生活过程在意识形态上的反射和反响的发展。甚至人们头脑中的模糊幻象也是他们的可以通过经验来确认的、与物质前提相联系的物质生活的必然升华物。因此,道德、宗教、形而上学和其他意识形态,以及与它们相适应的意识形式便不再保留独立性的外观了。它们没有历史,没有发展,而发展着自己的物质生产和物质交往的人们,在改变自己的这个现实的同时也改变着自己的思维和思维的产物。”①从这段论述中可以看出,马克思说意识形态没有自己的历史,主要是指:意识形态没有自己的独立发展的历史。换言之,不同历史时期的意识形态之间并没有实质性的联系,实质性的联系只存在于不同历史时期的现实生活和在其基础上产生的意识形态之间。一旦某一历史时期的现实生活被超越了,在这一现实生活的基础上产生出来的、相应的意识形态也就灰飞烟灭,成了历史的尘埃!显而易见,马克思是在历史唯物主义理论的基础上来阐述上述见解的。那么,阿尔都塞究竟是如何理解并阐发马克思的上述见解的呢?

在阿尔都塞看来,马克思在《德意志意识形态》中提出的意识形态没有历史的见解是“一个纯粹否定性的命题”(a purely negative thesis),它主要包含着两层意思:一是意识形态是纯粹的梦幻,是虚无;二是意识形态没

① 《马克思恩格斯选集》第1卷,人民出版社1995年版,第73页。

有自己的独立的历史。[1] 尽管阿尔都塞分析的第一点包含着对马克思的原意的曲解,因为马克思并没有把意识形态看做是纯粹的梦幻,既然他承认意识形态对现实生活具有某种掩蔽和扭曲的功能,那它就具有现实性的力量,决不是一种纯粹的梦幻。当然,阿尔都塞是从自己的视角出发来解读马克思的,这不光表现在上述见解中,也表现在他对马克思的上述命题作出了完全不同的解释。他写道:"虽然我愿意为之辩护的这一命题从形式上看仍然采纳了《德意志意识形态》的术语('意识形态没有历史'),但它完全不同于《德意志意识形态》中的这一实证主义的和历史主义的命题。"[2]

那么,阿尔都塞究竟是如何解释"意识形态没有历史"这一命题的呢?我们知道,阿尔都塞是一个对历史主义采取严厉批判态度的结构主义者,所以他不赞成马克思从纯粹否定的意义上来理解并阐述这个命题,而是把它按结构主义的方式转换为一个肯定性的命题。他这样写道:"意识形态的特征在于,它像一个非历史的实在(a non-historical reality),亦即一个全部历史的实在(a omni-historical reality)一样,具有自己的结构和功能。其意义在于,结构和功能是不变的,它始终以同样的形式出现在整个历史中。也正是在这个意义上,《共产党宣言》把历史定义为阶级斗争的历史,亦即阶级社会的历史。"[3]在阿尔都塞看来,在有阶级的社会中,不管历史时期如何变迁,意识形态的结构和功能总是不变的。也就是说,阿尔都塞是在这个确定的意义上来解读马克思的"意识形态没有历史"的命题的。

有趣的是,阿尔都塞并没有在这样的解释中停步,他继续往前走。他认为,意识形态没有历史这个命题,直接关系到弗洛伊德的另一个命题,即无意识是永恒的,它也没有历史。只要"永恒"(eternal)的含义不是指超越所有的历史,而是指在整个历史过程中存在着某种不变的形式,那么就可以这么说:"完全像无意识一样,意识形态是永恒的。"[4]

如果我们把阿尔都塞和马克思关于"意识形态没有历史"这同一个命

---

① L. Althusser, *Essays on Ideology*, Verso Books, 1976, p. 34.
② L. Althusser, *Essays on Ideology*, Verso Books, 1976, p. 34.
③ L. Althusser, *Essays on Ideology*, Verso Books, 1976, p. 35.
④ L. Althusser, *Essays on Ideology*, Verso Books, 1976, p. 35.

题的含义加以比较的话,就会发现,马克思主要是从意识形态的内容上来阐发这一命题的,即随着现实生活的变迁,意识形态也在不断地发生变化,在内容上,它没有自己独立发展的历史。而阿尔都塞则主要是从形式或结构上来阐发这一命题的,即不管现实生活和社会形态如何变化,整个意识形态的结构和功能总是保持不变,而既然它是不变的,所以它也就没有自己的历史。

综上所述,尽管阿尔都塞从结构主义的视角出发来论述意识形态理论,带有对历史观念的过度的排斥,但他对“意识形态国家机器”的论述、对个体与意识形态关系的辩证的考量、对意识形态与无意识在形式上的非历史性特征的揭示,都有其独到的见解,值得我们在考察意识形态问题时深长思之。

晚年阿尔都塞的生活和思想

众所周知,阿尔都塞是20世纪法国著名的结构主义的马克思主义哲学家。20世纪六七十年代,他在国际上的声誉如日中天。可是,一进入20世纪80年代,他的命运就急转直下,发生了惊人的变故。然而,国内学术界对晚期阿尔都塞的生活和思想几乎缺乏任何了解。本文通过对阿尔都塞的自传性作品《未来永远会持续下去》(1985)的解读,试图揭开掩蔽着晚年阿尔都塞生活和思想的重重帷幕。

1980年11月16日是法国理论界感到震惊的日子,也是阿尔都塞学术生命的一个重要的转折点。这天上午8点或9点,他突然从巴黎高师的住所跑到外面的院子里,大声叫喊:“我的妻子死了,我的妻子死了。”也住在高师的医生埃梯纳(êtienne)受到了召唤,当他进入阿尔都塞的房间,发现阿尔都塞的妻子赫勒娜(Hélène)确实已经死去的时候,阿尔都塞在边上不停地叫喊着:“我杀死了我的妻子,我扼死了她,我杀了她。”他处在一种可怕的激动和混乱的状态中。很久以来,埃梯纳医生就熟悉阿尔都塞,知道他的精神长期以来一直处于不稳定的状态之下。在咨询了一些相关的机构以后,埃梯纳医生立即把阿尔都塞送往圣安娜精神病院(the mental hospital of Sainte-Anne）。所以，当警察赶到的时候，阿尔都塞已经被救护车送往医院去了。

一开始，警察并没有发现他的妻子有被扼杀的痕迹，也没有发现房间里发生过暴力的现象，因而以为阿尔都塞被他妻子的突然死亡所震惊，以至于在绝望中陷入幻觉，认为自己应该对妻子的死亡负责。但在第二天进行尸检后发现，赫勒娜的气管被暴力所卡断，阿尔都塞确实扼死了他的妻子。于是，地方法院试图以“故意谋杀”罪起诉阿尔都塞，但圣安娜精神病院告诉法官，阿尔都塞的精神已经崩溃，他无法理解任何司法程序。在接受精神病院的报告两个月后，法官宣布对阿尔都塞免予起诉。

在圣安娜精神病院住了三年后，阿尔都塞于 1983 年搬到巴黎北部独自居住。那里远离高师所在的拉丁区。他的一些忠实的朋友经常拜访他，并以各种方式帮助他。他经常阅读一些书籍，接受他的学生所安排的一些访谈，特别关心人们对他所作的各种评论。他写下了第二部自传《未来永远会持续下去》（The Future Lasts forever，1985）[①]。当他陷于绝望之中的时候，常常穿着褴褛的服装，在巴黎北部的街道上走来走去。当他高声叫喊“我是伟大的阿尔都塞”（Je suis le grand Althusser）时，行人们吃惊地看着他。1990 年 10 月 22 日，这位富有独创性的思想家死于心脏病，享年 72 岁[②]。由于从 1980 年 11 月起他已退出学术界，因此人们通常把他的死亡称做“路易士·阿尔都塞的第二次死亡”（the second death of Louis Althusser）[③]。

《未来永远会持续下去》这部自传的原稿是由 323 张印着“高师信笺”的 A4 打字纸组成的。从原初的手稿可以看出，这部自传的书名是由阿尔都塞自己确定的，下面还有一个被他自己划掉的副标题“一个谋杀犯的简史”（Brief History of A Murderer）；在手稿上，也保留着另一个已经被划掉

---

① 他还写过另外一部自传《事实》（*The Facts*，1976）。考虑到晚年阿尔都塞的思想更集中地反映在他杀死妻子后撰写的《未来永远会持续下去》这部自传中，所以我们在这里主要考察这部自传。阿尔都塞这两部自传的编纂者科佩（Olivier Corpet）认为，前一部自传体现了喜剧式的叙事风格，后一部自传则体现了悲剧式的叙事风格。See Louis Althusser, Olivier Corpet, Yann Moulier Boutang, and Louis Althusser, *The Future Lasts Forever: A Memoir*, New Press, 1993, p. 8.

② Louis Althusser, Olivier Corpet, Yann Moulier Boutang, and Louis Althusser, *The Future Lasts Forever: A Memoir*, New Press, 1993, p. vii.

③ Louis Althusser, Olivier Corpet, Yann Moulier Boutang, and Louis Althusser, *The Future Lasts Forever: A Memoir*, New Press, 1993, p. xiv.

的书名《从黑暗到黎明》(From Darkness to Dawn)。手稿的行与行之间、页边和背面上写满了修改或增补的句子,作者还以罗马数字给自己的手稿编了号,总共23节。目前的书稿正是按照阿尔都塞自己的编排方式出版的。在这部极为重要的自传中,阿尔都塞主要叙述了如下的问题。

一、他如何杀死妻子赫勒娜

在《未来永远会持续下去》这部自传的第一节中,阿尔都塞重新回忆起他杀死妻子的那一幕。他坦然承认,他永远无法忘记谋杀发生的那一天,即1980年11月16日。他认为,当时事件发生时的许多细节,已经通过他遭受的痛苦,永远镌刻在他的脑海里。他记得,那天正好是星期天,上午9点钟左右,他穿着睡衣突然醒过来了。11月份的灰色的光线通过床尽头的高高的窗户照射进来,窗户上挂着破旧的红帘子,在阳光的照射下似乎在燃烧。赫勒娜也穿着睡衣背对着他躺在床上。她的臀部靠在床边上,双腿垂落在地毯上。阿尔都塞跪在地毯上,斜靠着她的身体,按摩着她的头颈。事实上,他常常按摩她的头颈和背部。作为战俘,他早就学会了这种按摩的技术。"但是,这一次,我正在按摩她的头颈的前面部分,我把双手的拇指紧压在她胸骨顶端的空陷处,压紧后,两个拇指再慢慢地各自朝左右的耳朵方向移动。在耳朵边上,肌肉显得很硬。我继续把手掌联成'V'字形对她进行按摩。我的前臂的肌肉开始感到非常疲劳;我意识到,当我正在按摩的时候,常常会发生这样的情形。赫勒娜的面部是平静的、安宁的;她的双眼张开着,瞪视着天花板。突然,我被恐怖击倒了。她瞪视着的眼睛一动也不动,而我注意到,她的舌尖正以古怪的、缓慢的方式在牙齿和嘴唇间显露出来。不用说,我以前看见过许多尸体,但在我的生活中,从来没有面对过已经被扼死的某个人的脸,而我明白,她已经被扼死了。但怎么会这样?我站起来,大声叫喊起来:'我已经扼死了赫勒娜!'"①

在慌乱之中,阿尔都塞冲出自己的房间,下楼向院子里奔去,去找他所熟悉的医生埃梯纳。由于是星期日,院子里静悄悄的,人们大多还在梦境中。他发疯般地敲打着医生的门,当门终于打开的时候,他对穿着睡衣的

---

① Louis Althusser, Olivier Corpet, Yann Moulier Boutang, and Louis Althusser, *The Future Lasts Forever: A Memoir*, New Press, 1993, p.16.

医生说,他已经扼死了赫勒娜,但医生无论如何不相信他说的话,口里只是喃喃地重复着:“这不可能。”阿尔都塞不得不抓住医生上衣的领子,把他拉到自己的房间里。医生检查了赫勒娜的身体后,说:“没有办法了,太迟了。”阿尔都塞问他,还能不能救活赫勒娜,医生回答道:“不。”①医生要阿尔都塞等一会儿。阿尔都塞心里明白,医生将会给学校、医院、警察局等处打电话,处理这件事。他全身颤抖地等在一边。当他注视着长长的、破旧的、紧紧地擦着床的底部的窗帘,不禁想起了他的老朋友马丁(Jacques Martin)。1964 年 8 月的一天,马丁在十六区的一间小小的卧室中死去了,他也伸展着肢体躺在床上。人们发现他的时候,他已经死了好几天了。在他的胸膛上,放着一枝长茎的、鲜红的玫瑰花。想到这里,阿尔都塞情不自禁地从窗帘上扯下一块布条,把它对角地(从右肩到左胸)覆盖到赫勒娜的胸膛上。

不久,医生回来了。阿尔都塞的思想已经陷入混乱之中,他仿佛觉得医生给他作了注射。随后,他跟着医生走过自己的办公室,那里,有人正在搬动他从高师图书馆里借来的书。“埃梯纳谈起了医院。我没入了黑暗之中。在圣安娜医院我‘醒’了,但我不能确定是什么时候。”②

从上面阿尔都塞自己所作的陈述中,我们很难说他是故意杀死他妻子的。事实上,从 1946 年起,他们已经是密不可分的伴侣了。阿尔都塞承认,他在 1940—1945 年成为德国人的战俘的时候已经学会了按摩,而且长期以来一直为她进行按摩,但为什么在这一次按摩中,却扼死了她?是不是他的思想这一刻正处在不清醒的状态中?至少我们从他自己的叙述中无法作出确定性的判断。

为阿尔都塞《未来永远会持续下去》一书撰写“导论”的道格拉斯·约翰逊(Douglas Johnson)曾经指出,在赫勒娜事件刚发生后不久,阿尔都塞在政治上和理论上的论敌曾对法院施加压力,强调阿尔都塞必须被逮捕,必须对自己杀妻的行为承担法律责任。但事实上,在很久以前,阿尔都塞

---

① Louis Althusser, Olivier Corpet, Yann Moulier Boutang, and Louis Althusser, *The Future Lasts Forever*: *A Memoir*, New Press, 1993, p. 16.

② Louis Althusser, Olivier Corpet, Yann Moulier Boutang, and Louis Althusser, *The Future Lasts Forever*: *A Memoir*, New Press, 1993, p. 17.

确实已患有精神上的疾病。在 1947 年他已经接受电击治疗,整个 50 年代,他都不断地处在医疗关注和分析之下。他经常在走廊上叫住学生,问他们他是谁,并告诉他们,他已经忘记了自己的名字。学生们常常把他的这种做法理解为一种游戏。确实,他的记忆时常出现惊人的失误。比如,他编辑和翻译的费尔巴哈的一些作品在 1960 年出版后,他竟完全忘记了他做过这方面的工作。他对弗洛伊德和拉康的作品的兴趣也从一个侧面反映出他对心理治疗的依赖。

约翰逊还认为,对于阿尔都塞来说,"除了他的母亲和妹妹,赫勒娜是他生活中的最重要的女人。他整个地依赖于赫勒娜,无论是他的健康、他的教学工作;还是他的论著的出版和他的朋友圈,都是如此"①。尽管阿尔都塞本人加以否认,但不少人认为,赫勒娜经常修改他的论著,有时甚至增加一部分内容或删掉一些章节等。1978 年,当阿尔都塞应约翰逊的邀请,在伦敦的讨论班上做报告时,他每天要给法国的赫勒娜打两次电话,并把讲课的录音带寄给她。既然他如此地求助于赫勒娜,为什么要杀死她呢?在约翰逊看来,还是要从他的精神疾病方面找原因。事实上,每次阿尔都塞与他妻子通话后,接着就给精神病医生打电话。约翰逊当时并不知道,阿尔都塞和他的妻子都在同一个精神病医生那里接受治疗。由于阿尔都塞在讲学期间住在约翰逊的屋子里,约翰逊第一次发现,他竟是一个梦游患者(a sleep-walker),他晚上经常起来走动,甚至进入约翰逊和他的妻子的卧室,并察看电话记录,但第二天早晨对自己的行为却一无所知。以前确实发生过这样的事情,即一个梦游患者在梦游中扼死了自己的敌人,醒来时却发现,原来被杀死的竟是自己的妻子。那么,阿尔都塞是否也陷入了同样的错觉之中呢?

人们也谈到了其他的可能性。一种说法是赫勒娜准备离开阿尔都塞,阿尔都塞怀着愤怒、害怕和嫉妒的情绪杀害了她;另一种说法是阿尔都塞正在服用的药物产生了破坏性的效果,当赫勒娜的朋友们发现她有危险时,她并没有及时向朋友们求助。实际上,在《未来永远会持续下去》这部自传中,阿尔都塞也若明若暗地叙述了各种可供猜测的可能性。在约翰逊

---

① Louis Althusser, Olivier Corpet, Yann Moulier Boutang, and Louis Althusser, *The Future Lasts Forever: A Memoir*, New Press, 1993, p. x.

看来,人们已经知道阿尔都塞是如何杀死他的妻子的,阿尔都塞的自述也印证了这一点,但人们也许永远无法确定,他为什么要杀死自己的妻子;也无法确定,在悲剧发生的时候,阿尔都塞的大脑是否是清楚的。人们经常说起,阿尔都塞的悲剧也就是阿尔都塞主义的悲剧。但约翰逊并不同意以这种简单的方式来评价阿尔都塞其人及其著作,他以同情的口吻写道:“阿尔都塞的晚年处在难以忍受的悲伤之中。他的自传作为一个受害者的自我描述,是非常生动的。”①

二、他为什么要撰写这部自传

在《未来永远会持续下去》这部自传的扉页上,阿尔都塞这样写道:“人们认为,我已经从那个关于我不适宜为自己进行辩护的宣判中得到了好处,但我并没有做出保持沉默的选择,我决定把我已经做过的事情公诸于众,这也许会引起人们的震惊。我并没有从这个宣判中获益,我宁愿当时出现在法庭上并回答各种指控。”②也就是说,在阿尔都塞看来,当时法庭对他作出的免予起诉的决定,实际上对他并不是有利的。为什么阿尔都塞会这么认为呢?

在《自传》的第二节中,阿尔都塞集中地解答了这个问题。他承认,在这个可怕的事件发生以后很久,他才了解到,认为他不适宜出庭辩护的决定是由圣安娜医院的三位专家在赫勒娜死后的第二周作出的,而他最亲密的两位朋友并不希望阿尔都塞这样做。事实上,在宣布这一决定之前,警察局也没有征询过阿尔都塞本人的意见。阿尔都塞写道:“事实上,我被剥夺了所有的选择,我是一个官方程序的受害者,我无法逃避它,因此不得不服从它。”③他又充满悲愤地指出:“当任何个人被宣布为不适宜为自己辩护时,他就注定被弃置在寂静的墓石下(beneath a tombstone of silence)。”④

---

① Louis Althusser, Olivier Corpet, Yann Moulier Boutang, and Louis Althusser, *The Future Lasts Forever: A Memoir*, New Press, 1993, p. xvii.

② Louis Althusser, Olivier Corpet, Yann Moulier Boutang, and Louis Althusser, *The Future Lasts Forever: A Memoir*, New Press, 1993, p. 13.

③ Louis Althusser, Olivier Corpet, Yann Moulier Boutang, and Louis Althusser, *The Future Lasts Forever: A Memoir*, New Press, 1993, p. 18.

④ Louis Althusser, Olivier Corpet, Yann Moulier Boutang, and Louis Althusser, *The Future Lasts Forever: A Memoir*, New Press, 1993, p. 18 – 19.

他认为,这一不适宜进行自我辩护的决定源自法国1838年颁布的《刑法》第64条。这一条款区分了两种犯罪的行为:一是犯罪主体是正常的,具有责任能力的;二是犯罪主体是有精神障碍或处在别人的胁迫之下的,亦即不具有责任能力的。在第二种情况下,罪犯就会失去在法庭上进行自我辩护的机会,他不能以自己的名义来陈述任何东西,或许他被关进了精神病医院。总之,他突然丧失了一个公民所应有的权利,在公众的视野里消失了。阿尔都塞认为,这样的情况是不公平的。在通常的情况下,一个人犯了罪,法庭会给他判刑,如两年,五年,二十年,甚至死刑。当他被监禁的时候,他确信自己正在"偿还欠社会的债务"。一旦"债务"偿清了,他也就获得了自由,可以重新开始自己的新的生活了。然而,一旦一个谋杀犯被诊断为精神错乱,他就可能被无限期地囚禁在精神病医院里。而在这样的情况下,如果他不自杀,那就永远生活在寂静和孤独的深渊里,没有人会去访问他,"他慢慢地成了活死人或既不是死人,也不是活人的人中间的一个(he slowly becomes one of the living dead or, rather, neither dead nor alive)"①。除了极少数亲密的朋友会去看望他并表示关怀外,他的生命和生活已经失去了任何标记。医院外面倾听不到他的任何声音。总之,对于整个社会来说,他已经失踪了。

阿尔都塞不无气愤地写道:"如果我讲到这种古怪的情况,那是因为我已经经历了它,而且在某种意义上我还在经历它。尽管我离开精神病医院已经两年了,对于以前听到过我的公众来说,我仍然是一个失踪的人(a missing person)。我既没有活着,也没有死去,尽管我还没有被埋葬,但我是'无躯体的'(bodiless),我只不过是失踪了,那就是福柯对疯狂所下的精彩的定义。"②当一个正常的罪犯死去的时候,他也就被埋葬了,而作为一个精神错乱的谋杀犯,他不但失踪了,而且还得冒险再度出现在社会生活和公众的面前,从而陷入恐惧和心神不宁之中。因为公众并不了解他的精神状态是否从根本上好转了,是否他还会进行谋杀。而他的亲密的朋友则

---

① Louis Althusser, Olivier Corpet, Yann Moulier Boutang, and Louis Althusser, *The Future Lasts Forever*: *A Memoir*, New Press, 1993, p. 22.

② Louis Althusser, Olivier Corpet, Yann Moulier Boutang, and Louis Althusser, *The Future Lasts Forever*: *A Memoir*, New Press, 1993, p. 23.

担心他的疾病是否会复发，从而不得不重新回到医院里面去。所有这些因素都左右着他从医院里出来以后的生活，并给他的新生活罩上了一层阴影。他觉得自己仍然生活在孤独无助和极度的痛苦之中。

阿尔都塞之所以决定写这部自传，就是为了从这种由医学和法学联盟的、每个人都有可能成为其对象的、可怕的意识形态的暴力下摆脱出来，使自己能过真正的人的生活。他无限悲愤地呼喊："所有我要做的事情，就是举起这块墓石，而正是那个宣判把我埋葬在这块墓石之下，而它已经窒息了我的生活。我要把这样的事实告诉每一个人，即我能支配自己的生活。"[①]阿尔都塞坦然承认，当他还被软禁在医院里的时候，他已经就这一谋杀事件咨询过许多朋友；从医院里出来后，他又咨询了许多专家，并阅读了国内外大量报道他的妻子被谋杀情况的文章；他把自己能够找到的、这方面的信息尽可能地搜集起来，并决定以撰写自传的方式为自己作出辩护。当他从医院出来时，许多朋友劝他保持沉默，不要让这件谋杀案在社会上或法学界再度引起争论。但阿尔都塞认为，他不应该接受这样的劝告，他必须有勇气作出"一个批判的忏悔"（a critical confession）[②]。阿尔都塞写道："哎，我不是卢梭。但是在计划写我自己和我已经经历过的、现在仍然还在经历的种种戏剧式的事件的时候，我经常想到他的前所未有的勇气。"[③]他决定像卢梭一样，坦诚地说出自己所想和所做的事情。正是在这个意义上，他否认《未来永远会持续下去》是一部自传，他提醒读者说："请注意，我下面所说的并不是日记，并不是我的回忆，并不是一个自传。我决心舍弃一切其他的东西，只记住那些对我并帮助我构成生活的富有激情的经历；而我认为，我的生活不但我自己已经看到了，而且其他人可能也已经看到了。"[④]

按照阿尔都塞的看法，他谋杀赫勒娜后，精神病医院、法院、警察局、学

---

① Louis Althusser, Olivier Corpet, Yann Moulier Boutang, and Louis Althusser, *The Future Lasts Forever: A Memoir*, New Press, 1993, p. 28.

② Louis Althusser, Olivier Corpet, Yann Moulier Boutang, and Louis Althusser, *The Future Lasts Forever: A Memoir*, New Press, 1993, p. 29.

③ Louis Althusser, Olivier Corpet, Yann Moulier Boutang, and Louis Althusser, *The Future Lasts Forever: A Memoir*, New Press, 1993, p. 29.

④ Louis Althusser, Olivier Corpet, Yann Moulier Boutang, and Louis Althusser, *The Future Lasts Forever: A Memoir*, New Press, 1993, p. 29.

术界联合起来所做的一切,都表明它们是“意识形态的国家机器”(the Ideological State Apparatuses)的组成部分。他指出:“我习惯于把这些称做意识形态的国家机器,我很惊奇,假如我不涉及到意识形态的国家机器的话,我就无法说明在我身上发生的所有的事情。”①在这个意义上,或许我们可以说,《未来永远会持续下去》这部著作既是阿尔都塞作出的“一个批判的忏悔”,也是他对“意识形态的国家机器”的批判的继续。

三、这部自传包括哪些实质性的内容

毋庸讳言,这部自传在内容上是非常丰富的。阿尔都塞对一些生活细节、自然景色和内心心理活动的描写是如此生动,这似乎与他的崇尚科学的、结构主义的倾向形成鲜明的对照。在这里,我们不可能把这部自传中讲到的一切都毫无遗漏地陈述出来。我们关注的是那些在理解阿尔都塞的生活和思想中具有实质性意义的内容。

首先,这部自传揭示了幼年阿尔都塞心中珍藏的秘密。阿尔都塞的母亲在婚前爱上的是男友路易士(Louis),但路易士在战争中牺牲了,他的弟弟查尔斯(Charles)取代了他哥哥的位置。他们结婚以后,生出了阿尔都塞。为了纪念路易士,阿尔都塞被取名为“路易士”。他在自传中这样写道:“我的父亲选择这个名字是为了纪念在凡尔登空战中牺牲的兄长路易士,而我的母亲之所以选择这个名字则是为了记住她早就爱上的,而且在她的整个一生中从未停止过对他的热爱的路易士。”②从很小的时候起,阿尔都塞就感受到母亲对他的百般呵护,但当他懂事以后,渐渐发觉,母亲真正倾其全心爱着的是“另一个路易士”(the other Louis):“无论如何,从最早的童年时期起,我就记住了一个男人的名字,一个死去了的男人的名字。他是我母亲曾经爱过的,也始终活在她的心灵中。”③阿尔都塞理解了母亲的爱和痛苦,他努力按照母亲对自己的期望去学习和工作:“我是好的,甚至太好了;我是单纯的,甚至太

---

① Louis Althusser, Olivier Corpet, Yann Moulier Boutang, and Louis Althusser, *The Future Lasts Forever: A Memoir*, New Press, 1993, p. 30.

② Louis Althusser, Olivier Corpet, Yann Moulier Boutang, and Louis Althusser, *The Future Lasts Forever: A Memoir*, New Press, 1993, p. 39.

③ Louis Althusser, Olivier Corpet, Yann Moulier Boutang, and Louis Althusser, *The Future Lasts Forever: A Memoir*, New Press, 1993, p. 54.

单纯了，就像我的母亲希望我的那样。我可以坦率地说，在从小时候直到29岁这段漫长的时间里，我整个儿变得单纯了，实现了我的母亲的愿望。”①在母亲的心目中，已经死去的路易士是一个单纯而完美的偶像，母亲正是按照这个偶像来教育和培养她的儿子的。她使自己的儿子变得听话，腼腆，不交结任何朋友，专心于自己的学业，以至于后来考入巴黎高师，并成了一个知名的哲学家。也正是在这个意义上，阿尔都塞不无遗憾地说："我是一个被塑造出来的哲学家(I was an established philosopher)。"②从阿尔都塞这方面的自述可以看出，他的性格中具有强烈的依赖性和封闭性。他说的"从小时候直到29岁"，也包括了他被关押在德国人的战俘营这段时间。也就是说，直到他于1945年离开战俘营，1946年认识赫勒娜的时候起，他才从母亲观念的影响下走出来，但在某种意义上，赫勒娜又成了他的母亲的某种替代物。赫勒娜比阿尔都塞大八岁，他们能够成为伴侣，或许也能在一定程度上印证他心理上的这种严重的依赖性。阿尔都塞也把自己这方面的感受上升为一种理论上的思考。他写道："家庭是最有力的意识形态的国家机器，这是一个无法抗拒的事实。"③

其次，这部自传告诉我们，对阿尔都塞影响极大的是他在里昂求学时的老师让·吉通(Jean Guitton)。由于父亲工作的调动，阿尔都塞跟随父亲到了里昂继续求学，为今后参加巴黎高师的入学考试作准备。他兴奋地写道："使我感到惊奇的第一个教师是让·吉通。他30岁，刚刚从巴黎高师毕业，一个巨大的脑袋(像罗马的'圆屋顶')长在瘦小软弱的躯体上。"④他是一个典型的基督教徒，不但充满智慧，而且为人真诚，也正是在他的引导下，阿尔都塞开始记日记，并学会了如何撰写学术论文。他充满感情地写道："作为一个受人尊敬的教师，即使吉通不是一个伟大的哲学家，但他确实教会了我两种真正的学院的美德，这两种美德后来在我的成功中起着巨

① Louis Althusser, Olivier Corpet, Yann Moulier Boutang, and Louis Althusser, *The Future Lasts Forever: A Memoir*, New Press, 1993, p. 57.

② Louis Althusser, Olivier Corpet, Yann Moulier Boutang, and Louis Althusser, *The Future Lasts Forever: A Memoir*, New Press, 1993, p. 57.

③ Louis Althusser, Olivier Corpet, Yann Moulier Boutang, and Louis Althusser, *The Future Lasts Forever: A Memoir*, New Press, 1993, p. 105.

④ Louis Althusser, Olivier Corpet, Yann Moulier Boutang, and Louis Althusser, *The Future Lasts Forever: A Memoir*, New Press, 1993, p. 91.

大的作用:第一种美德是,当你写作的时候,应当努力追求最大可能的明晰性(the greatest possible clarity);第二种美德是,构造和阐述关于任何论文主题(包括先天的和好像依靠纯粹推演的主题)的论证的艺术(通常也称之为技巧)应该是连贯的和可信的(coherent and convincing)。如果说,我在进入巴黎高师的竞争性考试及后来在争取学衔的哲学考试中取得了成功,本质上都应该归功于他。”[①]1939 年 7—8 月间,阿尔都塞已经通过了巴黎高师的入学考试,本来应当在同年 9 月进入高师学习,但第二次世界大战的爆发改变了一切,直到 6 年后,即 1945 年 10 月,他才跨进了巴黎高师的大门。阿尔都塞这方面的自述确实也可以在他的著作的严谨的风格中得到印证。

再次,这部自传也披露了阿尔都塞在第二次世界大战中的经历和感受。他被征召入伍后,一直处于受训练的阶段。1940 年 5 月,空军征召飞行员,由于阿尔都塞的伯伯死于空战,他很害怕担任飞行员,假装生病,逃过了一劫。但不久以后,德国军队占领了法国,他们统统成了战俘。德国人先骗他们说,在一周以后就可以获得自由;接着一周变成了一个月,德国人恐吓他们,如果逃跑,就要对他们的家属进行报复,其实,当时有成千上万个机会可以轻易地逃跑,但他们居然都没有逃跑;三个月后,他们被押送到德国北部,成了集中营中的战俘,并一直被关押到 1945 年战争结束!在集中营里,阿尔都塞的编号是 70670,干着从货车上卸煤这样繁重的体力劳动。有一段时间,他被委派到集中营的医院里,成了一个注射专家。由于他学会了一些德语,不久就成了主要的护士。在集中营里,阿尔都塞对可能遭到的饥饿感到恐惧,每天他都把一片面包和少量的布丁藏到床垫下。后来,他发现,这些藏起来的食品都变质了。终于,他对集中营的生活渐渐地变得适应了。他甚至认为,与外面的残酷的环境相比,集中营使他感到安全、舒适,就像在家里一样:“事实上,我不得不承认,作为一个战俘,我开始感到完全像在家里一样(我是真正地舒适的,因为在德国卫兵的保

---

① Louis Althusser, Olivier Corpet, Yann Moulier Boutang, and Louis Althusser, *The Future Lasts Forever*: *A Memoir*, New Press, 1993, p. 93 – 94.

护下,在带刺的铁丝网背后,我确实感到安全)。"[①]所以,在长达六年的关押期中,阿尔都塞从未认真地考虑过逃跑的问题。他还告诉我们:"正是在集中营中,我第一次从一个路过这里的巴黎律师那里听到了马克思主义。我也熟悉了一个孤单的共产主义者。"[②]阿尔都塞这里说的"一个孤单的共产主义者"名叫科莱吉(Pierre Courregès),他是在阿尔都塞被关押的最后一个月来到集中营的。他的活动改变了整个集中营中的气氛,以至阿尔都塞这样写道:"科莱吉是一个令人惊奇的人,他给我上了共产主义的第一堂实践课。"[③]终于,英国人把他们从战俘营中解放出来了,阿尔都塞回到了巴黎。阿尔都塞的这些自述之所以重要,因为通过它们,我们不仅加深了对他的性格的了解,而且也明白了他与马克思主义之间的渊源关系。

第四,这部自传也披露了阿尔都塞对自己和赫勒娜关系的看法。1946年12月,在巴黎,通过一个朋友的介绍,阿尔都塞认识了赫勒娜。她出生在巴黎第十八区的一个犹太人的家庭里。在她13岁的时候,她的父母已经因患癌症而先后去世,在一些朋友的影响下,她于30年代加入了共产党。1946年底,当阿尔都塞认识她的时候,她正处于最窘迫的情况下。由于战争,一方面,她几乎失去了所有的朋友;另一方面,她从1939年起,就已经与共产党失去了任何联系。阿尔都塞写道:"可以这样想象我们的会面。我们两个都是极端孤独的人,我们都处在绝望的深渊中。在完全偶然的情况下,我们会见了,认识到我们相似的精神状态,我们同样的痛苦、苦难、孤独和极度渴望的期待。"[④]对于阿尔都塞来说,当时年近三十,还从未和女性建立真正的恋爱关系;而对于赫勒娜来说,她已经38岁,在生活中历尽沧桑,甚至连谋生的工作也没有。按照阿尔都塞的叙述,赫勒娜主动向他进攻,他们很快有了第一次性关系,但阿尔都塞突然陷入了极度的痛苦和焦虑之中,并被送入了圣安娜精神病医院。在这里,他遭到了电击治

---

① Louis Althusser, Olivier Corpet, Yann Moulier Boutang, and Louis Althusser, *The Future Lasts Forever: A Memoir*, New Press, 1993, p.107.

② Louis Althusser, Olivier Corpet, Yann Moulier Boutang, and Louis Althusser, *The Future Lasts Forever: A Memoir*, New Press, 1993, p.110.

③ Louis Althusser, Olivier Corpet, Yann Moulier Boutang, and Louis Althusser, *The Future Lasts Forever: A Memoir*, New Press, 1993, p.111.

④ Louis Althusser, Olivier Corpet, Yann Moulier Boutang, and Louis Althusser, *The Future Lasts Forever: A Memoir*, New Press, 1993, p.116-117.

疗,几乎陷入绝望之中。由于赫勒娜的多方活动,才得以脱离医院。两人再度重坠爱河,建立了长达三十多年的伴侣关系。由于阿尔都塞的父亲不赞成儿子的婚姻,他们直到他父亲去世后的第二年才正式结婚。这一爱情并没有使阿尔都塞完全摆脱精神疾病的折磨。① 事实上,在他作为哲学家的声誉达到最高点的1965年(在这一年里他出版了《保卫马克思》和《阅读资本论》),他一直在接受心理医生的治疗。阿尔都塞出名后,不少年轻的女性追逐他,以致赫勒娜从70年代中期起也开始求助于心理医生。有一次,阿尔都塞当着赫勒娜的面,对一个来访的年轻女孩动手动脚,并和她一起下海游泳,几乎淹死在海里。极度痛苦和担忧的赫勒娜骂他:"你真卑鄙!我们之间的一切都结束了!我再也不想见到你!我再也不能忍受和你生活在一起!你是一个胆小鬼、一个杂种、一个没用的家伙!"②虽然在阿尔都塞的乞求下她回到了家中,但精神上的伤痕进一步加深了。

从1979年年底起,阿尔都塞的病情变得越来越严重,他不得不数次住院治疗。他这样写道:"不知怎么搞的,我陷入了半意识的状态中,有时甚至陷入了完全无意识的、极度混乱的状态中。我不再能够控制我的身体的运动,不断地跌跤并呕吐。我讲话的声音是含混的,经常用的是这个词,意谓的是另一个词,我也不再能追随知觉或把不同的知觉连贯起来。更不用说,我也不能写了,我说出来的东西也是语无伦次的。此外,我一直处在可怕的梦魇中,当我清醒的时候,它们也会持续很长的时间。事实上,我'生活'在清醒状态的梦境中,也就是说,我按照梦的逻辑来行动,误以为梦的幻象就是现实。当我清醒的时候,我不能够区别梦的幻象和简单的现实。"③当他住在医院里进行治疗的时候,赫勒娜是孤独的,而当阿尔都塞的许多朋友打电话来询问时,她在极度疲劳的情况下还不得不一一作答,但人们却从不试图去关心她和了解她。在日复一日的痛苦的折磨下,她滋

---

① 阿尔都塞并不承认赫勒娜在学术上对自己有重大的影响。他写道:"在她的判断中,一方面,缺乏哲学和政治理论方面的必要的能力,比如,她并不熟悉《资本论》;另一方面,她也缺乏党和政治行动方面的经验。"See Louis Althusser, Olivier Corpet, Yann Moulier Boutang, and Louis Althusser, *The Future Lasts Forever: A Memoir*, New Press, 1993, p. 120.

② Louis Althusser, Olivier Corpet, Yann Moulier Boutang, and Louis Althusser, *The Future Lasts Forever: A Memoir*, New Press, 1993, p. 157.

③ Louis Althusser, Olivier Corpet, Yann Moulier Boutang, and Louis Althusser, *The Future Lasts Forever: A Memoir*, New Press, 1993, p. 249 – 250.

生了自杀的念头,也想到了各种自杀的方式。而在这种可怕的精神状态下,他们又断绝了与外界的联系。一方面,他们不接任何电话;另一方面,来访者按门铃时他们也不开门。正如阿尔都塞所描写的:“我们两个一起关在我们自己的私人的地狱(our own private Hell)里。我们不再接电话,也不再对门铃作出反应。”①本来,悲剧也许是可以避免的,因为医生建议阿尔都塞于1980年11月13日或14日住院治疗,但赫勒娜请求医生延缓三天,而悲剧是在16日早晨发生的。

最后,这部自传也披露了阿尔都塞在理论传承和研究上的一些真实的想法。阿尔都塞强调,在他的学术生涯中,他从来没有离开过巴黎高师,直到他于1980年11月16日杀死妻子,其后再也没有回过巴黎高师,但从自传中可以看出,他担任过高师的校务秘书,处理过很多学术事务,他对这所学校是很有感情的。下面,抉出其学术见解和学术活动中的一些重要的片断,以飨读者。

其一,阿尔都塞对自己的哲学知识的论定。他写道:“实际上,我的哲学文本知识是相当有限的。我对笛卡儿和马勒伯朗士很熟悉;对斯宾诺莎有一点了解;对亚里士多德、智者派和斯多葛派完全不了解;对柏拉图和帕斯卡尔知道得很多;对康德完全不了解;对黑格尔有点了解;最后对我正在研究的马克思著作的一些段落有点了解。”②这段话说得很谦虚,但在相当程度上也反映出阿尔都塞哲学知识结构的贫乏。事实上,他也坦然承认,他在理论研究上的长处是具有另一种特殊的天赋 ,即:一方面,他具有“某种直觉的能力(certain intuitive powers)”,能够撇开枝节,迅速洞见理论问题的症结之所在;另一方面,他又具有“一种洞见各种联系的确定的能力或建立理论上的反对意见的能力(a definite ability for seeing connections, or a capacity for establishing theoretical oppositions)”③。正是这两方面的能力弥补了他哲学知识上的某种不足,使他一度在法国理论舞台上扮演了重要的角色。

---

① Louis Althusser, Olivier Corpet, Yann Moulier Boutang, and Louis Althusser, *The Future Lasts Forever: A Memoir*, New Press, 1993, p. 252.

② Louis Althusser, Olivier Corpet, Yann Moulier Boutang, and Louis Althusser, *The Future Lasts Forever: A Memoir*, New Press, 1993, p. 165 – 166.

③ Louis Althusser, Olivier Corpet, Yann Moulier Boutang, and Louis Althusser, *The Future Lasts Forever: A Memoir*, New Press, 1993, p. 166.

其二,阿尔都塞强调:"哲学家过的是孤独的生活(The philosopher leads a lonely life)。"[①]笛卡儿、康德、克尔凯郭尔、维特根斯坦都是如此。"哪怕我被朋友们所包围,我像世界上其他任何哲学家一样,在办公室里仍然是孤独的;我孤独地与我的思想、我的要求和我的超常的勇敢在一起"[②]。阿尔都塞的这一见解启示我们,凡在思想上具有原创性的人必定是孤独的。事实上,孤独正是不屈从任何他人的见解的一种确证。但这种关于孤独的自觉的意识是否也促使阿尔都塞的性格进一步封闭化,那就不得而知了。

其三,阿尔都塞坦然承认,自己与海德格尔之间存在着某种思想联系。在谈到自己对逻辑实证主义和英国分析哲学的忽视时,阿尔都塞笔锋一转,写道:"虽然有点晚,我已经读了海德格尔致让·波弗勒(Jean Beaufret)的《关于人道主义的通信》,它影响了我在马克思的研究中关于理论上的反人道主义的论证。"[③]这表明,在阿尔都塞的思想传承中,不光有取自巴歇拉尔的科学主义方面的成分,也有取自海德格尔的大陆形而上学方面的思想资源。

其四,阿尔都塞认为,法国人并没有真正地理解黑格尔。在他看来,无论是巴歇拉尔,还是萨特;无论是科也夫,还是伊波利特,都没有真正地理解黑格尔。有鉴于此,他写道:"至少在法国,关于黑格尔的每一样东西还不得不被理解、被解释。"[④]我们并不认为,阿尔都塞的这一评论是完全正当的。其实,阿尔都塞和被他批评的那些法国学者的差异只在于:他是从马克思和黑格尔之间存在着"认识论断裂"的角度出发去理解黑格尔的,而其他学者则是从马克思和黑格尔的理论联系的角度出发去理解黑格尔的。换言之,双方都具有片面的真理性。

其五,阿尔都塞以自己独特的眼光评论了法国的现象学研究。在法国理论界,流传着一个广为人知的神话,即法国社会学家雷蒙·阿隆(Ry-

---

① Louis Althusser, Olivier Corpet, Yann Moulier Boutang, and Louis Althusser, *The Future Lasts Forever: A Memoir*, New Press, 1993, p. 173.

② Louis Althusser, Olivier Corpet, Yann Moulier Boutang, and Louis Althusser, *The Future Lasts Forever: A Memoir*, New Press, 1993, p. 173.

③ Louis Althusser, Olivier Corpet, Yann Moulier Boutang, and Louis Althusser, *The Future Lasts Forever: A Memoir*, New Press, 1993, p. 176.

④ Louis Althusser, Olivier Corpet, Yann Moulier Boutang, and Louis Althusser, *The Future Lasts Forever: A Memoir*, New Press, 1993, p. 177.

mond Aron）从德国回来后，向他的好朋友萨特介绍了德国的现象学，于是萨特开始研究胡塞尔和早期海德格尔，从而引发了法国的现象学热。阿尔都塞认为，事实上，萨特和胡塞尔、海德格尔之间几乎没有什么真正的理论联系，萨特继承的主要是笛卡儿的传统。按照阿尔都塞的看法，在法国，真正对现象学有研究的是梅洛·庞蒂，他认真地探讨了胡塞尔的晚期著作，尤其是《经验和判断》、《关于时间意识的讲座》等。在巴黎高师的讲座中，梅洛·庞蒂对胡塞尔的现象学作出了卓越的解释。①

其六，阿尔都塞在自传中叙述了他走向马克思主义的漫长的道路。阿尔都塞早年是天主教的信徒，这种信仰一直保持到1947年。在一些朋友的诱导下，他阅读了费尔巴哈的重要著作《基督教的本质》，并花大量的时间来翻译这部著作。他指出："我的成功极大地归功于对他的著作的深入的阅读。"②正是费尔巴哈打开了他的眼界，不但帮助他从对天主教的信仰中摆脱出来，而且也引发了他对马克思的早期著作，乃至马克思的整个思想的兴趣。在对马克思思想的系统研究中，阿尔都塞发现了马克思思想发展中的"认识论断裂"，并通过对马克思思想成熟时期的著作《资本论》的阅读，从结构主义的视角出发，提出了一系列石破天惊的观点，从而在当代马克思的研究中自成一家之言。

综上所述，《未来永远会持续下去》既是阿尔都塞晚年的"一个批判的忏悔"，也是一部重要的理论著作。忽略了它，我们便无法获得对他的思想的完整的理解。

---

① Louis Althusser, Olivier Corpet, Yann Moulier Boutang, and Louis Althusser, *The Future Lasts Forever*: *A Memoir*, New Press, 1993, p. 178.

② Louis Althusser, Olivier Corpet, Yann Moulier Boutang, and Louis Althusser, *The Future Lasts Forever*: *A Memoir*, New Press, 1993, p. 207.

普兰查斯的政治哲学思想

普兰查斯(Nicos Poulantzas,1936—1979)出生于希腊。从青年时期起就对马克思主义的政治理论怀有强烈的兴趣,并参加了希腊共产党,积极参与国内的政治活动。1966 年完成了关于法哲学研究的博士论文,试图以卢卡奇和哥德曼的理论为指导,形成富有自己特色的法哲学理论。1968 年希腊共产党分裂后,他来到了巴黎,立即为阿尔都塞的“结构主义的马克思主义”学派所深深地吸引。不久以后,他自己也成了这一学派的核心成员。他结合当时的历史条件,运用“结构主义的马克思主义”的方法,深入地研究了资本主义和社会主义的政治理论,尤其是阶级、国家、权力、专政、意识形态等问题,先后出版了《政治权力和社会阶级》(1973)、《法西斯主义与专政》(1974)、《当代资本主义中的阶级》(1974)、《专政的危机》(1975)、《国家、权力和社会主义》(1978)等重要著作。1979 年,普兰查斯由于对社会主义事业的悲观失望而自杀身亡,年仅四十三岁。查兰查斯的思想既深受卢卡奇的影响,又深得阿尔都塞的要旨,他自己的思考也处处体现出不同凡响的原创性。如果一定要把他思想中倾向性最明显的地方勾勒出来的话,我们不妨称他为“结构主义的马克思主义”者。下面介绍的是他的代表性著作《当代资本主义中的阶级》(1974)。

一、《当代资本主义中的阶级》(1974)

这部著作实际上是由三篇论文组成的:第一篇论文论述“资本主义的国际化和民族国家”;第二篇论文论述“资产阶级:它们的矛盾以及它们同国家的关系”;第三篇论文论述“小资产阶级的传统和今天”。在这部著作的“序言”中,普兰查斯强调,这部著作并没有直接地探讨在资本主义的剥削中居于底层的工人阶级,“这部著作所涉及的这些阶级在马克思的理论中都是相对地遭到忽视的。而我认为,与以往比较起来,今天的革命战略的一个本质的组成部分在于很好地了解敌人,以便能够建立正确的联盟”①。但这并不等于说他不关注工人阶级的现状,事实上,普兰查斯认为,他也是以间接的方式在研究工人阶级,因为无论是在阐述资产阶级的内在矛盾的时候,还是在叙述与工人阶级的地位和处境十分接近的小资产阶级的历史和现状的时候,都是以工人阶级的存在作为参照系的。也就是说,虽然这部著作着重研究的是资产阶级和小资产阶级,然而普兰查斯真正关注的仍然是工人阶级和社会主义的历史命运。

1. 对马克思阶级理论的结构主义诠释

在这部著作的“导论”中,普兰查斯开宗明义地指出:“这些介绍性论述的目的并不是系统地描述马克思主义的社会阶级理论,而是把它作为在下面所从事的具体的分析的一种准备;这本书中的发展线索是把理论分析(theoretical analysis)非常紧密地同具体的分析(concrete analysis)联系起来,按照后者所需要的节奏来介绍前者。”②

首先,普兰查斯从自己的视角出发,对马克思主义的社会阶级理论作出了独特的解释。他认为,阶级是社会行动者构成的群体,它们主要是按照它们在生产过程,即经济领域中的实际地位来确定的。社会行为者的经济地位在决定社会阶级时起着决定性的作用,但绝不能下结论说,这是决定社会阶级的唯一的因素。“马克思主义认为,在生产方式和社会形态中,经济的地位确实有着决定性的作用;但是,政治和意识形态(上层建筑)也

---

① N. A. Poulantzas, *Classes in Contemporary Capitalism*, New Left Books, 1975, p. 9.

② N. A. Poulantzas, *Classes in Contemporary Capitalism*, New Left Books, 1975, p. 13.

有着非常重要的作用。事实上,不论什么时候,马克思、恩格斯、列宁和毛泽东在分析社会阶级时,都摆脱了单纯的经济标准(economic criteria)的界限,他们都十分明确地涉及到政治和意识形态的标准(political and ideological criteria)"①。普兰查斯还进一步指出,马克思主义并没有用单纯理论的、静观的态度去看待社会阶级的存在,它强调,"社会阶级同阶级实践,即阶级斗争是一致的,它们唯有通过相互之间的对立才能被定义"②。普兰查斯在这里说的"相互之间的对立"不光是指不同阶级在经济生活中的、不以自己的意志为转移的真实的地位,也指他们在政治的、意识形态方面的实际关系。

基于上述分析,普兰查斯引申出了自己关于社会阶级的定义:"或许可以这样说,一个社会阶级是根据它在社会实践总体(the ensemble of social practice)中的地位,即根据它在社会总体劳动分工(the social division of labour as a whole)中的地位来加以定义的。这一总体包含着政治的和意识形态的关系。在这个意义上,社会阶级是这样一个概念,它指示出社会劳动分工(社会关系和社会实践)内部的结果。因此,这一地位是与我称之为阶级的结构决定(the structural determination of class)一致的,也就是说,是与结构所决定的阶级实践内部的存在一致的。这里说的结构指的是生产关系、政治和意识形态的支配或从属关系。阶级仅仅存在于阶级斗争中(classes exist only in the class struggle)。"③从这个关于社会阶级的新的定义中,我们可以看出,普兰查斯作为"结构主义的马克思主义"者提出了如下的新见解:第一,肯定阶级是由它在"社会实践总体"中的地位来决定的,而它的实际地位是不以自己的主观意志为转移的。第二,提出了"阶级的结构决定"的重要概念。我们从中可以看出,普兰查斯没有停留在卢卡奇式的"总体"概念上,而是进一步主张用结构主义的眼光来审视这一总体内部的结构关系。第三,强调阶级仅仅存在于阶级斗争中,"这一阶级的结构决定仅仅作为阶级斗争而存在,无论如何,我们必须把它同每一个特

---

① N. A. Poulantzas, *Classes in Contemporary Capitalism*, New Left Books, 1975, p. 14.

② N. A. Poulantzas, *Classes in Contemporary Capitalism*, New Left Books, 1975, p. 14.

③ N. A. Poulantzas, *Classes in Contemporary Capitalism*, New Left Books, 1975, p. 14.

殊事态中的阶级立场(class position in each specific conjuncture)区分开来”①。在这里,特别值得注意的是,普兰查斯不主张把阶级的确定归因于某些团体在特殊的历史事态中的“阶级立场”,而主张在阶级斗争的总体实践中为每一个社会阶级定位。为什么呢?因为在许多场合下,一个社会阶级有可能采取与自己的利益不一致的阶级立场,“这方面的典型的例子是工人贵族群体,在某些事态中,它采取的实际上是资产阶级的阶级立场”②。当然,正如普兰查斯所强调的,这并不意味着,它就成了资产阶级的一部分,从其阶级的结构决定的角度看,它仍然是工人阶级的一部分,按照列宁的说法,是工人阶级中的一个阶层。“换言之,它的阶级决定不能被归结为它的阶级立场”③。

其次,普兰查斯考察了社会阶级与国家机器之间的关系。他写道:“现在,我们可以提出机器的问题,尤其是国家部门和机器(the branches and apparatuses of state)的问题,以及它们与社会阶级的关系问题。”④他强调,他在这部著作中主要探讨的是国家机器在社会阶级的生存和再生产过程中的作用。为了深入地探讨这一问题,普兰查斯先对“国家机器”这个概念的内涵作了明确的界定。

他在谈到国家机器时,这样写道:“这些机器一方面包括严格意义上的压迫性的国家机器(repressive state apparatus in the strict sense)和它的部门——军队、警察、监狱、法院系统、内务部;另一方面也包括意识形态的国家机器(the ideological state apparatus):教育机器、宗教机器(各种教会)、信息机器(无线电、电视和新闻系统)、文化机器(电影院、剧院和出版系统)、阶级合作的工会机器以及资产阶级和小资产阶级的政党等,在某种意义上,至少是在资本主义的生产模式中,也包含着家庭。但是,正如存在着国家机器一样,就下面这一术语的最严格的意义而言,也存在着经济机器,‘商业’或‘工厂’作为人们占有自然的一种中心的事业,物质化和具体化了它们在与政治的—意识形态的关系相结合中的经济关系。”⑤在这里,值

① N. A. Poulantzas, *Classes in Contemporary Capitalism*, New Left Books, 1975, p. 14.
② N. A. Poulantzas, *Classes in Contemporary Capitalism*, New Left Books, 1975, p. 15.
③ N. A. Poulantzas, *Classes in Contemporary Capitalism*, New Left Books, 1975, p. 15.
④ N. A. Poulantzas, *Classes in Contemporary Capitalism*, New Left Books, 1975, p. 24.
⑤ N. A. Poulantzas, *Classes in Contemporary Capitalism*, New Left Books, 1975, p. 25.

得注意的是:第一,普兰查斯把"国家机器"与"经济机器"区分开来;第二,他进一步推进了葛兰西和阿尔都塞关于国家和国家机器的理论,特别是把国家机器划分为"严格意义上的压迫性的国家机器"和"意识形态的国家机器",并在这一划分的基础上重新反思它和社会阶级之间的关系,从而把这种关系丰富化了。普兰查斯指出:"社会阶级和它们的再生产仅仅以它们与国家机器和经济机器的关系的方式存在着;这些机器并不只是作为附件'附加到'阶级斗争上去的,它们在阶级斗争中充当了一种构成性作用。"①他甚至认为,国家机器本身就是社会阶级关系的物质化和浓缩化。

再次,普兰查斯论述了国家机器在社会阶级的扩大再生产中的作用。在他看来 ,国家机器,包括作为意识形态机器的学校在内,并不创造阶级分工,但它们对阶级分工产生影响,也对社会阶级的扩大再生产产生影响。为了阐明这种影响,他先对"社会阶级的扩大再生产"(extended reproduction of social classes)的概念作了如下的说明:"社会阶级(社会关系的扩大再生产)涉及到两个相互之间不能孤立地存在的方面:一方面,存在着一个被行动者们占有的地位(the places)的扩大再生产的问题。这些地位标志着阶级的结构决定,即标志着一种方式,在这种方式中,结构(生产关系、政治和意识形态的支配和从属的关系)决定在阶级实践中发生了作用。另一方面, 存在着行动者们自身(the agents themselves)对这些地位的再生产和分配的问题。"②就第一方面而言,当国家机器对意识形态和政治关系进行再生产时,"也就进入对这些定义社会阶级的地位的再生产"③。就第二个方面,即行动者们的再生产而言,"意识形态的国家机器,尤其是教育机器,在行动者们的再生产中,在对他们的训练、控制和分配中,起着决定性的、非常特殊的作用"④。这就启示我们,不能仅仅从经济的,甚至单纯的生产领域里来理解社会阶级的扩大再生产的问题,而应当结合国家机器和上层建筑的作用来理解这种扩大再生产。

2. 资本主义关系的国际化和民族国家的作用

普兰查斯认为,随着资本主义关系的国际化、帝国主义在近阶段的新

---

① N. A. Poulantzas, *Classes in Contemporary Capitalism*, New Left Books, 1975, p.25.
② N. A. Poulantzas, *Classes in Contemporary Capitalism*, New Left Books, 1975, p.28.
③ N. A. Poulantzas, *Classes in Contemporary Capitalism*, New Left Books, 1975, p.29.
④ N. A. Poulantzas, *Classes in Contemporary Capitalism*, New Left Books, 1975, p.33.

发展以及发生在帝国主义的大都市中的阶级斗争的白热化,对革命战略提出了一系列重要的问题:如何理解不同的帝国主义的社会形态(美国、欧洲和日本)之间的新的关系?如何看待这些不同的社会形态的国家机器的作用?今天,在帝国主义大都市的背景下,民族国家是否还有可能存在?这些民族国家与资本的国际化或跨国公司之间究竟是什么关系?民族国家的职能究竟发生了哪些相应的变化?这些问题都以十分尖锐的方式提了出来,不得不引起革命者,特别是欧洲的革命者的深入的思考。普兰查斯在提到这些问题时,这样写道:"它们的重要性是决定性的,因为十分清楚,当代国家作为任何革命战略的绕不过去的主题,只能在它与现代阶段的帝国主义和在大都市区域中的作用的关系中被研究。"①

普兰查斯认为,"资本在国际范围内的集中和经济帝国的构成,滥觞于帝国主义时代开始的时候"②。资本主义一旦发展到帝国主义的阶段,其基本特征就是经济生活从自由竞争走向垄断,就是资本向国外的输出。这些特点通过跨国公司的大量涌现及劳动分工和剥削的国际化而表现出来。普兰查斯进而指出:"资本的国际化是在美国资本占有决定性地位的情况下发生的。"③以 1968 年的生产性的工业资本为例,55% 的资金为属于美国的跨国公司所拥有,英国资本所占的比例是 20% ,而其余的资本则是由日本和欧洲提供的。从总体上看,在世界上 50 家最大的跨国公司中,有 40 家左右是美国的。值得注意的是,欧洲资本通常和美国的资本结合在一起。以欧洲经济共同体为例,在 1962—1968 年的经济合作中,除了欧洲国家之外的第三国的资本绝大部分以直接或间接的方式来自美国。这样一来,对于欧洲的民族国家来说,就形成了"本土资本"(indigenous capital)与"外来的帝国主义的资本"(foreign imperialist capital)之间的差别,也形成了"民族资产阶级"(the national bourgeoisie)和"买办资产阶级"(the comprador bourgeoisie)之间的差别。

普兰查斯认为,资本的国际化,国际化的大都市的涌现,尤其是美国跨国公司的资本"霸权"(hegemony)的形成,对欧洲民族国家的生存和发展

① N. A. Poulantzas, *Classes in Contemporary Capitalism*, New Left Books, 1975, p. 38.
② N. A. Poulantzas, *Classes in Contemporary Capitalism*, New Left Books, 1975, p. 58.
③ N. A. Poulantzas, *Classes in Contemporary Capitalism*, New Left Books, 1975, p. 60.

产生了重大的影响。无法回避的一个事实是:在帝国主义大都市的背景下,民族国家继续存在着,并且适应了这种变化着的新的经济格局。这既表明,不能把民族国家仅仅理解为统治阶级的手段或工具,也应看到与资本的国际化平行发展的另一个倾向,即民族国家的"跨民族化"(supra-nationalization)倾向。在这种新的态势下,欧洲民族国家的新的任务是什么呢?普兰查斯这样写道:"国家的任务是维持被划分为阶级的社会形态的统一性和连续性。它以认可并合法化统治阶级和集团的利益、反对这一社会形态中的其他阶级利益的方式,集中地体现了在世界阶级矛盾背景中的整个社会形态中的阶级矛盾。"①具体地说,在社会生产、社会阶级和社会关系扩大再生产的过程中,民族国家一方面要干预社会阶级的各种位置的再生产;另一方面也要在行动者之间分配这些位置,并训练他们适应这些位置。"就教育机器、再训练这个方面来看,欧洲民族国家的作用就是再生产建筑在美国和欧洲的关系之上的劳动分工的新形式。"②而在这样的背景下,工人阶级的生存和发展的状况也发生了重大的变化。由于生产和劳动分工的国际化,不同国家的工人阶级之间存在的可能的冲突和团结也上升为一个重要的课题,从而与此相关的共产党和工会的建设的宗旨和策略的问题也随之而凸现出来了。

普兰查斯不无担忧地指出:"无疑地,从一方面看,'强国家'(权威的警察国家)的特殊形式或多或少地在整个欧洲被建立起来;从另一方面看,一个法西斯化的可能进程的条件的积累,既体现出这些社会形式中的阶级斗争,也体现出它们在新的依赖结构中的地位。"③他深刻地启示我们,应该在资本的国际化,特别是在美国和欧洲关系的背景下去认识欧洲民族国家功能的变化。

二、资产阶级内部的矛盾及与国家的关系

众所周知,普兰查斯接受了列宁的观点,把资本主义的发展分为两大阶段:一个是"竞争的资本主义的阶段"(the stage of competitive capital-

① N. A. Poulantzas, *Classes in Contemporary Capitalism*, New Left Books, 1975, p.78.
② N. A. Poulantzas, *Classes in Contemporary Capitalism*, New Left Books, 1975, p.83.
③ N. A. Poulantzas, *Classes in Contemporary Capitalism*, New Left Books, 1975, p.84.

ism)，即早期资本主义自由竞争的时期；另一个是"垄断的资本主义阶段"(the stage of monopoly capitalism)，即帝国主义时期。

在竞争的资本主义阶段，资产阶级主要是由以下三个部分组成的，即"工业资产阶级"(industrial bourgeoisie)、"银行资产阶级"(banking bourgeoisie)和"商业资产阶级"(commercial bourgeoisie)①。这三个部分之间既有密切的联系，又有相互之间的矛盾和冲突，而在这个时期中，占支配地位的则是生产资本的模式，也就是说，工业资产阶级的作用是基本的。事实上，马克思对资本主义的批判主要是围绕生产资本来展开的，也正是通过对生产劳动过程中的资本的运用的分析，马克思揭示了剩余价值的起源。普兰查斯还指出，与竞争的资本主义阶段相适应的国家的重要功能是平衡社会各阶级，也包括资产阶级的不同部分之间的利益关系，在这个意义上可以说，"国家不是自为地存在着的工具性的实体，不是一个物，而是不同力量之间平衡的集中表现"②。

在垄断资本主义，即帝国主义时期，一些资本联合成巨大的垄断资本；国家对生产过程，乃至整个经济生活的干预也大大地强化了。在这种情况下，究竟如何看待资产阶级内部的矛盾呢？普兰查斯写道："这个问题直接可以回溯到在垄断资本主义阶段的金融资本(finance capital)的构成，这种金融资本主要是工业资本和银行资本'合并'过程的一个产物，而这一合并又从属于商业资本，从而导致了垄断的产生。"③也就是说，在垄断资本主义这一新的发展阶段中，工业资本和银行资本合并成金融资本，而金融资本又与商业资本相结合，从而形成了垄断资本。与这种资本的新的结合方式相适应，资产阶级内部的矛盾也发生了微妙的变化，通过以下三种方式表现出来。

一是垄断资本(monopoly capital)内部的矛盾。普兰查斯指出，它们具有以下三种不同的形式：其一，"工业垄断之间的矛盾"④。这一矛盾通过不同的工业资本的集团对市场的控制、对公共财政和国家帮助的争取、对

---

① N. A. Poulantzas, *Classes in Contemporary Capitalism*, New Left Books, 1975, p.98.
② N. A. Poulantzas, *Classes in Contemporary Capitalism*, New Left Books, 1975, p.98.
③ N. A. Poulantzas, *Classes in Contemporary Capitalism*, New Left Books, 1975, p.107.
④ N. A. Poulantzas, *Classes in Contemporary Capitalism*, New Left Books, 1975, p.137.

最能赢利的部门的投资的争取等方式表现出来。其二,“银行垄断之间的矛盾”①。涉及到不同的银行集团对货币市场的控制、以最快和最有利的方式对他们所具有的货币资本进行交易、在金融投机的蛋糕中分得最大的部分等等。其三,涉及到由工业资本、银行资本组成的金融资本和商业资本在瓜分巨额垄断利润时的矛盾。

二是垄断资本和非垄断资本(non-monopoly capital)之间的矛盾。一方面,普兰查斯强调,这两种资本之间存在着相互依赖的关系。非垄断资本力图依附于垄断资本以获得经济上的后盾并参与对垄断利润的分割;反之,非垄断资本的存在也为垄断资本的发展提供了种种有利的因素,如为垄断资本的扩张提供了现实的可能性;新技术的开发也可以先在非垄断性企业进行试验,即使遇到风险,垄断性企业也可以最大程度地减少自己的风险;非垄断性的企业也能为垄断性的企业提供较廉价的劳动力和技术方面的训练等等。另一方面,这两种资本之间也存在着尖锐的矛盾。与垄断资本比较起来,非垄断资本常常得不到国家的帮助,而市场本身也基本上处于垄断资本的控制之下,如果经营不善,非垄断资本就可能成为垄断资本兼并的对象。为了争得应有的地位利益和独立性,非垄断资本的代言人也积极地参与政治和意识形态方面的活动,对垄断资本可能获得的超额利润进行限制,“在这种激烈斗争的背景中,垄断资本和非垄断资本经常渴望得到大众阶层的支持,以便反对对手的各种图谋”②。

三是非垄断资本内部的矛盾。一方面,不同的非垄断的资本之间力图联合起来,以对抗垄断资本对超额垄断利润的攫取;另一方面,由于非垄断资本对垄断资本的某种依附性,不同的垄断资本之间以及垄断资本和非垄断资本之间的矛盾也常常通过非垄断资本之间的矛盾而表现出来。

在考察垄断资本主义阶段资产阶级内部矛盾的基础上,普兰查斯又论述了当代国家和资产阶级之间的关系。在他看来,虽然当代资本主义是以垄断为基本特征的,但并不能把当代国家简单地理解为“国家垄断资本主义”。事实上,在与垄断资本主义的关系中,当代国家具有某种“相对的自主性”(relative autonomy),“这种相对的自主性无论是在资产阶级和工人

---

① N. A. Poulantzas, *Classes in Contemporary Capitalism*, New Left Books, 1975, p. 138.

② N. A. Poulantzas, *Classes in Contemporary Capitalism*, New Left Books, 1975, p. 148.

阶级这一主要矛盾中,还是在垄断资本自身内部的斗争和矛盾中(在这里这一矛盾对于我们来说具有特别重要的意义)都得到了显示”①。在他看来,这种相对的自主性在国家的干预活动中得到了充分的体现。当然,这种干预并不只是经济意义的,也蕴含着政治意义和意识形态的意义。当代国家的使命就是不断地把当代资本主义社会的社会阶级关系重新生产出来。

三、小资产阶级的传统与现状

在普兰查斯关于社会阶级的理论中,小资产阶级问题具有特殊的重要性。他指出:“小资产阶级的问题不仅居于关于当前帝国主义大都市中的阶级结构的讨论的中心,而且也居于关于受统治的、依附性的‘边缘’形态讨论的中心,这一形态通过各种对边缘问题的分析而显现出来。这个问题确实是马克思主义的社会阶级理论的一个关键性的方面。”②他之所以在书中不厌其烦地强调这个问题的重要性,是因为在工人阶级和资产阶级的矛盾中,介于两者之间的小资产阶级对于欧洲工人阶级的革命战略来说,具有根本上的重要性。换言之,不能正确地认识垄断资本主义时期的小资产阶级的现实状况,也就无法建立真正合理的革命战略,从而必然会导致新的革命活动的失败。

首先,普兰查斯区分了小资产阶级的两个不同的类型:一是“传统的小资产阶级”(the traditional petty bourgeoisie),主要是由那些具有小规模的生产和所有权的、独立的手工业者和商人组成的。在这种以传统的家庭为主要载体的、小规模的生产活动和贸易活动中,并不存在剩余价值和剥削。正如普兰查斯所指出的:“这种小资产阶级并不属于资本主义的生产模式,而是属于简单的商品形式,从历史上看,那是从封建的模式向资本主义的模式转化中出现的一种形式。”③二是“新的小资产阶级”(the new petty bourgeoisie),主要是由那些不像工人一样直接参加生产劳动的“白领”,即挣工资的群体,如管理者、技术人员、办公室和服务性机构的雇员、商业和

① N. A. Poulantzas, *Classes in Contemporary Capitalism*, New Left Books, 1975, p. 158.

② N. A. Poulantzas, *Classes in Contemporary Capitalism*, New Left Books, 1975, p. 193.

③ N. A. Poulantzas, *Classes in Contemporary Capitalism*, New Left Books, 1975, p. 285 – 286.

银行的雇员等构成的。与历史上的“传统的小资产阶级”不同,“新的小资产阶级”处于垄断资本主义这一总体背景之下,它的现状和特征也只能通过这一总体的背景来认识。在这一总体背景下,虽然“新的小资产阶级”的成员没有直接参加生产劳动,但他们也出卖自己的劳动力,因而是受资本剥削的。从他们的劳动性质来看,也可以区分为两类:一类是“脑力劳动”(the mental labour);另一类是“体力劳动”(manual labour)。但与工人阶级相比,其成员更多地倾向于脑力劳动,特别是那些在政府部门、管理部门工作的成员尤其如此。

其次,普兰查斯分析了“新的小资产阶级”的意识形态特征。他写道:“如果我们要重视新的小资产阶级的阶级确定性,就可以把下面的特征规定为它的主要的意识形态的特征。”①第一个特征是:反对资本主义,但又不主张革命,而是非常强烈地抱有改良的幻想;第二个特征是:对其成员所从属的资本主义的政治和意识形态的关系有挑战的热情,但强烈地倾向于通过参与现政权而不是革命的方式来重新安排这些关系;第三个特征是:试图改变其成员的生活和工作的条件,但仍然沉缅于资本主义社会关于自己的神话,不愿诉诸革命的行动;第四,受到“权力拜物教”(power fetishism)很大的影响,崇拜国家权力;第五,观念比较激进,行动上也易走极端,尤其是它的左翼是如此,但其理念超不出资产阶级的意识形态,也与工人阶级的集体行动方式存在着重大的差异。

最后,普兰查斯分析了“新的小资产阶级”向无产阶级分化的可能性。在他看来,在“新的小资产阶级”阵营中,有三部分人具有向无产阶级分化的可能性。第一部分包括商业部门中低水准的劳动者(如商店的服务员),服务部门和国家机器的雇员,饭店、咖啡馆、剧院、电影院、医院里的勤杂工等等。② 第二部分是公共的和私人的官僚化的部门中的地位较低的副手、办事员、各种类型的“办公室工作者”(office workers)等。第三部分是直接卷入生产劳动过程的技术人员和低级的工程师等等。普兰查斯强调:“在某种意义上,新的小资产阶级向无产阶级的分化取决于资产阶级和工

---

① N. A. Poulantzas, *Classes in Contemporary Capitalism*, New Left Books, 1975, p.290.

② N. A. Poulantzas, *Classes in Contemporary Capitalism*, New Left Books, 1975, p.316.

人阶级在力量上的平衡。”[①]在他看来，只有深入研究垄断资本主义时期的阶级关系，加强工人阶级和新的小资产阶级之间的联盟，才能为成功的社会革命奠定基础。

---

① N. A. Poulantzas, *Classes in Contemporary Capitalism*, New Left Books, 1975, p. 334.

分析的马克思主义

一般认为,“分析的马克思主义”(analytical Marxism)思潮是在一些杰出的英美社会科学家和哲学家中形成并发展起来的。这些学者差不多都在20世纪60年代接受过研究生教育,他们与过去时代的英美的马克思主义者不同,传统的共产党组织及其思想观念对他们几乎没有任何影响。他们本身也不构成一个严密的团体或学派。与此相应的是,他们在研究主题和观念上也互有差异。然而,在他们的论著中却反映出一种共同的思想倾向,即运用分析哲学的方法,重新解读马克思的经典文本。

正如任何一种思潮的发展都有其起点一样,“分析的马克思主义”思潮的发展也有自己的起点。作为这一思潮的重要代表人物之一的J. E. 罗默在其主编的《分析的马克思主义的基础》(1994)一书的“导论”中曾经指出:“分析的马克思主义学派是在1978年诞生的,其标志是G. A. 柯亨的《卡尔·马克思的历史理论:一个辩护》和乔恩·埃尔斯特的《逻辑和社会》这两本书的出版。”①在罗默看来,虽然埃尔斯特的《逻辑和社会》没有

① John E. Roemer, *Foundations of Analytical Marxism*, *Volume I*, An Elgar reference collection, Aldershot, E. Elgar, 1994, p. ix.

像柯亨的《卡尔·马克思的历史理论:一个辩护》那样聚焦于马克思的基本著作和理论,但它在社会分析中所运用的严格的演绎的方法却成了"分析的马克思主义"的一个重要标志。不管如何,这一活跃在英美理论界的"分析的马克思主义"思潮发展至今不过二十余年的历史,它完全可以说是西方马克思主义阵营中最年轻的、最有发展潜力的思潮之一。[①] 那么,与"传统的马克思主义"(conventional Marxism)比较起来,"分析的马克思主义"究竟有哪些特点呢?同样是J. E. 罗默,在其主编的另一部著作《分析的马克思主义》(1986)一书的"导论"中,对"分析的马克思主义"的基本特点作出了经典性的说明。

罗默认为,"分析的马克思主义"的第一个特点是"对抽象观念的必要性有一种泰然的承诺(an unabashed commitment to the necessity for abstraction)"[②]。罗默这里说的"抽象观念"究竟是什么意思呢?意思就是:"分析的马克思主义"十分注重对马克思的经典文本的解读。事实上,马克思的经典文本是由一系列抽象观念组成的,这些抽象观念,特别是马克思常用的、基本的抽象观念,如生产力、生产关系、生产方式、经济基础、上层建筑、意识形态等,其确切的含义究竟是什么?当马克思在不同的场合下使用同一个抽象观念时,其含义是否存在着差异?马克思又是如何界定不同的抽象观念相互之间的关系的?按照"分析的马克思主义"者的看法,在人们对马克思的经典文本中的抽象观念获得清晰的把握之前,他们是不可能准确地理解马克思学说的。然而,在"传统的马克思主义"者那里,却存在着一种普遍的倾向,即对抽象观念和文本分析的忽视。这种普遍的倾向似乎又根源于一种普遍的误解,似乎对马克思的经典文本和抽象观念的任何探索都必定会导致经院哲学式的烦琐论证,似乎只要强调理论联系实际也就永远封闭了对马克思的经典文本的纯理论分析的必要性。正是基于这样的误解,"传统的马克思主义"者唯一重视的工作就是把马克思的基本理论与历史和现实生活结合起来,换言之,用马克思的基本理论去解释历史

① 余文烈先生撰写的《分析学派的马克思主义》(重庆出版社1993年版)是国内第一部比较系统地介绍这一思潮的基本观点的著作。书后还附有"主要参考书目",从而为读者进一步了解这一思潮的本质和发展趋向提供了有益的帮助。

② John E. Roemer, *Analytical Marxism*, *Studies in Marxism and social theory*, Cambridge University Press, 1986, p. 1.

和现实生活中的各种现象。这样一来，就走向另一个极端，即对马克思的基本理论的信仰取代了对其基本理论的考察和分析。于是，对马克思经典文本和抽象观念的研究反而成了一块无人问津的飞地。长期以来，由于"传统的马克思主义"者不重视这方面的研究，造成了对马克思的经典文本和抽象观念的普遍误解，而这种普遍误解又导致了实践活动中的偏差，从而给现实生活带来了灾难性的影响。有人也许会辩解说：并不是所有的"传统的马克思主义"者都是忽视文本解读和观念分析的，如法国的结构主义的马克思主义者阿尔都塞的《阅读〈资本论〉》(1965)就是这方面的代表作。在我们看来，这种辩解可能是有一定的道理的，但在"分析的马克思主义"者看来，这却是一种无效的辩解。比如，G. A. 柯亨虽然承认，阿尔都塞的《保卫马克思》曾经对自己产生过重大的影响，"但是当我阅读阿尔都塞和其他人一起撰写的论文集——《阅读〈资本论〉》时，我却大失所望"①。为什么柯亨会大失所望呢？因为阿尔都塞的法语虽然是优雅的，但他对《资本论》的解读是不清晰的，对马克思的抽象观念的分析也通常是不准确的。因而，从总体上看，"传统的马克思主义"者对抽象观念的分析确实是不够重视的，而"分析的马克思主义"恰恰通过对"抽象观念的必要性"的认可，确立起自己的特色。

罗默认为，"分析的马克思主义"的第二个特点是"探寻基础"(the search for foundations)。② 这里说的"探寻基础"究竟是什么意思呢？也就是说，在阅读马克思的经典文本时，应该有一种刨根究底的精神，而这种精神在"传统的马克思主义"者那里是最为匮乏的。他们总是以一个或一些问题作为切入点，来研究马克思的经典文本。但在这样的研究过程中，或就事论事，或浅尝辄止，对马克思的基本理论缺乏认真的、深入的探索。比如，他们几乎从来不去思考下面这样的问题：为什么阶级是作为重要的集体的行动者而出现的，或阶级是作为重要的集体的行动者出现的吗？为什么说剥削作为剩余劳动的系统的转移是错误的，或剥削就是剩余劳动的系

① G. A. Cohen, *Karl Marx's Theory of History: A Defence*, Princeton University Press, 1978, p. x.

② John E. Roemer, *Analytical Marxism*, *Studies in Marxism and social theory*, Cambridge University Press, 1986, p. 1.

统的转移吗？在现代资本主义国家中，社会主义切合工人们的利益吗？社会主义的革命或社会主义的转变是否可能？无产阶级是不自由的吗？马克思的伦理学的目标是平等吗？等等。在“分析的马克思主义”者看来，不但应该询问并深思这样的问题，而且应该进一步探索马克思在解答这些问题时所显露出来的更为始源性的、前提性的理论基础，并通过对这些基础的把握，创造性地理解和推进马克思的思想。如果说，“传统的马克思主义”者更注重从实践活动中的结果来检验马克思的基本理论的话，那么，“分析的马克思主义”则更注重从理论上的分析来考察马克思的基本理论。

罗默认为，“分析的马克思主义”的第三个特点是“以非教条主义的方式探讨马克思主义(a non-dogmatic approach to Marxism)”①。一般说来，“传统的马克思主义”者是在设定马克思写过的东西和说过的话都是正确的前提下来研究马克思的思想的。这种理论上的预设必然导致对马克思思想的教条主义的理解。与此相反，“分析的马克思主义”者却拒绝作出这样的承诺和设定，他们只是把马克思的思想作为科学研究的对象，他们只服从理论推演自身的严格性和融洽性，哪怕理论研究引申出对马克思思想极为不利的结论。有人也许会提出这样的疑问：既然“分析的马克思主义”者并不一定同时也是马克思主义的信仰者，那么，为什么要用“分析的马克思主义”这一概念来命名这些学者所从事的工作呢？罗默写道：“为什么这类工作能够被称做是马克思主义的呢？我不能确定它应该是怎样的；但是分析的马克思主义这个标记至少告诉我们，它的某些基本的洞见都来自马克思。”②事实上，“分析的马克思主义”所涉及的历史唯物主义、阶级、剥削等问题都是马克思思想中的核心问题。更何况，像罗默这样的“分析的马克思主义”者还自觉地或不自觉地继承了马克思的历史使命感，所以，他满怀激情地写道：“确实，今天的马克思主义的最伟大的使命恐怕就是建构一种现代的社会主义理论。这样的理论必须包括对现代资本

---

① John E. Roemer, *Analytical Marxism*, *Studies in Marxism and social theory*, Cambridge University Press, 1986, p. 2.

② John E. Roemer, *Analytical Marxism*, *Studies in Marxism and social theory*, Cambridge University Press, 1986, p. 2.

主义的无效性和不公正性的解释,也必须包括一套能在可行的社会主义社会中消除这些缺陷的理论蓝图。我认为,分析的马克思主义的方法和工具就是为这样的理论的诞生提供必需的东西。"①

如前所述,"分析的马克思主义"诞生至今不过二十多年的历史,它之所以会在国际学术界产生广泛的影响,并不是偶然的。从19世纪末以来,以弗雷格、罗素、维特根斯坦等人为代表的分析哲学诞生,取得了长足的发展,并成了20世纪英美的主导性哲学思潮。美国哲学家M.怀特于1955年出版了《分析的时代》一书,在国际学术界产生了广泛的影响。另一位美国哲学家M.K.穆尼茨在1981年出版的《当代分析哲学》一书中指出:"有时候人们把我们的哲学时代描述为'一个分析的时代'。尽管这种描述过于简单,但它促使人们注意到这样一个事实:当代哲学的一个显著的特点是占统治地位的分析哲学的出现。"②在分析哲学不断发展和扩张的过程中,也出现了这样一些学者:一方面,他们在分析方面有深厚的学养和造诣;另一方面,他们对马克思主义的学说又保持着强烈的兴趣。于是,在他们的研究中,就自然而然地把分析哲学的方法和对马克思主义的研究结合起来了。G.A.柯亨在《卡尔·马克思的历史理论:一个辩护》一书的"序言"中就这么说过:"我在这部著作中的论述受到两方面的约束:一方面是马克思所写下的东西;另一方面是20世纪的分析哲学据以为特征的清晰性和严格性的标准。"③也就是说,英美分析哲学所倡导的精湛的、严密的分析方法为"分析的马克思主义"思潮的诞生提供了现实的条件。

"分析的马克思主义"应运而生的另一个重要的因素是"传统的马克思主义"者在研读和解释马克思的经典文本时所持的那种粗疏的、肤浅的、浮躁的作风。正是这种作风使得马克思的基本思想长期以来处在被曲解,甚至被遮蔽的状态之下。记得马克思在世的时候,就已经严厉地批评过那些追随马克思、但又曲解马克思的基本思想的所谓"法国的马克思主义

---

① John E. Roemer, *Analytical Marxism*, *Studies in Marxism and social theory*, Cambridge University Press, 1986, p. 2.

② M. K. Munitz, *Contemporary Analytic Philosophy*, Macmillan Press, 1981, p. 3.

③ G. A. Cohen, *Karl Marx's Theory of History: A Defence*, Princeton University Press, 1978, p. iv.

者”:“我只知道我自己不是马克思主义者。”[①]19世纪70年代,当德国社会民主党的领导人背着马克思和恩格斯,与拉萨尔派制定《哥达纲领》时,马克思写下了著名的《哥达纲领批判》(1875),对哥达纲领逐条进行批驳。马克思的最后一句话是:“我已经说了,我已经拯救了自己的灵魂。”[②]马克思逝世后,有些以“正统的马克思主义者”自诩的人更是肆无忌惮地篡改并曲解马克思的基本思想。在这样的情况下,准确地诠释马克思的基本思想就上升为一个重大的问题。在某种意义上可以说,“分析的马克思主义”正是对“传统的马克思主义”在解读马克思的经典文本时的粗疏的作风的一种反拨。尤其是在20世纪的“1989年风波”以后,对马克思的经典文本的准确解读显得越来越重要。这也向我们预示:“分析的马克思主义”将会在西方马克思主义的未来发展中充当越来越重要的角色。

在西方马克思主义的研究中,认真地探讨“分析的马克思主义”思潮和著作无疑是有益的。首先,这一思潮为我们深入研究马克思主义的学说提供了新的视角和方法。事实上,这一视角和方法与我们历来倡导的“理论联系实际”的研究方法并不是矛盾的。一方面,马克思的理论确实要联系实际,但另一方面,我们也必须准确理解马克思的理论。如果没有后一条,前一条就会谬以千里[③]。现实生活中的无数的例子已经向我们证实了这一点。其次,一般说来,深受中国传统文化熏陶的当代研究者,特别是从事马克思主义专业的研究者,大多缺乏分析哲学和逻辑研究方面的严格训练,这从他们对英美分析哲学的冷漠态度中也可见端倪。与此相反的是,他们对欧洲大陆哲学家的那种模糊的语言风格却情有独钟。这就使我国的马克思主义的研究老是纠缠在枝节上,在一些重大的、基本的理论上缺乏突破性的进展。在“分析的马克思主义”的研究成果的冲击下,相信我们这里的研究作风也会渐渐地得到端正和提升。再次,我国哲学界近年来

---

① 《马克思恩格斯选集》第4卷,人民出版社1995年版,第691页。众所周知,就是马克思比较赞赏的拉法格居然也把马克思的学说阐发为“经济决定论”。

② 《马克思恩格斯选集》第3卷,人民出版社1995年版,第319页。

③ 我国学者在马克思主义研究上的浮躁是显而易见的。要说明这个问题,或许只要指出一点就行了。研究马克思和恩格斯的专家有多少是懂德文的呢?研究列宁和斯大林的专家又有多少是懂俄文的呢?又有多少译者对相关的专业知识有精确的了解呢?如果连语言上的障碍还没有完全消除,怎么可能对马克思的经典文本作出准确的诠释呢?

出现了一股重新返回去解读马克思的经典文本的思潮。① 这种解读要成为可能,就一定要认真地借鉴“分析的马克思主义”者的研究成果,当然,也要总结他们的偏失与教训。舍此,马克思主义的研究便无法真正地向前迈进。

在“分析的马克思主义”思潮的发展中,已有一大批学者脱颖而出。我们在这里主要考察其代表人物 G. A. 柯亨、W. H. 肖、J. E. 罗默、J. 埃尔斯特的一些重要论著,从而揭示这一思潮的思想振幅和发展线索。

一、柯亨的理论贡献

柯亨(G. A. Cohen,1941—)出生于加拿大的蒙特利尔,从麦吉尔大学毕业后,赴英国牛津大学深造,后担任伦敦大学教职。当代分析哲学和政治哲学,尤其是诺齐克的著作曾给予他深刻的影响,从而把他从“独断论的社会主义的迷梦”中惊醒过来。

1978 年,他运用分析哲学的方法研究马克思思想,出版了重要著作《卡尔·马克思的历史理论:一个辩护》,创立了“分析的马克思主义”的新思潮,成为这方面研究的一代宗师。随即,他与埃尔斯特、罗默一起联合主编了《马克思主义和社会理论研究丛书》,强调:“这套丛书试图在马克思主义的社会理论的研究中建立一种新的规范。它们采取的并不是教条主义的或单纯注释式的研究方法,相反,它们将依据与历史对话的原则,以非马克思主义的社会科学和哲学作为工具,检讨并发展由马克思开创的理论。”②

从 1985 年起,柯亨成为牛津大学万灵学院的研究员。此后,他又出版了《历史、劳动和自由:来自马克思的论题》(1988)一书。近年来,柯亨主要从政治哲学的视角,批评资本主义,赞成社会主义,努力建构一种关于分配正义的平等主义的观念,为此他出版了《如果你是一个平等主义者,你怎么会这么富有?》(2001)一书,力图在马克思和罗尔斯的自由主义之间建立理论上的联系。我们在这里介绍的主要是他的代表作《卡尔·马克思的

---

① 参阅俞吾金:《向经典马克思主义回归》,载《马克思主义与现实》,1995 年第 2 期。

② Jon Elster, *Making Sense of Marx*, *Studies in Marxism and social theory*, Cambridge University Press, 1985, 参阅扉页后对这套丛书的基本宗旨的介绍。

历史理论：一个辩护》（1978）和代表性论文《历史唯物主义的再探讨》（1988）。

1.**《卡尔·马克思的历史理论：一个辩护》**（1978）

在这部著作的"序言"中，柯亨说明了自己撰写这部著作的动因。他认为，马克思是一位富于原创性的思想家，一生中提出了许多新的观点，但由于历史条件的限制，特别是现实生活的动荡，马克思不可能静下心来把自己的全部思想加以整理，并清晰地表述出来。然而，在今天，在分析哲学的背景下，用一种比当时的马克思所使用的更清晰的语言和方式来表述马克思本人的基本思想的条件已经成熟，而柯亨，作为一个对马克思的基本思想怀着强烈兴趣的研究者，愿意冒着种种被误解的可能性来从事这方面的工作。

当然，柯亨坦率地承认，他的这部著作并不打算全面地研究并澄清马克思的基本思想，它的主要的研究对象是马克思的历史唯物主义的理论。柯亨强调，他之所以对马克思的历史唯物主义理论具有强烈的兴趣，是因为阿尔都塞的影响，然而，他与阿尔都塞之间又存在着重大的理论分歧，"因为我要为之而辩护的是一种旧时尚的历史唯物主义（an old-fashioned historical materialism），一个传统的观念。在这种观念中，历史从根本上来说就是人的生产力的增长，而社会形态的兴盛和衰落则取决于它们究竟是促进还是阻碍了这种增长。我将把探讨的焦点放在历史唯物主义理论的更基础性的概念——生产力和生产关系上，像一些论述马克思和社会的著作一样，较少地涉及阶级冲突、意识形态和中国问题"①。在这部著作的"序言"之前，柯亨还摘引了马克思于1859年写下的《政治经济学批判》"序言"中关于历史唯物主义理论的经典性论述。这实际上暗示我们，柯亨为之而辩护的所谓"旧时尚的历史唯物主义"，也就是马克思在《政治经济学批判》"序言"中关于历史唯物主义所作的经典性论述。这也表明，柯亨的研究是对马克思的经典文本的一种回归，其主旨是恢复马克思历史唯物主义基本概念的原始含义。

由于柯亨运用分析哲学的方法对历史唯物主义的基本概念进行了富

---

① G. A. Cohen, *Karl Marx's Theory of History: A Defence*, Princeton University Press, 1978, p. x.

有独创意义的分析,所以,这部著作一出版就引起了国际学术界的广泛的重视。P. 安德森评价道:“柯亨著作的理智上的力量实质上已经取代了以前这方面所有的讨论。”①

这部著作除“序言”和两个“附录”(一是发表于1972年的《卡尔·马克思和社会科学的衰亡》;二是《一些定义》)外,全书共十一章。第一章论述马克思与黑格尔的历史理论的关系;第二、三、四、五、六、七章论述马克思历史理论中的基本概念;第八、九、十章论述功能解释问题;第十一章论述当代资本主义问题。下面,我们对柯亨这部著作中的基本观点作一个简要评述。

第一,马克思和黑格尔在历史观上的异同。

探讨马克思的历史理论必定会涉及到黑格尔的历史理论。在“传统的马克思主义”者那里,对马克思的历史理论和黑格尔的历史理论的关系主要存在着两种对立的看法。一种见解肯定马克思继承了黑格尔的历史理论,另一种见解则强调马克思和黑格尔在历史理论上的断裂关系。柯亨并没有认同这两种见解中的任何一种:一方面,他坚持这样的观点,即不了解黑格尔的历史哲学理论,也就不可能真正地领悟马克思的历史理论。因此,在这部著作中,他专门辟出第一章“黑格尔和马克思著作中关于历史的意象”来讨论这个问题;另一方面,他又认定,马克思的历史唯物主义理论是对黑格尔的历史哲学理论的彻底的改造。总之,他反对以非此即彼的简单化方法来看待这个问题。

在柯亨看来,黑格尔的历史理论可以概括如下:“历史是世界精神(the world spirit)的历史(因而也可以衍生为人的意识的历史),而世界精神在自我认识的过程中经历了成长的过程,它的动力和载体是文化(culture),当一种文化造成了它自己无法容纳的世界精神的更剧烈的生长时,它就会衰亡。”②按照黑格尔的看法,历史就是世界精神自我运动、自我认识的过程,世界精神以不同历史时期的文化作为自己的载体,一旦世界精神超越了某一时期的文化所能容纳的范围,这种文化也就被扬弃了。

---

① Perry Anderson, *Arguments Within English Marxism*, New Left Books, 1980, p. 72.

② G. A. Cohen, *Karl Marx's Theory of History: A Defence*, Princeton University Press, 1978, p. 26.

柯亨认为,马克思的历史唯物主义理论的表述方式几乎和黑格尔是完全一致的。他认为,马克思的历史唯物主义理论可以概括如下:“历史是人类产业(human industry)的历史,人类产业在生产力(productive power)中经历了自己的生长过程,其动力和载体是经济结构(economic structures),当经济结构造成了它自己所无法容纳的生产力的更剧烈的生长时,它就会衰亡。”①与黑格尔的历史理论相比较,在马克思的历史理论中,充当主角的不是“世界精神”,而是“生产力”;作为生产力的载体的,不是“文化”,而是“经济结构”。然而,马克思的表述方式又和黑格尔特别接近。这使我们很容易联想起马克思在《资本论》第二版跋中提到人们像对待一条“死狗”似地对待黑格尔时,所说的:“因此,我要公开承认我是这位大思想家的学生,并且在关于价值理论的一章中,有些地方我甚至卖弄起黑格尔特有的表达方式。”②也就是说,马克思自己也承认,在有些地方,他故意模仿了黑格尔的表述方式。

也许为了表明马克思在表述方式上与黑格尔的类似性,柯亨引证了马克思在《政治经济学批判》序言中的一段话:“无论哪一个社会形态(social order),在它所能容纳的全部生产力发挥出来以前,是决不会灭亡的。”③他认为,马克思的这段话在表述方式和思想内涵上直接源自黑格尔的下面的论述:“……在漫长的时间跨度中,世界精神耐心地经历了这些[文化的]形式(cultural forms),并承担了构成世界历史的巨大的劳动,而在世界历史中,世界精神传递给每个形式的内容就像该形式所能容纳的内容那么多。”④在这里,差别只在于,马克思所说的、围绕着“经济结构”建立起来的“社会形态”取代了黑格尔的“文化形式”,而“生产力”则取代了“世界精神”。

经过上述分析,柯亨引申出了自己的结论:“我们说,马克思的历史观

---

① G. A. Cohen, *Karl Marx's Theory of History: A Defence*, Princeton University Press, 1978, p. 26.

② 《资本论》第1卷,人民出版社1975年版,第24页。

③ G. A. Cohen, *Karl Marx's Theory of History: A Defence*, Princeton University Press, 1978, p. 27.

④ G. A. Cohen, *Karl Marx's Theory of History: A Defence*, Princeton University Press, 1978, p. 26.

念保留了黑格尔的历史观念的结构(the structure),但却赋予黑格尔的历史观念以崭新的内容(fresh content)。"[①]在柯亨看来,马克思创制的"经济结构"、"生产力"和"社会形态"等新概念不仅翻转了黑格尔的历史理论的唯心主义基点,而且为合理地、明晰地解释社会历史的运动提供了一种有力的工具。柯亨为此而总结道:"黑格尔对整体历史和特殊的社会形态的解读,仅仅是一种解读,一种或多或少地吸引着我们的解释。但是,马克思不仅提供了对历史和社会的一种解读,而且也是某种更严密的东西的开端。"[②]这充分表明,在柯亨的心目中,马克思的历史唯物主义的科学性是不言而喻的。

第二,"质料性"和"社会性"的区分。

在这部著作的第四章"社会的质料性和社会性"中,柯亨发掘出马克思在阐述自己的历史唯物主义理论时的一个重要的思想,即对社会的"质料性"和"社会性"这两种不同属性的区分。这种区分是如此之重要,以至于它关系到我们能否正确地理解历史唯物主义的整个理论。

什么是"质料性"(material properties)呢?柯亨认为,按照马克思的看法,"质料性"也就是指社会和社会现象的物质基础或物质存在,它是事物的自然属性或事物所处的自然关系。当我们从内容的角度去看待社会和社会现象时,我们见到的正是这种"质料性"。什么是"社会性"呢?柯亨认为,在马克思那里,"社会性"指的是社会和社会现象在特殊的历史时期中体现出来的特殊的社会关系,它实际上是事物的社会本质。当我们从形式的角度去看待社会和社会现象的时候,我们见到的正是这种"社会性"。

柯亨列举了马克思著作中的大量论述来说明马克思对"质料性"和"社会性"的区分。比如,马克思在《雇佣劳动与资本》一书中这样写道:"黑人就是黑人。只有在一定的关系下,他才成为奴隶。纺纱机是纺棉花的机器。只有在一定的关系下,它才成为资本。脱离了这种关系,它也就

---

① G. A. Cohen, *Karl Marx's Theory of History: A Defence*, Princeton University Press, 1978, p. 26.

② G. A. Cohen, *Karl Marx's Theory of History: A Defence*, Princeton University Press, 1978, p. 27.

不是资本了,就像黄金本身并不是货币一样……”[①]在这里,“黑人”的质料性或自然属性就是“黑人”的有机体,只有在特殊的社会形态,即奴隶社会中,“黑人”这一有机体才成为“奴隶”,而“奴隶”这种特殊的身份也就是“黑人”在奴隶社会中的“社会性”。同样地,“纺纱机”的质料性或自然属性也就是由各种材料构成的一架机器,只有在资本主义雇佣劳动的特殊关系中,这架纺纱机才可能成为资本家手中的“资本”。于是,“资本”就构成了这架纺纱机在资本主义社会中的社会性。与此类似的是,“黄金”的质料性或自然属性不过是一种金属,只有在一定的社会形态中,如封建社会和资本主义社会中,它才能够成为“货币”。

又如,柯亨也引用了马克思在《1857—1858 年经济学手稿》中的一段重要的论述:“下面的这种说法是错误的,即从社会的立场来看,既没有奴隶,也没有市民:两者都不过是人。按照这样的说法,他们也就在社会之外了。事实上,一个人成为一个奴隶,还是成为一个市民,全都是由社会决定的,即由人 A 和人 B 之间的关系决定的。人 A 本身并不是这样的一个奴隶,他只是在社会中并因为社会才是一个奴隶……实际上也只有从社会的观点看问题时,资本家和工人之间的差异才存在。”[②]在这里,马克思实际上区分了观察和思索社会问题的两种不同的眼光。一种是非社会的眼光,即仅仅从“质料性”或自然属性的层面上去理解社会和社会现象;另一种是社会性的眼光,即从特殊的社会形态的角度出发去观察、思索和解释一切社会现象。显然,马克思赞成的是后一种眼光,而这种眼光也正是他的历史唯物主义理论所蕴含的。

为了说明“质料性”和“社会性”之间的判别,柯亨自己也举了如下的例子进行说明:“假定我主持一个委员会。那么,在进行一个被任命的社会过程后,我就成了主席,然而,我之所以成为主席,不是根据我的生物学特征。人们能够说,我之所以适宜于担任‘主席’是从社会的观点看问题的结果。但是,这并不意味着我的有机体不是主席,它当然是。问题在于,我

① G. A. Cohen, *Karl Marx's Theory of History: A Defence*, Princeton University Press, 1978, p. 88.

② G. A. Cohen, *Karl Marx's Theory of History: A Defence*, Princeton University Press, 1978, p. 89.

们需要从社会的观点出发来辨明生产资料的资本状态或一个人的奴隶状态。这并不意味着这一生产资料不是资本或这一个人不是奴隶。每一个视角揭示出物的一个特殊的性质,但是物具有所有这些性质。"①柯亨的这段话深刻地启示我们,事物的性质是与我们观察事物的角度关联在一起的。我们越能从更多的角度去观察事物,事物也就具有更多的性质。不同的性质当然都是事物的性质,但每个不同的性质总是在人们的特定的视角中显现出来的。在柯亨看来,在所有的不同的视角中,马克思最重视的是社会的视角,但马克思强调这一视角,并不意味着他要擦去社会和社会现象的"质料性",恰恰相反,他从历史唯物主义的立场出发,十分重视这种"质料性",全部问题在于,他反对人们只看到社会和社会现象的"质料性",而不关注其"社会性"。事实上,撇开这种"社会性",资本主义的本质和资本主义社会的许多神秘的现象也就无法索解了。

在柯亨看来,马克思对"商品拜物教"(commodity fetishism)和"资本拜物教"(capital fetishism)的批判就是他区分"质料性"和"社会性"的必然结果。马克思认为,"商品拜物教"和"资本拜物教"是人们把商品和资本的神奇特点归结为它们的"质料性"或自然属性的结果。其实,这种神奇性来源于商品和资本的"社会性"。换言之,"商品拜物教"和"资本拜物教"是资本主义社会特有的现象。一旦认识到这一点,"商品拜物教"和"资本拜物教"也就自行破解了。事实上,在这部著作中,柯亨把"拜物教"作为第五章放在第四章的后面,其用意也正在这里。

在《剩余价值学说史》中,马克思在批评庸俗经济学家把价值这一"社会性"理解为物在任何时候都具有的内在属性时,这样写道:"……以私人交换为基础的劳动的特征是,劳动的社会特性以扭曲的形式'显现'为物的'属性';一种社会关系显现为物(产品、使用价值、商品)之间的关系。这种现象被我们的拜物教徒接受为真实的东西,并且他实际上也确信,物的交换价值是由物作为物的属性所决定的,即完全是由物的自然属性所决

① G. A. Cohen, *Karl Marx's Theory of History: A Defence*, Princeton University Press, 1978, p. 91.

定的。”①

在柯亨看来,庸俗经济学家之所以会成为商品拜物教徒,因为他们把物或商品的“社会性”与其“质料性”混同起来了。仿佛物本身靠自己的自然属性就会拥有自己的交换价值,就会拥有一种神奇的力量似的。

在《资本论》中,马克思也对“资本拜物教”进行了透彻的批判。马克思指出:“……资本并不是一个物,而是一种确定的社会生产关系,这种关系属于确定的社会历史形态,它在一个物中显现出来,并使这个物具有了特殊的社会性质。资本并不是质料和被加工过的生产资料的总和。毋宁说,资本是已经转化为资本的生产资料,生产资料本身并不是资本,就像金或银本身不是货币一样……”②在这里,需要指出的是,当物以“资本”的方式出现时,“资本”只是物的“社会性”,如果把这种“社会性”曲解为物或生产资料的“质料性”或自然属性,从而撇开任何特定的社会形态来高谈物或生产资料作为“资本”的神奇力量,那就必定会陷入到“资本拜物教”的泥坑里去。

第三,生产力、生产关系和经济结构。

柯亨认为,在马克思的历史理论中,生产力、生产关系和经济结构是三个最基本的概念,这三者之间的关系也是根本性的关系,必须准确地加以理解。按照柯亨的看法,马克思在《政治经济学批判》“序言”中的一段话集中地说明了这三者之间的关系:“人们在自己生活的社会生产中发生一定的、必然的、不以他们的意志为转移的关系,即同他们的物质生产力(productive forces)的一定发展阶段相适合的生产关系(relations of production)。这些生产关系的总和构成社会的经济结构(economic structure),即有法律的和政治的上层建筑竖立其上并有一定的社会意识形式与之相适应的现实基础。”③在马克思看来,生产力是社会发展中的根本性的因素,生产关系是在适应生产力的基础上形成和发展起来的,而全部生产关系的

---

① G. A. Cohen, *Karl Marx's Theory of History: A Defence*, Princeton University Press, 1978, p. 126 – 127.

② G. A. Cohen, *Karl Marx's Theory of History: A Defence*, Princeton University Press, 1978, p. 89.

③ G. A. Cohen, *Karl Marx's Theory of History: A Defence*, Princeton University Press, 1978, p. 28.

总和则构成经济结构。

基于马克思的上述论断,柯亨发挥道:“马克思这里说的经济结构(或‘现实的基础’)是由生产关系构成的。马克思没有说任何其他的因素参与了经济结构的构成。毋庸讳言,我们能够引申出这样的结论,单单生产关系就足以构成经济结构。这意味着,生产力并不是经济结构的一部分。”[①]也就是说,柯亨把生产力与生产关系及作为生产关系总和的经济结构严格地区分开来了。这一区分正是在肯定马克思对“质料性”和“社会性”这两种属性的基础上作出的。其实,柯亨在这部著作的“序言”中已经指出:“假如人们深入马克思的思想,就会发现,生产力和生产关系之间的区分只是社会的质料性和社会性这一更一般的区分中显现出来的特殊的情况。”[②]在柯亨看来,生产力体现的是社会的“质料性”,而生产关系、经济结构体现的则是社会的“社会性”。应该在这一根本性区分的基础上认识这三个概念的关系。在上述区分的基础上,柯亨还进一步列举了不能把生产力归属于生产关系或经济结构的理由:一是生产力作为“力”只是一种属性,不是一种关系;二是既然生产关系是在适应生产力发展的基础上形成起来的,而经济基础又是生产关系的总和,当然不能把生产力纳入到生产关系或经济结构中去。

在作了上述分析之后,柯亨又提出了如下的问题:为什么不少马克思思想的研究者会把生产力看做经济结构的一个组成部分呢?他认为,人们把经济结构看做是基础性的因素,把生产力也看做是基础性的因素,因而自然而然地把生产力看做是经济结构的一个组成部分。问题的症结在于如何理解“基础”(basis)这个术语?柯亨非常机敏地陈述道:“如果 X 是 Y 的基础,那么 Y 依赖于 X。现在,Y 所依赖的东西(即 X)可能是也可能不是 Y 的一部分。——无可争辩的是——一座房屋的基础是房屋的一部分,但是一个塑像的底座却并不是这个塑像的一部分。”[③]显而易见,柯亨认

---

① G. A. Cohen, *Karl Marx's Theory of History: A Defence*, Princeton University Press, 1978, p. 28.

② G. A. Cohen, *Karl Marx's Theory of History: A Defence*, Princeton University Press, 1978, p. xi.

③ G. A. Cohen, *Karl Marx's Theory of History: A Defence*, Princeton University Press, 1978, p. 30.

为，生产关系、经济结构和生产力的关系就像塑像和底座之间的关系一样：生产力是生产关系和经济结构的基础，但生产力并不包含于生产关系和经济结构之中。

在辨明生产力与生产关系及经济结构的根本区别以后，柯亨又进一步运用他的分析方法来消除围绕着这些概念产生的种种误解。我们先来看他如何消除人们对生产力概念的两个误解。一个误解是与马克思在《1857—1858 年经济学手稿》中所说的“人本身是首要的生产力(man himself is the chief productive force)”这句名言联系在一起的[①]。基于对马克思的这一说法的误解，人们常常把“人”作为生产力的要素之一。柯亨认为，马克思所要表达的真实的意思是：人的劳动力是首要的生产力(man's labour power is the chief productive force)，因为只有人的劳动力才实际地参与到生产力当中去，但并不是人以及人的一切活动都可以纳入到生产力中间去。柯亨写道：“一个人，除非当他的意向被压抑并作为一个物质的对象被使用的时候，他不是生产力。纳粹曾经把人用做灯罩的原料，而且如果他们的烤炉点燃起来进行生产的话，他们想必也会把人用做工具性的材料。在非恐怖的情况下，正是人的劳动力，而不是人，才是生产力。生产是人使用生产力的目的性的活动，人并不使用他们自身，他们只使用自己的力量和技巧。”[②]这段极其精辟的分析澄清了马克思思想研究中长期以来盛行的误解，显示出柯亨在分析哲学研究中的深湛的造诣。

另一个误解是对科学与生产力关系的误解。柯亨写道：“有些马克思主义者总是拒绝把科学(science)包括在生产力之中，而有些马克思主义的批评者又总是发现科学在生产力中的地位是可疑的。当然，我们并不是要证明全部科学都从属于生产力，在我们看来，只有与生产相关的部分的科学才是生产力。”[③]在这里，柯亨的见解是非常明确的，即他不赞成人们把科学理解为与生产力无关的因素。他强调，与生产相关的科学知识从属于

---

① G. A. Cohen, *Karl Marx's Theory of History: A Defence*, Princeton University Press, 1978, p. 45.

② G. A. Cohen, *Karl Marx's Theory of History: A Defence*, Princeton University Press, 1978, p. 44.

③ G. A. Cohen, *Karl Marx's Theory of History: A Defence*, Princeton University Press, 1978, p. 45.

生产力。那么,为什么人们看不到或怀疑科学对生产力的归属关系呢?因为人们通常把科学理解为精神性的东西,从而把它归属为上层建筑和意识形态的一部分,而生产力既然是“质料性的”,又处在与上层建筑和意识形态相对的基础性的位置上,当然不能把科学归属于生产力。柯亨认为,这样的理解方式是缺乏理论依据的。上层建筑是制度,科学作为知识是不可能成为上层建筑的一个组成部分的。此外,虽然意识形态和科学一样是精神性的东西,是观念,“但科学并不是意识形态,因为意识形态的一个确定性的特征是非科学的。科学可能包含着非科学的意识形态的因素,尽管如此,它还是科学,并且对生产是有用的,因而是一种生产力。科学具有生产力并不在它的意识形态的因素”①。在这里,柯亨的分析同样是十分深入的,也是令人信服的。一方面,他肯定与生产相关的科学是一种生产力;另一方面,虽然他承认在科学中也可能包含意识形态的因素,但在生产过程中真正发挥作用的却不是这些意识形态的因素。这就使长期以来争论不休的科学与生产力的关系得到了清晰的说明。

我们再来看柯亨如何运用分析哲学的方法来消除人们对生产关系概念的误解。众所周知,马克思常常从财产关系或所有权关系的角度来谈论生产关系,由于财产关系或所有权关系本质上是一种法律关系,而法律关系又是从属于上层建筑和意识形态的,这就容易形成术语上的混乱:一方面,生产关系的总和构成经济结构,即现实的基础;另一方面,生产关系作为财产关系或所有权关系似乎又应该在上层建筑的层面上加以讨论。究竟应该如何理解生产关系的本质及其地位呢?柯亨指出:“生产关系是对个人和生产力的有效的权力关系(relations of effective power),不是法律的所有权的关系(relation of legal ownership)。”②在柯亨看来,“所有权”(ownership)关系到权利(rights)的问题,属于法律乃至整个上层建筑讨论的范围,而“有效的权力关系”则属于生产关系讨论的范围。虽然在现实的社会生活的过程中,这种“有效的权力关系”必定会打上法律的烙印,但却决

① G. A. Cohen, *Karl Marx's Theory of History: A Defence*, Princeton University Press, 1978, p.46.

② G. A. Cohen, *Karl Marx's Theory of History: A Defence*, Princeton University Press, 1978, p.63.

不能因此而把生产关系划入到上层建筑的范围内去。就好像社会生活中的所有的一切都打着法的烙印,都可以从法的角度来论定,但却不能因此而把全部社会生活都归结为上层建筑一样。

第四,运用分析哲学的方法消除人们对经济结构概念的误解。

众所周知,“传统的马克思主义”者通常把生产方式理解为生产力和生产关系的总和。柯亨既然从“质料性”和“社会性”的两分出发,区分了生产力和生产关系,当然不主张使用生产方式这个含混的概念,更不主张人们粗率地把生产方式与作为生产关系的总和的经济结构混同起来。柯亨写道:“一种生产方式(A mode of production)是不可能等同于一个经济结构的,因为一种方式是一条途径或一种样式,并不是一套关系。经济结构并不是生产的一条途径,而是生产在其中进行的一个权力的框架。不管结构和方式之间存在着什么关系,它们并不是一个东西。”①在柯亨看来,通过对这些基本概念的内涵的明确界定,可以消除马克思历史理论中原来存在的一些不清晰的成分。

第五,主张马克思的历史理论是“功能解释”理论。

柯亨认为,一般说来,“传统的马克思主义”者并不主张把马克思的历史理论所蕴含的解释方式理解为“功能解释”(functional explanation)。恩格斯强调经济基础在归根到底的层次上决定着上层建筑,实际上等于把经济基础的作用缩减为社会发展的起始点上的决定作用。换言之,除了在开端上经济基础的决定作用外,在其他场合下发生的都是经济基础与上层建筑之间的交互关系。这就在某种意义上软化了马克思历史理论的硬度。同样地,阿尔都塞主张“结构的因果性”(structural causality),认为人类社会在其发展的进程中各种因素共同参与了对它的决定。这样一来,在生产力、生产关系、经济基础、上层建筑这些概念中,任何一个概念都失去了自己的优先性或基础性。在柯亨看来,以这样的方式去理解马克思的历史理论,完全有可能牺牲掉这一理论的本质性的内容。

柯亨主张,只有回到“功能解释”上去,才能确保马克思历史理论的锋芒不被钝化。他写道:“马克思的核心解释是功能的解释,它的粗略的意思

① G. A. Cohen, *Karl Marx's Theory of History: A Defence*, Princeton University Press, 1978, p. 79.

是:被解释的东西的特征是由它对解释它的东西的作用决定的。这样解释马克思主义的一个理由是:如果解释关系的方向像已经确定的那样,那么对这种关系的本性的最好的说明就是:它是一种功能性的解释。”[①]既然生产关系对生产力、上层建筑对经济基础存在着功能性解释作用,那么倒过来也就表明,生产力对生产关系、经济基础对上层建筑的作用是根本性和首要性的。

在这部著作的第六章“生产力的首要性”中,柯亨写道:“在这一章中提到的首要性是指生产力对生产关系,或生产力对由生产关系构成的经济结构的首要性。这个首要性的命题在于,一组生产关系的本性是由它与之相适应的生产力的发展水平来说明的。”[②]在这里,与“传统的马克思主义”者不同,柯亨在他所坚持的“功能解释”中突出了生产力的始源性的、首要性的作用。那么,当一个社会的发展在必须改革生产关系或经济基础以发展生产力的情况下,生产力是不是还具有首要性呢?柯亨所主张的“功能解释”是否还有效呢?他的回答是这样的:“经济结构促进生产力发展的这一明显的事实并不损害生产力的首要性,因为生产力是按照经济结构促进生产力发展的能力来选择经济结构的。”[③]也就是说,生产关系或经济结构对生产力的反作用不但不能说明生产关系或经济结构具有首要性,反而说明,相对于生产力来说,它们始终只是功能性的存在,始终是为生产力的发展服务的。

那么,这种“功能解释”有没有可能导向“经济决定论”呢?柯亨表示,他不愿意涉足决定论的问题,他要恢复的只是马克思的历史理论的本意。他从马克思的《政治经济学批判》“序言”和其他的著作中引证了马克思的大量的论述,表明马克思始终坚持生产力的首要性,坚持“功能解释”的立场和方式。

综上所述,柯亨的《卡尔·马克思的历史理论:一个辩护》是西方马克

---

① G. A. Cohen, *Karl Marx's Theory of History: A Defence*, Princeton University Press, 1978, p. 278.

② G. A. Cohen, *Karl Marx's Theory of History: A Defence*, Princeton University Press, 1978, p. 134.

③ G. A. Cohen, *Karl Marx's Theory of History: A Defence*, Princeton University Press, 1978, p. 162.

思主义发展史上的一部极为重要的理论著作。他促使人们重新去解读马克思的经典文本,并对马克思的种种表述作出严格的分析,以避免曲解马克思的基本思想。当然,这部著作也存在着一些问题,其结构上显得比较松散。柯亨完全可以把"质料性"和"社会性"的区分放到前面来论述,然后再论述其他的问题,而且"质料性"和"社会性"的两分完全可以从马克思关于商品的"使用价值"(质料性或自然属性)和"交换价值"(社会属性)的区分上开始,而马克思在《1857—1858 年经济学手稿》中强调的古代社会更重"质料性"、现代社会更重"社会性"的论述也没有引起柯亨的充分重视。此外,柯亨的"功能解释"理论如何与"经济决定论"区分开来,这是一个无法回避的问题,但恰恰是在这一重要的问题上,这部著作缺乏令人信服的说明。事实上,这部著作出版后,"功能解释"的问题引起了广泛的争论。但不管如何,这部著作无可争辩地启发我们,运用分析哲学的方法来研究马克思主义是绝对必要的,舍此,我们便无法对马克思主义的基本概念和理论获得清晰的认识。

2.**《历史唯物主义的再探讨》**(1988)

《历史唯物主义的再探讨》是柯亨于 1988 年出版的著作《历史、劳动和自由:来自马克思的主题》中的一部分,被罗默作为马克思的历史唯物主义探讨的重要论文收入他所主编的《分析的马克思主义的基础》一书。我们之所以选择这篇论文(确切地说是这部著作的一个片断)来探索柯亨思想的发展,主要是基于下面的原因:第一,这篇论文是在柯亨的著作《卡尔·马克思的历史理论:一个辩护》(1978)出版十年后撰写的,这里已经存在一个不算短暂的历史跨度;第二,这篇论文在一些本质性的维度上继续了《卡尔·马克思的历史理论:一个辩护》一书的思考,也就是说,它体现出柯亨对马克思的历史理论思考上的联贯性;第三,在柯亨的《历史、劳动和自由:来自马克思的主题》这部著作中,《历史唯物主义的再探讨》这一部分集中地体现了他对马克思的历史理论的新的批判性的思索。事实上,作为"分析的马克思主义"的奠基人,柯亨的主要贡献正是在马克思的历史理论研究的领域中。在《历史唯物主义再探讨》一文中,柯亨主要阐述了下面一些重要的观点:

第一,从"辩护"到"再探讨"。

柯亨在这篇论文中开宗明义地指出，他之所以在他以前写的关于马克思的历史理论的那部著作的书名中加入"一个辩护(a defence)"这样的字样，因为在那部著作中，他的基本立场和出发点是维护马克思的历史理论。事实上，在撰写那部著作之前，他确信马克思的历史理论是一种真理性的知识。然而，柯亨也十分坦率地承认，十年来，他的思想，包括他对马克思的历史理论的信念也正在发生变化。他写道："我并不相信历史唯物主义是错误的，但又不能以确定的方式告诉人们，马克思的历史理论是不是真理性的知识。"①这段话表明了柯亨的矛盾心理：一方面，他愿意继续确信马克思的历史理论的正确性，但另一方面，他又感觉到很难再以十年前自己做过的那种方式来为马克思进行辩护。为什么会出现这种情况呢？因为有些论述已经构成了"对历史唯物主义的强有力的挑战(a strong challenge to historical materialism)"②。在这里，柯亨实际上已经承认，他在十年前对马克思的历史理论的"澄清(clarify)"并不是完全有效的，而面对着这些"挑战"，对马克思的历史唯物主义理论的"再探讨(reconsidering)"也就变得不可避免了。

现在我们要进一步追问：十年后，当柯亨再度把自己的思维聚焦于马克思的历史理论的时候，他自己的立场有没有什么变化呢？我们知道，在《卡尔·马克思的历史理论：一个辩护》一书的扉页上，柯亨引用了 S. 博恩和 M. 阿谢德合著的《一个小男孩和他的房屋》一书中的一段话作为警句。这段话是这样的："因为他们全都说过：'它取决于……它完全取决于……它完全取决于你生活在什么地方和不得不用什么东西来建造房屋。"③十年后，在这篇论文中，柯亨再度引证了这段话，并对《一个小男孩和他的房屋》一书的故事情节做了一个简要的介绍：一个不知名的小男孩处在无家可归的悲惨的状态下。他去看他的叔叔，他叔叔同意为他找到一个可以住

① John E. Roemer, *Foundations of Analytical Marxism*, *Volume I*, An Elgar reference collection, Aldershot, E. Elgar, 1994, p. 67.

② John E. Roemer, *Foundations of Analytical Marxism*, *Volume I*, An Elgar reference collection, Aldershot, E. Elgar, 1994, p. 67.

③ G. A. Cohen, *Karl Marx's Theory of History*: *A Defence*, Princeton University Press, 1978, p. 6. ; John E. Roemer, *Foundations of Analytical Marxism*, *Volume I*, An Elgar reference collection, Aldershot, E. Elgar, 1994, p. 68.

的地方，但世界上有各种不同的房屋，预先对其中的一些房屋进行考察，从而决定自己应该住在什么样的房屋里显然是明智的。他们到九个不同的国家去参观，发现了九种不同的房屋。这个小男孩发现，这些房屋或者是缺乏吸引力的（如低矮的帐篷），或者是非常昂贵而他根本不可能住进去的。回来后，他和他叔叔一起建造了一个用红砖砌成的平房，然后邀请九个不同国家的朋友来参观。这些朋友对他们的红房子印象十分深刻，纷纷表示回去后也要造成这样的房屋，然而当他们回到自己的国家后，他们全都改变了自己的看法，觉得自己原来住的房屋是很便利的，而建造小红房是不切实际的。

在十年时间里，在两部不同的著作中，柯亨都引证了《一个小男孩和他的房屋》一书中的同一段警句，那么他思考问题的立场和出发点是不是变化了呢？我们的回答是肯定的。乍看起来，这段警句是对历史唯物主义的一个很好的说明，即你对房屋的选择完全取决于你生活在什么地方和不得不用什么样的东西来建造你的房屋。事实上，柯亨自己也十分坦诚地承认，他引证这段警句就是为了为马克思的历史唯物主义理论进行辩护。但是，柯亨又指出，当《卡尔·马克思的历史理论：一个辩护》一书还在印刷的时候，甚至更早的时候，他已经意识到，他对这段话的理解存在着偏颇之处。他写道："当这段话从它的上下文中被抽取出来的时候，它对《卡尔·马克思的历史理论：一个辩护》这本书来说，是一段非常合适的警句。然而，当这段话在其上下文中被考察的时候，它可能构成对我们这里正在进行讨论的历史唯物主义的挑战的出发点。"①

为了弄清问题，我们必须进一步询问：为什么在其初始意义上是为历史唯物主义辩护的这段警句，同时也构成对历史唯物主义进行挑战的一个出发点呢？柯亨作了如下的解释，即人们对房屋样式的选择完全取决于他们生活在什么地方和不得不用什么材料来建造自己的房屋，在这里，"他们生活在什么地方"这个说法既可以从历史唯物主义的角度加以理解，也可以从其他的角度，如他们的自我意识、他们和自己生活传统的认同等不同的角度加以理解，而当人们从这些不同的角度去思考问题的时候，那些被

① John E. Roemer, *Foundations of Analytical Marxism*, *Volume I*, An Elgar reference collection, Aldershot, E. Elgar, 1994, p.68.

历史唯物主义理论所忽略的因素就呈现出来了,它们直接构成了对历史唯物主义理论的挑战。这充分表明,在《卡尔·马克思的历史理论:一个辩护》一书出版十年后,柯亨探讨马克思的历史理论的立场和出发点已经发生了微妙的变化。虽然从总体上看,他对历史唯物主义理论仍然保留着自己的某种信念,但一种批判的意识已经渗透到他的思想中。

第二,马克思的哲学人类学。

在《历史唯物主义的再探讨》一文中,不但柯亨的立场和出发点发生了变化,而且其探讨的出发点也发生了变化。在他看来,对马克思的历史唯物主义理论的挑战更多地来自哲学人类学方面的思索,如上面提到的人的自我意识,特别是自我认同,就是哲学人类学研究方面的核心话题。这就自然而然地促使柯亨把自己的视角转向马克思的哲学人类学,并从马克思这方面的理论出发,向他的历史唯物主义理论迂回。

柯亨指出:"马克思至少创造了四套观念:一个哲学人类学(a philosophical anthropology),一个历史理论,一个经济理论和一个关于未来社会的见解。"[①]在他看来,这四套观念之间虽然存在着重大的差异,但又存在着共同点:"尽管这四套观念中的每一套都有自己独特的表述方式,但每一套观念的重点都放在生产活动上,部分地由于这个原因,每套学说都是唯物主义的学说。"[②]柯亨认为:马克思的哲学人类学郑重强调人本质上是创造性的存在物;马克思的历史理论把生产力的增长理解为一切其他的社会变化的原因;马克思的经济理论围绕人的劳动来展开;而马克思关于未来社会的理论则强调了个人在活动中的潜能、个人对自由的追求等等。在这四套学说中,哲学人类学起着十分重要的作用,也是柯亨在这篇论文中重点探讨的对象。

柯亨写道:"我要指责马克思的哲学人类学的是,它只强调人性中的创造性的方面,忽视了在黑格尔哲学中占主导地位的人的需要和追求。"[③]事

---

① John E. Roemer, *Foundations of Analytical Marxism*, *Volume I*, An Elgar reference collection, Aldershot, E. Elgar, 1994, p. 71.

② John E. Roemer, *Foundations of Analytical Marxism*, *Volume I*, An Elgar reference collection, Aldershot, E. Elgar, 1994, p. 71.

③ John E. Roemer, *Foundations of Analytical Marxism*, *Volume I*, An Elgar reference collection, Aldershot, E. Elgar, 1994, p. 72.

实上,在《卡尔·马克思的历史理论:一个辩护》一书中,柯亨在比较马克思和黑格尔的历史理论时,已经批评马克思对人的更多的关注是人与世界的关系,而不是人与自我的关系。而在现在这篇论文中,柯亨以更直率的方式指责道:“马克思在唯物主义的方向上走得太远了。”[①]他认为,马克思在追随费尔巴哈批判黑格尔的唯心主义的过程中,只关注主体与客体之间的关系,却忽略了主体与自己之间的关系以及一个主体与其他主体之间的关系。然而,柯亨强调,“一个人不仅需要发展和欣赏自己的能力,他也需要知道他是谁,他也需要他的同一性如何把他与特殊的他者联系起来”[②]。柯亨指出,他的意思并不是说马克思完全不考虑人的自我认同的问题,而是说在马克思的整个理论框架中,这方面的思考并没有像在黑格尔那里一样,得到充分的展开,而马克思理论的追随者由于受到马克思这方面的思想倾向的影响,同样对人的“自我确定的需要(a need for self definition)”缺乏相应的重视。

为了避免引起人们的误解,柯亨进一步做出了两点声明:第一,他强调人的需要,并不一定是指人对宗教、民族主义或其他类似的东西的需要,他肯定的只是人一定会有了解“我是谁”的需要;第二,他强调人对自己的理解,并没有肯定这种理解一定是正确的,实际上,人在自我理解的过程中,也会产生许多幻觉或错误的观念。他肯定的只是人有理解自己的强烈的愿望。

总之,柯亨认为,马克思的哲学人类学思想只关注人与世界的关系,不重视人的需要和追求,特别是不重视人的自我认同的内在需要,因而是片面的。在这篇论文的结论部分,他这样写道:“马克思的哲学人类学是片面的。他关于人性和人的善良的观念忽视了人的自我认同的需要(the need for self identity),但对于人来说,没有任何东西比这种自我认同来得更重要了。”[③]而马克思哲学人类学的这种缺陷是值得深入地加以反思的。

---

① John E. Roemer, *Foundations of Analytical Marxism*, *Volume I*, An Elgar reference collection, Aldershot, E. Elgar, 1994, p. 72.

② John E. Roemer, *Foundations of Analytical Marxism*, *Volume I*, An Elgar reference collection, Aldershot, E. Elgar, 1994, p. 72.

③ John E. Roemer, *Foundations of Analytical Marxism*, *Volume I*, An Elgar reference collection, Aldershot, E. Elgar, 1994, p. 89.

针对哲学人类学的片面性对历史理论的消极影响,柯亨认为:"虽然历史唯物主义和马克思的哲学人类学各自具有自己的独立性,但它们相互之间还是关联在一起的。"①在对这种关联性的考察中,柯亨特别感兴趣的是,马克思哲学人类学思想的"片面性(one - sidedness)"究竟对其历史理论造成了哪些消极的影响。他认为,这些消极的影响主要表现如下。

其一,柯亨认为,马克思哲学人类学的片面性忽视了宗教和民族主义的重要性。柯亨指出:"马克思和他的追随者已经低估了像宗教和民族主义这类现象的意义,而这类现象所满足的正是人的自我认同的需要。"②在他看来,黑格尔对宗教和民族主义的现象是十分重视的,而马克思则坚持了"一种非黑格尔的人类学"(an un-Hegelian anthropology),他关注的主要是人在物质生活方面的需要,但对人在精神上、情感上的需要却没有给予足够的重视。尽管马克思在《黑格尔法哲学批判》(1843)一书中的许多论述表明,他意识到宗教是人类心灵上的一种需要,但他主要强调宗教是人的精神异化的一种方式,是人民的鸦片,这就在相当的程度上把宗教的意义弱化了。同样地,当马克思看到一个民族的文学艺术作品能够得到另一个民族的人们的理解和欣赏时,他对文学艺术作品的世界性作出了夸大性的理解。与此相应的是,在《共产党宣言》(1848)中,马克思强调工人没有祖国,从而也过分地夸大了工人阶级的国际性,忽略了民族主义情绪对工人阶级的深刻的影响。而在第一次世界大战中工人阶级的沙文主义和民族主义思想倾向的暴露,表明马克思对人民,甚至工人阶级褊狭的民族主义认同的严重性缺乏足够的估计。

其二,柯亨认为,马克思哲学人类学的片面性导致对未来共产主义社会中人的情况的片面性描述。在马克思和恩格斯合著的《德意志意识形态》(1845—1846)一书中,马克思这样写道:"在共产主义社会中,没有专门的画家,但绝大部分人在从事其他活动的时候也从事绘画。"③柯亨认为,马克思

---

① John E. Roemer, *Foundations of Analytical Marxism*, *Volume I*, An Elgar reference collection, Aldershot, E. Elgar, 1994, p. 89.

② John E. Roemer, *Foundations of Analytical Marxism*, *Volume I*, An Elgar reference collection, Aldershot, E. Elgar, 1994, p. 89.

③ John E. Roemer, *Foundations of Analytical Marxism*, *Volume I*, An Elgar reference collection, Aldershot, E. Elgar, 1994, p. 76.

的这一论述意味着:第一,在共产主义社会中,没有一个人会把自己所有的活动时间都花到绘画上去;第二,在共产主义社会中,也不存在业余的画家,因为成为一个画家就意味着对自我的一种认同,意味着一个人只进行绘画,从而与他的全面发展的存在方式发生了矛盾。所以,柯亨写道:"在共产主义社会中,人们不停地绘画,但没有一个人,哪怕是在短暂的时间内会具有画家的身份。"[①]柯亨为此而提出了疑问:为什么在共产主义社会中一个人不可以成为画家呢?在他看来,马克思重视的是个人能力的全面发展,但他对不同个人之间在心灵追求上的差异显然缺乏深入的体认。

其三,人们认为,马克思哲学人类学的片面性使下面这个问题成了历史唯物主义思考的盲点,即为什么人们对不同的生活方式的追求、人们赋予生活以不同的意义这样的现象难以从历史唯物主义的角度得到解释?在柯亨看来,这样的问题虽然还不足以使历史唯物主义理论变得不可信,但对于很少考虑人自身的兴趣和需要、始终把自己的考察重点放在人和世界关系的哲学人类学及与此有类似倾向的历史唯物主义来说,确实是有回答难度的,这也表明在历史唯物主义的理论中仍然包含着某些不明晰的成分。

综上所述,在《历史唯物主义的再探讨》这篇论文中,柯亨已从十年前对马克思的历史唯物主义理论的积极的"辩护"走向怀疑和批评性的思考。但从总体上来说,他既不赞成从政治方面,即从资本主义或社会主义实践的得失着手,对马克思的历史唯物主义理论作出简单的判断,也不赞成因为这一理论包含着某种不明晰性而对它全盘加以否定,他写道:"我仍然确信,马克思已经做过的结论,即历史的基础性的过程是人类的生产力增长的物质过程。"[②]

二、W. H. 肖

W. H. 肖(William H. Shaw,1948—)从青年时期起就对马克思的思想具有浓厚的兴趣。他曾就学于英国伦敦经济学院,于1975年获得博士学

---

① John E. Roemer, *Foundations of Analytical Marxism*, *Volume I*, An Elgar reference collection, Aldershot, E. Elgar, 1994, p. 77.

② John E. Roemer, *Foundations of Analytical Marxism*, *Volume I*, An Elgar reference collection, Aldershot, E. Elgar, 1994, p. 68.

位。1978 年,他出版了《马克思的历史理论》一书。从这部著作的行文风格及注释可以看出,他的思想深受分析哲学传统,尤其是柯亨的研究方法的影响。虽然他的著作与柯亨的《卡尔·马克思的历史理论:一个辩护》是在同一年出版的,但他对柯亨的著作作出了高度的评价。从 1986 年开始至今,W. H. 肖任教于圣乔思州立大学(San Jose State University),现为该校哲学系主任。他的主要研究对象是"政治社会哲学"(political and social philosophy)、"伦理学"(ethics)和"马克思"(Marx)。他还出版了《企业中的道德问题》(1988)、《穆尔论正确与错误:G. E. 穆尔的规范伦理学》(1995)、《社会的和政治的哲学》(1997)、《当代伦理学》(1998)、《解读法哲学》(2000)等著作,在美国哲学界、伦理学界和马克思主义研究界拥有广泛的影响。下面,我们介绍 W. H. 肖的代表作《马克思的历史理论》(1978)一书中的基本观点。

《马克思的历史理论》(1978)是与柯亨的《卡尔·马克思的历史理论:一个辩护》同年发表的另一部"分析的马克思主义"的重要著作,但令人感到困惑难解的是,在罗默主编的《分析的马克思主义》(1986)和《分析的马克思主义的基础》(1994)两书中均未收入 W. H. 肖的相关的论著,甚至这两本论文集中的作者都未提到 W. H. 肖的名字。如前所述,罗默在论述"分析的马克思主义"的起源时,也只追溯到柯亨的上述著作和埃尔斯特的《逻辑与社会》(1978),没有涉及到 W. H. 肖的上述著作,而埃尔斯特在《理解马克思》(1985)一书中也未提到这部著作,仿佛它从来就没有存在过似的。[①] 然而,读过 W. H. 肖的《马克思的历史理论》一书的人都对它留下了深刻的印象。

这部著作除"导论"外,共五章。第一章论述生产力和生产关系概念的内涵;第二章论述马克思的技术决定论;第三章论述从资本主义到社会主义的发展问题;第四章论述了资本主义前的社会形态的发展问题;第五章是全书的结论。在这部著作中,W. H. 肖主要阐述了如下观点。

第一,聚焦马克思历史理论的意图。

在《马克思的历史理论》的"导论"中,W. H. 肖开宗明义地指出:"本书

---

① 倒是 W. H. 肖在《马克思的历史理论》一书中提到了柯亨以前的一些观点。See William H. Shaw, *Marx's Theory of History*, Stanford University Press, 1978, p. 47; p. 18.

的意图是研究卡尔·马克思的历史理论。尽管研究马克思的文献是十分丰富的,但几乎没有什么著作以系统的和持续的方式涉及到这个特殊的主题,而这种研究方式正是这样的主题所需要的。大部分介绍马克思其人的探讨其主要观念的第二手资料,并没有对马克思的那些理论信条作出令人满意的分析,而这些信条对于试图对马克思的历史理论作出令人满意的评价来说,是十分必要的。"[①]在对马克思的研究中,为什么对其历史理论的研究会出现这种冷落的局面呢? W. H. 肖认为,在学者们中间流行着一种观念,即指责马克思的历史理论的含义是不明确的,马克思在不同的场合下表述自己的思想时是不一致的,而学者们对马克思的历史理论的理解也存在着种种偏颇。这就造成了这一研究领域中思想的混乱。

W. H. 肖强调:"尽管我以同情的态度来探讨马克思的历史理论,但我的意图并不是为它辩护或对它进行修正,毋宁说,我的意图是试图发掘马克思的理论所说的东西,阐明它的意义,揭示它的细微差别,并使它的某些内在的困难透显出来。从根本上说,我把历史唯物主义看做是一种经验的、科学的理论(或者试图往这个方向努力的一种理论)。我确信,这种理解方式连马克思本人也会赞同的。"[②]从这里我们可以看出,W. H. 肖与当时撰写《卡尔·马克思的历史理论:一个辩护》的柯亨比较起来,其立场是更为客观,也更为超脱的。

在 W. H. 肖看来,当他试图把马克思的历史理论理解为"一种经验的、科学的理论"(an empirical, scientific theory)时,肯定会遭到一些学者的反对,因为他们始终抱着这样的观点,即马克思的历史理论只能根据某种假定的哲学框架来理解和解释。这种假定的哲学框架可以是某种形而上学的观点,也可以是某种犹太—基督的末世论的世俗化的版本,也可能是一种哲学上的异化的理论。W. H. 肖认为自己并不会屈从于这样的反对意见。在他看来,虽然马克思的历史理论中包含着一定的哲学见解,但撇开马克思的历史理论本身而去追寻其形而上学的或宗教的背景是徒劳无益的。他写道:"一种鲜明的经验的理论能够(而且确实必须)与它的形而上学的背景或其作者的非经验的信念分离开来加以评价。如果这种理论在

① William H. Shaw, *Marx's Theory of History*, Stanford University Press, 1978, p. 1.

② William H. Shaw, *Marx's Theory of History*, Stanford University Press, 1978, p. 2.

科学上是不可靠的,那么这种理论在哲学上的体现同样是不可靠的:一种好的形而上学的理论是不可能补偿一种好的经验理论的。此外,如果人们发现这种理论(或它的一部分)在科学上是富有成果的,那么就可以把这种理论同它的哲学基础分离开来。当我把历史唯物主义当做一种经验的理论(因为马克思就是以这种方式提出它的)时,我承认我是从马克思观察事物的视角的其他相关的、重要的方面把它抽取出来的。"①总之,在W. H. 肖看来,他的这种把马克思的历史理论的经验的、科学的维度与哲学的、形而上学的维度分离开来的探讨方式可能会引起其他学者的批评,但实际上他注重的只是探讨问题的一个特殊的视角,而这一经验的和科学的视角也正是马克思的历史理论的根本性的特征。

W. H. 肖认为:"目前只有少数人密切地关注着历史唯物主义,而这正是我现在坚持这个课题,而不从事关于马克思的其他的野心勃勃的、包罗万象的课题的一个充分的理由。我希望我的工作能够部分地填补这方面文献上的空白,并且鼓励其他人在这方面继续努力。然而,我并不探讨马克思的整个历史理论,我只探讨它的一个方面。我所关注的是马克思关于历史变化的一般的、基础性的模式以及提供历史统一性和推动它向前发展的那些要素。也就是说,我涉及的是经济上的动力机制,即生产力和生产关系之间的相互关系,马克思把这一动力机制理解为历史变化和进化的基础。这个论题之所以重要,正是因为历史唯物主义本身对这一特殊的动力机制给予了一种首要性的说明。"②在这里,W. H. 肖一再表明,他的意图并不是对马克思的历史理论进行泛泛的论述,而是要对这一理论的基础的、核心的部分进行深入的考察和研究。那么,他这样做的深层的动机又是什么呢?

W. H. 肖指出:"尽管我在这里的探讨所涉及到的领域并不是宽广的,然而,对于马克思的历史理论的重建(the reconstruction of Marx's theory of history)来说,它却提供了一个决定性的基础。"③这就明确地告诉我们,他的深层的动机是"重建马克思的历史理论"。为了达到这样的目的,也为

① William H. Shaw, *Marx's Theory of History*, Stanford University Press, 1978, p. 3.
② William H. Shaw, *Marx's Theory of History*, Stanford University Press, 1978, p. 4.
③ William H. Shaw, *Marx's Theory of History*, Stanford University Press, 1978, p. 4.

了使读者更容易理解他的思想，W. H. 肖对自己即将展开的探索作出了以下的说明和限定。

其一，他反复重申："一般说来，构成这部著作基础的一个原则是，马克思意味着他所说的东西：没有必要按照所谓的'基础'哲学或某些词的独特的用法来解释马克思。"①这个原则无非是说，要认真地研读马克思的经典文本，尽可能地按照马克思的原意，即他的论述来阐释他的思想，而不用预设的理论框架对马克思的观点进行曲解。

其二，为了避免用语上的混乱，他主张把"马克思的历史理论(Marx's theory of history)"、"历史唯物主义(historical materialism)"和"唯物史观(the materialist conception of history)"当做同义词来使用。他还强调，他使用"马克思的历史理论"这个概念，并不意味着这一理论是一个严格的、由一系列公式组成的命题体系，也不打算在形式上把这一理论与马克思的其他思想，如辩证唯物主义分离开来，他只是从直观的层次上去理解这一理论与马克思的其他理论之间的界限。②

其三，他声明，在这部著作中，他将不参与关于"青年马克思"和"老年马克思"的关系的争论。在他看来，马克思的历史理论在他撰写《德意志意识形态》期间已经成熟，而他在这部著作中并不愿意涉及这一理论早期形成的情况，也不愿意涉及它后来的发展史。这似乎表明，他的主要探讨方法不是历史主义的，而是结构性的③。

其四，他坚持，在这部著作中只考察马克思本人的历史理论，而不考察马克思的追随者对这一理论的解释或发挥，除非在不得已的情况下才会有所涉及。他还指出，马克思与恩格斯在思想上的关系是复杂的，因而在引述恩格斯的见解时必须特别谨慎④。

其五，他断言，他将在这部著作中对马克思的历史理论作出"一个更具原教旨主义倾向的解释"(a more 'fundamentalist' interpretation)⑤，而这种解释又集中表现在他对马克思的历史理论的"决定论解释"(a determinis-

---

① William H. Shaw, *Marx's Theory of History*, Stanford University Press, 1978, p. 9.
② William H. Shaw, *Marx's Theory of History*, Stanford University Press, 1978, p. 171.
③ William H. Shaw, *Marx's Theory of History*, Stanford University Press, 1978, p. 6.
④ William H. Shaw, *Marx's Theory of History*, Stanford University Press, 1978, p. 7.
⑤ William H. Shaw, *Marx's Theory of History*, Stanford University Press, 1978, p. 6.

tic' interpretation)[①]上。

第二,生产力和生产关系。

W. H. 肖指出:"人们为了充分地掌握历史唯物主义,就必须理解它的概念构架。'生产力'(productive forces)和'生产关系'(relations of production)这两个概念对于马克思的历史观,尤其是他的历史变化和社会进化的观念来说,是根本性的。澄清这两个概念的含义是必不可少的任务。"[②]

让我们先来看看,W. H. 肖是如何理解马克思的生产力概念的。他主张,人们不应该对生产力的概念作广义的解释,似乎它包含社会进行生产所必需的一切活动和因素,而应该对它作狭义的理解,即从构成直接生产过程本身所必需的因素的角度加以理解。所以,他这样写道:"任何劳动过程都关涉到劳动力(labor-power)和生产资料(means of production);这些因素将被视为构成马克思所说的'生产力'的东西。"[③]

W. H. 肖认为,在马克思那里,生产资料是生产过程中的物的因素,它又由"劳动工具"(the instruments of labor)和"劳动对象"(the object of labor)构成。在马克思看来,劳动工具和劳动对象之间的区分并不是十分严格的。在某一生产过程中作为劳动工具出现的东西,在另一个生产过程中就可能成为劳动对象。事实上,所有的劳动工具也是作为对象被加工出来的。也就是说,只有在确定的生产过程的语境中,人们才能对劳动工具和劳动对象作出比较严格的区分。W. H. 肖还强调,一般说来,劳动工具这一概念的含义还是比较单纯的,而劳动对象则要复杂一些。按照马克思的看法,劳动对象可以分为两类:一类是自然界天然提供的劳动对象,如鱼、树木、矿藏等;另一类是被以前的劳动过滤过的对象,马克思通常称为"原料"(raw materials),并在《资本论》第一卷(1867)中指出:"一切原料都是劳动的对象,但并不是一切劳动对象都是原料。"[④]严格地说来,原料既可以构成生产的主要实体,也可以只是作为一种辅助的材料参加产品的形成。对这些细微的差别,都需要通过对具体的生产过程的考察来确定。

---

① William H. Shaw, *Marx's Theory of History*, Stanford University Press, 1978, p.5.
② William H. Shaw, *Marx's Theory of History*, Stanford University Press, 1978, p.9.
③ William H. Shaw, *Marx's Theory of History*, Stanford University Press, 1978, p.10.
④ William H. Shaw, *Marx's Theory of History*, Stanford University Press, 1978, p.12.

至于劳动力,作为生产过程中的能动的部分,它的确切含义又是什么呢? W. H. 肖援引了马克思在《资本论》第一卷中关于劳动力所下的定义:"所谓劳动力或劳动的能力应该被理解为存在于人体之中的精神的和肉体的能力的总和。不管任何时候,当一个人生产任何种类的使用价值时,他都在运用这些能力。"[①]在马克思看来,生产过程也就是作为劳动者的人消耗自己的劳动力的过程。在这个意义上可以说,劳动力只是作为正在从事劳动的人的能力或力量而存在。正是基于马克思的上述见解,W. H. 肖强调:

其一,虽然劳动力是劳动的能力,而劳动则是这种能力的具体表现,但"劳动"(labor)和"劳动力"(labor-power)这两个概念仍然应该被严格地区分开来。一方面,劳动只是一个过程,而劳动力则是作为劳动者的人所具有的力量和能力;另一方面,劳动以抽象的方式指称人的某种活动,而劳动力则是劳动过程中的不可或缺的要素之一。一个劳动者可以出卖劳动力,但却不能出卖劳动。正是通过对这两个概念之间的差异的分析,马克思才可能揭示出剩余价值的秘密。

其二,虽然劳动力是人的力量和能力,但却不能以人去取代劳动力,从而把人作为生产力的要素之一。W. H. 肖写道:"虽然人是劳动力的承担者,但属于生产力的不是人,而是劳动力。尽管只有通过人劳动力才能进入生产过程,其结论也还是这样。"[②]因为在 W. H. 肖看来,人不仅仅是劳动力,他还处在劳动或生产之外的各种关系和活动中。尽管人只有通过生产劳动才能生存,但人的全部存在却不能归结为生产劳动。正如法律和士兵也是确保劳动生产顺利进行的必需的因素,但我们却不能把法律和士兵都看做生产力的要素。当然,马克思在他的著作中的某一处曾经说过:"在一切生产工具中,最强大的生产力是革命阶级本身。"[③]马克思的这一见解曾经引起广泛的误解。比如,卡尔 · 柯尔施在《卡尔 · 马克思》(1938)一书中就曾把革命无产阶级作为生产力的要素之一。W. H. 肖认为,马克思在这里的说法只具有夸张的、隐喻性的意义。事实上,在对生产力进行严格

---

① William H. Shaw, *Marx's Theory of History*, Stanford University Press, 1978, p. 15.

② William H. Shaw, *Marx's Theory of History*, Stanford University Press, 1978, p. 17.

③ William H. Shaw, *Marx's Theory of History*, Stanford University Press, 1978, p. 14.

表述的情况下，马克思不可能采取这样的叙述方式。比如，在《德意志意识形态》一书中，马克思在提到全面革命的物质要素时，这样写道："……就是说，一方面是现存的生产力，另一方面是革命群众的形成。"①在这里，马克思把"生产力"与"革命群众"严格地区分开来。

其三，强调"科学技术知识"(scientific and technological knowledge)是劳动力的一种属性。W. H. 肖指出："任何劳动过程都涉及到有意识的行动者，他的意识、技能、经验和专门知识都是从事于生产使用价值的劳动力的一部分。科学技术知识不过代表了更高级的劳动力。"②在这里，他把与劳动生产过程直接相关的"科学技术知识"与"科学"这两个概念严格地区分开来。他不赞同波普尔把科学直接理解为一种生产力，他认为，科学知识只有借助于具体的劳动者才能进入劳动过程中。在这个意义上可以说，只有与直接的劳动过程相关联的"科学技术知识"才是劳动力的一种属性，从而才能成为一种生产力。但是，能不能把人们在劳动过程中形成的协作关系，作为一种具有技术含量的因素，引入到劳动力概念的内涵中，从而也引入到生产力概念中来呢？W. H. 肖的回答是否定的。他认为，协作乃是不以任何一个劳动者的意志为转移的一种社会劳动形式。但是，"这些社会形式只是关系，而这些关系并不等同于它们所关涉到的生产力。生产力和与生产力关联在一起的技术的和社会的组织(both their technological and social organization)区分的可能性，对马克思的理论来说，具有根本性的意义"③。

从上面的论述可以看出，W. H. 肖运用分析哲学的方法对生产力的两个要素——"生产资料"和"劳动力"概念的内涵作出了严格的界定，从而澄清了围绕生产力概念形成的种种误解。下面，让我们再来看看，W. H. 肖是如何理解马克思的生产关系概念的。他援引了马克思在《雇佣劳动与资本》(1847)中写下的一段重要的论述："为了进行生产，人们便发生一定的联系和关系；只有在这些社会联系和关系的范围内，才会有他们对自然界

① William H. Shaw, *Marx's Theory of History*, Stanford University Press, 1978, p. 15.
② William H. Shaw, *Marx's Theory of History*, Stanford University Press, 1978, p. 21.
③ William H. Shaw, *Marx's Theory of History*, Stanford University Press, 1978, p. 26.

的关系,才会有生产。”[①]按照马克思的观点,没有任何生产关系作为媒介的、赤裸裸的社会生产是不存在的。人们要进行社会生产,就必定要结成一定的关系。

在W.H.肖看来,这种关系不仅包括人们用以改变自然界的实际的劳动关系,也包括他们用以调整他们彼此对生产力和产品之间的所有权关系。正是在这个意义上,W.H.肖指出,在马克思的生产关系概念中,实际上蕴含着两种不同的关系:“严格地说来,这两种关系——劳动关系和所有权关系——都包含在‘生产关系’这一标题下。这两类关系虽然是可以区分的,但常常在同一行为中表现出来。因为从广义上说,‘劳动’关系指的是生产中技术的、物质的或自然的方面,而‘所有权’关系则标志着以社会的方式加以规定的特征。这可以与性交的现象加以类比。一方面,性交是一种‘物质的’关系,另一方面,性交又是以私通、通奸或一夫一妻制这样的方式表现出来的社会关系。在任何类型的社会中,生产力都必定会被联结起来,或导致某些关系,而这些关系不仅包括生产中的劳动关系,而且同时包括生产中的所有权关系。”[②]

必须指出,劳动关系和所有权关系是不可分割地联系在一起的,特别是在现代社会中,一方面,任何劳动关系都不可能超越所有权的关系,即法律所规定的财产关系而被建立起来;另一方面,任何所有权的关系也不可能凭空地存在,在劳动过程中,它只能通过劳动关系来表现自己。正如马克思所说的:“试图把所有权作为一种独立的关系、一个孤立的范畴、一种抽象的和永恒的观念来下定义,这只能是形而上学或法学的幻想。”[③]这就启示我们,不能以非此即彼的方式来看待这两种关系之间的相互关系。然而,正如W.H.肖所指出的:“它们之间的区别对于马克思的思想来说,具有核心的意义。”[④]在这里,我们发现,W.H.肖和柯亨在对马克思历史理论的理解上存在着一种类似的洞察力。如果说,柯亨主张把社会的“质料性”和“社会性”区分开来的话,那么,W.H.肖则主张把生产关系中的“劳

---

① William H. Shaw, *Marx's Theory of History*, Stanford University Press, 1978, p.28.
② William H. Shaw, *Marx's Theory of History*, Stanford University Press, 1978, p.31.
③ William H. Shaw, *Marx's Theory of History*, Stanford University Press, 1978, p.44.
④ William H. Shaw, *Marx's Theory of History*, Stanford University Press, 1978, p.32.

动关系”作为自然属性和作为社会属性的“所有权关系”区分开来。在他们看来,不做出这样的区分,就无法理解马克思对资本主义社会中存在的种种神秘现象的批判。尤其是商品、货币和资本的拜物教现象,实际上都是把商品、货币和资本的自然属性与社会属性混淆起来的结果。一旦把自然属性与社会属性区分开来了,神秘的拜物教现象也就得到了合理的解释。

在上述区分的基础上,W. H. 肖进一步深入地剖析了“劳动关系”和“所有权关系”的具体内容。什么是劳动关系呢?他解答道:“劳动关系是那些包含在物质对象的生产中的关系,是构成现实的生产过程,但又不同于其社会架构的关系。”[①]在他看来,劳动关系具有如下的特征:第一,劳动关系是从生产特定的使用价值的角度着眼的,而不是从生产交换价值的角度着眼的。也就是说,当人们生产汽车、马靴等不同的商品时,他们所要结成的劳动关系是有差异的。第二,生产越是发展,生产的过程越是复杂,产品越是精细,劳动关系之间的相互联结也就越是复杂。第三,众所周知,银行业和零售业为任何使用价值的持续生产所必需,但这些关系不应被视为劳动关系的一部分。必须牢牢地扣住物质资料的直接生产(制造业、矿业、农业、交通运输业的)过程来理解劳动关系,不应该把那些间接的关系都纳入到这个概念的范围中来。那么,什么是所有权关系呢?W. H. 肖写道:“生产的所有权关系是调整物质生产过程中人们对生产力的控制和权利的关系。”[②]也就是说,所有权关系既涉及到人们对生产力的权利关系,也涉及到与生产过程直接相关的其他的权利关系。比如,一个人签约出卖自己的劳动力,他对自己的劳动力就有一种所有权关系。在这里,W. H. 肖同样主张,必须结合物质资料生产的直接过程来探讨所有权关系的范围,不能把企业与银行业之间的关系、生产与流通之间的关系、资本家和家中的仆人之间的关系等统统纳入到所有权的关系中。W. H. 肖认为,所有权关系也有如下的特征:第一,“所有权关系不仅是人们之间的所有权关系(不论在何种历史的意义上),而且同时也是构成劳动产品的社会分配和支配生

---

① William H. Shaw, *Marx's Theory of History*, Stanford University Press, 1978, p. 34.

② William H. Shaw, *Marx's Theory of History*, Stanford University Press, 1978, p. 36 – 37.

产方式的一般运动的关系”①；第二，这里不是泛泛地讨论所有权关系，而主要是讨论生产中的所有权关系；第三，生产中的所有权关系实质上就是人们对生产力及其产品的控制关系；第四，在奴隶社会、封建主义社会和资本主义社会中，生产中的所有权关系是有差异的，不能抽象地加以论述，而应诉诸具体的分析。

从上面的论述可以看出，W. H. 肖对马克思的历史理论中的基本概念——生产力和生产关系的含义都作出了比较严格的界定。在他看来，马克思在使用这些概念时并没有赋予它们以精确的含义，但这些概念的基本内容和相互之间的关系还是比较稳定的，因而可以用分析哲学的方式进行改造。他指出：“马克思的理论之舟也许不可能永远漂浮在水面上，但它的各个部分却是相互般配的，并没有概念上的不当妨碍它继续出航。”②

第三，从生产力决定论到技术决定论。

W. H. 肖认为，在对生产力和生产关系各自的含义作了深入的分析和严格的界定之后，现在有条件来探讨这两者之间的关系了。关于这个问题，在马克思历史理论的解释者那里，存在着几种不同的观点：第一种观点是生产力决定论，即在生产力与生产关系的相互作用中，生产力起着第一性的作用，而生产关系则起着第二性的作用。第二种观点是生产关系决定论，即生产关系在社会发展中起着基础性的作用：一方面，人们为了生产，就必须结成一定的生产关系，也就是说，任何生产力都只能在一定的生产关系中展开，在这个意义上可以说，没有生产关系，生产力本身就是不现实的；另一方面，生产关系的总和构成经济结构，而经济结构在与上层建筑的关系中也处在基础性的位置上。既然生产关系成了生产力和上层建筑之间的媒介，那么它的作用就是决定性的。第三种观点是生产力和生产关系相互决定论，即两者之间的关系是可逆的，在不同的历史条件下，生产力或生产关系都有可能发挥第一性的作用。

在上面提到的三种理解方式中，究竟哪一种更契合马克思的本意呢？W. H. 肖引证了马克思的重要论述，即“人们所能达到的生产力的总和决

① William H. Shaw, *Marx's Theory of History*, Stanford University Press, 1978, p. 42.

② William H. Shaw, *Marx's Theory of History*, Stanford University Press, 1978, p. 150.

定着社会的本性”[1]后，指出：“马克思发现，人类历史的关键在于人的生产力的发展。生产力是‘一切社会组织的物质基础’；生产力的改进标志着社会的进展。”[2]虽然这段话的倾向已经十分明显，但有些内容仍然没有精确地传达出来。我们不妨看看 W. H. 肖的另一段论述：“在我看来，这一点是确定无疑的，即马克思主张：生产力是历史中的动力性的和决定性的因素，然而，正如我在前面指出过的那样，这种决定性因素和后果并没有得到广泛的理解。”[3]在 W. H 肖看来，毫无疑问，马克思的历史理论是一种“生产力决定论”（productive-force determinism）[4]，而这一理论最初出现在《德意志意识形态》中，后来在《政治经济学批判》“序言”中得到了经典性的说明。W. H. 肖认为，只要认真地解读这篇“序言”，就会发现，马克思的生产力决定论主要通过以下的见解表现出来：第一，生产关系是以适应生产力的方式形成和发展起来的，渐渐地，随着生产力的发展，生产力和生产关系之间的矛盾就变得尖锐起来，而在任何情况下，这一矛盾都是按照有利于生产力发展的方式得到解决的。第二，无论哪一种社会形态，在它所能容纳的全部生产力发挥出来之前，它是不会灭亡的。在这里，判断一个社会形态是否具有生命力的根本标志仍然是生产力。第三，任何新的、更高的生产关系，在它的物质存在条件在旧社会的胎胞里成熟以前，是决不会出现的。这里说的“物质存在条件”[5]实际上也就是指新的生产力。因此，在 W. H. 肖看来，任何不存偏见的人都会发现，马克思在《政治经济学批判》“序言”中以经典性的方式叙述了他的生产力决定论的思想。

在论述生产力的决定性作用时，马克思还强调，对于每一确定的历史时期说来，生产力都是一种既定的、人们无法凭自己的主观意志加以选择的东西。在 W. H. 肖看来，马克思既没有询问为什么生产力在不同的历史时期是一种既定的力量，也没有去寻求更为始源性的因素来解释生产力为什么能发挥这样的作用。普列汉诺夫继承了法国启蒙思想家的余绪，试图把地理环境理解为一种比生产力更为基础性的因素，但 W. H. 肖认为，他

---

① William H. Shaw, *Marx's Theory of History*, Stanford University Press, 1978, p. 55.
② William H. Shaw, *Marx's Theory of History*, Stanford University Press, 1978, p. 55.
③ William H. Shaw, *Marx's Theory of History*, Stanford University Press, 1978, p. 54－55.
④ William H. Shaw, *Marx's Theory of History*, Stanford University Press, 1978, p. 64.
⑤ William H. Shaw, *Marx's Theory of History*, Stanford University Press, 1978, p. 76.

的观点不能被看做是对马克思的历史理论的准确性的解释，因为地理环境在人类发展的早期虽然起过非常重要的作用，但是它的变化太缓慢了，以至不可能把它理解为生产力发展的决定性因素。

与此相应的是，马克思历史理论的许多解释者还试图通过对"因素论"(the theory of factors)的批判和对社会发展的整体性的强调，千方百计地弱化马克思的生产力决定论。比如，拉布利奥拉和普列汉诺夫就对所谓"因素论"作过猛烈的抨击，强调了社会历史的发展乃是由各个不同的领域相互之间的综合作用的结果，这实际上等于退回到马克思的生产力决定论之前去了。在这一点上，奥尔曼(Ollman)也持类似的见解。"例如，奥尔曼采纳的思想路线是：马克思把整个资本主义体系，即它所有的经济的、社会的、政治的和意识形态的方面都看做是一个有机体，而并没有赋予任何单一的领域以因果关系上的优先性"①。如前所述，W. H. 肖之所以把自己对马克思的历史理论的解释称之为"更具原教旨主义倾向的解释"，实际上就是要从马克思的某些错误的解释者那里重新返回到马克思历史理论的初始意义上去，即返回到马克思的生产力决定论上去。正是在这个意义上，W. H. 肖写道："不管马克思的'决定论的'解释家们如何地不充分，但他们至少强调了这一事实，即马克思确实把生产力的增长看做社会发展的始源性的推动者。把这一点同特定的社会形式和阶级斗争联系起来，构成了马克思的视角的独特性。"②

那么，马克思的生产力决定论的实质又是什么呢？如前所述，这一决定论的实质不可能再到生产力的外部去寻找，比如，我们不能像普列汉诺夫那样，到地理环境中去寻找生产力的实质或起源。在 W. H. 肖看来，生产力的实质是内在于其自身的东西，确切地说来，也就是"技术"。也正是在这个意义上，他把生产力决定论的实质理解为"一个技术决定论"(a technological determinism)。然而，有趣的是，在《马克思的历史理论》的第二章，即"马克思的技术决定论"(Marx's Technological Determinism)这一章中，W. H. 肖却没有对他上面做出的结论作任何论证。在这一章中，甚至连"技术决定论"这个术语都是很少出现的。也许他认为，他在前面已经

---

① William H. Shaw, *Marx's Theory of History*, Stanford University Press, 1978, p.70.

② William H. Shaw, *Marx's Theory of History*, Stanford University Press, 1978, p.81.

阐明“科学技术知识”是生产力的要素之一，所以在这里无须进行任何论证了。然而，即使在“科学技术知识”和“技术”这两个概念之间毕竟也存在着差异呀！也许他认为，“技术决定论”也不过是一个常识性的提法而已，没有必要大张旗鼓地进行论述。无论如何，当 W. H. 肖在第二章的最后部分引申出以下的见解时，我们多少感到他还是有点武断的：“既然生产力为历史的进程提供了基础性的节律，可见马克思主义的理论能够被看做是对历史的‘技术决定论的’说明，然而这个标记似乎包含着令人不快的含义。这是因为那些已经把马克思的理论认做是技术决定论的人们，已经对它作出不大合适的解释。一般说来，这种解释由于从生产力中忽略了劳动力（技能、知识、经验）或试图把它直接用于生产力或生产关系的特殊的、个别性的变更上去，因而使马克思的理论显得难以令人置信。因为这些解释显得是如此之不可靠，所以，马克思的朋友们常常采纳了这样的立场，即马克思并没有真正打算把生产力当做生产关系的决定性因素。”①在这段话中，至少可以引申出以下四层意思：第一，马克思的历史理论作为生产力决定论可以进一步还原为技术决定论；第二，这种对马克思的技术决定论的解释方式并不是 W. H. 肖首创的，已经有人先于他而采纳了这样的解释方式；第三，采纳这种解释方式的人通常忽略了生产力中除“技术”之外的其他要素的作用，从而使马克思的理论变得难以令人置信；第四，由此而导致了马克思的朋友们对马克思的历史理论的进一步的误解。

既然把马克思的历史理论理解为技术决定论有可能会引起种种误解，那么，W. H. 肖又打算如何来修正这种见解，使之更易为人们所接受呢？令人遗憾的是，我们在这部著作中并没有找到这样的论述。

第四，对历史演化的解释。

在对马克思历史理论的基本概念——生产力、生产关系及其相互作用进行深入考察的基础上，W. H. 肖进一步把马克思的生产力决定论②作为基本的理论架构引入到对历史演化的解释中。他的解释主要是在第三章

① William H. Shaw, *Marx's Theory of History*, Stanford University Press, 1978, p. 81 – 82.

② 有趣的是，W. H. 肖并没有把自己竭力主张的“技术决定论”作为考察历史演化的基本理论架构。如果他担心这一理论架构没有普遍的解释权的话，他为什么又要把它提出来，并作为第二章的标题呢？如果他怕它会引起误解的话，他为什么又不对它的含义作明确的说明和限定呢？

"从资本主义到社会主义"和第四章"向资本主义的长征"中展开的。这两章在篇幅上几乎占到全书的一半,但他的论述却枝蔓横生,经常游离于自己所要论述的主题之外。

首先,W. H. 肖考察了马克思关于前资本主义社会历史演化的见解。他指出,马克思认为史前人类社会是共产主义的原始模式,但"马克思本人从未对这种早期的共产主义展开过充分的讨论"①。虽然恩格斯做过这方面的尝试,但通过他所传达出来的马克思的关于原始共产主义的思想仍然语焉不详。在《1857—1858 年经济学手稿》中,马克思提出了亚细亚的、古代的和日耳曼式的社会形态序列。W. H. 肖认为,从马克思对亚细亚生产方式所作的评论可以引申出这样的结论来,即"亚细亚生产关系阻碍了生产力的任何真正的进展;虽然它们试图和生产力保持一致,但却并不推动生产力的发展"②。这样一来,亚洲就始终处于人类文明的主流之外。就古代的生产方式而言,虽然马克思在《资本论》第一卷中强调,"地产的历史构成罗马共和国的秘史"③,但是,W. H. 肖认为,"马克思并没有对古代世界的经济动力、它的必然的演化及它与封建主义的关系给出明晰的分析"④。就日耳曼的生产方式而言,W. H. 肖肯定:"马克思和恩格斯确实强调,封建所有制是依赖于当时的生产力的。"⑤尤其是当有些研究者把征服者的暴力理解为历史演化的根本因素时,马克思指出,定居下来的征服者也不可能随心所欲地建立自己的社会制度,他们也不得不使自己建立的制度适应于被征服国家的生产力发展水平。

其次,W. H. 肖考察了马克思关于从封建主义向资本主义转化问题的相关见解。他引证了马克思和恩格斯在《共产党宣言》中的一段话:"由此可见,资产阶级赖以形成的生产资料和交换手段,是在封建社会里造成的。在这些生产资料和交换手段发展的一定阶段上,封建社会的生产和交换在其中进行的关系,……封建的所有制关系,就不再适应已经发展的生产力

---

① William H. Shaw, *Marx's Theory of History*, Stanford University Press, 1978, p.115.
② William H. Shaw, *Marx's Theory of History*, Stanford University Press, 1978, p.128.
③ William H. Shaw, *Marx's Theory of History*, Stanford University Press, 1978, p.129.
④ William H. Shaw, *Marx's Theory of History*, Stanford University Press, 1978, p.129.
⑤ William H. Shaw, *Marx's Theory of History*, Stanford University Press, 1978, p.135.

了。……它变成了束缚生产的桎梏。它必须被炸毁,它已经被炸毁了。”[①]也就是说,他也承认,马克思是从生产力决定论的角度来解释封建主义向资本主义的发展的,然而他又坚持,马克思虽然描述了从封建主义向资本主义转化的历史过程,但“他并没有提供一种从封建主义向资本主义转化的理论”[②]。W. H. 肖甚至还坚持,“马克思是否相信资本主义能够从非封建的社会形式中产生出来,这还是一个悬而未决的问题”[③]。其实,W. H. 肖并没有注意到,马克思关于俄国是否可能跨过“卡夫丁峡谷”的设想、关于印度社会向资本主义过渡的见解等等,都体现了他对这一问题的深入的思考和解答。

再次,W. H. 肖考察了马克思关于从资本主义到社会主义发展的相关见解。他引证了马克思在《资本论》第三卷中的一段话:“这种(从资本主义到社会主义的)转化导源于在资本主义生产的条件下生产力的发展,导源于这一发展所采取的途径和方式。”[④]无疑地,马克思在解释人类社会从资本主义向社会主义的转化时,仍然是从生产力决定论的立场出发的,但W. H. 肖认为,马克思没有想到,资本主义制度也具有调整自己的生产关系与生产力的相互作用的潜能;马克思也没有想到,在社会主义的背景下,确立与生产力的发展相适应的生产关系也不是一件轻而易举的事情,“现实已经表明,就解决生产力和生产关系在竞争性的资本主义中的裂痕而言,社会主义并不是必要的”[⑤]。从这段论述可以看出,虽然 W. H. 肖接受了马克思的生产力决定论的观念,但他并不确信社会主义有能力协调生产力与生产关系之间可能出现的裂痕和冲突。

在《马克思的历史理论》的“结论”部分中,W. H. 肖作出了如下的总结:“虽然在马克思的历史理论中存在着许多明显的困难,……他的许多具体的历史的叙述也已经被一个世纪来的其他探索所超越,但是现在还没有真正可以与马克思竞争的历史理论。”[⑥]从总体上看,他对马克思的评价还是比较客观的,他运用分析哲学的方法研究马克思的历史理论的基本概念

① William H. Shaw, *Marx's Theory of History*, Stanford University Press, 1978, p. 139.
② William H. Shaw, *Marx's Theory of History*, Stanford University Press, 1978, p. 138.
③ William H. Shaw, *Marx's Theory of History*, Stanford University Press, 1978, p. 140 – 141.
④ William H. Shaw, *Marx's Theory of History*, Stanford University Press, 1978, p. 103.
⑤ William H. Shaw, *Marx's Theory of History*, Stanford University Press, 1978, p. 107.
⑥ William H. Shaw, *Marx's Theory of History*, Stanford University Press, 1978, p. 167.

的做法也为我们提供了重要的启发。当然,我们也必须指出,尽管 W. H. 肖强调自己对马克思的解释是最符合马克思的本意的,但他把马克思的历史理论理解为"生产力决定论"或"技术决定论"却是我们所不敢苟同的。

三、J. E. 罗默

罗默(John E. Roemer,1945—)1966 年毕业于哈佛大学数学系,1974 年于加州大学柏克利分校获得经济学博士学位。此后担任加州大学政治科学和经济学教授。他是经济计量学会的研究员,也是古根海默基金会和罗素哲人基金会研究员。他的研究主要涉及到"政治经济学"(political economy)、"分配正义"(distributive justice)等领域。他对马克思的经济理论、政治理论、社会主义和共产主义的理论怀有浓厚的兴趣,是"分析的马克思主义"阵营中最活跃的成员之一。

1981 年,他出版了《马克思经济理论的分析的基础》一书;1982 年,又出版了《剥削和阶级的一般理论》,后一部著作被公认为是柯亨以后"分析的马克思主义"的最重要的著作。罗默也具有强烈的学派意识,1984 年他主编了《分析的马克思主义》一书,共收入研究论文十四篇;1994 年,他又主编了《分析的马克思主义的基础》(两卷本),共收入研究论文三十一篇。1989 年苏东剧变后,罗默对社会主义的前景和命运进行了深入的思考,他对市场社会主义这种新的发展模式寄予厚望并进行了认真的探索。1993 年,他和另一位学者一起主编了《市场社会主义:当前的争论》,共收入论文十八篇。

此外,他还出版了《自由地损失:马克思经济哲学导论》(1988)、《社会主义的未来》(1994)、《分配正义理论》(1996)、《机会平等》(1998)、《政治竞争》(2001)等一系列重要的学术著作。罗默扩大了"分析的马克思主义"的影响,使之成为一股世界性的潮流。我们在这里主要介绍他的代表著作《剥削和阶级的一般理论》(1982)和代表性论文《共产主义后的社会主义可能存在吗?》(1992)。

1.《剥削和阶级的一般理论》(1982)

与柯亨和 W. H. 肖一样,罗默的这部著作也聚焦于马克思的历史理论,特别是作为这一理论的核心概念——剥削和阶级。他在这部著作的"序言"中坦然承认:"正是下面的问题促使我作出这样的研究,即马克思主义如何说明社会主义国家的明显的阶级现象和政治行为？这个问题被许多人提出来了，但对我来说，它从60年代后期起就已经成了一个问题，而1979年中国和越南之间的战争更激起了我研究这个问题的兴趣。”①罗默认为，中国和越南都是社会主义国家，都受共产党领导，也走过了类似的道路，但它们之间为什么会发生战争呢？这用过去人们已经普遍接受的理论是无法加以解释的。在罗默看来，在马克思主义的传统中，一种新的、非常彻底的历史唯物主义理论已经形成了，它为人们理解社会主义国家的经济和政治行为提供了有用的和富于说服力的分析。罗默强调，他正是在这一新理论的背景下来探索上面的问题的。所以他的探索与其说是历史的，毋宁说是理论的，而“马克思的剥削理论正是他的政治理论赖以提出的基础”②。基于这样的考虑，罗默决定把他的探索集中在马克思的剥削理论中。当然，他知道，对马克思的剥削理论的探讨也不是一个简单的问题。事实上，它牵涉到马克思的劳动价值学说、阶级形成的理论、历史唯物主义的主张和意识形态所蕴含的伦理观念等等。

在这部富于原创性的著作中，罗默运用新古典主义的经济学理论和数学中的博弈理论，借助于分析哲学的方法，把马克思的古典的剥削理论放在更一般化的历史条件下来考察，从而提出了一般的剥削理论，这一理论可以对任何形式的剥削概念——封建主义的、资本主义的或社会主义的剥削概念——进行解释。罗默提出的一般的剥削理论既是对马克思的经典的剥削理论的一个挑战，也是在新的历史条件下对这个问题作出的新的思考，特别是他对社会主义社会的剥削现象的分析，值得我们重视和研究。

罗默的《剥削和阶级的一般理论》出版后，在理论界引起了广泛的争论，可谓仁者见仁，智者见智。但一般说来，人们都把这部著作看做是“分析的马克思主义”的历史学和经济学的代表作。正如耶鲁大学教授H. E. 斯卡夫所说：“在这部著作中，罗默教授以与数理经济学相一致的精确性和概括性，对马克思主义的经济理论提供了一个比较重大的再叙述。”③

① John E. Roemer, *A General Theory of Exploitation and Class*, Cambridge, Harvard University Press, 1982, p. vii.

② John E. Roemer, *A General Theory of Exploitation and Class*, Cambridge, Harvard University Press, 1982, p. vii.

③ 参阅 John E. Roemer, *A General Theory of Exploitation and Class* 一书的背签。

这部著作除“导论”外，共分三部分九章：第一部分包括第一、二、三章，主要论述了“生存型经济”中的剥削和阶级的问题；第二部分包括第四、五、六章，主要论述了“积累型经济”中的剥削和阶级的问题；第三部分包括第七、八、九章，主要论述了剥削、社会主义和历史唯物主义的关系问题。由于罗默注重的不是历史主义的方法，而是理论上的原创性，所以，我们在解读这部著作的时候，把重点放在“导论”和第三部分上。在这部著作中，罗默主要论述了下面这些观点。

第一，马克思主义的危机和出路。

罗默在“导论”中指出：“在马克思主义的理论中存在着一个危机，这一危机由于其缺乏对当代社会主义国家的行为和发展的成功说明而得到证实。”[①]在他看来，在当代社会主义国家的内部政治行为中，“民主的匮乏”(lack of democracy)不说是一个普遍性的问题，至少也以某种方式存在着；在对外的政治行为中，很少有马克思主义者会赞同苏联和中国的外交政策。他认为，苏联对东欧的态度是帝国主义式的。他还认为，运用传统的马克思的理论也无法解释中国和越南、越南和柬埔寨之间的战争。此外，在当代社会主义国家的经济领域中，虽然取得了一定的成绩，如苏联的工业化为第二次世界大战中打败希特勒提供了重要的物质基础，而中国经济的发展与印度比较起来，也出现了较好的发展态势，但存在的问题也是不可忽视的，比如，“低效率”(inefficiencies)的问题、“物质刺激”(material incentives)的问题等等。“这样一来，问题也就随之而产生了：难道经典的马克思主义准备让我们期待的东西也就是我们在当代社会主义中已经见到的东西？”[②]罗默自己的回答是否定性的。在他看来，正是当代社会主义的上述种种行为构成了马克思主义的危机。如果这些现象无法得到解释和解决的话，马克思主义又如何充当革命学说呢？

罗默认为，当代马克思主义者试图克服马克思主义面临的危机，他们对当代社会主义国家的现状作出了各种批评或辩护，但却无法在以下的问

---

① John E. Roemer, *A General Theory of Exploitation and Class*, Cambridge, Harvard University Press, 1982, p. 2.

② John E. Roemer, *A General Theory of Exploitation and Class*, Cambridge, Harvard University Press, 1982, p. 3.

题上形成共识:一是社会主义社会的阶级属性;二是社会主义社会在行为方式上大相径庭的原因;三是社会主义社会大相径庭究竟是从什么时候开始的。在罗默看来,当代马克思主义者的批评或辩护之所以无助于马克思主义脱离危机,因为他们在研究方法上存在着两个根本性的错误。

第一个错误是,他们认为,既然正在被讨论的这些国家显露出种种坏的特征,那么它们本来就不是真正意义上的社会主义国家。他们的推论是十分简单的,即如果两个这样的国家之间发生了战争,那么至少其中的一个就不是社会主义国家;如果这样的一个国家中的特权和不平等的情况是严重的,那么它也不可能是社会主义国家;如果这样的一个国家采取了帝国主义式的兼并政策,那么它也不可能是社会主义国家。罗默指出:"这种探讨方法的缺点是,它解释不了任何东西。'社会主义'被断定为一系列的结果,而不是被理解为一种生产方式。事实上,我们也无法以任何严格性来理解这些结果。"①对于采用这样的方法来研究当代社会主义国家的人来说,完全可以提出这样的疑问:究竟什么是社会组织的形式,而这种形式将会导致一系列的结果,而人们又可以根据这些结果来断定这一社会组织的形式是否是社会主义的,罗默强调,这样的探讨方法实际上是对所要探讨的问题本身的一种回避。

第二个错误是,他们在解释当代社会主义国家发生的种种现象时,着眼点无例外地是政治的或社会学的,而不是经济学的或唯物主义的。比如,使用"精英"、"官僚主义"、"控制"等概念,而不是用"阶级"、"所有权"这样的概念。罗默认为,把苏联资本主义的重新确立解释为斯大林的死亡和持不同政见者对共产党的接管所造成的结果,这样的解释并不是一个马克思主义式的解释。"对于马克思主义来说,政治现象是经济现象的必然结果"②,需要用的是相反的探索方法,即究竟是什么样的经济状况造成了斯大林的兴起及其斯大林去世后资本主义在苏联的再度复兴。从唯物主义的立场看来,应该说明,什么样的经济现象导致了那些政治的、社会的特征——"精英"、"官僚主义"和"控制"问题的出现。在罗默看来,解答当代

① John E. Roemer, *A General Theory of Exploitation and Class*, Cambridge, Harvard University Press, 1982, p.4.

② John E. Roemer, *A General Theory of Exploitation and Class*, Cambridge, Harvard University Press, 1982, p.5.

社会主义国家中出现的各种问题,从而使马克思列宁主义从危机中走出来,归根到底应该使用经济术语,“也就是说,在回答‘为什么’的问题时,始源性的术语应该是经济术语”[①]。如果人们无法提供出这样的经济学的解释,那么马克思主义或历史唯物主义究竟是不是理解这些现象的有用的方法这一点就值得怀疑了。

罗默指出,只有把新古典主义经济学和数学中的博弈理论和分析哲学的方法结合成一个新的、独特的视角,尤其是偏重于从基础性的经济理论,即剥削和阶级的理论上来重新探讨、解释当代社会主义国家出现的种种现象,才能真正地克服马克思主义或历史唯物主义面临的危机,使之找到新的出路。罗默猜想,自己的研究方法也可能在以下四个方面遭到其他的马克思主义者的质疑:“(1)这一分析明显地不是历史的分析;(2)这些概念明显地不是来自马克思的,而是对马克思的概念的一般化;(3)在涉及马克思的文本时,并没有作注释以支持自己的论证。……第四个异议应该被归约为一个更基础性的异议,如果一个人坚持的某个结论是非马克思主义的(un-Marxian),那么他在方法或前提上的某些东西想必早已是非马克思主义的了。”[②]罗默对上述可能产生的质疑逐一加以解答。首先,他认为自己的研究方法之所以不是历史的,部分原因是出于自己对方法的限定,部分原因则是时间和篇幅的限制。事实上,在对马克思主义的研究中,更需要的是理论上的抽象,而不是单纯的历史上的回顾。其次,他认为,历史唯物主义是马克思的核心理论,马克思的经济理论乃是其运用历史唯物主义分析19世纪经济现象的结果,而在20世纪的背景下,再用马克思用过的经济概念并不是必要的。“我们的任务不可能是把‘马克思主义’应用到20世纪晚期的境况中,而是要把历史唯物主义的假设应用到这些境况中。我们这里运用的方法的产物是一个一般的历史唯物主义的剥削理论(a general historical materialist theory of exploitation)”[③]。再次,他认为他的著作就是要避免对马克思的文本作出注释性的研究,所以只在必要的时候他

① John E. Roemer, *A General Theory of Exploitation and Class*, Cambridge, Harvard University Press, 1982, p.5 – 6.

② John E. Roemer, *A General Theory of Exploitation and Class*, Cambridge, Harvard University Press, 1982, p.24.

③ John E. Roemer, *A General Theory of Exploitation and Class*, Cambridge, Harvard University Press, 1982, p.24.

才作注释。最后,他强调,尽管自己提出的某些结论超越了当时的马克思的想法,但这并不能表明,他的研究方法就是非马克思主义,“如果这一剥削理论确实能够帮助我们理解当代社会主义社会,那么它总是增强了历史唯物主义方法(a historical materialist approach)的有用性”①。也就是说,在他看来,走出马克思主义的危机的出路也就是重新复兴其历史唯物主义的方法。

第二,如何理解马克思的剥削理论。

罗默写道:“为了理解我为什么要选择构成一个一般的剥削理论的方式来研究当代社会主义的问题,人们就必须回过头去看马克思在研究资本主义时是如何面对这个问题的。”②罗默认为,在自由资本主义的历史条件下,马克思所要解答的经济谜语是:在并不采取强制性方式的劳动交换的制度中,工人所生产出来的、超过自己的生存需要的那部分剩余产品是如何系统地被剥夺的?“为了解答这个疑问,马克思形成了自己的价值理论和剥削理论”③。马克思建立自己的价值理论的目的是表明,在资本主义的背景下,交换不是强制性的,而是竞争性的,所有商品的交换也是按照它们的价值来展开的。而马克思的剥削理论又是建基于其劳动价值理论之上的,即剥削也就是对被剥削者在剩余劳动时间里所创造的剩余价值的一种剥夺。在马克思看来,这样的剥削之所以可能,正是以资本主义制度中生产资料的私人所有权为前提的。如果生产资料被国有化了,处在工人阶级的控制之下,那么剥削也就变得不可能了。罗默指出:“马克思和恩格斯的贡献就在于其主张,这样的一种发展是可能的,甚至是不可避免的,因而揭示出一种机制,而按照这种机制,这样的转变总是会发生的。马克思和恩格斯提出的一系列主张正是他们的历史唯物主义理论的必然结果。”④

然而,在当代社会主义国家中,生产资料的私人所有权已经被取消了。换言之,资本主义式的剥削的前提已经不存在了。罗默指出,如果按照马

① John E. Roemer, *A General Theory of Exploitation and Class*, Cambridge, Harvard University Press, 1982, p.24.

② John E. Roemer, *A General Theory of Exploitation and Class*, Cambridge, Harvard University Press, 1982, p.6.

③ John E. Roemer, *A General Theory of Exploitation and Class*, Cambridge, Harvard University Press, 1982, p.6.

④ John E. Roemer, *A General Theory of Exploitation and Class*, Cambridge, Harvard University Press, 1982, p.7.

克思的经典的剥削理论来思考问题,那么在当代社会主义社会中剥削现象已经消失了。然而,假如人们引申出这样的结论的话,他们又如何理解当代社会主义国家的政治行为,如何理解这些社会中存在的不平等现象呢?罗默认为,按照马克思的历史唯物主义理论,政治、社会生活中的不平等归根到底是由经济生活中的不平等导致的。那么,这是否意味着在当代社会主义国家中仍然存在着经济上的剥削现象呢?如果回答是肯定的,那就不能像马克思一样,仅仅把剥削理解为在资本主义条件下独有的现象,而应该以更一般的方式来理解剥削理论。换言之,就应该提出一个一般的剥削理论,使之适应各种不同的社会形态,也包括当代社会主义的形态在内。罗默认为,形成一个关于剥削问题的一般理论,与马克思的经典的剥削理论比较起来,至少有以下三个优点:

其一,马克思把生产资料的私人所有权理解为剥削现象得以发生的必不可少的背景,而罗默却把马克思作为背景看待的生产资料私人所有权(在罗默的话语中则是"财产关系")理解为剥削的前提,这就使剥削现象获得了更宽泛的理解。

其二,马克思的剥削理论是以劳动价值理论为前提的,事实上,马克思正是通过对资本主义社会中的具体的劳动过程和价值转移过程的分析,揭示出剩余价值的起源的。在罗默看来,马克思对剥削概念的涵义的理解还是狭隘的,在方法论上也是朴素的,而他则引入了博弈理论,特别是这一理论的选择原则,从而给予剥削理论以更抽象化的、一般化的说明。他还强调,在作这样的说明的时候,马克思十分重视的劳动价值理论完全可以被弃置在一边而不加考虑。他写道:"博弈理论的构成独立于劳动价值理论。确实,它并不关涉到劳动价值,它只是依据对财产关系(property relations)的选择性的说明(也就是说,对所有的生产者来说,在生产资料的可让渡性方面都应该是平等的)来考察剥削问题。"①

其三,马克思关注的主要是资本主义背景下的剥削现象,而罗默关注的则是一种对封建主义、资本主义和社会主义社会具有普适性的一般剥削理论。在罗默看来,他自己的剥削理论具有更宽泛的解释权,尤其是他提出的关于社会主义社会中的剥削问题完全超越了马克思当时对剥削理论

---

① John E. Roemer, *A General Theory of Exploitation and Class*, Cambridge, Harvard University Press, 1982, p.20.

的狭隘的理解。当然,罗默也肯定,在不同的社会形态下,劳动是异质的,从而剥削的具体方式也存在着差异,但剥削现象的存在却始终是以财产关系的存在作为前提的。正如罗默在谈到自己的一般剥削理论时所说的那样:“它是一个博弈理论的定义,在这个定义中,财产关系,而不是劳动价值理论,是核心的概念。”①

第三,一般剥削理论(a general theory of exploitation)。

在弄清楚罗默的剥削理论的思考起点以后,现在我们要进一步追问:究竟什么是一般剥削理论?罗默指出:“这个剥削的一般定义是一个博弈论的定义(a game-theoretic one),它与劳动价值理论并没有特殊的关联。这一分析的一个惊人的结果是一个不涉及到剩余劳动概念的、马克思主义的剥削概念的构成。这很可能使有些读者认为我把婴儿和洗澡水一起倒掉了。在剥削的一般理论中,取代劳动的转移,首先呈现在我们面前的概念是财产关系。”②在这里,罗默无非是表明,他要撇开劳动价值理论和具体的劳动过程,仅从财产关系的角度来建立自己的一般价值理论。那么,为什么他要把自己的剥削定义称之为“博弈论的定义”呢?

罗默写道:

> 当人们说一个人或一个团体在某种境况下被剥削时,究竟是什么意思呢?在我看来,剥削这个概念必须具备如下这些条件,即当且仅当下面这些条件存在时,一个群体(coalition)S在一个较大的团体(society)N中才是受剥削的:
>
> (1)假定存在着这样一种选择(an alternative),在这样的选择中,S总是比现在的状态更好。
>
> (2)在这样的选择中,群体S′作为N减去S后的剩余物,即作为S的补充物,总是比现在的状况更坏……
>
> (3)S′在与S的关系中占据优势(dominance)。③

显然,罗默之所以把自己关于剥削的一般定义称之为“博弈论的定

① John E. Roemer, *A General Theory of Exploitation and Class*, Cambridge, Harvard University Press, 1982, p. 19 - 20.

② John E. Roemer, *A General Theory of Exploitation and Class*, Cambridge, Harvard University Press, 1982, p. 192.

③ John E. Roemer, *A General Theory of Exploitation and Class*, Cambridge, Harvard University Press, 1982, p. 194 - 195.

义”,因为他作出了这样的假定,即如果群体S能够作出一种更好的选择,那么,它现在总是处于受剥削的状态之下。反之,如果群体S的选择有可能使作为S补充物的S′处在比目前更坏的状态下,那么S′就处在剥削的状态下。这就对剥削群体和被剥削群体之间的关系作出了最一般的假定。我们特别需要注意罗默定义中的第三条,即S′与S之间的不平等的关系。其实,这一条把马克思关于资本主义剥削中的背景——生产资料的私人所有稀释为“不平等”(inequality)。罗默认为,在每一种经济体制或社会状态中都存在着不平等,当然不能把所有的不平等都看做是剥削意义上的不平等,“然而,毫无疑问的是,剥削的概念总是以某种方式牵涉到不平等”[①]。有趣的是,在阐述一般剥削理论的时候,罗默提出了一个“社会必要剥削”(socially necessary exploitation)的概念。这个概念也是从博弈的角度加以论定的。他这样写道:“如果一种剥削形式的取消总是会改变物质刺激和制度,以致使被剥削的群体处于更坏的情况下,这种剥削形式就是社会必要的。”[②]也就是说,罗默并不主张对一切剥削形式都采取全盘否定的态度,他认为“社会必要剥削”就是一种合理的剥削现象。他还进一步把这种剥削形式分为两种不同的类型:一种是“静态意义上的社会必要剥削”(socially necessary in the static sense),即一个群体作出选择后,情况立即变得更坏;另一种是“动态意义上的社会必要剥削”(socially necessary in the dynamic sense),即一个群体作出选择后,起初情况好转,但随之又变坏了。罗默在这里的分类仍然给人以含糊不清的感觉,因为他没有对变好或变坏的时间长度作出确定性的说明。

第四,三种不同的剥削形式。

罗默并没有停留在对一般剥削理论的抽象的讨论中。在他看来,一般的剥削理论蕴含着以下三种不同的、具体的剥削形式。

一是“封建的剥削”(feudal exploitation)。在罗默看来,“如果一个群体按照这样的规则——它能带走自己的资金来利用份地——从更大的团体中撤出来,从而对份地进行改良的话,那么它就是以封建的方式受到了

---

① John E. Roemer, *A General Theory of Exploitation and Class*, Cambridge, Harvard University Press, 1982, p. 194.

② John E. Roemer, *A General Theory of Exploitation and Class*, Cambridge, Harvard University Press, 1982, p. 22.

剥削"[①]。也就是说,在封建社会的经济博弈中,假定农奴们(serfs)从封建的财产关系中撤离出来,其处境比目前更好的话,那么他们就是以封建的方式受到了剥削。与此相应的是,当领主们(lords)因为上面提到的因农奴的撤离的选择而受到损害的话,他们也就是封建剥削中的剥削者。罗默认为,新古典主义的剥削概念实际上与"封建的剥削"的含义是一致的。他写道:"结果是:封建剥削等同于新古典主义的剥削概念:如果一个生产者的边际产量没有得到支付,那么这个生产者就是受剥削的。新古典主义的陈述是:一个行动者只要接受了他的边际产量的支付,他就没有受到剥削。"[②]这里说的"边际产量"构成农奴劳动成果的一部分,他们往往以实物的方式为领主所占有,而在封建的财产关系中,农奴的劳动是以受强制的方式展开的,这就与资本主义条件下的自由劳动形成了重大的差别。

二是"资本主义的剥削"(capitalist exploitation)。罗默认为,与封建主义相比较,不仅资本主义的劳动性质起了变化,而且在假定的经济博弈中,财产关系中的可让渡性的内涵也发生了重大的变化。如果说,在封建社会的经济博弈中,一个群体能够在一种假定的选择中带走自己的私有财产的话,那么,在资本主义的经济博弈中,一个群体在假定的选择中就能带走社会人均可让渡的财产或可转让的、非个人的财产。所以罗默这样写道:"资本主义剥削的严格的定义需要在假定的选择中具备资本的人均分配方式。"[③]罗默自己认为,他对"资本主义剥削"的解释比马克思的剥削定义更为优越。

三是"社会主义的剥削"(social exploitation)。与封建主义和资本主义不同,在社会主义的财产关系中,财产,特别是生产者的"技能"(skills)是不可让渡的,而"当不可让渡的财产以有差异的方式被赋予的时候,社会主义的剥削也就随之而产生了"[④]。在罗默看来,不能因为在社会主义的经济博弈中,作为财产的生产资料是不可转让的,就断言剥削的不存在。他

---

① John E. Roemer, *A General Theory of Exploitation and Class*, Cambridge, Harvard University Press, 1982, p. 199.

② John E. Roemer, *A General Theory of Exploitation and Class*, Cambridge, Harvard University Press, 1982, p. 20.

③ John E. Roemer, *A General Theory of Exploitation and Class*, Cambridge, Harvard University Press, 1982, p. 211.

④ John E. Roemer, *A General Theory of Exploitation and Class*, Cambridge, Harvard University Press, 1982, p. 21.

认为,剥削仍然会存在,因为人与人之间的不平等的关系还在某种程度上存在着。一方面的原因是自然的,即人们在“技能”上存在着重大的差异;另一方面的原因是社会的,即人们在身份上的差异决定着他们在分配上的差异,从而也决定着他们在社会主义的财产关系中的不同的地位。罗默把后一种意义上的剥削称之为“身份剥削”(status exploitation)。在罗默的语境中,“社会主义的剥削”专指“技能”上的差异引起剥削现象,而他把“身份剥削”称为社会主义社会中的另一种剥削形式。他写道:“我主张,身份剥削和社会主义剥削这两种形式在当今的社会主义中都是盛行的。”①在他看来,把当今的社会主义国家想象为平等的国家或无阶级存在的国家只是一种乌托邦式的幻想。罗默还强调,在当今的社会主义国家中,不仅存在着社会主义的剥削,也存在着资本主义的剥削,因为为了推进生产力的发展,资本主义的生产和经营方式都得到了鼓励。所以他把这种剥削形式称为社会必要剥削。在他看来,历史唯物主义不应以抽象的态度看待剥削问题,而应对具体的剥削现象作出具体的分析。

综上所述,罗默试图以自己提出的“一般剥削理论”来超越马克思的剥削理论,从而对当今的社会主义国家的现状作出经济学上的合理的说明。他认为,当他做到这一点的时候,他同时也为历史唯物主义的危机找到了出路。不能否认,罗默的这一新理论的提出体现出他的思想的原创性,但这一理论仍然存在着种种困难。首先,数学上的博弈的方法并不能反映出社会生活中的错综复杂的现象及其变化。怎样来判定群体选择后的“更好”或“更坏”?主要的判定要素是什么?判定的时间框架如何确定?这些问题都不是用简单的、划一的方法能够解决的。其次,“社会必要剥削”虽然可以为当今社会主义国家或其他社会形态中存在的某些剥削现象辩护,但它同时也把在马克思那里如此重要的剥削概念变成了一个轻飘飘的、无意义的词。最后,罗默在这部著作中的论述重点始终落在剥削理论上,对阶级理论并没有提出实质性的、推进性的意见。他主要从经济上,特别是从财产关系上去论述阶级的形成、发展及在不同的社会形态中的表现方式的差异。

---

① John E. Roemer, *A General Theory of Exploitation and Class*, Cambridge, Harvard University Press, 1982, p. 22.

2.《**共产主义后的社会主义可能存在吗?**》(1992)

这是罗默发表于《政治与社会》第20卷第3期(1992年9月)上的一篇重要论文。稍后,这篇论文又被收入罗默和P. K. 巴特汉(Pranab K. Bardhan)主编的《市场社会主义:当前的争论》(牛津大学出版社1993年版)一书中。这篇论文反映了罗默在20世纪90年代初,对马克思主义、社会主义和共产主义问题的新的思考。所谓"共产主义后的社会主义"也就是指苏东剧变后的社会主义。这篇论文的中心意思是:在苏联和东欧的共产主义衰亡后,社会主义是否还能存在下去并获得自己的发展。与罗默十年前出版的著作《剥削和阶级的一般理论》一样,这篇论文也侧重于从经济理论的角度出发来探索新的现实问题。在这篇重要的论文中,罗默主要论述了下面这些观念。

第一,社会主义和公有制。

罗默认为,苏联的共产主义模式之所以在经济上陷于失败,因为它具有以下三个特征:一是公司的公有制;二是大量商品的调配不是靠市场,而是靠中央行政管理部门;三是政治上的专政。他强调,虽然他提到了这三个特征,但他并不像西方的大多数观察家所认为的那样,认为只要把上面三个特征颠倒为以下三个特征——公司的私人所有制、商品的市场调配和政治上的民主,就能造就一种高效的经济。罗默写道:"我自己的观点是:商品和服务的市场调配(the market allocation of goods and service)、竞争的政治(competitive politics)是必要的,但公司的私人所有制(the private ownership of firms)并不一定是必要的。"①罗默这里说的"竞争的政治"有时候也被表达为"民主的政治"(democratic politics)。他所以经常使用"竞争的"这个词无非是想说明不同党派之间的开放式的、灵活的关系。在罗默看来,市场经济和民主政治是他和其他研究者之间的共识,但在"公司的公有制"的问题上,他却存在着不同的看法。那么,罗默究竟是如何理解共产主义、社会主义与公有制之间的关系的呢?

在他看来,公有制通常被理解为国家对公司的政策和它们的获利的权利的控制。然而,从总体上看,它却是一个含糊的概念,社会选择理论也告诉我们,这个概念的内容几乎是很难加以规定的。罗默认为,他并不想回

---

① John E. Roemer, *Foundations of Analytical Marxism*, *Volume I*, An Elgar reference collection, Aldershot, E. Elgar, 1994, p. 261.

避对社会主义与公有制关系问题的思考，恰恰相反，他要对这两者的关系作出与大多数研究者不同的、批判性的思考。他指出："我发现，不把社会主义定义为其中只存在着公有制的制度，而把它定义为下面这样的制度才是有用的，在这一制度中，存在着把集中起来的利润或多或少地、平等地在全体人员中进行分配的制度性的保证（institutional guarantees）。"①也就是说，罗默并不主张把社会主义和公有制看做是完全等同的或可以互换的概念，恰恰相反，与大多数研究者不同，他主张把社会主义与公有制分离开来进行考察，而把平等地进行分配的制度性保证理解为社会主义的本质含义。在他看来，如果公有制总是能够导致上述结果，即成为平等分配的制度性的保证的话，那么它与社会主义的含义是一致的，但很可能某些其他的财产的分配得不到这样的保证。这就告诉我们，只有当公有制的问题关涉到是否能平等地进行分配时，它才是有意义的。

按照马克思对社会主义的理解，生产资料的公有制是一个绝对必要的前提，这一见解也在社会主义者中间流行，因为他们确信，只有通过公有制，才能对获得的总收入进行公平的分配。基于这样的理解，一些社会主义国家取消了任何形式的私人所有制。这样做的结果自然导致了共产主义在经济建设上的低效率。但近年来，也有一些社会主义国家通过对私有权的肯定，而找到了重新激活经济的途径，也有一些社会主义者认为，这样的做法并不与社会主义的根本内涵发生冲突。这样一来，社会主义与所有制的关系问题似乎正在失去它的重要性，而它能否平等地进行分配的维度却显得越来越重要了。正是在这个意义上，罗默指出："社会主义植根于平等主义，而不是植根于被社会主义者担保为实现平等主义的手段的公有制。"②但是，罗默为什么不把社会主义定义为一个更彻底的、把整个国家的收入放在全体人员中平等地进行分配的制度呢？因为在他看来，这样的社会制度在当今时代是不可能存在的，他写道："我愿意把社会主义定义为比资本主义更平等的制度，而这种制度在当今又是可能存在的。"③也就是

---

① John E. Roemer, *Foundations of Analytical Marxism*, *Volume I*, An Elgar reference collection, Aldershot, E. Elgar, 1994, p.261.

② John E. Roemer, *Foundations of Analytical Marxism*, *Volume I*, An Elgar reference collection, Aldershot, E. Elgar, 1994, p.262.

③ John E. Roemer, *Foundations of Analytical Marxism*, *Volume I*, An Elgar reference collection, Aldershot, E. Elgar, 1994, p.262.

说，罗默力图把自己对社会主义的批评奠基在现实主义，而不是浪漫主义的基础上。

第二，苏联和东欧的共产主义作为经济制度失败的原因。

罗默认为："虽然共产主义经济没有达到布尔什维克认为可能的那种程度的平等，但其更大的弱点是其无效性(inefficiency)，尤其是在技术上的落后。"[①]有人可能会申辩说，在1950—1970年间，有些共产主义经济模式的发展是高效的，但在这个时期以后，情况就起了急剧的变化，即使人们在考察80年代东欧和苏联的经济机制时，也不得不承认，共产主义的经济制度从总体上看仍然是低效的，甚至是无效的。

在罗默看来，苏联和东欧的共产主义的经济体制无力处理当代经济学发展中出现的许多新的问题，而它要完成自己的目标，就不得不聘用行动者来贯彻自己的意图。但行动者都有自己的目的，他们对具体的经济事务的运作也是政府无法直接地加以控制的。事实上，苏联和东欧的共产主义经济体制所蕴含的物质刺激也无法使这些控制变得更为有效。正如罗默所说的："共产主义社会面临着三个主要的行动者的问题(three principal-agent problems)：(1)在工厂或集体农场中的管理者和工人之间的关系(the manager - worker relation)；(2)计划者和管理者的关系(the planner - manager relation)；(3)公众与计划者的关系(the public - planner relation)。管理者试图使工人贯彻自己的生产计划，计划者试图使管理者贯彻计划局的计划，而在整个社会体制中，计划者应该成为为他们的主要对象，即公众尽最大努力的行动者。"[②]然而，罗默认为，苏联和东欧的共产主义的经济体制无法处理好这"三个主要的行动者的问题"。布尔什维克倡导的"社会主义的人"(socialist man)的口号无法从根本上解决这些问题。

罗默对共产主义经济体制中的"三个主要的行动者的问题"进行了深入的分析。首先，在管理者与工人的关系中，管理者试图投入少量的物质刺激使工人努力地工作，但这种做法不能从根本上提高工人创造财富的效率。其次，在计划者和管理者之间的关系中，计划者或政治家依赖于他们

---

① John E. Roemer, *Foundations of Analytical Marxism*, *Volume I*, An Elgar reference collection, Aldershot, E. Elgar, 1994, p.264.

② John E. Roemer, *Foundations of Analytical Marxism*, *Volume I*, An Elgar reference collection, Aldershot, E. Elgar, 1994, p.263.

所在地区的公司所提供的收入,而公司的管理者利用这样的情况与计划者建立了讨价还价的关系,从而不可能真正地贯彻计划局提出的计划,有的学者把这种现象称之为“软预算约束”(soft budget constraint)。再次,就计划者与公众的关系而言,从理论上看,似乎能够为“从群众中来,到群众中去”(from the masses to the masses)的口号加以解决,但罗默认为,这在实践上是不可能的,因为真正的民主政治或竞争的政治要求授权给公众,而苏联和东欧的共产主义国家是做不到这一点的。

那么,在资本主义社会中,这“三个主要的行动者的问题”又是如何得到处理的呢?罗默认为,就管理者和工人的关系而言,几乎是同样的,解决这个问题需要运用“胡萝卜和棍棒这两者”(both the carrot and stick)。当然,罗默认为,胡萝卜更好。他强调,在资本主义公司中,一个合理的工资和晋升机制对于调动工人的积极性来说是十分重要的。就计划者和管理者的关系而言,罗默认为,在资本主义的条件下,这一关系实际上也就是股票持有者和管理者(stockholder-manager)之间的关系。管理者应该实现公司的价值,使股票持有者获得最大的利益,而当管理者做不到这一点的时候,股票持有者就会通过种种途径把这些管理者“炒鱿鱼”,更换一个高效的管理者。就公众与计划者的关系而言,罗默认为,它类似于公众与股票持有者(public-stockholder)之间的关系。但这个类比的主要着眼点是:股票持有者实际上也就是公司的所有者,他们总是被亚当·斯密所说的“看不见的手”所引导,从而间接地调节着他们和公司里的工人之间的关系。

在罗默看来,资本主义由于依靠市场体制和民主政治来处理这些关系,所以就比较灵活和及时,而苏联和东欧的共产主义的经济体制由于缺乏这两方面的条件而无法对这些关系作出迅速的回应,从而失去了自己的活力和效率。

第三,朝着市场社会主义的方向。

鉴于共产主义经济体制的失败,也鉴于资本主义体制中大量不平等现象的存在,罗默希望给苏东剧变后的,亦即他所谓“共产主义后的”当今的社会主义国家指出一条经济上的出路。他写道:“我的目的是设计出一种社会主义的体制,它依靠对它自己的成功的微观机制中的某些因素的运用,以它所能达到的效率的水平进行运作。"[①]他把这种新的经济体制称之为"市场社会主义":"我提出的这种市场社会主义(the market socialism)是马克思过去认为可能的东西和布尔什维克所梦想的东西的苍白的投影。"[②]事实上,罗默之所以提出这个新概念,主要基于这样的信念,即"任何复杂的经济,要变得合理和有效,市场是必需的"[③]。罗默指出,他所组织的有关"市场社会主义"的讨论主要是围绕以下四个问题来展开的:

在一个市场社会主义的经济中,什么东西应该被计划?

如果资源是被市场所调配的,那么计划的余地还存在吗?

市场社会主义必需有一个股票市场吗?

如果市场社会主义需要一个股票市场,它又如何在利润的社会分配中维持大致上的平等呢?[④]

罗默对这些问题逐一作了解答。他对第一个问题的回答是:"在这种经济中,投资的模式和水准(the pattern and level of investment)应该被计划。"[⑤]为什么呢?在罗默看来,市场对投资的吸引是通过自发的方式进行的,对投资的总体计划之所以是必要的,因为它可以减少这种自发性所引发的消极的结果,从而促使市场健康的发展。他对第二个问题的回答是,他和他的合作者通过对投资计划获得成功的日本经济和法国经济的研究,发现"在这样的经济中,政府能够通过调整利息比率、直接把投资的资金调配给公司和命令公司在投资商品上花费资金等措施来影响投资的进行"[⑥]。他对第三个问题的解答是,一谈到股票市场,人们就会提到"工人所有的公司"(worker-owned firms),并认为在南斯拉夫就存在着这样的公司。罗默坚持,这类公司在运作上无一不是低效的,在利润的分配上则无

---

① John E. Roemer, *Foundations of Analytical Marxism*, *Volume I*, An Elgar reference collection, Aldershot, E. Elgar, 1994, p.276.

② John E. Roemer, *Foundations of Analytical Marxism*, *Volume I*, An Elgar reference collection, Aldershot, E. Elgar, 1994, p.275.

③ John E. Roemer, *Foundations of Analytical Marxism*, *Volume I*, An Elgar reference collection, Aldershot, E. Elgar, 1994, p.266.

④ John E. Roemer, *Foundations of Analytical Marxism*, *Volume I*, An Elgar reference collection, Aldershot, E. Elgar, 1994, p.266.

⑤ John E. Roemer, *Foundations of Analytical Marxism*, *Volume I*, An Elgar reference collection, Aldershot, E. Elgar, 1994, p.267.

⑥ John E. Roemer, *Foundations of Analytical Marxism*, *Volume I*, An Elgar reference collection, Aldershot, E. Elgar, 1994, p.268.

一不是不平等的。所以,在他的市场社会主义的蓝图中,他并不打算引入这样的公司,他认为,任何股份公司都应该由那些追求最大利润的管理者来管理。接着他又指出:“对于训导管理者、提供刺激促使他们把利润最大化来说,一个股票市场是不是必要的,存在着不一致的观点。”[①]这实际上告诉我们,一个股票市场是否需要,要视市场社会主义的不同模式而定。换言之,对于市场社会主义来说,股票市场并不一定是必要的。他对第四个问题的回答是,如果市场社会主义拥有一个股票市场的话,“我建议股票市场应该作如下的限制:市民们可以自由地交换不同的共同基金投放出来的股票,但他们不能清理自己的有价证券,即把它们转化为现金”[②]。罗默还建议采取其他相应的措施,以缩小贫富之间的差异。

综上所述,罗默这篇论文的重大意义在于,探索了苏东剧变,即他所谓的“共产主义后”的社会主义国家存在和发展的可能性。他从平等的角度出发去解释社会主义,并提出“市场社会主义”的新口号,表明他试图把资本主义的优点(由市场配置资源和民主政治)和社会主义的优点(平等地进行分配)综合起来,为歧路亡羊中的社会主义国家指出一条新的发展道路。但从罗默的行文和见解可以看出,他对当今社会主义国家经济生活的实际运行情况缺乏深入的了解,对市场原则与社会主义原则之间的冲突也缺乏细致的分析。当然,罗默毕竟迈出了重要的一步,即强调社会主义离开市场是无法向前发展的。这正是他的理论贡献之所在。

四、J. 埃尔斯特

埃尔斯特(Jon Elster,1940—)出生于挪威的奥斯陆。早年在奥斯陆接受教育,后求学于巴黎大学,并于 1972 年获得博士学位。毕业后,他先后执教于巴黎大学、奥斯陆大学和芝加哥大学,1995 年任教于哥伦比亚大学的政治科学系,目前的主要研究方向是“合理选择的理论”(theory of rational theory)和“分配正义理论”(theory of distributive justice)。埃尔斯特在其长期研究生涯中已经出版了一系列的学术著作,贯穿他研究生涯的一个重

---

① John E. Roemer, *Foundations of Analytical Marxism*, *Volume I*, An Elgar reference collection, Aldershot, E. Elgar, 1994, p.269.

② John E. Roemer, *Foundations of Analytical Marxism*, *Volume I*, An Elgar reference collection, Aldershot, E. Elgar, 1994, p.162.

要的侧面是他对马克思主义思想,尤其是经济思想和政治思想的研究。虽然他在1978年出版了《逻辑与社会》这部著作,并被罗默认为是"分析的马克思主义"的奠基著作之一,但他自己坦然承认,柯亨于同年出版的《卡尔·马克思的历史理论》一书和罗默于1982年出版的《剥削和阶级的一般理论》一书曾对他产生决定性的影响,并促使他重新回到马克思思想研究的轨道上来。1985年,埃尔斯特出版了他在马克思主义思想研究方面的代表作《理解马克思》,这部百科全书式的研究专著显示出埃尔斯特的深厚的学术功底和他对马克思主义著作的全面的把握。这部著作的出版把"分析的马克思主义"推进到了一个新的阶段。

埃尔斯特在学术研究中勤于笔耕,还相继出版了《社会的粘合剂》(1989)、《所罗门的判断》(1989)、《地方正义》(1992)、《政治心理学》(1993)、《精神的炼金术》(1999)、《被解放了的尤利西斯》(2000)等。我们在这里介绍的是埃尔斯特在马克思主义研究方面的代表著作《理解马克思》(1985)和重要论文《马克思主义和个体主义》(1989)。

1.**《理解马克思》**(1985)

在这部著作的"序言和志谢"中,埃尔斯特坦然承认,这部著作的写作和出版绝不是心血来潮的产物,而是长期思考的一个结晶。他从1968年起就致力于对马克思思想,尤其是经济理论的研究。然而,由于他完成的这方面的论著难以出版,他转而研究其他问题。直到20世纪80年代初,欧洲的精神氛围发生重大的变化时,他才重新回到对马克思思想的研究上来。他写道:"G. A. 柯亨的《卡尔·马克思的历史理论》的出版首先提供了重要的启示……而尤其是罗默的贡献(在其开创性的著作《剥削和阶级的一般理论》中其见解得到了叙述)则是决定性的。"①正是"分析的马克思主义"这方面的研究引发了他的极大的兴趣,而《理解马克思》正是他重新回到马克思思想中来的一个重要的结晶。正如罗默所指出的:"希望探索分析的马克思主义的读者最好能进一步地参考埃尔斯特的《理解马克思》一书。这部百科全书式的著作出版于1985年,它运用分析的方法来研究马克思的哲学人类学、经济学、伦理理论、历史理论(阶级、政治、国家)和意

① Jon Elster, *Making Sense of Marx*, *Studies in Marxism and social theory*, Cambridge University Press, 1985, p. xiv.

识形态理论。”①

这部著作出版后，即被外界认为是“分析的马克思主义”的经典作品之一。与柯亨和罗默比较起来，埃尔斯特对马克思思想的研究具有更宽广的视野。《理解马克思》全书除讨论解释与辩证法的“导论”和总结性地论述资本主义、共产主义和革命关系的“结论”部分外，正文由两个部分组成：第一个部分探讨马克思的哲学人类学和经济学理论，尤其论述了剥削、自由、公正等问题；第二个部分探讨马克思的历史理论，包括生产方式、阶级、政治、国家和意识形态等问题。全书构成对马克思的哲学、经济学和政治学观念的全面的反思。其主要观点如下：

第一，重视对马克思的方法论的研究。

在这部著作的“导论”中，埃尔斯特指出，在对马克思思想的研究中，人们经常会碰到这样的观点，即马克思曾经提出的那些实质性的观点已经失去了它们的有效性，但马克思的方法在今天仍然拥有广泛的影响并被普遍地用于对各种社会现象的分析。为此，他写道：“我确信，对于社会现象的研究来说，存在着一种特殊的马克思的方法，这种方法能够普遍地被运用，甚至能够被那些持有与马克思的根本观点不同的人所运用。事实上，在今天，这种方法被如此普遍地加以应用，以至于几乎没有人在涉及它时再把它称做‘马克思的方法’(the Marxist method)。”②

首先，在讨论马克思的方法论时，埃尔斯特论述了两种不同类型的学说，即“方法论的个体主义”(methodological individualism)和“方法论的集体主义”(methodological collectivism)。他指出：“方法论的个体主义这种学说的意思是：所有的社会现象——它们的结构和变化——原则上能够按如下的方式来解释，即它们仅仅关涉到各个个体——他们的特性，他们的目的，它们的信念和他们的行动。因此，方法论的个体主义能够被想象为是还原论的一种形式。”③埃尔斯特认为，这种方法论的个体主义具有如下三个特征：其一，这种学说并不在个体行为的平面上预设自私自利或合理性

① John E. Roemer, *Foundations of Analytical Marxism*, *Volume I*, An Elgar reference collection, Aldershot, E. Elgar, 1994, p. x.

② Jon Elster, *Making Sense of Marx*, *Studies in Marxism and social theory*, Cambridge University Press, 1985, p. 3.

③ Jon Elster, *Making Sense of Marx*, *Studies in Marxism and social theory*, Cambridge University Press, 1985, p. 5.

这样的前提,也不对人性作出任何实质性的界定,它仅仅探索问题的角度和方法。其二,这种学说只能在具体的语境中被坚持和使用,不能把人们对那些"超个体的实体"(supra - individual entities)的信念还原为对个体的信念。其三,这种学说并不停留在单一的个体上,它必定会涉及到不同个体之间的关系。其四,这种学说虽然是还原主义的,但并不主张"不成熟的还原主义"(premature reductionism),即在解释社会现象时经常出现那种不考虑任何条件和界限的简单化的归约①。

至于"方法论的集体主义",他这样写道:"方法论的集体主义——作为其自身的目的——假定存在着超个体的实体,在解释的次序中,这些实体是优先于个体的。"②也就是说,在这种学说所蕴含的解释过程中,解释总是从这些超个体的实体的自我规则或发展出发,而个体的行为则导源于这些实体。这一学说频繁地采用了"功能解释的形式"(the form of functional explanation),即以实体的、客观的利益的方式来解释人们的行为。

在埃尔斯特看来,在马克思的著作中,这两种学说,即"方法论的个体主义"和"方法论的集体主义"是并存的。但常常有人把马克思的方法理解为单纯的"方法论的集体主义",针对这种片面的理解,埃尔斯特指出:"但人们不应该忘记,马克思至少有时候也诉诸方法论的个体主义。"③比如,在《1844 年经济学哲学手稿》、《德意志意识形态》等著作中,马克思就十分强调个体的境况和作用:"马克思从来没有在下述观点上发生过动摇,即共产主义的主要的吸引力就是使个体得到充分的和自由的实现;然而,在对通向共产主义阶段的历史过程的解释中,他并没有相应地把个体放到中心的位置上。"④总之,按照埃尔斯特的看法,在马克思的思想中,方法论的个体主义的存在是一个无法抹杀的事实。

其次,在讨论马克思的方法论时,埃尔斯特又论述了"意向性的解释"(intentional explanation)和"功能的解释"(functional explanation)这两种不

---

① Jon Elster, *Making Sense of Marx*, *Studies in Marxism and social theory*, Cambridge University Press, 1985, p. 6.

② Jon Elster, *Making Sense of Marx*, *Studies in Marxism and social theory*, Cambridge University Press, 1985, p. 6.

③ Jon Elster, *Making Sense of Marx*, *Studies in Marxism and social theory*, Cambridge University Press, 1985, p. 7.

④ Jon Elster, *Making Sense of Marx*, *Studies in Marxism and social theory*, Cambridge University Press, 1985, p. 8.

同的解释方式。他指出："意向性的解释运用行为的意向的结果来说明行为。功能的解释则运用行为的现实的结果来说明行为。"[①]所谓"意向的结果"，指的是行为者在其行为之前的动机，行为者在其行为中虽然不一定能实现其"意向的结果"，但这种结果却以观念的方式存在于行为者的行为之前或行为之中。也就是说，"意向性的解释"注重的是行为的动机。也正是在这个意义上，埃尔斯特说："一个意向性解释的关键性的步骤就是对行为得以进行的事态的目的和将来状态作出说明。"[②]这种解释方式的长处是把人们的行为理解为有目的性的活动，尽管行为的结果可能异于行为的动机，但人们并不能证明这种方式是无效的。显而易见，埃尔斯特更注重的是这种"意向性的解释"。

所谓"现实的结果"，指的是从行为者的行为已经达成的现实的结果出发，倒过来解释行为者的行为及其动机。换言之，"功能的解释"注重的是行为的实际上的效果。"非常清楚，功能的解释是一种极端不能令人满意的解释模式。许多行为的有利的结果出于一种纯粹的偶然性，出于一种非功能解释的方式"[③]。既然行为的结果与行为本身及行为的动机常常存在着差距，所以从行为的结果出发逆向地解释行为的"功能的解释"是难以对社会现象作出准确的说明的。

埃尔斯特认为，马克思在对社会现象的研究中，既使用"意向性的解释"方式，也使用"功能的解释"方式。比如，在探讨人们的经济行为时，马克思就非常重视分析人们行为的动机和意向。然而，在对人们的政治行为的探讨中，马克思的做法就不同了。埃尔斯特这样写道："马克思的政治著作是富有创见的，从而也常常是辉煌的，然而在方法论上却是含糊的，常常徘徊于意向性的解释方式和功能的解释方式之间。"[④]就埃尔斯特的看法而言，他似乎更倾向于"意向性的解释"方式。他在谈到"功能的解释"方式时指出："马克思对使用这种解释方式具有强烈的嗜好，他总是提供各种

---

① Jon Elster, *Making Sense of Marx*, *Studies in Marxism and social theory*, Cambridge University Press, 1985, p. 27.

② Jon Elster, *Making Sense of Marx*, *Studies in Marxism and social theory*, Cambridge University Press, 1985, p. 8.

③ Jon Elster, *Making Sense of Marx*, *Studies in Marxism and social theory*, Cambridge University Press, 1985, p. 28.

④ Jon Elster, *Making Sense of Marx*, *Studies in Marxism and social theory*, Cambridge University Press, 1985, p. 15.

支持它的理由。而许多非马克思主义的功能社会学的拥护者也提供了类似的解释方式。"[①]与柯亨对马克思的功能解释的肯定性的态度不同,埃尔斯特对功能解释的基本态度是否定性的,但他也同意,只有在对功能解释中可能出现的各种情况作出严格限定的情况下,这种解释方式才有一定的合理性。

再次,在讨论马克思的方法论时,埃尔斯特又论述了两种因果分析的两种变体,即"亚意向性的因果性"(sub-intentional causality)和"超意向性的因果性"(supra-intentional causality)。埃尔斯特写道:"首先,存在着关于偏爱和其他精神状态,如信念、激情等等的因果解释。我把这方面的因果解释称之为亚意向性的因果解释。其次,也存在着把聚集的社会现象理解为许多个体的行为的结果的因果解释,我把它称之为超个体的因果性。"[②]

埃尔斯特认为,在马克思的著作中,存在这种亚意向性的因果性。事实上,马克思在探讨"商品拜物教"现象、探讨犹太人问题、探讨各种历史事件,如路易·波拿巴的政变时,都十分注重对行为者的信念、偏爱、欲望、激情的分析。埃尔斯特引证了马克思于1870年4月9日写给齐·迈耶尔和奥·福格特的信中对当时英国工人的情绪的分析:"普通的英国工人憎恨(hates)爱尔兰工人,把他们看做会降低自己生活水平的竞争者。英国工人在爱尔兰工人面前觉得自己是统治民族的一分子,正因为如此,他们就把自己变成了本民族的贵族和资本家用来反对爱尔兰的工具,从而巩固了贵族和资本家对他们自己的统治。他们对爱尔兰工人怀着宗教、社会和民族的偏见(prejudices)。他们对爱尔兰工人的态度大致像美国以前的各蓄奴州的白种贫民对待黑人的态度。而爱尔兰人则以同样的态度加倍地报复英国工人。同时他们把英国工人看做英国对爱尔兰统治的同谋者和愚笨的工具。报刊、教堂讲坛、滑稽小报,总之,统治阶级所掌握的一切工具则人为地保持和加深这种对立。这种对立就是英国工人阶级虽有自己

---

① Jon Elster, *Making Sense of Marx*, *Studies in Marxism and social theory*, Cambridge University Press, 1985, p. 28.

② Jon Elster, *Making Sense of Marx*, *Studies in Marxism and social theory*, Cambridge University Press, 1985, p. 18.

的组织但没有力量的秘密所在。"[①]在埃尔斯特看来，马克思的这段话乃是他运用亚意向因果性分析社会现象的经典性的论述。这一论述表明，情绪、信念、偏爱这些因素作为原因在人们的行为中起着重要的作用。

那么，在马克思的著作中，是否也存在着"超意向性的因果性"呢？埃尔斯特的回答是肯定的。他认为，在马克思之前，亚当·斯密关于"看不见的手"的说法、黑格尔关于"理性的狡计"的说法实际上都是这种"超意向性的因果性"的具体表现。即每个个人按照自己的意向在行动，但行动的结果却超出了每个个人的意向。他认为，在马克思的著作中，更是充满了这种"超意向性的因果性"的解释方式。马克思强调经济发展的规律不以个人的意志为转移、强调社会形态的发展是一种自然历史过程等等都体现出他对这种因果分析方式的运用。在埃尔斯特看来，马克思常常把"亚意向性的因果性"和"超意向性的因果性"混合在一起解释各种社会现象，但他缺乏对自己所运用的方法的深入的反思和严格的界定。

第二，马克思的哲学人类学思想。

埃尔斯特认为，马克思的"哲学人类学"（philosophical anthropology）思想是以其唯物主义立场作为基础的，但与费尔巴哈为代表的唯物主义者不同，马克思特别重视实践活动，尤其是生产劳动的作用。在他看来，马克思的哲学人类学思想主要关注以下的问题。

一是"人性"（human nature）。埃尔斯特认为，正是人性的理论构成了马克思哲学人类学的基础和核心。他强调，人性是人之为人的基本特性，需要通过对人和其他动物的区别来加以认识："马克思在下述基本点上把人与其他动物区别开来：（1）自我意识；（2）意向性；（3）语言；（4）使用工具；（5）制造工具；（6）协作。"[②]他认为，马克思在不同的场合下论述人与动物的区别时，是从上述不同的基本点出发的，而马克思在写于1879—1880年的《评阿·瓦格纳的"政治经济学教科书"》中，对这一区别作了比较全面的论述。他这样写道："人们决不是首先'处在这种对外界物的理论关系中'。正如任何动物一样，他们首先是要吃、喝等等，也就是说，并不'处

---

① Jon Elster, *Making Sense of Marx*, *Studies in Marxism and social theory*, Cambridge University Press, 1985, p. 21 – 22. 参阅《马克思恩格斯选集》第4卷，人民出版社1995年版，第591页。

② Jon Elster, *Making Sense of Marx*, *Studies in Marxism and social theory*, Cambridge University Press, 1985, p. 62.

在'某一种关系中,而是积极地活动,通过活动来取得一定的外界物,从而满足自己的需要。(因而,他们是从生产开始的。)由于这一过程的重复,这些物能使人们'满足需要'这一属性,就铭记在他们的头脑中了,人和野兽也就学会'从理论上'把能满足他们需要的外界物同一切其他的外界物区别开来。在进一步发展的一定水平上,在人们的需要和人们借以获得满足的活动形式增加了,同时又进一步发展了以后,人们就对这些根据经验已经同其他外界物区别开来的外界物,按照类别给以各个名称。"①在这段重要的论述中,马克思既揭示了人和其他动物之间的共同点,也阐述了他们之间的区别,而这种区别正是从人的生产劳动和对外部事物的命名,即对语言的发明和使用开始的。

在阐述人和其他动物区别的基础上,埃尔斯特进一步指出:"根据马克思的观点,人性能够按照需要(needs)和能力(capacities)得到描述和评价。"②也就是说,人性的发展正是被需要和能力这两者之间的互动关系所推动的。一方面,需要促使人的能力的发展,另一方面,人的能力的发展又使新的需要得以产生。比较起来,需要是一种更始源性的因素,所以埃尔斯特说:"在马克思的人性理论中,需要这个概念是一个根本性的概念。"③需要又可以进一步被划分为"物质的需要"(physical needs)和"社会的需要"(social needs),它们成了人类和人类社会发展的强大的内驱力。然而,在马克思看来,在资本主义社会中,人性却以异化的、片面发展的方式表现出来,人们甚至连自己的基本需要也得不到满足,更谈不上自己的能力的全面发展。埃尔斯特认为:"马克思赞成共产主义,因为他确信,在很多重要的方面,共产主义都是比任何资本主义社会更好的社会。"④在这样的社会里,不但人的各种需要能够得到满足,人的能力能够得到全面的发展,而且在异化中丧失了的人性也重新得以复归。

二是人与人之间的"社会关系"(social relations)。埃尔斯特认为,马

---

① Jon Elster, *Making Sense of Marx*, *Studies in Marxism and social theory*, Cambridge University Press, 1985, p. 64. 参阅《马克思恩格斯全集》第19卷,人民出版社1965年版,第405页。

② Jon Elster, *Making Sense of Marx*, *Studies in Marxism and social theory*, Cambridge University Press, 1985, p. 61.

③ Jon Elster, *Making Sense of Marx*, *Studies in Marxism and social theory*, Cambridge University Press, 1985, p. 70.

④ Jon Elster, *Making Sense of Marx*, *Studies in Marxism and social theory*, Cambridge University Press, 1985, p. 82.

克思的哲学人类学重视的并不是单个的人,而是人与人之间的社会关系。然而,在资本主义社会中,由于异化现象的普遍存在,人与人的社会关系常常通过物与物之间的关系表现出来,马克思把这种倾向称之为"拜物教"(fetishism)。正如埃尔斯特所说的:"所谓拜物教的意思是人与人之间的社会关系以对象之间的(自然的)属性的方式表现出来。"①为了说明这种现象,埃尔斯特引证了马克思在《资本论》第一卷第一章中的论述:"可见,商品形式的奥秘不过在于:商品形式在人们面前把人们本身劳动的社会性质反映成劳动产品本身的物的性质,反映成这些物的天然的社会属性,从而把生产者同总劳动的社会关系反映成存在于生产者之外的物与物之间的社会关系……商品形式和它借以得到表现的劳动产品的价值关系,是同劳动产品的物理性质以及由此产生的物的关系完全无关的。这只是人们自己的一定的社会关系,但它在人们面前采取了物与物的关系的虚幻形式。因此,要找一个比喻,我们就得逃到宗教世界的幻境中去。在那里,人脑的产物表现为赋有生命的、彼此发生关系并同人发生关系的独立存在的东西。在商品世界里,人手的产物也是这样。我把这叫做拜物教。劳动产品一旦作为商品来生产,就带上拜物教性质,因此拜物教是同商品生产分不开的。"②在马克思那里,拜物教有三种具体的表现形式,即"商品拜物教"(the fetishism of commodities)、"货币拜物教"(money fetishism)和"资本拜物教"(capital fetishism),它们以不同的方式折射出资本主义条件下人与人之间的社会关系,同时也深化了马克思的异化理论。埃尔斯特认为:"从资本主义中产生出来的异化是马克思的著作,即从《1844 年经济学哲学手稿》到成熟时期的经济学著作的不变的主题。"③

三是"历史的目的论观念"(a teleological view of history)。埃尔斯特认为,在研究马克思的哲学人类学及其所蕴含的历史哲学思想时,研究者们提出了不同的见解,但他们在下面的见解上却是一致的,即认为"马克思确

① Jon Elster, *Making Sense of Marx*, *Studies in Marxism and social theory*, Cambridge University Press, 1985, p. 95.

② Jon Elster, *Making Sense of Marx*, *Studies in Marxism and social theory*, Cambridge University Press, 1985, p. 95. 参阅马克思《资本论》第 1 卷,人民出版社 1975 年版,第 88～89 页。

③ Jon Elster, *Making Sense of Marx*, *Studies in Marxism and social theory*, Cambridge University Press, 1985, p. 74.

实被一种历史的目的论观念所引导"①。在埃尔斯特看来，马克思的历史哲学理论并不源于他对经验生活的考察，而是深受莱布尼茨和黑格尔的思辨的历史哲学理论的影响。当马克思对这种思辨的历史唯心主义理论取批判的态度时，他对目的论取批判的态度。比如，在《德意志意识形态》中，他指出："历史不外是各种世代的依次交替。每一代都利用以前各代遗留下来的材料、资金和生产力；由于这个缘故，每一代一方面在完全改变了的环境下从事所继续的活动，另一方面又通过完全改变了的活动来变更旧的环境。然而，事情被思辨地扭曲成这样：好像后期历史是前期历史的目的，例如，好像美洲的发现的根本目的就是要促使法国大革命的爆发。"②从这段论述可以看出，马克思明确反对在对历史现象的解释中引入目的论的观点。但埃尔斯特认为，从19世纪50年代起，目的论的观念又逐步在马克思的著作中出现了，最为典型的则是马克思在《1857—1858年经济学手稿》中关于社会发展三大形态的论述。马克思这样写道："人的依赖关系（起初完全是自然发生的），是最初的社会形态，在这种形态下，人的生产能力只是在狭窄的范围内和孤立的地点上发展着。以物的依赖为基础的人的独立性，是第二大形态，在这种形态下，才形成普遍的社会物质变换，全面的关系，多方面的需求以及全面的能力的体系。建立在个人全面发展和他们共同的社会生产能力成为他们的社会财富这一基础上的自由个性，是第三个阶段。第二个阶段为第三个阶段创造条件。"③在埃尔斯特看来，马克思的三大社会形态的理论充分体现出他的哲学人类学对人的发展的目的论的期待。当然在这种期待中，马克思对个体的自由和全面发展的论述是值得重视的，但他对人类历史的这种目的论解释和对前共产主义社会中个体发展的可能性的否认却是缺乏说服力的。

第三，马克思关于剥削和生产方式的理论。

在《理解马克思》中，埃尔斯特全面地论述了马克思的经济学思想，包括经济学研究的方法论、劳动价值理论、简单和扩大再生产、技术的变化、

---

① Jon Elster, *Making Sense of Marx*, *Studies in Marxism and social theory*, Cambridge University Press, 1985, p. 107.

② Jon Elster, *Making Sense of Marx*, *Studies in Marxism and social theory*, Cambridge University Press, 1985, p. 110. 参阅《马克思恩格斯选集》第1卷，人民出版社1995年版，第88页。

③ Jon Elster, *Making Sense of Marx*, *Studies in Marxism and social theory*, Cambridge University Press, 1985, p. 113. 参阅《马克思恩格斯全集》第46卷上，人民出版社1979年版，第104页。

剥削的机制、生产方式、资本主义经济危机等问题。我们的论述将围绕埃尔斯特探讨得比较深入的剥削的机制和生产方式来展开。

先来看看埃尔斯特是如何在罗默之后探讨马克思的剥削理论的。他指出："剥削理论在马克思的著作中具有核心的重要性，它仍然是当今认真的研究著作讨论的焦点。"①埃尔斯特承认，自己对剥削理论的认识是有一个过程的："以前我主张把剥削定义为通过市场交易对剩余劳动的攫取，因而有效地否认了奴隶是受剥削的。现在我确信这是一个错误。"②正是在罗默的剥削理论的影响下，埃尔斯特否定了自己先前的看法，对剥削作出了更为宽泛的理解。

他主张把剥削分为下面两种不同的类型：一种是"非市场的剥削"(non-market exploitation)，即剥削过程是在直接的、超经济的强制状态下发生的。一般说来，这种状态指的是前资本主义的社会形式。另一种是"市场的剥削"(market exploitation)，即剥削过程是在市场的、非强制状态下发生的，一般说来，这种状态主要是指资本主义社会形式。当然，必须注意，不能在"非市场剥削"与前资本主义社会的剥削之间、"市场的剥削"和资本主义的剥削之间简单地划等号。这是因为在前资本主义社会中，在一定的范围内也存在着市场，而在资本主义社会中，也存在着某些剥削现象，它们是以"非市场的剥削"的方式展开的。但埃尔斯特区分这两个概念的根本意图是把剥削理论扩大到资本主义社会以外的其他社会形式中去。他认为，对剥削概念的这种理解也是切合马克思的本意的。他引证了马克思在《资本论》第一卷中的下述见解："资本并没有发明剩余劳动。凡是社会上一部分人享有生产资料垄断权的地方，劳动者，无论是自由的或不自由的，都必须在维持自身生活所必需的劳动时间外，追加超额的劳动时间来为生产资料所有者生产生活资料，不论这些所有者是雅典的贵族，伊特剌斯坎的僧侣，罗马的市民，诺曼的男爵，美国的奴隶主，瓦拉几亚的领主，现代的地主，还是资本家。"③

---

① Jon Elster, *Making Sense of Marx*, *Studies in Marxism and social theory*, Cambridge University Press, 1985, p.166.

② Jon Elster, *Making Sense of Marx*, *Studies in Marxism and social theory*, Cambridge University Press, 1985, p.168.

③ Jon Elster, *Making Sense of Marx*, *Studies in Marxism and social theory*, Cambridge University Press, 1985, p.168. 参阅《资本论》第1卷，人民出版社1975年版，第263页。

埃尔斯特还深入地探索了剥削和权力之间的关系。他写道:“在非市场的剥削中,权力是以实质性的、明显的方式被涉及到的。因此,我在这里主要聚焦于权力和市场剥削的关系。”①他认为,在市场剥削中,权力通过三种方式强化了剥削关系:一是通过国家权力加强所有权;二是通过垄断权的存在;三是通过对生产过程的支配。在探讨权力与剥削之间的关系时,埃尔斯特很自然地引申出下面的问题,即“国家本身是否可能成为一个剥削者?”②他分析了国家税收的种种用途:民众的健康、教育、社会安全、国防和国际和平,积累资本以及改革交往方式、研究条件;强化压迫机构以不使受剥削者组织起来;为统治阶级提供用于消费目的的额外收入;用于政府官员的消费等等。从政府对税的不同的使用方式可以看出,政府剥削民众的可能性也是存在的,但这种剥削方式不是“市场的剥削”,而是“非市场的剥削”,因为政府主要是通过对暴力的垄断来实施这种剥削的。从上面的论述可以看出,埃尔斯特主要是追随马克思和罗默的思路来探讨剥削问题的。

下面我们再来看看埃尔斯特又是如何阐述马克思关于“生产方式”(modes of production)的理论的。他认为,生产方式的核心问题也就是生产力和生产关系(或经济结构)之间的关系问题。马克思一方面肯定了生产力的决定性的作用,另一方面又肯定了生产关系对生产力发展的促进或阻碍作用,这就使许多研究者在理解这个问题时陷入困境。埃尔斯特认为,很可能柯亨的最大成就就是通过对“功能的解释”的重新采纳,肯定了生产力的优先性③。埃尔斯特没有把自己对生产方式问题的探讨局限在柯亨所思考的层面上,他更关注的是马克思关于“生产方式的演进次序”(the sequence of modes of production)的见解。正如我们在前面已经指出过的那样,埃尔斯特并不赞成马克思在《1857—1858 年经济学手稿》中提出的三大社会形态理论,他比较赞成的是马克思在 1859 年的《政治经济学批判》序言中写下的这段话:“大体说来,亚细亚的、古代的、封建的和现代资产阶

---

① Jon Elster, *Making Sense of Marx*, *Studies in Marxism and social theory*, Cambridge University Press, 1985, p. 197.

② Jon Elster, *Making Sense of Marx*, *Studies in Marxism and social theory*, Cambridge University Press, 1985, p. 197.

③ Jon Elster, *Making Sense of Marx*, *Studies in Marxism and social theory*, Cambridge University Press, 1985, p. 268.

级的生产方式可看做是经济的社会形态演进的几个时代。”[①]但他强调，马克思并没有把历史理解为单线进化论，比如，马克思在给俄国学者米海洛夫斯基的信中，批评了米氏试图把马克思关于欧洲资本主义的起源史搬到俄国去的错误做法。

埃尔斯特认为，马克思关于“生产方式的演进次序”可以通过以下五个阶段得到更为明确的说明：在第一个阶段上，生产的出现仅仅为了满足生产者的生存需要。不管这时候的生产是以共同的方式还是个体的方式进行的，但其目的是满足生产者的直接需要，也不可能有贸易、投资和攫取他人的剩余劳动这样的事情发生。在第二个阶段上，出现了不同的共同体之间的贸易。在第三个阶段上，共同体之间的贸易从偶然的现象转变为规则性的现象，用于交换的货物成了商品。换言之，一部分生产的目的转变为交换价值。在第四个阶段上，商品生产普遍化了，不但有了共同体之间的交换，也有了共同体内部的交换，商业资本也随之而出现了。在第五个阶段上，生产中出现了剩余价值。通过对这五个阶段的分析，埃尔斯特得出了如下的结论：“这一过程的动态的要素既不是阶级斗争，也不是生产力的发展，而是外在的和内在的贸易。”[②]其实，埃尔斯特的这一结论割裂了马克思在不同的场合下所作的论述之间的融洽性。

第四，马克思关于阶级、国家、意识形态和革命的理论。

首先，埃尔斯特考察了马克思的“阶级”(classes)理论，因为这一理论和剥削理论一样，是“分析的马克思主义”者最感兴趣的理论之一。在这部著作中他全面地探讨了阶级的定义、阶级的意识和阶级斗争等问题，其中最富有创发性的是对阶级的定义的讨论。埃尔斯特指出，马克思把阶级理解为集体行为的动因和形式，在《共产党宣言》中，他谈到前资本主义社会的阶级——自由民和奴隶、贵族和平民、领主和农奴、行会师傅和帮工；在《资本论》中，他谈到资本主义社会中的三大阶级——雇佣劳动者、资本家和地主。然而，埃尔斯特认为，“马克思从来没有对阶级的含义下过定

---

① Jon Elster, *Making Sense of Marxtudies in Marxism and social theory*, Cambridge University Press, 1985, p. 303. 参阅《马克思恩格斯选集》第2卷，人民出版社1995年版，第33页。

② Jon Elster, *Making Sense of Marx*, *Studies in Marxism and social theory*, Cambridge University Press, 1985, p. 317.

义"①。这就使当代人对马克思的阶级的定义的"分析的重构"(analytical reconstruction)成为可能。埃尔斯特认为,在对马克思的阶级的定义的理解上,存在着四种可能的定义。

第一种可能的定义是按照"财产"(property)来划分阶级。这种定义的缺点是无法根据财产来区分地主和资本家,也无法区分小资产阶级和拥有少量生产资料的雇佣劳动者。事实上,马克思本人也不赞成仅仅按照财产的种类和数量来给阶级下定义。

第二种可能的定义是按照是否进行"剥削"(exploitation)或受"剥削"来划分阶级。这一定义的优点是揭示了社会生活中的"剥削阶级"和"被剥削阶级",但其缺点是无法在"剥削阶级"中区分地主阶级和资产阶级,也无法在被剥削阶级中区分奴隶和可怜的自由民。

第三种可能的定义是按照人们的"市场行为"(market behaviour)来划分阶级。这种定义的优点是,根据人们在市场上是出卖、购买,还是既不出卖,也不购买劳动力的行为来定义阶级,可以对资本主义社会作出深入细致的分析,但"一个明显的异议是:这个定义对非市场经济中阶级问题的研究提供不了任何帮助"②。也就是说,我们无法根据这个定义来探索前资本主义社会中的阶级状况。

第四种可能的定义是按照人们是否拥有"权力"(power)来划分阶级。这种定义的长处是比较适合非市场经济的社会,因为在带有个体所有权的非市场经济中,权力关系对于阶级归属来说,是一种决定性的要素,然而,"在以生产资料的私人所有权为基础的市场经济中,权力对于阶级来说并不是决定性的要素"③。

既然上面列举的阶级的四种可能的定义都有局限性,那么,埃尔斯特又如何对阶级的定义进行"分析的重构"呢? 他试图依据"基质"(endow-

---

① Jon Elster, *Making Sense of Marx*, *Studies in Marxism and social theory*, Cambridge University Press, 1985, p. 319.

② Jon Elster, *Making Sense of Marx*, *Studies in Marxism and social theory*, Cambridge University Press, 1985, p. 324.

③ Jon Elster, *Making Sense of Marx*, *Studies in Marxism and social theory*, Cambridge University Press, 1985, p. 327.

ment)[①]和"行为"(behaviour)提出关于"阶级的一般定义"(a general definition of class)。他写道:"基质包括有形的财产、无形的技能和更为细微的文化性格。行为则包括工作的对不工作的、出卖劳动力的对购买劳动力的、借出资本的对借进资本的、出租土地的对租进土地的、在共同财产的管理中是发布命令的对接受命令的。"[②]正是在综合考察人们的"基质"和"行为"的基础上,埃尔斯特提出了关于阶级的新定义:"一个阶级就是由这样的人们组成的一个群体,如果他们要使自己的基质得到最佳的使用的话,他们就不得不依据他们所拥有的东西从事同样的活动。"[③]埃尔斯特认为,这一新定义比上面列举的四个可能的定义更全面、更确切地重构了马克思的阶级定义。正如我们在前面已经指出过的那样,罗默在《剥削和阶级的一般理论》一书中并没有对阶级的概念进行深入的探讨,但在埃尔斯特这里,这一探讨却获得了实质性的进展。

其次,埃尔斯特考察了马克思的"国家"(the state)理论。他指出:"马克思国家理论的核心问题是,国家究竟是独立自主的,还是完全归属于阶级利益的。"[④]在他看来,马克思更多地从功能的角度来理解国家的存在和发展。他写道:"我首先从马克思最著名的国家理论出发,按照这一理论,国家仅仅是在经济上占支配地位的阶级的工具,它本身并不是独立自主和实质性的。"[⑤]埃尔斯特认为,马克思有时也把国家理解为平衡各个阶级之间的关系的工具。不管哪一种理解,马克思都忽略了国家的公共的性质及它对公共事务的处理。埃尔斯特写道:"我们需要一个国家的定义,这个定义能够使我们把国家置于与它所服务的利益相独立的位置上。"[⑥]他提出

---

① Endowment 在中文中通常有两重含义:一为"捐款"、"资助";二为"天赋"、"天资"。埃尔斯特在这里使用这个词时,试图把其两重含义都表达出来,但在中文中很难找到能把这两重含义统一起来的对应词。我们考虑再三,决定把它译为"基质"。

② Jon Elster, *Making Sense of Marx*, *Studies in Marxism and social theory*, Cambridge University Press, 1985, p. 330 – 331.

③ Jon Elster, *Making Sense of Marx*, *Studies in Marxism and social theory*, Cambridge University Press, 1985, p. 331.

④ Jon Elster, *Making Sense of Marx*, *Studies in Marxism and social theory*, Cambridge University Press, 1985, p. 402.

⑤ Jon Elster, *Making Sense of Marx*, *Studies in Marxism and social theory*, Cambridge University Press, 1985, p. 408.

⑥ Jon Elster, *Making Sense of Marx*, *Studies in Marxism and social theory*, Cambridge University Press, 1985, p. 402.

了“国家的观念上的自主性”(conceptual autonomy of the state),并主张在这一自主性的基础上形成“国家的解释上的自主性”(explanatory autonomy of the state)。所有这些观念无非是要淡化马克思对国家的阶级属性的强调,从一种更中性化的立场上去描述国家的功能。毋庸讳言,埃尔斯特的国家理论在新的历史条件下,特别是在解释当今社会主义国家的实质时,具有某种积极的意义。

再次,埃尔斯特考察了马克思的“意识形态”(ideology)理论。他指出:“马克思对意识形态的解释可以区分为两种不同的方式。一方面,我们能够区分涉及到信奉者(或某些其他的行动者)的利益(interests)的解释和涉及到其经济和社会地位(position)的解释。我将分别称之为利益的解释(interest-explanation)和立场的解释(position-explanation)。另一方面,我们也可能像在第一章中那样区分因果的解释和功能的解释……一切立场的解释都是因果的,但利益的解释可能是因果的,也可能是功能的。”①在他看来,如果要深入地探索个人意识形态信仰的微观的基础,就不得不诉诸认识心理学。埃尔斯特还指出,“颠倒的理论”(inversion theory)构成马克思意识形态理论的重要特征。什么是“颠倒的理论”呢?那就是说,特殊的阶级利益的承担者总是通过意识形态把自己阶级的利益说成是全社会的普遍利益。埃尔斯特认为,这是马克思意识形态理论中最为精深的见解。埃尔斯特还强调,在马克思主义的意识形态理论中,还蕴含着一种“观念的帝国主义”(conceptual imperialism)。这究竟是什么意思呢?他写道:“所谓‘观念的帝国主义’也就是生活在一个社会中的人们所具有的自然倾向,即运用与他们的社会的主要结构相一致的范畴,去理解其他社会的结构或同一个社会的第二层次的结构。”②他认为,在各种意识形态中,这种“观念的帝国主义”的倾向是普遍存在的。比如,马克思的不少追随者就把马克思研究西方历史的观念简单地套用到对非西方历史的研究上。总之,埃尔斯特从新的视角出发,对马克思的意识形态学说作出了全面的、富有创发性的反思。

---

① Jon Elster, *Making Sense of Marx*, *Studies in Marxism and social theory*, Cambridge University Press, 1985, p. 465.

② Jon Elster, *Making Sense of Marx*, *Studies in Marxism and social theory*, Cambridge University Press, 1985, p. 490.

最后，埃尔斯特考察了马克思的革命理论。在探讨马克思的革命理论时，他特别深入地反思了革命的动机问题。他指出：“革命的动力问题是核心的问题。”①在讨论革命的动力问题时，他并没有停留在对生产力和生产关系的矛盾的泛泛的谈论中，他从新的角度出发，指出了马克思所倡导的共产主义革命的三个基本的动力：第一，“异化作为革命的动力”（alienation as a motivation for revolution）②，也就是说，共产主义的革命就是克服资本主义的异化，实现人性的复归；第二，以正义作为动力（the motivational force of justice）③，也就是说，共产主义革命要伸张正义，追求个体的自由；第三，“把资本主义的无效作为消灭它的动机”（inefficiency of capitalism as a motive to abolish it）④，也就是说，共产主义革命要使人的能力全面发展，物质财富充分涌流。

综上所述，埃尔斯特的《理解马克思》是“分析的马克思主义”的一部百科全书式的著作。在全书的“结论”部分，他强调：“无论如何，马克思的影响还没有枯竭。”⑤当然，在今天，要在道德上和理智上成为一个传统意义上的马克思主义者是不可能的，“但是，从我自己的情况来说，成为一个与这个术语的意义不同的马克思主义者还是可能的。我发现，我坚持的大部分观点是真实的和重要的，而它们都可以回溯到马克思，包括方法论、实质性的理论，尤其是价值，而马克思对剥削和异化的批判仍然具有核心的意义”⑥。这充分表明，“分析的马克思主义”者在大多数情况下是以同情的理解的态度来解读马克思的著作的。

2.**《马克思主义和个体主义》**（1989）

埃尔斯特的这篇论文被收入了由 M. 达斯加尔（Marcelo Dascal）和

---

① Jon Elster, *Making Sense of Marx*, *Studies in Marxism and social theory*, Cambridge University Press, 1985, p.529.

② Jon Elster, *Making Sense of Marx*, *Studies in Marxism and social theory*, Cambridge University Press, 1985, p.529.

③ Jon Elster, *Making Sense of Marx*, *Studies in Marxism and social theory*, Cambridge University Press, 1985, p.529.

④ Jon Elster, *Making Sense of Marx*, *Studies in Marxism and social theory*, Cambridge University Press, 1985, p.530.

⑤ Jon Elster, *Making Sense of Marx*, *Studies in Marxism and social theory*, Cambridge University Press, 1985, p.531.

⑥ Jon Elster, *Making Sense of Marx*, *Studies in Marxism and social theory*, Cambridge University Press, 1985, p.531.

O. 格鲁伍加特(Ora Gruengard)主编的《知识和政治:对认识论和政治哲学之间的关系的个案研究》一书。该书于1989年由Westview Press出版。这篇论文也作为"分析的马克思主义"的代表作被收入了罗默主编的《分析的马克思主义的基础》第二卷。它深入地探讨了埃尔斯特在《理解马克思》一书中已经涉及到的"方法论的个体主义"的问题,并把它放在一个更一般化的哲学的层面上进行论述。全文的主要观点如下。

第一,马克思主义中的活的东西和死的东西。

埃尔斯特认为,在马克思主义的学说中,既存在着"活的东西"(living),又存在着"死的东西"(dead)。那么,如何对这两者进行区分呢?他写道:"从马克思到现在的马克思主义思想的肌体能够被划分为三个部分:第一部分是历史变化的一般理论,通常关涉到历史唯物主义;第二部分是作为一个经济的、社会的、政治的和意识形态的制度的资本主义理论;第三部分是关于共产主义的一个规范的理论,而共产主义能够简洁地被描述为一个已经克服了异化和剥削的社会。"①

就第一部分而言,埃尔斯特认为,历史唯物主义主要涉及到生产力和生产关系、经济基础和上层建筑的关系。柯亨对第一对关系的论述作出了重要的贡献,他也希望用同样的方式去解释第二对关系。许多马克思主义的追随者也持与柯亨类似的观点,但埃尔斯特表示他并不完全同意这样的观点。他认为,历史唯物主义的困难在于具体的运用,比如,马克思既不能清晰地说明封建主义向资本主义的过渡,也不能清晰地说明资本主义向共产主义的过渡。他写道:"我们无法回避这样的结论,即马克思处在历史的目的论理论的支配下。生产力发展的理论是一种世俗的神正论。而运用经济基础和上层建筑的理论的试图也由于依赖于任意的功能解释或内在的阴谋式的假定的倾向的存在而变得无效了。"②

就第二部分而言,埃尔斯特认为,马克思的伟大之处在于他在经济学上的渊博的学识、精湛的分析的技术和对种种细节的把握,在于他对19世纪中期的德国、法国和英国阶级结构和政治情况的精辟的分析。但是,马

---

① John E. Roemer, *Foundations of Analytical Marxism*, *Volume* II, An Elgar reference collection, Aldershot, E. Elgar, 1994, p. 289.

② John E. Roemer, *Foundations of Analytical Marxism*, *Volume* II, An Elgar reference collection, Aldershot, E. Elgar, 1994, p. 290.

克思的《资本论》第一卷并不是严格意义上的经济分析著作，而是经济史和经济社会学的著作，马克思提出的“劳动价值理论”、“利润率下降的理论”等在现实的经济分析中也逐渐失去了其有效性，而他的以阶级斗争为背景的功能解释也使其政治和国家理论显得偏颇。埃尔斯特写道：“马克思的政治分析作为某种方式的阶级斗争的继续，是很难令人信服的。”①

就第三部分而言，埃尔斯特指出：“我确信，如果说马克思的什么观念仍然是有用的话，那么两个规范性的观念——对异化和剥削的批判——是马克思主义中绝对不可或缺的东西。”②但他又强调，马克思关于共产主义的两个观念——按需分配和人的自我实现都阐述得不清楚，且带有乌托邦的因素。

通过上述分析，埃尔斯特引申出如下的结论：“就马克思主义的实证的和解释的观念而言，其中有效的部分应该成为主流社会科学的一部分，其中无效的部分则应该被抛弃。”③而在他看来，下面所要讨论的马克思主义与个体主义的关系问题显然是具有重要理论意义的话题。

第二，三种不同的个体主义。

在探讨马克思主义与个体主义的关系之前，我们先来看看埃尔斯特关于个体主义的论述。他开宗明义地写道：“个体主义既是一种认识论的态度，又是一种政治的态度。”④而他写这篇论文的意图就是要对这两种态度之间的关系及这两种态度与马克思主义的关系做一个深入的探讨。有趣的是，我们发现，在这篇篇幅并不很大的论文中，埃尔斯特提出了以下三种不同的个体主义的概念。

一是“方法论的个体主义”(methodological individualism)。我们知道，这种个体主义在《理解马克思》一书的“导论”中已经提出，在本文中则得到了更为详尽的论述。埃尔斯特认为，这个术语是奥地利学者 J. 舒佩特(Joseph Schumpeter)于20 世纪初创制出来的。后来，奥地利的哲学家和经

---

① John E. Roemer, *Foundations of Analytical Marxism*, *Volume* II, An Elgar reference collection, Aldershot, E. Elgar, 1994, p. 291.

② John E. Roemer, *Foundations of Analytical Marxism*, *Volume* II, An Elgar reference collection, Aldershot, E. Elgar, 1994, p. 293.

③ John E. Roemer, *Foundations of Analytical Marxism*, *Volume* II, An Elgar reference collection, Aldershot, E. Elgar, 1994, p. 293.

④ John E. Roemer, *Foundations of Analytical Marxism*, *Volume* II, An Elgar reference collection, Aldershot, E. Elgar, 1994, p. 289.

济学家,如波普尔、哈耶克及其他们的学生也使用了这个术语。“方法论的个体主义”在20世纪50年代一度上升为学术界讨论的热点问题。今天人们似乎对它不再关注,这也许表明,它已经得到了普遍的认可,然而,在那些把社会规范理解为“不可还原的、超个体的实体”的马克思主义者、社会学家和社会人类学家那里,这种个体主义仍然是质疑的对象。埃尔斯特指出:“方法论的个体主义是这样一种主张,即所有的社会现象——事件、潮流、行为模式、制度——原则上都能按照只涉及到个体(他们的特性、目的、信念和行为)的方式得到说明。此外,方法论的个体主义也主张,按照个体的方式进行解释应该优先于按照群体的方式进行解释。要言之,这种(向个体的)还原是可行的和合意的。对方法论的个体主义的否定是方法论的整体主义(methodological holism)。”①我们发现,在《理解马克思》一书中,埃尔斯特把“方法论的个体主义”与“方法论的集体主义”对立起来,而在这里,与之对立的则是“方法论的整体主义”。在他看来,这种整体主义在解释任何社会现象时注重的都是群体,并不赞成进一步把群体的活动还原为个体的行为。

二是“政治的个体主义”(political individualism)。埃尔斯特写道:“舒佩特把政治个体主义定义为如下的观念:‘自由优先地促使个人的发展和一般的福利。’”②这一观念在后来的发展中分裂为两种不同的见解:一种见解以M.弗里德曼(Milton Friedman)为代表,偏重于强调自由的市场竞争和福利;另一种见解以R.诺齐克(Robert Nozick)为代表,偏重于强调作为价值和权利本身的自由。当然,像哈耶克等更多的学者则把上述两种见解融合起来,强调个体的自由和权利的始源程序性和不可转让性。

三是“伦理的个体主义”(ethical individualism)。埃尔斯特指出:“这是一种元伦理的观念,即伦理的理论只能按照那些在个体的层面上(不论是个体的福利、个体的权利,还是个体的自立)被定义的观念而被陈述出来。”③也就是说,“伦理的个体主义”反对用“超个体的或非个体的观念”

---

① John E. Roemer, *Foundations of Analytical Marxism*, *Volume* II, An Elgar reference collection, Aldershot, E. Elgar, 1994, p. 295.

② John E. Roemer, *Foundations of Analytical Marxism*, *Volume* II, An Elgar reference collection, Aldershot, E. Elgar, 1994, p. 300.

③ John E. Roemer, *Foundations of Analytical Marxism*, *Volume* II, An Elgar reference collection, Aldershot, E. Elgar, 1994, p. 303.

(supra-individual or non-individual concepts)来陈述伦理学的理论和规范。

就这三种个体主义而言,埃尔斯特更关注的是前两种个体主义之间的关系。一方面,他赞同舒佩特的观点,认为这两种个体之间存在着差别。“方法论的个体主义”注重的是研究上的规范,而“政治的个体主义”注重的则是个人行为上的规范。在现实生活中,既存在着拥护“方法论的个体主义”而反对“政治上的个体主义”的学者,也存在着赞成“政治上的个体主义”而反对“方法论上的个体主义”的学者。由此可见,这两种个体主义之间的差异是显而易见的。但另一方面,埃尔斯特也指出:“无论如何,在方法论的个体主义与政治个体主义之间存在着不可否认的社会学意义上的联系。”①像波普尔、哈耶克及其追随者就既赞成“方法论的个体主义”,也赞成“政治的个体主义”。

第三,马克思主义与三种个体主义的关系。

首先,我们来看,埃尔斯特是如何理解马克思主义和方法论的个体主义的关系的。他在论文的开头处这样写道:“在很长的时间里,传统的智慧就认定,马克思主义生来就是反对政治自由主义的,从而也是反对认识论的或方法论的个体主义的。”②也就是说,马克思主义不仅对政治的个体主义取排斥的态度,它对方法论的个体主义也取排斥的态度。埃尔斯特并不否认,马克思的社会历史理论深深地植根于黑格尔的方法论的整体主义,但他认为,在马克思的思想中,方法论的个体主义的闪光也时常出现,所以今人完全有责任重建马克思的方法论。他写道:“在我们已经讨论的情况中,马克思对方法论的整体主义的追随确实使他严重地、无可挽回地迷失了方向。但在另一些情况下,微观基础的匮乏却是可以弥补的,尤其是马克思的阶级斗争和阶级意识的理论能够按照重视方法论的个体主义的方式被重构。”③埃尔斯特认为,马克思的《路易·波拿巴的雾月十八日》就有对个体行为及其动因的细致的分析。在强调个体和微观基础研究的必要性时,他进而指出:“从更一般化的角度来看,我确信,对于今天的马克思主

---

① John E. Roemer, *Foundations of Analytical Marxism*, *Volume* II, An Elgar reference collection, Aldershot, E. Elgar, 1994, p. 301.

② John E. Roemer, *Foundations of Analytical Marxism*, *Volume* II, An Elgar reference collection, Aldershot, E. Elgar, 1994, p. 289.

③ John E. Roemer, *Foundations of Analytical Marxism*, *Volume* II, An Elgar reference collection, Aldershot, E. Elgar, 1994, p. 300.

义者说来,这个研究项目与方法论的个体主义是无法分离的。"[①]

其次,我们来看,埃尔斯特是如何理解马克思主义与政治的个体主义的关系的。他写道:"马克思主义与政治的个体主义的关系似乎是十分明白的。"[②]因为正如他在前面已经指出过的那样,政治的个体主义一个基本的特征是对市场经济和自由竞争的肯定,而传统的马克思主义者由于对市场制度抱有敌意,因而对政治的个体主义的敌意是不言而喻的。然而,在埃尔斯特看来,马克思本人似乎试图用没有剥削和异化的"市场社会主义"(market socialism)来取代资本主义。从马克思对未来共产主义社会中个性的自由和个体的全面发展的肯定可以看出来,马克思本人的思想与政治的个体主义并不是不相容的,但在如何实现共产主义的问题上,马克思更多地诉诸超个体的政治理念。所以,在埃尔斯特看来,有必要从马克思主义者对政治的个体主义所采取的简单排斥的态度返回到马克思本人与政治的个体主义之间的复杂关系上,并对这一关系重新进行反思,以便揭示马克思思想中与政治的个体主义之间的"可融洽的"(compatible)关系。

最后,我们来看,埃尔斯特是如何理解马克思主义与伦理的个体主义的关系的。他指出"记住马克思以及相当一部分后来的马克思主义者是赞成人们可能称之为伦理的个体主义这一点,是重要的"[③]。在他看来,当马克思不主张把社会看做单个人的抽象物时,他实际上表达的正是一种伦理个体主义的见解。总之,埃尔斯特希望当代马克思主义者努力发掘马克思思想中的个体主义的资源,从而促使马克思主义在新的历史条件下的复兴。

---

① John E. Roemer, *Foundations of Analytical Marxism*, *Volume* II, An Elgar reference collection, Aldershot, E. Elgar, 1994, p. 300.

② John E. Roemer, *Foundations of Analytical Marxism*, *Volume* II, An Elgar reference collection, Aldershot, E. Elgar, 1994, p. 302.

③ Jonh E. Roemer, *Foundations of Analytical Marxism*, *Volume* II, An Elgar reference collection, Aldershot, E. Elgar, 1994, p. 303.

第三编

西方马克思主义与西方哲学思潮

近年来，随着西方哲学和西方马克思主义研究的深入，这两个研究领域之间的关系也引起了人们越来越多的关注。从总体上看，无论是马克思主义创始人的思想，还是西方马克思主义的学说，都是西方文明，尤其是西方哲学传统的产物。当然，无论是马克思主义的创始人的思想，还是西方马克思主义的学说，都不是西方传统的消极的分泌物，它们本身也对西方传统产生了巨大而深刻的反作用。事实上，在当代理论研究中，这两个研究领域都是交织在一起的。

一方面，在西方哲学，尤其是现代西方哲学的研究中，一旦抽去了马克思主义学说，这个研究领域便变得残缺不全了。众所周知，现代西方哲学大致上发端于 19 世纪三四十年代，一般认为其肇始人是唯意志主义的代表人物叔本华和实证主义的代表人物孔德。其实，如果我们用更开阔的眼界来看问题的话，就会发现，作为存在主义鼻祖的克尔凯郭尔和作为实践唯物主义创始人的马克思都是现代西方哲学的开启者。在《西方哲学史》这部名著中，罗素虽然没有论述克尔凯郭尔在现代西方哲学中的地位和作用，却专门辟出一章的篇幅来评述马克思的哲学思想。尽管罗素的评述是有片面性的，但他还是独具慧眼地看到了马克思创立的唯物史观的重要价值及对整个现代西方哲学发展的影响。他这样写道："这是一个非常重要的论点；特别说，它和哲学史家是有关系的。我个人并不原封不动地承认这个论点，但我认为它里面包含有极重要的真理成分，而且我意识到这个论点对本书中叙述的我个人关于哲学发展的见解有了影响。"[①]罗素认为，撇开马克思主义学说，人们也就无法正确地把握现代西方哲学发展的脉络了。人所共知，波普尔是现代西方哲学中科学哲学研究方面最有影响的重要人物之一，尽管他在《历史决定论的贫困》和《开放社会及其敌人》这两部著作中对马克思的学说取批判的态度，但他坦然承认，"与马克思主义的邂逅是我智力发展中的一件大事"[②]。即使像海德格尔、萨特、德里达这样的大思想家，也深受马克思哲学思想的影响。在《马克思的幽灵》一书中，德里达这样写道："如果人们不以超越学院化的方式去阅读、再阅读和讨论马克思及其他一些人，将永远是一个错误。这个错误作为理论上的、哲学

① 罗素：《西方哲学史》下卷，李约瑟译，商务印书馆 1981 年版，第 340 页。

② 波普尔：《无穷的探索：思想自传》，邱仁宗译，福建人民出版社 1987 年版，第 34 页。

的和政治责任方面的错误,将会越来越严重。”[①]在德里达看来,当代西方思想家是无法绕过马克思去思考问题的,不管他们对马克思的学说采取什么样的态度,他们实际上都已经置身于马克思的传统之中,而且只有自觉地、不断地阅读马克思,才能在理论问题研究和现实问题的研究中作出新的创造。总之,现代西方哲学的研究既无法回避马克思的思想遗产,也无法回避西方马克思主义的思想资源。

另一方面,西方马克思主义的研究如果脱离现代西方哲学这一总体背景,也无法准确地勾勒出自身的发展脉络。众所周知,西方马克思主义发轫于20世纪20年代。柯尔施在1930年重版的《马克思主义和哲学》一书的新增补材料“问题的现状:一个反批评”中第一次明确地提出了“西方马克思主义”的概念,并使之与“俄国的马克思主义”对立起来。以后,梅洛·庞蒂在1955年出版的《辩证法的历险》、佩里·安德森于1976年出版的《西方马克思主义探讨》中相继使用了这一新概念,于是,西方马克思主义这一思潮才广为人知。当我们检视这一思潮的发展轨迹时发现,它的演化主要有两个内驱力:一是马克思的原始文本(如《资本论》)和新发现的手稿(如《巴黎手稿》、《伦敦手稿》等);二是现代西方哲学发展中出现的新流派。几乎可以说,现代西方哲学中每一个新流派产生后,都会与马克思主义结合起来,从而形成西方马克思主义思潮中的新方向。如黑格尔主义的马克思主义、韦伯主义的马克思主义、弗洛伊德主义的马克思主义、新实证主义的马克思主义、现象学的马克思主义、存在主义的马克思主义、结构主义的马克思主义、分析派的马克思主义、解构主义的马克思主义、女权主义的马克思主义、生态学的马克思主义、后马克思主义等等。这种相互结合的亲和性既表明马克思主义学说具有无限的生命力,又表明西方马克思主义的研究是无法脱离现代西方哲学这个总体背景的。

这就启示我们,决不能脱离西方哲学,尤其是现代西方哲学去探讨西方马克思主义。反之,也绝不能撇开马克思主义创始人的思想和西方马克思主义的学说去探索西方哲学,尤其是现代西方哲学。本编文字以多侧面的方式反思了西方马克思主义与西方哲学之间的亲缘关系,从而同时深化了对这两个研究领域的认识。

---

① J. Derrida, *Specters of Marx*, Routledge, 1994, p. 13.

对马克思哲学与西方哲学关系的再认识

由于受传统见解的影响，长期以来我国理论界对马克思哲学与西方哲学的关系缺乏认真的反思，而这方面反思的缺席，无论是对马克思哲学的研究，还是对西方哲学的研究说来，都造成了一定的消极的影响。今天，重新反思这一关系的紧迫性和必要性已成为越来越多的学者的共识。

一、理解的误区

对马克思哲学与西方哲学关系的误解主要表现为以下五种不同的类型。

第一种类型：片面地强调马克思是经济学家和社会学家，不是哲学家，或至少认为他在西方哲学史上是没有重要地位的。比如，德国著名哲学史家库诺·费舍(Kuno Fischer)在其两卷本的《新哲学史》中只有两行字提到马克思，而在德国另一位著名的哲学史家余柏威(Ueberweg)的《从19世纪初到当代的哲学史纲要》一书中，也只有两页提到马克思和恩格斯的生平及其学说。按理说，在德国著名学者朗格(F. A. Lange)的《唯物主义史》中，马克思的学说应该获得充分的论述和评价了，但实际上也没有。朗格只是在一些历史性的脚注中提到马克思，并称他为“政治经济学发展史上还活着的最伟大的专家"[1]。但他并没有把马克思理解为哲学家。这种对马克思的理解方式在20世纪20年代还是很典型的。当然,这种理解方式的形成也和当时的历史条件有一定的关系,因为马克思在哲学研究上的一些重要的论著和手稿还没有得到广泛的传播,有的甚至还没有被发现。

第二种类型:片面地强调马克思哲学的科学性和逻辑性,从而在一定程度上忽略了马克思哲学与西方哲学中人文主义传统之间的关系。恩格斯在谈到马克思的历史观时说:"这种历史观结束了历史领域内的哲学,正如辩证的自然观使一切自然哲学都成为不必要的和不可能的一样……这样,对于已经从自然界和历史中被驱逐出去的哲学来说,要是还留下什么的话,那就只留下一个纯粹思想的领域:关于思维过程本身的规律的学说,即逻辑和辩证法。"[2]从这段话中可以引申出两个结论:其一,马克思的历史观和恩格斯本人所强调的辩证的自然观都不再是严格意义上的哲学学说。这从恩格斯的另一段话中也可得到印证。他在谈到黑格尔已经使以往所理解的哲学终结时指出:"我们把沿着这个途径达不到而且对任何单个人都无法达到的'绝对真理'撇在一边,而沿着实证科学和利用辩证思维对这些科学成果进行概括的途径去追求可以达到的相对真理。"[3]在这里,辩证的自然观或历史观都不过是对自然科学或社会科学的成果进行概括和总结的理论,哲学丧失了为一切实证科学澄明前提的基础性地位和作用。其二,哲学从自然界和历史中被驱逐出来,只留下了一个纯粹思想的领域,即纯粹逻辑和纯粹辩证法的领域。这个纯粹思想的领域既然与自然和历史都分离了,当然就不可能从根基上去关心并探讨人的问题,特别是异化劳动的问题。后来的列宁及苏联、东欧和中国的哲学教科书之所以把逻辑、辩证法和认识论一致理解为马克思哲学的核心问题,其源盖出于此。所以萨特指责马克思主义哲学中出现了人学的飞地,主张用存在主义的学说来补充马克思主义,并非空穴来风。作为中国的学者,我们也很容易理解,为什么"文化大革命"以后讨论的第一个问题是"人道主义和异化"的问题;为什么从1992年起全国会掀起一个"人文主义寻思热"。马克思哲

---

① Karl Korsch, *Marxism and philosophy*, New Left Books, 1970, p. 29 – 30.

② 《马克思恩格斯选集》第4卷,人民出版社1995年版,第257页。

③ 《马克思恩格斯选集》第4卷,人民出版社1995年版,第215~216页。

学确有其逻辑性和科学性的一面,但更重要的却是它的人文性,它对人的价值、自由、权利和全面发展的执著的追求。只有肯定这一点,马克思哲学与西方哲学的本质联系才能充分地被揭示出来。

第三种类型:片面地强调马克思哲学是对德国哲学遗产的继承。列宁于 1913 年在《新启蒙》杂志上发表的论文"马克思主义的三个来源和三个组成部分"中提出了一个十分有影响的观点:"马克思的学说是人类在十九世纪所创造的优秀成果——德国的哲学、英国的政治经济学和法国的社会主义的当然继承者。"[①]其实,这一见解在恩格斯于 1888 年出版的《路德维希·费尔巴哈和德国古典哲学的终结》一书中已见端倪。毋庸讳言,这一见解在一定程度上反映了马克思哲学与西方哲学传统的关系。但问题在于,马克思哲学与西方哲学的关系只被归结为与德国哲学的关系吗?尽管在西方哲学史上德国哲学是比较晚出的,也就是说,它吸纳了以前的西方哲学的重要遗产,但这种吸纳却不能取代对以前的西方哲学发展的不同阶段的研究。事实上,马克思的博士论文就是研究古希腊哲学中德谟克利特和伊壁鸠鲁在自然哲学上的差异的。17—18 世纪欧洲的启蒙学者,如洛克、卢梭、休谟等人的思想,特别是他们的社会政治思想也曾经对马克思产生过重大的影响[②]。据卢卡奇的看法,马克思之所以重视对人的有目的的活动,特别是劳动问题的研究,不但受到了康德的影响,而且也得到了古希腊哲学家亚里士多德的启发。由此可见,肯定马克思的哲学思想与德国哲学有着密切的联系是对的,但对马克思哲学与西方哲学的关系的理解仅限于此又是错误的,极易把马克思哲学的来源简单化和抽象化。

第四种类型:强调马克思哲学的独创性和伟大性,以至于把它与整个西方哲学传统对立起来,把它们之间的关系仅仅理解为批判者与批判对象之间的关系。在苏联、东欧和中国的哲学教科书中,这种类型的见解始终是居于主导地位的。比如,迄今为止,在哲学二级学科的划分中,中国的哲学研究机构和大学里的哲学系仍然把马克思主义哲学、中国哲学和西方哲学视为最基本的二级学科。这种分类虽然突出了马克思哲学在意识形态

---

① 《列宁选集》第 2 卷,人民出版社 1975 年版,第 441 ~ 442 页。

② 在谈到 17 和 18 世纪的欧洲哲学家对马克思的影响时,人们常常忽视了贝克莱。其实,贝克莱对"抽象的观念"(abstract ideas)的批判通过直接的和间接的方式对马克思产生了重大的影响。马克思对抽象物质观的批判即根源于此。关于这个问题,我们将另文论及。

领域中的主导作用,但却蕴含着一种危险,即把马克思哲学与西方哲学割裂开来、对立起来。它给人造成的印象是:一方面,马克思哲学成了无源之水、无本之木,它仿佛是横空出世的,从来没有受到过西方哲学传统的滋养;另一方面,马克思哲学仿佛除了对西方哲学传统进行批判和否定外,从来也没有给西方哲学的发展提供过任何积极的因素。这种类型的理解方式由于把马克思哲学与西方哲学完全对立起来,因此既不能准确地理解马克思哲学思想的来源、本质和基本特征,也不能完整地理解西方哲学的发展史。

第五种类型:强调马克思哲学是从属于近代西方哲学的,它与当代西方哲学处于对立的状态中。这种类型的见解主要是受列宁对时代判断的影响。列宁认为,从 19 世纪末 20 世纪初开始,资本主义的发展进入到帝国主义阶段,帝国主义是腐朽的、垂死的、垄断的资本主义,与帝国主义相应的意识形态,特别是哲学自然也是腐朽的。由于受这种见解的影响,前苏联、东欧和中国的不少研究者都把马克思哲学作为批判当代西方哲学的武器。这样一来,马克思哲学与当代西方哲学的关系就处于尖锐的对立中。实际上,正如海德格尔所指出的,马克思和尼采的学说乃是对传统的形而上学,特别是对近代形而上学的颠覆。在马克思哲学中,尽管存在着近代哲学影响的痕迹,但就其本质特征而言,马克思哲学是从属于当代西方哲学的。马克思特别通过对实践及实践的历史性的澄明,超越了以笛卡儿为肇始人的近代西方哲学的心物二元论,达到了当代哲学思维的高度,从而为当代西方哲学的发展提供了重要的推动力。

在当前的研究中,那种认为马克思不是哲学家的错误见解已经随着马克思的不少哲学手稿的发现而不攻自破了。然而,其他几种类型的见解仍然具有相当的影响,需要我们认真地加以反思和清理。

二、误解导致的结果

我们上面提到的种种错误的见解在当前的研究中表现为以下三种现象:一是把马克思哲学思想的来源窄化,即把德国古典哲学,特别是黑格尔和费尔巴哈的学说理解为马克思哲学思想的根本来源;二是把马克思的哲学立场简单化,认为马克思和整个西方哲学传统(特别是当代西方哲学)的关系是对立的、批判的关系,而完全忽略了这一关系中的继承的、融合的一面；三是把马克思哲学思想的内容片面化，即只强调马克思对其学说的科学性（如政治经济学的科学性、科学社会主义等等）的追求，忽视了马克思与整个西方人文主义传统的继承关系。

下面，我们将对这三种现象进行具体的分析。

一是把马克思哲学思想的来源窄化。在通常的哲学教科书中，马克思哲学思想的来源不但被局限在德国古典哲学的框架内，而且进一步被窄化为黑格尔的辩证法和费尔巴哈的唯物主义。传统的哲学教科书创造出了“合理内核（黑格尔的辩证法）+基本内核（费尔巴哈的唯物主义）=辩证唯物主义（即马克思哲学）”的神话，并把逻辑学、认识论和辩证法三者的统一视为马克思哲学关注的最基本的话题之一。由于把马克思哲学思想的来源窄化了，马克思与西方传统中非德国古典哲学部分的联系也就被掩盖起来了。下面我们举两个例子来说明这方面的问题。

第一个例子是马克思的自由观与古希腊哲学，特别是与伊壁鸠鲁哲学之间的关系。在马克思看来，古希腊哲学家德谟克利特尤其崇拜必然性，“德谟克利特把必然性看作现实性的反思形式。关于他，亚里士多德说过。他把一切都归结为必然性”①。显然，在这种对必然性的崇拜中，包含着对自由的完全否定。与德谟克利特不同，伊壁鸠鲁虽然是原子论学说的坚定的拥护者，但他并不赞成德谟克利特关于必然性的观念。他针锋相对地指出：“被某些人当作万物主宰的必然性，并不存在，毋宁说有些事物是偶然的，另一些事物则取决于我们的任意性。必然性是不容劝说的，相反，偶然性是不稳定的。”②正是基于这种新的见解，伊壁鸠鲁提出了著名的“原子偏斜说”，强调原子并不直线下落，而是可以作偏斜运动，万物由此而生成。这种新的理论极大地推进了原子说的发展。为此，马克思写道：“众所周知，偶然是伊壁鸠鲁派居支配地位的范畴。”③伊壁鸠鲁对必然性的否定和对偶然性的赞扬，实际上也就是对命运、天意的否定，对生活中的自由、幸福的肯定。所以马克思评论说：“他主张精神的绝对自由。”④青年马克思之所以潜心研读伊壁鸠鲁的哲学著作，写下了七个笔记，并把德谟克利特

① 《马克思恩格斯全集》第1卷，人民出版社1995年版，第25页。
② 《马克思恩格斯全集》第1卷，人民出版社1995年版，第25～26页。
③ 《马克思恩格斯全集》第4卷，人民出版社1982年版，第130页。
④ 《马克思恩格斯全集》第1卷，人民出版社1995年版，第46页。

的自然哲学与伊壁鸠鲁的自然哲学的差异作为自己的博士论文来撰写,正表明体现在伊壁鸠鲁哲学中的自我意识和自由精神对他的自由观的形成产生了重大的影响。

第二个例子是马克思的平等观和民主观与法国哲学,尤其是与卢梭哲学的密切联系。这一联系也未进入苏联、东欧和中国的哲学教科书的视野。意大利学者德拉·沃尔佩(Galvano Della-Volpe)在《卢梭与马克思》(1957)一书中曾对这一联系作出了深入的探讨。他认为,马克思的政治哲学观念与卢梭有着直接的联系,特别是马克思的《黑格尔法哲学批判》是"一部完全充满了典型的卢梭人民主权思想的著作"①。此外,马克思在《哥达纲领批判》一书中关于"平等权利"问题的讨论也受惠于卢梭于1755年出版的《论人类不平等的起源和基础》一书的重大影响。德拉·沃尔佩还认为,卢梭提出的"平等的自由"的概念也对马克思产生了重大的影响。从上面的论述可以看出,马克思对西方哲学传统的解读并没有停留在德国古典哲学的范围之内。马克思是西方哲学传统的全面的继承者。

二是把马克思的哲学立场简单化,即把它与整个西方哲学的传统简单地对立起来。事实上,马克思的哲学思想构成了西方哲学发展史上的一个重要的环节,而马克思本人也完全是以自觉的态度去对待这份思想遗产的。比如,在《1844年经济学哲学手稿》中,马克思对黑格尔的《精神现象学》所取得的成果予以充分的肯定。他指出:"黑格尔的现象学及其最后成果——辩证法,作为推动原则和创造原则的否定性——的伟大之处首先在于,黑格尔把人的自我产生看作一个过程,把对象化看做非对象化,看做外化和这种外化的扬弃;可见,他抓住了劳动的本质,把对象性的人、现实的因而是真正的人理解为他自己的劳动的结果。"②虽然马克思对黑格尔哲学中的神秘主义倾向作过很多批评,但他总是充分地肯定黑格尔思想中的合理的东西。马克思也用同样的态度对待西方哲学史上的其他的哲学家,如他对伊壁鸠鲁哲学的赞扬、对法国启蒙运动的高度评价、对英国唯物主义者的充分肯定和对费尔巴哈的历史地位的维护等等,都表明马克思充分尊重并继承了西方哲学的优秀遗产。如果看不到马克思在这方面所作

---

① Della Volpe, *Rousseau and marx*, Lawrence and Wishart publishers, 1978, p. 144.

② 《马克思恩格斯全集》第3卷,人民出版社2002年版,第320页。

的巨大的努力，把马克思哲学与整个西方哲学的传统尖锐地对立起来，势必把他的学说曲解为一种虚无主义。

三是把马克思哲学的内容片面化，把它曲解为只追求科学性的学说，忽视了马克思与西方人文主义传统之间的密切联系。马克思逝世后，考茨基作为第二国际的领袖之一，竭力把马克思哲学科学化。在他看来，既然马克思发现了人类社会运动的规律，革命就会像万有引力定律一样，自然而然地发生，革命者只要等待这样的结果出现就行了。正如本·阿格尔所指出的："科学的马克思主义往往不能超越纯粹的决定论，从而失去其指导和帮助早期革命阶级斗争的潜在能力。"①以后，在马克思主义成为意识形态的东方社会主义国家中，马克思哲学的科学性不断地得到强调，而其人文特征却一再地被忽视。有趣的是，倒是存在主义的哲学家重新发现了马克思哲学的这一维度。萨特这样写道："存在主义和马克思主义的目标是同一个，但后者把人吸收在理念之中，前者则在他所在的所有的地方，即在他工作的地方、在他家里、在街上寻找他。"②事实上，马克思哲学作为革命的实践的哲学，人文关怀和全人类的解放始终在其学说中占据着主导性的位置。只有充分理解这一点，才会明白，片面地强调马克思哲学的科学性，竭力把马克思的学说学院化，在多大的程度上曲解了马克思的本意。历史和实践一再告诫我们，在马克思的学说成为意识形态的国家里，马克思哲学的人文主义维度应该得到更多的强调，只有这样，才能把人民群众团结起来，为共同的事业而奋斗。

三、正确理解马克思哲学与西方哲学的关系

如果从思维方式的角度进行检讨，我们就会发现，对马克思哲学与西方哲学关系的种种误解是与人们缺乏辩证的思维方式有关的。

首先，我们必须看到，马克思既继承了整个西方哲学的优秀遗产，又超越了西方中心主义，尤其是欧洲中心主义的视野。马克思不但深入地研究了欧洲社会的发展史，而且也借助于人类学研究的成果，深入地反思了非

---

① 本·阿格尔：《西方马克思主义概论》，慎之等译，中国人民大学出版社 1991 年版，第 122 页。

② 萨特：《辩证理性批判》，林骧华等译，安徽文艺出版社 1998 年版，第 27 页。

欧社会发展的历史倾向及两种不同类型的社会之间的重大的差异,并坚决反对人们把欧洲社会研究中形成的一些见解简单地搬用到非欧社会中去。在这个意义上我们可以说,马克思既处在西方哲学文化的传统之中,但又以一个世界主义者的远大的目光超越了这一传统。

其次,就其本质而言,马克思哲学是从属于当代西方哲学的,但它又吸取了近代西方哲学的许多合理的因素,这些因素在当代中国社会的发展中仍然具有重大的意义。正如传统的思维方式把马克思哲学视为近代哲学而与当代西方哲学尖锐地对立起来一样,当今的思维方式则走向另一个极端,又把马克思哲学作为当代的哲学而与近代西方哲学尖锐地对立起来。我们认为,这两个极端都是错误的。虽然马克思哲学作为实践哲学超越了笛卡儿的二元论,但马克思并没有对近代西方哲学采取虚无主义的态度。马克思对人的主体性的强调就是近代哲学的重要遗产,而这一遗产在当代中国社会中仍然有其重要的意义。有人主张要“消解主体性”,从而把马克思哲学后现代化,这显然又从另一个极端曲解了马克思的思想。

最后,马克思哲学既具有深厚的人文主义精神,又体现出尊重客观规律的科学性。在马克思的学说中,人文精神与科学精神是一致的,正如他自己所指出的:“自然科学往后将包括关于人的科学,正像关于人的科学包括自然科学一样:这将是一门科学。”[①]总之,只有辩证地理解马克思的哲学,才能真正地把握它的实质,把握它与整个西方哲学传统之间的本质关系。

---

① 《马克思恩格斯全集》第3卷,人民出版社2002年版,第308页。

知识论哲学的谱系及其对马克思主义哲学研究的影响

经常听人说，当前马克思主义哲学的研究已经取得了不少新的成果，而人们引申出这样的结论的一个重要的依据是：在马克思主义哲学的研究中，许多新思潮、新术语已经取代了旧思潮和旧术语。这就造成了一种错觉，似乎哲学研究仅仅是思潮和术语上的翻新。实际上，哲学研究的真正的、创造性的转折总是发生在一些基本的哲学观念的更新上，无批判的、故弄玄虚的思潮翻新和术语翻新不过是语言游戏而已。

我们认为，在马克思主义哲学的研究中，如何摆脱西方知识论哲学传统的影响就是一个基本的理论问题，只要这个问题还未得到深入的反思，不管人们对自己的研究成果作多么高的评价，他们对马克思主义哲学的研究始终还是在原地踏步。

一、西方知识论哲学的谱系

尽管马克思主义哲学的阐释者们一再自诩扬弃了马克思以前的西方哲学，但他们的思想却始终在西方哲学传统的轨道上滑行。这听起来似乎是荒谬的，但事实正是如此。什么是西方哲学传统呢？我们认为，由苏格拉底肇始的知识论哲学乃是西方哲学的主导性传统。众所周知,苏格拉底提出了两个著名的口号:第一个口号是"我知道我什么也不知道",第二个口号是"美德即知识"。如果仅仅从字面上看,第一个口号蕴涵着两种对立的意思,假如这里着眼的是认知活动的结果,那就等于宣告认知活动实际上是不可能的,因为我们什么也不知道。但就这一层含义而言,这一口号显然是悖谬的:如果我知道我什么也不知道,那就表明,至少我知道了认知活动是不可能实现的,因此,实际上我并不是什么也不知道;如果我真的什么也不知道,我就不应该使用"我知道……"这样的句型。① 不用说,这层含义实际上是消极的,但苏格拉底并不是在这种消极的含义上提出这个口号的。具体地说,这个口号是就认知活动的开端而言的,它的真正的含义是积极的,它表明的是苏格拉底的不同寻常的求知热情;正因为我缺乏知识,我什么也不知道,所以我要去求知。在某种意义上,这个口号乃是哲学的发展转入知识论轨道的一个重要标志。就第二个口号的含义来说,它启示我们,全部伦理学说都是从知识出发,以知识为前提的。也就是说,苏格拉底在知识和美德之间建立了联盟,以后的基督教道德也正是在这一联盟的基础上得以展开的。

作为对崇拜感觉的智者派哲学的一个反驳,苏格拉底的求知主要体现为对概念知识的追求,这一思想深刻地影响了柏拉图,以致他提出了"可知世界"(即理念或概念世界)和"可见世界"(即作为感觉对象的世界)的理论。在他看来,从"可见世界"中,人们只能获得飘忽不定的"意见",而"知识"必须从"可知世界"中获得,真正的知识乃是关于善这一最高理念的知识。如果说,苏格拉底是知识论哲学的首倡者,那么,柏拉图则是知识论哲学的真正的奠基人,因为他为这种哲学提供了一个基地——理念世界。作为柏拉图的学生,亚里士多德虽然对理念论有所批评,却是知识论哲学的积极的推进者。在《形而上学》的 A 卷中,他开宗明义地指出:"求知是人

---

① 苏格拉底的这句名言:Ich weiss, dass ich nichts weiss 常被译为"自知自己无知"(参阅全增嘏主编:《西方哲学史》上卷,上海人民出版社 1983 年版,第 123 页)。这种译法有两个问题:1. 原句中并没有 Selbst(自己)这个反身代词;2. 原句中也没有"无知"这个名词,两个 Weiss 都是动词第一人称。这种译法掩蔽了原句的逻辑问题。

类的本性。"①人类从本性上看具有好奇心,从对自然万物的好奇而发问,从发问而寻求解答,于是形成了各种知识。诚然,哲学是在人类生活发展到一定阶段才产生并发展起来的,但引发哲学思考的好奇心并不是无根的,归根到底,它根源于人类对自己的生存活动及其意义的关注。在这个意义上,哲学不过是生存活动之手放出的一架风筝。或许它可以认为自己是绝对自由的,无拘无束的,但这不过是哲学家们经常陷入的一种幻觉。亚里士多德把哲学理解为求知,又把求知与人类面临的种种紧迫的生存问题分离开来,这就把哲学思考的全部注意力都吸引到知识论领域中去了。亚里士多德对知识论哲学的更重要的贡献是创制了形式逻辑,这就为整个理念世界的存在和发展提供了操作规则。从此,知识论哲学的传统就植入到西方人的血液之中,成为西方哲学家难以摆脱的先入之见。

如果说,中世纪的经院哲学家关于名实关系和双重真理的讨论未能超越知识论哲学的传统,那么,以法国哲学家笛卡儿和英国哲学家培根为开创者的近代哲学则不但继承了这一传统,而且为这一传统的发展提供了新的动力。培根提出了"知识就是力量"的口号,从而把认识论问题提到哲学研究的中心位置上,并为这一问题的探讨提供了新的工具——归纳逻辑。笛卡儿同样认为哲学追求的是知识,哲学的根本使命是澄明知识的前提,从而除去历史上流传下来的各种伪知识,使真正的、明白而清晰的知识得以发展。所以,黑格尔正确地指出:"笛卡儿哲学的精神是知识,是思想、是思维与存在的同一。"②为此,笛卡儿倡导了一种普遍怀疑的方法,他的著名口号"我思故我在"乃是这一方法的集中表现。不用说,这种方法论也是为其知识论服务的。作为英国经验论哲学殿军的休谟也具有强烈的怀疑主义倾向,但与笛卡儿不同的是,休谟提出了"两种知识"的理论。一种是关于数和量的数学知识,另一种是感觉经验所提供的知识,后一种知识具有或然性。休谟的怀疑主义是对经院哲学乃至整个知识论哲学传统的巨大冲击,然而,这种冲击仍然是在维护知识论哲学的基础上展开的,休

---

① John Warrington, *Aristotle's Metaphysics*, Edited and Translated by John Warrington; *Introd. by David Ross*, Everyman's library, 1000, Dent, 1956, p. 51.

② Georg Wilhelm Friedrich Hegel, *Werke*. Suhrkamp-Taschenbuch Wissenschaft, 603, Suhrkamp Verlag, 1986, S. 123.

谟强调的只是知识的范围和界限,他并没有否认知识论哲学的研究方向。

作为唯理论和经验论哲学的批判者和综合者,康德把知识理解为先天感性的纯粹形式(时间、空间)、先天知性范畴和后天的感觉材料结合的产物,知识仅限于现象的范围,至于物自体则是不可知的。康德说:"我必须扬弃知识,以便为信仰开拓地盘。"[①]虽然康德从先验唯心主义的立场出发阐明了知识的界限,并高度重视对实践理性的研究,从而超越了休谟褊狭的经验论的眼界,摧毁了传统的知识论形而上学的大厦,然而康德和休谟一样,未从根本上摆脱知识论哲学的立场,相反,却为这种哲学建造了一个永恒的乐园——现象世界或经验世界。以孔德、马赫和维也纳学派为代表的现代实证主义思潮直接弘扬了休谟和康德的思想,尽管他们提出了"拒斥形而上学"的口号,但至多只能说他们拒斥了早已被休谟和康德批判过的知识论形而上学(寻求超验的知识),但并未拒斥知识论哲学所倡导的旨在求知的哲学观,并力图从逻辑、语言的角度进一步推进并完善这种哲学。

或许可以说,在康德的心目中,实践理性高于理论理性,然而在他的后继者那里,问题又掉转过来了,费希特的《知识学》、谢林的《先验唯心论体系》(先验唯心论是费希特意义上的知识学的一个分支)和黑格尔的《哲学全书纲要》都是从属于知识论哲学的传统的。当代法国的一些学者(如伊波利特)把黑格尔的《精神现象学》解释为存在主义思潮的源头之一,可是他们似乎忽略了一个重要的现象,即在这部著作中,意识运动的最高阶段是"绝对知识"。完全可以说,黑格尔是知识论哲学传统的集大成者,他不仅把这种哲学体系化了,而且创造了一种新的逻辑——辩证逻辑,从而把知识论哲学奠基于一种远比亚里士多德的形式逻辑和康德的先验逻辑更有宽容度的新逻辑或新语言之上。

从知识论哲学传统演化的基本线索来看,它大致上有三种表现形式:一是以苏格拉底、柏拉图和亚里士多德为代表的古代形式,这一形式比较注重从本体论(实际上是本原论或宇宙起源论)上来阐发知识论哲学;二是以笛卡儿、培根、黑格尔为代表的近代形式,这一形式比较注重从认识

---

① Immanuel Kant, *Werkausgabe*. Suhrkamp-Taschenbuch Wissenschaft, 193, Suhrkamp Verlag, 1988, S. Bxxx.

论、方法论上来阐发知识论哲学；三是以孔德、马赫和维也纳学派为代表的现代形式，这一形式继续了休谟、康德的思路，力图把知识论哲学保持在经验和现象的范围之内，并逐步转向对语言、逻辑这些客观知识的研究。知识论哲学传统的这三种表现形式并不是截然可分的，它们常常是交织在一起的。尽管正统的阐释者们千百次地引证马克思那段区别“解释世界”和“改造世界”的不同哲学的名言，千百次地阐明马克思主义哲学与一切旧哲学的本质差异，然而，实际上他们从来没有认真地去思考，马克思究竟在哪些重大的问题上扬弃了旧哲学，而我们在哲学学科上遵从的传统的分类方法（指西方哲学、马克思主义哲学和中国哲学）又把马克思主义哲学从整个西方哲学传统中割裂开并与之对立起来，这就使马克思主义哲学与传统西方哲学关系的问题被遮蔽起来了①。由于这一问题未得到深入的、专门的研究，知识论哲学传统的视域仍然从根本上规约着研究者们的思想，使他们自觉地或不自觉地从知识论哲学的基本立场出发来理解并阐释马克思主义哲学。换言之，他们不但没有领悟马克思主义哲学与知识论哲学传统之间的差异，反而把马克思主义哲学知识论哲学化了。我们不妨说，从马克思逝世以来，正统的马克思主义阐释者们的根本失误就在这里。在这个意义上，重新理解马克思哲学的实质就是走出知识论哲学的误区。

二、知识论哲学受到的挑战

当知识论哲学传统在黑格尔那里达到光辉顶点的时候，它的悲剧性命运也已开始了。对知识论哲学传统的前提构成严重挑战的主要是以下三大思潮。

一是以叔本华、尼采为代表的唯意志主义思潮。在知识论哲学看来，人首先是一个认识着、思维着的主体，然后才是一个欲求着的主体。叔本华把这一知识论哲学的前提倒转过来了。在他看来，生存意志和欲求是人的本质，认识是为生存意志和欲求服务的，不是意志和欲求围绕认识而旋转，而是认识围绕意志和欲求而旋转。这一哥白尼式的倒转为西方哲学的发展打开了一个与知识论哲学传统迥然不同的问题域。叔本华认为，人的

---

①　参阅俞吾金：《哲学研究与哲学学科分类》，载《光明日报》1995 年 5 月 4 日，并参阅俞吾金：《重新理解马克思哲学与黑格尔哲学的关系》，载《哲学研究》1995 年第 3 期。

欲求是无限的，但欲求的满足总是有限的，于是，人生必然表现为痛苦和无聊。为了摆脱痛苦和无聊，叔本华提倡禁欲主义，主张回到基督教的“解脱说”（否定生存意志）上去。众所周知，基督教的学说，尤其是它的道德思想从诞生之日起就是与知识论哲学传统联盟的。屈从于后者，归根到底也就是向前者妥协。尼采虽然也是唯意志主义的代表人物，但他对人生的理解正好与叔本华相反。他认为，虽然每个人的人生都是有限的，但人类的种族却可以一直繁衍下去。所以，没有必要把人生理解为痛苦和无聊，相反，人生是快乐的，它充满了悲剧美。尼采从权力意志和超人的学说出发，不仅提出了“重估一切价值”的口号，从而摧毁了知识论哲学的神圣的后援——基督教道德，而且返回到前苏格拉底时期，通过对酒神（狄奥尼索斯）精神的肯定，对苏格拉底和柏拉图开创的知识论哲学进行了无情的批判：“我把苏格拉底和柏拉图看做衰落的征兆，希腊解体的工具，伪希腊人，反希腊人。”①与叔本华不同，尼采以更自觉的态度否定并超越了知识论哲学的传统。

二是以克尔凯郭尔、海德格尔为代表的存在主义思潮。克尔凯郭尔是黑格尔的知识论哲学的激烈的抨击者，他讽刺黑格尔虽然建造了一个包罗万象的、逻辑化的哲学体系，但在这个体系中，个人的生存、欲望和感情这些最重要的问题都被撇开了。事实上，这些问题乃是知识所无法改变的，正如萨特所指出的：“克尔凯郭尔是正确的：人类的悲伤、需要、情欲、痛苦是一些原初的实在，是既不能用知识克服、也不能用知识改变的。”②克尔凯郭尔从个人的生存状态出发，提出了“选择你自己”的口号来取代由苏格拉底说出来的德尔斐神庙的神谕“认识你自己”。然而，与尼采不同，他对苏格拉底的思想推崇备至，从而忽略了苏格拉底正是整个知识论哲学传统的开创者。克尔凯郭尔对知识论哲学传统的批判和反思并不是系统的、深刻的，他不过是对处于异化状态的现代生活的一个敏锐的感受者，他从“孤独的个人”出发，用一种不同于知识论哲学的话语来表达哲学的更紧迫的需要，从而启发并影响了存在主义。海德格尔作为存在主义思潮的最重要的代表人物，不仅对传统的知识论形而上学进行了透彻的批判，指责

---

① Friedrich Nietzsche, *Sämtliche Werke* 6, Dt. Taschenbuch-Verl, 1988, S. 68.

② Jean-Paul Sartre, *Search for a Method*, Alfred A. Knopt Books, 1963, p. 12.

它耽搁乃至完全遮蔽了对存在的意义问题的思考，而且从现象学的方法入手，创立了“基础本体论”，从而从根基上超越了整个西方的知识论哲学传统。

三是费尔巴哈的人本主义和马克思的实践唯物主义。费尔巴哈早年曾受到黑格尔哲学的强烈影响，后来，当他确立人本主义的立场、摆脱知识论哲学传统的视域时，他的感受不能不说是比较深刻的，“以前对我说来生活的目的是思维，而现在生活对我则是思维的目的”①。费尔巴哈人本主义哲学的出发点是人，但不是思维着的人，而是欲求着的人。为此，他倒转了近代知识哲学开创者笛卡儿的一个著名命题：“人的最内秘的本质不表现在‘我思故我在’的命题中，而表现在‘我欲故我在’的命题中。”②

尽管费尔巴哈哲学以知识论哲学传统所忽视的主题——人为基础，并且偶尔也把人理解为社会、文化、历史的产物。但从根本上看，他所说的“人”仍然是抽象的、直观的，所以从这种新哲学理论中只能引申出关于“爱”的抽象的说教。正是在这一点上，马克思超越了费尔巴哈，“费尔巴哈不满意抽象的思维而喜欢直观；但是他把感性不是看做实践的、人的感性的活动”③。

马克思由此而创立了实践唯物主义学说，并进而强调了生产劳动这种最基本的实践形式在人类全部活动（包括认识活动）中的前提性的作用，“我们首先应当确定一切人类生存的第一个前提，也就是一切历史的第一个前提，这个前提是：人们为了能够‘创造历史’，必须能够生活。但是为了生活，首先就需要吃喝住穿以及其他一些东西。因此第一个历史活动就是生产满足这些需要的资料，即生产物质生活本身”④。马克思的实践唯物主义把现实的人的生存实践活动视为一切认识活动和知识的前提，从而从根基上超越了知识论哲学的传统，马克思还从哲学的根本使命入手，阐

---

① 《费尔巴哈哲学著作选集》上卷，荣震华等译，商务印书馆 1984 年版，第 250 页。

② 《费尔巴哈哲学著作选集》上卷，荣震华等译，商务印书馆 1984 年版，第 591 页。从这方面看，费尔巴哈的思想与叔本华有接近之处，但后者把生存意志看得高于理性思维，而前者仍然是在理性主义传统的大框架内强调欲求的重要性。所以，虽然费尔巴哈比叔本华晚出生 16 年，但他仍然属于古典哲学，而叔本华则从属于现代哲学。

③ 《马克思恩格斯选集》第 1 卷，人民出版社 1995 年版，第 56 页。

④ 《马克思恩格斯选集》第 1 卷，人民出版社 1995 年版，第 78 ~ 79 页。

述了自己的哲学和这一传统之间的本质差异，即知识论哲学传统注重的是“解释世界”，而马克思哲学注重的则是用实践的方式来“改变世界”。[①]

上述三方面的挑战虽然有不同的侧重点，但其共同点则是批判知识论哲学传统的抽象的求知态度，力图把哲学扭转到对人类生存问题的探索上。

三、知识论哲学对马克思主义哲学研究的影响

我们前面提到的知识论哲学的三种表现形式对传统的马克思哲学研究都有根深蒂固的影响。

首先，我们来分析一下知识论哲学的现代表现形式是如何渗入传统的马克思哲学的研究领域的。在分析这个问题之前，我们有必要先搞清楚作为马克思主义创始人的马克思和恩格斯与知识论哲学的现代表现形式——实证主义哲学的关系[②]。众所周知，孔德的《实证哲学教程》(1830—1842)问世后，对当时西方的学术界产生了重大的影响。这种影响也自然而然地波及到马克思和恩格斯。在《1844年经济学哲学手稿》中，马克思把费尔巴哈称之为“实证的批判者”(dem positiven Kritiker)，把他的批判称之为“实证的人道主义和自然主义的批判”(die positive humanistische und natuaralistische Kritik)，并指出：“此外，对国民经济学的批判，以及整个实证的批判(die positive Kritik)，全靠费尔巴哈的发现给它打下真正的基础。从费尔巴哈起才开始了实证的人道主义的和自然主义的批判。”[③]与此同时，马克思又把那看起来似乎批判了一切，而实际上又把被批判者改变形式、保留下来的黑格尔哲学称之为“虚假的实证主义”(des falschen Positivismus)或“徒有其表的批判主义”(scheinbaren Kritizis-

① 参阅俞吾金：《超越知识论》，载《复旦学报》1989年第4期，也可参阅俞吾金：《生存的困惑：西方哲学文化精神探要》，上海文化出版社1993年版。

② 在我国的马克思哲学的研究中，迄今为止，这一关系问题仍未引起研究者们的重视。

③ 《马克思恩格斯全集》第3卷，人民出版社2002年版，第220页。Sehen Karl Marx, *Pariser Manuskripte ökonom. – philos. Ms. aus d. Jahre* 1844. Eurobuch, 25. Verl. Das Europ. Buch, 1987, S. 12.

mus)[1]。

从青年马克思的这些论述中可以看出：一是他受到了实证主义思潮的影响；二是他把实证主义作为从现实出发来批判神学和哲学的、具有进步意义的新的哲学思潮；三是肯定费尔巴哈是这一新哲学的代表人物。然而，随着马克思思想的发展，他不仅扬弃了费尔巴哈的"实证的人道主义和自然主义"，而且扬弃了整个实证主义哲学。尽管马克思没有专门辟出篇幅来批评实证主义哲学，但从其见解中可以清晰地窥见他对这一哲学的批判和超越：

第一，实证主义哲学把一切科学知识理解为现象和经验范围内的东西，拒绝讨论这一范围之外的任何东西，而马克思则强调，科学知识乃是对事物本质的洞见："如果事物的表现形式和事物的本质会直接合而为一，一切科学就都成为多余的了。"[2]

第二，实证主义的核心概念 positif(法文)[3]，既可解释为"实证的"，也可解释为"肯定的"。这表明，实证哲学的宗旨乃是对现象或经验世界作肯定的观察、描述和说明，这种哲学缺乏否定现存世界的力量，而这种力量正存在于马克思所信奉的合理形态的辩证法之中。马克思在谈到这种辩证法时指出："辩证法在对现存事物的肯定的(positiven"实证的"——引者)理解中同时包含着对现存事物的否定的(形容词为 negativ，但马克思此处使用的是名词 Negation——引者)理解，即对现存事物的必然灭亡的理解。"[4]从上面的分析可以看出，成熟时期的马克思的哲学思想与实证主义哲学有着根本性的分歧，如果说前者的宗旨是对现存事物进行革命性的改造，那么后者的使命不过是以肯定的方式来感受并描述现存事物[5]。

我们再来看恩格斯与实证主义哲学的关系。恩格斯在《反杜林论》一书中批判传统的哲学观时指出，以往的全部哲学只剩下"形式逻辑和辩证

① 《马克思恩格斯全集》第 3 卷，人民出版社 2002 年版，第 328 页。Sehen Karl Marx, *Pariser Manuskripte ökonom. – philos. Ms. aus d. Jahre* 1844. Eurobuch, 25. Verl. Das Europ. Buch, 1987, S. 127.

② 《马克思恩格斯全集》第 25 卷，人民出版社 1972 年版，第 923 页。

③ 德文为 positiv，英文为 positive。

④ 《马克思恩格斯全集》第 23 卷，人民出版社 1972 年版，第 24 页。中译本把 positiven 译为"肯定的"是对的，此处为了说明马克思与实证哲学的差别，按其严格的哲学含义译成"实证的"。

⑤ 马尔库塞在《单向度的人》一书中对实证主义的这一本质特征作了充分的说明。

法”,而“其他一切都归到关于自然和历史的实证科学(the positive science of nature and history)中去了”[①]。在《路德维希·费尔巴哈和德国古典哲学的终结》一书中,恩格斯强调,传统哲学已经在黑格尔那里终结了,所谓“绝对真理”已经被撇在一边了,哲学的任务是“沿着实证科学(der positiven Wissenschaften)和利用辩证思维对这些科学成果进行概括(Zusammenfassung)的途径去追求可以达到的相对真理”[②]。与马克思一样,恩格斯也没有对实证主义哲学作出系统的批评。但从他使用的术语可以看出:一是他受到了实证主义思潮的影响;二是他认为,哲学只剩下了形式逻辑和辩证法,其余一切都归入到实证科学中去了,这样,恩格斯视之为马克思两大发现之一的历史唯物主义也被实证科学化了;三是哲学的使命是利用辩证思维对“这些科学成果进行概括”。这就等于说,哲学是以全部实证科学作为自己的前提的。于是,哲学也被实证科学化了。尽管恩格斯也对辩证法(包括否定之否定规律)予以高度的重视,并主张把辩证法引入到自然、社会和人的认识过程中去,从而在一定程度上超越了实证主义哲学(主要是在认识论和方法论方面)。可是,既然他把哲学奠基于实证科学之上,并把它的基本使命理解为对这些科学的成果的概括,这样一来,科学性成了哲学之为哲学的根本标志,成了哲学追求的根本目标。于是,哲学从根基上,亦即从本体论上认可了实证哲学的合法性,忽略了对现存世界的批判和革命性改造乃是它的最根本的任务。我们这里说的“忽略”是指理论方面,而不是指实践方面。众所周知,作为马克思主义的创始人之一,恩格斯与马克思一样注重对现存世界的批判和革命性改造,况且,恩格斯对实证科学和哲学的科学性的倚重也是事出有因的。一方面,他与马克思有分工,为了深入批判杜林的哲学思想,他长期从事对实证科学的研究;另一方面,为了捍卫和传播马克思主义,晚年恩格斯除了整理马克思的《资本论》手稿外,一项重要的工作就是把马克思主义体系化,强调它的科学性,从而把它与形形色色的谬误见解区分开来。然而,不管怎么说,实证主义已作为一种隐蔽的因素出现在马克思主义哲学中了。在马克思和恩格斯相继

---

① 《马克思恩格斯选集》第4卷,人民出版社1995年版,第364页。

② 《马克思恩格斯选集》第4卷,人民出版社1995年版,第220页,参阅《马克思恩格斯选集》,德文版,第6卷,第271页。

逝世之后,这种因素渐渐地发展起来了。

表现之一是在第二国际时期占主导地位的考茨基式的马克思主义。这种马克思主义片面地夸大了马克思学说的科学性,认为马克思既然已经发现了资本主义社会的运动规律,那就只要等待资本主义社会总崩溃时刻的到来就是了。显然,这种把马克思的学说归结为绝对决定论的做法,必然会导致对革命实践活动的漠视乃至否定。柯尔施对这种考茨基式的马克思主义进行了严厉的抨击:一方面,他批评考茨基把马克思主义看做"一种纯粹科学的理论(a purely scientific theory)",从而导致了对马克思主义的革命内容的取消;另一方面,他又指责考茨基用实证主义者马赫的认识理论取代了辩证法,从而满足于对既定事实的描述。① 在柯尔施看来,马克思学说的首要特征不是实证的、科学的,而是批判的、革命的。柯尔施的这些见解对法兰克福学派的"社会批判理论"的形成和发展产生了重要的影响。

表现之二是在第三国际时期形成起来的苏联哲学教科书模式的马克思主义。这种马克思主义也大致规定了东欧国家和中国的传统的(或正统的)马克思主义哲学教材的基本思路。这种模式的马克思主义的基本见解如下:第一,哲学是关于世界观的学问,是一个具有自己特定内容的知识体系,所谓"学问"、"知识"云云,已植入了知识论哲学传统,尤其是实证哲学的基本见解,已暗含着对马克思主义哲学的实践功能的漠视②;第二,马克思主义哲学是唯一科学的世界观。这里的问题是:一方面,片面地强调马克思哲学的科学性必然导致对其批判性的遗忘,导致马克思主义哲学的学院化。另一方面,"唯一科学的"这个修饰词不仅带有对实证科学的科学性的崇拜,而且必然导致马克思主义哲学(作为科学)与马克思以前的各种哲学学派(作为非科学或谬误)的绝对对立,从而把马克思主义哲学教

---

① See Leszek Kolakowski, and P. S. Falla. *Main Currents of Marxism Its Rise, Growth, and Dissolution. Vol.3, The Breakdown.* Clarendon Press, 1978, p.319. Also see T. B. Bottomore, *A Dictionary of Marxist Thought*, Cambridge, Harvard University Press, 1983, p.249. 按照考茨基的观点,"马克思主义是一种应用于社会的自然科学的唯物主义"。

② 柯尔施在谈到马克思哲学时说列宁及其追随者以一种倒退的方式修正了它,即用知识中的主体与客体的关系之间的最狭隘的认识论或知识学的问题取代了它。See Karl Korsch, *Marxism and philosophy*, New Left Books, 1970, p.133.

条化。正如科拉柯夫斯基在批评斯大林主义时所写出的等式一样,“这个等式是:真理 = 无产阶级的世界观 = 马克思主义 = 苏联共产党的世界观 = 党的领导发出的声音 = 那些追随列宁的马克思主义观的最高领导”[①]。第三,马克思哲学是对自然知识、社会和思维(认识)知识的概括和总结。这里的问题是:其一,完全颠倒了马克思主义哲学与实证科学之间的关系。马克思主义哲学乃是对一切实证科学知识的前提的澄明,可在这一表述中,全部实证科学知识却成了马克思主义哲学的前提,马克思主义哲学的全部功能不过是对已然形成的实证科学成果的概括和总结。其二,在这一笼统的表述中,自然科学知识与社会科学知识及思维知识之间的本质差异被抹杀了,似乎马克思哲学根本无须对历史上早已形成的各种知识理论(如休谟的“两种知识”的理论)表明自己的批判性见解。其三,从逻辑上看,“概括和总结”不过是归纳逻辑的方法,而这种方法本质上是从属于实证科学的。如果哲学的研究方式仅限于“概括和总结”,岂不是把哲学完全实证科学化了吗? 近年来,这种苏联教科书模式的马克思主义虽然不断地遭到批评,但由于批评者的视域未突破知识论哲学传统,未先行澄明马克思主义哲学与实证哲学之间的本质差异,所以这类批评并未从总体上超越被批评者的基本见解[②]。

表现之三是在西方马克思主义思潮中出现的,力图把马克思哲学实证化、科学化的马克思主义流派。一是以意大利学者德拉·沃尔佩和科莱蒂为代表的新实证主义的马克思主义。1950 年,德拉·沃尔佩出版了《逻辑是一门实证科学》一书,否定了马克思与黑格尔之间的思想联系,主张把马克思哲学的传统追溯到休谟、伽利略和亚里士多德,他甚至把马克思主义称之为“道德的伽利略主义”(motal Galileanism),并把马克思的辩证法称之为“科学的辩证法”(scientific dialectic),称之为现代科学的实验方法。

---

① Leszek Kolakowski, and P. S. Falla. *Main Currents of Marxism: Its Rise, Growth, and Dissolution. Vol.* 3, *The Breakdown*, Clarendon Press, 1978, p. 4.

② 高清海教授主编的《马克思主义哲学基础》一书虽然卓有见地地强调哲学不仅是“知识体系”,而且是“观念形态”,可是在他那里,哲学的知识性和科学性仍然是根本的,所以他仍然把马克思主义哲学理解为“科学的世界观认识论方法论的统一”。至于“知识体系”与“观念形态”之间的关系也未作深入的论述。而在这个问题上,舍勒和曼海姆开创的知识社会学倒提供了一些有益的启示。

这样一来,新实证主义的马克思主义在强调马克思学说的科学性和实证性时就滑向另一个极端,即否定了马克思学说批判并改造现实的革命作用。二是以法国学者阿尔都塞为代表的结构主义的马克思主义。这种马克思主义把以《资本论》为代表的成熟时期的马克思的思想作为"科学",而与以《1844 年经济学哲学手稿》为代表的、作为"意识形态"的青年马克思的思想对立起来。阿尔都塞甚至认为,马克思学说的科学性恰恰表现在他对一切人道主义学说的否定上。正是在这个意义上,他把马克思主义称之为"理论上的反人道主义"(theoretical anti - humanism)[①]。这样一来,阿尔都塞就用马克思学说的科学性否定了它的人本主义的内涵。三是以 G. A. 柯亨为代表的分析派的马克思主义。柯亨在他的成名作《马克思的历史理论》一书中开宗明义地指出,马克思是一个富于创造性的、思想处在不断发展中的思想家,他没有时间系统地整理自己的思想,因而其著作中的一些基本概念并不始终是清晰的、严格的,这就需要借用 20 世纪分析哲学的方法对其理论,尤其是一些基本概念进行澄清,"目的是建构一个在最大程度上与马克思已说过的东西保持一致的、可靠的历史理论"[②]。不能否认,这一派马克思主义在对马克思的学说所作的文献学的研究上,与以吕贝尔为代表的西方马克思主义学说一样,是有积极贡献的,但其研究方式仍然具有把马克思主义哲学实证化的趋向。

其次,我们来看看,知识论哲学的近代表现形式,即以笛卡儿、培根为肇始人的,注重认识论和方法论研究的知识论哲学又是如何渗入传统的马克思主义哲学的研究领域中的。在论述这个问题之前,我们仍然需要对马克思、恩格斯与近代哲学的关系问题作一个简要的说明。马克思对近代哲学有广泛的了解和深入的研究,他不光熟悉德国古典哲学,尤其是黑格尔哲学,而且也熟悉英、法哲学。在与恩格斯合著的《神圣家族》一书中,他对英、法唯物主义的流变作了准确而系统的评述。从这些论著中可以看

---

① Louis Althusser, *For Marx*. New Left Books, 1977, p. 299. 在阿尔都塞的学说产生广泛影响的 20 世纪 60 年代,以波普为代表的实证主义思潮与以阿多诺为代表的法兰克福学派之间就马克思哲学的本质、社会科学的方法等问题发生了激烈的争论。Sehen Theodor W. Adorno, *Der Positivismusstreit in der deutschen Soziologie*, Luchterhand Verlag, 1972.

② G. A. Cohen, *Karl Marx's Theory of History: A Defence*, Princeton University Press, 1978, p. ix.

出，马克思的主要兴趣集中在对近代哲学的思想基础[1]和方法论的研究上。在叙述培根的学说时，马克思指出："按照他的学说，感觉是完全可靠的，是一切知识的泉源。科学是实验的科学，科学就在于用理性方法去整理感性材料。归纳、分析、比较、观察和实验是理性方法的主要条件。"[2]在这里，马克思注意到培根所倡导的自然科学研究方法，即"理性方法"（eine rationelle Methode）。马克思更重视的是哲学方法，尤其是辩证法。在1868年3月致路·库格曼的信中，马克思曾经写道："黑格尔的辩证法是一切辩证法的基本形式，但是，只有在剥去它的神秘的形式之后才是这样，而这恰好就是我的方法的特点。"[3]在1873年发表的《资本论》第二版跋中，马克思进一步阐述了他的辩证法与黑格尔辩证法的联系和本质差异[4]。马克思对黑格尔辩证法的改造集中在辩证法的载体上。在黑格尔那里，辩证法的载体是绝对精神，而在马克思那里，辩证法的载体则是现实的人所从事的生产劳动。但在大多数情况下，马克思在提到方法问题时只是暗示出这一点，而并未从理论上作出明确的论述。这就给后来的阐释者们造成一个印象，似乎马克思总是把辩证法作为方法论单独地抽取出来进行讨论，而并不注重辩证法的载体或承担者。无论如何，近代哲学重视方法论的倾向对马克思产生了深刻的影响。

在恩格斯那里，我们看到了他与近代哲学之间的更紧密的思想联系。如果说，马克思没有受到近代哲学的认识论中心主义的感染[5]，那么，在恩格斯的身上，我们却发现了这种影响。在《反杜林论》中，恩格斯提出了"人的认识的产物究竟能否具有至上的意义和无条件的真理权"[6]的问题。在《路德维希·费尔巴哈和德国古典哲学的终结》中，恩格斯更是把认识

---

① 马克思并不是从一般哲学史家的学院化的眼光出发去研究近代哲学的，他的研究活动的根本目的是搞清楚英、法、德社会主义和共产主义思潮的理论前提，所以，他十分重视对近代哲学家的思想基础的批判性研究和思考。

② 《马克思恩格斯全集》第2卷，人民出版社1995年版，第163页。

③ 《马克思恩格斯选集》第4卷，人民出版社1995年版，第579页。

④ 马克思在论述自己的方法论时，也阐明了"叙述方法"与"研究方法"之间的差异。关于这方面的问题，只能另外撰文进行论述了。

⑤ 科莱蒂说："马克思主义并不是一种认识论，至少在马克思的著作中，反映论从任何基本方面看来都是不重要的。"See Lucio Colletti, Marxism and Hegel, New Left Books, 1973, p. 198.

⑥ 《马克思恩格斯选集》第3卷，人民出版社1995年版，第426页。

问题作为德国古典哲学的中心课题加以讨论。在论述黑格尔哲学的终结时,恩格斯这样写道:“他显然不自觉地给我们指出了一条走出这个体系的迷宫而获得对世界的现实的、实证的认识(wirklichen posiviven Erkenntnis)的道路。”[①]恩格斯不仅高度重视认识论,而且也高度重视方法论。在他看来,在各门实证科学夺去了传统哲学的地盘之后,哲学只剩下两个领域——形式逻辑和辩证法。这就使作为方法论的辩证法在哲学研究中获得了完全独立的、核心的位置。

这种认识论、方法论中心主义的倾向在列宁那里得到了充分的发展。列宁认为,认识论不仅是当今哲学研究的中心问题,也是整个哲学史研究的中心问题。哲学史,因此,简略地说,就是整个认识的历史[②]。列宁还努力把认识论、逻辑和辩证法统一起来,在《黑格尔〈逻辑学〉一书摘要》中他提出,逻辑学是关于认识的学说,它是认识论[③]。在《谈谈辩证法问题》中他又指出:辩证法是活生生的、多方面的数目永远增加着的认识[④]。在《黑格尔辩证法(逻辑学)的纲要》中,列宁进一步指出:在《资本论》中,逻辑、辩证法和唯物主义的认识论(不必要三个词,它们是同一个东西)都应用于同一门科学。这些见解自然而然地在苏联模式的哲学教科书中进一步被加强并系统化,从而对东欧国家、中国,甚至西方国家的理论界产生了重大的影响。一种思维的定势使人们认为:马克思哲学从根本上说就是认识论,它探讨的核心问题是认识论、方法论(辩证法)、逻辑的一致性问题。

这种滥觞于近代哲学的思维定势在当代马克思主义哲学的研究中仍然拥有广泛的影响。表现之一是以苏联哲学家科普宁、凯德洛夫为代表的“认识论主义”思潮。在《马克思主义认识论导论》(1966)一书中,科普宁指出,由于马克思列宁主义世界观是彻底的科学的世界观,因此它的全部要素(原理、原则、规律、范畴)都是作为方法和认识论起作用的[⑤]。他坚决反对以图加林诺夫为代表的“本体论主义”试图撇开认识论,单纯从本体

---

① 《马克思恩格斯选集》第4卷,人民出版社1995年版,第220页,译文有改动。参阅《马克思恩格斯选集》第6卷,1990年德文版,第271页。

② 《列宁全集》第55卷,人民出版社1995年版,第302页。

③ 《列宁全集》第55卷,人民出版社1995年版,第152页。

④ 《列宁全集》第55卷,人民出版社1995年版,第308页。

⑤ 科普宁:《马克思主义认识论导论》,求实出版社1982年版,第19页。

论上来讨论外部世界的做法，他甚至指出："整个科学的世界观就是人类认识的理论。"[①]科普宁和凯德洛夫虽然对"本体论主义"和"实证主义"均有批评，但他们并没有深入地反省自己的哲学与近代哲学传统之间的内在联系。表现之二是在苏联哲学教科书的影响下，中国哲学界对马克思哲学的研究也主要是在认识论和方法论领域中展开的。作为苏联马克思主义哲学教科书的早期翻译者和中国马克思主义哲学教科书的早期撰写者，李达、博古、艾思奇等人都十分重视译述马克思主义哲学中关于认识论和方法论的部分。毛泽东于 1937 年发表的《实践论》和《矛盾论》主要涉及的也是认识论和方法论的问题，这从他的《〈哲学〉批注集》(1988)中也可以清楚地看出来。这种主要从认识论、方法论的角度去理解并解释马克思主义哲学的倾向在当代中国哲学界仍然具有主导性的影响[②]。近年来，关于价值和评价问题的讨论引起了愈来愈多的重视，这本来正是超越认识论中心主义的思维范式的一个契机。不幸的是，这种思维范式的影响是如此之根深蒂固，以致我们发现，全部讨论仍然是在认识论范围内，至多是在改革、扩充认识论的前提上进行的[③]。表现之三是法国哲学家阿尔都塞在《保卫马克思》(1965)一书中从认识论出发来解释马克思哲学思想的发展。阿尔都塞从他的老师——研究科学史的加斯东·巴歇拉尔那里借用了"认识论断裂"(epistemological break)这一术语，用来说明马克思哲学思想发展中的根本转折："在马克思的著作中实际上有一个'认识论断裂'，据马克思本人说，这一断裂的位置就在他生前未出版过的、用于批判他过去的哲学的(意识形态的)信仰的那部著作:《德意志意识形态》。"[④]

如前所述，尽管马克思的著作中很少涉及到认识论这一主题，但在阿尔都塞看来，马克思不仅重视认识论问题，而且在他思想的演化中还存在着一个所谓的"认识论断裂"。虽然阿尔都塞对马克思哲学的研究融入了结构主义这一新的方法，然而，近代认识论中心主义对他的影响也是显而

---

① 科普宁:《马克思主义认识论导论》，求实出版社 1982 年版，第 20 页。

② 参阅李达教授主编的《唯物辩证法大纲》(1978)、肖前教授的《辩证唯物主义原理》(1981)和《马克思主义哲学原理》(1994)、高清海教授主编的《马克思主义哲学基础》(1985)、冯契教授主编的《马克思主义原理教程》(1988)。

③ 参阅陈新汉:《评价论导论:认识论的一个新领域》，上海社会科学院出版社 1995 年版。

④ Louis Althusser, *For Marx*. New Left Books, 1977, p. 33.

易见的。

至于近代哲学蕴含的方法论导向对当代马克思主义哲学研究的影响就更广泛了,而且这种影响不是地域性的,而是世界性的。或许我们只要列出辩证法研究中的新名词就够了:总体辩证法、历史辩证法、理性辩证法、合理的辩证法、主客体辩证法、具体辩证法、人学的辩证法、科学的辩证法、启蒙辩证法、否定辩证法、物质的辩证法、思辨的辩证法、分析的辩证法等等。

虽然近代以来的以认识论和方法论研究为核心的知识论哲学传统对迄今为止的马克思主义哲学研究的影响最为深远,但马克思主义哲学研究的现状似乎表明,研究者们还远未达到要对这一传统进行全面的、深入的反省的自觉意识。

最后,让我们来探讨一下,以本体论关注为核心的古代知识论哲学的表现形式又是如何渗入到马克思主义哲学的研究中来的。在古代知识论哲学的视域中,占主导地位的本体论形式乃是本原论或宇宙起源论。这种形式的本体论关注的是:世界是由哪种或哪些基本要素构成的。

众所周知,马克思在青年时期深入地钻研过古代哲学,他的博士论文《德谟克利特的自然哲学和伊壁鸠鲁的自然哲学的差别》显示出他在这方面的深厚功底。马克思对古代哲学的研究表明,他关注的并不是世界的本原问题,而是自我意识的问题。他反对德谟克利特的哲学把一切都理解为必然的,赞成伊壁鸠鲁的"原子偏斜说",因为这种学说肯定了偶然性的作用,从而也肯定了人的自由意志和自我意识的作用。与马克思不同,恩格斯对世界的本原问题怀着强烈的兴趣。在他看来,这个问题不仅是古代哲学所要回答的最高问题,也是近代哲学乃至全部哲学都要回答的最高问题,"因此,思维对存在、精神对自然界的关系问题,全部哲学的最高问题,像一切宗教一样,其根源在于蒙昧时代的愚昧无知的观念。但是,这个问题,只在欧洲人从基督教中世纪的长期冬眠中觉醒以后,才被十分清楚地提了出来,才获得了它的完全的意义。思维对存在的地位问题,这个在中世纪的经院哲学中也起过巨大作用的问题;什么是本原的,是精神,还是自然界?——这个问题以尖锐的形式针对着教会提了出来:世界是神创造的呢，还是从来就有的？”①哲学家们依照他们如何回答这个问题，分成了两大阵营；凡是断定精神对自然说来是本原的，组成唯心主义阵营；凡是认为自然界是本原的，则属于唯物主义的各种学派。恩格斯这方面的见解对列宁产生了重大的影响。在《唯物主义和经验批判主义》一书中，列宁以这方面的见解作为中心线索来展开论述。这部著作又对以后的哲学教科书产生了重大的影响。

于是，我们发现，以追问世界的本原为中心问题的知识论哲学的古代形式在传统的马克思主义哲学教科书中被转换成一个新的问题系统。这一问题系统主要包括以下的问题：

1. 世界统一于什么？
2. 在人类出现以前自然界是否存在？
3. 意识起源于什么？
4. 逻辑是否与历史一致？

在这四个问题中，第一、二个问题关系到本体论，亦即古代哲学提出的世界的本原问题；第三个问题涉及到认识论的基础，事实上就是要把人的全部意识还原到物质的基础上去；第四个问题涉及到方法论，通过对逻辑与历史一致的肯定，把逻辑还原为历史，把历史还原为历史的起点，从而最终把方法论探讨引向它的本体论基础。

上面我们简要地论述了西方知识论哲学传统对马克思主义哲学研究的影响。认识到这种影响的存在，也就为我们超越这一传统，重新理解马克思主义哲学的本质奠定了基础。

---

① 《马克思恩格斯选集》第4卷，人民出版社1995年版，第224页。

究竟什么是德国古典哲学的遗产

按照目前流行的观点,德国古典哲学属于西方哲学史的范围,确切些说,属于近代西方哲学的范围。如果说,在以往的研究中,人们倾向于肯定近代西方哲学,尤其是德国古典哲学的研究成果,而对当代西方哲学采取简单否定的态度,那么,近年来,一种相反的倾向已经出现,即不加分析地肯定当代西方哲学的研究成果,而对近代西方哲学,尤其是德国古典哲学采取简单否定的态度。

在这样的情况下提出“究竟什么是德国古典哲学的遗产”这样一个问题似乎显得不合时宜,但在我们看来,这个问题却具有多方面的意义。首先,在以往的研究中,人们对德国古典哲学的遗产作了片面化、简单化的理解,而我们则试图表明,这一遗产具有极为丰富的理论内涵,它在整个西方哲学发展史上起着承上启下的作用。其次,我们并不同意对近代西方哲学和当代西方哲学之间的关系采取非此即彼的简单态度,力图通过对德国古典哲学遗产的重新解读和诠释,超越这种流行的态度。再次,马克思哲学的解释者一直把德国古典哲学视为马克思哲学的主要理论来源。毋庸讳言,这种理解方式本身就蕴含着下述可能性,即对德国古典哲学遗产的重新解读必定会导致对马克思哲学的本真精神的重新领悟。

一、“德国古典哲学”范围的界定

在探讨“究竟什么是德国古典哲学的遗产”问题之前,我们先得弄清楚“德国古典哲学”这一表述的确切含义。据目前已经掌握的资料,大致可以说,恩格斯最先使用了“德国古典哲学”这一概念[①]。如果说,恩格斯在《自然辩证法》(1873—1886)中还只是偶然提及这一概念[②],那么,在《路德维希·费尔巴哈和德国古典哲学的终结》(1888)中则正式启用了这一概念。

但是,恩格斯所说的“德国古典哲学”的范围究竟是什么?或者换一种提问方式,德国古典哲学究竟包含哪些德国哲学家?列宁在《马克思主义的三个来源和三个组成部分》(1913)一文中叙述马克思哲学时曾经指出:“他用德国古典哲学的成果,特别是用黑格尔体系(它又导致了费尔巴哈的唯物主义)的成果丰富了哲学。”[③]尽管列宁在这段话中没有列出属于“德国古典哲学”范围的全部哲学家,但他肯定,黑格尔和费尔巴哈是德国古典哲学的代表。显然,列宁的这一见解产生了深远的影响。不仅苏联和东欧的理论界持此观点[④],中国的理论界也不能免俗。冯契等主编的《外国哲学大辞典》认为:“德国古典哲学分为德国古典唯心主义与德国古典唯物主义。从康德到黑格尔的哲学发展形成德国古典唯心主义的过程,费尔巴哈的人本学唯物主义形成了德国古典唯物主义的理论。”[⑤]

必须加以追问的是,这种流行的见解是否符合恩格斯的本意?我们的回答是否定的。诚然,恩格斯没有直截了当地论述德国古典哲学的范围,

① 冯契等主编的《外国哲学大辞典》认为:“该词首先由恩格斯使用。”参阅该辞典(上海辞书出版社2000年版),第922页。

② 《马克思恩格斯选集》第4卷,人民出版社1995年版,第286页。

③ 《列宁选集》第2卷,人民出版社1995年版,第310页。

④ 比如,前东德的理论家弗朗克·菲德勒等人也把康德、费希特、谢林、黑格尔和费尔巴哈列为“德国资产阶级古典哲学的最主要的代表”。参阅弗朗克·菲德勒等著:《辩证唯物主义与历史唯物主义》,求实出版社1985年版,第14页。

⑤ 参阅冯契等主编:《外国哲学大辞典》,第922页。这一见解也可从《哲学小辞典(外国哲学史部分)》(上海人民出版社1975年版)得到印证。该辞典在第22页上这样解释“德国古典哲学”这个条目:“18世纪末至19世纪上半期的德国资产阶级哲学,从康德开始,中经费希特、谢林、黑格尔,到费尔巴哈告终。”

但他实际上已经以自己的方式对这个问题作出了解答。在《自然辩证法》中,恩格斯在谈到辩证法的三大形态时指出:"辩证法的第二个形态恰好离德国的自然研究家最近,这就是从康德到黑格尔的德国古典哲学。"[①]在《路德维希·费尔巴哈和德国古典哲学的终结》中谈到黑格尔哲学时,恩格斯也明确地指出:"我们在这里只限于考察这种作为从康德以来的整个运动的完成的哲学。"[②]也就是说,在他看来,德国古典哲学就是指从康德到黑格尔的哲学运动,而黑格尔则是这一运动的完成者。显然,这一运动并没有把费尔巴哈包含在内。

人们也许会提出这样的疑问:既然恩格斯在《自然辩证法》中非常明确地叙述过自己对德国古典哲学范围的看法,为什么列宁仍然要把费尔巴哈也放进去呢?这里的原因很简单,因为《自然辩证法》作为手稿,直到1925年才第一次全文刊登在《马克思恩格斯文库》上,列宁生前并没有读到这份手稿。当然,毫无疑问,列宁读过恩格斯的《路德维希·费尔巴哈和德国古典哲学的终结》一书,由于该书并没有明确地阐明德国古典哲学的范围,加之恩格斯又用不少篇幅论述了费尔巴哈的哲学思想,这就很容易产生下面这样的误解,即把费尔巴哈理解为德国古典哲学中的一名成员。

至于中国的理论界,之所以迄今仍然处于这样的误解之中,或许还有书名翻译上的原因。众所周知,恩格斯原著的书名是:*Ludwig Feuerbach und der Ausgang der klassischen deutschen Philosophie*。这里的关键是,Ausgang这个德文名词如何翻译。其实,Ausgang乃是动词ausgehen的过去分词的名词化,而ausgehen的最基本、最常用的解释是"外出"或"出门"。所以,Ausgang的最基本的和最常用的解释也是"出口"、"出路"或"出门"。如果考虑到译文的信、达、雅,恩格斯的上述书名似应译为"路德维希·费尔巴哈和德国古典哲学的出路"。诚然,在不太常用的、边缘性的意义上,

---

① 《马克思恩格斯选集》第4卷,人民出版社1995年版,第287~288页。

② 《马克思恩格斯选集》第4卷,人民出版社1995年版,第216页。这实际上是恩格斯一贯的思想。在其早期论文《大陆上社会改革运动的进程》(1844)中,虽然恩格斯没有使用"德国古典哲学"的概念,但在提到德国的哲学革命时说:"这个革命是由康德开始的。他推翻了前世纪末欧洲各大学所采用的陈旧的莱布尼茨的形而上学体系。费希特和谢林开始了哲学的改造工作,黑格尔完成了新的体系……德国哲学从康德到黑格尔的发展是联贯的,合乎逻辑的,必然的,——如果可以这样说的话,以致除了上面提到的体系而外,其他任何体系都是站不住脚的。"参阅《马克思恩格斯全集》第1卷,人民出版社1956年版,第588~589页。

Ausgang 这个德文名词也有“终结”、“终局”的含义在内，因而单从字面上分析，似乎人们把恩格斯的上述书名译为“路德维希·费尔巴哈和德国古典哲学的终结”也无不妥。

然而，当我们超出单纯字面的含义，从恩格斯当时写作的特定语境中来考量 Ausgang 的含义时，就会发现，上述书名中的 Ausgang 只能译为“出路”，而不能译为“终结”。为什么？因为“路德维希·费尔巴哈和德国古典哲学的终结”这样的译法极易产生如下的错觉，仿佛费尔巴哈成了“德国古典哲学”的终结者，而终结者自然是从属于“德国古典哲学”的范围之内的。假如我们打算撰写另一部著作——《黑格尔和德国古典哲学的终结》，这个书名倒是十分贴切的，因为黑格尔才真正是德国古典哲学的终结者和集大成者。

因此，我们应该把书名改译为“路德维希·费尔巴哈和德国古典哲学的出路”，因为费尔巴哈哲学只是德国古典哲学在黑格尔那里被终结后出现的一条新出路或一个新出口。也就是说，费尔巴哈已经置身于德国古典哲学的范围之外。只有在这样的情况下，即当费尔巴哈还是一个青年黑格尔主义者的时候，他才可以勉强地被算进德国古典哲学的范围之内，因为他的思想根本上是从属于黑格尔的。事实上，当费尔巴哈起来批判黑格尔，形成自己独立的哲学见解的时候，他就已经置身于德国古典哲学的范围之外了。而人所共知，恩格斯在上述著作中是把费尔巴哈作为一个独立的哲学家，而不是作为一个青年黑格尔主义者来加以评论的。所以，无论如何，在恩格斯当时的语境中，作为独立思想家的费尔巴哈并不属于德国古典哲学的范围之内。这就启示我们，Ausgang 这个德文名词的翻译不仅涉及到字面上的含义和翻译的技巧问题，而且也涉及到对恩格斯思想的理解问题，因而具有实质性的意义。

综上所述，在恩格斯的语境中，德国古典哲学指称的是康德、费希特、谢林和黑格尔的哲学，费尔巴哈的哲学不包含在里面。此外，为了恢复恩格斯的本意，Ludwig Feuerbach und der Ausgang der klassischen deutschen Philosophie 这一书名应该被改译为《路德维希·费尔巴哈和德国古典哲学的出路》（以下简称《出路》）。

二、恩格斯对德国古典哲学遗产的解读

不难发现，在《出路》一书中，恩格斯的全部论述都是围绕“究竟什么是德国古典哲学的遗产”以及“如何改造并提升这一哲学遗产”这两个主要问题来展开的。

我们先来看看，恩格斯是如何解答第一个问题的。尽管恩格斯把从康德到黑格尔的整个哲学运动理解为德国古典哲学，但在《出路》中，他几乎很少论述康德、费希特、谢林的哲学思想，却用大量的篇幅评述了黑格尔的哲学观点。

深入的研究表明，在恩格斯的论述中，处处显露出“两个归结”的思维轨迹：一是把整个德国古典哲学归结到黑格尔这个集大成者的哲学上。正如恩格斯在谈到对辩证思维的认识时所说的那样：“就获得这种认识来说，归根到底没有一个人比黑格尔本人对我们的帮助更大。”[①]实际上，在这一“归结”中已经蕴含着下面的意思，即德国古典哲学的遗产也就是黑格尔哲学的遗产。二是把黑格尔哲学的最大贡献归结为他的辩证法。在《反杜林论》(1876—1878)中，恩格斯指出，继18世纪的法国革命之后，“近代德国哲学产生了，并且在黑格尔那里完成了。它的最大的功绩，就是恢复了辩证法这一最高的思维形式”[②]。显然，在这一“归结”中，也蕴含着这样的意思，即整个德国古典哲学、尤其是黑格尔哲学的最根本的遗产就是辩证法。事实上，在同一部著作的另一处，恩格斯又以十分确定的口吻写道：“就哲学被看做凌驾于其他一切科学之上的特殊科学来说，黑格尔体系是哲学的最后的最完善的形式。全部哲学都随着这个体系没落了。但是留下的是辩证的思维方式以及关于自然的、历史的和精神的世界是一个无止境地运动着和转变着的、处在生成和消逝的不断过程中的世界的观点。现在不再向哲学，而是向一切科学提出这样的要求：在自己的特殊领域内揭示这个不断转变过程的运动规律。而这就是黑格尔哲学留给它的继承者的遗产。”[③]在《自然辩证法》中回顾从康德到黑格尔的哲学运动时，恩格斯

---

① 《马克思恩格斯选集》第4卷，人民出版社1995年版，第219页。
② 《马克思恩格斯选集》第3卷，人民出版社1995年，第358页。
③ 《马克思恩格斯选集》第3卷，人民出版社1995年版，第362页注①。

也告诫我们:“要向康德学习辩证法,这是一件劳而无功和得不偿失的事情,因为在黑格尔的著作中已经包含了辩证法的一个无所不包的纲要,虽然它是从完全错误的立脚点出发而展开的。”[①]按照恩格斯的看法,随着黑格尔哲学的唯心主义立脚点的跨台,其哲学体系也就自然而然地垮台了,“去除这一切之后,剩下的就只是黑格尔的辩证法”[②]。在这些论述中,“两个归结”的思维方式以十分清晰的方式表现出来。一言以蔽之,恩格斯把黑格尔的辩证法理解为德国古典哲学的根本性的,甚至唯一的哲学遗产。

在《出路》中,尽管恩格斯分析了黑格尔的辩证法与他的哲学体系之间的内在矛盾,强调了黑格尔的辩证法作为概念的自我发展,在其现存的形式中是无用的,但他仍然充分地肯定了它的伟大作用:“黑格尔哲学……的真实意义和革命性质,正是在于它彻底否定了关于人的思维和行动的一切结果具有最终性质的看法……这种观察方法的保守性是相对的,它的革命性质是绝对的——这就是辩证哲学所承认的唯一绝对的东西。”[③]几乎可以说,恩格斯对黑格尔哲学的大量评论都是针对其辩证法思想而发的。在他看来,把黑格尔的辩证法理解为德国古典哲学的根本的,甚至是唯一的遗产乃是不言而喻的事情。

现在我们再来看看,恩格斯是如何解答上述第二个问题的。如上所述,既然黑格尔的辩证法作为德国古典哲学的唯一的遗产,在其现存的形式上是无用的,那么,究竟通过什么样的改造和提升才能使之有用呢?恩格斯在《出路》中批判黑格尔辩证法的唯心主义特性时,这样写道:“我们重新唯物地把我们头脑中的概念看作现实事物的反映,而不是把现实事物看作绝对概念的某一阶段的反映。这样,辩证法就归结为关于外部世界和人类思维的运动的一般规律的科学……这样,概念的辩证法本身就变成只是现实世界的辩证运动的自觉的反映,从而黑格尔的辩证法就被倒转过来了,或者宁可说,不是用头立地而是重新用脚立地了。而且值得注意的是,不仅我们发现了这个多年来已成为我们最好的工具和最锐利的武器的唯物主义辩证法(diese materialistische Dialektik),而且德国工人约瑟夫·狄

① 《马克思恩格斯选集》第4卷,人民出版社1995年版,第288页。
② 《马克思恩格斯选集》第4卷,人民出版社1995年版,第289页。
③ 《马克思恩格斯选集》第4卷,人民出版社1995年版,第216~217页。

慈根不依靠我们,甚至不依靠黑格尔也发现了它。"[1]

从恩格斯的这段重要的论述中可以看出,改造和提升作为德国古典哲学遗产的黑格尔辩证法的方法是,以唯物主义的方式重新解读黑格尔[2]。也就是说,把黑格尔的辩证法颠倒过来,置于唯物主义的基础之上,从而形成"唯物主义辩证法"。在《出路》中,恩格斯本人也明确地告诉我们:"同黑格尔哲学的分离在这里也是由于返回到唯物主义观点而发生的。"[3]然而,值得引起我们注意的是,在恩格斯所认同的德国古典哲学家——康德、费希特、谢林、黑格尔中,并没有唯物主义哲学家。这样就自然而然地引申出一个问题,即用以改造和提升黑格尔唯心主义辩证法的唯物主义究竟来自何处?

在《出路》中,恩格斯在叙述黑格尔学派的解体和黑格尔哲学中思维与自然界之间的矛盾关系时,写道:"这时,费尔巴哈的《基督教的本质》出版了。它直截了当地使唯物主义重新登上王座,这就一下子消除了这个矛盾……魔法被破除了;'体系'被炸开并被抛在一旁了,矛盾既然仅仅是存在于想象之中,也就解决了。——这部书的解放作用,只有亲身体验过的人才能想象得到。那时大家都很兴奋:我们一时都成为费尔巴哈派了。马克思曾经怎样热烈地欢迎这种新观点,而这种新观点又是如何强烈地影响了他(尽管还有种种批判性的保留意见),这可以从《神圣家族》中看出来。"[4]按照恩格斯的看法,尽管费尔巴哈的唯物主义是不彻底的,尤其是在历史的领域里,他用宗教的变迁来解释现实历史的发展,从而最终落入唯心主义的泥坑,然而,他仍然是一个"纯粹的唯物主义"者[5]。显然,恩格斯之所以把自己的这部著作称之为"路德维希·费尔巴哈和德国古典哲学的出路",其动机正在于,用费尔巴哈的唯物主义来改造并提升作为德国古

---

① 《马克思恩格斯选集》第4卷,人民出版社1995年版,第243页。

② 恩格斯在《出路》中写道:"归根到底,黑格尔的体系只是一种就方法和内容来说唯心主义地倒置过来的唯物主义。"参阅《马克思恩格斯选集》第4卷,第226页。列宁接受了恩格斯的这一见解,并发挥道:"我总是竭力用唯物主义观点来读黑格尔的著作。"参阅列宁《哲学笔记》,人民出版社1974年第3版,第104页。

③ 《马克思恩格斯选集》第4卷,人民出版社1995年版,第242页。

④ 《马克思恩格斯选集》第4卷,人民出版社1995年版,第222页。

⑤ 《马克思恩格斯选集》第4卷,人民出版社1995年版,第227页。列宁甚至认为,"费尔巴哈的观点是彻底唯物主义的观点"。参阅《列宁选集》第2卷,人民出版社1995年版,第116页。

典哲学遗产的、黑格尔的辩证法。在这个意义上可以说，唯物主义辩证法就是把费尔巴哈的唯物主义和德国古典哲学，尤其是黑格尔的辩证法结合起来的最终成果。尽管恩格斯承认，马克思对费尔巴哈的唯物主义"还有种种批判性的保留意见"，但他肯定，马克思受到了费尔巴哈的强烈影响，以至"我们一时都成为费尔巴哈派了"。

不用说，列宁是完全赞成恩格斯的上述见解的，所以在《唯物主义和经验批判主义》一书(1909)中，列宁指出，"马克思和恩格斯的学说是从费尔巴哈那里产生出来的"[①]。在《谈谈辩证法问题》(1915)一文中，列宁在叙述哲学上的圆圈时也提到，"黑格尔—费尔巴哈—马克思"[②]。在列宁之后，斯大林又进一步强化了这一观点。他写道："马克思和恩格斯是从费尔巴哈唯物主义中采取了它的'基本内核'，把它进一步发展成为科学的唯物主义理论，而摈弃了它那些唯心主义的和宗教伦理的杂质。"[③]正是在这些见解的基础上，逐步形成了传统的马克思主义哲学教科书的下述公式：黑格尔的"合理内核"(辩证法) + 费尔巴哈的"基本内核"(唯物主义) = 马克思哲学(辩证唯物主义)。于是，以下两个新问题又产生了：第一，把德国古典哲学的遗产简化为黑格尔的辩证法可能导致什么结果？第二，费尔巴哈的唯物主义能否胜任对黑格尔辩证法的改造和提升？

我们先来看第一个问题。一方面，把德国古典哲学的遗产归结为黑格尔的辩证法，虽然极大地突出了辩证法在哲学中的重要地位和作用[④]，但与此同时，也潜伏着另一种倾向，即使哲学内涵窄化，从而也必定会导致德国古典哲学遗产内涵的窄化。恩格斯在《反杜林论》中谈到实证科学的新发展时指出："于是，在以往的全部哲学中仍然独立存在的，就只有关于思维及其规律的学说——形式逻辑和辩证法。其他一切都归到关于自然和历史的实证科学中去了。"[⑤]在《出路》中，他进一步阐发了这一观点："这样，

---

① 《列宁选集》第2卷，人民出版社1995年版，第225页。

② 列宁：《哲学笔记》，人民出版社1974年版，第411页。

③ 《联共(布)党史简明教程》，人民出版社1975年版，第116页。

④ 恩格斯甚至说："马克思和我，可以说是把自觉的辩证法从德国唯心主义哲学中拯救出来并用于唯物主义的自然观和历史观的唯一的人。"参阅《马克思恩格斯选集》第3卷，人民出版社1995年版，第349页。

⑤ 《马克思恩格斯选集》第3卷，人民出版社1995年版，第364页。

对于已经从自然界和历史中被驱逐出去的哲学来说，要是还留下什么的话，那就只留下一个纯粹思想的领域：关于思维过程本身规律的学说，即逻辑和辩证法。”[①]显而易见，如果哲学被归结为逻辑和辩证法，那么康德、费希特、谢林和黑格尔关于人、市民社会、实践、异化、历史意识、自由等问题又放到什么地方去讨论呢？难道它们不是哲学研究的对象，倒是实证科学研究的对象？显然，把从康德到黑格尔的哲学运动理解为单纯思维或纯粹思想的辩证运动，必定会导致德国古典哲学遗产内涵的窄化。另一方面，把辩证法从黑格尔的哲学体系中抽取出来并抽象地加以讨论，也必定会导致辩证法与其真正的载体之间的分离。事实上，在马克思看来，合理的辩证法既不应当以黑格尔的绝对精神作为自己的载体，也不应当以费尔巴哈式的、抽象的、与人的社会历史活动相分离的物质或自然界作为自己的载体。早在《1844 年经济学哲学手稿》中，马克思已经指出：“黑格尔的现象学及其最后成果——辩证法，作为推动原则和创造原则的否定性——的伟大之处首先在于，黑格尔把人的自我产生看做一个过程，把对象化看做非对象化，看做外化和这种外化的扬弃；可见，他抓住了劳动的本质，把对象性的人、现实的因而是真正的人理解为他自己的劳动的结果。”[②]在马克思看来，不应该抽象地谈论辩证法，而始终应该把从事劳动的现实的人作为辩证法的载体。换言之，在任何情况下，辩证法都应该与现实的人这个社会历史的载体一起被叙述出来。总之，辩证法的合理的存在形态就是历史辩证法。否则，它就有可能失去自己的根基，蜕变为诡辩。

我们再来看第二个问题。一方面，正如马克思在《关于费尔巴哈的提纲》(1845)中早已指出过的那样，费尔巴哈的唯物主义属于旧唯物主义的范围，试图用这种唯物主义来改造和提升作为德国古典哲学遗产的、黑格尔的辩证法，并不能达到预期的结果。何以见得呢？因为费尔巴哈的唯物主义是直观的，是以抽象的，即与人的社会实践活动相分离的自然界或物质作为基础的。在马克思看来，凡是以抽象物质为基础的唯物主义实际上也就是唯灵论或唯心主义，“抽象的唯灵论是抽象的唯物主义；抽象的唯物

---

① 《马克思恩格斯选集》第 4 卷，人民出版社 1995 年版，第 257 页。
② 《马克思恩格斯全集》第 3 卷，人民出版社 2002 版，第 320 页。

主义是物质的抽象的唯灵论"[①]。在《资本论》第一卷(1867)中,马克思以更明确的语言揭示出这种唯物主义的实质:"那种排除历史过程的、抽象的自然科学的唯物主义的缺点,每当它的代表越出自己的专业范围时,就在他们抽象的和唯心主义的观念中立刻显露出来。"[②]在马克思看来,费尔巴哈的直观唯物主义本身就是与辩证法精神相冲突的。何况,这种唯物主义坚执于抽象的自然和抽象的人,无法对自然和人作出现实的说明,因而归根到底也是唯心主义的,尤其在历史领域是如此。另一方面,尽管恩格斯把历史唯物主义理解为马克思的两个伟大发现之一,并参与了这一新的历史观的建构,但在如何评价费尔巴哈的历史作用、以何种路径通向历史唯物主义等问题上,他和马克思之间仍然存在着不同的看法。诚然,我们也承认,在马克思和恩格斯哲学思想的发展史上,费尔巴哈起过一定的作用。这从马克思和恩格斯的早期著作,如《1844 年经济学哲学手稿》、《神圣家族》、《关于费尔巴哈的提纲》、《德意志意识形态》等著作中可以看出来,但究竟如何准确地评价费尔巴哈的历史作用呢?

毋庸讳言,恩格斯对费尔巴哈的历史作用的评价是相当高的。在《出路》的"1888 年单行本序言"中,恩格斯肯定,费尔巴哈"在好些方面是黑格尔哲学和我们的观点之间的中间环节",并强调:"我也感到我们还要还一笔信誉债,就是要完全承认,在我们的狂飙时期,费尔巴哈给我们的影响比黑格尔以后任何其他哲学家都大。"[③]联想到我们在前面已经提及的恩格斯的相关论述,如"我们一时都成为费尔巴哈派了"、"同黑格尔哲学的分离在这里也是由于返回到唯物主义观点而发生的"等等,不难发现,恩格斯的解释路径如下:马克思首先受到黑格尔唯心主义的影响,发现了黑格尔的辩证法;为了拯救辩证法,他又通过接纳费尔巴哈这一"中间环节"的"基本内核"(唯物主义),改造和提升了黑格尔的辩证法,从而形成了"唯物辩证法";最后,他把唯物辩证法应用到历史领域,从而创立了历史唯物主义。众所周知,在恩格斯之后,普列汉诺夫、列宁、斯大林和传统的马克思主义哲学教科书几乎都沿用了这一解释路径。

---

① 《马克思恩格斯全集》第 1 卷,人民出版社 1956 年版,第 355 页。
② 《资本论》第 1 卷,人民出版社 1975 年版,第 410 页注(89)。
③ 《马克思恩格斯选集》第 4 卷,人民出版社 1995 年版,第 211 ~212 页。

然而,马克思却为自己思想的发展指示出不同的解释路径。在《〈政治经济学批判〉序言》(1859)中,他叙述了自己思想发展的主要过程:先学习哲学、历史和法律;1842—1843 年间担任《莱茵报》编辑工作时,第一次遭遇到要对物质利益发表意见的难事;《莱茵报》被官方封闭后,马克思从社会舞台退回到书房里。"为了解决使我苦恼的疑问,我写的第一部著作是对黑格尔法哲学的批判性的分析,这部著作的导言曾发表在 1844 年巴黎出版的《德法年鉴》上。我的研究得出这样一个结果:法的关系正像国家的形式一样,既不能从它们本身来理解,也不能从所谓人类精神的一般发展来理解,相反,它们根源于物质的生活关系,这种物质的生活关系的总和,黑格尔按照 18 世纪的英国人和法国人的先例,概括为'市民社会',而对市民社会的解剖应该到政治经济学中去寻求。我在巴黎开始研究政治经济学,后来因基佐先生下令驱逐移居布鲁塞尔,在那里继续进行研究。我所得到的、并且一经得到就用于指导我的研究工作的总的结果,可以简要地表述如下(下面马克思就开始论述他所创立的历史唯物主义的基本理论——笔者注)……①"这段极为重要的叙述表明:第一,马克思在对自己创立历史唯物主义的思想历程的回忆中,根本没有提到费尔巴哈。也就是说,费尔巴哈的唯物主义并不是通向马克思的历史唯物主义的路径。其实,马克思下面这段重要的论述——"当费尔巴哈是一个唯物主义者的时候,历史在他的视野之外;当他去探讨历史的时候,他不是一个唯物主义者。在他那里,唯物主义和历史是彼此完全脱离的。"②——最清楚不过地表明,费尔巴哈是不可能充当这样的路径的。换言之,在马克思看来,费尔巴哈的唯物主义决不可能充当通向历史唯物主义的桥梁;第二,马克思从青年时期起就通过哲学、历史和法律的学习关注社会历史问题。所以,在他的思想发展历程中,并不存在着他接受费尔巴哈的唯物主义影响后,从对自然的研究转向对社会历史的研究,或从唯物辩证法转向历史唯物主义的过程。恰恰相反,马克思一开始就是从社会历史的视野出发去理解自然问题的,所以,他告诉我们:"在人类历史中即在人类社会的形成过程中生成的自然界,是人的现实的自然界;因此,通过工业——尽管以异化的形

---

① 《马克思恩格斯选集》第 1 卷,人民出版社 1995 年版,第 32 页。
② 《马克思恩格斯选集》第 1 卷,人民出版社 1995 年版,第 78 页。

式——形成的自然界,是真正的、人本学的自然界。"①第三,马克思自己的解释路径是,通过对现实斗争所涉及的物质利益的思索和对法的关系的根源的追溯,他开始关注黑格尔在《法哲学原理》中论述的市民社会问题,并由此走上了政治经济学研究的道路,从而创立了历史唯物主义学说。显然,在马克思自己的解释路径中,费尔巴哈唯物主义的作用并不如恩格斯所认为的那样,是根本性的、决定性的②。

这就深刻地启示我们,用费尔巴哈式的唯物主义去改造和提升黑格尔式的辩证法是不可能的。无论是恩格斯所说的"唯物辩证法",还是后来被普列汉诺夫、列宁和斯大林改称的"辩证唯物主义"都不可能做到这一点。从一方面看,抽象的、与人的社会历史活动相分离的唯物主义,决不会因为辩证法思想的融入而消解自己的抽象性;从另一方面看,辩证法也决不会因为把抽象的自然或物质作为自己的基础或载体而获得新的生命力。

三、马克思对德国古典哲学遗产的解读

尽管马克思没有使用过德国古典哲学这样的概念,也没有对这一哲学运动进行过系统的探讨,但在其论著中,无疑蕴含着对德国古典哲学遗产的独特的见解。这些见解主要表现在马克思对以下六个问题的关注上。

1. 人

凡是认真地研究过德国古典哲学的人都会承认,人的问题始终是其关注的一个主题。康德在《道德形而上学原理》(1785)中指出:"每个有理性的东西都须服从这样的规律,不论是谁在任何时候都不应把自己和他人仅仅当做工具,而应该永远看做自身就是目的。"③众所周知,康德关于"人是目的"的伟大口号以前所未有的方式肯定了作为理性存在物的人的尊严,无论是在康德晚年的著作《实用人类学》中,还是在费希特的《人的使命》、谢林的《对人类自由的本质及与之相关联的对象的哲学探讨》和黑格尔的《法哲学原理》等著作中,都能听到这一伟大口号的悠远的回声。平心而

---

① 《马克思恩格斯全集》第3卷,人民出版社2002年版,第307页。

② 参阅俞吾金:《让马克思从费尔巴哈的阴影中走出来》,载《南京社会科学》1996年第1期;《重新理解马克思哲学与费尔巴哈哲学的关系》,载《马克思主义与现实》1996年第1期。

③ 康德:《道德形而上学原理》,苗力田译,上海人民出版社1986年版,第86页。

论，在后德国古典哲学时期，与其说费尔巴哈的主要哲学贡献在于他坚持了一种不彻底的唯物主义学说，不如说是他的哲学人类学思想。他主张，上帝乃是人的本质的异化，神学的本质就是人类学。所有这些人本主义的思想都对马克思产生了积极的影响。

在《神圣家族》(1844)中，马克思在评论黑格尔哲学时写道："在黑格尔的体系中有三个因素：斯宾诺莎的实体，费希特的自我意识以及前两个因素在黑格尔那里的必然的矛盾的统一，即绝对精神。第一个因素是形而上学地改了装的、脱离人的自然。第二个因素是形而上学地改了装的、脱离自然的精神。第三个因素是形而上学地改了装的以上两个因素的统一，即现实的人和现实的人类。"[①]显然，在马克思看来，"现实的人和现实的人类"是德国古典哲学留下的基本的哲学遗产之一。由于当时的马克思在思想上还受到费尔巴哈一定的影响，所以他把自己对德国古典哲学遗产的解读归功于费尔巴哈所提供的启示："只有费尔巴哈才是从黑格尔的观点出发而结束和批判了黑格尔的哲学。费尔巴哈把形而上学的绝对精神归结为'以自然为基础的现实的人'，从而完成了对宗教的批判。同时也巧妙地拟定了对黑格尔的思辨以及一切形而上学的批判的基本要点。"[②]这充分表明，马克思更重视的是费尔巴哈在人类学，而不是唯物主义研究方面所留下的遗产。

在《关于费尔巴哈的提纲》中，马克思转而批判费尔巴哈的哲学思想，尤其是他关于人的思想："费尔巴哈没有看到，'宗教感情'本身是社会的产物，而他所分析的抽象的个人，是属于一定的社会形式的。"[③]在《德意志意识形态》(1845—1846)中，马克思进一步批评道："费尔巴哈设定的是'一般人'，而不是'现实的历史的人'。"[④]尽管成熟时期的马克思批判了费尔巴哈的人类学思想，但他肯定，费尔巴哈解读德国古典哲学遗产的方向是正确的。正是基于这样的思考，马克思说"我们的出发点是从事实际活动的人"[⑤]，而在马克思所憧憬的未来共产主义社会中，"每个人的自由发

① 《马克思恩格斯全集》第2卷，人民出版社1957年版，第177页。
② 《马克思恩格斯全集》第2卷，人民出版社1957年版，第177页。
③ 《马克思恩格斯选集》第2卷，人民出版社1995年版，第56页。
④ 《马克思恩格斯选集》第1卷，人民出版社1995年版，第75页。
⑤ 《马克思恩格斯选集》第1卷，人民出版社1995年版，第73页。

展是一切人的自由发展的条件"[1],这里实际上涉及到马克思后来提出的"个人全面发展"[2]的理论。在某种意义上,马克思哲学归根到底是一种解放全人类的学说。这就深刻地启示我们,马克思一直把人的问题理解为德国古典哲学的基本的遗产之一。

2. **市民社会**

在德国古典哲学家的视野里,人既是自然存在物,更是社会存在物。正是这一共识引起了他们对社会问题的普遍兴趣,而在这一兴趣中,焦点则是市民社会。在德国古典哲学的肇始人——康德那里,市民社会乃是他最重视的话题之一。在《世界公民观点之下的普遍历史观念》一文(1784)中,他就为人类提出了这样的使命:"大自然迫使人类去加以解决的最大问题,就是建立一个普遍法治的市民社会。"[3]在康德看来,这正是人类在政治生活中追求的伟大理想。在黑格尔的《法哲学原理》(1821)中,市民社会是作为家庭和国家之间的中间环节而出现的,它的地位是如此之重要,以至于黑格尔这样写道:"整个市民社会是中介的基地;在这一基地上,一切癖性、一切秉赋、一切有关出生和幸运的偶然性都自由地活跃着;又在这一基地上一切激情的巨浪,汹涌澎湃,它们仅仅受到向它们放射光芒的理性的节制。"[4]在黑格尔看来,市民社会正是市民实际生活的领地,它作为各种需要的整体,具有如下的特征:"在市民社会中,每个人都以自身为目的,其他一切在他看来都是虚无。但是,如果他不同别人发生关系,他就不能达到他的全部目的,因此,其他人便成为特殊的人达到目的的手段。"[5]这个观点可以说是把康德关于"人是目的"的观点现实化了,因为与康德不同,黑格尔从英国古典经济学那里获得了观察社会问题的灵感。

马克思高度重视德国古典哲学家,尤其是黑格尔关于市民社会的理论。在《黑格尔法哲学批判》(1843)中,马克思以很大的篇幅摘录并评论了黑格尔的市民社会理论,揭示了其唯心主义的特征。在《论犹太人问题》(1843)一文中,马克思指出:"物质生活这种自私生活的一切前提正是

---

① 《马克思恩格斯选集》第1卷,人民出版社1995年版,第294页。
② 《马克思恩格斯全集》第46卷上,人民出版社1979年版,第104页。
③ 康德:《历史理性批判文集》,何兆武译,商务印书馆1990年版,第8页。
④ 黑格尔:《法哲学原理》,范扬、张企泰译,商务印书馆1961年版,第197~198页。
⑤ 黑格尔:《法哲学原理》,范扬、张企泰译,商务印书馆1961年版,第197页。

作为市民社会特性继续存在于国家范围之外，存在于市民社会……在这个社会中，人作为私人进行活动，把别人看做工具，把自己也降为工具，成为外力随意摆布的玩物。"[①]毋庸讳言，这段论述仍然体现出黑格尔的观点对马克思的影响。在《关于费尔巴哈的提纲》中，马克思把市民社会作为"旧唯物主义的立脚点"，而把"人类社会或社会的人类"作为"新唯物主义的立脚点"。在《德意志意识形态》中，马克思进一步指出："在过去一切历史阶段上受生产力制约同时又制约生产力的交往形式，就是市民社会……这个市民社会是全部历史的真正发源地和舞台。"[②]在这段论述中，马克思不但开始以自己的语言来规定市民社会概念的内涵，而且赋予这一概念以极其重要的地位，即把它理解为"全部历史的真正发源地和舞台"。

值得注意的是，当马克思在《德意志意识形态》中初步叙述自己的历史唯物主义理论时，市民社会无疑成了这一新历史观的核心概念，"这种历史观就在于，从直接生活的物质生产出发阐述现实的生产过程，把同这种生产方式相联系的、它所产生的交往形式即各个不同阶段上的市民社会理解为整个历史的基础，从市民社会作为国家生活的活动描述市民社会，同时从市民社会出发来阐明意识的所有各种不同理论的产物和形式，如宗教、哲学、道德等等，而且追溯它们产生的过程。[③]"这也印证了我们上面叙述过的观点，即从费尔巴哈的直观唯物主义出发，是引申不出历史唯物主义结论的，正如马克思早已告诫我们的："直观的唯物主义，即不是把感性理解为实践活动的唯物主义至多也只能达到对单个人和市民社会的直观。"[④]从上面的论述可以发现，市民社会概念乃是德国古典哲学遗产的根本性的内容之一。

3. 实践

深受希腊哲学，尤其是亚里士多德哲学影响的德国古典哲学家都十分重视实践问题。众所周知，康德把理性区分为"思辨理性"和"实践理性"。在《判断力批判》(1790)中，他进一步提出了"两种实践"的概念：一种是

---

① 《马克思恩格斯全集》第1卷，人民出版社1956年版，第428页。
② 《马克思恩格斯选集》第1卷，人民出版社1995年版，第87～88页。
③ 《马克思恩格斯选集》第1卷，人民出版社1995年版，第92页。
④ 《马克思恩格斯选集》第1卷，人民出版社1995年版，第56～57页。

"遵循自然概念的实践"(das Praktische nach Naturbegriffen),即人们运用思辨理性认识自然、改造自然的活动;另一种是"遵循自由概念的实践"(dem praktischen nach dem Freiheitsbegriffe),即人们在实践理性指导下的道德活动。在康德看来,实践理性优于思辨理性,"因为一切关切归根到底都是实践的,甚至思辨理性的关切也仅仅是有条件的,只有在实践的应用中才是完整的"①。在康德的批判哲学中,尽管"遵循自由概念的实践",即人们的道德活动拥有更高的位置,但一方面,空洞的义务使它具有形式主义和主观主义的特征;另一方面,它与人们认识自然、改造自然的实践活动又是相分离的。如果说,费希特也像康德一样,满足于谈论单纯义务的、形式主义的道德实践活动,那么,黑格尔则通过对英国古典经济学的深入研究,把自己的注意力转向基础性的实践活动,即劳动。在《伦理体系》(1802—1803)、《实在哲学》(1803—1806)、《精神现象学》(1807)等著作中,黑格尔对劳动的本质、劳动过程中出现的异化等现象作出了深刻的剖析。

马克思对康德哲学作了高度的评价,把它称为"法国革命的德国理论"②,并强调,康德哲学的革命内涵主要是通过他高扬的实践理性而表达出来的,以至于"18 世纪末德国的状况完全反映在康德的'实践理性批判'中"③。但马克思不赞成康德把实践窄化为道德活动,窄化为关于"善良意志"的空洞的说教。事实上,由于康德只是从单纯道德行为的角度去理解法国资产阶级自由主义的实践活动,"因此当这种强有力的资产阶级自由主义的实践以恐怖统治和无耻的资产阶级钻营的形态出现的时候,德国小资产阶级者就在这种资产阶级自由主义的实践面前畏缩倒退了"④。在马克思看来,尽管康德高扬了实践理性的重要性,但他对实践的理解仍然打着软弱的德国小资产阶级的烙印。

马克思也高度评价了黑格尔对实践概念的发展作出的积极贡献:"黑格尔的《现象学》及其最后成果——辩证法,作为推动原则和创造原则的否定性——的伟大之处首先在于,黑格尔把人的自我产生看做一个过程,

---

① 康德:《实践理性批判》,何兆武译,商务印书馆 1990 年版,第 133 页。
② 《马克思恩格斯全集》第 1 卷,人民出版社 1957 年版,第 100 页。
③ 《马克思恩格斯全集》第 3 卷,人民出版社 1960 年版,第 211 页。
④ 《马克思恩格斯全集》第 3 卷,人民出版社 1960 年版,第 213 ~ 214 页。

把对象化看做非对象化，看做外化和这种外化的扬弃；可见，他抓住了劳动的本质，把对象性的人、现实的因而是真正的人理解为他自己的劳动的结果。"[①]在黑格尔的语境中，尽管"劳动"只是"抽象的精神劳动"的代名词，但他考察实践问题的独特视角对马克思产生了巨大的影响。

马克思既不赞成康德把道德实践活动与人们认识自然、改造自然的实践活动割裂开来并对立起来，也不赞成黑格尔只是在"抽象的精神劳动"的层面上来谈论劳动这一实践的基本形式。马克思倡导的是统一的、现实的实践概念。他写道："从前的一切唯物主义（包括费尔巴哈的唯物主义）的主要缺点是：对对象、现实、感性，只是从客体的或者直观的形式去理解，而不是把它们当做感性的人的活动，当作实践去理解，不是从主体方面去理解。"[②]也就是说，在观察、思考一切社会现象时，马克思都把"实践"与"直观"对立起来，把"感性的人的活动"与"抽象的思辨"对立起来。马克思不仅把实践理解为全部社会生活的本质，理解为检验任何理论是否具有真理性的标准，而且也把它理解为自己的哲学与一切传统的哲学之间的分水岭。马克思甚至把自己的哲学也称之为"实践唯物主义"。

我们发现，马克思主要是沿着以下两个方向来改造并提升实践概念的。一方面，他远比黑格尔深入地研究了英国古典经济学，揭示出实践的基本形式——生产劳动在人类生存活动和世界历史发展中的基础性作用，提出了"异化劳动"（die entfremdete Arbeit）的重要概念，分析了"异化劳动"引起的种种后果，主张通过共产主义革命，废除私有制，扬弃异化，达到人性的复归。另一方面，他与康德、费希特不同，他并不满足于抽象的道德说教和纯粹义务论式的道德实践活动，而是在统一的实践概念中抉择出社会革命这一重要的维度，并主张："……实际上和对实践唯物主义者，即共产主义者说来，全部问题都在于使现存世界革命化，实际地反对和改变事物的现状。"[③]这就极大地丰富了德国古典哲学家关于实践概念的内涵，使

① 《马克思恩格斯全集》第3卷，人民出版社2002年版，第319～320页。
② 《马克思恩格斯选集》第1卷，人民出版社1995年版，第54页。
③ 《马克思恩格斯全集》第2卷，人民出版社1960年版，第48页。

之脱离了德国小资产阶级自由主义的狭隘眼界①。

所有这些论述都表明,在马克思的理论视野中,实践问题乃是德国古典哲学的最基本的遗产之一。其实,当恩格斯把纯粹思想领域,即逻辑与辩证法理解为德国古典哲学的唯一遗产时,他并没有考虑到,除了辩证法,逻辑范畴归根到底也是实践活动的产物。正是列宁深刻地揭示出"逻辑的范畴与人的实践"之间的始源性关系:"对黑格尔说来,行动、实践是逻辑的'推理',逻辑的格。这是对的! 当然,这并不是说逻辑的格以人的实践作为它自己的异在(=绝对唯心主义),相反地,人的实践经过千百次的重复,它在人的意识中以逻辑的格固定下来。这些格正是(而且只是)由于千百万次的重复才有着先入之见的巩固性和公理的性质。"②

由此可见,用费尔巴哈的直观唯物主义去改造并提升黑格尔的辩证法是徒劳无功的,唯有引入实践唯物主义,这种改造和提升才真正变得可能。不管人们如何用辩证法来打扮这种直观的唯物主义,它都不可能成为马克思的历史唯物主义的基础。事实上,历史唯物主义的划时代的革命集中体现在对哲学基础的改造上,而不是通过把辩证法嫁接到旧的、直观的唯物主义基础上就可以完成的。

4. 自在之物

如果说,实践作为人的感性的活动,可以被人们直接地观察到、感受到的话,那么,"自在之物"(Ding an sich)在康德的语境中却是超经验的、不可知的对象。解读自在之物的真谛乃是康德以来的德国哲学家的共同课题,而他们的解读也构成了德国古典哲学的基本遗产之一。马克思的哲学之所以比同时代的其他哲学来得深刻,因为他也参与了对自在之物的解读,并最终揭示出它的秘密。

众所周知,在康德那里,自在之物的概念具有三方面的含义:第一,作为感性刺激的来源;第二,作为知性认识的界限;第三,作为实践理性,即人的意志的范导性原则。在康德之后,费希特试图从以自我为基础的知识学

---

① 参阅俞吾金:《马克思对西方哲学传统的扬弃:兼论马克思的实践、自由概念与康德的关系》,载《中国社会科学》2001年第3期;《如何理解马克思的实践概念》,载《哲学研究》2002年第11期。

② 列宁:《哲学笔记》,人民出版社1956年版,第233页。

出发，消除康德的自在之物的概念，谢林和黑格尔则分别以“绝对”和“绝对精神”的概念取代自在之物。对于谢林来说，“绝对”可以通过理智直观加以把握，对于黑格尔来说，“绝对精神”则唯有通过辩证思维才能加以把握。不难发现，费希特、谢林和黑格尔的共同点是，从传统的知识论视角出发去超越康德。也就是说，他们的着眼点是思辨理性以及自在之物的前两个含义[①]。

显然，这种解读方式也对恩格斯产生了重大的影响。在《出路》中，当恩格斯谈到人们从煤焦油中提炼出茜素时，这样写道：“既然我们自己能够创造出某一自然过程，按照它的条件把它生产出来，并使它为我们的目的服务，从而证明我们对这一过程的理解是正确的，那么康德的不可捉摸的‘自在之物’就完结了……‘自在之物’就变成为我之物了。”[②]不用说，像费希特、谢林和黑格尔一样，恩格斯也忽视了康德的自在之物的第三个含义。其实，正如我们在前面已经指出过的那样，既然康德把实践理性置于思辨理性之上，那么，在他那里，自在之物的第三个含义就显得更为重要了。

虽然叔本华不属于恩格斯语境中的德国古典哲学家，但他却在理解康德的自在之物概念的本质含义上迈出了重要的一步。在他看来，康德的自在之物也就是普遍的宇宙意志，简言之，也就是意志，在人的身上则体现为生存意志[③]。可见，叔本华对自在之物的解读超越了他的前辈和同时代人的单纯知识论的视角，他把问题的答案引回到人的生存活动中。然而，叔本华还没有真正地破解自在之物的秘密。一方面，在康德的用语中，“实践理性”也就是意志。康德的自在之物是为实践理性或意志提供范导原则的，但它本身并不是意志，而是隐藏在意志背后的某种神秘的存在物，至于这种存在物究竟是什么，康德认为是不可知的；另一方面，虽然叔本华把意志理解为世界的本质，但他并没有从人们的现实生活出发来展示意志发生作用的基本方式。所以，在他那里，自在之物的意义仍然是蔽而不明的。

正是马克思，从经济哲学研究的视角出发，彻底解开了康德的自在之物的秘密。与叔本华片面地强调意志自由不同，马克思认为：“不管是康德

---

① 参阅俞吾金：《马克思本体论研究中的一些基本概念》，载《哲学动态》2001年第10期。

② 《马克思恩格斯选集》第4卷，人民出版社1995年版，第225～226页。

③ 参阅文德尔班：《哲学史教程》下卷，罗达仁译，商务印书馆1996年版，第811～812页。

或德国市民(康德是他们的利益的粉饰者),都没有觉察到资产阶级的这些理论思想是以物质利益和由物质生产关系所决定的意志为基础的。因此,康德把这种理论的表达与它所表达的利益割裂开来,并把法国资产阶级意志的有物质动机的规定变为'自由意志'、自在和自为的意志、人类意志的纯粹自我规定,从而就把这种意志变成纯粹思想上的概念规定和道德假设。"①在马克思看来,意志并不是完全自由的,它起作用的基本方式是生产劳动,而生产劳动又是以"物质生产关系"为基础的。实际上,正是这种看不见摸不着的社会生产关系在康德的哲学语言中被神秘化了,成了神秘主义的、不可知的自在之物。

马克思告诉我们,在现代社会中,生产过程中的一切要素,如劳动力、原料、工具、产品等等,都是以商品的形式存在的。商品就是"物"(Ding)在现代社会中的存在方式,也是一切生产劳动得以展开的条件。马克思认为,商品作为"物"不仅是自然的物(使用价值),而且也是社会的物(交换价值)。而在现代社会中,既然人们是作为交换价值的生产者而存在的,因而自然而然就会产生一种幻觉,即把"物"的社会属性误解为它的自然属性,"例如,用木头做桌子,木头的形状就改变了。可是桌子还是木头,还是一个普通的可以感觉的物。但是桌子一旦作为商品出现,就变成一个可感觉而又超感觉的物了。它不仅用它的脚站在地上,而且在对其他一切商品的关系上用头倒立着,从它的木脑袋里生出比它自动跳舞还奇特得多的狂想。"②马克思把这种现象称之为"商品的拜物教性质",并告诉我们,正是隐藏在生产劳动与之打交道的"物"背后的社会生产关系导致了现代社会普遍存在的"拜物教"现象。

这样一来,马克思也就彻底地解开了自在之物的谜底,即康德以为超验的、神秘的、不可知的自在之物实际上正是隐藏在生产劳动与之打交道的、作为商品的"物"背后的社会生产关系。这种社会生产关系是看不见摸不着的,唯有通过对"商品拜物教"的批判,完成对作为商品的"物"的去

---

① 《马克思恩格斯全集》第3卷,人民出版社1960年版,第213页。

② 马克思:《资本论》第1卷,第87~88页。在《资本论》第2卷中,马克思以更明确的口吻指出:"这种拜物教把物在社会生产过程中获得的社会的经济的性质,变为一种自然的、由这些物的物质本性产生的性质。"参阅《资本论》第2卷,人民出版社1975年版,第252页。

超验化、去神秘化和去不可知化，它才会显现出来。此外，成为实践理性的范导原则的，也不是康德意义上的自在之物——上帝、自由和灵魂不朽，而是社会生产关系。正如马克思所说的："在一切社会形式中都有一种一定的生产决定其他一切生产的地位和影响，因而它的关系也决定其他一切关系的地位和影响。这是一种普照的光，它掩盖了其他一切色彩，改变着它们的特点。这是一种特殊的以太，它决定着它里面显露出来的一切存在的比重。"①

从上面的论述可以看出，自在之物乃是德国古典哲学的基本遗产和核心谜语。显然，在单纯知识论的语境中，把自在之物溶解在为我之物中是容易的，但关键在于揭示自在之物在实践理性中的范导作用。正是马克思解答了这个谜语，从而实质性地改造并提升了德国古典哲学的研究成果。

5. 历史意识

在解读自在之物的秘密时，我们已经指出，这一秘密是在现代社会（这一确定的历史时期）的生产关系中显露出来的。这实际上暗含着下面的见解，即历史意识也是德国古典哲学的基本遗产之一。马克思对这一基本遗产的重视是不言而喻的，这在他的名言"我们仅仅知道一门唯一的科学，即历史科学"②中得到了充分的印证。何况，历史唯物主义正是马克思的划时代的理论贡献之一。

在《世界公民观点之下的历史观念》一文中，康德开宗明义地指出："无论人们根据形而上学的观点，对于意志自由可以形成怎么样的一种概念，然而它那表现，即人类的行为，却正如任何别的自然事件一样，总是为普遍的自然律所决定的。历史学是从事于叙述这些表现的；不管它们的原因可能是多么地隐蔽，但历史学却能使人希望：当它考察人类意志自由的作用的整体时，它可以揭示出它们有一种合乎规律的，并且就以这种方式而把从个别主体上看来显得是杂乱无章的东西，在全体的物种上却能够认为是人类原始的秉赋之不断前进的，虽则是漫长的发展。"③在这段重要的论述中，包含着康德的两个基本观点：一是人类历史的发展是服从自然律

---

① 《马克思恩格斯全集》第46卷上，人民出版社1979年版，第44页。

② 《马克思恩格斯全集》第3卷，人民出版社1960年版，第20页注①。

③ 康德：《历史理性批判文集》，何兆武译，商务印书馆1990年版，第1页。

的;二是从总体上看,人类社会是沿着进步的方向向前发展的。在康德上述观点的基础上,黑格尔进一步把人类历史理解为理性和情欲不断冲突的过程,并肯定"理性的机巧"(die List der Vernunft)主宰着历史,即"这种理性的活动一方面让事物按照它们自己的本性,彼此互相影响,互相削弱,而它自己并不直接干预其过程,但同时却正好实现了它自己的目的"[①]。显然,"理性的机巧"的观点既肯定了历史运动的规律性,也肯定了它的目的性。

在黑格尔那里显得如此重要的历史意识,被恩格斯转化为关于运动、变化、转变、发展和联系的意识[②],从而纳入到他最喜欢谈论的纯粹的辩证法理论中去。其实,改造和提升辩证法的方式既不是使辩证法与人类历史相分离,也不是使辩证法与抽象的物质或自然相结合,而是使辩证法重新融入到人类历史中去,成为历史唯物主义语境中的历史辩证法。这种历史辩证法正是马克思对德国古典哲学,特别是黑格尔哲学所蕴含的历史意识的批判性继承和革命性转变。马克思的历史辩证法的主要观点如下。

第一,从现实历史的基础出发来解释观念。马克思写道:"这种历史观和唯心主义历史观不同,它不是在每个时代中寻找某种范畴,而是始终站在现实历史的基础上,不是从观念出发来解释实践,而是从物质实践出发来解释观念的东西。"[③]在马克思看来,观念的一切形式和产物不是可以用精神的批判来消灭的,只有通过革命,推翻这些观念所由产生的现实的社会关系,才能消灭这些观念。因此,历史的动力是革命,而不是批判。显然,这里涉及到的是历史辩证法对现实历史发展的动力机制的理解。

第二,社会经济形态的发展是一个自然历史过程。马克思指出:"无论哪一个社会形态,在它所能容纳的全部生产力发挥出来之前,是决不会灭亡的;新的更高的生产关系,在它的物质存在条件在旧社会的胎胞里成熟以前,是决不会出现的。所以人类始终只提出自己能够解决的任务,因为只要仔细考察就可以发现,任务本身,只有在解决它的物质条件已经存在

① 黑格尔:《小逻辑》,贺麟译,商务印书馆 1980 年版,第 394 页。
② 参阅《马克思恩格斯选集》第 3 卷,人民出版社 1960 年版,第 362 页。
③ 《马克思恩格斯全集》第 3 卷,人民出版社 1960 年版,第 43 页。

或者至少是在生成过程中的时候，才会产生。”[①]无疑地，这里涉及到的是历史辩证法对现实历史发展规律的认可和对历史主体的能动性的限定。

第三，只有理解现在，才能正确地解释过去。马克思告诉我们：“人体解剖对于猴体解剖是一把钥匙。反过来说，低等动物身上表露的高等动物的征兆，只有在高等动物本身已被认识之后才能理解。”[②]因此，基督教只有在当代达到自我批判意识的时候，才能对其早期神话作出客观的理解。同样地，资本主义的经济只有在当代资本主义社会开始自我批判时，才能理解封建的、古代的和东方的经济。当然，这种自觉地从现在的生活本质出发去理解过去的方法也是有限度的，即它必须承认不同历史时期的差别，决不能用现在去改铸过去。毋庸讳言，这里涉及到的正是历史辩证法中的核心观念，即历史性的观念。按照这种观念，一个不能正确地把握现在的生活本质的人，是不可能对过去作出合理的解释的。

第四，历史结构优先于历史次序。马克思指出：“把经济范畴按它们在历史上起决定作用的先后次序来排列是不行的，错误的。它们的次序倒是由它们在现代资产阶级社会中的相互关系决定的，这种关系同表现出来的它们的自然次序或者符合历史发展的次序恰好相反。问题不在于各种经济关系在不同社会形式的相继更替的序列中在历史上占有什么地位，更不在于它们在‘观念上’（蒲鲁东）（在历史运动的一个模糊表象中）的次序，而在于它们在现代资产阶级社会内部的结构。”[③]这里涉及到的正是历史辩证法对现代社会结构的优先性的认可。这也表明，历史辩证法决不是历史主义，绝不是对历史起点和历史过程的抽象崇拜，而是对现代社会结构的先行的、深入的考量和把握。

总之，决不应该把辩证法从社会历史中剥离出来，并把它作为德国古典哲学，尤其是黑格尔哲学的遗产。其实，历史意识和历史辩证法才是德国古典哲学的基本遗产之一，而马克思用历史唯物主义的理论改造了这一遗产。

---

① 《马克思恩格斯选集》第2卷，人民出版社1995年版，第33页。
② 《马克思恩格斯全集》第46卷上，人民出版社1979年版，第43页。
③ 《马克思恩格斯全集》第46卷上，人民出版社1979年版，第45页。

6. 自由

正是基于上面提到的深刻的历史意识,德国古典哲学家几乎无例外地把自由理解为理性追求的最高目标,而马克思也把自由理解为德国古典哲学的基本遗产之一。

康德认为,思辨理性涉及到自然规律或自然必然性,属于现象的范围;而实践理性则涉及到自由,属于自在之物的范围。人既属于现象领域(在时空中),又属于自在之物的领域(超越经验和时空),“事实上,人的行为,在他属于时间之中的人的规定的时候,不但是作为现象的人的规定,而且是作为自在之物的人的规定,那么自由便会是无法拯救的了。人就会是由至上匠师制做和上紧发条的一个木偶或一架沃康松式的自动机”①。在康德看来,在现象领域,当人面对自然必然性时,是不应该谈论自由的,因为“在现象里面,任何东西都不能由自由概念来解释,而在这里自然的机械作用必须始终构成向导”②。也就是说,自由只能在自在之物的领域,即涉及社会关系和人的意志时才能谈论。显然,在康德这里,自然必然性与自由被分离开来并尖锐地对立起来了。

黑格尔认为:“这种不包含必然性的自由,或者一种没有自由的单纯必然性,只是一些抽象而不真实的观点。自由本质上是具体的,它永远自己决定自己,因此同时又是必然的。”③自由和必然并不是对立的,自由是对必然的认识。正是在这个意义上,黑格尔强调,随着人类历史的发展,人们不仅加深了对历史必然性的认识,其自由意识也变得越来越强烈。

在黑格尔对康德的自由观的推进中,仍然存在着被疏忽的方面,即黑格尔在探讨自由与必然的关系时,并没有自觉地从“必然”概念中区分出“自然必然性”和“历史必然性”。众所周知,他主要是在历史哲学中讨论自由问题的,从而实际上把自由理解为对历史必然性的认识。由于康德谈论的是自由与自然必然性的分离和对立,所以他的观点并没有得到认真的对待。正因为如此,恩格斯在《反杜林论》中这样写道:“黑格尔第一个正确地叙述了自由和必然之间的关系。在他看来,自由是对必然的认识……

---

① 康德:《实践理性批判》,韩水法译,商务印书馆 1999 年版,第 110 页。

② 康德:《实践理性批判》,韩水法译,商务印书馆 1999 年版,第 30 页。

③ 黑格尔:《小逻辑》,贺麟译,商务印书馆 1980 年版,第 105 页。

自由不在于幻想中摆脱自然规律而独立，而在于认识这些规律，从而能够有计划地使自然规律为一定的目的服务。"[①]恩格斯甚至把"真正的人的自由"理解为"那种同已被认识的自然规律和谐一致的生活"[②]。可见，恩格斯并没有正视康德自由观提出的极为尖锐的问题：如果在现象的范围内认识了自然必然性或自然规律，人就达到了自由，人岂不会蜕变成"上紧发条的一个木偶或一架沃康松式的自动机"？比如，一个自然科学家认识了自然规律，他是否就变得自由了呢？并不。他的真正的自由并不体现在人与自然的关系中，而是体现在人与人之间的社会关系中。也就是说，只有当一个人的行为涉及生命、情感、信仰、责任、善恶、良知等问题时，才触及到真正意义上的自由。

与恩格斯不同，马克思对自由问题的关注一开始就立足于人类社会，立足于人与人的关系。众所周知，马克思的博士论文（1840—1841）通过对伊壁鸠鲁的原子偏斜说的肯定，张扬了自我意识和自由的伟大力量。在其第一篇政论文章《评普鲁士最近的书报检查令》（1842）中，马克思在批判普鲁士政府的"虚伪自由主义"的倾向时，曾经尖锐地指出："没有色彩就是这种自由唯一许可的色彩。"[③]成熟时期的马克思，在历史唯物主义的基础上，通过对生产劳动中必要劳动时间与剩余劳动时间之间的结构关系的分析和现实生活中劳动时间与闲暇时间之间的结构关系的分析，肯定时间是自由得以展示的地平线，而缩短工作日则是人类获得普遍自由的根本条件。毫无疑问，马克思的自由观进一步深化了德国古典哲学家，尤其是黑格尔关于自由问题的见解。

总之，在马克思的理论视野中，人、市民社会、实践、自在之物、历史意识和自由等要素构成了德国古典哲学的基本遗产。诚然，马克思也十分重视蕴含在德国古典哲学，尤其是黑格尔哲学中的辩证法，但与恩格斯不同，马克思总是把辩证法融进历史唯物主义的视角中。也就是说，马克思谈论的是历史辩证法，而不是与社会历史相分离的纯粹辩证法；是人化自然辩证法，而不是与社会历史相分离的自然辩证法。所以，在叙述马克思对德

---

① 《马克思恩格斯选集》第3卷，人民出版社1995年版，第455页。
② 《马克思恩格斯选集》第3卷，人民出版社1995年版，第456页。
③ 《马克思恩格斯全集》第1卷，人民出版社1956年版，第7页。

国古典哲学遗产的理解时，我们并没有专门立出"辩证法"一项，而是把它置于上面提到的所有的要素，尤其是"历史意识"的平台上来展开。综上所述，正是马克思恢复了德国古典哲学遗产的丰富内涵。

四、重新理解德国古典哲学遗产的意义

马克思的解读方式启示我们，重新理解德国古典哲学遗产，具有极为重要的理论意义。

首先，它启示我们，必须恢复德国古典哲学遗产的丰富内涵。在传统的马克思主义哲学教科书体系中，德国古典哲学的遗产被简单化、贫乏化了，而片面重视当代西方哲学、轻视近代西方哲学的流行倾向，又进一步加剧了人们对德国古典哲学的忽视。事实上，从康德到黑格尔的德国古典哲学家，既是传统哲学史的集大成者，又对当代西方哲学的演化产生了巨大的影响。他们的承上启下的作用是无法抹杀的。在我们看来，只有认真地探索德国古典哲学，消化并吸纳其丰富的思想资源和哲学遗产，才能拓宽我们的理论视野，对当代西方哲学作出更深入、更合理的阐释。

其次，它启示我们，马克思与德国古典哲学（尤其是与康德、黑格尔）的关系、费尔巴哈与德国古典哲学的关系、后德国古典哲学时期中马克思与费尔巴哈的关系等等，仍然是有待深入探究的重要理论问题。事实上，在传统的马克思主义哲学教科书中，充满了对这些关系问题的片面理解和误解。所以，还有大量的正本清源的工作需要付诸实行，而目前的学科分类方法，即把马克思主义哲学史与近代西方哲学史分离开来进行研究的方法，是无助于对上述问题的深入探讨的。所以，我们必须进行跨领域的研究。

最后，它启示我们，对马克思哲学本质的理解，在某种意义上取决于我们对德国古典哲学遗产的解读。马克思的解读方法提示我们，马克思关注的并不是纯粹思想的领域，而是社会现实问题，所以他把人、市民社会、实践、自在之物、历史意识和自由理解为德国古典哲学的基本遗产。诚然，他在一定的程度上受过费尔巴哈的影响，但他决不可能返回到费尔巴哈的直观唯物主义的立场上去。马克思主要是通过对现实斗争的参与和对政治学的深入研究，从黑格尔的历史唯心主义直接转化为历史唯物主义的。归

根到底，费尔巴哈的唯物主义在马克思创立历史唯物主义的过程中没有起过根本性的、决定性的作用。相反，真正对马克思青年时期的思想产生过比较深刻影响的是费尔巴哈的人本主义学说。这一学说作为德国古典哲学的出路之一，强调神学的本质是人类学，从而在一定程度上启发马克思从宗教批判转向对现实生活的批判。然而，马克思很快就从理论上与费尔巴哈分道扬镳了。历史唯物主义这一划时代的新哲学观的创立，使马克思的理论视野远远地超越了包括费尔巴哈在内的一切旧唯物主义者。

在这个意义上可以说，传统的马克思主义哲学教科书传播的一个有广泛影响的结论："合理内核"（黑格尔的辩证法）+"基本内核"（费尔巴哈的唯物主义）=唯物辩证法或辩证唯物主义（马克思哲学）是不确切的，因为马克思从来没有返回到费尔巴哈的立场上去。事实上，马克思在《关于费尔巴哈的提纲》的第一条中就已阐明他的唯物主义与包括费尔巴哈在内的一切旧唯物主义之间的根本差别。马克思的历史唯物主义的创立乃是哲学基础理论研究中的一个划时代的、伟大的事件。在马克思的新哲学观中，唯物主义的基础不再是抽象的物质或自然界，而是人的社会实践活动；这一新哲学观所蕴含的认识论不再着眼于对对象、现实和感性的直观，而是着眼于对人的实践活动这一前提的考察。在我们看来，马克思哲学的本质就是历史唯物主义，成熟时期的马克思并没有提出过历史唯物主义之外的任何其他的哲学学说。也就是说，历史唯物主义不是只适用于历史领域的某种实证性的理论，而是一个完整的世界观，它完全可以涵盖对人类社会、自然界（或物质）和人的思维活动等一切现象的哲学解释。总之，只有通过对德国古典哲学遗产的重新解读，充分揭示出这一遗产的丰富内涵，马克思哲学的本真精神才可望得到恢复。

马克思对康德哲学革命的扬弃

在中国理论界,存在着一个非常有趣的现象,即有不少论著探索了康德在哲学史中所实现的"哥白尼式的革命",也有不少论著研究了马克思所创立的历史唯物主义在哲学史上所引起的划时代的革命意义,然而,却鲜有这样的论著来探讨这两大哲学革命之间的内在联系。由于这方面探讨的缺位,不但使我们对康德哲学革命的历史意义难以获得一个充分的了解,而且也使我们对马克思哲学革命的思想来源缺乏完整的说明,从而进一步导致我们对整个哲学史(包括马克思主义哲学史在内)理解上的偏差。由此可见,深入反省这两大革命之间的内在联系,具有极为重要的理论意义。本文认为,马克思站在历史唯物主义的立场上,既继承了康德哲学革命的根本贡献,也超越了康德哲学革命所蕴含的种种局限性,从而把传统的哲学思维推进到一个崭新的高度上。

一、康德"哥白尼式的革命"的贡献和局限

众所周知,在哲学史上,人们常常把康德所发起的哲学革命称之为"哥白尼式的革命",因为在《纯粹理性批判》的第二版序言中,康德本人引入

了哥白尼在天文学中的革命来说明自己在哲学中所实行的变革。他这样写道:“向来人们都认为,我们的一切知识都必须依照对象;但是在这个假定下,想要通过概念先天在构成有关这些对象的东西以扩展我们的知识的一切尝试,都失败了。因此我们不妨试试,当我们假定对象必须依照我们的知识时,我们在形而上学的任务中是否会有更好的进展。这一假定也许将更好地与所要求的可能性、即对对象的先天知识的可能性相一致,这种知识应当在对象被给予我们之前就对对象有所断定。这里的情况与哥白尼的最初的观点是同样的,哥白尼在假定全部星体围绕观测者旋转时,对天体运动的解释已经无法顺利地进行下去了,于是他试着让观测者自己旋转,反倒让星体停留在静止之中,看看这样是否能取得更好的成绩。现在,在形而上学中,当涉及到对象的直观时,我们也能够以类似的方式来试验一下。如果直观必须依照对象的性状,那么我就看不出,我们如何能先天地对对象有所认识;但如果对象(作为感官的客体)必须依照我们直观能力的性状,那么我倒是完全可以想象这种可能性。”①

凡稍稍熟悉天文学史的人都知道,在哥白尼之前,在古代学者亚里士多德、托勒密那里,形成了著名的“地心说”。这种学说认为,太阳是围绕地球而旋转的,而日常生活中的感性的观察似乎也证实了这一点,因为在天气晴朗的时候,人们很容易观察到:早晨,太阳从地球的东面升起;晚上,太阳又从地球的西面落下去,仿佛太阳是围着地球在旋转的。然而,哥白尼发现,这种日常生活中的感性观察所引申出来的结果恰恰是错误的,因为它使许多天文现象得不到合理的说明。为此,哥白尼提出了完全相反的、革命性的假设,即著名的“日心说”,肯定地球是围绕太阳而旋转的,从而使这些天文现象得到了合理的说明。就哥白尼革命的实质而言,意味着思维方式上的革命,即从认识的主体围绕认识的对象而旋转变成认识的对象围绕认识的主体而旋转。

当然,在这里,康德的意图并不是单纯地叙述哥白尼在天文学上的贡献,而是试图把这一贡献所蕴含的思维方式的革命贯彻到对哲学的研究之中。在传统的哲学研究中,人们通常以对象为轴心去解释知识,而康德的

---

① 康德:《纯粹理性批判》,邓晓芒译,人民出版社 2004 年版,第二版序,第 15 页。

先验哲学则试图以认识主体为轴心去解释对象,即"我们关于物先天地认识到的只是我们自己放进它里面去的东西"[①]。说得更明确一些,"这个模仿自然科学家的方法就在于:在可以通过一次实验加以证实或反驳的东西里寻找纯粹理性的诸要素"[②]。

海涅对康德的这一"哥白尼式的革命"的实质和意义作了十分形象的说明:"自从康德出现后,迄今回旋于事物的周围,东嗅西闻,收集些事物的表征加以分类的哲学便一蹶不振了,康德把研究工作引回到人类精神中去并考察了那里所呈示的东西。因此他把他的哲学和哥白尼的方法相比较并非是不恰当的……以前理性像太阳一样围绕着现象世界旋转并试图去照耀它;但康德却让理性这个太阳静止下来,让现象世界围绕着理性旋转,并使现象世界每次进入这个太阳的范围内,就受到照耀。"[③]在海涅看来,康德的"哥白尼式的革命"在哲学史上具有划时代的意义,因为一方面,它使传统哲学的思维方式一蹶不振;另一方面,它肯定了理性,尤其是纯粹理性在人类全部认识活动中的基础的、核心的作用。

然而,康德的哲学革命也留下了一系列问题,引起了康德同时代和以后的哲学家们的批判和反思。文德尔班在《哲学史教程》中这样写道:"认识能力摇摆于主体的难以理解的 X 与客体的同样难以理解的 X 之间。感性在自身之后什么也没有,知性在自身之前什么也没有……批判的理性之为理性纯为无事忙,即只为自身而忙碌。因此,批判主义如果不愿沦为虚无主义或绝对怀疑主义,则这位先验的唯心主义者必然有胆量主张'最激烈的'唯心主义;他必然宣称,只有现象存在。"[④]这段评语集中反映出康德哲学革命的局限性。

首先,文德尔班这里说的"主体的难以理解的 X"指的是"心"(Gemuet)。在《纯粹理性批判》第二版的一个注中,康德肯定"心"有三种能力,即感官、想象力和统觉,并指出:"在这上面就建立起了:(1)通过感官对杂多的先天概观;(2)通过想象力对这种杂多的综合;最后,(3)通过本

① 康德:《纯粹理性批判》,邓晓芒译,人民出版社 2004 年版,第二版序,第 16 页。
② 康德:《纯粹理性批判》,邓晓芒译,人民出版社 2004 年版,第二版序,第 16 页。
③ 张玉书选编:《海涅选集》,人民文学出版社 1983 年版,第 298 页。
④ 文德尔班:《哲学史教程》下卷,商务印书馆 1996 年版,第 792 页。

源的统觉对这种综合的统一。”[①]按照这样的论述，在认知的范围内，“心”起着基础性的作用。没有“心”，也就不可能有感官、想象力和统觉这三种认知能力，而没有这三种认知能力，任何认知活动都是不可能的。在《判断力批判》的导言中，康德赋予“心”以更宽泛的含义。他强调，“心”有三方面的能力：一是认知机能，就是上面已经论述到的感官、想象力和统觉，涉及到认识论；二是情感机能，即愉快或不愉快，关涉到审美和艺术；三是欲求的机能，关涉到意志和伦理学。众所周知，康德的三大批判就是对“心”的上述三大机能的考察。然而，“心”究竟是什么呢？为什么“心”会具有这三大机能呢？康德对此却没有作出任何论述。显然，在他看来，“心”乃是一个无法认识的“X”。

其次，文德尔班这里说的“客体的同样难以理解的 X”指的则是“物自体”或“自在之物”(Ding an sich)。人所共知，康德所创立的先验逻辑的一个巨大的贡献是在对象中区分出经验范围内的“现象”和超经验的“物自体”，知识只停留在经验和现象的范围内，“物自体”则是不可知的。康德这样写道：“当人们谈论一个与知识相应、因而也和知识有别的对象时，他们是什么意思呢？很容易看出，这种对象必须只被作为一般等于 X 的某物来思考，因为我们在我们的知识之外毕竟没有任何我们可以置于这个知识的对面与之相应的东西。”[②]在康德看来，“物自体”作为 X 是可以被思考的，但却是无法被认识的，我们能够认识的，只是“物自体”向我们显现出来的现象而已。对于康德关于“物自体”不可知的学说，黑格尔不无遗憾地评论道：“这样康德哲学，对于思维懒惰，便供了可以躺着休息的靠垫之用，因为一切都已经证明了，完结了。”[③]

再次，文德尔班认为，康德把全部知识都限制在现象的范围内，强调“物自体”只有在实践理性中才能起到积极的范导性的作用。这样一来，不仅割裂了人们的认识活动与实践活动之间的关系，而且也助长了一种浅薄的怀疑主义。正如黑格尔在《小逻辑》的第一版序言中分析当时哲学研究的现状时所说的：“一种浅薄的作风，本身缺乏深思，却以自作聪明的怀

---

① 康德：《纯粹理性批判》，邓晓芒译，人民出版社 2004 年版，第 85 页。

② 康德：《纯粹理性批判》，邓晓芒译，人民出版社 2004 年版，第 118 页。

③ 黑格尔：《逻辑学》上卷，杨一之译，商务印书馆 1981 年版，第 46 页。

疑主义和自谦理性不能认识物自体的批判主义的招牌出现,愈是空疏缺乏理念,他们的夸大虚骄的程度反而愈益增高。"[①]在黑格尔看来,由康德的哲学革命所引发的这种哲学研究的现状必须被超越,否则,哲学就只能停留在怀疑主义的阴影中。事实上,在康德之后的几乎所有的哲学家都试图超越康德,而在这些哲学家中,只有马克思,通过创立历史唯物主义理论,从根本上扬弃了康德的哲学革命的成果。

二、实践活动对"心"的直观的扬弃

无论是康德哲学的研究者,还是马克思哲学的研究者,都不经意地忽略了马克思在一段重要的论述中对他自己的哲学和康德的哲学之间的本质关系的阐述。这段论述见诸于马克思《关于费尔巴哈的提纲》第一条。它是这样表述出来的:"从前的一切唯物主义(包括费尔巴哈的唯物主义)的主要缺点是:对对象、现实、感性,只是从客体的或者直观的形式去理解,而不是把它们当做感性的人的活动,当做实践去理解,不是从主体方面去理解。因此,和唯物主义相反,能动的方面却被唯心主义抽象地发展了,当然,唯心主义是不知道现实的、感性的活动本身的。"[②]在某种意义上可以说,这段话是阐明马克思哲学革命与康德哲学革命关系的总纲。在这段极为重要的论述中,蕴含着以下两层意思。

第一层意思是,尽管马克思在这里没有提到康德的名字,也没有对康德的哲学革命作出全面的论述,但他从根本上肯定了康德哲学革命的思路,因为从主体出发,而不是从对象出发看问题的思路正是康德哲学革命所取得的根本性成果。如前所述,康德的"哥白尼式的革命"就是要扭转他以前的哲学家从对象或直观出发去理解人的认识活动的传统思路,而主张把立足点转移到主体方面来,也就是说,要从主体带入认识活动中的先验要素出发去理解人的认识活动。我们知道,《纯粹理性批判》这部著作是由"先验要素论"和"先验方法论"构成的,而康德对"先验要素论"的论述则占据了这部著作的绝大部分篇幅。在"先验要素论"中,"先验感性论"阐明了时间、空间作为先天直观的纯粹形式在认识活动中的作用,而

① 黑格尔:《小逻辑》,贺麟译,商务印书馆 1980 年版,第 2 页。
② 《马克思恩格斯选集》第 1 卷,人民出版社 1995 年版,第 54 页。

“先验逻辑”则阐明了知性范畴在认识活动中的作用及当人们在理性本性的驱使下运用知性范畴去认识超经验的“物自体”时必然陷入的“先验幻相”。也正是在肯定康德哲学革命的根本思路的基础上，马克思指出，“和唯物主义相反，能动的方面却被唯心主义抽象地发展了”。

第二层意思是，马克思也看到了康德哲学革命的局限性——虽然康德高扬了主体性和认识的能动的方面，但他忽略了感性实践活动在整个人类认识中的基础性的作用，因为他只停留在对“心”是一切认识活动的基础这一结论的强调上，但对这一结论却缺乏任何论证。在这个意义上可以说，康德的认识论本质上是静态的、直观的认识论，蕴含着主观主义和神秘主义的倾向。

从马克思的历史唯物主义的新观点看来，实践活动构成了人类的全部社会生活和精神生活的基础，自然也就构成了人类的全部认识活动的基础。一言以蔽之，马克思以作为感性活动的“实践”(Praxis)扬弃了康德的“心”的静态的“直观”(Anschauung)：

首先，马克思认为，一切知识都来源于人们的实践活动。马克思写道：“全部社会生活在本质上是实践的。凡是把理论引向神秘主义的神秘东西，都能在人的实践中以及对这个实践的理解中得到合理的说明。”①也就是说，迄今为止人类所具有的一切知识都是他们为了生存下去而在与环境打交道的实践过程中形成并发展起来的。承认这一点，也就永久性地解构了康德赋予知识的直观性的特征，也解构了其知识论的主观主义的和神秘主义的倾向。就连黑格尔也猛烈地批评了康德认识论中的这些错误倾向：“在《纯粹理性批判》里，我们看到对诸阶段的描述：自我作为理性、表象，而事物便在外面；两者彼此外在，互相反对。这就是康德最后的观点。动物并不是老停留在这个观点上面，它通过实践达到两者的统一。”②事实上，黑格尔和马克思都认为，任何知识都是奠基于实践活动之上的，即使是乍看上去十分神秘的知识也可以通过对实践的解析而获得合理的说明。

其次，马克思主张，即使是康德在《纯粹理性批判》中强调的“纯粹数学何以可能?”、“纯粹自然科学何以可能?”这样的问题，在其提法上也是

① 《马克思恩格斯选集》第1卷，人民出版社1995年版，第56页。

② 黑格尔：《哲学史讲演录》第4卷，贺麟译，商务印书馆1981年版，第286页。

不合适的。在《德意志意识形态》中,马克思在批判费尔巴哈的直观主义认识论时,也批评了康德:“甚至这个‘纯粹的’自然科学也只是由于商业和工业,由于人们的感性活动才达到自己的目的和获得材料的。”①我们知道,恩格斯在《反杜林论》中强调,数学起源于人们丈量土地的实践活动,而列宁在《哲学笔记》中则揭示了逻辑范畴的起源:“人的实践经过千百万次的重复,它在人的意识中以逻辑的格固定下来。这些格正是(而且也只是)由于千百万次的重复才有着先入之见的巩固性和公理的性质。”②这就表明,康德号称的“纯粹的”(rein)科学知识归根到底仍然根源于人类的实践活动。

再次,马克思启示我们,康德所说的“心”及其感性直观、想象和统觉的能力也是在人类长期以来的社会实践活动的历史中形成并发展起来的。马克思指出:“不仅五官感觉,而且所谓精神感觉、实践感觉(意志、爱等等),一句话,人的感觉,感觉的人性,都只是由于它的对象的存在,由于人化的自然界,才产生出来的。五官感觉的形成是以往全部世界历史的产物。”③显然,马克思这里说的“人化的自然”也就是指以人的实践活动为媒介而得到改造的自然界,而康德所说的神秘的“心”所具有的感性直观、想象和统觉的能力也不是先天就有的,而是“以往全部世界历史的产物”。

由此可见,马克思通过实践概念的引入,扬弃了保留在康德哲学革命中的直观主义、主观主义和神秘主义的因素,破解了文德尔班所说的“主体的难以理解的 X”的秘密,把哲学思考提升到一个崭新的层面上。

三、“社会关系”对“物自体”概念的扬弃

众所周知,在康德的哲学革命中,起着极为重要的作用的另一个概念是“物自体”,也就是文德尔班所说的“客体的同样难以理解的 X”。不用说,引入“物自体”这个重要的概念,是对传统的独断论哲学的超越。独断论哲学认为,人们能够认识“物自体”,而康德则告诉我们,我们只能认识“物自体”向我们显现出来的现象,至于“物自体”则是不可知的。在康德

---

① 《马克思恩格斯全集》第 3 卷,人民出版社 1960 年版,第 49 ~ 50 页。

② 列宁:《哲学笔记》,人民出版社 1956 年版,第 233 页。

③ 《马克思恩格斯全集》第 42 卷,人民出版社 1979 年版,第 126 页。

那里,“物自体”概念起着三种不同的作用:第一,在思辨理性中,“物自体”是感性刺激的来源,没有这种来源,认识活动就会失去自己的对象;第二,认识中的“界限概念”(Granzbegriff),即“物自体”属于超经验的领域,认识活动应该中止于“物自体”之前,如果理性一定要运用知性范畴去认识“物自体”,就会陷入种种先验幻象之中;第三,在实践理性中,“物自体”成了人类的道德行为的范导性的理念。

在康德之后,几乎所有的哲学家都起来批判康德的“物自体”概念。其中黑格尔的批判是很有代表性的,他这样写道:“物自体(这里所谓‘物’也包含精神和上帝在内)表示一种抽象的对象。——从一个对象抽出它对意识的一切联系、一切感觉印象,以及一切特定的思想,就得到物自体的概念。很容易看出,这里剩余的只是一个极端抽象的,完全空虚的东西,只可以认做否定了表象、感觉、特定思维等等的彼岸世界。而且同样简单地可以看到,这剩余的渣滓或僵尸(caput mortum)仍不过只是思维的产物,只是空虚的自我或不断地趋向纯粹抽象思维的产物。这个空虚自我把它自己本身的空虚的同一性当做对象,因而形成物自体的概念……其实,再也没有比物自体更容易知道的东西。”①在黑格尔看来,“物自体”实际上是不存在的,是理性抽象思维的创造物。显然,黑格尔主要是从思辨理性的范围内来批判这个概念的,然而,康德赋予这一概念的真正积极的意义不是在思辨理性的范围内,而是在实践理性的范围内。所以,真正解开康德“物自体”概念秘密的是叔本华。他写道:“Was ist das Ding an sich? Der Wille: ist unsere Antwort gewesen(什么是物自体?我们的回答是:意志就是物自体)。”②

与黑格尔不同,叔本华认为自己是直接继承康德哲学的。他认为,在康德那里,实践理性远比思辨理性重要,而康德所说的实践理性实际上也就是人的“意志”(Wille)。正是通过这样的解读,叔本华把对神秘的“物自体”的解读重新引回到生活世界中,即归根到底,“物自体”就是意志,尤其是人的生存意志。

在马克思看来,虽然叔本华式的解读推进了人们对“物自体”的认识,

---

① 黑格尔:《小逻辑》,贺麟译,商务印书馆 1980 年版,第 125 ~ 126 页。

② A. Schopenhauer, *Die Welt als Wille und Vorstellung*, Suhrkamp Verlag 1986, S. 182 – 183.

并使之返回到人类生活本身上,但这一解读仍然没有深入下去。马克思则从历史唯物主义的基本见解出发,深刻地揭示出康德的“物自体”概念的真正的含义。在《资本论》第一卷中,马克思告诉我们,资本主义社会表现为巨大的商品堆积,而商品作为“物”(Ding)具有两方面的属性:一是作为自然属性的使用价值;二是作为社会属性的交换价值。在这里,有趣的是,劳动产品一获得商品的形式,就会自然而然地形成商品拜物教。那么,商品拜物教的秘密是什么呢?马克思写道:“商品形式的奥秘不过在于:商品形式在人们面前把人们本身劳动的社会性质反映成劳动产品本身的物的性质,反映成这些物的天然的社会属性,从而把生产者同总劳动的社会关系反映成存在于生产者之外的物与物之间的社会关系。”[①]在这里,马克思实际上已经揭示出康德的“物自体”概念的真正的秘密,即它是隐藏在商品之间的物与物之间关系背后的人与人之间的社会关系。

此外,马克思也通过生存、生活、需要、生产这些概念,完成了对“物自体”这个概念的祛神秘化。马克思指出:“……一切人类生存的第一个前提也就是一切历史的第一个前提……是:人们为了能够‘创造历史’,必须能够生活。但是为了生活,道德就需要衣、食、住以及其他东西。因此,第一个历史活动就是生产满足这些需要的资料,即生产物质生活本身。”[②]这就启示我们,不能脱离人类的实际生活,抽象地谈论意志的作用。实际上,人类的生存意志总是首先体现在满足自己生存需要的基本的生产劳动中。然而,生产劳动并不是人们随心所欲的活动,归根到底,它们总是在一定的社会生产关系中展开的。正是在这个意义上,马克思指出:“为了进行生产,人们相互之间便发生一定的联系和关系;只有在这些社会联系和社会关系的范围内,才会有他们对自然界的影响,才会有生产。”[③]由此可见,人们是不可能让自己的生存意志随心所欲地发挥作用的。人类历史表明,这种作用首先总是沿着生产劳动来展开的,而生产劳动得以展开的必要条件就是社会生产关系。在马克思看来,康德的神秘的“物自体”的真正的本质乃是这种看不见、摸不着的抽象的关系。正是这种关系决定着意志,尤

---

① 《资本论》第1卷,人民出版社1975年版,第88~89页。

② 《马克思恩格斯全集》第3卷,人民出版社1960年版,第31页。

③ 《马克思恩格斯选集》第1卷,人民出版社1995年版,第344页。

其是人们的生存意志在生产劳动乃至整个社会生活中的具体的表现方式。马克思极其深刻地指出："黑人就是黑人。只有在一定的关系下，他才成为奴隶。纺纱机是纺棉花的机器。只有在一定的关系下，它才成为资本。脱离了这种关系，它也就不是资本了，就像黄金本身并不是货币，砂糖并不是砂糖的价格一样。"[①]从马克思的这一论述可以看出，正是社会生产关系规定着在它的范围内展开的生存意志的具体方式。马克思还进一步告诉我们："资本也是一种社会生产关系。这是资产阶级的生产关系，是资产阶级社会的生产关系。"[②]也就是说，只有把握住资本这一社会生产关系，才能准确地理解并解释资本主义社会的一切社会现象。

由上可知，一旦我们沿着叔本华和马克思的思路，返回到人类社会本身中去重新理解康德的"物自体"概念时，这个概念的神秘性就消失了，它的真正的秘密就被揭示出来了。

四、"否定性的辩证法"对"先验幻相"的扬弃

在《纯粹理性批判》中，康德深刻地揭露出理性的一种自然本性，即理性总是自然而然地运用知性范畴去追求超经验的物自体，这样，它就必定会陷入到"先验幻相"(transzendentale Schein)之中。当人们去认识超经验的、作为主观方面的统一体的"物自体"——灵魂时，会陷入误谬推论；当人们去认识超经验的、作为客观方面的统一体的"物自体"——世界时，就会陷入二律背反；当人们去认识超经验的、作为主客观统一体的"物自体"时，就会陷入理想。康德强调，"先验幻相"不是经验性的幻相，而是理性把知性范畴运用到超经验的对象——"物自体"上时必然导致的结果。康德把"先验幻相"理解为他的先验辩证法的基本内容，由此可见，在他那里，辩证法只是一个消极性的概念。

黑格尔认为，康德认识到理性本性中蕴含着的这些矛盾，"这必须认为是近代哲学界一个重要的和最深刻的一种进步。但康德的见解是如此的深远，而他的解答又是如此之琐碎；它只出于对世界事物的一种温情主

---

① 《马克思恩格斯选集》第1卷，人民出版社1995年版，第344页。

② 《马克思恩格斯选集》第1卷，人民出版社1995年版，第345页。

义”[①]。在黑格尔看来,理性本性中的矛盾和辩证法并不是应当加以避免的污点,而是具有真正积极的意义,“认识矛盾并且认识对象的这种矛盾特性就是哲学思考的本质”[②]。这就启示我们,在康德那里被割裂开来的“现象”与“物自体”之间的对立,黑格尔通过对“现象”与“本质”的辩证关系的论述而被扬弃了。也就是说,黑格尔把“物自体”的概念改写为“本质”的概念,人们完全可以通过“现象”而去认识“本质”,抽象的、不可知的“物自体”根本上就是不存在的。

青年马克思对黑格尔的辩证法思想作出了高度的评价。他在《1844年经济学哲学手稿》中写道:“黑格尔的《现象学》及其最后成果——辩证法,作为推动原则和创造原则的否定性(der Dialektik der Negativitaet)——的伟大之处首先在于,黑格尔把人的自我产生看做一个过程,把对象化看作非对象化,看作外化和这种外化的扬弃;可见,他抓住了劳动的本质,把对象性的人、现实的因而是真正的人理解为他自己的劳动的结果。”[③]尽管黑格尔唯一知道并承认的劳动是抽象的精神劳动,马克思还是认为,黑格尔的《精神现象学》对否定性的辩证法作出了深刻的叙述。在这里,我们已经可以看到马克思的卓越眼光,即不主张单独地谈论辩证法,而是主张以人类最基本的实践活动——生产劳动作为基础和载体来谈论辩证法。事实上,马克思已经意识到,脱离社会历史,尤其是脱离人的实践活动来谈论辩证法,辩证法必定会流于诡辩。也正是在这一点上,马克思深入地批判了黑格尔的历史唯心主义辩证法,并在历史唯物主义理论的基础上重新阐述了辩证法思想。此外,马克思还认识到,辩证法的根本精神在于辩证的否定。后来,马克思在《资本论》第一卷第二版跋中写道:“辩证法,在其合理形态上,引起资产阶级及其夸夸其谈的代言人的恼怒和恐怖,因为辩证法在对现存事物的肯定理解中同时包含对现存事物的否定的理解,即对现存事物的必然灭亡的理解;辩证法对每一种既成的形式都是从不断的运动中,因而也是从它的暂时性方面去理解;辩证法不崇拜任何东西,按其本

---

① 黑格尔:《小逻辑》,贺麟译,商务印书馆 1980 年版,第 131 页。
② 黑格尔:《小逻辑》,贺麟译,商务印书馆 1980 年版,第 132 页。
③ 《马克思恩格斯全集》第 3 卷,人民出版社 2002 年版,第 319 ~ 320 页。

质来说，它是批判的和革命的。"[①]这样一来，经过马克思对康德和黑格尔的辩证法思想的改造，辩证法由消极转化为积极，成为人们在历史唯物主义的基础上由现象而深入认识社会本质，特别是社会关系的重要方法和武器。

综上所述，马克思创立了历史唯物主义，从而在哲学史上完成了划时代的革命，而这一划时代的革命正蕴含着他对康德哲学革命的继承和超越。事实上，只有把这两次哲学革命联系起来进行思考，我们才可能对其中的任何一次哲学革命作出更深刻的理解。

---

① 《资本论》第1卷，人民出版社1975年版，第24页。

重新理解马克思哲学与黑格尔哲学之间的关系

马克思哲学与黑格尔哲学的关系问题乃是哲学研究中的基础性问题。对这个问题的解答不但制约着人们对黑格尔哲学的理解和定位，也制约着人们对马克思哲学实质的领悟和解释。本文从当代哲学的视野出发，对这个问题作出了新的探索和解答。

一、正统的阐释者们的失误

如果说，德国古典哲学是近代西方哲学的集大成者，那么，黑格尔哲学则是德国古典哲学的集大成者。正统的阐释者们思想上存在的一个根本性的误解是，把近代西方哲学，尤其是黑格尔哲学的问题域，理解为全部研究活动的出发点。这种误解由于列宁的《帝国主义是资本主义的最高阶段》(1916)的出版而进一步加剧了。按照列宁的见解，帝国主义是垄断的、腐朽的、垂死的资本主义，是无产阶级革命的前夜。从这样的见解出发，自然而然引申出来的结论是：帝国主义时期的一切意识形态，包括哲学在内都是腐朽的。由于这种见解作为主导性的观点在苏联、东欧和中国理论界得到了广泛的传播，这就使正统的阐释者们对当代西方哲学采取了全盘否定的态度,而这种态度又强化了他们对近代西方哲学,特别是对德国古典哲学的亲和性。由于正统的阐释者们把近代西方哲学,尤其是黑格尔哲学的问题域引入到对马克思哲学与黑格尔哲学的关系的解读中,所以,这种解读注定会成为失败的解读。

一方面,正统的阐释者们把马克思黑格尔化了,即他们看到的只是马克思哲学对黑格尔哲学的认同,却看不到两者之间在基本立场上的对立。在《哲学笔记》中,列宁曾经写道:"不钻研和不理解黑格尔的全部逻辑学,就不能完全理解马克思的《资本论》,特别是它的第1章。因此,半个世纪以来,没有一个马克思主义者是理解马克思的!!"①按照这句名言,黑格尔哲学差不多成了马克思哲学的入门书,这就使马克思哲学完完全全地被黑格尔化了。

另一方面,在更深刻的程度上,正统的阐释者们也把马克思哲学近代化了,把它误解为近代西方哲学的一个支脉。

1. 对马克思哲学的出发点和研究重心的误置

由于近代西方哲学对古代西方哲学的物质本体论和理性本体论采取了非批判的态度,而正统的阐释者们则追随近代西方哲学家,也以非批判的态度把物质本体论引入到马克思哲学中。苏联、东欧和中国的马克思主义哲学教科书中关于"世界统一于物质"或"世界的物质性"的讨论,乃是物质本体论的经典性表达。而在正统的阐释者们的视野中,"物质(或物质世界)"也就是自然界,而且是与人的实践活动相分离的、自我运动着的自然界。在这个意义上,恩格斯的自然辩证法实质上也就是物质本体论。沿着这样的思路,正统的阐释者们把"自然(或物质世界)"理解为马克思主义哲学研究的首要对象,于是,以"自然(或物质世界)"作为研究对象的辩证唯物主义在整个马克思主义哲学中的基础和核心的地位被确立起来了。与此同时,在人的实践活动的基础上形成和发展起来的"社会历史"却被边缘化了,它成了历史唯物主义的研究对象,而历史唯物主义不过是辩证唯物主义在社会历史领域里加以"应用"或"推广"的结果。其实,马克思哲学思考的出发点和重心始终落在"社会历史"上。近年来,在中国

① 列宁:《哲学笔记》,人民出版社1956年版,第191页。

理论界对马克思哲学的研究中，为什么政治哲学、法哲学、社会哲学、道德哲学、经济哲学和宗教哲学等实践哲学的研究维度引起了人们越来越大的兴趣？道理很简单，因为在正统的阐释者们所倡导的、以物质本体论为导向的解释模式中，这些维度只能处于边缘化的或沉默的状态中[①]。

2. 对马克思哲学蕴含的人本主义维度的剥落

众所周知，马克思既是西方人本主义传统的伟大继承者，又是这一传统的卓越的批判者和改造者。正是后一个方面的努力使马克思远远地超越了近代西方哲学的视野，成了当代西方哲学人本主义精神的引领者。马克思的人本主义精神主要是通过对私有制和异化劳动的批判、对费尔巴哈的人本主义学说的扬弃而形成并发展起来的。也正是这种人本主义的精神构成了马克思解读黑格尔哲学的特殊的、批判性的视角。在与恩格斯合著的《神圣家族》一书中，马克思写道："在黑格尔的体系中有三个因素：斯宾诺莎的实体，费希特的自我意识以及前两个因素在黑格尔那里的必然的矛盾的统一，即绝对精神。第一个因素是形而上学地改了装的、脱离人的自然。第二个因素是形而上学地改了装的、脱离自然的精神。第三个因素是形而上学地改了装的以上两个因素的统一，即现实的人和现实的人类。"[②]尽管马克思当时的思想还处于费尔巴哈的影响之下，尽管马克思在这里对黑格尔的"绝对精神"概念实质的解读还没有超越费尔巴哈的"以自然为基础的现实的人"的水平，然而，在稍后的《关于费尔巴哈的提纲》以及《德意志意识形态》的《费尔巴哈》章中，马克思初步叙述了自己创立的历史唯物主义理论，并在这一理论的基础上与传统的人本主义理论划清了界限。在马克思哲学中，未来共产主义社会的实现和个人的自由、解放以及全面发展是根本性的目的，而阶级斗争和无产阶级专政只是达到上述根本性目的的手段。然而，在正统的阐释者们那里，由于非批判地引入了传统哲学中的物质本体论，从而磨平了"人"这一特殊的存在者与其他一切存在者之间的差异。既然这种差异被抹掉了，在这样的阐释方向中，是不可能关注人和人本主义的问题的。换言之，人和人本主义的问题必定会在正统的阐释者们的阐释活动中被边缘化。事实也正是如此。正统的阐

---

① 参阅俞吾金：《本体论视野中的当代中国马克思主义哲学》，载《复旦学报》2006 年第5 期。

② 《马克思恩格斯全集》第 2 卷，人民出版社 1957 年版，第 177 页。

释者们在自己的阐释活动中把阶级斗争和无产阶级专政从“手段”拔高为“根本性的目的”，而把未来共产主义社会的实现和个人的自由、解放以及全面发展从“根本性的目的”贬低为“手段”。仿佛在现代社会中讲一点人情味和人的自由，只是为了唤起更强烈的阶级斗争的情绪。一切都被本末倒置了。在正统的阐释者们的阐释活动中，蕴含在马克思哲学中的人本主义的维度完全被剥落下来了，马克思哲学成了“斗争哲学”和“整人哲学”的代名词。这样的阐释方向从根本上导致了对马克思的“魔化”①。

3．对马克思哲学的问题域的误解

由于正统的阐释者们把近代西方哲学的问题域误解为马克思哲学的问题域，这就从根本上把马克思哲学近代化了。我们知道，近代西方哲学的问题域是“认识论、方法论和逻辑学的一致性”，而马克思哲学的问题域则是“实践本体论、社会关系论和社会革命论的一致性”。这两个问题域之间存在着根本性的差异。事实上，只要我们浏览一下苏联、东欧和中国理论界的正统的阐释者们留下的文本，就会发现，它们都是围绕“认识论、方法论和逻辑学的一致性”这一近代西方哲学的问题域来解读马克思哲学的。许多具体的哲学问题，如思维与存在是否具有同一性、主体和客体的关系、认识论与现代科学的关系，真理的客观性、感性认识与理性认识的关系，认识的起源和本质、辩证法、逻辑范畴的起源和相互关系，形式逻辑和辩证逻辑的关系等等，都是围绕“认识论、方法论和逻辑学的一致性”这一问题域来展开的。也正是这样的问题域束缚了正统的阐释者们的理解力和想象力，使他们完全看不到蕴含在马克思的问题域——“实践本体论、社会关系论和社会革命论的一致性”中的种种问题，如马克思哲学革命的本体论意义，马克思实践概念的本体论维度，人的本质与社会关系，异化劳动和商品拜物教，价值、资本与社会生产关系，社会历史辩证法，人的解放和个人的自由及全面发展，社会发展规律与社会革命，革命条件与阶级意识，等等。②

还须指出的是，正统的阐释者们对马克思哲学的误读和误解由于下面

---

① 参阅俞吾金：《人文关怀：马克思哲学的另一个维度》，载《光明日报》2001年2月6日。

② 参阅俞吾金：《从科学技术的双重功能看历史唯物主义叙述体系的改变》，载《中国社会科学》2005年第1期。

的因素而进一步加剧了。首先,苏联、东欧和中国原来都是资本主义发展相对落后的地区和国家。在这样的国家和地区,阐释者们的理解前结构中充塞着前现代的种种观念。在这些观念中,一部分观念与近代西方哲学的问题域相契合,其余观念甚至连近代西方哲学的认识水平都没有达到。比如,对一个长期以来浸淫于宗法等级制社会的文化意识中的阐释者来说,如果他连资本主义的平等、自由、民主和公正也没有经历过的话,他又如何去阐释马克思所倡导的社会主义的平等、自由、民主和公正的思想呢? 其次,在苏联、东欧和中国这样的地区和国家,由于统治阶级的力量比较强大,革命的力量相对弱小,所以革命的领导者总是十分倚重对策略问题的探索。只要浏览一下列宁和毛泽东论著的目录,就会发现,相当多的篇幅讨论的都是策略问题。显而易见,这种政治斗争和政治革命中的策略,相对于哲学来说,就是方法论问题。由此可见,正统的阐释者们的思想是十分容易与主张"认识论、方法论和逻辑学的一致性"的近代西方哲学的问题域认同的。再次,随着苏联、东欧诸国和中国革命斗争的胜利而转化为社会主义国家,正统的阐释者们又过度地强调了马克思主义哲学的意识形态特征,从而把马克思加以"神化"。无疑地,所有这些因素都促成了他们对马克思哲学及其问题域的误解。

作为当代阐释者,当我们意识到正统的阐释者们的理论失误及其根源,当我们对当代西方哲学的问题域获得了批评性的识见,当我们深入地解读并领悟了马克思的文本,我们也就自然而然地从正统的阐释者们的视野中、从黑格尔哲学的视野中、从近代西方哲学的视野中超拔出来了。

二、黑格尔哲学的定位

我们这里所说的"黑格尔哲学的定位",并不意味着确定黑格尔哲学在整个西方哲学发展史上的地位和作用,而只涉及到马克思哲学与黑格尔哲学之间的关系问题,因而所谓"定位",其实质是解答下面这个问题,即相对于马克思哲学来说,黑格尔哲学究竟具有什么样的地位和作用?

我们既不赞成把马克思看做黑格尔哲学的无批判的继承者,甚至干脆把马克思哲学黑格尔化;也不赞成把马克思哲学与黑格尔哲学截然分离开来并对立起来,甚至认为马克思从未受过黑格尔思想的影响。我们的基本观点是:黑格尔哲学曾对马克思,尤其是青年马克思的思想产生过重大的影响。但对现实斗争的参与、对政治经济学的研究和对费尔巴哈的人本主义哲学的扬弃,促使马克思起来批判黑格尔哲学的唯心主义的、神秘主义的倾向。自从马克思创立了自己的哲学理论——历史唯物主义或实践唯物主义,他就从总体上把自己的哲学与黑格尔的哲学——历史唯心主义明确地对立起来了。马克思的这种自觉的意识最充分地体现在他批判青年黑格尔主义者时写下的那段话上:"德国的批判,直到它的最后的挣扎,都没有离开过哲学的基地。这个批判虽然没有研究过它的一般哲学前提,但是它谈到的全部问题终究是在一定的哲学体系,即黑格尔体系的基地上产生的。不仅是它的回答,而且连它所提出的问题本身,都包含着神秘主义。对黑格尔的这种依赖关系正好说明了为什么这些新出现的批判家中甚至没有一个人想对黑格尔体系进行全面的批判,尽管他们每一个人都断言自己已超越了黑格尔哲学。"①也正是在充分澄清哲学立场和思想体系的对立的基础上,马克思对黑格尔的辩证法进行了彻底的改造,即把与黑格尔的历史唯心主义相适应的"神秘形式上"的辩证法改造为与马克思的历史唯物主义相适应的"合理形态上"的辩证法。除了辩证法外,思想成熟时期的马克思对黑格尔哲学中的任何一个有价值的观念的借鉴或引用,或者采取了术语更新的办法,或者采取了含义澄清的办法,而所有这些做法都是建基于历史唯物主义的立场之上的。

在对黑格尔哲学的定位中,关键是要判定,在马克思哲学思想的发展历程中,究竟是黑格尔的哪些著作对马克思产生了根本性的影响?毋庸讳言,从黑格尔本人看来,他所有的著作中最重要的是逻辑学。其实,他在哲学探讨上功夫下得最多的正是逻辑学,这方面的著作包括耶拿时期的《逻辑学》、《大逻辑》和哲学全书纲要中的《小逻辑》。尤其是《小逻辑》,他晚年一直带在身边,随时进行修改,几乎到了千锤百炼的程度。

在恩格斯看来,黑格尔著作中最重要的也是《逻辑学》,因为他既受到了黑格尔的影响,也受到了实证主义思潮的影响,因而认定,除了逻辑学和辩证法,传统哲学的其他领域将全部让渡给实证科学。至于恩格斯同时强

---

① 《马克思恩格斯全集》第3卷,人民出版社1960年版,第21页。

调黑格尔的《自然哲学》的重要性，基于两方面的原因：一方面，他深受费尔巴哈哲学的影响。费尔巴哈在《关于哲学改造和临时纲要》(1842)中曾经宣布："观察自然，观察人吧！在这里你们可以看到哲学的秘密。"①由此可见，抽象的、被直观的自然和人正是费尔巴哈哲学的出发点。事实上，恩格斯非常重视费尔巴哈的哲学。当恩格斯晚年回忆起费尔巴哈于1841年出版的《基督教的本质》一书的情形时，情不自禁地写道："这部书的解放作用，只有亲身体验过的人才能想象得到，那时大家都很兴奋，我们一时都成为费尔巴哈派了。"②另一方面，恩格斯后来为了批判杜林，花了多年的功夫研究自然科学，他关于自然辩证法的札记也是在这样的情形下写下来的。无疑地，上述两方面的原因也使恩格斯片面地强调了黑格尔的《自然哲学》对马克思的影响。

在列宁看来，黑格尔的《逻辑学》之所以是最重要的，一方面，他受到了恩格斯的见解的影响，另一方面，他试图从《逻辑学》中找到自己的政治斗争策略的方法论基础。其实，在马克思本人看来，他最重视的是社会历史领域，尽管他也认真地阅读过黑格尔的《逻辑学》和《自然哲学》，但他真正关注的焦点始终是《精神现象学》和《法哲学》。

毋庸讳言，沿着正统的阐释者们的思路出发，黑格尔对马克思的影响主要被定位在《逻辑学》和《自然哲学》上。由于恩格斯和列宁都主张用唯物主义的眼光解读黑格尔的著作，所以，把《逻辑学》中的逻辑理念颠倒过来，就是"自然"。这样一来，我们就明白了，恩格斯之所以把马克思主义哲学称之为"唯物主义辩证法"、列宁之所以把马克思主义哲学称之为"辩证唯物主义"，因为这两个概念实际上是完全一样的，它们都以"自然"作为自己的研究对象。正如恩格斯告诉我们的："归根到底，黑格尔的体系只是一种就方法和内容来说唯心主义地倒置过来的唯物主义。"③他想告诉我们的是：把黑格尔哲学颠倒过来，就是"唯物主义辩证法"。黑格尔哲学的研究对象是"精神"，而"唯物主义辩证法"的研究对象则是"自然"。

然而，这样的阐释思路符合马克思的本意吗？我们的回答是否定的。

---

① 《费尔巴哈哲学著作选集》上，荣震华等译，商务印书馆1984年版，第115页。
② 《马克思恩格斯选集》第4卷，人民出版社1995年版，第222页。
③ 《马克思恩格斯选集》第4卷，人民出版社1995年版，第226页。

显然，按照马克思本人的看法，黑格尔对他的影响主要应该被定位在《精神现象学》和《法哲学》上。事实上，在马克思读过的黑格尔著作中，留下最多札记、作过最系统研究和评论的是《法哲学》和《精神现象学》，而马克思本人对这两本著作的意义及与自己的思想的联系也作过明确的说明。

在《〈政治经济学批判〉序言》中，当马克思回顾自己在《莱茵报》工作期间对有关物质利益的争论感到困惑时写道："为了解决使我苦恼的疑问，我写的第一部著作是对黑格尔法哲学的批判性的分析，这部著作的导言曾发表在1844年巴黎出版的《德法年鉴》上。我的研究得出这样一个结果：法的关系正像国家的形式一样，既不能从它们本身来理解，也不能从所谓人类精神的一般发展来理解，相反，它们根源于物质的生活关系，这种物质的生活关系的总和，黑格尔按照十八世纪的英国人和法国人的先例，称之为'市民社会'，而对市民社会的解剖应该到政治经济学中去寻求。"①这段重要的论述表明，正是通过对黑格尔法哲学的批判性研究，马克思确立了以下两个思想：一是法的关系根源于物质的生活关系，这一思想构成马克思全部法哲学理论的基础；二是对市民社会的解剖应该诉诸政治经济学。于是，对黑格尔《法哲学》的批判性解读成了马克思思想演变，尤其是转向政治经济学研究的关键。不仅如此，《法哲学》中的市民社会概念还成了马克思创立新的哲学观——历史唯物主义的核心概念，因为在马克思看来，"这个市民社会是全部历史的真正发源地和舞台"②。

与此同时，马克思对黑格尔的《精神现象学》的倚重也是不言而喻的。在与恩格斯合著的《神圣家族》一书中，他这样写道："黑格尔的《现象学》尽管有其思辨的原罪，但还是在许多方面提供了真实地评述人类关系的因素。"③也正是基于同样的考虑，马克思强调，在剖析黑格尔哲学体系时，"必须从黑格尔的《现象学》即从黑格尔哲学的真正诞生地和秘密开始"④。在马克思看来，黑格尔的《精神现象学》抓住了"人的异化"这个核心问题，并以此展开对整个社会、国家、哲学、宗教等领域的批判，而马克思的"异化

---

① 《马克思恩格斯全集》第2卷，人民出版社1957年版，第82页。
② 《马克思恩格斯全集》第3卷，人民出版社1960年版，第41页。
③ 《马克思恩格斯全集》第2卷，人民出版社1957年版，第246页。
④ 《马克思恩格斯全集》第42卷，人民出版社1979年版，第159页。

劳动”的重要概念也正是在这样的语境中提出来的。此外,也正是通过《精神现象学》,马克思发现了黑格尔的否定性的辩证法,即现实的人和现实的人类历史在劳动中的生成。

总之,黑格尔的《法哲学》和《精神现象学》关注的并不是自身运动着的抽象的自然界,而是以人的实践活动为基础的社会历史,是人与人之间的现实的社会关系。众所周知,马克思哲学并不是学院哲学,而是实践哲学和革命的哲学,它关注的焦点始终落在现实的人、市民社会和国家上。因而,在马克思看来,如果把黑格尔在《精神现象学》和《法哲学》中的历史唯心主义观点颠倒过来,应该是历史唯物主义,而不是辩证唯物主义。因此,按照我们的观点,不应该像正统的阐释者们所倡导的那样,从一般唯物主义的立场出发去解读和颠倒黑格尔的哲学体系,而应该从马克思所倡导的历史唯物主义的立场出发去解读和颠倒黑格尔的哲学体系。也就是说,我们把黑格尔对马克思的影响主要定位在《精神现象学》和《法哲学》上。

人们也许会问:为什么今天还有必要来关心“黑格尔哲学的定位”问题呢?这个问题提得非常好。我们认为,在今天讨论这个问题仍然是十分必要的。主要理由是,马克思在批判青年黑格尔主义者时所指出的“对黑格尔的这种依赖关系”在当今中国理论界还普遍地存在着。我们发现,在中国理论界,许多学者把黑格尔的观点当做“准马克思”的观点来使用,而以卢卡奇为代表的“黑格尔主义的马克思主义”的影响,进一步加剧了这种“对黑格尔的依赖关系”。长期以来,历史唯心主义在中国理论界的流行也表明了黑格尔哲学对中国理论界的巨大的影响。这种情形,不禁使我们联想起马克思当时发出的感慨:“德国哲学家们在他们的黑格尔的思想世界中迷失了方向,他们反对思想、观念、想法的统治,而按照他们的观点,即按照黑格尔的幻想,思想、观念、想法一直是产生、规定和支配现实世界的。”①

我们有把握说,今天,在中国理论界,仍然有不少哲学家在“黑格尔的思想世界中迷失了方向”。因此,对于当代中国的研究者和阐释者来说,也许没有比肃清黑格尔的历史唯心主义的影响更重要的思想任务了。必须

---

① 《马克思恩格斯全集》第3卷,人民出版社1960年版,第16页注①。

深刻地认识马克思的历史唯物主义与黑格尔的历史唯心主义在哲学立场上的根本对立，必须杜绝人们对黑格尔哲学思想的无批判的、任意的借贷，必须通过对黑格尔哲学的系统的批判，让其退回到历史的黑暗中去。在这个意义上可以说，当代中国人思想的解放首先是从黑格尔哲学中的解放。

三、马克思哲学的实质

我们这里所说的"马克思哲学的实质"，指的是把马克思哲学与其他一切哲学区分开来的根本属性。显然，对这个问题的解答涉及到许多因素，但与我们前面讨论的"黑格尔哲学的定位"有着密切的关系。我们把这种关系理解为一种互动性的关系：一方面，对黑格尔哲学的合理定位，有助于我们准确地把握马克思哲学的实质；另一方面，对马克思哲学的实质的准确把握，又有助于我们对黑格尔哲学作出合理的定位①。

如前所述，以恩格斯、普列汉诺夫和列宁为代表的阐释路线由于夸大了黑格尔的《逻辑学》和《自然哲学》对马克思的影响，因而在它看来，马克思对黑格尔哲学的批判和改造工作无非是：首先，从费尔巴哈哲学中取出"基本内核"（唯物主义）；其次，从费尔巴哈式的唯物主义出发，把黑格尔的"逻辑理念"颠倒过来并解读为与人的实践活动相分离的、自身运动着的"自然（或物质世界）"；再次，从黑格尔哲学中取出"合理内核"（辩证法）；最后，把以抽象的自然为载体的，即费尔巴哈式的"基本内核"与黑格尔的"合理内核"结合起来，其结果就是恩格斯所说的"唯物主义辩证法"或普列汉诺夫和列宁所说的"辩证唯物主义"。辩证唯物主义的研究对象是自然界，把它"推广"和"应用"到社会历史领域，就是历史唯物主义。按照这样的阐释路线，马克思哲学就是辩证唯物主义和历史唯物主义，而辩证唯物主义则构成马克思哲学的基础和核心。在这个意义上，马克思哲学的实质就是辩证唯物主义。要言之，马克思哲学就是辩证唯物主义。

尽管以恩格斯、普列汉诺夫和列宁为代表的阐释路线长期以来支配着苏联、东欧和中国的理论界，但这并不表明，它的阐释结论一定是合理的。首先，把马克思哲学的实质理解为辩证唯物主义并不符合马克思的本意。

① 参阅俞吾金：《探讨马克思哲学当代价值的方法论问题》，载《中国社会科学》2001 年第 5 期。

事实上,马克思哲学作为具有强烈的实践倾向和革命倾向的哲学,其关注的焦点从不落在与人的实践活动相分离的、自身运动着的自然(或物质世界)上,而是落在市民社会、国家、资本、社会关系、个人的自由和解放等问题上。其次,把马克思哲学的实质理解为辩证唯物主义,抹杀了马克思的唯物主义与传统的唯物主义(包括费尔巴哈的唯物主义)之间的根本区别。传统的唯物主义以与人的实践活动相分离的自然(或物质世界)为出发点,而马克思的唯物主义则以人的实践活动作为出发点。在马克思看来,只有经过人的实践活动媒介的自然界,即"人化的自然界"才是真正的、现实的自然界。再次,把马克思哲学的实质理解为辩证唯物主义,大大地弱化了马克思划时代的哲学革命的理论意义。因为就"辩证唯物主义"而言,其中的"辩证法"是从黑格尔那里取来的,"唯物主义"则是从费尔巴哈那里取来的,似乎马克思的全部哲学创造就是把这两个概念结合在一起。其实,马克思哲学根本不可能在费尔巴哈式的唯物主义的基础上得以重建,即使把黑格尔的辩证法融进这种直观的、以抽象的自然或物质世界为载体的唯物主义,得出所谓"唯物主义辩证法"或"辩证唯物主义"这样的结论,它们也不可能是马克思的东西。众所周知,马克思的真正的、划时代的哲学革命集中体现在他所创立的历史唯物主义理论上。历史唯物主义与辩证唯物主义之间的根本差别在于:后者是以抽象的(与人类的实践活动相分离的、自身运动着的)自然界为载体的,而前者则是以具体的(以人类实践活动为媒介的)社会历史为载体的。由此可见,从后者出发是绝对"推广"不出前者的,正如马克思早已告诉我们的:"当费尔巴哈是一个唯物主义者的时候,历史在他的视野之外;当他去探讨历史的时候,他决不是一个唯物主义者。在他那里,唯物主义和历史是彼此完全脱离的。"①

其实,马克思的这段话是对"推广论"的最透彻的驳斥。具有讽刺意义的是,当费尔巴哈坚持从唯物主义的立场出发去看待一切的时候,唯物主义之光却照射不到社会历史的领域里;反之,当他下定决心去探讨社会历史的时候,他又背弃了唯物主义的立场。这就表明,从对抽象的自然界或物质世界所取的唯物主义态度出发,根本"推广"不出历史唯物主义。

① 《马克思恩格斯全集》第3卷,人民出版社1960年版,第51页。

也许有人会申辩说：从一般唯物主义的立场出发确实推广不出历史唯物主义，但如果把一般唯物主义与辩证法结合起来，建立辩证唯物主义，不就可以推广出历史唯物主义了吗？我们的回答依然是否定的。因为把一般唯物主义与辩证法结合起来，仍然没有引入实践活动这一基础性的媒介，而只有这一媒介的引入，才能把一般唯物主义作为叙事载体的抽象的自然界转变为现实的“人化的自然界”，而单纯辩证法的引入并不能改变自然界这一叙事载体的抽象性。因而从辩证唯物主义出发根本“推广”不出历史唯物主义。换言之，辩证唯物主义并不是通向历史唯物主义的桥梁。相反，只有从后者出发，才有可能把前者的研究对象从抽象的自然界转化为具体的“人化的自然界”。

与以恩格斯、普列汉诺夫和列宁为代表的阐释路线不同，我们认为，对马克思的思想产生更大影响的不是黑格尔的《逻辑学》和《自然哲学》，而是他的《精神现象学》和《法哲学》。众所周知，这两部著作都是以人类社会的历史发展作为叙事载体的。假如说，《精神现象学》使马克思意识到异化，尤其是异化劳动在现实的人的生成和社会历史发展中的根本意义，那么，《法哲学》则使马克思把自己的注意力集中在社会历史的核心舞台——市民社会上。在这个意义上可以说，黑格尔的《精神现象学》和《法哲学》才是通向马克思的划时代的哲学创造——历史唯物主义的桥梁。

假如简要地加以叙述的话，我们的研究结果就是：成熟时期的马克思哲学的实质就是历史唯物主义。简言之，马克思哲学就是历史唯物主义，成熟时期的马克思没有提出过历史唯物主义以外的其他任何哲学理论。为了更深入地理解马克思哲学的实质，我们有必要对历史唯物主义这一概念作一个具体的分析。实际上，在对马克思哲学的理解上，存在着三个不同的历史唯物主义的概念：

第一个概念是指正统的阐释者们所倡导的“辩证唯物主义和历史唯物主义”体系中的“历史唯物主义”。在这些阐释者们的语境中，辩证唯物主义以自然界为研究对象，历史唯物主义则以社会历史为研究对象。也就是说，自然界和社会历史表现为相互分离的两个研究领域，而历史唯物主义只是把辩证唯物主义“推广”和“应用”到社会历史领域的结果。

第二个概念是指当代阐释者们在批判正统的阐释者们的过程中提出

的相反的体系方案——“历史唯物主义和辩证唯物主义”中的历史唯物主义。与历史唯物主义的第一个概念不同,历史唯物主义的第二个概念在马克思哲学体系中居于基础和核心的位置上。也就是说,马克思首先创立了历史唯物主义,再把历史唯物主义“推广”和“应用”到自然界,从而形成了辩证唯物主义。比较起来,历史唯物主义的第二个概念比第一个概念更接近于对马克思哲学的实质的把握,因为历史唯物主义的第二个概念已经在马克思哲学体系的结构中居于基础和核心的位置上。然而,除了这种结构上、位置上的根本性变化外,历史唯物主义的第二个概念在内涵上与第一个概念并没有什么原则性的区别。也就是说,在“历史唯物主义和辩证唯物主义”的语境中,自然界和社会历史依然表现为相互分离的两个研究领域。

第三个概念是我们上面提出来的新概念,即“马克思哲学体系 = 历史唯物主义”中的历史唯物主义。与第一、第二个概念比较起来,历史唯物主义的第三个概念在内涵上最为丰富,它覆盖了成熟时期马克思的全部哲学思想。在这里,一个重大的变化发生了,即自然界和社会历史不再被分割为两个不同的研究领域,它们已经综合成一个研究领域。当然,必须指出,这一综合不是在自然界的基础上发生的,而是在社会历史的基础上发生的。事实上,当人们沿着“自然界→社会历史”的方向进行综合时,作为综合之基础和出发点的自然界是与人的实践活动相分离的,因而始终是抽象的、不真实的。反之,当人们沿着“社会历史→自然界”的方向进行综合时,作为综合之基础和出发点的社会历史始终是以人的实践活动为媒介的,因而作为综合之结果的自然界就成了马克思所说的“人化的自然界”。于是,自然界不再是与社会历史相分离的另一个研究领域,它已经被综合进社会历史这个总体性的概念中去了。

当我们从第三个概念的含义上来理解历史唯物主义时,就会发现,马克思哲学就是历史唯物主义,历史唯物主义只有一个研究对象——社会历史,而社会历史涵盖“人化的自然界”。这样一来,原来以抽象的自然界为研究对象的辩证唯物主义就成了一个多余的概念。如果一定要保留这一概念,就必须改变它的内涵,即把它理解为历史唯物主义的代名词,它的功能不过是透显历史唯物主义所蕴涵的历史辩证法的维度;而“自然辩证法”则应改为“人化自然辩证法”,以透显人在实践活动中与自然之间的辩证关系。

在肯定马克思哲学的实质就是历史唯物主义,并对历史唯物主义的内涵作出了新的界定以后,我们还得花一定的笔墨来谈谈“历史唯物主义”概念与“实践唯物主义”概念之间的关系。如前所述,虽然马克思在《德意志意识形态》的《费尔巴哈》章中使用过“实践唯物主义者”的概念,却没有单独使用过“实践唯物主义”的概念。然而,明眼人一下子就可以看出这里的逻辑蕴含关系,即既然马克思使用了“实践唯物主义者”的概念,也就等于表明,他已经认可了“实践唯物主义”的存在。事实上,没有“实践唯物主义”,又何来“实践唯物主义者”呢?我们也知道,马克思本人并没有使用过“历史唯物主义”或“唯物史观”这样的概念,但却使用过“这种历史观”这样的概念。在《德意志意识形态》的《费尔巴哈》章中,马克思这样写道:“这种历史观就在于:从直接生活的物质生产出发来考察现实的生产过程,并把与该生产方式相联系的、它所产生的交往形式,即各个不同阶段上的市民社会,理解为整个历史的基础;然后必须在国家生活的范围内描述市民社会的活动,同时从市民社会出发来阐明各种不同的理论产物和意识形式,如宗教、哲学、道德等等,并在这个基础上追溯它们产生的过程。”[①]显然,马克思这里谈到的“这种历史观”正是以“直接生活的物质生产”作为基础和出发点的,而这种物质生产正是社会实践活动的最基本的形式。因此,马克思所说的“这种历史观”实际上也就是“实践唯物主义”。后来,正是恩格斯把马克思的“这种历史观”称之为“历史唯物主义”或“唯物史观”。基于这样的考察,我们完全可以说,“历史唯物主义”与“实践唯物主义”是两个完全一致的、可以互换的概念。如果说,在它们之间存在着什么差别的话,那么,“历史唯物主义”偏重于从总体上来界定和叙述马克思哲学,因为马克思曾经说过:“我们仅仅知道一门唯一的科学,即历史科学。历史可以从两方面来考察,可以把它划分为自然史和人类史。但这两方面是密切相联的;只要有人存在,自然史和人类史就彼此相互制约。”[②]从这段论述可以看出,在马克思的语境中,“历史”乃是一个总体性的概念。正

---

① 《马克思恩格斯全集》第3卷,人民出版社1960年版,第42~43页。
② 《马克思恩格斯全集》第3卷,人民出版社1960年版,第20页。

如“历史科学”涵盖“自然史”和“人类史”一样，“历史”同样涵盖人的全部社会生活。而“实践唯物主义”强调的则是马克思的新唯物主义的出发点，是实践在马克思的唯物主义理论中的基础的、核心的地位和作用，是马克思的唯物主义与一切传统的唯物主义的根本差别之所在。

综上所述，在黑格尔的所有著作中，对马克思产生根本性影响的著作是《精神现象学》和《法哲学》，把这两部著作中蕴含的历史唯心主义颠倒过来，就是历史唯物主义。马克思哲学的实质就是历史唯物主义。事实上，成熟时期的马克思从未提出过历史唯物主义以外的任何其他哲学理论。

从思维与存在的同质性到思维与存在的异质性

在1888年出版的《路德维希·费尔巴哈和德国古典哲学的终结》一书中，恩格斯曾经这样写道："全部哲学，特别是近代哲学的重大的基本问题，是思维和存在的关系问题。"①恐怕连恩格斯本人也没有想到，他的这一论断，对以后的哲学研究，尤其是马克思主义哲学的研究，产生了深远的影响。然而，奇怪的是，有兴趣探索思维与存在关系问题的学者往往会忽略一个重要的事实，即马克思也对思维与存在的关系进行过深入的思索，并得出了思维与存在异质性的重要观点，正是以这一重要观点为核心，马克思形成了关于思维与存在关系问题的新理论。这一与恩格斯有差异的观点不但在马克思创立历史唯物主义的过程中起过十分重要的作用，而且也是在今天确立正确的思想路线的理论基础。由此可见，从理论上重新返回去探索马克思关于思维与存在关系的理论是十分必要的。

一、思维与存在关系的主题化

从哲学史上看，思维与存在的关系乃是一个古老的课题。众所周知，

① 《马克思恩格斯全集》第4卷，人民出版社1995年版，第223页。

古希腊哲学家巴门尼德已开始对这个问题进行思考。然而,这个问题得到真正的重视则是在近代。黑格尔写道:“这种最高的分裂,就是思维与存在的对立;要掌握的就是思维与存在的和解。从这时起,一切哲学都对这个统一发生兴趣。”①为什么近代哲学会对这个问题产生普遍的兴趣?其实,道理很简单,因为近代哲学普遍认同的乃是1789年爆发的法国革命,而法国革命又是法国启蒙思想的产物。从哲学上看,法国启蒙思想转化为法国革命的过程,也就是思维转化为存在的过程。而思维转化为存在的前提就是思维与存在之间的“和解”,或者换一种说法,即思维与存在之间的同一性。

实际上,黑格尔的哲学之所以被称为“同一哲学”(the philosophy of identity),其原因在于,他认可了思维与存在的同一性。这里的“同一性”的主要含义是:一方面,思维可以认识存在、把握存在;另一方面,思维中设想或想象的东西可以转化为实际上存在的东西。正如恩格斯所指出的:“思维和存在的关系还有另一个方面:我们关于我们周围世界的思想对这个世界本身的关系是怎样的?我们的思维能不能认识现实世界?我们能不能在我们关于现实世界的表象和概念中正确地反映现实?用哲学的语言来说,这个问题叫做思维和存在的同一性问题,绝大多数哲学家对这个问题都作了肯定性的回答。”②

其实,在马克思创立历史唯物主义学说以前,尤其是在黑格尔那里,思维与存在的同一性乃是以思维与存在的“同质性”(homogeneity)为前提的。那么,思维与存在的“同质性”究竟是什么意思呢?黑格尔这样写道:“就存在作为直接的存在而论,它便被看成一个具有无限多的特性的存在,一个无所不包的世界。这个世界还可进一步认为是一个无限多的偶然事实的聚集体(这是宇宙论的证明的看法),或者可以认为是无限多的目的及无限多的有目的的相互关系的聚集体(这是自然神学的证明的看法)。如果把这个无所不包的存在叫做思维,那就必须排除其个别性和偶然性,而把它认做一普遍的、本身必然的、按照普遍的目的而自身规定的、能动的

① 黑格尔:《哲学史讲演录》第4卷,贺麟译,商务印书馆1981年版,第6页。

② 《马克思恩格斯全集》第4卷,人民出版社1995年版,第225页。

存在。这个存在有异于前面那种的存在，就是上帝。”[①]在这里，黑格尔区分了两种不同的存在：一种是“直接的存在”（das Sein, als das Unmittelbare），即无限多的偶然事实的聚集体，也就是人们通常谈论的形形色色的存在者的聚集体；另一种是“能动的存在”（taetiges Sein），这种存在就是“思维”（denken），就是“上帝”（Gott）。作为柏拉图哲学的继承者，黑格尔充分肯定的正是后一种存在，这种存在排除一切特殊的目的和偶然性，它本身就是思维，因为概念思维关涉到的乃是普遍的目的和必然性。由此可见，在黑格尔那里，存在就是被思维化的存在，而思维则是无条件地渗透、贯通于存在的思维。简言之，思维与存在具有同样的属性，即它们具有同质性。

现在我们再来看看，思维与存在的“异质性”（heterogeneity）又是什么意思呢？其实，这里的异质性的含义并不复杂，只要我们回到黑格尔所说的充满特殊目的和偶然性的“直接的存在”中去，立即就会领悟到这种异质性：一方面，既然存在中蕴含着无数特殊的目的，以普遍目的性为基础的思维就无法完全渗透并认识这样的存在；另一方面，既然这样的存在是充满偶然性的，那么思维中所蕴含的、种种具有普遍必然性的观念就难以转化为存在。换言之，思维难以在存在中发挥有效的指导作用。

肯定思维与存在的异质性，并不等于否认思维与存在具有同一性，而是试图从以下三个方面对思维与存在的同一性理论进行修正：第一，既然思维不能完全地认识存在，就应该限定思维与存在同一性的范围，亦即确定，存在中哪些对象是可以认识的，哪些对象则是不可认识的；第二，还须辨明的是，在思维与存在的同一性中，应该以思维作为出发点去解释存在，还是应该以存在作为出发点去解释思维；第三，人们在谈论思维与存在的同一性时，往往把这种同一性理解为思维与存在之间的直接关系，但思维可能与存在直接发生关系吗？如果这种关系必定是间接的，那么，思维与存在之间的最重要的媒介是什么？在某种意义上，正是思维与存在的异质性问题的提出，深化了人们对思维与存在关系的认识。在马克思之前，康德和费尔巴哈在肯定并张扬思维与存在的异质性方面发挥了积极的作用。

---

① 黑格尔：《小逻辑》，贺麟译，商务印书馆 1980 年版，第 135 页。

康德把存在,即思维的对象区分为以下两类:一类是经验范围内的“现象”,是人们通过表象和知性范畴可以加以把握的对象;另一类超经验的“物自体”,是不可知的对象。在康德看来,思维与存在的同一性只在经验和现象的范围内有效,一越出这样的范围,这种同一性就消失了。众所周知,康德最重要的著作《纯粹理性批判》出版于1781年,即法国大革命爆发前8年。当时,以伽利略和牛顿为代表的自然科学获得的巨大成就使康德深信,思维与存在之间必定具有某种同一性,然而,对道德和宗教问题的深入思考又使他意识到,这种思维与存在的同一性只能保持在现象和经验的范围内。不用说,在康德那里,物自体乃是思维与存在异质性的根本标志。所以,这一概念受到了康德以后的哲学家——费希特、谢林,尤其是黑格尔的激烈批评。在这些批评者看来,没有什么对象能够逃避被思维“这只强劲的胃”消化的命运。易言之,世界上根本就没有不可知的对象。在同一哲学的背景下,思维与存在的同质性上升为主流性的话题。

然而,这种以思维与存在的同质性为基础的同一哲学遭到了费尔巴哈的激烈批判。在《未来哲学原理》(1843)中,费尔巴哈正确地洞见到:思维与存在的同一性乃是同一哲学的中心点,而对于这种哲学来说,“思维与存在同一,只是表示理性具有神性,只是表示思维或理性乃是绝对的实体,乃是真理与实在的总体,只是表示并无理性的对立物的存在,一切都是理性,如同在严格神学中一切都是上帝、一切真实和实在存在的都是上帝一样。但是一种与思维没有分别的存在,一种只作为理性或属性的存在,只不过是一种被思想的抽象的存在,实际上并不是存在。因此思维与存在同一,只是表示思维与自身同一”①。在他看来,同一哲学实际上是一种神学,它把思维或理性理解为上帝,把思维与存在的同一理解为上帝对存在的创造。这样一来,存在完全被思维同质化了。正是在这种同质性的基础上,思维与存在的同一成了思维与其自身的同一。费尔巴哈坚决反对同一哲学的这种语言游戏,他从唯物主义的立场出发,主张:“思维与存在的真正关系只是这样的:存在是主体,思维是宾词。思维是从存在而来的,然而存在并不来自思维。存在是从自身、通过自身而来的——存在只能为存在所

① 北大哲学系外国哲学史教研室编译:《十八世纪末—十九世纪初德国哲学》,商务印书馆1975年版,第619页。

产生。存在的根据在它自身中，因为只有存在才是感性、理性、必然性、真理，简言之，存在是一切的一切。”①在这里，费尔巴哈力图阐明，思维与存在具有异质性，存在非但没有被消融于思维之中，相反，它是独立并外在于思维的。它不是思维的产物，而是自身的产物。尽管费尔巴哈的表述还包含着某种模糊不清的地方，因为他竟把存在理解为“感性、理性、必然性、真理”，以至于把存在意识化了。另外，费尔巴哈也忽视了对思维与存在关系中的媒介物的思索。然而，他毕竟为人们挑战黑格尔的、以思维与存在的同质性为基础的同一哲学开辟出一条新路，而马克思正是在这样的背景下开始关注并探索这一问题的。

二、马克思探索思维与存在关系的思路历程

马克思对思维与存在关系的探索，大致经历了以下三个发展阶段：在第一个发展阶段上，马克思仍然处于黑格尔关于思维与存在同质性观念的影响下，并在这种同质性的基础上谈论思维与存在的同一性。在第二个发展阶段上，费尔巴哈唯物主义观点的冲击、国民经济学研究的切入，尤其是对现实问题的关注，使马克思抛弃了思维与存在同质性的立场，转到思维与存在异质性的观点上来。在第三个发展阶段上，马克思在思维与存在异质性观点的基础上，创立了历史唯物主义学说，并深入地探索了思维与存在之间的媒介物，从而赋予思维与存在的同一性以新的内涵。从时间框架上看，大致可以说，第一阶段是1841年年底前，第二阶段是1842—1844年年底前，第三阶段则始于1845年。

在第一个发展阶段中，写于1840年下半年至1841年3月的博士论文乃是一个标志性的文本。正是在该文的附录中，马克思通过对上帝存在的本体论证明的批判性叙述，触及到思维与存在的关系问题。所谓“本体论证明”是指：凡是我真实地表象的东西，对于我就是真实的表象。所谓“上帝存在的本体论证明”是指：既然上帝是我真实地表象到的东西，那么上帝就真实地存在着。康德在《纯粹理性批判》中以观念上的一百塔勒不同于口袋里的一百塔勒的例子，机智地驳斥了这种证明方式。显而易见，康德

① 北大哲学系外国哲学史教研室编译：《十八世纪末—十九世纪初德国哲学》，商务印书馆1975年版，第599页。

在自己所举的例子中贯彻的正是思维与存在异质性的观念。

然而,确信思维与存在具有同质性的黑格尔,对康德的驳斥方式却采取了不以为然的态度:“那些老是不断地根据思维以反对哲学理念的人,总应该承认哲学家绝不会完全不知道一百元现款与一百元钱的思想不相同这一回事。事实上还有比这种知识更粗浅的吗?但须知,一说到上帝,这一对象便于一百元钱的对象根本不同类,而且也和任何一种特殊概念、表象、或任何其他名称的东西不相同。事实上,时空中的特定存在与其概念的差异,正是一切有限事物的特征,而且是唯一的特征。反之,上帝显然应该,只能‘设想为存在着’,上帝的概念即包含他的存在。这种概念与存在的统一构成上帝的概念。”[①]在黑格尔看来,存在是一个最贫乏、最抽象的范畴,就内容而言,思想中再也没有比存在这个范畴更无足轻重的了。至于时空中的感性存在,人们甚至不愿意无条件地说它存在着。因此,“康德书中关于‘思维与存在的差别’的粗浅的说法,对于人心由上帝的思想到上帝存在的确信的过程,最多仅能予以干扰,但绝不能予以取消”[②]。从黑格尔对康德的评论可以看出,作为观念论者,一方面,黑格尔十分注重思维而轻视存在,认为像上帝这样的理念自然而然地蕴含着存在这样的属性,根本无须诉诸“上帝存在的本体论证明”;另一方面,他借口康德关于“思维与存在差别”的思想是“粗浅的说法”而予以否定。

不用说,当时的马克思还深受黑格尔观念论,尤其是思维与存在同质性理论的影响,因而在博士论文中,他站在黑格尔的立场上,通过对思维和观念的现实性力量的肯定,批评了康德对上帝存在的本体论证明的驳斥的无效性:“在这里康德的批判也无济于事。如果有人想象他有一百个塔勒,如果这个表象对于他来说不是任意的、主观的,如果他相信这个表象,那么对他来说这一百个想象出来的塔勒就与一百个真正的塔勒具有同等价值……与此相反,康德所举的例子反而会加强本体论的证明。真正的塔勒与想象中的众神具有同样的存在。难道一个真正的塔勒除了存在于人们的表象中,哪怕是人们的普遍的或者毋宁说是共同的表象中之外,还存在

① 黑格尔:《小逻辑》,贺麟译,商务印书馆 1980 年版,第 140 页。
② 黑格尔:《小逻辑》,贺麟译,商务印书馆 1980 年版,第 141 页。

于别的什么地方吗?”[①]从这段论述可以看出,按照马克思的看法,说一个东西存在,这个东西也就只能存在于人们的表象中。我们知道,表象是从属于意识和思维的,在这个意义上可以说,当时的马克思还像黑格尔那样,认定思维与存在具有同质性,也就是说,世界上并没有表象、思维之外的存在物。

尽管马克思当时的立场还是从属于观念论的,但他并没有停留在对黑格尔观点的简单重复上。他继续发挥道:“或者,对上帝存在的证明不外是对人的本质的自我意识存在的证明,对自我意识存在的逻辑说明,例如,本体论的证明。当我们思索‘存在’的时候,什么存在是直接的呢?自我意识。”[②]因为在马克思看来,上帝也好,其他任何神灵也好,全都是人们的“自我意识”创造出来的。在这个意义上,“存在”也就成了“自我意识”。在这里,马克思不仅肯定了思维与存在的同质性,而且进一步肯定了作为思维的核心部分的“自我意识”的巨大的创造潜能,因为在马克思看来,就是像“上帝”这样的存在物归根到底也是人的自我意识创造出来的。

在第二个发展阶段中,《1844 年经济学哲学手稿》乃是一个标志性的文本。这一文本表明,一方面,马克思的思想已经受到费尔巴哈唯物主义观点的冲击;另一方面,从巴黎开始的对国民经济学的研究和对现实活动的参与又使马克思的见解从一开始就异于费尔巴哈,特别是马克思引入了经济哲学的视角,重新反思了思维与存在的关系,从而对这个问题作出了新的探索。

众所周知,费尔巴哈对上帝存在的本体论证明的态度异于马克思在上述第一个发展阶段中的态度。在《未来哲学原理》中,费尔巴哈这样写道:“康德在批判本体论的证明时选了一个例子来标明思维与存在的区别,认为意象中的一百元与实际上的一百元是有区别的。这个例子受到黑格尔的讥嘲,但是基本上是正确的。因为前一百元只在我的头脑中,而后一百元则在我的手中,前一百元只是对我存在,而后一百元则同时对其他的人存在——是可摸得着、看得见的。只有同时对我又对其他的人存在的,只有在其中我与其他的人一致的,才是真正存在的,这不仅仅是我的——这

① 《马克思恩格斯全集》第 40 卷,人民出版社 1982 年版,第 284～285 页。
② 《马克思恩格斯全集》第 40 卷,人民出版社 1982 年版,第 285 页。

是普遍的。"[①]在这里,费尔巴哈直接继承了康德的思想,强调了思维与存在的异质性。尽管他的见解——把真实存在的东西理解为人们普遍认可的东西——是十分肤浅的,比如,基督教的信徒们普遍地相信上帝是存在的,但这能证明上帝是真实地存在着的吗?但无论如何,我们还是得感谢他,因为在黑格尔的醉熏熏的、思辨的同一哲学的统治下,他仍然像康德一样,清醒地坚持了思维与存在的异质性。

正是这种思维与存在异质性的观点对马克思的第二个发展阶段产生了积极的影响。在《1844 年经济学哲学手稿》中,马克思写道:"思维和存在虽有区别,但同时彼此又处于统一中。"[②]与博士论文中的表述比较起来,马克思在这里已开始注意到思维与存在之间的"区别"。也就是说,马克思已开始认真地考虑思维与存在之间的异质性,但黑格尔的观念论对他的影响并没有完全消除,因此,尽管他意识到了思维与存在的异质性,但仍然坚持,这两者之间"彼此又处于统一中",即思维中的东西仍然可以畅行无阻地转化为存在。

在《1844 年经济学哲学手稿》的另一处,马克思以更明确的口吻肯定了思维与存在之间的异质性。他写道:"以货币为基础的有效的需求和以我的需要、我的激情、我的愿望等等为基础的无效的需求之间的差别,是存在和思维之间的差别(der Unterschied zwischen Sein und Denken),是只在我心中存在的观念和那作为现实对象在我之外对我存在的观念之间的差别。"[③]马克思还进一步提出了"想象的存在"(das vorgestellten Sein)和"现实的存在"(das wirkliche Sein)这两个新概念。他把前者理解为"思维"的别名,把后者理解为真正意义上的"存在"的别名。他甚至举例说:当我想要食物或因身体不佳而想乘邮车时,正是我所拥有的货币使我获得食物和邮车,"这就是说,它把我的愿望从观念的东西,从它们的想象的、表象的、期望的存在,转化成它们的感性的、现实的存在,从观念转化为生活,从想象的存在转化为现实的存在。作为这样的媒介,货币是真正的创造力"[④]。

---

① 北大哲学系外国哲学史教研室编译:《十八世纪末—十九世纪初德国哲学》,商务印书馆 1975 年版,第 620 页。

② 《马克思恩格斯全集》第 42 卷,人民出版社 1979 年版,第 123 页。

③ 《马克思恩格斯全集》第 42 卷,人民出版社 1979 年版,第 154 页。

④ 《马克思恩格斯全集》第 42 卷,人民出版社 1979 年版,第 154 页。

马克思暗示我们，如果我们不满足于以黑格尔式的抽象方式，而是着眼于现实生活来探索思维与存在的关系，就会发现，单纯的思维不过是一种“想象的存在”，唯有通过货币这一媒介物，“想象的存在”才可能转化为“现实的存在”。

在稍后撰写的《神圣家族》（1844）马克思撰写的部分中，马克思以更明确的口吻和用语论述了思维与存在的异质性问题。他尖锐地批判了以布·鲍威尔为代表的青年黑格尔主义者关于“存在和思维的思辨的神秘同一”及“实践和理论的同样神秘的同一”[①]的错误观点，强调单纯思维领域中掀起的所谓“批判”，并不能真正改变现实，“思想根本不能实现什么东西。为了实现思想，就要有使用实践力量的人”[②]。在批判青年黑格尔主义者以为工人只要在思想上消除雇佣劳动的想法也就等于实际上不再是雇佣工人的荒谬观点时，马克思又写道：“例如在曼彻斯特和里昂的工场中做工的人，并不认为用‘纯粹的思维’即单靠一些议论就可以摆脱自己的主人和自己实际上所处的屈辱地位。他们非常痛苦地感觉到存在和思维、意识和生活之间的差别。他们知道，财产、资本、金钱、雇佣劳动以及诸如此类的东西远不是想象中的幻影，而是工人自我异化的十分实际、十分具体的产物，因此也必须用实际的和具体的方式来消灭它们，以便使人不仅能在思维中、意识中，而且也能在群众的存在中、生活中真正成其为人。”[③]所有这些论述都表明，在这一发展阶段中，马克思已经接受了康德和费尔巴哈关于思维与存在异质性的观点，并力图在这一观点的基础上，切入经济哲学的眼光，以货币作为媒介，重建思维与存在的同一性。

在第三个发展阶段中，《关于费尔巴哈的提纲》（1845）和《德意志意识形态》（1845—1846）马克思撰写的部分乃是标志性的文本。在《关于费尔巴哈的提纲》中，马克思提出了这样的新见解，即只有引入“实践”这一媒介，才可能正确地阐明思维与存在的关系。马克思写道：“人的思维是否具有客观的（gegenstaendliche）真理性，这并不是一个理论的问题，而是一个实践的问题。人应该在实践中证明自己思维的真理性，即自己思维的现实

① 《马克思恩格斯全集》第2卷，人民出版社1957年版，第245页。
② 《马克思恩格斯全集》第2卷，人民出版社1957年版，第152页。
③ 《马克思恩格斯全集》第2卷，人民出版社1957年版，第66页。

性的力量,亦即自己思维的此岸性。关于思维——离开实践的思维——是否现实的争论,是一个纯粹经院哲学的问题。"[①]马克思这里谈论的"人的思维是否具有客观的真理性"的问题,也就是思维与存在是否具有同一性的问题。在他看来,这个问题只能放在实践的媒介中加以探索,如果撇开"实践",它就成了经院哲学式的、无意义的语言游戏。在《德意志意识形态》中,马克思继续批判青年黑格尔主义者所坚持的思维与存在同质性的错误观念:"所有的德国批判家们都断言:观念、想法、概念迄今一直统治和决定着人们的现实世界,现实的世界是观念世界的产物。这种情况一直保持到今日,但今后不应继续存在。"[②]马克思坚决地阻断了这种观念论的思路,即在思维与存在同质性的基础上简单地从思维出发去推论存在的思路。在肯定思维与存在异质性的同时,马克思颠倒了思维与存在的关系,不是把思维,而是把存在置于始源性的位置上,并对存在的含义作出了新的解释:"意识在任何时候都只能是被意识到了的存在,而人们的存在就是他们的实际生活过程(wirklicher Lebensprozess)。"[③]也就是说,"存在"并不是与现实的人的实践活动相分离的、僵死的、物质性的东西,而是人们的"实际生活过程"。马克思进一步指出:"不是意识决定生活,而是生活决定意识。"[④]这样一来,在肯定思维与存在异质性的基础上,马克思以全新的方式论述了思维与存在的同一性。在这个发展阶段上,马克思既肯定了思维与存在的异质性,又肯定了存在的始源性作用,并对其含义作出了新的规定;既肯定了思维与存在关系必须通过媒介加以解读,又明确指出这一媒介就是实践活动。

三、马克思关于思维与存在异质性观点的启示

如前所述,马克思对思维与存在关系问题的认识是有一个过程的。青年马克思是在黑格尔观念论的影响下开始探索这一问题的,通过对现实斗争的参与和对国民经济学的研究,马克思批判地继承了康德、费尔巴哈

① 《马克思恩格斯全集》第3卷,人民出版社1960年版,第7页。
② 《马克思恩格斯全集》第3卷,人民出版社1960年版,第16页注①。
③ 《马克思恩格斯全集》第3卷,人民出版社1960年版,第29页。
④ 《马克思恩格斯全集》第3卷,人民出版社1960年版,第30页。

关于思维与存在异质性的观点，并主张在这种异质性的基础上建立思维与存在的同一性。

与马克思不同的是，尽管恩格斯批判了黑格尔的观念论的立场，但在肯定思维与存在的同质性，并在这种同质性的基础上谈论思维与存在的同一性方面，他继承了黑格尔的基本思路。在《路德维希·费尔巴哈和德国古典哲学的终结》这部晚期著作中，当恩格斯谈到思维与存在的同一性时写道："例如在黑格尔那里，对这个问题的肯定回答是不言而喻的，因为我们在现实世界中所认识的，正是这个世界的思想内容，也就是那种使世界成为绝对观念的逐步实现的东西，这个绝对观念是从来就存在的，是不依赖于世界并且先于世界而在某处存在的，但是思维能够认识那一开始就已经是思想内容的内容，这是十分明显的。"①这段论述表明，恩格斯已经发现，黑格尔论证思维与存在同一性的方法是：先把存在理解为与思维同质的东西，即先把"现实世界"理解为"这个世界的思想内容"，然后再来证明思维与存在的同一性。虽然恩格斯不同意黑格尔把绝对观念理解为先于世界而存在的东西，但在"思维能够认识那一开始就已经是思想内容的内容"这一点上，他又肯定了黑格尔。正是这种肯定表明，恩格斯一生都认同黑格尔关于思维与存在的同质性的观点，并主张在这一观点的基础上探讨思维与存在的同一性问题。这充分表明，马克思和恩格斯在对这一问题的理解上存在着思想上的差异。正如汤姆·罗克摩尔在谈到马克思和恩格斯时所说的："虽然在他们二者之间有着紧密的政治上的相互赞同关系，但是在哲学上他们之间有着重要的不同点。"②这就告诉我们，在对存在与思维关系的探索上，我们不但要了解恩格斯的观点，更要了解马克思的观点。

毋庸讳言，在马克思关于思维与存在关系的探索中，具有决定性意义的观点乃是思维与存在异质性的观点。尽管马克思继承了康德和费尔巴哈关于思维与存在的异质性的观点，但他并没有停留在他们的结论上，而是对他们的结论作出了批判性的改造和提升。一方面，马克思不同于康德。他没有像康德那样，从思维与存在的异质性的前提出发，引申出物自

---

① 《马克思恩格斯选集》第4卷，人民出版社1995年版，第225页。

② 汤姆·罗克摩尔：《黑格尔：之前和之后》，柯小刚译，北京大学出版社2005年版，第221～222页。

体不可知的消极结论。相反,马克思引入了经济哲学的视角,揭示出康德对物自体的崇拜根源于资本主义生产方式中的商品拜物教,而商品拜物教正是由资本主义这种特殊的社会生产关系引起的。也就是说,物自体的本质乃是社会生产关系,而社会生产关系是可以认识的。另一方面,马克思也不同于费尔巴哈。费尔巴哈用直观的方式去探索思维与存在的关系,而马克思则主张以实践作为媒介去探讨这一关系,因而他指出:“从前的一切唯物主义(包括费尔巴哈的唯物主义)的主要缺点是:对事物、现实、感性,只是从客体的或者直观的形式去理解,而不是把它们当作感性的人的活动,当作实践去理解,不是从主观方面去理解。”①此外,费尔巴哈从一般唯物主义的立场出发,把存在理解为与人相分离的、抽象的自然,而马克思则从历史唯物主义的立场出发,把存在理解为人们的“实际生活过程”。

马克思关于思维与存在异质性的观点为我们提供了极其深刻的启示:

首先,它启示我们,马克思是在清理旧的思想基地的过程中,确立起思维与存在异质性的观点的,并从这一观点出发,创立历史唯物主义学说的。显而易见,在马克思生活和思想的时代,黑格尔的观念论占据着统治地位,而其观念论的核心则是思维与存在的同质性以及奠基于这种同质性之上的同一性。马克思通过对现实斗争的参与和对国民经济学的研究,批判地继承了康德和费尔巴哈关于思维与存在异质性的观点,从而对他在青年时期深受影响的黑格尔的观念论作出了根本性的清理。这一清理的中心工作就是抛弃黑格尔关于思维与存在的同质性的立场,转换到思维与存在异质性的观点上来。正是这一观点表明,存在与思维是完全不同质的东西,决不能从思维出发去推演出存在,而应该退回到存在中,从存在出发去消除思维中种种不切实际的幻念。所以,马克思指出:“德国哲学从天上降到地上;和它完全相反,这里我们是从地上升到天上,就是说,我们不是从人们所说的、所想象的、所设想的东西出发,也不是从只存在于口头上所说的、思考出来的、想象出来的、设想出来的人出发,去理解真正的人。我们的出发点是从事实际活动的人,而且从他们的现实生活的过程中我们还可以揭示出这一生活过程在意识形态上的反射和回声的发展。”②正是由于

① 《马克思恩格斯全集》第 3 卷,人民出版社 1960 年版,第 6 页。
② 《马克思恩格斯全集》第 3 卷,人民出版社 1960 年版,第 30 页。

马克思意识到了思维与存在的异质性，所以他不再像青年黑格尔主义者那样，满足于“经营绝对精神为生”，而是毅然决然地退回到存在中，并通过对现实生活的深入考察，创立了历史唯物主义的学说。在这个意义上可以说，不了解马克思关于思维与存在异质性的观点，就无法说清历史唯物主义的发生史以及它的本质内涵。

其次，它启示我们，在中国追求现代化的道路上，必须深刻地批判思维与存在同质性的错误观念，牢固地确立起思维与存在异质性的观点。历史和实践一再表明，每当我们认同黑格尔式的、思维与存在同质性的观念时，我们在现实生活中就会遭受严重的损失。比如，在 20 世纪 50 年代后期的“大跃进”中，竟然出现了“不是做不到，而是想不到”这样的口号。这个口号体现的正是典型的思维与存在同质性的观念，即只要人们在思维中想得到的东西，也就一定在存在（实际生活过程）中做得到。又如，20 世纪 70 年代后期出现的短命的“洋跃进”实际上重复了同样的错误。这类错误的周期性出现表明，当代中国人在哲学思想上从未对思维与存在的同质性观念进行过彻底的清理。换言之，当代中国人从未真正走出黑格尔观念论的阴影。与此不同的是，改革开放以来，为什么我们取得了如此大的成绩？因为我们确立了实事求是、从实际出发、理论联系实际的新的思想路线。不用说，这一思想路线的理论基础就是肯定思维与存在的异质性，即决不能停留在前人的文本、思想、观念或经验上去规划中国的未来，必须退回到存在（实际生活过程）中去，通过深入细致的调查工作，从中国的具体国情和实际情况出发去规划中国的未来。然而，从当代中国理论界的情况看来，这种对思维与存在的异质性观点的认同并不是自觉的，必须通过对这一观点的深入反思来确立这种自觉性，从而保证中国的现代化沿着健康的思想轨道向前发展。

再次，它启示我们，在探讨思维与存在同一性问题时，必须明确地区分以下两种不同的同一性：一是“以思维与存在的同质性为基础的同一性”。在这种同一性中，“存在”并不是马克思所说的“现实的存在”，而只是由思维创造出来的“想象的存在”。也就是说，这种同一性的实质乃是思维与其自身的同一性。换言之，是思维内部的同一性，是思维的“自说自话”。以前理论界在探讨思维与存在的同一性问题时，实际上都是以黑格尔所倡导的思维与存在的同质性为前提的。所以,这样的讨论从来也没有真正地离开过黑格尔观念论哲学的基地。正如马克思在批判青年黑格尔主义者的时候所说的:“德国的批判,直到它的最后的挣扎,都没有离开过哲学的基地。这个批判虽然没有研究过它的一般哲学前提,但是它谈到的全部问题终究是在一定的哲学体系,即黑格尔体系的基地上产生的。”①尽管当代中国理论界有不少人在论著中宣称自己超越了黑格尔,但实际上,对于他们来说,黑格尔仍然是谋生的手段。一旦离开黑格尔,他们就不知道如何进行思维了。在这个意义上可以说,当代中国理论界如果真想解放自己的思想,那么最需要的恐怕就是像《反黑格尔》这样的著作了。二是“以思维与存在的异质性为基础的同一性”。在这种同一性中,“存在”乃是异于单纯思维,也是单纯思维所无法推演出来的“现实的存在”。也就是说,必须把黑格尔的整个语境颠倒过来,在与思维异质的“现实的存在”的前提上来重建思维与存在的同一性。事实上,也只有这一意义上的思维与存在的同一性,才是马克思的历史唯物主义学说所倡导的。一旦我们厘清了上述两种不同的“同一性”,我们对思维与存在关系问题的探索也就达到了一种新的境界。

---

① 《马克思恩格斯全集》第3卷,人民出版社1960年版,第21页。

第四编

对马克思主义理论的新探索

对国外马克思主义，尤其是西方马克思主义的理论成果进行认真的解读和研究，目的并不只是为了把这些新思潮、新流派、新人物、新观点、新问题和新信息介绍给中国的读者，更重要的是，在这种解读和研究的过程中获得灵感、接受启发，从而结合当今时代的特征，对马克思主义的基本理论作出新的理解和解释。本篇对马克思主义的政治哲学、本体论、实践观、主体性、辩证法、诠释学等诸多理论问题作出了新的探索和反思。当然，对国外马克思主义，尤其是西方马克思主义的理论研究成果，我们也不采取简单肯定的态度，而应努力从马克思主义的历史唯物主义的立场出发进行批判性的解读。总之，这体现为一个积极的互动的过程：一方面，在国外马克思主义者们的最新研究成果的启发下重新反思马克思主义的基本理论；另一方面，运用马克思主义的历史唯物主义的观点，对当代国外马克思主义者们的最新研究成果作出批判性的考察。正是在这一自觉的互动过程中，我们既加深了对国外马克思主义思潮的认识，又以创造性的方式推进了马克思主义基本理论的发展。

马克思对现代性的诊断及其启示

众所周知,马克思所留下的思想遗产是极为丰富的。尽管后现代主义的领军人物之一——利奥塔把具有合法形式的马克思主义视为必须加以摈弃的"元叙事",但他承认,"马克思主义也能发展成一种批判性的知识形式"①。事实上,许多当代的研究者都认为,马克思是对现代性现象进行批判性反思的真正的先驱者。比如,贝斯特(S. Best)和科尔纳(D. Kellner)在《后现代转向》(1997)一书中指出:"卡尔·马克思是第一位使现代与前现代形成概念并在现代性方面形成全面理论观点的主要的社会理论家。"②尽管马克思没有直接使用过"现代性"这个词,但他对以资本主义为特征的现代社会的深刻洞察,无不蕴含着对现代性的间接的诊断。

必须指出,马克思对现代性的诊断是从特殊的路径出发的,这一路径就是经济哲学的路径,它决定着马克思所使用的概念的特殊性。然而,正是这一特殊的路径,使马克思牢牢地抓住了现代性问题的本质,并把它的

① 利奥塔:《后现代状况:关于知识的报告》,岛子译,湖南美术出版社 1996 年版,第 117 页。

② 斯蒂芬·贝斯特、道格拉斯·科尔纳:《后现代转向》,陈刚等译,南京大学出版社 2002 年版,第100 页。

全幅内容清晰地展示在读者的眼前。马克思所描绘的现代性的图画是如此逼真,以至于在今天的读者看来,它仍然具有经久不衰的魅力和发人深省的启示。

一、商品的神化:现代性诊断的起点

马克思对现代性的诊断是从现代社会日常生活中最普遍的存在物——商品(Ware)开始的。在《资本论》第一卷中,他开宗明义地指出:"资本主义生产方式占统治地位的社会的财富,表现为'庞大的商品堆积',单个的商品表现为这种财富的元素形式。因此,我们的研究就从分析商品开始。"[①]那么,什么是商品呢?在马克思看来,商品作为外界的对象,是一个靠自己的属性来满足人的需要的物。商品具有两个根本的属性:一是使用价值,即商品的可使用性,它是商品的自然存在;二是交换价值,即商品的可交换性,它是商品的社会存在。

马克思认为,乍看上去,商品似乎是简单而平凡的东西,但深入的分析表明,它是一种十分古怪的东西,充满着形而上学的奥妙和神学的怪诞:"例如,用木头做桌子,木头的形状就改变了。可是桌子还是木头,还是一个普通的可以感觉的物。但是桌子一旦作为商品出现,就变成一个可感觉而又超感觉的物了。它不仅用它的脚站在地上,而且在对其他一切商品的关系上用头倒立着,从它的木脑袋里生出比它自动跳舞还奇怪得多的狂想。"[②]在马克思看来,商品的神化,商品拜物教的形成,并不源于其使用价值,而是源于这样一种错觉,即"商品形式在人们面前把人们本身劳动的社会性质反映成劳动产品本身的物的性质,反映成这些物的天然的社会属性,从而把生产者同总劳动的社会关系反映成存在于生产者之外的物与物之间的社会关系"[③]。

由于这种普遍存在的错觉,商品拜物教构成了现代社会的日常意识,也构成了现代性的基本观念。在马克思看来,现代社会是以交换价值的生产为根本目的的,而货币作为特殊的商品,作为交换活动中的一般等价物,

---

① 《资本论》第1卷,人民出版社1975年版,第47页。
② 《资本论》第1卷,人民出版社1975年版,第87~88页。
③ 《资本论》第1卷,人民出版社1975年版,第88~89页。

给现代生活带来了巨大的变化,从而其神秘性也就显得更为突出了:“货币拜物教的谜就是商品拜物教的谜,只不过变得明显了,耀眼了。”[①]在马克思看来,货币拜物教乃是商品拜物教的完成形式,因为它用物的形式把私人劳动的社会属性及私人劳动者之间的社会关系严密地遮蔽起来了。

毋庸讳言,从经济哲学和实践哲学的视角来看,马克思的旨趣并不像传统的哲学教科书所理解的那样,满足于奢谈“世界统一于物质”这类迂阔的命题,而是力图通过对物质在现代社会中的具体样态——商品及商品拜物教(包括货币拜物教)现象的分析,揭示出现代社会中人与人之间的真实的社会关系。这种深刻的批判意识开启了现代性解读的根本性的、正确的路径。正如当代学者弗里斯比(D. Frisby)在《现代性的碎片》(1985)一书所指出的:“马克思的商品分析直接影响到一种将社会现实碎片当作出发点的研究现代性的方法论取向。”[②]当然,必须指出,马克思最终关注的,并不是现代社会的“碎片”,而是其总体上的特征及其发展趋向。

我们知道,德国社会学家席美尔(G. Simmel)在《货币哲学》(1900)一书中继续了马克思对商品、货币现象的分析,从而进一步揭示出现代性和现代意识的经济渊源。之后,法国学者德博尔(G. Debord)在其代表作《景观社会》(1967)一书中也传承了马克思反思现代性现象的思路。德博尔认为:“景观就是指商品已经占领了整个社会生活的全部。”[③]稍稍不同的是,马克思主要是从现代人的物质生活的角度出发去理解商品的普遍性,而德博尔则通过“景观”(situation)这一新概念,强调了当代人生活的全幅内容,包括消费、休闲、娱乐、媒体导向乃至心理体验在内,都被商品化了,这种无所不在的“景观”成了现代性的感性显现方式。

深受德博尔和其他景观主义者影响的当代法国哲学家鲍德里亚(J. Baudrillard)在《消费社会》(1970)一书中这样写道:“今天,在我们的周围,存在着一种由不断增长的物、服务和物质财富所构成的惊人的消费和丰盛现象。它构成了人类自然环境中的一种根本变化。恰当地说,富裕的

---

① 《资本论》第1卷,人民出版社1975年版,第111页。

② 戴维·弗里斯比:《现代性的碎片》,卢晖临、周怡、李林艳译,商务印书馆2003年版,第32页。

③ 转引自斯蒂芬·贝斯特、道格拉斯·科尔纳:《后现代转向》,陈刚等译,南京大学出版社2002年版,第107页。

人们不再像过去那样受到人的包围,而是受到物的包围。”[①]如果说,鲍德里亚在这部著作中追随马克思的思路,注重对商品和商品拜物教的心理分析的话,那么,在他后来出版的著作《符号政治经济学批判》(1972)、《生产之镜》(1973)中,他开始转向对马克思的批评。他认为,马克思的商品分析是以人的需要和生产为起点的,也就是说,马克思对现代性的诊断仍然囿于“生产之镜”,而当代社会本质上是消费社会,商品已经蜕变为符号,商品交换也已经蜕变为“符号交换”(symbolic exchange),商品拜物教也已经被符号拜物教所取代了。尽管鲍德里亚试图借用符号学的术语来超越马克思,然而,马克思甚至连这种可能性也早已预见到了。众所周知,在论述特殊形式的商品——货币时,他曾经写道:“在货币不断转手的过程中,单有货币的符号存在(symbolische Existenz)就够了。”[②]

从上面的论述可以看出,正是马克思关于商品和商品拜物教的分析,为当代人反思现代性提供了一个坚实的起点。

二、资本的逻辑:现代性诊断的核心

如果说,商品分析是马克思现代性诊断的起点,那么,资本分析则是其现代性诊断的核心。在马克思看来,资本(Kapital)不是一个静态的、可供观察的对象,而是一种动态的运动,而资本运动的逻辑就是无限制地增殖自己、膨胀自己。不用说,资本运动的这一逻辑是奠基于资本家追求财富的无限的欲望之上的。正是在这个意义上,马克思经常把资本家称为“人格化的资本”[③]。扩而言之,整个资产阶级也可被视为资本的化身。资本运动的上述逻辑导致了如下的结果。

首先,资本的永不停息的运动方式使现代社会变得动荡不安:“生产的不断变革,一切社会状况不停的动荡,永远的不安定和变动,这就是资产阶级时代不同于过去一切时代的地方。一切固定的僵化的关系以及与之相适应的素被尊崇的观念和见解都被消除了,一切新形成的关系等不到固定

---

① 让·鲍德里亚:《消费社会》,刘成富、全志刚译,南京大学出版社 2000 年版,第 1 页。

② 《资本论》第 1 卷,人民出版社 1975 年版,第 149 页。Sehen Marx, Engels, *Werke*, *Band* 23, Dietz Verlag, 1973, S. 143. 文中的 symbolische Existenz 原译为“象征存在”,此处改译为“符号存在”。

③ 《资本论》第 1 卷,人民出版社 1975 年版,第 343 页。

下来就陈旧了。一切等级的和固定的东西都烟消云散了，一切神圣的东西都被亵渎了。人们终于不得不用冷静的眼光来看他们的生活地位、他们的相互关系。"[①]在马克思的诊断中，资本之所以会造成动荡不安的现代社会，因为它必须在这样的条件下才能生存下去。事实上，如果不对全部社会关系不断地进行革命，它就无法生存下去。在这里，马克思深刻地揭示出，变动不居构成现代性的基本症候之一。

其次，资本的无孔不入的运动方式破坏了一切封建的、宗法的、田园诗般的关系，"它使人和人之间除了赤裸裸的利害关系，除了冷酷无情的'现金交易'，就再也没有任何别的联系了"[②]。在马克思的诊断中，现代性的基本症候之一就是人际关系的简单化（雇佣和被雇佣的关系取代了传统社会的各种复杂的关系）和冷漠化（"利害关系"和"现金交易"构成了日常生活）。

再次，资本的自发的运动方式必然导致世界市场，导致一切国家的生产和消费的世界化，"不断扩大新产品销路的需要，驱使资产阶级奔走于全球各地。它必须到处落户，到处开发，到处建立联系"[③]。在马克思的诊断中，全球化乃是资本自发运动的必然的逻辑结果，也是现代性显现自己的基本症候之一。今天的现实已经表明，马克思的诊断具有无可否认的先见之明。

那么，资本究竟如何在运动中使自己不断增殖呢？马克思认为，资本的增殖归根到底是通过对活劳动的吸附来实现的："劳动是酵母，它被投入资本，使资本发酵。"[④]因此，只有通过对资本主义的生产过程的分析，才能真正揭开资本增殖的秘密。事实上，在资本主义生产方式中，作为整个生产活动的组织者的资本家，不但通过延长工作日的方式，从工人身上榨取绝对剩余价值，而且也通过提高生产率的方式，从工人身上榨取相对剩余价值。正是在这个意义上，马克思满怀激愤地写道："平等地剥削劳动力，是资本的首要人权。"[⑤]

---

① 《马克思恩格斯选集》第1卷，人民出版社1995年版，第275页。
② 《马克思恩格斯选集》第1卷，人民出版社1995年版，第275页。
③ 《马克思恩格斯选集》第1卷，人民出版社1995年版，第276页。
④ 《马克思恩格斯全集》第46卷上，人民出版社1979年版，第256页。
⑤ 《资本论》第1卷，人民出版社1975年版，第324页。

然而,资本增殖的这一秘密却常常在流通的领域里,尤其是在生息资本这种特殊的资本存在方式上被遮蔽起来,正如马克思所说的:"如果说资本起初在流通的表面上表现为资本拜物教,表现为创造价值的价值,那么,现在它又在生息资本的形式上,取得了它最异化最特别的形式。"[①]为什么在生息资本的形式上,资本拜物教表现得最为突出呢?因为生息资本给人们这样一种假象,似乎它自己就会生出利息来。在马克思看来,要破除资本拜物教,就必须清醒地认识到,资本不是物,而是一种社会生产关系。

马克思的上述见解蕴含着这样一个不言自明的结论,即资本构成现代社会的基础和动力,也构成各种现代性现象的核心和灵魂。在马克思之后,卢森堡的《资本积累论》、希法亭的《金融资本》等著作都继续了这方面的思考。在当代学者对现代性现象的分析中,资本的积累和发展趋势成了他们思考的聚集点。美国学者哈维(David Harvey)在《资本的限度》(1982)、《资本的都市化》(1985)这样的著作中,已经开始了对资本问题的思考。在哈维看来,既然马克思把资本无限的、过度的增殖和积累的趋势理解为资本主义的不治之症,那么,"唯一的问题是,怎样用不威胁到资本主义社会秩序的各种方式来表现、遏制、吸收或处理过度积累的趋势"[②]。显然,在哈维看来,马克思忽略了现代性在自我调适方面的潜能。按照他的看法,现代社会能够通过宏观调控、资本在时间和空间上的灵活转移等各种方式,遏制乃至消除资本自发运动产生的逻辑结果。英国学者梅扎罗斯(Istvan Meszaros)在《超越资本》(1995)一书的"导言"中表示,他之所以把自己的著作命名为《超越资本》(Beyond Capital),主要是基于以下的考虑:第一,马克思《资本论》的主旨是超越资本主义,而他的著作的主旨则是"超越资本",在含义上更为宽泛;第二,马克思生前未能完成《资本论》的写作,而他则希望自己能继续贯彻马克思批判资本主义的思路;第三,与马克思的时代相比,当今时代已经发生了重大的变化,因而他也希望自己的著作能"超越马克思的设计本身"[③]。不管梅扎罗斯的著作是否达到了自己的期望值,但有一点是肯定的,即他把资本视为解读现代社会和现代

---

① 马克思:《资本论》第3卷,人民出版社1975年版,第937页。

② 戴维·哈维:《后现代的状况》,阎嘉译,商务印书馆2003年版,第228~229页。

③ 梅扎罗斯:《超越资本》上,郑一明等译,中国人民大学出版社2003年版,第10页。

性的一把钥匙。

与哈维和梅扎罗斯主要从经济生活的角度出发去理解资本的倾向不同，法国学者布尔迪厄(P. Bourdieu)在研究现代社会和现代性时，对资本的含义作出了超经济学的解释。他认为，在现代社会中，资本具有以下三种基本形态："(1)经济资本，这种资本可以立即并且直接转换成金钱，它是以财产权的形式被制度化的；(2)文化资本，这种资本在某些条件下能转换成经济资本，它是以教育资格的形式被制度化的；(3)社会资本，它是以社会义务('联系')组成的，这种资本在一定条件下也可以转换成经济资本，它是以某种高贵头衔的形式被制度化的。"[①]显然，"文化资本"与"社会资本"概念的提出，极大地丰富了资本的内涵，从而使当代学者在对现代性的诊断中获得了更大的、更灵活的诠释空间。

三、异化的扬弃：现代性诊断的出路

与同时代的思想家比较起来，马克思的深刻之处在于，他不仅从对象——商品、货币和资本的角度出发，对现代性作出诊断，而且也从造成这些对象的人的行动——生产劳动出发，对现代性作出更深层次的反思。在这样做的时候，马克思经常使用的一个概念是"异化"(Entfremdung)。这是马克思从黑格尔和费尔巴哈那里借用过来，而又赋予其崭新含义的重要概念。如果说，黑格尔和费尔巴哈只是从单纯精神活动，尤其是宗教观念的角度来谈论异化的话，那么，马克思考察现代性的特殊角度——经济哲学一开始就把他带到生产劳动在现代社会中的普遍表现形式——"异化劳动"(die entfremdete Arbeit)上。在马克思那里，异化概念具有如下的特征。

第一，异化借以实现自己的手段是实践的，"因此，通过异化劳动，人不仅生产出他同作为异己的、敌对的力量的生产对象和生产的行为关系，而且生产出其他人同他的生产和他的产品的关系，以及他同这些人的关系"[②]。马克思之所以强调异化的实践特征，是为了使人们认识到，异化并不是日常生活中的空幻的精神氛围，而是支配着日常生活的现实的力量和

① 《文化资本与社会炼金术：布尔迪厄访谈录》，包亚明译，上海人民出版社1997年版，第192页。

② 《马克思恩格斯全集》第42卷，人民出版社1979年版，第99～100页。

关系。正是通过对异化劳动的深入分析,马克思揭示出蕴含在现代社会和现代性中的异化的四种基本的、现实的形式:一是劳动产品的异化,二是劳动过程的异化,三是人的本质的异化,四是人与人之间的关系的异化。

第二,异化的表现形式是普遍的。马克思写道:“异化既表现为我的生活资料属于别人,我所希望的东西是我不能得到的、别人的所有物;也表现为每个事物本身都是不同于它本身的另一个东西,我的活动是另一个东西,而最后,——这也适用于资本家,——则表现为一种非人的力量统治一切。”①在这里,马克思不仅对异化的一般含义作出了解释,而且肯定,资本家也处于异化中。这就肯定了异化对全社会成员的那种普遍性。后来,他进一步明确地指出:“有产阶级和无产阶级同是人的自我异化。”②差别在于,无产阶级在异化中感到自己的无力和非人的生存现实,而有产阶级则感到自己的强大和满足。其实,有产阶级的这种自我感觉在相当程度上是虚幻的,因为现代性以其非人的、神奇的力量支配着一切,当然也支配着有产阶级。

第三,异化在现代社会中通常与物化(Verdinglichung)结伴而行。马克思并不一般地反对物化,在他看来,任何生产劳动都是把人的精力物化在对象或产品中。他反对的只是以异化的方式表现出来的物化。这种物化“在于巨大的物的权力不归工人所有,而归人格化的生产条件即资本所有,这种物的权力把社会劳动本身当作自身的一个要素而置于同自己相对立的地位”③。

尽管马克思对蕴含在现代社会和现代性中的异化现象的普遍性和严重性作了充分的论述,但他坚持认为,异化现象是可以被扬弃的。在马克思看来,一方面,在分工的基础上逐步形成起来的异化劳动是私有财产的直接原因;另一方面,私有财产又是异化劳动得以延续和强化的基础。正是在这个意义上,马克思指出:“私有财产的积极的扬弃,作为对人的生命的占有,是一切异化的积极的扬弃,从而是人从宗教、家庭、国家等等向自

---

① 《马克思恩格斯全集》第42卷,人民出版社1979年版,第141页。
② 《马克思恩格斯全集》第2卷,人民出版社1957年版,第44页。
③ 《马克思恩格斯全集》第46卷下,人民出版社1980年版,第360页。

己的人的即社会的存在的复归。”[①]我们知道，成熟时期的马克思仍然继续使用异化这一重要的概念，但其早期倡导的“扬弃异化”的哲学口号已被成熟时期的“剥夺剥夺者”的明确的政治革命的口号所取代。

由于马克思的异化理论无论是在宏观上，还是在微观上，都蕴含着现代性批判的巨大的潜能和诠释空间，所以它在后人那里得到了异乎寻常的重视。卢卡奇（G. Lukács）在《历史与阶级意识》（1923）中借用“物化”这一术语，对现代社会和现代性进行了批判性的考察。他指出：“物化是生活在资本主义社会中的每一个人的必然的、直接的现实。”[②]尽管卢卡奇当时还没有把握物化与异化概念之间的正确关系，但他对物化这个词的使用表明他继承了马克思诊断现代社会和现代性的基本思路。

1932 年，马克思的《巴黎手稿》问世后，异化概念几乎成了国际哲学界的常用词。法国哲学家列斐伏尔（H. Lefebrve）在《日常生活批判》（1946）一书中开始了批判现代社会的日常生活和现代性异化之旅。事实上，他对异化的含义作出了更为宽泛的解释：“异化不仅被定义为人在外部物质世界或不确定的主体性中丧失他自己，它首先应该被定义为个体在客观化和主观化进程中的分裂，即两者统一的破坏。”[③]列斐伏尔被许多后现代思想家视为现代性批判的先驱。在上世纪六七十年代，南斯拉夫“实践派”的哲学家则开辟了异化研究的另一个重要的方向，即对东欧社会主义国家现代化进程中所蕴含的异化现象的反思。比如，柳鲍米尔·塔迪奇在《官僚机构——异化的组织》一文中开宗明义地指出：“我们生活在一个为急剧膨胀着的异化力量所统治的时代。”[④]在他看来，官僚机构及其运作方式正是异化存在的确证。

毋庸讳言，马克思的异化理论也成了后现代思想家解读现代性的一把钥匙。正如贝斯特和科尔纳所指出的：“马克思关于主客体颠倒以及客体借以支配主体及主体性和个性衰微的论述被鲍德里亚和后现代理论利用了。”[⑤]晚期的鲍德里亚作为一个极端的后现代主义者，以为自己已经用符

---

① 《马克思恩格斯全集》第 42 卷，人民出版社 1979 年版，第 121 页。

② G. Lukács, *History and Class Consciousness*, Merlin Press 1971, p. 197.

③ H. Lefebvre, *The Sociology of Marx*, Vintage Books, 1969, p. 10.

④ 马尔科维奇等编：《南斯拉夫“实践派”的历史和理论》，郑一明、曲跃厚译，重庆出版社 1991 年版，第331 页。

⑤ 斯蒂芬·贝斯特、道格拉斯·科尔纳：《后现代转向》，陈刚等译，南京大学出版社 2002 年版，第71 页。

号理论超越了马克思关于异化和扬弃异化的理论。实际上,就像贝斯特和科尔纳所批评的:“如果物化是使世界转变为一个客体的神秘幻象和没有任何社会关系的符号的话,那么这正是鲍德里亚的著作有助于完成的任务。”①也就是说,鲍德里亚的立场已经转变到他以前曾经批判过的错误的立场上去了。在这个意义上可以说,我们并没有走出马克思的现代性诊断的视野。

综上所述,马克思对以资本主义为特征的现代社会和现代性的诊断在今天仍然是一份弥足珍贵的思想遗产。戴维·弗里斯比说:“马克思在资本主义中确认现代性体验的‘起源’,他的分析表明,资本主义当事人对于这些‘起源’本身并不清楚。”②马丁·阿尔布劳(M. Albrow)甚至把马克思创立的历史唯物主义理论理解为“对现代性的一种高度现代的解说”③。所有这一切都表明,马克思关于现代性的诊断具有极为重要的当代意义,值得深入地加以研究。

---

① 斯蒂芬·贝斯特、道格拉斯·科尔纳:《后现代转向》,陈刚等译,南京大学出版社 2002 年版,第149 页。

② 戴维·弗里斯比:《现代性的碎片》,卢晖临、周怡、李林艳译,商务印书馆 2003 年版,第 37 页。

③ 马丁·阿尔布劳:《全球时代:超越现代性之外的国家和社会》,高湘泽、冯玲译,商务印书馆 2001 年版,第 28 页。

马克思政治哲学理论的内在张力

从上个世纪70年代初以来，随着美国哲学家罗尔斯的《正义论》的问世，政治哲学引起越来越多的研究者们的重视。与此同时，对马克思政治理论的研究也出现了复兴。然而，在这一可喜现象的背后，却存在着一种令人担忧的倾向，即研究者们在理解并阐释马克思的政治哲学理论时，总是习惯于抓住其理论的某个方面加以发挥，忽略了马克思政治哲学理论中不同的思想酵素之间存在的内在张力。事实上，只有充分重视不同的思想酵素之间存在的内在张力，才可能全面地、完整地、准确地理解并阐发马克思的政治哲学理论，从而使这方面的研究沿着健康的轨道向前发展。

一、在作为公共事务管理机构的国家的功能和作为阶级统治的暴力机器的国家的实质之间建立必要的张力

众所周知，马克思在其一系列的政治哲学论著中揭示了国家，尤其是现代国家的实质。从表面上看，国家是凌驾于整个社会之上的公共机构，它一定会一视同仁地、公正地处理它所涉及的一切事务，但实际上，马克思通过自己的研究发现，国家实质上是阶级统治的暴力机器。在与恩格斯合

著的《共产党宣言》中，马克思指出，在现时代，阶级对立简单化了，整个社会日益分裂为资产阶级和无产阶级两大阵营，而"现代的国家政权不过是管理整个资产阶级的共同事务的委员会罢了"①。毋庸讳言，马克思对国家，特别是现代国家的实质的披露，显示出他的政治哲学所蕴含的深刻的批判维度，也表明他在国家理论方面的卓越的洞察力。在后马克思时代，不少人记住了马克思这方面的论述，却把这些论述片面化、极端化了。他们忽略了以下两个表达式——"国家的功能"和"国家的实质"之间的差别。事实上，马克思只是把国家的实质理解为阶级统治的暴力机器，而并没有把国家的功能简单化。

众所周知，在人类的历史上，被霍布斯称之为"利维坦（亦即海中怪兽）"的国家，毕竟是一个最为复杂的社会存在物。即使是现代国家，尽管它最为关注的是"整个资产阶级的共同事务"，但它也必须对全社会的共同事务承担其管理职能。这些共同事务包括基础设施的建设、水利工程的实施、公共交通、公共邮政、公共行政、警察和国内秩序的维持、财政税收、军队和对外战争等等。所有这些共同事务，都超出了某个统治阶级的范围，而涉及到全社会每个成员的利益。事实上，马克思早就肯定了国家在管理全社会共同事务方面的基本功能。在《不列颠在印度的统治》一文中，马克思明确地指出："在亚洲，从远古的时候起一般说来就只有三个政府部门：财政部门，或者说，对内进行掠夺的部门；战争部门，或者说，对外进行掠夺的部门；最后是公共工程部门……所以亚洲的一切政府都不能不执行一种经济职能，即举办公共工程的职能。这种用人工方法提高土壤肥沃程度的设施靠中央政府办理，中央政府如果忽略灌溉或排水，这种设施立即就会荒废……"②就现代国家，即资产阶级国家而言，它也必须执行管理全社会共同事务的职能，也必须维护每个公民应有的权利。也正是在这个意义上，马克思主义的创始人认为，现代资产阶级社会也为无产阶级革命提供了相应的条件。

马克思的上述见解启示我们，运用阶级分析方法去把握国家的实质是必要的，它为我们理解一个社会的错综复杂的政治生活提供了一条指导性

---

① 《马克思恩格斯选集》第1卷，人民出版社1995年版，第274页。
② 《马克思恩格斯选集》第1卷，人民出版社1995年版，第762页。

的线索，但我们也必须清醒地意识到，对国家的理解决不能简单化。历史和实践一再证明，国家的功能是多方面的，尤其是它对全社会共同事务的管理，拥有不可推卸的责任。只有全面地思考国家的功能和它的实质之间的关系，才能对马克思的国家理论作出全面的理解。事实上，当代“治理”理论的兴起也启发我们，在考察任何形式的国家时，决不能只满足于指出国家的实质是什么，而完全忽视了对它的错综复杂的实际功能的深入解析。

二、在对国家的基础与革命的前提的理解上建立必要的张力

在经济基础和上层建筑的结构中去认识国家的地位和作用，常常被人们看做是一种老生常谈。其实，恰恰是在人们视之为老生常谈的地方，蕴含着马克思对国家基础问题的卓越见解。遗憾的是，马克思这方面的见解并没有引起研究者们的充分重视。

早在与恩格斯合著的《德意志意识形态》中，马克思已经告诉我们：“那些决不依个人‘意志’为转移的个人的物质生活，即他们的相互制约的生产方式和交往方式，是国家的现实基础，而且在一切还必需有分工和私有制的阶段上，都是完全不依个人的意志为转移的。这些现实的关系决不是国家政权创造出来的，相反地，它们本身就是创造国家政权的力量。”①在《〈政治经济学批判〉序言》中，马克思以更明确的语言告诉我们：“人们在自己生活的社会生产中发生一定的、必然的、不依他们的意志为转移的关系，即同他们的物质生产力的一定的发展阶段相适合的生产关系。这些生产关系的总和构成社会的经济结构，即有法律的和政治的上层建筑竖立在其上并有一定的社会意识形式与之相适应的现实基础。物质生活的生产方式制约着整个社会生活、政治生活和精神生活的过程……社会的物质生产力发展到一定阶段，便同它们一直在其中运动的现存生产关系或财产关系（这只是生产关系的法律用语）发生矛盾。于是这些关系便由生产力

---

① 《马克思恩格斯全集》第3卷，人民出版社1960年版，第377～378页。

的发展形式变成生产力的桎梏。那时社会革命的时代就到来了。"[1]这些看起来似乎是老生常谈的论述实际上向我们传递了一个极为重要的信息，即无论是国家的兴亡更替，还是社会革命的是否合理，其共同的基础或前提都是物质生活的生产方式。正是生产方式内部的生产力与生产关系的一致或冲突，从根本上规约着国家的兴衰存亡与革命的正当与否。

其实，马克思下面这段话的重要性也是不容忽视的："无论哪一个社会形态，在它所能容纳的全部生产力发挥出来以前，是决不会灭亡的；而新的更高的生产关系，在它的物质存在条件在旧社会的胎胞里成熟以前，是决不会出现的。"[2]按照马克思的观点，一个社会形态、一种国家制度，在其生产关系所能容纳的生产力充分发挥出来以前，是决不会灭亡的。那么，如果一个国家已经自觉地认识并把握了经济运动的规律，它能否凌驾于这种规律之上呢？马克思的回答显然是否定的，他在《资本论》第一卷中这样写道："一个国家应该而且可以向其他国家学习。一个社会即使探索到了本身运动的自然规律……它还是既不能跳过也不能用法令取消自然的发展阶段。但是它能缩短和减轻分娩的痛苦。"[3]在这段同样重要的论述中，马克思明确地划定了国家在历史发展进程中实际上起作用的限度。同时，它也启示我们，任何一场真正的社会革命都是有其前提的。假如革命赖以发生的物质条件在旧社会的胎胞里还没有成熟，它即使发生了，也是不可能获得成功的。当人们试图以革命的方式推翻某个国家的政权，而这个国家的经济制度所能容纳的生产力还有广阔的发展空间时，这种革命必定会沦于空想和失败。正如马克思所说的：如果革命缺乏相应的生产方式上的前提，"那么一切炸毁的尝试都是堂·吉诃德的荒唐行为"[4]。

马克思的上述见解深刻地启示我们：一方面，不管人们是否承认，任何国家都扎根于相应的生产方式，而生产方式内部的生产力与生产关系之间的一致或冲突则决定着国家发展的根本命运。尽管任何国家和国家制度一经形成，就具有相对的独立性，并能对生产方式运用一定的调控手段，然

---

① 《马克思恩格斯选集》第 2 卷，人民出版社 1995 年版，第 32～33 页。
② 《马克思恩格斯选集》第 2 卷，人民出版社 1995 年版，第 33 页。
③ 《资本论》第 1 卷，人民出版社 1975 年版，第 11 页。
④ 《马克思恩格斯全集》第 46 卷上，人民出版社 1979 年版，第 106 页。

而,归根到底,生产方式内部的矛盾运动制约着国家起作用的限度。也正是在这个意义上,马克思强调:“我的观点是:社会经济形态的发展是一种自然历史过程。不管个人在主观上怎样超脱各种关系,他在社会意义上总是这些关系的产物。同其他任何观点比起来,我的观点是更不能要个人对这些关系负责的。”[①]另一方面,社会革命也不是单纯的主观意志的产物,它的前提同样深藏于生产方式的现状中。1917 年俄国十月革命爆发时,葛兰西曾发表了一篇题为《反对〈资本论〉的革命》的文章,批评了马克思在《资本论》中得出的关于无产阶级革命将在最先进的资本主义国家率先发生的预言。然而,令人震惊的是,苏联在十月革命胜利 70 周年后,由于各种原因,又重新蜕变为资产阶级性质的国家。难道这不正印证了马克思关于“无论哪一个社会形态,在它所能容纳的全部生产力发挥出来以前,是决不会灭亡的”结论乃是一个颠扑不破的真理吗?历史和实践一再表明,只有在对国家的基础和革命的前提的认识中形成一种张力,任何行动主体才可能避免堂·吉诃德式的命运。

三、在对宏观政治权力与微观经济权力的批判上建立必要的张力

马克思对“政治解放”和“人类解放”这两个重要概念的区分常常引起研究者们的误解,以至于他们竟把这一区分理解为马克思忽视政治理论的一个依据。其实,马克思所倡导的“人类解放”不但是对“政治解放”成果的巩固,也是对“政治解放”成果的深化。事实上,没有“人类解放”作为后援,“政治解放”就会失去它的彻底性,整个社会甚至很容易退回到“政治解放”前的状态中去。因此,把这两个概念区分开来,正是马克思政治哲学理论的独特之处和深刻之处。

众所周知,马克思对宏观政治权力的反思和批判是极其深刻的。早在与恩格斯合著的《德意志意识形态》中,马克思已经指出:“统治阶级的思想在每一时代都是占统治地位的思想。这就是说,一个阶级是社会上占统治地位的物质力量,同时也是社会上占统治地位的精神力量。支配着物质

---

① 《资本论》第 1 卷,人民出版社 1975 年版,第 12 页。

生产资料的阶级,同时也支配着精神生产的资料,因此,那些没有精神生产资料的人的思想,一般地是受统治阶级支配的。”[①]在这里,马克思区分了两种不同的宏观政治权力:一种是对全社会物质生活资料生产和消费方面的领导权;另一种是对全社会精神生产和思想分配方面的领导权。显然,这两种宏观政治权力是相互支撑的,它们共同维护着统治阶级的统治地位。在 1852 年致约·魏德曼的信中,马克思在谈到资产阶级历史编纂学家关于阶级斗争的理论时写道:“我所加上的新内容就是证明了下列几点:(1)阶级的存在仅仅同生产发展的一定的历史阶段相联系;(2)阶级斗争必然导致无产阶级专政;(3)这个专政不过是达到消灭一切阶级和进入无阶级社会的过渡……”[②]在这里,马克思关于“无产阶级专政”的论述也是以对宏观政治权力的思考作为出发点的。在马克思看来,无产阶级只有使自己上升为统治阶级,通过无产阶级专政正确地运用宏观政治权力,才能为整个社会向未来共产主义社会的过渡创造必要的条件。后来,马克思又总结了巴黎公社的经验教训,进一步强调了摧毁资产阶级国家机器的必要性。所有这些论述都是围绕着无产阶级的政治解放和夺取资产阶级国家的领导权,即宏观政治权力这一中心思想来展开的。

然而,值得注意的是,马克思已经意识到,对于无产阶级来说,单纯的“政治解放”,即掌握一个国家的宏观政治权力是不够的,还需要通过对整个社会日常生活中隐藏着的、普遍的微观权力的批判,才能巩固“政治解放”的成果,并达到真正意义上的“人类解放”。那么,马克思欲加以批判的“微观经济权力”究竟是指什么呢?在我们看来,它指的是作为现代资产阶级社会宏观政治权力的普遍的、无处不在的后援——资本。[③] 在现代资产阶级社会中,资本以其无孔不入的方式渗透进商品、货币和全部日常生活中,从而在人们的日常生活中形成了一个巨大的微观权力网。只要这个权力网继续在起作用,那么“人类解放”就始终是一句空话。在《1844 年经济学哲学手稿》中,马克思告诉我们:“资本是对劳动及其产品的支配

---

① 《马克思恩格斯全集》第 3 卷,人民出版社 1960 年版,第 52 页。

② 《马克思恩格斯选集》第 4 卷,人民出版社 1995 年版,第 547 页。

③ 马克思极其深刻地揭示了现代资产阶级国家的宏观政治权力与微观经济权力之间的内在关系。他在谈到北美的时候写道:“在北美本身,中央政府的权力是和资本的集中一起增长的。”参阅《马克思恩格斯全集》第 46 卷上,人民出版社 1979 年版,第 5 页。

权。资本家拥有这种权力并不是由于他的个人的或人的特性，而只是由于他是资本的所有者。他的权力就是他的资本的那种不可抗拒的购买的权力。”[①]正因为资本拥有这种不可抗拒的购买的权力，所以资本家能够购买劳动力、原料、生产设备和厂房，并使异化劳动得以可能。也正是在这个意义上，马克思告诉我们：“资本是资产阶级社会的支配一切的经济权力。”[②]由于资本只有通过对活劳动的吸附才能使自己增殖，因而在异化劳动中，工人劳动的生产性成了他人的权力，工人反而变得一无所有了。“因为资本是工人的对立面，所以文明的进步只会增大支配劳动的客观权力”[③]。

如前所述，马克思不仅揭示了资本与宏观政治权力之间的内在联系，也揭示了资本作为微观经济权力在日常生活中的巨大作用。其实，这种无所不在的微观权力首先体现在现代社会的细胞——商品身上。在马克思看来，商品的交换价值“反映个人支配他人的使用价值的权力，反映个人的社会关系”[④]。由于人们在日常生活中错误地把商品的交换价值理解为商品的自然属性，从而形成了现代资产阶级社会日常生活的意识形态，即商品拜物教。进一步的研究表明，蕴含在交换价值中的微观权力以更明显的方式体现在货币这个一般等价物上，“货币是‘无个性的’财产。我可以用货币的形式把一般社会权力和一般社会联系，社会实体，随身揣在我的口袋里。货币把社会权力当做一件物品交到私人手里，而私人就以私人的身份来运用这种权力”[⑤]。在日常生活中，当货币把资本视为自己的普遍存在方式时，日常生活的意识形态就进一步从商品拜物教扩展为货币拜物教和资本拜物教，从而形成了一个包罗万象的微观权力的网络。

马克思的政治哲学启示我们，未来共产主义社会的诞生不仅要诉诸“政治解放”和对宏观政治权力的批判，而且也要诉诸“人类解放”和对微观经济权力，尤其是资本拜物教的批判。唯有坚持这种双重的批判，新的政治生活的确立才会获得坚实的基础。事实上，当代哲学家卢卡奇、列斐伏尔、福柯、赫勒等人的研究成果已经为我们深入探讨马克思对现代资产

---

① 《马克思恩格斯全集》第42卷，人民出版社1979年版，第62页。
② 《马克思恩格斯全集》第46卷上，人民出版社1979年版，第45页。
③ 《马克思恩格斯全集》第46卷上，人民出版社1979年版，第5页。
④ 《马克思恩格斯全集》第46卷下，人民出版社1980年版，第459页。
⑤ 《马克思恩格斯全集》第46卷下，人民出版社1980年版，第431页。

阶级社会的微观权力的批判提供了重要的启示。

四、在资产阶级的(亦即公民的)民主、自由和平等意识与社会主义的民主、自由和平等观念之间建立必要的张力

在当今世界的政治格局中,一个无法回避的事实是:社会主义国家几乎都是从资本主义经济并不怎么发达的国家中脱颖而出的。也就是说,在这些国家里,由于资本主义的经济、社会和政治生活都尚未充分地展开,因此,不但公民的意识是十分淡薄的,而且作为公民应该具有的民主、自由和平等的意识以及与这些意识相对应的权利意识也是十分淡薄的。然而,作为社会主义国家的成员,他们又超前地接受了一整套关于社会主义民主、自由和平等的观念。同时,社会主义国家的意识形态通过各种宣传方式,竭力使下面的观点成为全社会每个成员的常识,即社会主义的民主、自由和平等与资产阶级的(或公民的)民主、自由和平等完全是对立的,前者是正确的,后者则是错误的,是充满欺骗的。正是这种常识造成了社会主义国家中政治观念的混乱:一方面,社会主义国家的成员对资产阶级民主、自由和平等的意识不屑一顾,甚至把这些意识看做完全是错误的,是应该加以抛弃的东西,但在现实生活中,他们甚至连这样的意识及与这些意识相对应的权利也是普遍匮乏的;另一方面,社会主义国家的成员又在高谈社会主义民主、自由和平等的观念,然而,由于这些观念缺乏相应的历史基础和思想基础,大多流于空谈。我们发现,要解决好资产阶级的(公民的)民主、自由和平等意识与社会主义的民主、自由和平等观念之间的关系,正确地理解并解释马克思的政治哲学理论仍然是一个绕不过去的主题。

毋庸讳言,作为无产阶级的思想代表和精神领袖,马克思对资产阶级民主、自由和平等意识所蕴含的欺骗性进行过深刻的批判。比如,在《评普鲁士最近的书报检查令》一文中,马克思就曾辛辣地嘲讽过当时政府的法令:"没有色彩就是这种自由唯一许可的色彩。"[①]在《第六届莱茵省议会的的辩论(第一篇论文)》中,马克思又写道:"检查制度的出发点是:疾病是

① 《马克思恩格斯全集》第1卷,人民出版社1956年版,第7页。

正常状态，而正常状态——自由就是疾病。"[①]马克思不但揭示了资产阶级自由观念的某种虚假性，而且也阐明了资产阶级的自由和平等观念在现代经济生活中的起源："如果说经济形式，交换，确立了主体之间的全面平等，那么内容，即促使人们去进行交换的个人材料和物质材料，则确立了自由……作为纯粹观念，平等和自由仅仅是交换价值的交换的一种理想化的表现；作为在法律的、政治的、社会的关系上发展了的东西，平等和自由不过是另一次方的这种基础而已。"[②]这就表明，现代资产阶级的自由和平等意识归根到底是为资产阶级商品经济的发展服务的。正是这样的阶级属性决定了这些意识本身蕴含着某种欺骗性，因为它们总是试图表明，它们是为全社会的成员服务的。同样地，马克思也指出了资产阶级民主意识，包括其宪法所蕴含的某种虚假性，因为"每一个企图代替旧统治阶级的地位的新阶级，就是为了达到自己的目的而不得不把自己的利益说成是社会全体成员的共同利益"[③]。事实上，正是资产阶级民主、自由和平等意识表面上的普适性和实际上的阶级归属，决定了它们具有某种欺骗性。

然而，我们必须清醒地意识到，尽管马克思对资产阶级民主、自由和平等意识作过深刻的批判，但无论如何我们不能用非历史的观念去看待马克思的观点。因为资产阶级民主、自由和平等的意识与以前时代的社会意识比较起来，毕竟是一个巨大的进步。同时，马克思也发现，无产阶级革命不但不应该与这些意识对立起来，而且应该充分利用这些意识提供的思想空间，利用它们在与传统观念比较时所显现出来的那种历史的合理性。在《黑格尔法哲学批判》一书中，马克思在批判君主制的时候指出："民主制是国家制度一切形式的猜破了的哑谜。在这里，国家制度不仅就其本质说来是自在的，而且就其存在、就其现实性说来也日益趋向于自己的现实的基础、现实的人、现实的人民，并确定为人民自己的事情。"[④]在这里，马克思不仅对（以资产阶级为统治阶级的）民主制作了高度的评价，甚至断言："在真正的民主制中政治国家消失了。"[⑤]因为在他看来，民主制在弥合国

---

① 《马克思恩格斯全集》第1卷，人民出版社1956年版，第73页。
② 《马克思恩格斯全集》第46卷上，人民出版社1979年版，第197页。
③ 《马克思恩格斯全集》第3卷，人民出版社1960年版，第54页。
④ 《马克思恩格斯全集》第1卷，人民出版社1956年版，第281页。
⑤ 《马克思恩格斯全集》第1卷，人民出版社1956年版，第282页。

家与社会的分裂方面迈出了至关重要的一步。在《哥达纲领批判》中，马克思谈到，共产主义社会是从资本主义社会中脱胎出来的，“所以，在这里平等的权利按照原则仍然是资产阶级权利”①。在马克思看来，共产主义（社会主义）的平等要比资产阶级的平等高一个层次，是“各尽所能，按需分配”意义上的平等，但这种平等观并不是凭空产生的，而是在资产阶级平等观的基础上发展出来的。同样地，虽然社会主义的自由和民主也要比资产阶级的自由和民主高一个层次，但前者也是从后者的基础上发展出来的。假如人们把社会主义的民主、自由和平等的观念与资产阶级民主、自由和平等的意识简单地割裂开来并对立起来，那就必定会把社会主义民主、自由和平等的观念变成纯粹的空谈。在这方面，德拉·沃尔佩、科莱蒂等人的研究成果实际上已经触及到这个重大的问题，而对于社会主义国家来说，这个问题是无法回避的。

总之，马克思的政治哲学奠基于历史唯物主义，而历史唯物主义则要求我们运用历史分析的眼光来考察一切社会现象，尤其是精神现象。在马克思的政治哲学理论中，既有对资产阶级民主、自由和平等意识的历史作用的肯定，又有对它们所蕴含的某种虚假性的批判；既有对社会主义民主、自由和平等观念与资产阶级民主和自由和平等意识之间的差异的论述，又有对它们之间的历史连贯性的阐明。我们决不能抓住马克思政治哲学中的某个思想要素，随意地加以发挥，甚至无限地加以夸大，我们必须看到这些不同的思想要素之间的内在关联以及它们在历史唯物主义学说基础上的一致性。

---

① 《马克思恩格斯选集》第3卷，人民出版社1995年版，第304页。

马克思哲学研究三题议

拙著《重新理解马克思》(北京师范大学出版社)于2005年1月问世后,在学术界引起了一定的反响。其中赞扬者有之,批评者也有之。段忠桥教授撰写的《对俞吾金教授"重新理解马克思"的三点质疑》可以说是批评者文献中较具代表性的一篇,因为他的《质疑》也涉及到如何准确地理解马克思哲学研究中的若干基础性理论问题,所以笔者愿意就这些问题进一步阐明自己的见解,以回应段忠桥教授。

一、马克思哲学与恩格斯哲学的关系

在对马克思哲学与恩格斯哲学关系的理解上,历来存在着两种不同的见解。一种是"等同论",认为马克思与恩格斯的哲学思想是完全一致的,不存在任何差异。从苏联到目前国内的哲学教科书基本上都坚持这一见解。另一种是"对立论",认为恩格斯与马克思在哲学思想上是对立的。某些西方马克思主义者坚持这一见解。笔者不同意上述两种见解。笔者提出的第三种见解是"差异论",认为马克思和恩格斯虽然都把自己的哲学理解为历史唯物主义,但在对历史唯物主义的内涵及一系列具体问题的理解上却存在着差异①。

众所周知,青年恩格斯发表的《英国工人阶级状况》和《政治经济学批判大纲》曾对马克思产生过很大的影响。同样地,恩格斯在与马克思接触并建立了诚挚的友谊后,也深受马克思的影响。有些著作,如《神圣家族》、《德意志意识形态》、《共产党宣言》等,是马克思和恩格斯合著的;也有的著作,如《反杜林论》在付印之前恩格斯曾把全部书稿念给马克思听过。马克思于1883年逝世后,恩格斯也主动承担起替马克思整理和出版遗稿的工作。所有这一切都表明,马克思与恩格斯的关系是十分密切的,他们对不少理论问题和现实问题的看法也是一致的。然而,这种大体上的一致性并不表明,他们的哲学思想之间不存在任何差异。

就马克思和恩格斯合写的著作来说,一方面,合写表明他们对某些问题存在着共同的看法;另一方面,合写之所以是必要的,是因为他们在知识结构上存在着差异,通过合写,可以起到取长补短的作用。此外,常识告诉我们,任何两个人合写一部著作,并不等于他们在这部著作中论述的所有问题上见解都是完全一致的。退一万步说,即使在已经合写的著作中两个人的见解是完全一致的,也不能证明在他们各自独立署名的著作中他们的思想不存在任何差异。事实上,常识启示我们,就是同一个人,其思想在发展中也会发生差异。比如,成熟时期马克思思想就与青年时期马克思思想存在着差异。如果连这样的差异也不承认,那除非假定,马克思一生下来就是一个成熟的思想家。既然一个人的思想在发展中会出现差异,两个人就更不用说了。

至于《反杜林论》,据恩格斯本人说:“在付印之前,我曾把全部原稿念给他听,而且经济学那一篇的第十章(《〈批判史〉论述》)就是由马克思写的,只是由于外部的原因,我才不得不很遗憾地把它稍加缩短。在各种专业上互相帮助,这早就成了我们的习惯。”②段教授也引述了恩格斯的这段论述,并发挥道:“马克思本人了解《反杜林论》的全部内容,而且没有提出

---

① 参阅俞吾金:《运用差异分析方法研究马克思学说》,载《哲学动态》2004年第12期。实际上,国际上也有一些学者对马克思和恩格斯的关系持“差异说”。请参阅特瑞尔·卡弗《“马克思和恩格斯”,还是“恩格斯对马克思”:在东京弗里德里希·恩格斯国际研讨班上的演讲》,载《江海学刊》2006年第1期。

② 《马克思恩格斯选集》第3卷,人民出版社1995年版,第347页。

不同意见,这从另一个方面证明这本书并不存在与马克思思想不一致的地方。”但段教授的这一结论未免显得武断。恩格斯只是指出,他把《反杜林论》的全部书稿念给马克思听过,并没有提到马克思对他的书稿是否有意见。恩格斯没有提到这一点,并不能以此推出马克思对他的书稿没有任何意见的结论。否则,恩格斯接下去为什么会说:“在各种专业上互相帮助,这早就成了我们的习惯。”这里说的“互相帮助”表明,至少恩格斯把书稿念给马克思听的动机就是想听取不同的意见。如果马克思在所有问题上的见解都与他是一致的,为什么他还要把自己的书稿念给马克思听呢?其实,念书稿这个行为本身就表明,连恩格斯本人也默认,他的思想和马克思的思想之间是有差异的。如果完全一致,恩格斯岂不是念给自己听就可以了?每一个认真阅读拙著《重新理解马克思》的人,都会发现,笔者曾从不同的角度论述过马克思和恩格斯在哲学思想上的差异。这里不妨把一些主要的差异点罗列出来:

1. 在对哲学研究出发点的理解上马克思与恩格斯的差异

在《关于费尔巴哈的提纲》(以下简称《提纲》,1845)中,马克思开宗明义地写道:“从前的一切唯物主义(包括费尔巴哈的唯物主义)的主要缺点是:对对象、现实、感性,只是从客体的或者直观的形式去理解,而不是把它们当做感性的人的活动,当做实践去理解,不是从主体方面去理解。”[①]这段话明确地告诉我们,马克思哲学的出发点是实践。在《提纲》的另一处,马克思又写道:“全部社会生活在本质上是实践的。凡是把理论引向神秘主义的神秘东西,都能在人的实践中以及对这个实践的理解中得到合理的解决。”[②]马克思还尖锐地批判了直观的唯物主义,认为这种不把感性理解为实践活动的唯物主义至多只能达到对单个人和市民社会的直观。

马克思逝世后,恩格斯于1888年出版了《路德维希·费尔巴哈和德国古典哲学的终结》一书(以下简称《终结》),并把马克思的上述提纲作为“包含着新世界观的天才萌芽的第一个文件”附在书后。有趣的是,正是在这部著作中,恩格斯提出了哲学基本问题,即思维对存在、精神对自然界的关系问题,并指出:“凡断定精神对自然界说来是本原的,从而归根到底

---

① 《马克思恩格斯选集》第1卷,人民出版社1995年版,第54页。

② 《马克思恩格斯选集》第1卷,人民出版社1995年版,第56页。

承认某种创世说的人……组成唯心主义阵营。凡是认为自然界是本原的，则属于唯物主义的各种派别。”[①]显然，恩格斯是主张从唯物主义立场出发，即从对自然界的直观出发去探索哲学问题的。然而，这种在本体论上撇开人的实践活动，从对自然界的直观出发的探讨方式，岂不是以某种方式退回到马克思在《提纲》中所批评的旧唯物主义立场上去了吗？

诚然，在谈到思维与存在是否具有同一性这一认识论问题时，恩格斯在《终结》中也说过：“对这些以及其他一切哲学上的怪论的最令人信服的驳斥是实践，即实验和工业。”[②]熟悉恩格斯著作的人也会告诉我们，在《自然辩证法》（1873—1886）一书中，恩格斯也说过：“人的思维的最本质的和最切近的基础，正是人所引起的自然界的变化，而不单是自然界本身，人的智力是按人如何学会改变自然界而发展的。”[③]尽管恩格斯在这里没有使用“实践”概念，但他所说的“人所引起的自然界的变化”正是反映人的实践活动。深入的考察表明，尽管恩格斯有时也使用“实践”概念，但与马克思仍然存在着差异。

第一，马克思首先是从本体论，其次是从认识论和方法论上来使用实践概念的，而恩格斯则在本体论、方法论[④]上仍然沿用了传统的直观唯物主义的方法，只是在认识论上使用了实践概念。即使在认识论上，恩格斯也常常借鉴传统唯物主义的直观眼光。比如，在《自然辩证法》中，恩格斯写道：“唯物主义的自然观不过是对自然界本来面目的朴素的了解，不附加任何外来的成分，所以它在希腊哲学家中间从一开始就是不言而喻的东西。”[⑤]显而易见，这里说的“不附加任何外来的成分”也包括撇开人的社会实践，只就自然界的本来面目去认识自然界。因而，马克思把自己的哲学理解为实践唯物主义，而恩格斯则通常谈论一般意义上的唯物主义，并偶尔使用实践概念。有鉴于此，施密特指出：“值得注意的是：在恩格斯那里，

---

① 《马克思恩格斯选集》第4卷，人民出版社1995年版，第224页。

② 《马克思恩格斯选集》第4卷，人民出版社1995年版，第225页。

③ 恩格斯：《自然辩证法》，人民出版社1971年版，第209页。

④ 恩格斯倡导的是“自然辩证法”，而马克思所倡导的则是“人化自然辩证法”。参阅俞吾金：《论马克思的人化自然辩证法》，载俞吾金：《寻找新的价值坐标》，复旦大学出版社1995年版，第301～311页。

⑤ 恩格斯：《自然辩证法》，人民出版社1971年版，第177页。

被社会中介过的自然概念和独断的、形而上学的自然概念确实毫无联系地并存着。"①

第二,在马克思的理解中,实践的核心含义是革命斗争。正是在这个意义上,马克思指出:"实际上,而且对实践的唯物主义者即共产主义者来说,全部问题都在于使现存世界革命化,实际地反对并改变现存的事物。"②而恩格斯则强调"实践,即实验和工业",把实践概念的主要内涵划定在实验和工业的范围内。

2. 在对哲学发展趋势的理解上马克思与恩格斯的差异

在《提纲》中,马克思强调:"关于思维——离开实践的思维——的现实性或非现实性的争论,是一个纯粹经院哲学的问题。"③显然,在马克思看来,当下和未来的哲学所要关心的核心问题是与人的实践活动息息相关的。马克思的上述论述实际上蕴含着他对哲学发展趋势的见解,即哲学的使命不是去考察"离开实践的思维",而是应该始终把实践作为自己考察的中心。在马克思看来,人、人的实践、人道主义、人的异化和异化的扬弃、人的自由和解放将日益成为未来哲学的主题。

恩格斯则认为,哲学发展的趋势并不是围绕人和人的实践活动来展开的,它会自然而然地导向纯粹的思维活动。在《自然辩证法》中,恩格斯指出:"自然科学家满足于旧形而上学的残渣,使哲学还得以苟延残喘。只有当自然科学和历史科学接受了辩证法的时候,一切哲学垃圾——除了关于思维的纯粹理论——才会成为多余的东西,在实证科学中消失掉。"④显然,按照恩格斯的看法,未来哲学的发展,除了实证科学以外,在哲学研究领域里留下来的只是"关于思维的纯粹理论"。那么,恩格斯这里说的"关于思维的纯粹理论"又是指什么呢?我们不妨结合他在《终结》中留下的那段著名论述来加以理解。在《终结》的结尾处,当恩格斯谈到马克思的历史唯物主义观点时,这样写道:"这种历史观结束了历史领域内的哲学,正如辩证的自然观使一切自然哲学都成为不必要的和不可能的一样。现

① 施密特:《马克思的自然概念》,欧力同、吴仲昉译,商务印书馆 1988 年版,第 44 页注③。
② 《马克思恩格斯选集》第 1 卷,人民出版社 1995 年版,第 75 页。
③ 《马克思恩格斯选集》第 1 卷,人民出版社 1995 年版,第 55 页。
④ 恩格斯:《自然辩证法》,人民出版社 1971 年版,第 188 页。

在无论在哪一个领域,都不再要从头脑中想出联系,而要从事实中发现联系了。这样,对于已经从自然界和历史中被驱逐出去的哲学来说,要是还留下什么的话,那就只留下一个纯粹思想的领域:关于思维过程本身规律的学说,即逻辑和辩证法。"[①]也就是说,恩格斯前面说的"关于思维的纯粹理论"和这里说的"只留下一个纯粹思想的领域"一样,指的是"逻辑和辩证法"。在恩格斯看来,与人的实践相关的只是自然和历史领域,而从这两个领域中被驱逐出去的哲学之所以是"一个纯粹思想的领域",因为它与人的感性的社会实践是无涉的。如果将来的哲学果然只留下"一个纯粹思想的领域",那么,人道主义、异化、人的自由和解放等问题又放到什么地方去讨论呢?

在马克思看来,与实践无涉的思维只能陷于"纯粹经院哲学"式的无谓争论中,而对恩格斯来说,这样的思维完全是可以独立存在的。其实,按照马克思的观点,恩格斯所说的、作为"纯粹思想的领域"的逻辑与辩证法归根到底也与人的实践有着千丝万缕的联系。在1844年经济学哲学手稿中,马克思指出:"黑格尔的《现象学》及其最后成果——辩证法,作为推动原则和创造原则的否定性——的伟大之处首先在于,黑格尔把人的自我产生看做一个过程,把对象化看做非对象化,看做外化和这种外化的扬弃;可见,他抓住了劳动的本质,把对象性的人、现实的因而是真正的人理解为他自己的劳动的结果。"[②]这段论述表明,马克思在理解黑格尔的辩证法时,始终把人的劳动看做辩证法的载体。同样地,列宁在《黑格尔〈逻辑学〉一书摘要》中也写下了这样的评语,"逻辑的范畴和人的实践",并指出:"人的实践活动必须亿万次地使人的意识去重复各种不同的逻辑的格,以便使这些格能够获得公理的意义。"[③]由此可见,马克思和恩格斯在如何看待哲学未来发展的问题上存在着明显的差异。

3. 在对自然的理解上马克思与恩格斯的差异

众所周知,马克思始终把自然理解为一个社会范畴。他强调,人并不以直观的方式面对自然,而是通过社会实践的媒介与自然发生关系的。在

---

① 《马克思恩格斯选集》第4卷,人民出版社1995年版,第257页。
② 《马克思恩格斯全集》第3卷,人民出版社2002年版,第319~320页。
③ 列宁:《哲学笔记》,人民出版社1956年版,第203页。

《1844年经济学哲学手稿》中，马克思提出了“人化的自然”的概念，并指出：“被抽象地孤立地理解的、被固定为与人分离的自然界，对人说来也是无。”[①]在《德意志意识形态》(1845—1846)中，马克思在批判费尔巴哈对自然采取的直观态度时指出：“他没有看到，他周围的感性世界决不是某种开天辟地以来就直接存在的、始终如一的东西，而是工业和社会状况的产物，是历史的产物，是世世代代活动的结果……大家知道，樱桃树和几乎所有的果树一样，只是在数世纪之前由于商业才移植到我们这个地区。由此可见，樱桃树只是由于一定的社会在一定时期的这种活动才为费尔巴哈的‘感性确定性’所感知。”[②]在马克思看来，人们始终是通过实践的媒介去认识自然的，而我们与之打交道的真正的自然实际上是经过世世代代的实践活动改造过的自然，要言之，即人化的自然。晚年马克思在《评阿·瓦格纳的“政治经济学教科书”》(1879—1880)一文中指出：“在一个学究教授看来，人对自然的关系首先并不是实践的即以活动为基础的关系，而是理论的关系……但是，人们决不是首先‘处在这种对外界物的理论关系中’。正如任何动物一样，他们首先是要吃、喝等等，也就是说，并不‘处在’某种关系中，而是积极地活动，通过活动来取得一定的外界物，从而满足自己的需要，因而他们是从生产开始的。”[③]所有这些论述都表明，马克思从来不谈论与社会实践相分离的自然。

与马克思有差别的是，恩格斯认为，我们所要考察的乃是自然自身的运动。尽管恩格斯正确地批判了以沃尔夫为代表的神学目的论对自然的干预，但他在谈到当时的哲学时说，“它——从斯宾诺莎一直到伟大的法国唯物主义者——坚持从世界本身说明世界，而把细节方面的证明留给未来的自然科学”[④]。一方面，恩格斯主张从自然本身说明自然，显然，这对于拒斥神学目的论来说是有积极意义的。但另一方面，既然恩格斯主张从自然本身来说明自然，也就是说，他不仅排除了神学目的论对自然的影响，也排除了其他一切目的活动(包括人的目的活动)对自然的影响。在《终结》

① 《马克思恩格斯全集》第42卷，人民出版社1979年版，第176页。
② 《马克思恩格斯选集》第1卷，人民出版社1995年版，第76页。
③ 《马克思恩格斯全集》第19卷，人民出版社1963年版，第405页。
④ 恩格斯：《自然辩证法》，人民出版社1971年版，第11页。

中,恩格斯明确地指出:“在自然界中(如果我们把人对自然界的反作用撇开不谈)全是没有意识的、盲目的动力,这些动力彼此发生作用,而一般规律就表现在这些动力的相互作用中。在所发生的任何事情中,无论在外表上看得出的无数表面的偶然性中,或者在可以证实这些偶然性内部的规律性的最终结果中,都没有任何事情是作为预期的自觉的目的发生的。相反,在社会历史领域内进行活动的,是具有意识的、经过思虑或凭激情行动的、追求某种目的的人;任何事情的发生都不是没有自觉的意图,没有预期的目的的。”[①]这段话之所以特别值得注意,因为在阐述自然与社会的区别时,恩格斯认为,可以“把人对自然界的反作用撇开不谈”。也就是说,恩格斯要像斯宾诺莎一样,撇开人的社会实践对自然的影响,就自然本身对自然作出说明。其实,恩格斯的自然辩证法也就是要撇开人的实践活动的媒介,对自然本身的辩证运动作出说明。

在马克思看来,只有以人的实践活动为媒介的“人化的自然界”才是现实的自然界,而在恩格斯看来,我们可以“把人对自然界的反作用撇开不谈”。这不正体现了他们在自然观上的思想差异吗?

4. 在对自由的理解上马克思与恩格斯的差异

我们知道,马克思是从本体论视角,即人与人之间的生存关系出发去思索自由问题的。拙文《物、价值、时间和自由》(载于《哲学研究》2004 年第 11 期)对马克思在自由问题上的思路进行了探讨。与传统哲学的思路不同,马克思的思路乃是经济哲学的思路。马克思并没有停留在对抽象的物质概念的论述上,他从抽象的物质下降到具体的物,而物在资本主义经济方式中的存在方式则是商品;商品具有使用价值(自然属性)和交换价值(社会属性),商品的价值是由社会必要劳动时间决定的。对于从事生产劳动的工人来说,他的劳动时间可以区分为两个部分:一是生产自己工资的必要劳动时间,二是为资本家生产剩余价值的剩余劳动时间;自由是在时间的地平线上展开的,因此,工人争取自由的第一个口号是“缩短工作日”。当然,工人要获得长久的、真正的自由,就要以革命的方式推翻旧的社会关系,建立新社会。马克思的自由观体现出他对资本主义条件下人与

---

① 《马克思恩格斯选集》第 4 卷,人民出版社 1995 年版,第 247 页。

人关系的深刻的探索。

与马克思不同,恩格斯是从认识论的视角,即人对自然的求知关系出发去思索自由问题的。在《反杜林论》(1876—1878)中,恩格斯对自己的自由观作了经典性的说明:"自由不在于幻想中摆脱自然规律而独立,而在于认识这些规律,从而能够有计划地使自然规律为一定的目的服务……因此,意志自由只是借助于对事物的认识来作出决定的能力。因此,人对一定问题的判断越是自由,这个判断所具有的内容的必然性就越大;而犹豫不决是以不知为基础的,它看来好像是在许多不同的和相互矛盾的可能的决定中任意进行选择,但恰好由此证明他的不自由,证明它被正好应该由它来支配的对象所支配。因此,自由就在于根据对自然界的必然性的认识来支配我们自己和外部自然。"①

这段论述表明,第一,恩格斯完全是从认识论、从人认识自然规律的角度去理解自由问题的。他没有考虑到,只有在涉及到生命、信仰、情感、友谊、爱情、罪过、良知、人的意志与社会历史规律等本体论关系时才会遭遇到真正的自由问题。而康德早已指出,人对自然必然性的认识是与自由无涉的。假如人对自然的认识越深入,就越自由,那么世界上最自由的就是自然科学家了。第二,"犹豫不决"是否一定以对自然规律的"不知"为前提呢?假定有一位德国科学家,希特勒下令要他制造原子弹,他很犹豫。但这种"犹豫不决"并不表明他对核物理缺乏知识,而是因为他的良知和生命发生了冲突。他在思考:要不要替希特勒制造大规模的杀人武器?事实上,这样的情形才使他触及到真正的自由。

从上面四点比较中,可以清楚地看到,马克思和恩格斯在对某些理论问题的理解上存在着差异。有趣的是,段教授对马克思和恩格斯哲学之间的上述差异采取了视而不见的态度,却在《终结》中的一个注上大做文章。正是在这个注中,恩格斯指出:"我不能否认,我和马克思共同工作 40 年,在这以前和这个期间,我在一定程度上独立地参加了这一理论的创立,特别是对这一理论的阐发。但是,绝大部分基本指导思想(特别是在经济和历史领域内)尤其是对这些指导思想的最后的明确的表述,都是属于马克

① 《马克思恩格斯选集》第 3 卷,人民出版社 1995 年版,第 455 ~456 页。

思的。我所提供的,马克思没有我也能做到,至多有几个专门的领域除外。至于马克思所做到的,我却做不到。马克思比我们大家都站得高些,看得远些,观察得多些和快些。马克思是天才,我们至多是能手。没有马克思,我们的理论远不会是现在这个样子。所以,这个理论用他的名字命名是理所当然的。"[①]拙著《重新理解马克思》在引证了这个注后写道:"按照恩格斯的说法,虽然他'在一定程度上独立地参加了这一理论的创立',但主要是'对这一理论的阐发'。现在的问题是,恩格斯对马克思思想的阐发是否与马克思本人的思想之间存在着差异?毋庸讳言,在以往的研究中,这个问题本身就是一个禁区。"[②]可是,段教授却指责笔者"认为恩格斯不是马克思主义哲学的创立者之一而只是马克思思想的阐发者"。我不明白,他是没有看清楚笔者上面写的那段话,还是故意要加以曲解。

段教授还批评道:"恩格斯说的对'这一理论的阐发',指的是对'由马克思和他共同创立的历史唯物主义'的阐发。然而,俞教授却把恩格斯讲的'对这一理论的阐发'说成是'对马克思思想的阐发',这是偷换概念。"我真不明白,段教授是否读懂了恩格斯的这个注。恩格斯在这个注中提到马克思时写道:"所以,这个理论用他的名字命名是理所当然的。"也就是说,连恩格斯都认为,马克思的名字完全可以代表"这个理论"。何来"偷换概念"?莫非段教授是在指责恩格斯"偷换概念"?反过来,按照段教授的看法,假如不能用"马克思思想"代表"这一理论",那么他是否怀疑马克思本人理论的正确性呢?

更不可思议的是,段教授竟指责我"将恩格斯排除于马克思主义哲学之外"。我倒要请问段教授,既然你反复强调马克思和恩格斯一起创立了历史唯物主义,为什么不提"马克思恩格斯主义",而只提"马克思主义"呢?按你的说法,"马克思主义"这个提法岂不是把恩格斯排除出去了吗?面对段教授这样的批评,我们感到啼笑皆非。实际上,难道不正是恩格斯自己主张要用马克思的名字来命名历史唯物主义吗?段教授究竟是批评恩格斯把自己"排除于马克思主义哲学之外",还是认为马克思的名字不足以命名历史唯物主义?

---

① 《马克思恩格斯选集》第4卷,人民出版社1995年版,第242页。
② 参阅俞吾金:《重新理解马克思》,北京师范大学出版社2005年版,第453页。

段教授还引证了马克思在《〈政治经济学批判〉序言》中的一段话："自从弗里德里希·恩格斯批判经济学范畴的天才大纲（在《德法年鉴》上）发表以后，我同他不断通信交换意见，他从另一条道路（参看他的《英国工人阶级状况》）得出同我一样的结果，当 1845 年春他也住在布鲁塞尔时，我们决定共同阐明我们的见解与德国哲学的意识形态的见解的对立，实际上是把我们从前的哲学信仰清算一下……在我们当时从这方面或那方面向公众表达我们见解的各种著作中，我只提出恩格斯与我合著的《共产党宣言》和我自己发表的《关于自由贸易问题的演说》。我们见解中有决定意义的论点，在我的 1847 年出版的为反对蒲鲁东而写的著作《哲学的贫困》中第一次作了科学的、虽然只是论战性的概述。"①

引证了这段话后，段教授再次强调是马克思和恩格斯共同创立了历史唯物主义。其实，前面的论述已经表明，我从来也没有否认过这一点。我只是指出："如果我们要严格地使用'马克思主义的创始人'这一术语的话，就只能用它来指称马克思。也就是说，我们必须清醒地意识到，马克思思想与恩格斯思想之间是存在着差异的。"②可是，段教授根本不愿意承认这种差异。他用马克思说的"我同他不断通信交换意见"来证明马克思和恩格斯思想的一致性。但他忘了，恰恰是这句话证明了马克思和恩格斯的思想是存在差异的，所以才需要"不断通信交换意见"。如果完全是一致的，还有必要"交换意见"吗？就合写的著作而言，马克思只提到了《共产党宣言》，并指出："我们见解中有决定意义的论点，在我的 1847 年出版的为反对蒲鲁东而写的著作《哲学的贫困》中第一次作了科学的、虽然只是论战性的概述。"这就告诉我们，历史唯物主义中"有决定意义的论点"是由马克思率先表达出来的。也就是说，虽然马克思和恩格斯共同创立了历史唯物主义，但他们所起的作用大小是不同的。段教授的诡辩方式是只谈"共同创立"，不谈"共同创立"中的差异。其实，这种差异，恩格斯本人倒是看得非常清楚的，所以他在《反杜林论》中写道："这两个伟大的发现——唯物主义历史观和通过剩余价值揭开资本主义生产的秘密，都应当

---

① 《马克思恩格斯选集》第 2 卷，人民出版社 1995 年版，第 33 ~ 34 页。

② 参阅俞吾金：《重新理解马克思》，北京师范大学出版社 2005 年版，第 453 页。

归功于马克思。”[①]段教授为什么不批评恩格斯在这段话中把自己从历史唯物主义的创始人中“排除”出去呢?

顺便指出,当我指出恩格斯的《反杜林论》一书的结构是先讨论自然,然后再讨论社会历史时,段教授马上强调,这是恩格斯与杜林进行论战的著作,不足为凭。但他显然已忘记了他自己也引证过的、我们上面提到过的马克思的话:“我们见解中有决定意义的论点,在我的1847年出版的为反对蒲鲁东而写的著作《哲学的贫困》中第一次作了科学的、虽然只是论战性的概述。”这段话启示我们,科学地、同时也是论战性地表达一种理论完全是可能的。段教授借口《反杜林论》是论战性著作而为其先自然、后社会历史的叙述结构辩护,显然是缺乏说服力的。综上所述,虽然恩格斯在一定程度上独立地参加了历史唯物主义的创立,但他的哲学思想和马克思之间存在着差异,却是一个不争的事实。

二、青年时期马克思与成熟时期马克思的关系

众所周知,马克思的《1844年经济学哲学手稿》自1932年第一次以德文发表以来,在西方世界掀起了轩然大波。“青年时期马克思”与“成熟时期马克思”的关系正是在这样的背景下提出来的。在对这一关系的探讨上,主要存在着两种代表性的观点。一种观点以马尔库塞、弗洛姆等人为代表,认为青年时期马克思的思想非常重要,特别是马克思对异化、人道主义等问题的关注似乎比他成熟时期谈论的阶级斗争、无产阶级专政等问题更有意义。在这一派的观点中,温和一点的学者把青年时期马克思的思想当做其成熟的思想来谈论,而激进一点的学者则把青年时期马克思的思想看做是马克思一生中最伟大的思想。另一种观点以阿尔都塞等人为代表。阿尔都塞认为,青年时期马克思的思想主要受到费尔巴哈关于异化和人道主义问题框架的影响,因而它属于“意识形态”的范围,成熟时期马克思的思想则作为“科学”而与青年时期马克思的意识形态相对立。在青年时期马克思的思想和成熟时期马克思的思想之间存在着一种“断裂”,而“断裂”时期的主要著作则是《关于费尔巴哈的提纲》和《德意志意识形态》

① 《马克思恩格斯选集》第3卷,人民出版社1995年版,第366页。

(1845—1846)。

显然,这两种观点的共同点是把青年时期马克思和成熟时期马克思抽象地割裂开来并对立起来。笔者主张的第三种观点是:青年时期马克思和成熟时期马克思的思想之间存在着实质性的、重大的差别,就主要之点而言,青年时期马克思的思想倾向是以自我意识为基点的历史唯心主义,而成熟时期马克思的思想则体现为以实践活动为基点的历史唯物主义。然而,在青年时期马克思和成熟时期马克思之间并不存在着阿尔都塞所说的"断裂"关系。平心而论,青年时期马克思由于直接参与现实斗争和深入研究国民经济学,他的一些重要想法已远远地超越了同时代人的见解,只是在表述这些想法时还不够完整或深入。但这些想法作为萌芽,会渐渐地融入到成熟时期马克思的思想中。比如,青年马克思提出的"人化的自然"的观念,成熟时期马克思并没有放弃,而是以更深刻、更全面的方式阐述了这一观念。又如,青年马克思使用的"异化"概念,成熟时期马克思仍然继续加以使用。当然,在理解的视角上发生了相应的变化①。这样的例子我们还可以举出很多。拙著《重新理解马克思》反复强调,在探讨青年时期马克思和成熟时期马克思的关系上,既要看到两个时期的重大差异,又要看到其思想演化中的内在联系。两者不可偏废。

有趣的是,段教授对笔者提出了这样的责问,即"重新理解马克思应以《1844 年经济学哲学手稿》为依据,还是以《〈政治经济学批判〉序言》为依据?"稍后,他又批评道:"我认为,如果俞吾金教授坚持重新理解马克思是必要的,而且他重新理解的是成熟时期马克思的哲学思想——历史唯物主义,那他重新理解的文本依据就应该是马克思 1845 年以后的那些著作,如《关于费尔巴哈的提纲》、《德意志意识形态》、《共产党宣言》、《关于自由贸易问题的演说》、《哲学的贫困》、《雇佣劳动与资本》,《1857—1858 年经济学手稿》,特别是《〈政治经济学批判〉序言》。"

这里姑且不说段教授没有提到成熟时期马克思的最重要著作《资本论》、马克思关于人类学和历史学的笔记、马克思阐述历史唯物主义的重要书信等,而且段教授在这两段话中竟提出了重新理解马克思的不同的"依

---

① 参阅俞吾金:《从"道德评价优先"到"历史评价优先":马克思异化理论发展中的视角转换》,载《中国社会科学》2003 年第 2 期。

据”。前一段话把《〈政治经济学批判〉序言》视做重新理解马克思的“依据”;后一段话则把成熟时期马克思的一系列著作作为重新理解马克思的“依据”。不用说,这两段话在逻辑上就是相互矛盾的。不仅如此,段教授第一段话的提问方式已蕴含着这样的理论预设,即青年时期马克思和成熟时期马克思的思想是截然对立的、非此即彼的。笔者认为,这样的理论预设完全是错误的。毋庸讳言,在《〈政治经济学批判〉序言》(1859)中,马克思对历史唯物主义作出了经典性的表述。然而,如果说,希腊神话中的雅典娜是从宙斯的脑子里突然蹦出来的话,那么,历史唯物主义却并不是从马克思的脑子里突然蹦出来的。马克思是在参与现实斗争的过程中,在深入研究国民经济学、解剖市民社会的过程中逐渐创立新的、划时代的哲学理论的。

事实上,正是在《〈政治经济学批判〉序言》这部成熟时期的著作中,马克思回忆了自己青年时代起开始的思想探索。他写道:“我学的专业本来是法律,但我只是把它排在哲学和历史之次当做辅助学科来研究。1842—1843 年间,我作为《莱茵报》的编辑,第一次遇到要对所谓物质利益发表意见的难事。莱茵省议会关于林木盗窃和地产析分的讨论,当时的莱茵省总督冯·沙培尔先生就摩塞尔农民状况同《莱茵报》展开的官方论战,最后,关于自由贸易和保护关税的辩论,是促使我去研究经济问题的最初动因。”①

随后,马克思又写道:“为了解决使我苦恼的疑问,我写的第一部著作是对黑格尔法哲学的批判性分析,这部著作的导言曾发表在 1844 年巴黎出版的《德法年鉴》上。我的研究得出这样一个结果:法的关系正像国家的形式一样,既不能从它们本身来理解,也不能从所谓人类精神的一般发展来理解,相反,它们根源于物质的生活关系,这种物质的生活关系的总和,黑格尔按照 18 世纪的英国人和法国人的先例,概括为‘市民社会’,而对市民社会的解剖应该到政治经济学中去寻求。我在巴黎开始研究政治经济学,后来因基佐先生下令驱逐移居布鲁塞尔,在那里继续进行研究。”②

---

① 《马克思恩格斯选集》第 2 卷,人民出版社 1995 年版,第 31 页。
② 《马克思恩格斯选集》第 2 卷,人民出版社 1995 年版,第 32 页。

由此可见,即使是马克思本人,在叙述他成熟时期的思想时,也联系到他自己的青年时期。但马克思之所以叙述到自己青年时期的思想历程,一方面是表明,他成熟时期创立的历史唯物主义是从青年时期起长期思考的结晶;另一方面是表明,他青年时期的思考也为他后来创立新理论打下了基础。上述两段回忆表明,马克思并不认为自己成熟时期和青年时期的思想是截然对立的。尽管它们有着重大的差别,但在思想发展过程中又具有连贯性。段教授把这两个时期截然分割开来并对立起来,并不符合马克思的本意。段教授还批评笔者在论述成熟时期马克思的思想时,常把青年马克思的《1844 年经济学哲学手稿》作为“依据”。

首先,段教授批评笔者在叙述马克思的自然观时只引证了《1844 年经济学哲学手稿》中的三段话,而没有引证马克思成熟时期的著作。我不知道段教授是否认真地读过拙著《重新理解马克思》。事实上,在我引证《手稿》的同一页上,我也引证了马克思《资本论》中的这段话:“那种排除历史过程的、抽象的自然科学的唯物主义的缺点,每当它的代表越出自己的专业范围时,就在它们的抽象的和唯心主义的观念中立刻显露出来。”[①]而在接下去的一页上,我也写下了这么一段话:“在《德意志意识形态》中,马克思进一步批判了德国哲学家关于‘纯粹的自然科学’的神话,指出自然科学也只是由于商业和工业的发展,由于人们的感性活动才获得材料并达到自己的目的的。事实上,如果撇开人类的社会生活和需求,自然科学的发展也就失去了自己的动力。”[②]请问段教授,难道《资本论》和《德意志意识形态》不是马克思成熟时期的著作吗?

其次,段教授又批评我在阐述马克思的辩证法理论时,只引证了《手稿》。可是,就是在同一自然段中,我又写道:“马克思在谈到自己的合理形态的辩证法时指出:‘辩证法在对现存事物的肯定的理解中同时包含对现存事物的否定的理解,即对现存事物的必然灭亡的理解。’”[③]众所周知,我在这段话中引证的马克思的论述也出于《资本论》。为什么段教授对此视而不见呢?

---

① 参阅俞吾金:《重新理解马克思》,北京师范大学出版社 2005 年版,第 125 页。
② 参阅俞吾金:《重新理解马克思》,北京师范大学出版社 2005 年版,第 126 页。
③ 俞吾金:《重新理解马克思》,北京师范大学出版社 2005 年版,第 143 页。

再次，段教授又批评道："在重新理解马克思的物质观时，俞教授还是以《1844 年经济学哲学手稿》为主要的文本依据。"其实，笔者在论述马克思的物质观时，一开始就引证了马克思在《资本论》第一卷第二版跋中的一段话："观念的东西不外是移入人的头脑并在人的头脑中改造过的物质的东西。"[①]在笔者看来，马克思不愿意谈论抽象的物质，他这里说的"物质的东西"乃是指物质的具体样态，而这些具体样态正是人们在生产劳动过程中接触到的。所以笔者又引证了《资本论》中的另一段论述："劳动首先是人和自然的过程，是人以自身的活动来引起、调整和控制人和自然物质变换的过程。人自身作为一种自然力与自然物质相对立。为了在对自身生活有用的形式上占有自然物质，人就使他身上的自然力——臂和腿、头和手运动起来。"[②]还需指出的是，笔者在分析马克思物质观的实践意义时，也主要是围绕《资本论》和《1857—1858 年经济学手稿》中的相关论述展开的。有趣的是，段教授干脆对这些论述采取了鸵鸟政策。

最后，段教授又批评笔者在谈论马克思的研究视角时，只引证了《手稿》。其实，在同一自然段中，笔者还写道："所以，马克思在批评费尔巴哈所崇拜的抽象的自然时，曾经指出：'先于人类历史而存在的那个自然界，不是费尔巴哈生活于其中的自然界；这是除去在澳洲新出现的一些珊瑚岛以外今天在任何地方都不再存在的、因而对于费尔巴哈来说也是不存在的自然界。'"[③]明眼人一看就知道，这里引证的马克思的论述出于《德意志意识形态》。

综上所述，段教授关于"俞吾金教授重新理解马克思的主要文本依据是《1844 年经济学哲学手稿》"的批评是站不住脚的。实际上，拙著《重新理解马克思》引证了成熟时期马克思文本中的大量论述。另外，段教授不分青红皂白地拒斥青年马克思的一切论述的做法也是笔者无法苟同的。段教授也从不分析笔者引证过的青年马克思的相关论述是否合理，只是闭着眼睛加以排斥。事实上，假如青年马克思的思想不蕴含任何合理的因素，那么成熟时期马克思的思想岂不成了无本之木、无源之水？

---

① 俞吾金：《重新理解马克思》，北京师范大学出版社 2005 年版，第 275 页。
② 俞吾金：《重新理解马克思》，北京师范大学出版社 2005 年版，第 276 页。
③ 俞吾金：《重新理解马克思》，北京师范大学出版社 2005 年版，第 457 页。

三、马克思哲学本质的唯一性与解读这一本质的多种视角的关系

在拙著《重新理解马克思》中，笔者曾经明确地指出："马克思的哲学就是历史唯物主义……成熟时期的马克思并没有提出历史唯物主义以外的任何哲学理论。"①这是笔者对成熟时期马克思哲学本质的定论，也是笔者重新理解马克思的结果。段教授并没有掌握笔者在重新理解马克思的过程中提出的上述根本性的见解，却热衷于在一些枝节问题上兜圈子。

首先，段教授不满意笔者在重新理解马克思的过程中引入了诠释学理论。他批评笔者"把'科学性'作为重新理解马克思的一个追求，而把诠释学的理论作为实现这一追求的依据。但为什么只有依据诠释学的理论才能使重新理解马克思具有科学性？对此，他没有给出让人信服的说明"。这样的批评真令人啼笑皆非。难道诠释学不是一种科学地理解和解释文本的理论吗？充分借鉴当代诠释学的成果，正是为了正确地理解马克思的文本。段教授指责我"没有给出让人信服的说明"，但拙著中的"重新理解马克思"和"差异分析与理论重构"这两部分不正是给出了说明了吗？段教授骑着毛驴找毛驴，当然是找不到的。

其次，段教授不满意笔者在重新理解马克思时阐述的意义理论。他引证了拙著中的这样一段话："马克思的学说也就是马克思留下来的全部文本，然而，这些文本是沉默的，它们虽然存在着，却不会自动地向任何人诉说自己的意义。只有当马克思的文本被某一个研究者作为研究对象进行阅读和理解时，它的意义才可能被阐发出来。但这里说的'意义'已不再是纯粹的马克思文本的'意义'了。事实上，这种'纯粹的意义'只存在于我们的想象和假定中，因为文本本身永远是沉默的，'沉默是金'便是任何文本本身的座右铭，所以，能说出来的永远只是理解者所理解的文本的意义。"②其实，这段话的意思是非常清楚的。从诠释学的角度看，马克思文本具有的意义是潜在的，只有当某个人阅读马克思文本并对它们进行解释

① 参阅俞吾金：《重新理解马克思》，北京师范大学出版社 2005 年版，第 457 页。

② 俞吾金：《重新理解马克思》，北京师范大学出版社 2005 年版，第 446 页。

时,这种意义的潜在性才会转化为现实性。然而,只要这个人谈论马克思文本的意义,他就会不知不觉地陷入“朴素的僭越”中。也就是说,他以为自己在谈论“马克思文本的意义”,实际上他永远只能谈论“他所理解的马克思文本的意义”。要言之,在他谈论的马克思文本的意义中已经植入了作为理解者的他的先入之见。正是在这个意义上,笔者指出,与任何理解者相分离的马克思文本的纯粹意义是不存在的。换言之,这种纯粹的意义只存在于人们的想象和假定中。段教授批评道:“俞教授的相对主义的见解,集中体现在他这段话的结论上,即马克思文本本身的意义‘只存在于我们的想象和假定中’。”这一批评表明,他根本没有理解我上面那段话的含义。笔者只是限于指出,在任何理解活动(包括对马克思的重新理解)中,都会有理解主体存在,而与一切理解主体相分离的文本的意义“只存在于我们的想象和假定中”。而段教授竟然把笔者的这句话曲解为理解者对文本的任何理解活动不过是任意的“想象和假定”!

再次,段教授批评道:“俞教授的那一结论不仅与他对重新理解马克思的科学性追求相矛盾,而且必然会导致他在重新理解马克思时的相对主义。”段教授以为给笔者扣上一顶“相对主义”的帽子就万事大吉了。其实,恐怕他连“相对主义”的含义都没有弄明白。列宁在《唯物主义和经验批判主义》(1909)一书中就曾指出:“辩证法,正如黑格尔早已说明的那样,包含着相对主义、否定、怀疑论的因素,可是它不归结为相对主义。”① 重新理解马克思的文本,就像重新理解任何其他文本一样,应该是一个辩证的、包含相对主义因素的过程。为什么十个人读《红楼梦》,对其内容的关注会互有差异呢?因为每个人带入阅读过程中的先入之见是不同的。实际上,这种相对主义的因素蕴含在任何辩证的理解过程中。如果没有这种合理的相对主义的因素,那么逻辑结果只能是:段教授向全世界宣布,只有他对马克思文本的理解是唯一正确的。但如果真出现这样的局面的话,还需要不同学术见解之间的自由争论吗?只要段教授出来宣布唯一的真理就可以了。实际上,理解的相对性和理解视角的多样性正是为了确保理解活动本身不僵化为固定的教条。

---

① 《列宁选集》第2卷,人民出版社1995年版,第97页。

段教授批评笔者的所谓“相对主义”，还暴露出他对笔者观点的根本性误读。在笔者看来，成熟时期马克思哲学的本质是历史唯物主义。这一点是确定无疑的，但对马克思的历史唯物主义却可以从不同的视角出发加以描绘和说明。

比如，从本体论的视角看，马克思的历史唯物主义可以被理解为“二阶本体论”，即“实践—社会生产关系本体论”。实践本体论的层面是就经验现象而言的。也就是说，在马克思那里，实践是考察一切其他经验现象的基础和出发点；社会生产关系本体论的层面是就经验现象背后的、不可见的本质关系而言的。也就是说，马克思主张，社会生产关系是考察其他一切社会关系的基础和出发点。当然，本体论语境主要涉及到从哲学基础理论上去考察马克思的历史唯物主义。

又如，从诠释学的视角看，马克思的历史唯物主义实际上是一种“实践诠释学”，因为它主张从实践出发去理解并解释所有的观念。当然，诠释学的语境主要涉及到蕴含在马克思历史唯物主义学说中的理解和解释理论。

再如，从人本主义的视角看，马克思的历史唯物主义属于人本主义哲学的伟大传统，因为马克思把个性的自由、无产阶级的解放和全人类的幸福作为自己奋斗的目标。当然，人本主义的语境主要涉及到对马克思历史唯物主义的社会倾向和未来目标的探讨。

从上面的论述可以看出，笔者对马克思哲学本质的唯一性的理解与解读这一本质时的多样性视角是辩证地统一在一起的。打个比方，假如段教授在不同的语境中使用过三个不同的笔名，那么我们恐怕没有必要指责他陷入了“相对主义”。同样地，假如“中国人民大学哲学院教授”是“段忠桥”这个专名的本质性含义，那么恐怕也不会妨碍人们揭示出这一专名所拥有的其他特征，如“段忠桥是旅游专家”、“段忠桥是美食家”、“段忠桥是桥牌高手”等。段教授把笔者在不同语境和视角中写下的文字断章取义、掐头去尾地罗列在一起，煞费苦心地来证明笔者陷入了“相对主义”，用心何其良苦！

四、余论

在结束本文前，笔者也想借此谈谈阅读段教授商榷文章的体会：

首先,段教授试图表明,他对恩格斯哲学思想有深入的了解。但下面这个细节表明,他从来没有认真地阅读过恩格斯。比如,段教授写道:“恩格斯写作《路德维希·费尔巴哈和德国古典哲学的终结》一书的目的也不是写一本马克思主义哲学教科书,而是为了说明他与马克思同德国古典哲学的两个代表人物——黑格尔和费尔巴哈的关系。”从这段话中可以看出,按照段教授的理解,恩格斯把黑格尔和费尔巴哈视为“德国古典哲学的两个代表人物”。可是,正是恩格斯,在其《反杜林论》旧序中谈到辩证法的第二个形态时写道:“辩证法的第二个形态,恰好和德国自然科学家特别接近,这就是从康德到黑格尔的德国古典哲学。”[①]根据恩格斯的观点,费尔巴哈根本不属于德国古典哲学的范围。有趣的是,一向以信仰的态度对待恩格斯的段先生,竟在这里提出了与恩格斯不同的见解。段教授不是很推崇英美的分析的马克思主义思潮吗?为什么他在这里对“德国古典哲学”这个概念却不做任何分析,拿来就用?

其次,在段教授的商榷策略中有两个基本的招式:一是避重就轻,“王顾左右而言他”。比如,段教授对我论述马克思和恩格斯思想差异的主要论据,完全采取避而不谈的策略,而是在枝节问题上做文章。二是断章取义。段教授完全无视笔者书写的语境,把笔者在不同的时间、场合和视角中写下的文字片断黏合在一起,以便给笔者戴上“相对主义”的帽子。

最后,笔者发现,段教授对笔者立论的主要论据缺乏任何实质性的、真正有说服力的驳斥,他撰写商榷文章的真正兴趣似乎并不在学术方面。历史和实践一再启示我们,引入非学术的,甚至意识形态的和政治的动机来开展学术讨论,这样的讨论是很难获得学术上的实质性的推进的。

---

① 恩格斯:《自然辩证法》,人民出版社 1971 年版,第 31 页。

马克思的社会主体论探要

长期以来,人们从“个体主体”、“集体主体”、“类主体”等角度出发,对马克思的主体概念进行了探讨。然而,遗憾的是,人们却忽略了马克思关于“主体,即社会”的这一重要理论,亦即忽略了马克思的社会主体论。由于这方面的忽略,不但马克思主体理论的本质含义无法彰显出来,而且这一理论的当代意义也显得晦暗不明了。本文试图通过对这个问题的阐述,进一步推进对马克思主体理论的研究。

一、马克思社会主体论的内容和实质

马克思是在《1857—1858 年经济学哲学手稿》中批判黑格尔把实在理解为自我综合、自我深化和自我运动的思维的结果时,提出自己的社会主体理论的。

首先,马克思主张,真正实在的主体不是思维臆想出来的东西,而是社会。他指出:“整体,当它在头脑中作为思想整体而出现时,是思维着的头脑的产物,这个头脑用它所专有的方式掌握世界,而这种方式是不同于对世界的艺术的、宗教的、实践精神的掌握的。实在主体仍然是在头脑之外保持着它的独立性;只要这个头脑还仅仅是思辨地、理论地活动着。因此,就是在理论方法上,主体,即社会(das Subjekt,die Gesellschaft),也必须始终作为前提浮现在表象面前。"[①]正是在这段重要的论述中,马克思提出了"主体,即社会"的著名论断。在他看来,不应该像黑格尔那样,把头脑中思维活动的结果理解为主体,而应该把头脑之外的实在,即社会理解为主体。

其次,马克思主张,作为主体的社会乃是一个整体,不应该对它作片面的理解。马克思反对黑格尔主义者从生产或消费的片面的角度出发,"把社会当做一个单方面的主体(Die Gesellschaft als Ein einziges Subjekt betrachten)来考察,是对它作了不正确的考察,思辨式的考察。就一个主体来说,生产和消费表现为一个行为的两个要素"[②]。也就是说,应该从总体或整体的意义上去理解社会主体。有鉴于此,马克思在谈到再生产的过程时写道:"社会既是这一巨大的总过程的主体,也是这一总过程的结果。"[③]总之,马克思的社会主体论同时也是社会整体论。

再次,马克思主张,社会在其历史的发展过程中可以划分为不同的形态,如亚细亚的、古代的、封建的和现代资产阶级社会,而他特别重视的是对现代资产阶级社会的研究。在他看来,与其他社会形态比较,现代资产阶级社会更应该被理解为一个发展着的主体。他写道:"在研究经济范畴的发展时,正如在研究任何历史科学、社会科学时一样,应当时刻把握住:无论在现实中或在头脑中,主体——这里是现代资产阶级社会(das Subjekt, hier die moderne buergerliche Gesellschaft))——都是既定的;因而范畴表现这个一定社会即这个主体的存在形式、存在规定、常常只是个别的侧面。"[④]按照马克思的观点,在我们的研究工作中,不仅应该把现代资产

---

① 《马克思恩格斯全集》第46卷上,人民出版社1979年版,第39页。Sehen Karl Marx,*Grundresse*,Dietz Verlag 1974, S. 22.

② 《马克思恩格斯全集》第46卷上,人民出版社1979年版,第31页。原来的译本把句中的Ein einziges Subjekt译为"一个单独的主体"显然是不合适的,因为马克思既然肯定社会是独立的主体,当然它就是一个单独的主体。从上下文看,此处应把Ein einziges Subjekt译为"一个单方面的主体",才符合马克思的本意。

③ 《马克思恩格斯全集》第46卷下,人民出版社1980年版,第230~231页。

④ 《马克思恩格斯全集》第46卷上,人民出版社1979年版,第44页。Sehen Karl Marx,*Grundresse*,Dietz Verlag 1974,S. 26.

阶级社会理解为主体，而且应该进一步把它理解为“既定的”主体，即不是按照我们的思维想象出来的主体，而我们运用的范畴则只是对这一主体的某个侧面的规定。

在了解马克思上述论断的基础上，我们还要询问的是，在马克思的理论语境中，被视为“主体”的“社会”究竟是什么意思呢？在批判蒲鲁东的经济思想时，马克思这样写道：“社会不是由个人构成，而是表示这些个人彼此发生那些联系和关系的总和。[蒲鲁东的说法]就像下面这样的说法一样：从社会的角度看，并不存在奴隶和公民；两者都是人。其实正相反，在社会之外他们才是人。成为奴隶或成为公民，这是社会的规定，是人和人或A和B的关系。A作为人并不是奴隶。他在社会里并通过社会才成为奴隶。”①这就启示我们，在马克思那里，社会并不是个人的机械的集合体，而是个人之间的联系和关系的总和，是一个有机的整体。正是在这个整体中，个人的社会规定性才会显示出来。就其实质而言，所谓“社会”，也就是一切社会联系和关系的总和。要言之，社会实质上就是社会关系。

于是，我们又得进一步追问，社会关系的实质又是什么呢？马克思在《雇佣劳动与资本》中的一段话解开了这个谜语：“各个人借以进行生产的社会关系，即社会生产关系，是随着物质生产资料、生产力的变化和发展而变化和改变的。生产关系总和起来就构成所谓社会关系，构成所谓社会，并且是构成一个处于一定历史发展阶段上的社会，具有独特的特征的社会。”②这就启示我们，在分析现代资产阶级社会时，不仅要把它理解为既定的主体，而且要进一步把理解的触角延伸到作为社会关系基础部分的社会生产关系上。

那么，作为主体的现代资产阶级社会或这一社会的生产关系又是以何种方式进行活动的呢？马克思告诉我们：“资本也是一种社会生产关系。这是资产阶级的生产关系，是资产阶级社会的生产关系。”③这就启示我们：如果马克思的社会主体论只是一般地肯定人类社会是一个自己运动、自己认识自己的独立的主体的话，那么，其现代资产阶级社会主体论则进

① 《马克思恩格斯全集》第46卷上，人民出版社1979年版，第220页。
② 《马克思恩格斯选集》第1卷，人民出版社1995年版，第345页。
③ 《马克思恩格斯选集》第1卷，人民出版社1995年版，第345页。

一步表明,现代社会真正的、隐蔽着的主体乃是资本。所以,我们不妨把马克思的现代资产阶级社会主体论解读为资本主体论。事实上,马克思自己也告诉我们:“资本作为主体,作为凌驾于这一运动各个阶段之上的、在运动中自行保存和自行增殖的那种价值,作为在循环中(在螺旋形式中不断扩大的圆圈中)发生的这些转化的主体,它是流动资本。所以流动资本最初并不是一种特殊的资本形式,相反,它就是处在它的一个进一步发展了的规定中的、作为上述运动的主体的资本本身,而上述运动就是资本本身表现为它自己的价值增殖过程。所以,从这方面来看,每个资本也是流动资本。”①众所周知,在其政治经济学研究的著作中,马克思曾经区分出“流动资本”和“不变资本”,但在这里,在阐述资本的主体作用时,马克思却淡化了这种区分。在他看来,不管资本表现为何种形式,它都是以主体的方式出现的。马克思甚至把资本家理解为“人格化的资本”,而追求自己的不断增殖,正是资本的永恒不息的内驱力。

总之,马克思并不是泛泛地提出他的社会主体论,而是自始至终地把这一理论作为解读现代资产阶级社会的一把钥匙,而现代资产阶级社会主体论的实质就是资本主体论,而资本的实质则是一种特定的社会生产关系。

二、马克思社会主体论的形成过程和核心作用

从历史上看,马克思提出社会主体论是有一个过程的。实际上,这一理论是在批判黑格尔的绝对精神主体论或绝对理念主体论的过程中形成并发展起来的。

早在《黑格尔法哲学批判》(1843)中,马克思已经对黑格尔的主体论作出了如下的批判:“理念变成了独立的主体,而家庭和市民社会对国家的现实关系变成了理念所具有的想象的内部活动。实际上,家庭和市民社会是国家的前提,它们才是真正的活动者;而思辨的思维却把这一切头足倒置。如果理念变为独立的主体,那末现实的主体(市民社会、家庭、‘情势、

① 《马克思恩格斯全集》第46卷下,人民出版社1980年版,第123页。

任性等等’)在这里就会变成和它们自身不同的、非现实的、理念的客观要素。”[①]这段话表明,当时的马克思已经试图以颠倒的方式来解读黑格尔的理念主体论,即把黑格尔视为主体的理念解读为宾词,而把他视为宾词的家庭和市民社会解读为“现实的主体”(wirklichen Gesellschaft)。

在《1844年经济学哲学手稿》中,马克思深入地批判了黑格尔的绝对精神主体论:“这个过程必须有一个承担者、主体;但主体首先必须是一个结果;因此,这个结果,即知道自己是绝对自我意识的主体,就是神,绝对精神,就是知道自己并且实现自己的观念。现实的人和现实的自然界不过成为这个隐蔽的、非现实的人和这个非现实的自然界的宾词、象征。因此,主词和宾词之间的关系被绝对地相互颠倒了:这就是神秘的主体—客体,或笼罩在客体上的主体性,作为过程的绝对主体,作为使自己外化并且从这种外化返回到自身的、但同时又使外化回到自身的主体,以及作为这一过程的主体;这就是在自身内部的纯粹的、不停息的旋转。”[②]马克思坚决反对黑格尔把绝对精神理解为现实的主体,而把现实的人和现实的自然界作为宾词置于绝对精神内部的不停息的旋转中,而主张从历史唯物主义的立场出发,把作为现实的人和现实的自然界的统一体的现实的社会理解为真正的、实在的主体和全部思维活动的前提。

以后,在《神圣家族》(1844)中,马克思继续揭露黑格尔主体理论的神秘主义倾向,但在当时的情况下,为了与黑格尔主义者的思辨唯心主义立场划清界限,马克思对主体概念与社会概念关系的思考还是十分谨慎的。在《德意志意识形态》(1845—1846)中,马克思甚至指出,在对个人历史发展状况的解释中,一直存在着以施蒂纳为代表的错误观点:“这种观点仍然可以被思辨地、唯心地,即幻想地解释为‘类的自我产生’(‘作为主体的社会’die Gesellschaft als Subjekt),把所有前后相继、彼此相联的个人设想为从事自我产生这种神秘活动的唯一的个人。”[③]从这段引文可以看出,当时的马克思还把“作为主体的社会”这样的提法理解为思辨哲学的提法而予

① 《马克思恩格斯全集》第1卷,人民出版社1956年版,第251页。Sehen *Marx Engels Werke*, *Band* 1, Dietz Verlag 1970, S. 206.

② 《马克思恩格斯全集》第42卷,人民出版社1979年版,第176页。

③ 《马克思恩格斯全集》第3卷,人民出版社1960年版,第40页。

以批判。乍看起来，马克思这里的提法似乎与他在《黑格尔法哲学批判》和《1844 年经济学哲学手稿》中的提法存在着矛盾，但实际上这种矛盾是不存在的，因为在比较严格的用语中，马克思总是把社会称为“现实的主体”，而泛泛地使用“主体”概念很容易落入思辨哲学的窠臼之中。

直到马克思彻底地清算了黑格尔的思辨唯心主义观点，确立了自己的历史唯物主义的立场，才在《1857—1858 年经济学手稿》中以完全确定的方式提出了自己的社会主体论。

现在我们再来考察一下马克思的社会主体论在其整个主体理论中的地位和作用。正如我们在前面已经提到过的那样，在马克思那里，主体概念主要有以下四种不同的含义：一是作为个体的主体，二是作为集体的主体，三是作为类的主体，四是作为社会的主体。在这四种不同类型的主体中，社会主体究竟起着什么样的作用呢？马克思认为，它起着基础和核心的作用。

先看社会主体与个体主体的关系。早在《1844 年经济学哲学手稿》中，马克思已经指出：“个人是社会存在物。”①在《黑格尔法哲学批判导言》(1844)中，马克思又说：“人就是人的世界，就是国家，社会。”②在《关于费尔巴哈的提纲》(1845)中，马克思说得更明确：“人的本质不是单个人所固有的抽象物，在其现实性上，它是一切社会关系的总和。”③所有这些论述都表明，离开了社会主体或社会生产关系，人们根本不可能对个体主体(包括其异化的过程和结果)及其本质获得真理性的认识。尤其是在现代资产阶级社会中，马克思告诉我们：“个人只有交换价值的生产者才能存在，而这种情况已经包含着对个人的自然存在的完全否定，因而个人完全是由社会决定的。”④由此可见，在马克思的历史唯物主义学说中，社会主体始终是个体主体的基础。也就是说，撇开社会主体或社会生产关系，根本不可能对个人的现状、本质和特征作出合理的说明。

再看社会主体与类主体的关系。在一些早期著作中，马克思也把人称

---

① 《马克思恩格斯全集》第 42 卷，人民出版社 1979 年版，第 122 页。
② 《马克思恩格斯全集》第 1 卷，人民出版社 1956 年版，第 452 页。
③ 《马克思恩格斯选集》第 1 卷，人民出版社 1995 年版，第 56 页。
④ 《马克思恩格斯全集》第 46 卷上，人民出版社 1979 年版，第 200 页。

为"类存在物"。尽管他没有直接使用"类主体"的概念,但实际上蕴含着这样的意思。在他看来,人与动物不同,人是有意识的类存在物,而"人的类特性恰恰就是自由的自觉的活动"①。然而,在现代资产阶级社会中,异化劳动却使类同人相异化,使人的类生活蜕变为维持个人生活的手段。这种类本质的异化究竟意味着什么呢?马克思写道:"总之,人同他的类本质相异化这一命题,说的是一个人同他人相异化,以及他们中的每个人都同人的本质相异化。"②而类本质异化的所有这些结果都是在社会发展的特定历史阶段中产生的,它们体现的都是社会的规定性。因此,唯有解开社会主体之谜,才能对类主体获得充分的理解。要言之,理解社会主体乃是理解类主体的前提。顺便提起,尽管在全球化时期类主体的概念又获得了新的含义,但无论如何,类主体的内涵是奠基于社会主体之上的。

最后看社会主体与集体主体的关系。就集体主体而言,有各种表现形式,如古代的氏族、部落、宗教团体,现代的阶级、党派、工会、文化学术组织等。所有这些,甚至包括阶级在内,都是社会,尤其是社会生产关系在一定历史阶段上发展的产物。正是在这个意义上,马克思说过:"在一切社会形式中都有一种一定的生产决定其他一切生产的地位和影响,因而它的关系也决定其他一切关系的地位和影响。这是一种普照的光,它掩盖了一切其他的色彩,改变着它们的特点。这是一种特殊的以太,它决定着里面显露出来的一切存在的比重。"③如前所述,在马克思看来,社会本质上也就是社会生产关系,正是这种关系决定着不同历史时期一切可能的集体主体的表现形式、内在本质和实际作用。由此可见,在马克思的主体理论中,社会主体起着基础性的、核心的作用。只有借助于社会主体,主体的其他形式才可能产生并发挥其作用。

三、马克思社会主体论的当代意义

毋庸讳言,重新发现并探讨马克思的社会主体理论具有重要的当代意义。

第一,这一理论加深了我们对主体性问题的认识。

---

① 《马克思恩格斯全集》第42卷,人民出版社1979年版,第96页。
② 《马克思恩格斯全集》第42卷,人民出版社1979年版,第98页。
③ 《马克思恩格斯全集》第46卷上,人民出版社1979年版,第44页。

马克思通过自己的研究告诉我们，社会并不是一个消极的背景或被动的语境，而是一个自发地运动着的主体，它以其社会生产关系，规定、推动、改变并创造着社会领域中的一切存在者。事实上，马克思暗示我们，撇开社会主体，人们就不可能对主体的任何其他的表现形式获得真理性的认识。换言之，社会主体理论乃是一切主体理论的基础。长期以来，我们的哲学教科书把探讨主体理论的认识论放在与社会历史无关的"辩证唯物主义"部分加以叙述，也就永远与马克思的社会主体论失之交臂了。这就启示我们，要把主体理论的研究推向深入，就必须重视并深入研究马克思社会主体论。

第二，这一理论加深了我们对现代资产阶级社会的认识。

在马克思看来，现代资产阶级社会的本质就是这一社会形式所特有的生产关系，而这一生产关系的代表就是资本，"资本是资产阶级社会的支配一切的经济权力"[①]。资本的自然倾向就是不断地吸附活劳动而使自己增殖，而这种自然倾向又奠基于拥有资本的人的自然倾向，即获得更多的钱和财富，而钱和财富当然是一切感性享受的基础。实际上，马克思的现代资产阶级社会主体论，就其实质而言，也就是资本主体论。简言之，资本是创造现代社会生活的主动轮。众所周知，当代法国社会学家布尔迪厄进一步把资本区分为以下三种形式——经济资本、社会资本和文化资本，从而丰富了马克思的资本理论。不用说，马克思的现代资产阶级社会主体论和资本主体论为研究当今这个全球化时代的社会现象提供了极为重要的思想资源。

第三，这一理论加深了我们对马克思哲学的本质的认识。

如前所述，按照马克思的看法，黑格尔的思辨唯心主义方法实际上也就是一种绝对理念主体论或绝对精神主体论，"这种办法，用思辨的话来说，就是把实体了解为主体，了解为内部的过程，了解为绝对的人格。这种了解方式就是黑格尔方法的基本特征"[②]。问题是，把这种黑格尔式的绝对理念主体论或绝对精神主体论颠倒过来究竟是什么？长期以来，我们的哲学教科书都误认为，颠倒过来的乃是自然主体或物质主体。虽然人们没

---

① 《马克思恩格斯全集》第46卷上，人民出版社1979年版，第45页。
② 《马克思恩格斯全集》第2卷，人民出版社1957年版，第75页。

有直接使用过“自然主体”或“物质主体”这样的术语，但他们强调的是自然或物质在其内在矛盾推动下的自身运动。在这样的理解方式中显身的正是这种“自然主体论”或“物质主体论”。在这个意义上可以说，“辩证唯物主义”实际上就是一种“自然主体论”或“物质主体论”。然而，与这种流行的、被普列汉诺夫和苏联的哲学教科书强化起来的误解方式不同，马克思的社会主体论显示出完全不同的思考路向。

在马克思看来，把黑格尔的绝对理念主体论或绝对精神主体论颠倒过来，绝不是什么自然主体论或物质主体论，而是社会主体论。马克思启示我们：“在过去一切历史阶段上受生产力所制约、同时也制约生产力的交往形式，就是市民社会……这个市民社会是全部历史的真正的发源地和舞台。”①事实上，马克思的社会主体论正是在他充分肯定市民社会作用的基础上提出来的。马克思也阐明了自己这种颠倒方式的理由：“在土地所有制处于支配地位的一切社会形式中，自然联系还占优势。在资本处于支配地位的社会形式中，社会、历史所创造的因素占优势。”②也就是说，马克思颠倒黑格尔思想的结果是社会主体论，而不是自然主体论或物质主体论，是以社会为研究对象的历史唯物主义，而不是以自然或物质为研究对象的辩证唯物主义。社会主体论更使我们坚信这一点，即马克思哲学的本质是历史唯物主义，而不是辩证唯物主义。换言之，成熟时期的马克思的哲学就是历史唯物主义，这个时期的马克思没有提出过历史唯物主义以外的任何其他哲学学说。

综上所述，马克思的社会主体论为我们的理论研究提供了一个新的契机，这一理论的当代意义还有待于我们在今后的研究中继续加以揭示和提升。

---

① 《马克思恩格斯全集》第3卷，人民出版社1960年版，第41页。
② 《马克思恩格斯全集》第46卷上，人民出版社1979年版，第45页。

主体际性、客体际性和主客体际性

自从晚年胡塞尔使用“主体际性”(inter-subjectivity)概念以来,经萨特、哈贝马斯等人的推广,这一概念在当代哲学研究中起着越来越重要的作用。然而,令人困惑的是,完全可以从这一概念中合法地引申出来的“客体际性”(inter-objectivity)和“主客体际性”(inter-subjectivity-objectivity)这样的概念却从未进入人们的视野,仿佛世界上真的存在着能够与“客体际性”和“主客体际性”完全相分离的“主体际性”,仿佛单独地探讨“主体际性”就能使我们获得关于关系理论的完整知识似的。其实,只有把“主体际性”、“客体际性”和“主客体际性”综合起来加以研究,才能全面地把握关系理论的真理。而在这方面的研究中,马克思的关系理论提供了极为丰富的思想资源。

尽管马克思从未使用过“主体际性”这样的概念,但他关于主体之间关系的理论仍然由于其深刻性而引起了研究者们的高度重视。当然,我们也必须清醒地意识到,仅仅从“主体际性”的角度出发去解读马克思的关系理论是不够的。事实上,马克思的实践唯物主义学说蕴含着一个关于“主体际性”、“主客体际性”和“客体际性”的完整的关系理论。虽然马克思也未使用过“主客体际性”和“客体际性”这样的概念，但这并不影响他对这些后出的概念所指称的内容先行地作出系统的、深刻的反思。

一、马克思关系理论的根本出发点

在传统的哲学家们那里，静态的直观和旁观式的思维构成他们理解一切关系问题的根本出发点。一个认识主体，只是凭借自己的直观和思维，推测出其他认识主体的存在，也推测出与主体不同的客体及客体之间的相互关系的存在。

在《确定性的寻求》（写于1929年）这部著作中，美国哲学家杜威把这种单纯理论的、非实践的认知态度称之为“旁观者式的认识论”。杜威指出：“自然是可能被理解的。但是我们实现这种可能性时不是通过一个外在地对自然加以思考的心灵，而是通过一种在自然以内所进行的操作；这种操作使得自然产生了许多新的关系，而这些新的关系又是在产生新的个别对象的过程中所概括出来的。自然具有可理解的条理的程度要看借我们自己外部的操作去实现包括在自然中的潜能的程度而定。”①在这段重要的论述中，杜威区分了两种不同的认识态度：一种是外在地对自然进行观察和思考；另一种是通过自然以内的操作对自然进行观察和思考。显然，这两种认识态度存在着根本性的差别。如果说，前者只是以旁观者的方式，被动地感受主体与主体、客体与客体、主体与客体之间的关系，那么，后者则试图通过主体的操作，即主体与环境之间的互动，努力创造出一系列新的关系，从而极大地深化主体对自然的认识。

其实，早在杜威之前，马克思就已在《评阿·瓦格纳的“政治经济学教科书”》（写于1879年下半年—1880年11月）中对探讨一切关系问题的根本出发点作出了批判性的澄清。马克思指出：“在一个学究教授看来，人对自然的关系首先并不是实践的即以活动为基础的关系，而是理论的关系。”②马克思在这里所说的“理论的关系”究竟指什么呢？那就是我们在上面已经提到过的、主体对自然所采取的静态的直观的态度，这种态度与杜威所批评的“旁观者式的认识论”是完全一致的。显然，马克思并不赞

---

① 杜威：《确定性的寻求》，傅统先译，上海人民出版社2004年版，第216页。

② 《马克思恩格斯全集》第19卷，人民出版社1963年版，第405页。

成这种态度,他赞成的是人对自然所采取的“实践的即以活动为基础的关系”。那么,这种关系究竟是指什么呢? 马克思告诉我们:“人们决不是首先‘处在这种对外界物的理论关系中’。正如任何动物一样,他们首先是要吃、喝等等,也就是说,并不‘处在’某一种关系中,而是积极地活动,通过活动来取得一定的外界物,从而满足自己的需要。(因而,他们是从生产开始的。)由于这一过程的重复,这些物能使人们‘满足需要’这一属性,就铭记在他们的头脑中了,人和野兽也就学会‘从理论上’把能满足他们需要的外界物同一切其他的外界物区别开来。在进一步发展的一定的水平上,在人们的需要和人们借以获得满足的活动形式增加了,同时又进一步发展了以后,人们就对这些根据经验已经同其他外界物区别开来的外界物,按照类别给以各个名称。”①如果说,在杜威那里,“操作”还是一个与自然科学的实验关联在一起的、狭隘的“活动”,那么,在马克思那里,人类应付环境的全面的实践,即“活动”,尤其是其基本活动——“生产”构成了他探索一切关系问题的根本出发点。马克思启示我们,人类并不是现成地处于某种关系之中,而是在实践活动的过程中主动创造出各种各样的丰富关系。

事实上,在马克思的著作中,上述见解并不是偶尔出现的,而是他的实践唯物主义学说的应有之义。早在1845年撰写的《关于费尔巴哈的提纲》一文中,马克思已经明确地指出:“从前的一切唯物主义(包括费尔巴哈的唯物主义)的主要缺点是:对对象、现实、感性,只是从客体的或者直观的形式去理解,而不是把它们当做感性的人的活动,当做实践去理解,不是从主体方面去理解。”②这段话明确地告诉我们:一方面,马克思主张从实践出发去理解一切关系问题;另一方面,马克思把是否承认实践这一根本的出发点看做实践唯物主义与传统唯物主义之间的根本分歧点。在这个意义上可以说,探讨马克思的关系理论,首要的是把这一理论置于实践唯物主义的语境中,而在这一语境中,实践作为基础和核心概念,乃是马克思思索一切关系问题的根本出发点。

---

① 《马克思恩格斯全集》第19卷,人民出版社1963年版,第405页。
② 《马克思恩格斯选集》第1卷,人民出版社1995年版,第54页。

二、马克思关系理论中的主体际性

假如人们用“主体之间的关系”这样明白易懂的语言来取代“主体际性”这一深奥的表达方式，就会发现，近代西方哲学家们早已开始探索这样的关系，如莱布尼茨关于单子之间的“先定和谐”的学说、黑格尔关于“我”就是“我们”的论述等等。尽管这一探索是不自觉的，也是不系统的，但毕竟为这方面的研究提供了重要的启示。而马克思作为当代西方哲学的奠基人之一，以完全不同于近代西方哲学家们的方式，对主体之间的关系作出了深入的反思。

在《黑格尔法哲学批判导言》（写于1843年末—1844年1月）中，马克思写道：“人并不是抽象地栖息在世界以外的东西。人就是人的世界，就是国家，社会。”①显而易见，在他看来，人本质上就是周围世界的产物，主体本质上就是主体际性。在《詹姆斯·穆勒〈政治经济学原理〉一书摘要》（写于1844年上半年）中，马克思指出：“……人的本质是人的真正的社会联系，所以人在积极实现自己本质的过程中创造、生产人的社会联系、社会本质，而社会本质不是一种同单个人相对立的抽象的一般的力量，而是每一个单个人的本质，是他自己的活动，他自己的生活，他自己的享受，他自己的财富。”②在这里，马克思已经告诉我们，人的本质体现在人与人之间的社会联系中。如果用当代哲学的术语来表达，也就是说，每一个主体的本质都体现在主体际性中。马克思还强调，这种人与人之间的“社会联系”并不像以往的哲学家们所认为的，是理论反思的结果，而是生存活动和需要的产物。而在现代社会中，“这种社会联系就以异化的形式出现。因为这种社会联系的主体，即人，是自我异化的存在物”③。这就表明，马克思不但意识到主体性的真理就是主体际性，而且意识到，作为这一真理的社会联系在现代社会中是以异化的方式出现的。在《1844年经济学哲学手稿》（写于1844年4—8月）中，马克思进一步指出，“人和人之间的直接

① 《马克思恩格斯全集》第1卷，人民出版社1956年版，第452页。
② 《马克思恩格斯全集》第42卷，人民出版社1979年版，第24页。
③ 《马克思恩格斯全集》第42卷，人民出版社1979年版，第25页。

的、自然的、必然的关系是男女之间的关系”①，但是，作为“类存在物”，人本质上是社会存在物。正如马克思所说的：“个人是社会存在物。因此，他的生命表现，即使不采取共同的、同其他人一起完成的生命表现这种直接形式，也是社会生活的表现和确证。”②当然，在现代社会中，人的“类本质”也处于异化的状态下，而这种状态的典型表现就是异化劳动。在马克思看来，共产主义就是对私有财产，即人的自我异化的积极扬弃，就是对人与人之间的冲突关系的真正解决。

《关于费尔巴哈的提纲》(写于1845年春)表明，马克思已经初步形成自己的实践唯物主义学说。在《提纲》中，他尖锐地批评了费尔巴哈把人曲解为抽象的、孤立的个体的错误观点，肯定“人的本质不是单个人所固有的抽象物，在其现实性上，它是一切社会关系的总和”③，强调要从主体际性，即“一切社会关系的总和”中去探索人的本质。

在《资本论》第一卷中，马克思以十分形象的方式阐述了人与人之间的依赖关系：“在某种意义上，人很像商品。因为人来到世间，既没有带着镜子，也不像费希特派的哲学家那样，说什么我就是我，所以人起初是以别人来反映自己的。名叫彼得的人把自己当做人，只是由于他把名叫保罗的人看作是和自己相同的。因此，对彼得说来，这整个保罗以他保罗的肉体成为人这个物种的表现形式。”④在谈到商品之间的价值关系时，马克思又发挥道：“这种反思的规定是十分奇特的。例如，这个人所以是国王，只因为其他人作为臣民同他发生关系。反过来，他们所以认为自己是臣民，是因为他是国王。”⑤所有这些见解都表明，成熟时期的马克思比起青年时期的马克思来说，以更明晰的语言，论述了社会关系对于个人、主体际性对于个别主体的重要性。从总体上看，马克思的主体际性理论蕴含着以下两个方面。

一方面是人与人之间、主体与主体之间的共时性关系。在马克思看来，这种共时性关系首先通过人的基本的实践形式——生产表现出来。在

---

① 《马克思恩格斯全集》第42卷，人民出版社1979年版，第119页。
② 《马克思恩格斯全集》第42卷，人民出版社1979年版，第122~123页。
③ 《马克思恩格斯选集》第1卷，人民出版社1995年版，第56页。
④ 《资本论》第1卷，人民出版社1975年版，第67页注(18)。
⑤ 《资本论》第1卷，人民出版社1975年版，第72页注(21)。

《雇佣劳动与资本》(写于1847年12月)中,马克思写道:"为了进行生产,人们相互之间便发生一定的联系和关系;只有在这些社会联系和社会关系的范围内,才会有他们对自然界的影响,才会有生产。"①也就是说,在任何社会形态中,人们为了生存下去,不得不结成一定的社会关系,而这种客观的关系不但不以任何个人的意志为转移,而且从根本上规定着个体的本质。也正是在这个意义上,马克思指出:"黑人就是黑人。只有在一定的关系下,他才成为奴隶。"②也就是说,黑人作为奴隶的这一本质特征是在一定历史时期的主体际性中体现出来的,正如马克思在前面提到的国王与臣民之间的身份上的差别也是在一定历史时期的主体际性中体现出来的。按照马克思的看法,在所有共时性关系中,居于基础层面的乃是生产关系。有鉴于此,马克思写道:"在一切社会形式中都有一种一定的生产决定其他一切生产的地位和影响,因而它的关系也决定其他一切关系的地位和影响。这是一种普照的光,它掩盖了其他一切色彩,改变着它们的特点。这是一种特殊的以太,它决定着它里面显露出来的一切存在的比重。"③而这种生产关系也正是人们在生产中必定要结成的关系,尽管随着生产力的发展,生产关系也会或早或迟地发生相应的变化,但这种关系归根到底制约着主体性和主体际性的内涵和界限。

另一方面是人与人之间、主体与主体之间的历时性关系。这种历时性关系包含着两个不同的侧面:一是前辈与后人、父母与子女在血缘上的关系,亦即家族、家庭关系。马克思认为:"这个家庭起初是唯一的社会关系,后来,当需要的增长产生了新的社会关系,而人口的增多又产生了新的需要的时候,家庭便成为(德国除外)从属的关系了。"④事实上,越往前追溯历史,就会发现,家庭在前后世代的主体之间的关系中就显得越是重要。二是前后世代的主体之间在物质生活和精神生活上的传承关系。正如马克思所指出的:"历史的每一阶段都遇到有一定的物质结果、一定数量的生产力总和、人和自然以及人与人之间在历史上形成的关系,都遇到有前一

---

① 《马克思恩格斯选集》第1卷,人民出版社1995年版,第344页。
② 《马克思恩格斯选集》第1卷,人民出版社1995年版,第344页。
③ 《马克思恩格斯全集》第46卷上,人民出版社1979年版,第44页。
④ 《马克思恩格斯全集》第3卷,人民出版社1960年版,第32～33页。

代传给后一代的大量生产力、资金和环境，尽管一方面这些生产力、资金和环境为新的一代所改变，但另一方面，它们也预先规定新的一代的生活条件，使它得到一定的发展和具有特殊的性质。”①这一关系表明，在历史发展中后出的主体总是在前面世代的主体已经创造出来的物质环境和条件的基础上开始自己的行动和思考的。如果说，马克思关于生产关系的理论深化了对主体际共时性关系的探索，那么，他关于人的生产、精神生产的理论则深化了对主体际历时性关系的研究。

三、马克思关系理论中的客体际性

假如说，本文中的“主体”概念主要是指“个人”这种社会存在物，那么，“客体”概念则主要是指个人在生存活动和其他活动中必定与之打交道的、各种各样的“物”或“事物”。传统的哲学家们认为，“物”作为人们认识、使用或改造的客体或对象，相互之间也是处于普遍联系中的。我们不妨把这种联系称之为“客体际性”。事实上，不光是传统的哲学家们朦胧地猜测到这种客体际性的存在，而且自然科学，尤其是物理学、化学、生物学这样的实证科学，对每一个新的自然规律的揭示，实际上都是对内涵无限丰富的客体际性的某个侧面的说明。然而，必须看到，在对客体际性的解读中，无论是传统的哲学家们，还是自然科学家们，都还未能把握住客体际性的本质内涵，而这种本质内涵唯有通过对客体际性的社会历史维度的解读才可能开启出来。毋庸讳言，马克思的实践唯物主义正是开启这种本质内涵的一把钥匙。

在《资本论》第一卷中，马克思开宗明义地指出：“资本主义生产方式占统治地位的社会财富，表现为‘庞大的商品堆积’，单个的商品表现为这种财富的元素的形式。因此，我们的研究就从分析商品开始。商品首先是外界的一个对象，一个靠自己的属性来满足人的某种需要的物。这种需要的性质如何，例如是由胃产生还是由幻想产生，是与问题无关的。这里的问题也不在于物怎样来满足人的需要，是作为生活资料即消费品来直接满足，还是作为生产资料来间接满足。”②从马克思的这段重要的论述中可以

---

① 《马克思恩格斯全集》第3卷，人民出版社1960年版，第43页。

② 《资本论》第1卷，人民出版社1975年版，第47～48页。

引申出下面的结论：第一，在资本主义生产方式占统治地位的现代社会形态中，人们与之打交道的物或客体表现为“庞大的商品堆积”，而只有从分析商品着手，才可能揭示出客体际性的本质内涵；第二，不同客体之间的关系奠基于资本主义生产劳动。换言之，现代人谈论的客体际性是以资本主义生产劳动为基础的；第三，在对客体际性或物与物之间关系的理解中，重要的不是物（即商品）的自然属性，而是其社会属性。

按照马克思的看法，作为物或客体，商品具有两个不同的属性：一是自然属性，即商品的使用价值；二是社会属性，即商品的交换价值。商品的交换价值（也可简称为商品的价值）乃是客体际性的本质内涵的体现者。那么，客体际性的这种本质内涵究竟是什么呢？在马克思看来，正是人与人之间的社会关系。在《资本论》第一卷第二版的一个注中，马克思写道：“当加利阿尼说价值是人和人之间的一种关系时，他还应当补充一句：这是被物的外壳掩盖着的关系。”[①]也就是说，马克思所揭示的客体际性或商品之间的关系的实质乃是资本主义生产方式中人与人之间的真实的社会关系，而这种关系却被商品之间（即物与物之间）的关系所掩盖。马克思把这种普遍存在的社会现象称之为“商品拜物教”，而商品拜物教则在货币这个“一般等价物”上得到了充分的体现。马克思告诉我们：“正是商品世界的这个完成的形式——货币形式，用物的形式掩盖了私人劳动的社会性质以及私人劳动者的社会关系，而不是把它们揭示出来。”[②]这就启示我们，马克思批判商品拜物教的目的就是揭示出现代社会中客体际性的本质内涵。

马克思的上述思想不仅深刻地影响了作为西方马克思主义肇始人的卢卡奇，也深刻地影响了作为存在主义代表的海德格尔。海德格尔区分了我们所说的物或客体的两种不同的存在状态：一是“现成在手”（Vorhandenheit），即主体周围的物似乎是现成地摆放在那里的，它们与主体之间并没有什么内在联系；二是“当下上手”（Zuhandenheit），即主体周围的物是按照主体生存的需要和意图组建起来的。实际上，用具就是处于“当下上手”状态中的物。海德格尔写道：“书写用具、钢笔、墨水、纸张、垫板、桌

---

① 《资本论》第1卷，人民出版社1975年版，第91页注(27)。

② 《资本论》第1卷，人民出版社1975年版，第92页。

子、灯、家具、窗、门、房间。这些'物件'绝非首先独自显示出来，然后作为实在之物的总合塞满一房间。切近照面的东西(虽然不是把握为课题的东西)是房间，而房间却又不是几何空间意义上的'四壁之间'，而是一种居住工具。'家具'是从房间方面显示出来的，而在'家具'中才显现出各个'零星'用具。用具的整体性一向先于零星用具就被揭示了。"[①]海德格尔这里提到的"用具的整体性"事实上也就是我们上面所说的客体际性。在他看来，这种整体性并不奠基于主体对外部世界采取的静观的理论态度，而是奠基于主体的生存实践活动，即劳动。也正是在这个意义上，海德格尔强调："在烦忙打交道之际首先照面的是工件，即处在劳动中的东西；而合用性本质上是属于工件的。在它的合用性之中，工件总已让它自己的合用性的何所用也一同来照面。订做的工件则只是以它的使用以及在这种使用中揭示出来的存在者的指引网络为基础的。"[②]尽管海德格尔没有沿着马克思的思路去揭露资本主义生产关系的秘密，但他对现代社会，尤其是现代技术的反思，实际上也从不同的角度触及到客体际性的本质内涵及其异化状态。当然，要真正地把握客体际性的社会历史内涵，还必须沿着马克思的实践唯物主义的思路向前探索。

四、马克思关系理论中的主客体际性

我们前面对"主体际性"和"客体际性"进行了初步的探讨。其实，在现实生活中，既不存在着纯粹的"主体际性"，也不存在着纯粹的"客体际性"。"主体"(subject)和"客体"(object)这两个概念本来就是相互依存的。没有主体，就不会有客体；同样地，没有客体，也不会有主体。事实上，不但主体与主体、客体与客体是关联在一起的，而且主体与客体也是关联在一起的。当代西方哲学家中普遍存在的一个偏失是，撇开"客体际性"和"主客体际性"来谈"主体际性"。事实上，这样的"主体际性"只能是虚假的、抽象的。

我们这里提出的"主客体际性"，是指主体与客体(物)之间必然形成起来的关系。一方面，"主体际性"必定是以客体作为媒介的。假如人们

---

① 海德格尔:《存在与时间》，陈嘉映、王庆节译，三联书店 1987 年版，第 85 页。
② 海德格尔:《存在与时间》，陈嘉映、王庆节译，三联书店 1987 年版，第 87 页。

不通过生产获得生活上的必需物品，即客体，那么不但任何主体都无法生存下去，而且主体之间的共时性关系和历时性关系都不可能被建立起来。正是在这个意义上，马克思指出："这种活动、这种连续不断的感性劳动和创造、这种生产，是整个现存感性世界的非常深刻的基础，只要它哪怕只停顿一年，费尔巴哈就会看到，不仅在自然界将发生巨大的变化，而且整个人类世界以及他（费尔巴哈）的直观能力，甚至他本人的存在也没有了。"[①]马克思的这段话表明，无论是主体性，还是主体际性，都是离不开客体的。客体首先不是人静观的、认识的对象，它首先是人为了生存而取用的对象。它不是以与人无关的方式，现成地摆放在那里，而是融贯在人的全部生存活动中，是任何主体与之须臾不可分离的存在物。有趣的是，法国人类学家莫斯曾经专门探讨过"礼物"这种特殊的客体在主体际性中的重要的"润滑"作用。另一方面，"客体际性"也必定是以主体的活动，尤其是生产劳动作为媒介而组建起来的。马克思在谈到人们的生产劳动时写道："这必然会发生，因为他们在生产过程中，即在占有这些物的过程中，经常相互之间和同这些物之间保持着劳动的联系，并且也很快必须为了这些物而同其他人进行斗争。"[②]事实上，抽去主体和主体活动这一根本性的媒介，不但客体概念无法索解，而且"客体际性"，乃至人们心目中的"世界"概念也不可能被组建起来。显然，海德格尔对此也有深刻的领悟，他写道："迄今为止，我们所看到的世界都是以某种烦忙于周围世界上手的东西的方式并为了这种方式亮相的，而且这种亮相还是随着上手的东西的上手状态进行的。"[③]显然，在海德格尔看来，以客体际性或以普遍联系的方式存在着的"世界"实际上也是由主体的活动（海德格尔称之为"烦忙"）组建起来的。

马克思的关系理论的深刻之处在于，他不但从生存实践活动的视角出发，揭示出主体与客体之间必然会形成起来的本质关系，而且还揭示出这种"主客体际性"在现代资本主义社会中的异化的性质。事实上，正是资本主义社会中普遍存在的异化劳动导致了"主客体际性"的异化特征。这一特征主要表现在以下两个方面。

---

① 《马克思恩格斯全集》第3卷，人民出版社1960年版，第50页。
② 《马克思恩格斯全集》第19卷，人民出版社1963年版，第405页。
③ 海德格尔：《存在与时间》，陈嘉映、王庆节译，三联书店1987年版，第95页。

一方面是作为客体的物的主体化。这里所说的"物"也就是作为人们劳动产物的商品。本来,商品作为物是主体消费的对象,处于被动的位置上,但现在它却获得了主动性的地位,并成了主体(人)的真正的统治者。在《1844年经济学哲学手稿》中,马克思写道:"工人生产的财富越多,他的产品的力量和数量越大,他就越贫穷。工人创造的商品越多,他就越变成廉价的商品。物的世界的增值同人的世界的贬值成正比。"①这种物(客体)的主体化的实质乃是死劳动对活劳动的支配。

另一方面是作为主体的人的客体化。我们这里所说的"客体化"既包含物化,又不止于物化。为什么?因为物化本身乃是一个中性的概念,它只表示人通过劳动把自己的精力转移并凝结到劳动的产品中。马克思曾经说过:"单纯的自然物质,只要没有人类劳动物化在其中,也就是说,只要它是不依赖人类劳动而存在的单纯的物质,它就没有价值,因为价值只不过是物化劳动;它就像一般元素一样没有价值。"②显然,马克思关注的并不是一般意义上的物化,只有当物化同时也是异化,即成为压抑主体的巨大的权力时,它才成为马克思深入反思和批判的对象。正是在这个意义上,马克思告诫我们:"关键不在于物化,而在于异化,外化,外在化,在于巨大的物的权力不归工人所有,而归人格化的生产条件即资本所有,这种物的权力把社会劳动本身当作自身的一个要素而置于同自己相对立的地位。"③显然,青年卢卡奇在《历史与阶级意识》(1923)一书中还未能准确地阐明"物化"与"异化"概念的区别和联系。

也许是考虑到"物化"概念含义的复杂性,当代日本学者广松涉区分出"物化"(Verdinglichung)与"物象化"(Versachlichung)这两个不同的概念,并把"物象化"理解为与晚年马克思所使用的"商品拜物教"类似的概念。广松涉这样写道:"……马克思的所谓物象化,是对人与人之间的主体际关系被错误地理解为'物的性质'(例如货币所具有购买力这样的'性质'),以及人与人之间的主体际社会关系被错误地理解为'物与物之间的

---

① 《马克思恩格斯全集》第42卷,人民出版社1979年版,第90页。马克思在批判李嘉图的经济思想时也说过:"在李嘉图看来,人是微不足道的,而产品则是一切。"参阅同书,第72页。

② 《马克思恩格斯全集》第46卷上,人民出版社1979年版,第337页。

③ 《马克思恩格斯全集》第46卷下,人民出版社1980年版,第360页。

关系'这类现象(例如,商品的价值关系,以及主旨稍微不同的'需要'和'供给'的关系由物价来决定的现象)等等的称呼。"[①]其实,晚年马克思在分析、批判这种被广松涉称之为"物象化"的社会现象时,不仅发现了人与人之间的社会关系被错置为物与物之间的关系,而且也揭示了物的主体化和主体的物化,即物对人的统治。事实上,在马克思那里,主体的客体(物)化和客体(物)的主体化乃是同一个异化过程中的两个不同的侧面。

在马克思之后,海德格尔之所以用连字符号把作为"人之存在"的"此在"称为先天的"在世界之中的存在"(das in-der-Welt-sein),其目的正是为了阐明这种"主客体际性"的先在性和必然性。当然,为了表示自己的哲学思想与传统的,尤其是近代的哲学思想之间的根本差异,海德格尔不愿意使用主体、客体、主体际性等概念,他用的是"此在"(Dasein)、"共在"(Mitsein)这样的概念系统。

综上所述,马克思的实践唯物主义学说蕴含着一种内涵极为丰富的关系理论。尽管马克思从来没有使用过"主体际性"、"客体际性"和"主客体际性"这样的表述方式,但他对这些概念所意谓的内容却有大量的论述。正是这些论述显示出马克思关系理论的独创性:一方面,马克思的世界观与近代西方哲学家们的世界观之间存在着根本差别——如果说,近代西方哲学家们从静观的理论态度出发去理解关系问题,那么,马克思则从实践唯物主义的立场出发去理解并阐释一切关系问题。实际上,他把社会生产关系理解为"主体际性"、"客体际性"和"主客体际性"的内在灵魂和秘密。一旦人们把握了这一内在的灵魂和秘密,也就很容易理解现代资本主义社会内部的一切神秘的关系了。另一方面,马克思的世界观也与当代西方哲学家们(如海德格尔)的世界观之间存在着原则性的差别——假如说,当代西方哲学家们只谈论"主体际性",而完全撇开对"客体际性"和"主客体际性"的思索,那么,马克思则全面地反思了这三个方面的关系,从而赋予当代西方哲学家们谈论的"主体际性"以真正的现实性。这就启示我们,要实质性地推进对当代关系理论的研究,就不能不深入地探索马克思在这方面留下的丰富的思想资源。

---

① 广松涉:《物象化论的构图》,彭曦等译,南京大学出版社 2002 年版,第 70 页。

物、价值、时间与自由

随着人们对马克思哲学研究的深入，如何重建马克思哲学体系上升为一个重大的理论问题。毋庸讳言，在对这个问题的解答中，存在着各种不同的答案。在这里，笔者无意纠缠于人们已经提供的迥然各异的答案，而只限于指出，如果不先行领悟马克思哲学的以下三个特征，这种重建必定会流于形式。

马克思哲学的第一个特征是它的实践维度。这看起来似乎是老生常谈，实际上却是理解马克思哲学本质的关键之所在。也就是说，马克思哲学不是静观的知识论，不是大学或研究所里的“高头讲章”，而是指导人们进行实践，尤其是从事革命活动的理论武器。马克思哲学的第二个特征是它的经济哲学维度。换言之，马克思哲学乃是一种经济哲学，而正是这一点，决定着马克思叙述自己哲学思想的特殊路径，也规定着其哲学体系的特殊用语。马克思哲学的第三个特征是它的本体论维度，即马克思的哲学思考和他所发动的划时代的哲学革命的意义不应当被局限于认识论的范围内，而首先应当从哲学基础理论——本体论上去加以把握。

正是基于对马克思哲学的以上三个基本特征的先行把握，笔者找到了重建马克思哲学体系的新的路径。限于题旨和篇幅，本文主要论述重建马克思哲学体系必定会涉及到的四个核心的概念——物、价值、时间和自由，以及它们之间的内在联系。

一、从抽象物质到具体的物

在传统的马克思主义哲学教科书的视野里，马克思的物质观可以表述如下：世界统一于物质（亦即世界的本原是物质）；物质是不以人的主观意志为转移的客观实在；运动是物质的根本属性；时间和空间是运动着的物质的存在形式。这些表述看起来是明晰的、严密的，实际上却停留在旧唯物主义的水平上，抹去了马克思的物质理论的实践性的、革命性的内涵，把它抽象化为大学和研究所里的高头讲章。事实上，传统哲学教科书所叙述的这种物质观正是马克思早就批评过的"抽象物质"观。

在《1844 年经济学哲学手稿》中，马克思这样写道："工业是自然界同人之间，因而也是自然科学同人之间的现实的历史关系。因此，如果把工业看成人的本质力量的公开的展示，那么，自然界的人的本质，或者人的自然的本质，也就可以理解了；因此，自然科学将失去它的抽象物质的（abstrakt materille）或者不如说是唯心主义的方向，并且将成为人的科学的基础，正像它现在已经——尽管以异化的形式——成了真正人的生活的基础一样。"[①]在这里，值得注意的是，马克思提出了"工业"这一极为重要的概念，并把它理解为使自然科学的研究摆脱"抽象物质的"方向的不可或缺的媒介。在马克思看来，传统的自然科学通常是以脱离对工业的考察的方式来研究自然界的，所以他们描绘的自然界不过是与人的活动相分离的抽象的自然界或抽象的物质世界。事实上，现实的自然界是经过工业媒介的自然界，现实的物质是经过人的生产劳动媒介的物质，而工业并不是别的东西，它正是一本打开了的关于人的本质力量的书本，正是人的实践活动，特别是人的生产劳动的具体表现。

在《资本论》中，马克思进一步指出："那种排除历史过程的、抽象的自然科学的唯物主义（des abstrak naturwissenschaftlichen Materialismus）的缺

① 《马克思恩格斯全集》第 42 卷，人民出版社 1979 年版，第 128 页。

点,每当它的代表越出自己的专业范围时,就在他们的抽象的和唯心主义的观念中立刻显露出来。"[1]这就表明,马克思的物质观与以往一切哲学家(不管是唯物主义者,还是唯心主义者)的根本差异在于:马克思从不脱离人的活动抽象地谈论物质,亦即从不像传统的哲学教科书那样,高谈世界的物质性。马克思总是从人所从事的最基本的实践活动——生产劳动出发,历史地探讨物质的具体表现形态——具体的物,并对资本主义经济关系所造成的普遍的"物化"(Verdinglichung)现象或"拜物教"(Fetischismus)现象进行批判性的考察。

应该看到,当代西方的一些学者非常敏锐地注意到并揭示出马克思物质观的实践意向和革命意向。在卢卡奇看来,马克思物质观的要旨并不是坐在课堂里大谈"世界统一于物质"这类同样可以在旧唯物主义者那里找到的教条,而是通过对物化现象和物化意识的披露,唤醒无产阶级的阶级意识,从而促使其以实践的方式改造资本主义社会。葛兰西在谈到马克思哲学时指出:"显然,对于实践哲学来说,物质不应当从它在自然科学中获得的意义上去理解……也不应当从各种唯物主义形而上学中发现的任何意义上去理解。虽然人们可以考察构成物质本身的各种物理的(化学的、机械的等等)属性,但只是在它们成为生产的'经济要素'的范围之内。所以,不应当就物质自身来考察物质,而必须把它作为社会地、历史地组织起来的东西加以考察,而自然科学也应当相应地被看做是一个历史范畴,一种人类关系。"[2]施密特在他的代表作《马克思的自然概念》一书中也表达了同样的思想:"说物质是存在的最高的原则是不可能的,这不仅因为从事劳动的主体通过自身中介了自然材料,而且在生产中,人们关涉到的并不是物质'本身',而是具体的、从量和质上规定了的物质的存在形式。"[3]

所有这些见解都表明,马克思与旧唯物主义者之间的根本差别在于,

---

① 《资本论》第1卷,人民出版社1975年版,第410页注(89)。

② A. Gramsci, *Selections from The Prison Notebooks*, International Publishers, 1971, p. 465–466. 海德格尔在谈到如何与马克思的唯物主义对话时,也有一段极为重要的论述:为了进行这样的对话,摆脱关于这种唯物主义的天真的观念和对它采取的简单拒斥的态度是十分必要的。这种唯物主义的本质不在于一切只是物质(Stoff)的主张中,而是在于一种形而上学的规定中,按照这种规定,一切存在者都显现为劳动的材料(Material)。Sehen M. Heidegger, *Ueber Den Humanismus* Frankfurt A. M., Suhrkamp Verlag, 1975, S. 27.

③ A. Schmidt, *The Concept of Nature in Marx*, New Left Books, 1971, p. 34.

他不是从静观的知识论立场出发去谈论抽象的物质,而是从动态的实践论出发去谈论作为生产要素的物质的具体样态,即具体的物。事实上,马克思决不像旧唯物主义者或后来的哲学教科书的编写者那样,热衷于追溯一个先于人而存在的物质世界。在马克思看来,去追溯这样一个与人相分离的物质世界对于人来说是毫无意义的。所以马克思指出:"只有物(die Sache)按人的方式同人发生关系时,我才能在实践上(praktisch)按人的方式同物发生关系。"[①]总之,物不是人静观的对象,而是人的实践活动,尤其是生产劳动的要素。

那么,在马克思那里,具体的物究竟是指什么呢?由于马克思考察的出发点不是一般的人类社会,而是资本主义这种特殊的社会形态,所以,他认为,在资本主义经济关系中,具体的物表现为巨大的商品堆积。他写道:"商品(Die Ware)首先是一个外界的对象,一个靠自己的属性来满足人的某种需要的物(ein Ding)。"[②]当商品作为物被大量地生产出来的时候,"物化"现象或"拜物教"现象也就随之而蔓延开来。马克思通过自己的研究,深刻地揭示出这些现象的本质:"例如,用木头做桌子,木头的形状就改变了。可是桌子还是木头,还是一个普通的可以感觉的物。但是桌子一旦作为商品出现,就变成一个可感觉而又超感觉的物(ein sinnlich uebersinnliches Ding)了。它不仅用它的脚站在地上,而且在对其他一切商品的关系上用头倒立着,从它的木脑袋里生出比它自动跳舞还奇怪得多的狂想。"[③]

由此可见,马克思物质观的实践意向和革命意向正在于批判资本主义社会中到处蔓延的"物化"现象或"拜物教"现象,从而从物与物的关系中揭示出人与人之间的真实关系。而传统的哲学教科书满足于抽象地谈论"世界统一于物质"这类旧唯物主义者早已提出的命题,必定会耽于对马克思物质观的这种根本性意向的把握。更重要的是,马克思不是通过抽象物质,而是通过具体的物引申出价值的概念的。

① 《马克思恩格斯全集》第 42 卷,人民出版社 1979 年版,第 124 页。
② 《资本论》第 1 卷,人民出版社 1975 年版,第 47 页。
③ 《资本论》第 1 卷,人民出版社 1975 年版,第 87 ~ 88 页。

二、从使用价值到交换价值

如前所述，在资本主义经济关系中，具体的物表现为巨大的商品堆积。那么，马克思又如何对商品这个资本主义社会的细胞进行经济哲学上的考察的呢？他认为，物作为商品具有以下两个基本属性：一方面，“物的有用性使物成为使用价值（Gebrauchswert）”①。也就是说，物作为商品总要满足人们的某种需要，而其使用价值正是在人们消费或使用它的过程中得以实现的。人们通常说的“财富”（Reichtums）实际上也就是作为商品的物的堆积。在这个意义上，马克思认为，不论财富的社会形式如何，使用价值总是构成财富的物质内容；另一方面，“交换价值（Tauschwert）首先表现为一种使用价值同另一种使用价值相交换的量的关系或比例，这个比例随着时间和地点的不同而不断改变”②。物作为商品之所以具有交换价值，因为商品本身就是为了交换而生产的物品。在马克思看来，使用价值和交换价值之间存在着以下两个根本性的区别：第一，使用价值是商品的自然属性或自然存在，而交换价值则是商品的社会属性或社会存在；第二，作为使用价值，不同的商品之间具有质的差别，而作为交换价值，不同的商品之间只有量的差别。认识到这两点区别具有极为重要的意义。

必须指出，在哲学界长期以来存在着对马克思价值理论的误解。这从马克思晚年撰写的《评阿·瓦格纳的“政治经济学教科书”》中就可以看出来。瓦格纳的一个根本性错误就是把马克思所说的“使用价值”误解为“价值”。马克思在叙述瓦格纳的这一错误见解时概括道：“‘价值’这个普遍的概念是从人们对待满足他们需要的外界物的关系中产生的……”③显然，这句话是马克思对瓦格纳的错误观点的概括，可是，人们却错误地把它理解为马克思本人的价值观④。事实上，只要认真阅读这篇论文，就会发现，马克思十分尖锐地批评了瓦格纳的价值理论，指责他热衷于谈论一般价值理论，并总是在“价值”这个词上卖弄聪明，“这就使他同样有可能像

---

① 《资本论》第1卷，人民出版社1975年版，第48页。
② 《资本论》第1卷，人民出版社1975年版，第49页。
③ 《马克思恩格斯全集》第19卷，人民出版社1963年版，第406页。
④ 参阅李连科：《价值哲学引论》，商务印书馆1999年版，第63页。

德国教授们那样传统地把‘使用价值’和‘价值’混淆在一起,因为它们两者都有‘价值’这一共同的词”[①]。

在马克思看来,“使用价值不起其对立物‘价值’的作用,除了‘价值’一词在‘使用价值’这一名称里出现以外,价值同使用价值毫无共同之点”[②]。在这里,马克思以十分明确的口吻告诉我们,不能因为在“使用价值”这个名称中包含着“价值”这个词,就断言“使用价值”就是“价值”。“使用价值”和马克思通常简称为“价值”的“交换价值”之间存在着根本性的差异。

其实,当瓦格纳试图从人们的需要与外界物之间的关系中去理解并谈论马克思的价值理论时,他就已经把这两个概念混淆在一起了。马克思毫不留情地揭露了瓦格纳玩弄的语言游戏:“他采取的办法是,把政治经济学中俗语叫做‘使用价值’的东西,‘按照德语的用法’改称为‘价值’。而一经用这种办法找到‘价值一般’后,又利用它从‘价值一般’中得出‘使用价值’。做到这一点,只要在‘价值’这个词的前面重新加上原先被省略的‘使用’这个词就行了。”[③]为了彻底揭露瓦格纳的《政治经济学教科书》可能造成的思想混乱,马克思不厌其烦地指出:“这个德国人的全部蠢话的唯一的明显根据是,价值(Wert)或值(Wuerde)这两个词最初用于有用物本身,这种有用物在它们成为商品以前早就存在,甚至作为‘劳动产品’而存在。但是这同商品‘价值’的科学定义毫无共同之点。”[④]

人们也许会问,为什么马克思要一而再、再而三地阐述“使用价值”与“价值”(即“交换价值”)之间的差别呢?这里的关键在于,“使用价值”只涉及到作为商品的物的自然属性或自然存在,而交换价值或价值则涉及到作为商品的物的社会属性和社会存在。这里关涉到马克思哲学中价值论讨论的两个完全不同的路向。

对于传统的马克思主义哲学教科书来说,价值问题完全是一块飞地。20世纪80年代初以来,人们开始探索马克思哲学中蕴含着的价值维度,

---

① 《马克思恩格斯全集》第19卷,人民出版社1963年版,第400页。
② 《马克思恩格斯全集》第19卷,人民出版社1963年版,第413页。
③ 《马克思恩格斯全集》第19卷,人民出版社1963年版,第407页。
④ 《马克思恩格斯全集》第19卷,人民出版社1963年版,第416页。

然而,瓦格纳式的误解,即把“使用价值”与“价值”等同起来的倾向始终支配着人们的大脑。事实上,只要这种误解还没有被消除,人们关心的就始终只是作为物的自然属性的“使用价值”,从而必定导致对作为物的社会属性的“价值”的漠视。而在某种意义上,马克思经济哲学的全部秘密正隐藏在其“价值”理论中。何以言之呢?

如果说,“使用价值”只涉及到人与物的自然属性之间的关系,简言之,只涉及到人与物的关系;那么,“价值”(即“交换价值”)则涉及到人与物的社会属性之间的关系,简言之,即涉及到人与人之间的关系。在经济领域里,正如马克思所指出的:“诸交换价值(交换价值只有在至少存在两个交换价值的情况下才存在)代表一种它们共有的、‘同它们的使用价值完全无关’{在这里也就是指同它们的自然形式无关}的东西,即‘价值’。”①也就是说,在经济领域里,价值的具体表现形式是交换价值,它涉及的正是人与人之间的经济关系。如果超出经济领域的话,价值则涉及到人权、生命、情感、信念、善、平等、民主、自由、公正等一系列体现人与人之间关系的重要观念。事实上,在马克思看来,价值问题的本质从来就不是在人与物的关系上,而是在人与人之间的关系上。

长期以来,由于我国哲学界囿于“使用价值”的范围,即人的需要和有用物之间的关系去理解马克思的价值理论,从而既导致了对经济领域里的“交换价值”研究的忽视,也导致了对经济领域之外的、涉及人与人之间关系的一系列价值形态的忽视。而对这两个方面的忽视,不但使人们难以窥见马克思价值理论的真面貌,也使他们失去了以马克思本人的思维进路来重建他的哲学体系的可能性。实际上,绕过价值问题,尤其是绕过经济领域中的“交换价值”问题,马克思的时间观就无法索解,而这正是我们在下面所要论述的问题。

三、从自然时间到社会时间

传统的马克思主义哲学教科书在论述时间问题时,都无例外地停留在“自然时间”(natural time)观上。所谓“自然时间”,也就是按照自然界里

---

① 《马克思恩格斯全集》第19卷,人民出版社1963年版,第399页。

发生的物质运动的状况来理解并阐发时间问题。比如，有的马克思主义哲学教科书认为，“时间是物质运动的顺序性、间隔性和持续性……时间就是表明一事物和另一事物、一运动过程和另一运动过程出现的先后顺序，表明它们之间间隔的长短；表明一事物存在和一种运动过程进行的持续性的久暂”①。

显然，这种与人的活动相分离的“自然时间”观始终是以抽象的物质或作为这种物质的总和的抽象的自然界作为载体的，所以它必定是超社会历史的。换言之，它既不可能历史地显示出不同社会形态中的时间概念内涵上的差异性，也不可能深刻地揭示出资本主义社会形态中时间学说的特定的社会历史内涵及它与价值、自由等重大理论问题之间的内在联系。这种时间观由于未能对旧唯物主义的时间观的理论前提作出彻底的批判和清理，即只注意从方法论出发去克服传统时间观的机械性，却未对传统时间观的抽象的载体（即与人的实践活动相分离的抽象的物质）进行根本性的改造，这就把马克思的富于创新意识的时间理论安放到旧唯物主义的基础上去了，从而遮蔽了马克思时间理论的划时代的意义。

其实，马克思从来就不是从传统的、一般哲学的立场出发，依照对自然界的观察，来阐述自己的时间观念的。相反，马克思是从经济哲学的维度出发，依照对人的社会实践活动，尤其是生产劳动的观察，来阐述自己的时间观念的。马克思的时间观绝不是传统哲学和马克思主义哲学教科书所主张的“自然时间”，而是“社会时间”（social time）。换言之，马克思的时间观不是以人对自然界的物质运动的静观作为出发点的，而是以人的生产实践活动作为出发点的。

马克思认为，不应该从抽象物质和“自然时间”观出发来叙述人的生产劳动，恰恰相反，应该从生产劳动出发来理解并叙述物质和时间问题。正是在生产劳动的过程中，传统哲学所论述的、与人无关的、抽象的物质立即转化为生产的基本要素（如厂房和生产设备、生产原料、生产工具、产品、生产过程的排泄物等等），从而显现为属人的存在物。在资本主义的生产方式中，物质的普遍存在样态是商品，而商品正是通过劳动来创造的，所以

① 肖前等：《辩证唯物主义原理》，人民出版社 1981 年版，第 78 页。

马克思说:“劳动是活的、塑造形象的火;是物的易逝性,物的暂时性,这种易逝性和暂时性表现为这些物通过活的时间而被赋予形式。”[①]值得注意的是,马克思在这里提到了“活的时间”,这种“活的时间”和作为“活的、塑造形象的火”的生产劳动是一致的,它赋予物以“形式”。从这段极为重要的论述中我们可以引申出以下三个结论。

第一,社会时间源于人们的生产劳动。正如古尔德(C. C. Gould)所指出的:“对于马克思来说,劳动是时间的起源——既是人类时间意识的起源,又是对时间进行客观测量的起源。”[②]换言之,正是劳动创造了时间并把它引入到世界之中。古尔德认为,马克思的时间观与康德的时间观有相近之处,即都是从人的活动出发的,但康德赖以出发的是人的意识活动,而马克思则是从人的生产劳动出发的。至于海德格尔,虽然从“此在本身”(Dasein itself)的生存活动出发去论述时间,但他“并没有把时间化的此在的活动理解为对象化的活动,理解为改变自然的社会活动”[③]。这正是他的时间学说与马克思的时间学说在根基处的差异之点。

第二,社会时间与均匀流逝的自然时间不同,它在不同的历史阶段上存在着质的差别。古尔德注意到,“马克思进一步表明,作为测量方式的时间的运用在历史上是不同的。因此,对于他来说,在不同的社会发展阶段,时间本身在质上是不同的”[④]。在前资本主义阶段,劳动不是按照时间来测量的,而是按照物品的使用价值的差异来测量的;只有在马克思提到的社会发展的第二阶段,即资本主义阶段,“时间作为劳动的测量工具的可能性才产生出来”[⑤]。而在社会发展的第三个阶段,即马克思所描绘的共产主义社会中,不是别的东西,正是“自由时间或个体自由发展的时间成了对富有的一种测量”[⑥]。

第三,社会时间在经济领域里的本质表现形态是“社会必要劳动时间”(Gesellschaftlich notwendige Arbejtszeit)。众所周知,资本主义生产的

---

① 《马克思恩格斯全集》第46卷上,人民出版社1979年版,第331页。

② C. C. Gould, *Marx's Social Ontology*, The MIT Press, 1978, p.41.

③ C. C. Gould, *Marx's Social Ontology*, , The MIT Press, 1978, p.62.

④ C. C. Gould, *Marx's Social Ontology*, The MIT Press, 1978, p.64.

⑤ C. C. Gould, *Marx's Social Ontology*, The MIT Press, 1978, p.64.

⑥ C. C. Gould, *Marx's Social Ontology*, The MIT Press, 1978, p.68.

目的是交换价值，而作为交换价值基础的商品的价值的量恰恰是通过社会必要劳动时间来度量的。那么，究竟什么是"社会必要劳动时间"呢？马克思回答道："社会必要劳动时间是在现有的社会正常的生产条件下，在社会平均的劳动熟练程度和劳动强度下制造某种使用价值所需要的劳动时间。"[①]在马克思看来，社会必要劳动时间是客观的，因为它并不是由哪个商品生产者凭自己的主观愿望决定的，而是在一定的历史条件下展示出来的。这种时间好比一种特殊的以太，决定着一切"社会的物"（gesellschaftliche Dinge，即商品）在生活世界中的比重，"只是社会必要劳动量，或生产使用价值的必要劳动时间，决定该使用价值的价值量"[②]。这也表明，马克思的"社会时间"观始终是与作为社会存在的商品的"交换价值"关联在一起的。事实上，无论是传统的马克思主义哲学教科书的撰写者对价值问题的拒斥也好，还是当今的价值论研究者把价值误解为"使用价值"也好，他们都堵塞了使自己准确地理解马克思哲学的道路。

从上面的论述可以看出，马克思从来不是超越一切历史条件，以形而上学的方式来谈论时间问题的，他始终把这一问题放在资本主义社会这一特定的社会历史条件下来考察。事实上，马克思"社会时间"观的划时代变革在于，他提出了"社会必要劳动时间"的新概念，揭示了商品价值的秘密；并运用这一新概念，把工人的生产过程划分为"必要劳动时间"和"剩余劳动时间"，从而揭示出"剩余价值"的秘密。马克思的"社会时间"观的重要性还在于，下面将要论述的自由问题正是在这种特殊的时间地平线上展示出来的，而由于传统的马克思主义哲学教科书没有领悟到马克思时间观的真谛，因此，马克思的自由观以及他对自由与时间关系的论述也统统逸出了它们的视域。

四、从认识论自由到本体论自由

在马克思哲学中，自由是一个极为重要的概念，也是一个长期以来遭到误解的概念。众所周知，苏联哲学家罗森塔尔和尤金主编的《简明哲学辞典》曾对自由概念作了如下的论述："自由并不在于想象中的脱离自然

① 《资本论》第1卷，人民出版社1975年版，第52页。
② 《资本论》第1卷，人民出版社1975年版，第52页。

规律,而在于认识这些规律,并能够把它们用到实践活动中去……自然界的必然性、规律性是第一性的,而人的意志和意识是第二性的。在人没有认识必然性以前,他是盲目地、不自觉地行动的。一旦人认识到必然性,他就能学会掌握它,利用它为社会谋福利。因此,只有在认识必然性的基础上才能有自由的活动。自由是被认识了的必然性。”[①]这是一段经典性的论述,几乎所有的马克思主义哲学教科书都是以这种方式来阐述自由概念的。从这段论述中,可以引申出如下三个结论:第一,马克思的自由概念是从属于认识论的,在这里,自由的本体论含义完全没有引起叙述者的重视;第二,自由是与必然性,亦即自然界的规律联系在一起的;第三,自由不是在想象中摆脱自然必然性,而是对这种必然性的正确认识。

乍看起来,把自由概念放在认识论的范围内似乎是无可厚非的,因为人们对自然必然性的认识越是深入,他们的行为和认识的自由度也就越大。其实,这完全是一种似是而非的见解。如果真是这样,人们就不得不作出如下的推论,即最了解自然必然性的自然科学家是世界上最自由的人。假如这个推论能够成立,那么人类通过社会运动和社会革命来争取自由和解放就成了无意义的举动,只要去学习自然科学就行了。这样一来,对人类的生存说来是如此之重要的自由概念就蜕化为一个单纯的认识论概念。在这样的概念的引导下,甚至连伦理学也根本无法建立起来,因为伦理学的基础是人的自由意志,如果自由只不过是对必然性的认识,那么又有哪个人需要对自己的行为承担道德责任呢?

人所共知,认识论涉及到的是人与自然之间的关系,而本体论涉及到的则是人与人之间的关系。康德明确地告诉我们:“自由即是理性在任何时候都不为感觉世界的原因所决定。”[②]也就是说,人的自由与人对感觉世界的认识无涉,它只涉及本体论领域,涉及人的自由意志。在康德看来,如果人们一定要在自然必然性的基础上来谈论自由,那么这种自由“也就是一个旋转的烤肉叉式的自由,一旦人们给它上紧了发条,它就会自动地完

---

① 罗森塔尔、尤金编:《简明哲学辞典》,中共中央马克思、恩格斯、列宁、斯大林著作编译局译,三联书店1973年版,第171~172页。

② 康德:《道德形而上学原理》,上海人民出版社1986年版,第107页。实际上,当代哲学家萨特对这一点阐述得更为明确:“没有决定论——人是自由的,人就是自由(Man is freedom)”。See J. P. Sartre, *Existentialism And Humanism*, Eyre Methuen LTD, 1978, p. 34.

成自己的运动"[①]。

马克思继承了康德的这一思想,所以他的自由观首先需要从本体论的意义上得到澄清,即人们首先是作为具有自由意志的行动者生存在世界上,然后才根据其生存意向去认识什么的。马克思写道:"作为纯粹观念,平等和自由仅仅是交换价值的交换的一种理想化的表现;作为在法律的、政治的、社会的关系上发展了的东西,平等和自由不过是另一次方的这种基础而已。"[②]这段重要的论述表明,马克思是以经济哲学为切入点来揭示自由概念的本体论内涵的,而且从一开始,他就把自由概念与时间概念紧密地联系在一起,把时间理解为自由得以现实地展开的地平线。

马克思写道:"时间实际上是人的积极存在,它不仅是人的生命的尺度,而且是人的发展的空间。"[③]这就是说,从本体论上看,时间是人的自由得以实现的必要条件。如果人们除了必要的睡眠时间外都在从事谋生的活动,那么他们是不可能有什么自由的。因而人的自由或"人的积极存在"正是以人实际上可以自由支配的时间为基础的。马克思进而发挥道:"从整个社会来说,创造可以自由支配的时间,也就是创造产生科学、艺术等等的时间。"[④]

那么,这样的时间条件又是如何形成起来的呢?马克思的回答是:"一般说来,雇佣劳动只有在生产力已经很发展,能够把相当数量的时间游离出来的时候,才会出现;这种游离在这里已经是一种历史的产物。"[⑤]事实上,正是资本主义的生产方式"能够把相当数量的时间游离出来",这就为一部分人占有另一部分人的时间,换言之,为一部分人剥夺另一部分人的自由创造了条件。正是在这个意义上,马克思说,"现今财富的基础是盗窃他人的劳动时间"[⑥]。一方面,资本家通过工人的剩余劳动时间所创造的

---

① I. Kant, *Kritik der praktischen Vernunft*, Suhrkamp Verlag 1989, S. 222.

② 《马克思恩格斯全集》第46卷上,人民出版社1979年版,第197页。

③ 《马克思恩格斯全集》第47卷,人民出版社1979年版,第532页。

④ 《马克思恩格斯全集》第46卷上,人民出版社1979年版,第381页。在马克思看来,人类的科学、艺术和其他公共生活的发展都是在社会的自由时间中展开的,而"社会的自由时间是以通过强制劳动吸收工人的劳动为基础的,这样,工人就丧失了精神发展所必需的空间,因为时间就是这种空间"。参阅《马克思恩格斯全集》第47卷,人民出版社1979年版,第344页。

⑤ 《马克思恩格斯全集》第46卷下,人民出版社1980年版,第147页。

⑥ 《马克思恩格斯全集》第46卷下,人民出版社1980年版,第218页。

价值来积累自己的资本和财富；另一方面，他们又通过对工人的剩余劳动时间的盗窃来剥夺工人的自由。

毋庸讳言，马克思哲学作为革命的哲学，它首先要争取的正是工人的时间和自由。所以，马克思在《资本论》中写道："在这个必然王国的彼岸，作为目的本身的人类能力的发展，真正的自由王国，就开始了。但是，这个自由王国只有建立在必然王国的基础上，才能繁荣起来。工作日的缩短是根本条件。"①马克思这里说的"工作日的缩短"也就是工人劳动时间的缩短。在马克思看来，这正是工人走向自由的"根本条件"。因为"节约劳动时间等于增加自由时间，即增加使个人得到充分发展的时间……"②由此可见，在马克思哲学中，自由与时间是不可分离地联系在一起的。

马尔库塞对马克思的时间和自由理论有深刻的体认。他把现代人的日常生活时间分为两个部分：一是"劳动时间"（Arbeitszeit），即现代人为了生活必需付出的时间；二是"自由时间"（Freizeit），即现代人在工作之余可以自由地加以支配的闲暇时间，并写道："自由的第一个前提就是缩短劳动时间，使得纯粹的劳动时间量不再阻止人类的发展。"③这段话表明，马尔库塞不仅领悟了马克思在阐述其经济学理论时提出的时间学说的哲学意义，而且理解了马克思的自由学说与时间学说之间的内在联系。通过对现代资本主义社会中越来越扩大化的自动化现象的分析，马尔库塞认为，自动化有可能把作为现存文明基础的自由时间与劳动时间的关系颠倒过来，即有可能使劳动时间降到最低限度，而使自由时间成为主导性的时间，其结果将是对各种价值做彻底的重估。他这样写道："在摆脱了统治的要求之后，劳动时间和劳动能量在量上的减少将使人的生存发生质的变化：决定人的生存内容的，不是劳动时间，而是自由时间。"④尽管马尔库塞谴责了现代文明社会中充斥着的种种异化的现象（这种现象甚至体现在对人的

---

① 《马克思恩格斯全集》第 25 卷，人民出版社 1975 年版，第 926 ~ 927 页。

② 《马克思恩格斯全集》第 46 卷下，人民出版社 1980 年版，第 225 页。

③ H. Marcuse, *Triebstrukur und Gesellschaft*, Frankfurt A. M., Suhrkamp Verlag, 1970, S. 152.

④ H. Marcuse, *Triebstrukur und Gesellschaft*, Frankfurt A. M., Suhrkamp Verlag, 1970, S. 218. 实际上，马尔库塞在这里阐述的也正是马克思的思想。马克思讲到未来社会时说："那时，财富的尺度决不再是劳动时间，而是可以自由支配的时间。"参阅《马克思恩格斯全集》第 46 卷下，人民出版社 1980 年版，第 222 页。

自由时间的操纵之中)，但他仍然认为，科学技术的发展和劳动时间的缩短为现代人获得更多的自由准备了客观的条件。从上面的论述可以看出，马克思自由观的真谛必须通过本体论的途径才能得以揭示。

综上所述，我们通过“物”、“价值”、“时间”和“自由”这四个核心概念，大致勾勒出重建马克思哲学体系的新的途径。当然，马克思哲学体系的重建是一件错综复杂的事，还有许多理论问题有待于探索和解决，我们恳切地希望学界同仁不吝赐教。

自然辩证法，还是社会历史辩证法

众所周知，马克思的辩证法思想长期以来一直是理论界关注的重大问题，但对这一问题的探索却总是深入不下去，其中一个重要的原因是人们对马克思辩证法的实质缺乏明确的认识，之所以造成这样的结果，又与人们对“自然辩证法”理论所采取的非批判的态度有着密切的联系。事实上，只有先行地认识“自然辩证法”本身的理论失误，才能准确地理解并阐发马克思的辩证法思想。

一、自然辩证法的抽象性

在正统的阐释者们的视野里，马克思哲学被区分为辩证唯物主义和历史唯物主义，它们被分别用来研究自然界和社会历史。作为方法论，辩证法和认识论一样，是归属于辩证唯物主义的。不管正统的阐释者们把他们所理解的马克思的辩证法称之为“唯物辩证法”，还是“自然辩证法”，其结果都是一样的，即把辩证唯物主义所研究的自然界作为辩证法的载体来考虑。简言之，在他们的理论视域中，马克思的辩证法实质上就是自然辩证法。特别是恩格斯的《自然辩证法》的出版以及他在手稿中对“自然辩证法”这一概念的运用似乎都表明,把马克思哲学的方法论理解为自然辩证法具有天然的合法性。然而,我们发现,这一与历史唯物主义分离并被安顿在辩证唯物主义范围内的自然辩证法,从一开始起就是抽象的,因为作为辩证法载体的自然界是与社会历史相分离的。这种抽象的自然观主要表现在以下两个方面。

第一,主张撇开人的目的活动,即实践活动对自然的影响,只考察自然自身的运动。当恩格斯在《自然辩证法》的“导言”中谈到17世纪和18世纪的哲学家时,指出:“它——从斯宾诺莎一直到伟大的法国唯物主义者——坚持从世界本身说明世界,而把细节方面的证明留给未来的自然科学。”[①]在这里,“坚持从世界本身说明世界”也就是肯定自然是自我运动的。显然,肯定这一点对于自然科学的研究摆脱宗教世界观的影响来说是有积极意义的,但它同时也蕴含着一个消极的、危险的倾向,即把自然与人的一切目的性活动分离开来。那么,上述观念是否仅仅是斯宾诺莎和法国唯物主义者的观念呢?我们的回答是否定的。实际上,恩格斯本人也坚持了同样的观念,他自己告诉我们:“唯物主义的自然观不过是对自然界本来面目的朴素的了解,不附加以任何外来的成分,所以它在希腊哲学家中间从一开始就是不言而喻的东西。”[②]显然,在恩格斯看来,马克思的自然观不同于以前的唯物主义自然观的地方仅仅在于它批判地吸收了黑格尔辩证法的成果,自觉地强调了自然界自身的辩证运动。在《路德维希·费尔巴哈和德国古典哲学的终结》一书中,恩格斯也强调,在考察自然时,应该把“人对自然界的反作用撇开不谈”[③]。这段话表明,恩格斯的自然观与斯宾诺莎及法国唯物主义者的自然观在“坚持从世界本身说明世界”这一点上是完全一致的。

但在马克思看来,这种撇开人的目的性活动而受到考察的自然只能是抽象的自然。在《1844年经济学哲学手稿》中,马克思把黑格尔从逻辑学中外化出来的自然界称之为“抽象的自然界”,并一针见血地指出:“被抽

---

① 恩格斯:《自然辩证法》,人民出版社1971年版,第11页。
② 恩格斯:《自然辩证法》,人民出版社1971年版,第177页。
③ 《马克思恩格斯选集》第4卷,人民出版社1995年版,第247页。

象地、孤立地理解的、被固定为与人分离的自然界,对人说来也是无。"①在马克思看来,哲学所要探讨的不是抽象的自然,而是现实的自然,而现实的自然是与人的目的活动交融在一起的。有人也许会提出这样的疑问:马克思不也肯定自然界的"先在性",即在人类诞生之前自然界就已存在了吗?② 确实,马克思不但承认自然界是先于人类而存在的,而且还强调,如果人类在今天突然毁灭了,自然界的这种先在性仍然会保持下去。但马克思在批判费尔巴哈的"抽象的自然观"时已经指出:"这种先于人类历史而存在的自然界,不是费尔巴哈在其中生活的那个自然界,也不是那个除去澳洲新出现的一些珊瑚岛以外今天在任何地方都不存在的、因而对于费尔巴哈说来也是不存在的自然界。"③按照马克思的看法,他和费尔巴哈正在谈论的那个自然界,既不是人类诞生之前的自然界,也不是初民时期的自然界,而是在相当程度上已被人化的、现实的自然界。

撇开这个现实的自然界,去侈谈人类诞生以前的自然界,是没有意义的。即使是马克思对自然界的"先在性"的认定,也是以人类的一定的目的活动为前提的。因为人类并不是刚诞生的时候就有能力发现自然界的"先在性"的,事实上,只有当人类的发展达到一定的社会历史阶段后,才可能通过科学实验活动(如同位素的衰变),大致推算出地球的年龄和人类诞生的时间。由此可见,就连人类诞生前的自然界也是在后来人类改造自然界的目的性活动的基础上被发现出来的。与恩格斯不同,马克思自然

① 《马克思恩格斯全集》第42卷,人民出版社1979年版,第178页。

② 在列宁看来,自然界的先在性问题对唯心主义者说来,是"特别毒辣的"。然而,列宁忘记了,"唯物主义"或"唯心主义"这样的用语是在认识论的语境中给出的,因为没有人及人的思维活动的存在,上述两个用语都是没有意义的。也就是说,只要人们一进入认识论的语境,作为认识者和思维者的人总是已经存在着了。所以,在这样的语境中去设想一个未被人的认识或思维"污染"过的自然界是矛盾的,也是没有任何意义的。

③ 《马克思恩格斯全集》第3卷,人民出版社1960年版,第50页。这段话引自马克思和恩格斯合著的《德意志意识形态》一书。正如奥古斯特·科尔纽指出的:"在这部著作中,要明确指出哪一部分思想出于马克思,哪一部分思想出于恩格斯,那是困难的。"(参阅科尔纽:《马克思恩格斯传》第3卷,三联书店1980年版,第203页。)我们认为,在形式上作出这种区分确实是很困难的,但在内容上进行区分却是可能的。在把《德意志意识形态》与马克思和恩格斯的其他著作做了比较研究以后,我们认定,至少该书的第1卷第一章中的基本思想是属于马克思的。所以我们在这里和下面引证这一章中的观点时,都把他们理解为是马克思的观点。显然,这些观点和恩格斯晚期著作,如《自然辩证法》、《路德维希·费尔巴哈和德国古典哲学的终结》等比较起来,存在着差异。当然,我们在这里并不打算全面地探讨这些差异,而只注重对自然观上的差异作出必要的说明。

观的出发点不是排除人的目的活动的抽象的自然界，而是被人的目的性活动中介过的"人化的自然界"。

第二，主张自然科学与人类生活、自然科学与人的科学是相互分离的。尽管晚年恩格斯对自然科学有很多研究，也充分肯定了自然科学的发现，尤其是其划时代的发现对唯物主义哲学发展的巨大推动作用。但他所赞同的"纯粹自然科学的唯物主义"却蕴含着使自然科学与人类的社会生活分离的倾向。在《路德维希·费尔巴哈和德国古典哲学的终结》中，恩格斯这样写道："费尔巴哈说得完全正确：纯粹自然科学的唯物主义虽然'是人类知识的大厦的基础，但是，不是大厦本身'。因为，我们不仅生活在自然界中，而且生活在人类社会中，人类社会同自然界一样也有自己的发展史和自己的科学。"①这段话包含着以下两层意思：其一，恩格斯同意费尔巴哈的观点，认为纯粹自然科学的唯物主义是全部自然科学和社会科学知识的基础；其二，正像自然界有自己的科学和发展史一样，人类社会也有自己的科学和发展史，但恩格斯在这里只注意到这两类科学之间的差异，而不是它们之间的内在联系。何况，他也忘了，费尔巴哈的"纯粹自然科学的唯物主义"正是与社会历史相分离的、抽象的自然科学的唯物主义。

正如马克思早已指出过的："那种排除历史过程的、抽象的自然科学的唯物主义的缺点，每当它的代表越出自己的专业范围时，就在它们的抽象的和唯心主义的观念中立刻显露出来。"②其实，早在《1844 年经济学哲学手稿》中，马克思已经告诉我们："至于说生活有它的一种基础，科学有它的另一种基础——这根本就是谎言。"③每一个不存偏见的人都会发现，自然科学已通过工业日益在实践上进入人的生活，改造人的生活，并为人的解放作准备。而工业作为人的本质力量的打开了的书本，是自然界同人之间，因而也是自然科学同人的科学之间的现实的、历史的关系。所以，马克思指出："自然科学将失去它的抽象物质的或者不如说是唯心主义的方向，并且将成为人的科学的基础，正像它现在已经——尽管以异化的形式——

① 《马克思恩格斯选集》第 4 卷，人民出版社 1995 年版，第 230 页。
② 《资本论》第 1 卷，人民出版社 1975 年版，第 410 页注（89）。
③ 《马克思恩格斯全集》第 42 卷，人民出版社 1979 年版，第 130 页。

成了真正人的生活的基础一样。"[①]马克思还从自然科学与人的社会生活的内在统一出发，提出了如下的预言："自然科学往后将包括关于人的科学，正像关于人的科学包括自然科学一样：这将是一门科学。"[②]在《德意志意识形态》中，马克思进一步批判了德国哲学家关于"纯粹的自然科学"的神话，指出自然科学也只是由于商业和工业的发展、由于人们的感性活动才获得材料并达到自己的目的的。事实上，如果撇开人类的社会生活和需求，自然科学的发展也就失去了自己的原动力。

从上面的论述可以看出，当正统的阐释者们把马克思的辩证法理解为自然辩证法的时候，当自然辩证法以自我运动着的、与人的实践活动相分离的抽象的自然界作为自己载体的时候，这种辩证法本身也是抽象的，是完全不符合马克思的本意的。

二、对自然辩证法载体的反思

读者也许会问，马克思究竟是如何看待辩证法的呢？我们认为，这里的关键仍然在于如何确定辩证法的载体。与恩格斯和其他正统的阐释者们不同的是，马克思并不赞成以自我运动着的、与人的实践活动相分离的、抽象的自然作为辩证法的载体。也就是说，马克思并不赞成"自然辩证法"这样的提法。

事实上，"自然辩证法"的概念最早也不是由恩格斯，而是由杜林最先提出来的。众所周知，杜林在1865年出版了《自然辩证法：科学和哲学的新的逻辑基础》一书。正是在该书中，杜林率先提出了"自然辩证法"的概念。在1868年1月11日致恩格斯的信中，马克思曾以嘲讽的口吻提到："在博物馆里，我只翻了翻目录，就这样我也发现杜林是一个伟大的哲学家。譬如，他写了一本《自然辩证法》来反对黑格尔的'非自然'辩证法……德国的先生们（反动的神学家们除外）认为，黑格尔的辩证法是条'死狗'。就这方面说，费尔巴哈是颇为问心有愧的。"[③]这段话表明，马克思并不赞成杜林用所谓"自然辩证法"来反对黑格尔的辩证法。在马克思

① 《马克思恩格斯全集》第42卷，人民出版社1979年版，第130页。
② 《马克思恩格斯全集》第42卷，人民出版社1979年版，第130页。
③ 《马克思恩格斯全集》第32卷，人民出版社1975年版，第18页。

看来，杜林的这种做法迎合了当时德国学术界把黑格尔的辩证法看做“死狗”的浅薄的时尚，而造成这一时尚的根源之一是费尔巴哈在批判黑格尔的哲学思想时轻易地抛弃了他的辩证法。从这段话中也可以看出，尽管马克思没有对杜林的自然辩证法进行批判，但他是不赞成这种辩证法的。在1868年3月6日致路德维希·库格曼的信中，马克思再度提到了杜林和他的著作：“我现在能够理解杜林先生的评论中的那种异常困窘的语调了。一般说来，这是一个极为傲慢无礼的家伙，他俨然以政治经济学中的革命者自居。他做了一件具有两重性的事情，首先，他出版过一本（以凯里的观点为出发点）《国民经济学说批判基础》（约五百页），和一本新《自然辩证法》（反对黑格尔辩证法的）。我的书（《资本论》第一卷，编者注）在这两方面都把他埋葬了。他是由于憎恨罗雪尔等等才来评论我的书的。此外，他在进行欺骗，这一半是出于本意，一半是由于无知。他十分清楚地知道，我的叙述方法和黑格尔的不同，因为我是唯物主义者，黑格尔是唯心主义者。黑格尔的辩证法是一切辩证法的基本形式，但是，只有在剥去它的神秘的形式之后才是这样，而这恰好是我的方法的特点。至于说到李嘉图，那么使杜林先生感到伤心的，正是在我的论述中没有凯里以及他以前的成百人曾用来反对李嘉图的那些弱点。因此，他恶意地试图把李嘉图的局限性加到我的身上。但是，我不在乎这些。我应当感谢这个人，因为他毕竟是谈论我的书的第一个专家。”①

我们之所以把这一长段论述全部加以引证，因为它在内容上具有连贯性，是不可割裂的。在这段论述中，马克思阐明了以下五层意思：第一，就杜林是谈论《资本论》第一卷的第一位专家而言，应当感谢他；就其著作的语调而言，他是个傲慢无礼的家伙；就其见解而言，又是充满错误的。第二，如果说，杜林的自然辩证法以反对黑格尔的辩证法作为自己的出发点，那么，他的经济学思想则是以凯里的庸俗经济学为出发点的。第三，杜林的自然辩证法的宗旨是反对黑格尔辩证法。第四，马克思的辩证法就其基本立场而言，与黑格尔完全不同，但杜林试图把它们混淆起来。第五，杜林竭力抹杀马克思与李嘉图在经济思想上的根本差异。

---

① 《马克思恩格斯全集》第32卷，人民出版社1975年版，第525～526页。

现在的问题是，既然"自然辩证法"的概念是由杜林最先提出来的，而且他提出这个新概念的意图是反对黑格尔的辩证法，而马克思对他的《自然辩证法》一书又进行了无情的批判，那么为什么恩格斯仍然把自己生前未完成的、关于自然科学研究方面的手稿命名为"自然辩证法"呢？恩格斯和杜林的"自然辩证法"概念除了内容上的根本差别（这些差别在《反杜林论》一书中得到了明晰的说明）外，是否还存在着表述上的差异呢？所有这些问题都是我们必须弄清楚的。

在 1873 年 5 月 30 日致马克思的信中，恩格斯曾经写道："今天早晨躺在床上，我脑子里出现了下面这些关于自然科学的辩证思想。"[①]在这封信中，恩格斯谈到了物理学和各种运动的形式、化学和有机体等问题。同年，恩格斯在"自然科学的辩证法"（Dialektik der Naturwissenschaft）的小标题下写下了类似的内容[②]。人们通常把这封信看做是恩格斯酝酿并写作《自然辩证法》的开端。然而，恩格斯在这里使用的是"自然科学的辩证法"的概念，而不是"自然辩证法"的概念。

我们还发现，在恩格斯于 1876 年写下的笔记中，有一个小标题是："Naturdialektik —references[Verweise]（自然辩证法——引据）"[③]。这可以说是恩格斯首次使用"自然辩证法"的概念，但我们必须注意到，这一概念在德语的表述上与杜林存在着重大的区别。在杜林那里，"自然辩证法"的德文是：NatuerlicheDialektik，其中 Natuerliche 是名词 Natur（自然）的形容词；而在恩格斯的表述方式 Naturdialektik 中，名词 Natur 直接充当形容词来修饰另一个名词 Dialektik（辩证法），从而构成了一个复合词。在另一段不知道确切写作时间的笔记里，恩格斯又写道："自然辩证法的一个很好的例子（Huebsches Stueck Naturdialektik）是：根据现代的理论，用同名电流的吸引说明同名磁的排斥。"[④]除这些笔记中的表述外，在 1882 年 11 月 23

① 《马克思恩格斯全集》第 33 卷，人民出版社 1973 年版，第 82 页。

② Friedrich Engels，*Dialektik Der Natur*，Dietz Verlag 1952，S. 264. 并参阅恩格斯：《自然辩证法》，人民出版社 1971 年版，第 226 页。

③ Friedrich Engels，*Dialektik Der Natur*，Dietz Verlag 1952，S. 325. 并参阅恩格斯：《自然辩证法》，人民出版社 1971 年版，第 278 页。

④ Friedrich Engels，*Dialektik Der Natur*，Dietz Verlag 1952，S. 511. 并参阅恩格斯：《自然辩证法》，人民出版社 1971 年版，第 268 页。

日致马克思的信中，恩格斯曾提到："现在必须尽快地结束自然辩证法(Naturdialektik)。"[①]显然，恩格斯在这里论及的"自然辩证法"是指自己正在写的那些手稿。我们注意到，恩格斯在这里使用了同样的德语复合词 Naturdialektik。毋庸讳言，恩格斯之所以创制了这个新的复合词，其用意是把自己和杜林关于"自然辩证法"的表述方式严格地区分开来。

众所周知，恩格斯对"自然辩证法"的研究从 1873 年一直延续到 1886 年。马克思于 1883 年逝世后，恩格斯倾注全力编纂、出版《资本论》的余稿，直到 1895 年逝世前仍未能完成关于"自然辩证法"方面的著作，而留下了四束亲自冠有不同标题的手稿。据中央编译局译本的说明，第三束手稿的标题是"自然辩证法"[②]。然而，由于这一译本未标明是从哪个德文本译出的，所以我们无法对此进行判断和评论。但据柏林狄茨出版社 1952 年德文版"前言"的说明，恩格斯第三束手稿的标题应为"辩证法和自然"(Dialektik und Natur)[③]。究竟哪个标题是恩格斯生前亲自写下的，只能留待新的研究资料来加以说明。但有一点是可以肯定的，至少在上面提到的手稿和书信中，恩格斯都是用 Naturdialektik 这个复合词来标识"自然辩证法"这一概念的。此外，虽然恩格斯没有给自己的手稿冠之以 Naturdialektik 为总的书名，但 1882 年 11 月 23 日致马克思信中的提法至少表明，恩格斯有过以 Naturdialektik 来指称自己这方面研究的全部手稿的意向。然而，1925 年，当恩格斯的手稿在莫斯科以德俄对照本的形式出版时，编者给全部手稿安上了《自然辩证法》的书名，但这个书名的德文表述方式却是 Dialektik der Natur，既不同于杜林的 NatuerlicheDialektik，也不同于恩格斯的 Naturdialektik。[④]

从上面的历史性考察可以看出，马克思批判过杜林的自然辩证法，因为杜林的辩证法是用来反对黑格尔的辩证法的。尽管马克思也批评过黑格尔的辩证法，但他与杜林试图否定黑格尔辩证法的做法完全不同，他主张祛除黑格尔辩证法的神秘主义形式，使之安顿在唯物主义的基础之上。

---

① 《马克思恩格斯全集》第 35 卷，人民出版社 1971 年版，第 115 页。

② 参阅恩格斯：《自然辩证法》，人民出版社 1971 年版，第 290～291 页，未注明其德文的对应表达式是什么。

③ Friedrich Engels, *Dialektik Der Natur*, Dietz Verlag 1952, S. xvii.

④ 参阅俞吾金：《论两种不同的自然辩证法概念》，载《哲学动态》2003 年第 3 期。

然而，在如何理解“唯物主义”这个基本点上，恩格斯与马克思之间存在着分歧。恩格斯是从传统唯物主义的观点出发来理解并叙述“唯物主义”这一概念的。他把承认自然第一性、精神第二性的哲学观点称之为唯物主义的，反之则是唯心主义的。但他忘记了，马克思试图建立的唯物主义与传统的唯物主义之间存在着根本性的差别。如果说，传统的唯物主义是直观的、不以人的实践活动为媒介的唯物主义，那么，马克思的唯物主义则是实践唯物主义。

众所周知，实践唯物主义是以实践作为基础和出发点的，而实践作为人的有目的的活动或主观见诸于客观的活动，是蕴含着主观意识的。也就是说，实践唯物主义并没有把精神与物质、人的目的与自然割裂开来并对立起来。实际上，这些关系统一在实践概念中。而当恩格斯主张，自我运动着的、与人的实践活动相分离的自然界是第一性时，他所说的“唯物主义”，依然是传统的唯物主义，而不是马克思的实践唯物主义。在恩格斯看来，只要去掉黑格尔辩证法的载体——“绝对精神”，代之以“自然”，黑格尔的辩证法就以唯物主义的方式得到了改造。正是在这个意义上，尽管恩格斯批判了杜林的自然辩证法，但仍然沿用了自然辩证法这个术语，只是在德语的表达方式上作出了相应的调整。

对于马克思说来，在剥掉黑格尔辩证法的载体——“绝对精神”后，应该取而代之的并不是抽象的、与人的实践活动相分离的“自然界”，而是以人类的实践活动为基础和核心的“社会历史”。也就是说，与恩格斯不同，马克思没有沿用“自然辩证法”的概念，他主张的乃是“社会历史辩证法”。在马克思看来，以人类的实践活动为基础和核心的“社会历史”才是合理的辩证法的真正的载体。

三、马克思的社会历史辩证法

我们认为，在马克思的社会历史辩证法中，包含着以下几层含义：

首先，马克思的社会历史辩证法的基础是“实践辩证法”，而“实践辩证法”的核心则是“劳动辩证法”。在《关于费尔巴哈的提纲》中，马克思告诉我们：“环境的改变和人的活动或自我改变的一致性，只能被看做是并合理地理解为革命的实践。”①实践活动总是实践主体的有目的的活动，在这一活动的过程中，自我从躯体到思想都会发生相应的变化；与此同时，实践活动也改变了环境。然而，实践活动要对环境作出有效的改变，就必须遵循环境变化的因果律。在这个意义上可以说，实践活动乃是主观目的性与客观因果性之间的辩证的统一。事实上，实践辩证法作为主观见诸于客观的辩证法，正体现在目的性与因果性的统一中。

马克思进而认为，实践活动的基本形式是劳动。在这个意义上也可以说，实践辩证法的基本形式是劳动辩证法，而作为社会存在物的现实的人正是在劳动的过程中诞生出来的，“整个所谓世界历史不外是人通过人的劳动而诞生的过程，是自然界对人说来的生成过程”②。这就是说，人的诞生与自然界对人的生成，通过人的劳动而交织在一起，构成了世界历史的发展，而在对劳动辩证法的叙述中，马克思提出了“异化劳动”的著名观点：“异化借以实现自己的手段本身就是实践的。因此，通过异化劳动，人不仅生产出他同作为异己的、敌对的力量的生产对象和生产行为的关系，而且生产出其他人同他的生产和他的产品的关系，以及他同这些人的关系。正像他把他自己的生产变成使自己失去现实性，使自己受惩罚一样，正像他丧失掉自己的产品并使它变成不属于他的产品一样，他也生产出不生产的人对生产和产品的支配。”③在马克思看来，一方面，异化劳动是私有财产的直接原因；另一方面，私有财产和私有制的形成又使异化劳动成为现代社会的普遍现实。其实，私有财产本身就是人的自我异化的具体表现。不用说，异化劳动造成了劳动者与劳动过程、劳动产品、其他劳动者乃至人的本质之间的普遍异化，甚至使劳动者失去了人性。

在马克思看来，只有共产主义能够扬弃异化，实现人性的复归，“共产主义是私有财产即人的自我异化的积极的扬弃，因而是通过人并且为了人而对人的本质的真正占有；因此，它是人向自身、向社会的（即人的）人的复归，这种复归是完全的、自觉的而且保存了以往发展的全部财富的。这种共产主义，作为完成了的自然主义，等于人道主义，而作为完成了的人道

---

① 《马克思恩格斯选集》第1卷，人民出版社1995年版，第55页。
② 《马克思恩格斯全集》第42卷，人民出版社1979年版，第131页。
③ 《马克思恩格斯全集》第42卷，人民出版社1979年版，第99～100页。

主义，等于自然主义，它是人和自然界之间、人和人之间的矛盾的真正解决，是存在和本质、对象化和自我确证、自由和必然、个体和类之间的斗争的真正解决。它是历史之谜的解答，而且知道自己就是这种解答”①。由于费尔巴哈思想的影响，尽管当时马克思的观点，其中包括共产主义的观点还是不成熟的，但以扬弃异化劳动为旨归的未来共产主义的理想已经开始形成了。实际上，马克思关于异化劳动和扬弃异化劳动的论述乃是其劳动辩证法中核心的内容。只要我们认真地阅读成熟时期马克思的文本，就会发现，关于异化和异化劳动的思考贯穿马克思的一生。当然，假如说，青年马克思的异化劳动理论还没有完全摆脱历史唯心主义的影响，那么，成熟时期的马克思已经自觉地把异化劳动的理论奠基于历史唯物主义的理论之上。然而，在正统的阐释者们看来，成熟时期的马克思似乎已经放弃了异化劳动的理论。其实，成熟时期的马克思仍然继续使用“异化”概念，并以相当的篇幅探讨了异化的日常表现形式——商品拜物教、货币拜物教和资本拜物教。总之，异化劳动及其扬弃构成了马克思劳动辩证法的核心内容，应该引起我们的高度重视。

其次，马克思的社会历史辩证法的实质是“人化自然辩证法”。事实上，只要承认“实践辩证法”，尤其是“劳动辩证法”的存在，也就必然会承认“人化自然辩证法”的存在。与恩格斯主张的“自然辩证法”不同，马克思主张的是“人化自然辩证法”。假如说，前者主张撇开人类的实践活动，考察自然自身运动，那么，后者则主张，只有以人类实践活动为媒介的“人化的自然界才是现实的自然界。在《1844 年经济学哲学手稿》中，当马克思论述到人的感觉的形成及其丰富性时，这样写道：“不仅五官感觉，而且所谓精神感觉、实践感觉（意志、爱）等等，一句话，人的感觉、感觉的人性，都只是由于它的对象的存在，由于人化的自然界才产生出来的。”②马克思这里所说的“人化的自然”是指作为人的感觉、认识和实践活动对象的自然界，即被人的精神活动和实践活动打上印记的那部分自然界。只要人类生存着、活动着，自然界就处于不断被人化的过程中。反之，也正是在自然被人化的过程中，人的感觉和需求变得越来越丰富多样。在马克思看来，

① 《马克思恩格斯全集》第 42 卷，人民出版社 1979 年版，第 120 页。
② 《马克思恩格斯全集》第 42 卷，人民出版社 1979 年版，第 126 页。

人的周围环境的改变，人化自然的形成和发展都是人的本质力量的确证。也正是在这个意义上，他把工业称做人的本质力量打开了的书本，并把通过工业的媒介而形成起来的自然称之为“人类学的自然”。马克思告诉我们：“在人类历史中，即在人类社会的产生过程中形成的自然界是人的现实的自然界；因此，通过工业——尽管以异化的形式——形成的自然界，是真正的、人类学的自然界。”①

从这些论述可以看出，马克思考察的对象始终是“人化的自然界”或“人类学的自然界”，他从不谈论与人类的实践活动和社会历史相分离的、抽象的自然界。在《德意志意识形态》的《费尔巴哈》章中，马克思在驳斥那种把自然与社会历史对立起来的错误观点时写道：“我们仅仅知道一门唯一的科学，即历史科学。历史可以从两方面来考察，可以把它划分为自然史和人类史。但这两方面是密切相联的；只要有人存在，自然史和人类史就彼此相互制约。”②总之，被马克思视为辩证法载体的自然界乃是“人化的自然界”，这表明了马克思自然观的根本特征，也表明了马克思辩证法的实质。那么，马克思的人化自然辩证法究竟包括哪些方面呢？我们认为，主要包括以下三个方面。

第一，人与自然的辩证关系。马克思认为，人与自然是不可分离地联系在一起的。一方面，人是靠自然界来生活的，离开自然界，人就失去了获得物质生活资料的可能性，从而无法生存下去。正是在这个意义上，马克思指出：“自然界，就它本身不是人的身体而言，是人的无机的身体。”③另一方面，自然界的人的本质只有对社会的人说来才是存在的。因为只有在社会中，自然界对人说来才是人与人联系的纽带，才是人的现实生活的要素。事实上，也只有在社会中，人的自然的存在对他说来才是他的人的存在，从而自然界对他说来才成为人。马克思告诉我们：“社会是人同自然界的完成了的本质的统一。”④这就启示我们，离开社会，人与自然的关系便无法索解。

---

① 《马克思恩格斯全集》第42卷，人民出版社1979年版，第128页。
② 《马克思恩格斯全集》第3卷，人民出版社1960年版，第20页。
③ 《马克思恩格斯全集》第42卷，人民出版社1979年版，第95页。
④ 《马克思恩格斯全集》第42卷，人民出版社1979年版，第122页。

在马克思看来,人作为社会存在物、作为有意识的类的存在物的基本特征是他所从事的自由自觉的活动,即劳动。人的才能正表现在他能通过劳动来改造整个自然界,并从自然界中超拔出来。在劳动中,人致力于从自然界攫取生活资料,从而塑造一个和谐的“人化的自然界”。然而,在一定的社会形态中,由于异化劳动的存在,作为人的劳动对象的自然界却开始与劳动者相分离、相对立了。马克思说:“异化劳动从人那里夺去了他的生产的对象,也就从人那里夺去了他的类生活,即他的现实的、类的对象性,把人对动物所具有的优点变成缺点,因为从人那里夺走了他的无机的身体即自然界。”[①]同时,由于劳动的自发性,人实际上成了自然界的破坏者。人与自然界的和谐让位于两者之间的尖锐对立。马克思相信,资本主义社会归根到底不能妥善地解决人与自然界之间的关系,只有在以公有制为基础的未来共产主义社会中,联合起来的生产者才有可能合理地调节人与自然界之间的物质交换,从而真正达到人与自然界的统一。

第二,人与自然界同人与人之间的辩证关系。马克思认为,人与人之间的直接的、自然的、必然的关系是男女之间的关系:“在这种自然的、类的关系中,人同自然界的关系直接就是人和人之间的关系,而人和人之间的关系直接就是人同自然界的关系,就是他自己的自然的规定。”[②]如果说,在现代文明社会内,男女之间的关系具有深刻的、丰富的社会文化内涵,那么,在史前人类社会中,这种关系则主要表现为一种自然的、直接的关系。在原始的社会形态中,自然是作为一种完全异己的、有无限威力的力量与人们相对抗的,人们同它的关系完全像动物同它的关系一样,人对自然界的意识也是一种纯粹动物般的意识,即自然宗教。人与自然界之间的这种狭隘关系是与极度不发展的、以直接的血缘关系为纽带的人与人之间的关系互为因果的:“人们对自然界的狭隘的关系制约着他们之间的狭隘的关系,而他们之间的狭隘关系又制约着他们对自然界的狭隘的关系。”[③]这样,我们就会明白,无休止地抓住自然界的“先在性”问题,把自然界描述为脱离我们而存在的实体,并没有理解马克思自然观的实质。这种被马克

① 《马克思恩格斯全集》第 42 卷,人民出版社 1979 年版,第 97 页。
② 《马克思恩格斯全集》第 42 卷,人民出版社 1979 年版,第 119 页。
③ 《马克思恩格斯全集》第 3 卷,人民出版社 1960 年版,第 35 页。

思批评为“抽象物质的或者不如说是唯心主义的方向”恰恰表现为自然宗教的残余,表现为人类早期思想的特征。

马克思认为,随着劳动和分工的发展,人与自然同人与人之间的关系发生了重大的变化,这尤其体现在以工业革命为先导的西方资本主义社会中。一方面,人越是成功地改造自然界,人与人之间在劳动中的分工和协作关系就越扩大。但随着财富的积累和私有制的产生,人与人之间的对立和冲突也变得越来越尖锐。马克思在分析异化劳动时指出:“人同自己的劳动产品、自己的生命活动、自己的类本质相异化这一事实所造成的直接结果就是人同人相异化。当人同自身相对立的时候,他也同他人相对立。”①另一方面,在资本主义的雇佣劳动制度下,当人作为自由劳动者出现时,当人与人之间的分工协作关系获得巨大发展时,人对自然的改造和利用也达到了前所未有的程度,“与这个社会阶段相比,以前的一切社会阶段都只表现为人类的地方性发展和对自然的崇拜。只有在资本主义制度下自然界才不过是人的对象,不过是有用物”②。当自然界从被崇拜、被神化的对象降低为“有用物”之后,人与自然界之间的关系也被倒转过来了。与这一变化同步的是,人也开始肆意地破坏自然界,从而给自己的生存带来严重的危机。按照马克思的看法,要使人与自然界同人与人之间的关系获得根本性的解决,就必须扬弃异化劳动,扬弃私有制,实现共产主义。

第三,自然科学与人的科学之间的辩证关系。在《1844 年经济学哲学手稿》中,马克思反复重申,人是社会存在物,甚至当人在从事很少同别人直接交往的科学活动时,这种活动也是以社会生活作为基础的。不仅研究科学的人所需要的材料,而且他进行思考的语言,都是社会给予的。在马克思看来,被康德称之为“纯粹的”自然科学的东西,不过是由于工业和商业的发展,由于人们的感性活动才获得材料,达到自己的目的。此外,自然科学也不是消极地置身于社会生活之外的东西,它反过来通过工业日益从实践上进入人的社会生活,改造人的社会生活。正如马克思所说的:“工业是自然界同人之间,因而也是自然科学同人之间的现实的历史的关系。”③

---

① 《马克思恩格斯全集》第 42 卷,人民出版社 1979 年版,第 97 ~ 98 页。

② 《马克思恩格斯全集》第 46 卷上,人民出版社 1979 年版,第 393 页。

③ 《马克思恩格斯全集》第 42 卷,人民出版社 1979 年版,第 128 页。

马克思进而主张自然科学今后将包括人的科学,正像人的科学包括自然科学一样。也就是说,它们将成为一门科学。在《德意志意识形态》中,马克思又把自然史和人类史看做是历史科学的两个侧面,并强调它们是彼此相互制约的。

在《资本论》中,马克思再度重申:“那种排除历史过程的、抽象的自然科学的唯物主义的缺点,每当它的代表越出自己的专业范围时,就在他们的抽象的和唯心主义的观念中立刻显露出来。”[①]这就启示我们,不管是自然科学,还是人的科学,归根到底都是人的存在方式。尽管它们在对象、材料和研究方法上都存在着差异,但最终都辩证地统一在人的社会生活中。在当代哲学的发展中,人文主义思潮和科学主义思潮在人类学、诠释学、交往理论、新托马斯主义等思潮中的不断融合,一再证明马克思的上述预见是多么深刻[②]。

再次,马克思的社会历史辩证法也蕴含着一个“社会形态发展辩证法”。在《1857—1858 年经济学手稿》中,马克思提出了著名的“三大社会形态”理论:“人的依赖关系(起初完全是自然发生的),是最初的社会形态,在这种形态下,人的生产能力只是在狭窄的范围内和孤立的地点上发展着。以物的依赖性为基础的人的独立性,是第二大形态,在这种形态下,才形成普遍的社会物质变换,全面的关系,多方面的需求以及全面的能力体系。建立在个人全面发展和他们共同的社会生产能力成为他们的社会财富这一基础上的自由个性,是第三阶段。第二个阶段为第三个阶段创造条件。”[③]马克思的“三大社会形态”理论是围绕着人与物之间的辩证关系而展开的。在第一大社会形态中,物处于极度匮乏的状态下,人与人之间处于自然的、地区性的依赖关系中;在第二大形态中,物的重要性充分展示,以至于人的独立性建基于对物的依赖之上,从而为个人的全面发展创造了条件,但人与人之间仍然处于异化的状态下;在第三大形态中,物的丰富性达到了“按需分配”的程度,人与人之间的异化关系被扬弃,个人获得了充分的自由和全面发展的可能性。在马克思的“社会形态发展辩证法”

---

① 《资本论》第 1 卷,人民出版社 1975 年版,第 410 页注(89)。

② 参阅俞吾金:《马克思的人化自然辩证法》,载《学术月刊》1992 年第 12 期。

③ 《马克思恩格斯全集》第 46 卷上,人民出版社 1979 年版,第 104 页。

中,以下三点值得我们重视。

第一,在人类社会的发展和社会形态的变更中,尽管普遍异化的现象在道德评价上受到了谴责,但从历史评价的角度来看,其作用又是积极的。马克思写道:“全面发展的个人——他们的社会关系作为他们自己的共同的关系,也是服从于他们自己共同的控制的——不是自然的产物,而是历史的产物。要使这种个性成为可能,能力的发展就要达到一定的程度和全面性,这正是以建立在交换价值基础上的生产为前提的,这种生产才在产生出个人同自己和同别人的普遍异化的同时,也产生出个人关系和个人能力的普遍性和全面性。在发展的早期阶段,单个人显得比较全面,那正是因为他还没有造成自己丰富的关系,并且还没有使这种关系作为独立于他自身之外的社会权力和社会关系同他自己相对立。留恋那种原始的丰富,是可笑的,相信必须停留在那种完全空虚之中,也是可笑的。”①显而易见,在马克思看来,没有商品经济和普遍异化的存在,个人社会关系的丰富性和能力的全面发展都是不可能的。在这个意义上,异化本身就显现出人类社会发展和社会形态变更的辩证性。一方面,普遍存在的异化现象使人与人之间的关系变得疏远,事实上,异化(alination)这个词本身就有“疏远”的意思;另一方面,异化又为个人的全面发展奠定了基础。这就启示我们,异化也是马克思“社会形态发展的辩证法”中的核心内容。

第二,人类社会的发展和社会形态的变更是服从马克思的历史唯物主义理论所揭示的发展规律的。作为实践主体的人类必须遵循这一规律,必然清醒地意识到自己的主体作用的限度。在《〈政治经济学批判〉序言》中,马克思告诉我们:“无论哪一个社会形态,在它所能容纳的全部生产力发挥出来以前,是决不会灭亡的;而新的更高的生产关系,在它的物质存在条件在旧社会的胎胞里成熟以前,是决不会出现的。所以人类始终只提出自己能够解决的任务,因为只要仔细考察就会发现,任务本身,只有在解决它的物质条件已经存在或者至少是在生成过程中的时候,才会产生。”②这段话之所以特别重要,因为它彻底地结束了唯心主义的历史观在解释人类社会演化中的错误观念,即历史的变化完全是由伟大人物的主观意志或偶

---

① 《马克思恩格斯全集》第46卷上,人民出版社1979年版,第108~109页。

② 《马克思恩格斯选集》第2卷,人民出版社1995年版,第33页。

然事件所决定的。在马克思看来，无论是人类社会的变化，还是社会形态的更替，都是有客观规律可循的。任何一个社会形态，在它所能容纳的全部生产力发挥出来之前，它是决不会轻易灭亡的。无疑地，马克思的这一极其重要的研究结论也划定了人类主体性发挥作用的范围。也正是在这个意义上，马克思反复告诫我们："在以交换价值为基础的资产阶级社会内部，产生出一些交往关系和生产关系，它们同时又是炸毁这个社会的地雷。(有大量对立的社会统一形式，这些形式的对立性质决不是通过平静的形态变化就能炸毁的。另一方面，没有发现隐蔽地存在着无阶级社会所必需的物质生产条件和与之相适应的交往关系，那么一切炸毁的尝试都是唐·吉诃德的荒唐行为。)"①显然，马克思的上述见解为无产阶级的政治革命和社会革命指出了明确的方向，也在哲学上为哲学家们最喜欢谈论的"主体性"或"能动性"的社会历史含义划定了明确的界限。这也表明，传统的哲学家们，甚至包括笛卡儿、康德这样伟大的哲学家在内，撇开人作为社会存在物的历史限度来讨论主体性的问题是多么肤浅！

第三，在人类社会的发展和社会形态的变更中，东方社会有其特殊的发展规律，决不应该把西欧社会演化的规律轻易地套用到东方社会上去。众所周知，在分析东方社会的演化态势时，马克思坚决反对把仅仅适合于西欧社会的发展规律作为先验图式套用到东方社会上去，而是从对东方社会的具体情况的分析出发，引申出相应的结论。

马克思给俄罗斯学者维·伊·查苏利奇的复信草稿就是经典性的例子。在《复信草稿——初稿》中，马克思分析了当时俄国农村公社的特殊环境，指出："和控制着世界市场的西方生产同时存在，使俄国可以不通过资本主义制度的卡夫丁峡谷，而把资本主义制度的一切肯定的成就用到公社中来。"②然而，马克思同时也对俄国农村公社中正在不断地生长着的私有化的因素表示深切的担忧。在《复信草稿——二稿》中，马克思没有再提到"跨过卡夫丁峡谷"的比喻，而是写道："威胁着俄国公社生命的不是历史的必然性，不是理论，而是国家的压迫，以及渗入公社内部的、也是由

① 《马克思恩格斯全集》第46卷上，人民出版社1979年版，第106页。
② 《马克思恩格斯全集》第19卷，人民出版社1963年版，第435～436页。

国家靠牺牲农民培养起来的资本家的剥削。”[①]在《复信草稿——三稿》中，马克思既充分地分析了俄国农村公社“使自己毁灭的因素”，又重提“跨过卡夫丁峡谷”的比喻，为俄国农村公社将来“可能的发展”指明了方向：“在整个欧洲，只有它是一个巨大的帝国内农村生活中占统治地位的组织形式。土地公有制赋予它以集体占有的自然基础，而它的历史环境（资本主义生产和它同时存在）又给予它以实现大规模组织起来的合作劳动的现成物质条件。因此，它可以不通过资本主义制度的卡夫丁峡谷，而吸取资本主义制度所取得的一切肯定成果……如果它在现在的形式下事先被引导到正常状态，那它就能直接变成现代社会所趋向的那种经济体系的出发点，不必自杀就能获得新的生命。”[②]当然，马克思也知道，“跨过卡夫丁峡谷”，即越过资本主义发展的整个社会形态，并非易事。事实上，马克思在这里谈论的只是俄国农村公社“可能的发展”趋势，而这一趋势又是受制于相应的种种历史条件的。只要它没有受到自觉的“引导”，只要相应的历史条件没有具备，俄国的农村公社就会毁灭。当今俄国社会的发展也已表明，它的农村公社已经普遍地被瓦解了，“跨过卡夫丁峡谷”已经成了永恒的幻想。然而，马克思当时对其“可能的发展”的历史意义的解析仍然是富于启迪作用的。

通过对马克思的社会历史辩证法的三个层面的解析，我们更加确信，马克思从来不赞成把自我运动着的、与人的实践活动无涉的、抽象的自然作为辩证法的载体，要言之，从来不赞成“自然辩证法”这样的提法。在马克思的历史唯物主义的理论看来，辩证法只关系到“人”这个社会存在物的全部活动，因而现实地存在着的只能是“社会历史辩证法”，而不是“自然辩证法”。也就是说，以人的实践活动，尤其是生产劳动为基础的社会历史才是马克思辩证法的真正载体。

---

① 《马克思恩格斯全集》第 19 卷，人民出版社 1963 年版，第 446 页。
② 《马克思恩格斯全集》第 19 卷，人民出版社 1963 年版，第 451 页。

资本诠释学

马克思不仅是现代社会批判的开启者,而且也因其批判的深刻性和超前性著称于世。然而,在正统的阐释者们那里,马克思这方面的卓越贡献却被掩蔽起来了,其中的一个原因是,他们试图把马克思思想分解为哲学、政治经济学和科学社会主义三大部分,并分别对它们进行研究。不幸的是,他们完全忽视了马克思哲学的特殊性。我们认为,马克思哲学与传统哲学之间的一个重大的差别在于,马克思哲学乃是一种经济哲学。也就是说,必须把哲学和政治经济学贯通起来,才可能真正进入马克思哲学的视阈。其实,在马克思那里,这种"贯通"不仅体现在《1844 年经济学哲学手稿》、《哲学的贫困》等文本中,也体现在通常被正统的阐释者们视为单纯经济学文献的《1857—1858 年经济学手稿》、《资本论》等著作中。

一进入马克思哲学的视域,立即就会发现一个有趣的现象:马克思在 1858 年 11 月—1859 年 1 月完成了书名为"《政治经济学批判》(第一册)"的著作,而第一册的标题则是"资本"。然而,耐人寻味的是,他没有按照原来的设想写出第二册、第三册等,而是在 1867 年出版了书名为"《资本论》(第一卷)"的著作,却把"政治经济学批判"这个短语调整为全书的副标题。在这里,发人深省的是,为什么马克思要把“资本”这一概念提升为他一生中最重要著作的书名,而把“政治经济学批判”这一短语从书名下降到副标题的位置上?这是因为,随着研究活动的深入,马克思发现,无论是对政治经济学的批判,还是对现代社会的考察,都会不约而同地聚焦在“资本”这个现代社会的内在灵魂和核心原则上。换言之,资本乃是解开现代社会秘密的一把钥匙。

显而易见,当马克思把资本理解为考察、批判现代社会的出发点和核心原则时,他实际上倡导了一种可以称之为“资本诠释学”(die Hermeneutik des Kapitals)的重要理论。尽管马克思在一生中只有一次使用过 Hermeneutik(诠释学)这个词,而且也不是在严格的学术意义上加以使用的①,但无可怀疑的是,在他的思想中,蕴含着一种独特的理解和诠释理论。按照我们的看法,资本诠释学奠基于历史唯物主义立场,它把资本理解为现代社会一切现象的起因、动力和内在灵魂。下面,我们从四个不同的方面着手对它进行探讨。

一、资本与形而上学

众所周知,海德格尔在《哲学的终结和思的任务》(1964)中留下了一段令人深思的话:“形而上学就是柏拉图主义。尼采把他自己的哲学标示为颠倒了的柏拉图主义。随着这一已经由卡尔·马克思完成了的对形而上学的颠倒,哲学达到了最极端的可能性。”②不用说,这段话的含义是极为丰富的。

尽管“形而上学”(metaphysics)这一概念是古代学者安德罗尼柯在整理亚里士多德的文稿时创制出来的,但是,当人们回溯哲学史的时候,却常常把柏拉图主义理解为形而上学的最初的、经典性的表现形式。其实,柏

---

① 马克思于1858年1月28日致恩格斯的信中,提到拉萨尔的著作《爱非斯的晦涩哲人赫拉克利特的哲学》,写道:Bei Auslagung und Vergleichung von Stellen mag ihm die juristische Gewohnheit der Hermeneutik behuelflich gewesen sein. Sehen K. Marx und F. Engels, *Werke*, *Band* 29, Dietz Verlag 1963, S. 267. 中央编译局的译本译为:“在对某些字句进行解释和比较时,看来解释法律的习惯帮助了他。”参阅《马克思恩格斯全集》第29卷,第257页。在这里,Hermeneutik 被译为“解释”。我们认为,此句应译为:“在对字句进行解释和比较时,他求助于法学诠释学的[表述]习惯。”

② 孙周兴选编:《海德格尔选集》下,三联书店1996年版,第1244页。

拉图主义乃是关于存在者的形而上学，在柏拉图看来，理念是一切存在者的原本，因而完全可以说，柏拉图主义是"客体（即存在者）形而上学"。至于尼采对柏拉图主义的"颠倒"则具有双重含义：

一方面，在尼采以前，笛卡儿、康德等哲学家已经开创了以"我思"为核心的"主体形而上学"。不用说，尼采也认同了这一传统，而从客体形而上学翻转为主体形而上学，构成了"颠倒"的第一重含义。

另一方面，自笛卡儿以来的主体形而上学又可以细分为多种不同的类型，而其中比较重要的两种类型则是理性形而上学和意志（或欲望）形而上学。一般说来，笛卡儿、康德、黑格尔等哲学家坚持的是理性形而上学。按照这种理论，理性（认识）是第一性的，意志（或欲望）是第二性的。然而，在叔本华那里，这种理性形而上学遭到了彻底的批判。叔本华写道："从我全部的基本观点看来，这一切说法都是把实际的关系弄颠倒了。意志是第一性的，最原始的；认识只是后来附加的，是作为意志现象的工具而隶属于意志现象的。因此，每一个人都是由于他的意志而是他，而他的性格也是最原始的，因为欲求是他的本质的基地。由于后加的认识，他才在经验的过程中体会到他是什么，即是说他才认识到自己的性格。所以他是随着，按照意志的本性而认识自己的；不是如旧说那样以为他是随着，按照他的认识而有所欲求的……在旧说，人是要他所认识的[东西]；依我说，人是认识他所要的[东西]。"①叔本华的上述见解之所以特别重要，因为他以意志（或欲望）形而上学颠覆了理性形而上学，从而构成了"颠倒"的第二重含义。

当然，与叔本华比较起来，尼采以更彻底的方式颠倒了柏拉图主义，因为尽管叔本华把生命意志理解为世界的本质，但他最后认同的仍然是宗教意识对生命意志的否定。尼采早先受到叔本华的影响，后来又与他的悲观主义哲学划清界限，并以积极的"权力意志"取代了叔本华消极的"生命意志"。所以，海德格尔把尼采视为柏拉图主义的真正的颠覆者是无可厚非的。

然而，还须加以深思的是，为什么海德格尔要把马克思理解为这种始

① 叔本华：《作为意志和表象的世界》，石冲白译，商务印书馆 1982 年版，第 401 ~402 页。

于叔本华、尼采的“颠倒”行动的完成者呢？因为马克思创立的历史唯物主义理论乃是对柏拉图主义的更深刻的、也更具威慑力的颠覆。恩格斯在《马克思墓前的讲话》(1883)中曾经指出：“正像达尔文发现有机界的发展规律一样，马克思发现了人类历史的发展规律，即历来为繁芜丛杂的意识形态所掩盖着的一个简单事实：人们首先必须吃、喝、住、穿，然后才能从事政治、科学、艺术、宗教等等。”①毋庸讳言，恩格斯这里说的“吃、喝、住、穿”涉及的正是人的生存(或生命)意志。也就是说，在肯定生存意志的始源性这一点上，马克思与叔本华、尼采之间存在着某种共同点。事实上，恩格斯在1890年9月致约·布洛赫的信中关于历史的结果体现为“意志”的“合力”的比喻就是一个有力的佐证②。

按照马克思的观点，在任何社会形态中，人都是有欲望的，然而在现代社会中，人的欲望却展示出一个迄今为止最大的可能性的空间。因为正是在现代社会的经济形式中，资本获得了基础性的、核心的地位。资本不但成了人的欲望扩张的巨大助力，而且它本身就是 欲望。正如马克思所说的：“资本作为财富一般形式——货币——的代表，是力图超越自己界限的一种无止境的和无限制的欲望。”③在现代社会中，一旦人获得了巨额资本，不仅他的欲望可以无限地增长，而且它们也容易从可能性转化为现实性。正如马克思所说的：“货币的力量多大，我的力量就多大。货币的特性就是——货币持有者的特性和本质力量。”④当货币作为资本被运用时，它的魔力甚至超出了人的想象力。正因为资本成了人的欲望得以实现的点金术，而这种欲望又是没有限制的，所以资本的原始积累就表现为一部血迹斑斑的历史，正如马克思所说的：“资本来到世间，从头到脚，每个毛孔都滴着血和肮脏的东西。”⑤对于资本来说，不仅它的诞生是一部不光彩的历史，而且它的全部存在、运作、积累和扩张，无不笼罩在阴云惨雾中。马克

① 《马克思恩格斯选集》第3卷，人民出版社1995年版，第776页。

② 恩格斯写道：“历史是这样创造的：最终的结果总是从许多单个的意志的相互冲突中产生出来的，而其中每一个意志，又是由于许多特殊的生活条件，才成为它所成为的那样。这样就有无数互相交错的力量，有无数个力的平行四边形，由此就产生出一个合力，即历史结果……”参阅《马克思恩格斯选集》第4卷，人民出版社1995年版，第697页。

③ 《马克思恩格斯全集》第46卷上，人民出版社1979年版，第299页。

④ 《马克思恩格斯全集》第42卷，人民出版社1979年版，第152页。

⑤ 《资本论》第1卷，人民出版社1975年版，第829页。

思告诉我们:“作为资本家,他只是人格化的资本。他的灵魂就是资本的灵魂。而资本只有一种生活本能,这就是增殖自身,获取剩余价值,用自己的不变部分即生产资料吮吸尽可能多的剩余劳动。资本是死劳动,它像吸血鬼一样,只有吮吸活劳动才有生命,吮吸的活劳动越多,它的生命就越旺盛。”①一方面,人的欲望的扩张不断地推动资本的积累,另一方面,资本的积累又使人的欲望空间不断扩张。实际上,欲望和资本是一而二、二而一的事情。

与叔本华和尼采的思维进路不同,马克思运用经济哲学的眼光,尤其是通过《资本论》这一鸿篇巨制,揭示出传统形而上学在以资本为动力和灵魂的现代社会中的新变种——意志(或欲望)形而上学。如果说,在叔本华和尼采那里,这种形而上学还是对生活世界的一种单纯的哲学洞见,那么,在马克思那里,它同时奠基于对政治经济学的批判性的、科学的考察;如果说,叔本华、尼采满足于用意志形而上学来说明现代社会中单个人的行为方式,那么,马克思注重的则是运用这种形而上学来批判现代社会的整个现实,并暗示我们,意志(或欲望)形而上学本质上就是资本形而上学。

如前所述,马克思不但把资本理解为“一种无止境的和无限制的欲望”,同时也把它理解为独立的主体。在《共产党宣言》中,他告诉我们:“在资产阶级社会里,资本具有独立性和个性,而活动着的个人却没有独立性和个性。”②在《1857—1858 年经济学手稿》中,马克思明确地提出了“资本作为主体”③的观点。事实上,资本形而上学既是主体形而上学,又是意志(或欲望形而上学)在现代社会中的真正的谜底。或许正是在这样的意义上,海德格尔认为,马克思完成了“对形而上学的颠倒”。然而,值得注意的是,马克思对柏拉图主义颠倒的“完成”,并不像有些学者认为的,表明他已完全脱离形而上学。海德格尔在《关于人道主义的通信》中说:“绝对的形而上学连同它的由马克思与尼采的倒转一起都归属于存在的真理

① 《资本论》第 1 卷,人民出版社 1975 年版,第 260 页。
② 《马克思恩格斯选集》第 1 卷,人民出版社 1995 年版,第 287 页。
③ 《马克思恩格斯全集》第 46 卷下,人民出版社 1980 年版,第 123 页。

的历史之中。”[①]既然马克思学说也“归属于存在的真理的历史之中”，这就表明，他不但没有脱离形而上学，反而成了新的形而上学——意志（或欲望）形而上学和资本形而上学的真正的开启者和批判者。

总之，马克思的资本诠释学表明，资本不仅是现代经济学的谜底，也是主体形而上学，尤其是意志（或欲望）形而上学的谜底。换言之，只有当人们认识到，正是资本形而上学主宰着现代社会的全部日常生活和思想意识时，他们才有可能对现代社会作出真正有分量的、批判性的考察。

二、资本与异化劳动

当我们把探讨的目光转向经济哲学领域，特别是异化劳动问题时，马克思哲学与叔本华、尼采哲学的根本性分歧便开始显露出来。叔本华认为，他的哲学是接着康德的实践理性而展开的。他不仅把康德的“实践理性”解读为生命意志，也把他的“自在之物”解读为生命意志。他告诉我们：“唯有意志是自在之物。”[②]那么，意志的本质特征是什么呢？康德认为，意志的本质特征是自由，但他所说的“自由”却是以意志无条件地服从道德法则和绝对命令为前提的。叔本华激烈地反对康德的上述见解：“这显然是伸手便可碰到的矛盾，既然意志是自由的又要为意志立法，说意志应该按法则而欲求：‘应该欲求呀！’这就等于木头的铁！可是根据我们整个的看法，意志不但是自由的，而且甚至是万能的。”[③]这段话清楚地告诉我们，意志的本质特征是自由，而这种自由是不受任何其他因素制约的。毋庸讳言，叔本华的这一见解没有深入地反思意志在现代社会中真实地起作用的方式。无疑地，这与他的思想缺乏经济学的背景有着实质性的联系。

众所周知，在德国古典哲学家中，黑格尔是唯一对英国经济学发生兴趣并作了深入研究的哲学家，也正是这方面的研究使黑格尔哲学与现实生活保持着密切的联系。在《精神现象学》的“自我意识”阶段，黑格尔一开头就谈到了“生命”和“欲望”。欲望包含着对欲求对象的否定，因而享有

---

① 孙周兴选编：《海德格尔选集》上，三联书店 1996 年版，第 379 页。
② 叔本华：《作为意志和表象的世界》，石冲白译，商务印书馆 1982 年版，第 165 页。
③ 叔本华：《作为意志和表象的世界》，石冲白译，商务印书馆 1982 年版，第 373 页。

十足的自我感。然而,这种自我的满足感稍纵即逝,因为它缺少客观的方面。与此相反,"劳动是受到限制或节制的欲望,亦即延迟了的满足的消逝,换句话说,劳动陶冶事物"①。在主奴关系的历史语境中,奴隶由于恐惧而不得不从事劳动,用劳动产品来满足主人的欲望,从而得到主人的承认,但劳动本身通过对事物的陶冶而使奴隶获得某种独立性。在这里,黑格尔实际上以抽象的思辨语言表达了如下的意思,即人的意志和欲望并不无条件地是自由的,在一定的历史条件下,它们只能通过劳动的方式表现出来。

由于康德、叔本华也缺乏经济学方面的背景,所以当他们谈论实践理性或意志自由时,完全是脱离社会经济条件、脱离劳动的。正如马克思所说:"在康德那里,我们又发现了以现实的阶级利益为基础的法国自由主义在德国所采取的特有形式。不管是康德或德国市民(康德是他们的利益的粉饰者),都没有深究到资产阶级的这些理论思想是以物质利益和由物质生产关系所决定的意志为基础的。因此,康德把这种理论的表达与它所表达的利益割裂开来,并把法国资产阶级意志的有物质动机的规定变为'自由意志'、自在和自为的意志、人类意志的纯粹自我规定,从而就把这种意志变成纯粹思想上的概念规定和道德假设。"②特别值得注意的是,马克思在这里提到了"由物质生产关系所决定的意志",这是一个非常重要的提法。它告诉我们,意志并不像康德所想象的那样,是完全自由的。在一定的历史条件下,它不得不投入到生产劳动中,并受制于人们在生产劳动中结成的物质生产关系。

其实,马克思在谈到历史时早已告诉我们:"我们首先应该确定一切人类生存的第一个前提也就是一切历史的第一个前提,这个前提就是:人们为了能够'创造历史',必须能够生活。但是为了生活,首先就需要衣、食、住以及其他东西。因此第一个历史活动就是生产满足这些需要的资料,即生产物质生活本身。"③这就启示我们,只要我们不像康德、叔本华、尼采那样脱离社会历史条件、脱离物质利益和物质生产关系来谈论意志自由,就

① 黑格尔:《精神现象学》上卷,贺麟、王玖兴译,商务印书馆 1981 年版,第 130 页。

② 《马克思恩格斯全集》第 3 卷,人民出版社 1960 年版,第 213 页。

③ 《马克思恩格斯全集》第 3 卷,人民出版社 1960 年版,第 31 页。

会发现,人们不得不首先把自己的意志投入并消耗在具有生存意义的生产劳动中。

显然,这种具有谋生意向的劳动绝不是自觉自愿的,它具有异化的特征,而这一特征在现代社会的雇佣劳动制度中得到了最充分的体现。在《1844 年经济学哲学手稿》中,马克思提出了“异化劳动”的新概念,并分析了它的四种表现形式,即劳动过程对劳动者的异化、劳动产品对劳动者的异化、人的本质的异化、人与人之间关系的异化。马克思认为,一方面,异化劳动是私有财产的直接原因,另一方面,私有财产,尤其是当它在现代社会中普遍地以资本的方式出现时,异化劳动的发展便获得了巨大的推动力。诚如马克思所说的:“劳动只有对资本来说才是使用价值,而且就是资本本身的使用价值,也就是使资本自行增殖的媒介活动。”[①]

为什么资本只有借助于劳动才能“自行增殖”呢? 马克思说:“资本虽然也体现在易逝的商品中,采取这种商品的形态,但同样也不断地改变形态,交替地时而采取永恒的货币形态,时而采取易逝的商品形态;不灭性表现为它唯一可能成为的东西,表现为易逝性的不断消逝——过程——生命。但是,资本只有当它像吸血鬼一样,不断地吸吮活劳动作为自己的灵魂的时候,才获得这样的能力。”[②]事实上,马克思这里讲到的资本“不断地吸吮活劳动作为自己的灵魂”,也就是把资本投入到生产劳动的过程中去,使它不断地创造出新的剩余价值。说得更明确一些,“资本是通过占有他人劳动而使自己的价值增殖”[③]。由此可见,只有资本才是现代社会中普遍存在的异化劳动的真正的导演者。

在马克思看来,资本不是以按部就班的方式促使异化劳动的形成和发展,而是试图突破一切可能的界限来加剧劳动的异化性质。他愤慨地指出:“资本由于无限度地盲目追逐剩余劳动,像狼一般地贪求剩余劳动,不仅突破了工作日的道德极限,而且突破了工作日的纯粹身体的极限。”[④]不用说,也正是在资本的无限制的欲望中,我们窥见了作为“人格化的资本”

---

① 《马克思恩格斯全集》第 46 卷上,人民出版社 1979 年版,第 265 页。
② 《马克思恩格斯全集》第 46 卷下,人民出版社 1980 年版,第 153 页。
③ 《马克思恩格斯全集》第 46 卷上,人民出版社 1979 年版,第 267 页。
④ 《资本论》第 1 卷,人民出版社 1975 年版,第 294 ~ 295 页。

的资本家欲望的无限性。我们也明白了,康德、叔本华和尼采谈论的所谓"意志自由"究竟是怎么一回事。事实上,在异化劳动中,工人的"意志自由"就是为谋生而拼命劳动,而资本家的"意志自由"则是无限度地追逐剩余劳动和剩余价值。有鉴于此,马克思气愤地写道:"平等地剥削劳动力,是资本的首要的人权。"①

尽管青年马克思从道德评价的角度出发,对现代社会普遍存在的异化现象进行了强烈的谴责,但在创立历史唯物主义理论以后,马克思坚持首先从历史评价的角度来看待异化现象②。他启发我们:"在资本对雇佣劳动的关系中,劳动即生产活动对它本身的条件和对它本身的产品的关系所表现出来的极端异化的形式,是一个必然的过渡点,因此,它已经自在地、但还只是以歪曲的头脚倒置的形式,包含着一切狭隘的生产前提的解体,而且它还创造和建立无条件的生产前提,从而为个人生产力的全面的、普遍的发展创造和建立充分的物质条件。"③也正是基于这一总体性的历史眼光,马克思既肯定了"资本的历史的合理性"④,也肯定了"资产阶级在历史上曾经起过非常革命的作用"⑤。由此可见,正是通过对私有财产资本化及资本追逐剩余劳动的历史现实的分析,马克思深刻地揭示出现代社会异化劳动的根源,也揭示出"意志自由"在现代社会中起作用的真实的方式。

海德格尔高度评价了马克思对现代社会的以异化劳动为核心的种种异化现象的批判:"因为马克思在体会到异化的时候深入到历史的本质性的一度中去了,所以马克思主义关于历史的观点比其余的历史学优越。但因为胡塞尔没有,据我看来萨特也没有在存在中认识到历史事物的本质性,所以现象学没有、存在主义也没有达到这样一度中,在此一度中才有可能有资格和马克思主义交谈。"⑥事实上,马克思的资本诠释学正是通过对

---

① 《资本论》第1卷,人民出版社1975年版,第324页。

② 参阅俞吾金:《从"道德评价优先"到"历史评价优先":马克思异化理论发展过程中的视角转换》,载《中国社会科学》2003年第2期。

③ 《马克思恩格斯全集》第46卷上,人民出版社1979年版,第108~109页。

④ 《马克思恩格斯全集》第46卷上,人民出版社1979年版,第247页。

⑤ 《马克思恩格斯选集》第1卷,人民出版社1995年版,第274页。

⑥ 孙周兴选编:《海德格尔选集》上,三联书店1996年版,第383页。

资本的现实历史作用的分析、通过对资本和异化劳动之间的共谋关系的破解，对现代社会的日常生活和意识形态作出了穿透性的批判，而这一批判所达到的深度，连素以思想深刻著称的当代思想家胡塞尔、萨特也无法望其项背。

三、资本与经济权力

在现代社会的语境中，说起“权力”问题，自然而然会联想起尼采提出的著名概念“权力意志”(der Wille Zur Macht)。尼采与叔本华不同的地方在于：叔本华把生命(或生存)意志理解为世界的本质，由于生命意志所蕴含的欲望是无限的，而可能满足这些欲望的环境和资源永远是有限的，他由此而引申出悲观主义的人生哲学，把人生理解为在痛苦和无聊之间摆动的钟摆。尼采在批判叔本华哲学的悲观主义倾向时指出：“什么叫生命？这就必须给生命下一个新的、确切的定义了。我给它开列的公式如下：生命就是权力意志。”[①]那么，究竟什么是“权力意志”呢？尼采解释道：“我们的物理学家用以创造了上帝和世界的那个无往不胜的‘力’的概念，仍须加以充实。因为，必须把一种内在的意义赋予这个概念，我称之为‘权力意志’，即贪得无厌地要求显示权力，或者，作为创造性的本能来运用、行使权力，等等。”[②]在尼采看来，生命并不像叔本华认为的，是以被动的、保守的方式来维护自己的，而是以积极进取的、创造性的方式来提升自己的，而这种提升的方式也就是趋向权力意志，即寻求对他人意志的支配。尼采认为，权力意志引导人生奋发向上，因而人生不是悲观的、消极的，而是乐观的、积极的。

尽管尼采从“权力意志”的角度出发去解读现代人的生命含义这一做法是富于启发性的，然而他考察生命的着眼点主要是物理学、生理学和心理学。与叔本华一样，他也没有潜心研读过经济学，因而不了解这种如此神奇的“权力意志”同样起源于人们的经济生活。而正是在尼采踌躇不前的地方，马克思作了深入的研究和探索，并引申出远比尼采具有穿透力的结论来。

---

① 尼采：《权力意志：重估一切价值的尝试》，张念东等译，商务印书馆1996年版，第182页。
② 尼采：《权力意志：重估一切价值的尝试》，张念东等译，商务印书馆1996年版，第154页。

在《1844年经济学哲学手稿》中，马克思指出："资本是对劳动及其产品的支配权(Regierungsgewalt)。资本家拥有这种权力并不是由于他的个人的或人的特性，而只是由于他是资本的所有者。他的权力就是他的资本的那种不可抗拒的购买的权力(die kaufende Gewalt)。"①尽管马克思在这里使用的Gewalt与尼采使用的Macht不同，但在德语中，这两个含义相近的词完全是可以互换的。在这段话中，马克思暗示我们，资本家之所以拥有对劳动及其产品的支配权，这与他生理上或心理上的特征并没有什么关系，有关系的只有一点，即他是资本的所有者。也就是说，实际上拥有权力的真正主体是资本，而资本家不过是这种权力的一个象征或一个符号。

在《1857—1858年经济学手稿》中，马克思以十分明确的口吻告诉我们："资本是资产阶级社会的支配一切的经济权力(oekonomische Macht)。"②值得注意的是，马克思在这里使用的是Macht这个词。这就再一次表明，在他的语境中，Macht与Gewalt这两个词的含义并没有实质性的差别。马克思认为，资本行使权力的真正的起始点是生产劳动。因为只有在生产劳动的过程中，资本才能通过对活劳动的吸吮、对工人的剩余劳动和他们所创造的剩余价值的攫取而使自己不断地增殖和膨胀。正是在这个意义上，马克思强调，技术上的发明、分工的合理化、交通工具的改善和世界市场的开辟等等，"都不会使工人致富，而只会使资本致富，也就是只会使支配劳动的权力(die die Arbeit beherrschende Macht)更加增大，只会使资本的生产力增长。因为资本是工人的对立面，所以文明的进步只会增大支配劳动的客观权力(die objective Macht)"③。在这段话中，马克思又使用了Macht这个词。

在他看来，资本越是在积累的过程中得到扩大，它所拥有的"客观权力"也就越大，而且这种权力不再单纯是经济权力，它侵蚀并渗透到现代社会的一切领域之中。此外，它也不再单纯是地区性的权力，而是成了世界

---

① 《马克思恩格斯全集》第42卷，人民出版社1979年版，第62页。Sehn K. Marx, *Parischer Manuskripte*, das europaeische buch Verlag 1987, S. 30.

② 《马克思恩格斯全集》第46卷上，人民出版社1979年版，第268页。Sehn K. Marx, *Grundrisse der Kritik der Politischen Oekonomie*, Dietz Verlag 1974, S. 27.

③ 《马克思恩格斯全集》第46卷上，人民出版社1979年版，第268页。Sehn K. Marx, *Grundrisse der Kritik der Politischen Oekonomie*, Dietz Verlag 1974, S. 215.

性的权力。历史和实践都已证明，资本已经按照自己的意向，运用自己所拥有的巨大的权力资源，为自己塑造出一个崭新的世界。在《共产党宣言》中，当马克思谈到资本的载体——资产阶级时，曾经这样写道："资产阶级，由于一切生产工具的迅速改进，由于交通的极其便利，把一切民族甚至最野蛮的民族都卷到文明中来了。它的商品的低廉价格，是它用来摧毁一切万里长城、征服野蛮人最顽强的仇外心理的重炮。它迫使一切民族——如果它们不想灭亡的话——采用资产阶级的生产方式；它迫使它们在自己那里推行所谓的文明，即变成资产者。一句话，它按照自己的面貌为自己创造出一个世界。"①其实，当代人津津乐道的所谓"全球化"，马克思早在一百五十多年前就已经预见到了。令人沮丧的是，当代人至今还以十分浅薄的方式来谈论"全球化"，仿佛"全球化"是一个突然从天而降的、无主体的过程。这说明他们对马克思是多么无知！

其实，马克思早已告诉我们，所有这一切都是在现代社会的经济权力——资本的推动下完成的。在《1857—1858 年经济学手稿》中，马克思告诉我们："只有资本才创造出资产阶级社会，并创造出社会成员对自然界和社会联系本身的普遍占有。由此产生了资本的伟大的文明作用；它创造了这样一个社会阶段，与这个社会阶段相比，以前的一切社会阶段都只表现为人类的地方性发展和对自然的崇拜。"②如果借用当代人的语言来表达马克思这段话的含义，那就是：资本乃是推动"全球化"进程的真正的主体和灵魂。

与尼采的建基于物理学、生理学和心理学之上的"权力意志"概念比较起来，马克思关于"资本是资产阶级社会的支配一切的经济权力"的理论远为深刻、远为全面地揭示出现代人本质的异化和现代社会矛盾的激化。如果说，尼采哲学把对个人生理和心理特征的分析作为考察现代社会的出发点，那么，马克思的资本诠释学则把社会历史分析作为考察的出发点。事实上，马克思在叙述作为"经济权力"的资本的历史作用时，从来也

---

① 《马克思恩格斯选集》第 1 卷，人民出版社 1995 年版，第 276 页。其实，马克思在《德意志意识形态》的《费尔巴哈》章中已经揭示出这种"历史向世界历史的转变"的可能性。参阅《马克思恩格斯全集》第 3 卷，人民出版社 1960 年版，第 52 页。

② 《马克思恩格斯全集》第 46 卷上，人民出版社 1979 年版，第 393 页。

没有把它理解为由个人的生理或心理特征导致的结果。相反，马克思告诫我们：“正如人类劳动力并非天然是资本一样，生产资料也并非天然是资本。只有在一定的历史发展条件下，生产资料才取得这种独特的社会性质，正如只有在一定的历史发展条件下，贵金属才获得货币的独特的社会性质，货币才获得货币资本的独特的社会性质一样。”①马克思并不否认，人是有欲望的，但这种欲望是淳朴的，还是贪得无厌的，却取决于人置身于其中的社会历史环境。

显而易见，在马克思的资本诠释学的视域中，资本的存在方式和运作方式从来就是历史事件和社会现实，无须任何个人的生理特征或心理特征对它负责。此外，这种诠释学还启示我们，现代社会的全部权力都是在作为“经济权力”的资本的基础上形成并发展起来的。在这个意义上可以说，任何诠释活动要站在当今时代的高度上，要获得真正的批判性的识见，就必须对它自己置身于其中的这个无所不在的“权力场”先行作出深入的反思。

四、资本与生产关系

与同时代和当代的某些思想家比较起来，马克思的卓越之处在于，他不仅全面地叙述了资本产生的历史过程和资本运作的社会后果，而且深刻地阐明了资本这一社会历史现象的实质。由于资本不论采取何种形式，如地产、商品、货币（贵金属、铸币或纸币）等等，都有着“物”的外观，所以经济学家们常常陷入错觉，把资本理解为单纯的物，把它的自行增殖理解为物的自然属性或物理性质产生的神奇结果，就像土地会自动地长出植物，货币会自然地带来利息一样。针对这种普遍存在的错误观点，马克思在《1857—1858年经济学手稿》中批评道：“资本被理解为物，而没有被理解为关系。”②那么，马克思这里说的“关系”究竟是指什么呢？其实，细心的读者一定会发现，在这部手稿的另一处，马克思已经把答案告诉我们了。他这样写道：“资本显然是关系，而且只能是生产关系。”③由此可见，马克

① 《资本论》第2卷，人民出版社1975年版，第45页。
② 《马克思恩格斯全集》第46卷上，人民出版社1979年版，第212页。
③ 《马克思恩格斯全集》第46卷上，人民出版社1979年版，第518页。

思前面说的“关系”就是指“生产关系”。

现在，还须进一步加以追问的是：究竟什么是生产关系？在1847年撰写的演讲稿《雇佣劳动与资本》中，马克思写道：“各个人借以进行生产的社会关系，即社会生产关系，是随着物质生产资料、生产力的变化和发展而变化和改变的。生产关系总和起来就构成所谓社会关系，构成所谓社会，并且是构成一个处于一定历史发展阶段上的社会，具有独特的特征的社会。”[①]从这段话中可以引申出如下的结论：第一，生产关系就是人们在生产活动中结成的关系；第二，生产关系是随着生产力的变化而改变的；第三，一定历史发展阶段上的社会是由一定的社会关系构成的，而一定的社会关系又是一定的生产关系的总和。这就启示我们，当马克思把资本理解为生产关系的时候，也就等于把资本理解为在一定历史发展阶段上存在的社会现象，并把其实质理解为人与人之间的社会关系。

显然，把资本理解为生产关系乃是马克思资本诠释学的根本性的理论预设。事实上，也正是从这一理论预设出发，马克思解开了现代社会意识形态的核心之谜——“拜物教”。他认为，在以资本与雇佣劳动为根本特征的现代社会中，拜物教主要显现为以下三种不同的形式。

一是“商品拜物教”。乍看起来，商品是很平凡的东西，但在普通人的意识里，它却充满了形而上学的微妙和神学的怪诞。比如，当人们见到价格昂贵的黄金制品或钻石制品时，自然而然地会产生崇拜的心理，仿佛它们的昂贵源自它们的自然属性（或物理性质）。其实，这完全是一种幻觉。马克思写道：“商品形式和它借以得到表现的劳动产品的价值关系，是同劳动产品的物理性质以及由此产生的物的关系完全无关的。这只是人们自己的一定的社会关系，但它在人们面前采取了物与物的关系的虚幻形式……在商品世界里，人手的产物也是这样。我把这叫做拜物教。劳动产品一旦作为商品来生产，就带上拜物教性质，因此拜物教是同商品生产分不开的。”[②]事实上，黄金制品和钻石制品并不天然地是昂贵的，只有在一定的社会生产关系中，它们才可能获得昂贵的价格。这就启示我们，商品作为“社会的物”，其神秘性是社会生产关系赋予的。当人们学会从这种

① 《马克思恩格斯选集》第1卷，人民出版社1995年版，第345页。
② 《资本论》第1卷，人民出版社1975年版，第89页。

关系出发去审视它们时,商品拜物教也就自然而然地消失了。

二是"货币拜物教"。这种拜物教比起商品拜物教来,显得更为抽象,也更为强烈。因为拥有某种商品,只意味着拥有某种使用价值,而拥有作为"一般等价物"的货币,却等于潜在地拥有一切商品的使用价值。所以,人们习惯于把货币作为万能的神来崇拜。无论是莎士比亚笔下的夏洛克,还是莫里哀或巴尔扎克笔下的吝啬鬼或葛朗台,他们信奉的都是货币拜物教。其实,货币,尤其是纸币,它只是贵金属的符号或象征,就它本身而言,几乎毫无价值可言,可是在一定的社会生产关系中,这个轻飘飘的存在物俨然成了一切使用价值的化身,从而受到人们的普遍崇拜。由此可见,货币拜物教不过是商品拜物教的更为显眼的表现形式,正如马克思所说的:"货币拜物教的谜就是商品拜物教的谜,只不过变得明显了,耀眼了。"①

三是"资本拜物教"。一旦商品或货币作为资本被加以使用时,资本拜物教也就完成了。马克思写道:"在资本—利润(或者,更好的形式是资本—利息),土地—地租,劳动—工资中,在这个表示价值和一般财富的各个组成部分同财富的各种源泉的联系的经济三位一体中,资本主义生产方式的神秘化,社会关系的物化,物质生产关系和它的历史社会规定性直接融合在一起的现象已经完成:这是一个着了魔的、颠倒的、倒立着的世界。在这个世界里,资本先生和土地太太,作为社会的人物,同时又直接作为单纯的物,在兴妖作怪。"②为什么这个世界会以颠倒的方式表现自己呢?这正是资本拜物教导致的必然结果,因为它造成了这样的假象,似乎资本会自动地产生利润、土地会自动地获得地租、劳动会完全地转化为工资等等。其实,所有这些幻觉都源自资本拜物教,而"在生息资本上,资本关系取得了最表面、最富有拜物教性质的形式"③。因为作为生息资本的货币资本,一旦被贷放出去,"那就无论它是睡着,还是醒着,是在家里,还是在旅途中,利息都会日夜长到它身上来"④。

其实,在现代社会中,随着理财和投资意识的普遍化,无论是商品,还

---

① 《资本论》第1卷,人民出版社1975年版,第111页。
② 《资本论》第3卷,人民出版社1975年版,第938页。
③ 《资本论》第3卷,人民出版社1975年版,第440页。
④ 《资本论》第3卷,人民出版社1975年版,第443页。

是货币，都以越来越普遍和深入的方式转化为资本。在这个意义上，尽管资本拜物教和货币拜物教都起源于商品拜物教，但资本拜物教却是商品拜物教和货币拜物教的真理和归宿。记得马克思曾经说过："在一切社会形式中都有一种一定的生产决定其他一切生产的地位和影响，因而它的关系也决定其他一切关系的地位和影响。这是一种普照的光，它掩盖了一切其他的色彩，改变着它们的特点。这是一种特殊的以太，它决定着它里面显露出来的一切存在的比重。"[①]作为现代社会的生产关系，资本正是掩盖其他一切色彩的"普照的光"，也是决定一切存在物比重的"特殊的以太"。

当然，在马克思的资本诠释学看来，既然资本只是一定社会形态中的生产关系，它的存在就不可能是永恒的。在现代社会中，资本导致的私人占有和社会化大生产之间的尖锐矛盾和社会生活的普遍异化早已敲响了资本主义制度和资本现有的存在方式与运作方式的丧钟。马克思认为，以自由人的联合体为基础的未来共产主义社会将会取代资本主义社会，并把资本的存在方式和运作方式控制在合理的范围之内。

海德格尔的与众不同之处在于，他不是从党派斗争或世界观的角度，而是从本体论的角度出发来解读马克思的共产主义学说的历史意义的，"人们可以以各种不同的方式来对待共产主义的学说及其论据，但从存在的历史意义看来，确定不移的是，一种对有世界历史意义的东西的基本经验在共产主义中自行道出来了"[②]。事实上，共产主义正是马克思的资本诠释学通过对资本的历史作用和局限性的深入反思必然要引申出来的结论。

上面，我们对马克思的资本诠释学作了一个简要的考察。这一考察表明，资本诠释学蕴含着以下三个维度。

一是批判的维度。马克思的资本诠释学与一切实证主义哲学思潮的根本差别在于，它不是以价值中立的方式描述现代社会，而是从历史唯物主义的立场出发，批判地考察现代社会，并深入到对现代社会的不可见的层面——生产关系的反思上。在这个意义上可以说，资本诠释学是一种批判的诠释学。

---

① 《马克思恩格斯全集》第46卷上，人民出版社1979年版，第44页。
② 孙周兴选编：《海德格尔选集》上，三联书店1996年版，第384页。

二是实践的维度。马克思的资本诠释学与其他一切诠释学说的根本差别在于，后者只关注“诠释世界”，而前者则自觉地把“诠释世界”和“改变世界”贯通起来了。显而易见，资本不是依靠自己的幻想，而是通过实践的基本形式——异化劳动而自行增殖的。也就是说，无论是资本的存在方式和运作方式，还是对这些方式的改变，都不得不诉诸实践。在这个意义上又可以说，资本诠释学是一种实践的诠释学。

三是权力分析的维度。马克思的资本诠释学与其他一切纯粹经济理论的根本差别在于，马克思不仅把资本理解为现代社会的“经济权力”，同时也把它理解为支配一切的社会权力和政治权力。而人们的全部认识、理解和诠释活动都是在以资本为基础的、由宏观权力和微观权力编织而成的“权力场”中展开的。事实上，根本没有纯粹经济学，只有政治经济学。权力分析的维度也表明，以往的诠释学理论撇开“权力场”的背景来探讨理解和诠释活动是十分肤浅的。在这个意义上又可以说，资本诠释学是一种权力分析的诠释学。

综上所述，马克思的资本诠释学既为我们分析现代社会及其意识形态（包括形而上学）提供了一把钥匙，也为我们重新审视诠释学的历史、深入反省现代性的历史内涵提供了极为珍贵的思想资源。

篇目索引

▶在重新理解马克思的途中,原发题目“在重新理解马克思的途中:卢卡奇、德拉·沃尔佩、科莱蒂和阿尔都塞的理论贡献”,原载《上海交通大学学报》2007 年第 5 期。

▶从意识形态的科学性到科学技术的意识形态性,原载《马克思主义与现实》2007 年第 2 期。

▶西方马克思主义发展中的语言学转向,原发题目“从科学技术的双重功能看历史唯物主义叙述方法的改变”,原载《中国社会科学》2004 年第 1 期。

▶本体论视野中的国外马克思主义哲学,原发题目“本体论视野中的当代中国马克思主义哲学”,原载《复旦学报(社会科学版)》2006 年第 5 期。

▶卢森堡政治哲学理论述要,原载《天津社会科学》2006 年第 6 期。

▶晚年卢卡奇思想探索,原载俞吾金、陈学明:《国外马克思主义哲学流派新编》上册,复旦大学出版社 2002 年版。

▶哥德曼的哲学思想,原载俞吾金、陈学明:《国外马克思主义哲学流派新编》上卷,复旦大学出版社 2002 年版。

▶单向度的人与多向度的理性,原发题目“理性在现代性现象中的四个向度:从马尔库塞的《单向度的人》说起”,原载《求是学刊》2004 年第 4 期。

▶哈贝马斯现代性理论的启示,原载汪行福:《走出时代的困境:哈贝马斯对现代性的反思·序》,上海社会科学院出版社 2000 年版。

▶阿尔都塞意识形态理论新探,原载《江西社会科学》2004 年第3 期。

▶晚年阿尔都塞的生活和思想,原发题目“一个批判的忏悔:晚年阿尔都塞的生活和思想”,原载《河北学刊》2002 年第 6 期。

▶普兰查斯的政治哲学思想,原载俞吾金、陈学明:《国外马克思主义哲学流派新编》下卷,复旦大学出版社2002年版。

▶分析的马克思主义,原载俞吾金、陈学明:《国外马克思主义哲学流派新编》下卷,复旦大学出版社2002年版。

▶对马克思哲学与西方哲学关系的再认识,原载《天津社会科学》1999年第6期。

▶知识论哲学的谱系及其对马克思主义哲学研究的影响,原载《马克思主义与现实》1997年第2期。

▶究竟什么是德国古典哲学的遗产,原发题目"论马克思对德国古典哲学遗产的解读",原载《中国社会科学》2006年第2期。

▶马克思对康德哲学革命的扬弃,原载《复旦学报(社会科学版)》2005年第1期。

▶重新理解马克思哲学与黑格尔哲学之间的关系,原载俞吾金主编:《当代国外马克思主义评论》第五辑,人民出版社2007年版。

▶从思维与存在的同质性到思维与存在的异质性,原发题目"从思维与存在的同质性到思维与存在的异质性——马克思哲学思想演化中的一个关节点",原载《哲学研究》2005年第12期。

▶马克思对现代性的诊断及其启示,原载《中国社会科学》2005年第1期。

▶马克思政治哲学理论的内在张力,原载《江苏行政学院学报》2007年第3期。

▶马克思哲学研究三题议,原发题目"马克思哲学研究中的三个问题——兼答段忠桥教授",原载《学术月刊》2006年第4期。

▶马克思的社会主体论探要,原载《复旦学报(社会科学版)》2005年第5期。

▶主体际性、客体际性和主客体际性,原发题目"主体际性、客体际性和主客体际性——马克思实践唯物主义关系理论探要",原载《河北学刊》2007年第2期。

▶物、价值、时间与自由,原发题目"物、价值、时间和自由——马克思哲学体系概念探析",原载《哲学研究》2004年第11期。

▶自然辩证法,还是社会历史辩证法,原载《社会科学战线》2007 年第 4 期。

▶资本诠释学,原发题目“资本诠释学——马克思考察、批判现代社会的独特路径”,原载《哲学研究》2007 年第 1 期。

后　　记

多年来,作为复旦大学哲学学院(以前称哲学系)外国哲学博士点的学科带头人,我还担任了复旦大学国外马克思主义与国外思潮研究中心(985 国家级重点研究基地,简称"大基地")和复旦大学当代国外马克思主义研究中心(教育部重点研究基地,简称"小基地")负责人的工作。琐碎的管理工作大大挤压了我学术研究的空间与时间,因此,我不得不将自己的主要研究方向集中在西方哲学、西方马克思主义和马克思主义基础理论这三个比较熟悉的领域中。本书由 27 篇论文构成,大体上反映了近年来我在国外马克思主义,尤其是西方马克思主义和相关的研究领域中所做的工作。

本书得以顺利结集出版,首先要感谢这套《论丛》的主编衣俊卿教授。衣俊卿教授长期从事国外马克思主义的研究,并已在这个领域中取得了令人瞩目的成就。目前,他在担任繁重的领导工作的同时,还策划并主编这套《论丛》,积极地推进了国外马克思主义的研究工作。对我们来说,这确实是很大的鼓励与鞭策。

其次,要感谢黑龙江大学出版社的李小娟总编和高山奎、管小其两位编辑,他们不但很快就给我发来了关于《论丛》的详尽编写方案,而且不厌其烦地一次次给我打电话,讨论书稿编辑中的具体问题。由于这段时间来我特别忙,所以把书稿的编写工作耽搁了,高山奎编辑和管小其编辑又非常耐心地通过 e-mail 与我联系,延长书稿编写的时间,令我深受感动。

最后,本书在编写的过程中,还得到了 2004 年度教育部攻关课题《国外马克思主义的现状、发展趋势和基本理论》(课题批准号:04JZD002)、2003 年教育部攻关课题《马克思主义基础理论研究中的若干问题》(课题批准号:03JZD002)、2002 年教育部重大项目《西方马克思主义的意识形态理论及其最新发展趋势研究》(课题批准号:02JAZJD720005)、2004 年度国家社会科学基金重大委托课题《高校加强马克思主义意识形态工作和大学生思想教育工作研究》(课题批准号:04JZD006)和复旦大学国外马克思主义与国外思潮创新研究基地 2005 年度研究项目《后现代主义与马克思主义》(项目批准号:05FCZD008)等课题、项目的资助,在此一并表示感谢。

俞吾金

2007 年 11 月 10 日于东方文苑